구약성서 본문: 역사와 본문비평

에른스트 뷔르트바인의 비블리아 헤브라이카 입문서에 대한 새로운 개정

알렉산더 아킬레스 피셔 저
김정훈 배희숙 차준희 하경택 역

독일성서공회

대한성서공회 성경원문연구소

마르부르크의 교수였던
에른스트 뷔르트바인(Ernst Würthwein, 1909–1996년)을 기념하며

구약성서 본문: 역사와 본문비평
2020년 5월 30일 초판 1쇄 발행
2023년 3월 30일 초판 3쇄 발행

지은이 알렉산더 아킬레스 피셔(Alexander Achilles Fischer)
옮긴이 김정훈 배희숙 차준희 하경택
발행처 (재)대한성서공회
서울시 서초구 남부순환로 2569
등 록 1962년 7월 20일, 제1-78
인쇄소 신우P&B
제본소 (주) 바이블코리아

ISBN 978-89-412-9931-8 DTDAT

서문

에른스트 뷔르트바인(Ernst Würthwein)은 비블리아 헤브라이카(Biblia Hebraica) 입문 교과서를 저술하여, 여러 세대에 걸쳐 신학생들에게 구약성서의 본문 역사를 소개해 주었으며, 그들이 본문비평과 그 문제들에 관심을 가지게 했다. 어떤 교과서도 이렇게 오래토록 검증해 가며 그 목적을 성취한 경우는 거의 없었다. 이것은 특히 에른스트 뷔르트바인이, 그의 입문서가 1952년에 처음으로 등장한 이래로 1988년에 5판이 출간될 때까지, 그 책을 매번 최신의 연구 상황에 맞추어서 내놓고 이를 통해 자신의 독자들을 쿰란의 발굴물들, 성서의 본문 역사, 그리고 성서의 전승에 관한 논쟁에 참여하도록 만들었기 때문이다. 그런데 마지막 판이 출간된 뒤로 지금까지 20년이 넘는 시간이 흘렀다. 그동안에 쿰란 본문들의 총서가 전반적으로 완료되었을 뿐 아니라, 비블리아 헤브라이카 퀸타(Biblia Hebraica Quinta)라는 이름을 가진 새로운 비블리아 헤브라이카가 출간되기 시작하였다. 이 밖에도 괴팅겐 칠십인역 연구소(Göttinger Septuaginta-Unternehmen)의 새로운 단행본들, 〈사무엘〉, 〈열왕기〉 그리고 〈역대기〉의 안티오키아 본문의 판본 등 더 많은 판본이 등장했다. 이러한 배경에서 '뷔르트바인'도 스스로 또 다른 판의 필요성을 절감했을 것이라는 사실은 분명히 이해가 된다. 그러나 이 교과서를 단순히 개정하는 것은 이 책의 기초를 놓은 뷔르트바인의 요구와 구상에 적합하지 않다는 것이 얼마 지나지 않아 드러났다. 이러한 이유로 기존 본문 부분이 완전히 새롭게 작성되었고, 쿰란에서 발견된 본문들을 다루는 새로운 또 다른 한 장(Kapitel)이 덧붙여졌다. 그런데도 에른스트 뷔르트바인의 검증된 짜임새와 그의 교과서가 가진 특징은 포괄적으로 유지되었다. 중요한 단락들과 문장들을 굵은 글씨의 주제어로 시작하도록 하는 그의 방식도 그대로 이어받았다. 이를 통해 학생들과 이 분야에 흥미를 느끼는 독자들은 개별적인 전문 주제들을 복습하려 할 때 수월하게 책을 뒤적여 찾아낼 수 있다. 모든 장의 끝에는 다시금 참고 문헌을 덧붙여 두었는데, 참고 문헌 목록에서는 앞서 다룬 본문 편집본들과 연구 보조 자료들을 소개할 뿐 아니라, 무엇보다 심화 연구를 위한 입문서들을 언급하기도 한다. 첫 소개에 이바지하기 위해서 기본 참고 문헌 가운데서 골라 뽑은 것만 기록하였다. 이렇게 새롭게 개정된 이 교과서는 구약성서 주석 방법론 초급 세미나(Proseminar)에서 공부하는 학생들에게 본문비평 안내서의 구실을 할 수도 있을 것이다. 이 책이 엠마누엘 토브(Emanuel Tov)가 저술한 본문비평 개론과 경쟁 관계에 있다고 생각해서는 안 된다. 좀 더 간결한 형태의 이 책은 오히려 토브의 개론을 이용하도록 이끌어 줄 수 있을 것이다. 토브가 집필한 개론의 광범위한 서술과 예시 본문들의 일목요연한 구성은 전문 주제들에 관한 심화 연구를 가능하게 해 준다.

몇몇 도판들은 이 새로운 개정판에서 계속 유지되고, 예나 지금이나 본문 역사에 대한 증거들을 풍성하게 들여다볼 수 있게 해 준다. 두 개의 도판만이 바뀌었다. 1996년에 발견된 텔 단 비문이 이제 도판 1로 등장하는데, 그 석비는 "다윗의 집"(Haus-David)을 언급함으로써 이스라엘 역사에서 다윗의 역사성을 입증해 주는 가장 중요한 성서 밖의 문서들 가운데 하나로 꼽힌다. 쿰란에서 발견된 〈전도서〉 필사본의 단편이 도판 15로 채택되었는데, 그 단편에서는 그 필사본을 후대에 교정한 사실을 특별히 잘 관찰할 수 있다. 몇몇 도판들의 경우 모사 작업을 위한 원본을 최근의 새로운 사진들로 교체하는 것이 더 낫다고 판단하여 그리하였다.

도판 해설은 에른스트 뷔르트바인에게서 비롯한 것이며, 조심스럽게 개정하였다. 꼭 필요하다고 생각되는 곳에서는 더러 보충하기도 하고 더러 현재 연구 상황에 맞추어 개정하였다. 도판의 제목들 아래에는 해당 필사본들이나 인쇄된 쪽들에 관한 간략한 정보들(약자, 연대, 보관 장소, 본문 발췌본)이 나타나기도 한다. 그림 출처, 본문 편집본 그리고 때때로 그 밖의 참고 문헌들은 해설 끝에 소개하고 각주는 달지 않았다.

독일성서공회와 독일성서공회의 총무인 얀 뷔너 박사(Dr. Jan-A. Bühner), 그리고 새로운 개정판 계획을 가능하게 만들었던 한넬로레 야르 박사(Dr. Hannelore Jahr), 또한 필사본과 도판들을 책임지고 담당했던 롤프 섀퍼 박사(Dr. Rolf Schäfer)와 이 책이 제작되는 것과 관련된 모든 문제를 해결해야만 했던 비르기트 코콘첼리 부인(Frau Birgit Coconcelli)에게 감사한 마음을 전한다. 이와 마찬가지로 나는 2007/2008년 겨울 학기에 구약성서 본문과 관련한 나의 고급 세미나(Hauptseminar)에 참여해서 본문비평뿐 아니라 본문 역사의 설명에 관한 기본적인 질문들을 나와 함께 나누었던 예나의 프리드리히 쉴러 대학(Friedrich Schiller-

Universität Jena)의 학생들에게도 감사한다.

지금까지 출간된 이 책을 도맡았던 에른스트 뷔르트바인은, 내가 마르부르크에서 연구하던 시절 박사 과정 학생 콜로키움에서 개인적으로 알게 되었다. 에른스트 뷔르트바인의 탄생 100주년을 기념하는 이 해에 그의 교과서가 한 걸음 더 나아가게 된 것은 나에게는 특별한 기쁨이다. 비블리아 헤브라이카 입문의 새로운 판이 이 책의 앞선 판본들에 대한 개정의 대열에 좋은 모습으로 합류할 수 있기를 바라는 희망과 바람을 담아서, 에른스트 뷔르트바인을 기념하며 이 책을 바친다.

2009년 3월, 슈투트가르트에서
알렉산더 아킬레스 피셔(Alexander Achilles Fischer)

목차

들어가는 말

וַיִּקְרָא אַרְיֵה עַל־מִצְפֶּה אֲדֹנָי אָנֹכִי עֹמֵד

καὶ κάλεσον Ουριαν εἰς τὴν σκοπιὰν κυρίου καὶ εἶπεν

〈이사야〉에는 “그때에 사자 한 마리가 외쳤다. 제가 그 망대 위에 서 있습니다, 나의 주님!”[1]이라는 말씀이 있다. 이는 하나님이 이 예언자에게 망대 하나를 세워, 이 망대가 바벨론의 통치의 몰락을 전할 수 있도록 하라고 명령하셨기 때문이다. 이 구절은 히브리어 성서 본문으로부터 올바르게 번역한 것이다. 그러나 이 구절은 무슨 뜻인가? 그리고 사자는 망대에서 무엇을 찾아야만 했는가? 이사야 21:8에 나오고 거듭 즐겨 인용되는 이 보기는 번역자가 어떤 어려움에 맞닥뜨리게 되는지를 분명하게 보여 준다. 우리는 어떻게 이 구절에서 어느 정도 타당한 의미를 끌어낼 수 있을까? 많은 사람들은 화자에게 사자의 목소리를 부여해서 그가 ‘사자 같이’ 부르짖는다고 본다. 다른 이들은 이것을 감시인이 성벽 위에서, ‘사자(가 나타났다)!’라고 외쳤던 목자들의 언어를 차용하여 부르짖던 경고의 외침으로 생각한다. 그러나 이것도 옳지 않을 수 있다. 왜냐하면 감시인은 실제로는 사자를 보는 것이 아니라, 오히려 바벨론에서 전리품을 싣고 멀리 떠나는 나귀들과 낙타들과 동방의 짐꾼들의 대상 행렬을 보기 때문이다. 그러니까 사자로는 우리가 본문 전승의 문제들에서 맞닥뜨리는 것들은 아예 시작할 수도 없다. 왜냐하면 필사 오류에 의해 망대 위에 있는 사자가 비로소 깨어난 이후로 더는 길들여지지 않았다는 의혹이 결코 완전히 잠잠해지지 않기 때문이다.

지난 세기의 중반까지는 중세의 필사본들이 히브리어 성서 본문의 가장 오래된 증거였다. 물론 이것들도 매번 거듭 손으로 베껴 썼던 필사본들에서 비롯한 것들이다. 성서 책들의 원본은 없어졌고, 그러한 ‘원래의 문서들’(Urschriften)이 있었

1) [역자주]『개역개정』: “파수꾼이 사자 같이 부르짖기를 주여 내가 낮에 늘 망대에 서 있었고”.

는지의 여부는 이 입문서에서 또 다룰 것이다. 어쨌든 본문이 전해지는 긴 역사의 과정에서 수많은 필사 오류가 늘어갔을 것이라고 충분히 생각할 수 있다. 곧 한 단어가 빠지거나, 뒤바뀌고, 대체되거나 순서가 반대로 잘못 기록된다. 게다가 피로함, 부주의함, 조급함, 그리고 그 때문에 생겨나는 필사자의 실수가 더해진다. 아마도 많은 사람들은 실제 본문 이해력도 부족했을 것이다. 더욱이 받아쓰기를 통해 성서 본문들을 기록했다면, 제대로 듣지 못한 것에서 생겨난 오류들과 오해들이 더 있을 수도 있었다. 그러나 이렇게 잘못 보고 듣는 데서 의도치 않게 생겨난 오류들만 본문에 나타나는 것은 아니다. 오히려 의도적인 변경이 계획적으로 이루어지기도 했다. 특히 명백한 오류를 개선하고, 흔히 사용하지 않는 단어를 교체하거나, 어려운 구절을 보다 이해하기 쉽게 표현해야만 한다고 생각했던 경우에서는 언제나 그렇게 했다. 그 밖의 다른 동기들도 한몫한다. 곧 비슷한 성서 구절을 떠올리게 하는 본문은 그에 맞추어 비슷하게 변경되고, 다신교적 신앙이 의심되는 구절은 새롭게 해석되며, 불쾌감이 느껴지는 표현은 부드럽게 완화되어 표현된다. 여기서는 또한 설명을 위한 첨가 구절이 적당한 자리에 덧붙여지거나 난외에 기록되었다가(난외주) 후대에 본문 안으로 들어온 것들도 언급할 수 있다. 물론 이 모든 것은 성서 본문이 본래 의미했던 것을 충실하게 표현하려는 노력에서 생겨났다.

그러나 필사자가 사자가 망대 위에 앉아 있다는 오류를 담은 필사본을 벌써 가지고 있었다면, 그는 어떻게 해야 하는가? 그리고 만약 그가 그 의미를 추측할 수 없다면 어떻게 되는가? 그가 그 본문에 기록된 단어들을 있는 그대로 베껴 쓰는 것 말고 달리 방법이 있는가? 이와 관련해서 다시 이사야 21:8을 살펴보면, 이 구절은 아주 오래된 필사 오류와 관련이 있다고 추측할 수 있다. 왜냐하면 구약성서의 그리스어 번역본인 칠십인역(Septuaginta)에서 벌써 사자가 알려져 있었지만, 사자를 가지고는 적절한 문장을 시작할 수 없었기 때문이다. 이 때문에 칠십인역은 사자에 대한 히브리어 단어를 그대로 두면서, 그것으로 "우리아"(Uria)라는 고유 명사를 만들어 냈고, 그 이름은 곧 무명의 망대지기를 가리키는 것이 되었다. 이것은 우리가 쉽게 알 수 있듯이 임시방편이다. 이 때문에 매우 오래전의 본문비평가들은 본문의 오류를 서로 다른 방식으로 해결하려고 시도했다. 그 외에도 '사자' 대신에 '그때에 〈그 선견자〉가 외쳤다. 제가 그 망대 위에 서 있습니다, 나의 주님!'이라고 읽어야 한다는 제안이 있었다. 이는 선견자에 해당하는 히브리어 단어에서 자음 두 개의 위치를 변화시키는 것만으로도 잘못된 기록이 아주 쉽게 생겨날 수도 있기 때문이다. 그러나 아무런 본문 증거도 없이 성서 본문을 거리낌 없이 변경해도 되는 것일까? 이 문제는 여러 가지 단계에서 논쟁의 대상으로 논의되고 있다.

이사야 21:8의 경우에 우리는 이 문제에 더는 몰두할 필요가 없다. 왜냐하면, 기원전 2세기로 거슬러 올라가는 쿰란의 첫 번째 〈이사야〉 두루마리의 발견은, 최종적으로 사자(Löwe)를 그 받침대 자리에서 밀어내 버렸기 때문이다. 그 두루마리는 실제로 "그 선견자"라고 기록하고 있고, 이로써 본문비평적인 분석을 통해서만 규명할 수 있었던 본문의 변화를 입증한다. 이제 아마도 이러한 방식으로 그 성서 본문을 다루는 것이 아주 편협하며, 이사야 21:8의 경우에서 하나님 말씀의 화자가 실제로 도대체 누구였는가는 매우 사소한 사항이라고 생각할 수도 있다. 그러나 이 구절이 바로 전체 부분의 성격을 결정짓는다! 사람들이 일반적으로 기대하는 바와 같이 "그때에 그 파수꾼이 외쳤다"[2]가 아니라, "그때에 그 선견자가 외쳤다"라고 되어 있기 때문이다. 그러나 그 결과 그 파수꾼은 다름 아닌 선견자, 곧 예언자의 **제2의 자아(alter ego)**가 된다. 그는 하나님으로부터 바벨론의 멸망, 또는 그 당시의 세계를 주도하던 세력과 그 우상들의 심판에 관한 결정적인 환상을 받기 위해, "제가 그 망대 위에 서 있습니다, 나의 주님"이라고 자신이 준비되어 있음을 보고하면서 하나님 곁인(!) 자신의 자리로 되돌아왔음을 신고한다. 이에 따라 본문비평적인 '사소한 사항'은, 파수꾼의 말을 이전에 선포된 이사야 21:2-5의 바벨론 신탁 성취 보도로 해석하는 것이 아니라, 파수꾼의 말이 그 자체로 바벨론 통치의 멸망을 이제 원-묵시론적(protoapokalyptischen) 지평과 융합시키는 예언자의 환상 보도에 속한다는 해석의 기초를 마련해 준다.[3]

앞에서 언급한 실수에서 비롯한 필사 오류와 의도적인 변경들은 원칙적으로 고대의 모든 문서의 본문 역사가 보여 주는 특징이다. 이러한 관점에서 보면, 구약성서와 신약성서는 사용 가능한 이 두 성서 필사본들의 숫자가 고대 문서들의 본문 증거 숫자보다 몇 배가 된다는 점 말고는, 결코 특수한 지위를 차지하지 않는다. 이것은 본문비평 연구를 가치 있는 작업인 동시에 가장 복잡한 작업이 되게 한다. 물론 구약성서의 본문 연구를 위한 출발점은 신약성서의 경우와 완전히 다르다. 곧 신약성서의 학술 편집본의 편집자들은 이미 가장 좋다고 입증된 독법들(Lesarten)을 선택하여 본문을 합성한 반면에, 히브리어 성서의 현대 학술 편집본들은 사실

2) 현대적인 번역본들인 Gute Nachricht Bibel (1977), Einheitsübersetzung (1980) 혹은 The Holy Bible. New International Version (1973)은 이처럼 번역함으로써 본문에 맞지 않는 번역을 하고 있다.

3) 이에 대해서는 A. A. Fischer, Der Edom-Spruch in Jesaja 21. Sein literaturgeschichtlicher und sein zeitgeschichtlicher Kontext, in: M. Witte (Hg.), Gott und Mensch im Dialog (FS O. Kaiser), BZAW 345/I, Berlin / New York 2004, 479-484를 참조하라.

상 여전히 중세 필사본 하나를 기초로 삼고 있을 뿐이다. 따라서 히브리어 성서의 경우에 근본적인 본문비평 작업은 개별 경우들을 고려해서 수행해야 하고, 성서 본문에 대한 (그릇된) 경외심에서 마소라 본문 전통만을 신뢰하는 것으로는 충분하지 않다.

이러한 목적을 위해서 이 비블리아 헤브라이카 입문서는 본문 역사와 관련하여 필요한 모든 정보를 주고, 가장 중요한 학문적인 연구 자료들을 제시해 주며, 본문비평 연구로 인도하고자 한다. I 부분은 히브리어 성서의 본문 증거들을 다루고, II 부분은 그리스어 본문 전승과 다른 고대의 번역본들을 다룬다. 본문비평의 이론과 실제는 III 부분에서 이어진다. IV 부분은 에른스트 뷔르트바인이 이전 판본에서 골라 제시했던 유용한 도판들을 보여 줌으로써 이 책을 마무리한다.

I. 성서의 히브리어 본문

I. 성서의 히브리어 본문

1. 언어, 문자 그리고 필기도구

고대 히브리어는 셈 어족에 속하며, 우가릿어, 가나안어, 페니키아-카르타고어(푸닉어) 및 모압어, 암몬어, 에돔어 그리고 아람어와 서로 가까운 친족 관계에 있다. 이 언어들은 함께 북서 셈 어족을 이룬다. **성서 히브리어**는 기원전 7/6세기에 예루살렘에서 사용되었던 유다어로부터 비롯한 것이다. 성서 히브리어는 구약성서가 기록되었던 페르시아 시대의 유다 문학 작품에 사용된 언어와 교육 언어를 일컫는 것이다. 이 시대에 제국의 아람어는 예후다 속주에서 이미 공용어이자 무역어로 널리 사용되었고, 일상어였던 히브리어를 점점 더 밀어내기 시작했다. 이러한 배경에서 볼 때, 구약성서의 후대 책들에 드는 몇몇 장들이 실제로 아람어로 기록되어 있다는 사실은 결코 놀랄 일이 아니다. 그러한 본문의 예로는 예레미야 10:11; 다니엘 2:4-7:28과 에스라 4:8-6:18; 7:12-26이 있다.

1.1 성서 히브리어

모든 셈어에서와 마찬가지로 히브리어에서도 한 단어의 사전적 의미는 자음, 곧 이른바 어근에 달려 있다. 이 어근에 모음, 접두어, 중간어 그리고 접미어를 덧붙여서 품사와 문법적 형태들이 이루어진다. 예를 들어, 어근 k.t.b는 '기록하다'는 뜻을 가지며, 그것에서 파생한 כתוב katûb는 '기록된 것'을 뜻하고, ויכתב w^{e}jiktob는 '그가 기록한다'는 뜻을 가진다. 그렇지만 모음들은 기록되지 않고 발음만 되기 때문에 **자음 본문**이라고 말한다(2.1을 보라). 이 때문에 몇몇 형태에서는 서로 다른 발음의 가능성과 그에 따른 서로 다른 해석의 가능성도 생긴다. 이런 가능성을 없애려고 히브리어에서는 **완전 서법**(plene-Schreibung, 나 써주는 기록 방식)이 발전되었다. 곧 몇몇 자음 기호들, 예컨대 바브(Waw)와 요드(Jod), 그리고 더러 알렙(Aleph)과 헤(He)가 장모음을 의미하는 것으로 사용될 수 있었다(**읽기용 모음 문자**, matres lectionis)[1]. 그런데도 이것으로 성서 본문의 전승에서 다르게 해석될 가능성들(다의미성)이 배제될 수는 없었다. 그 때문에 유대인 학자들, 곧 이른바 마소라 학파(전승자들)는 중세 초기에 포괄적인 모음 기호 체계를 고안했다. 이러한 체계는 점과 선으로 구성되는데, 그것들을 자음들 위나 아래에 써넣는다. 그래서 모음 표기가 된 본문 또는 점이 찍힌 본문이라고 말한다(2.3을 보라). 때로는 이 본문을 마소라 본문(MT 또는 M)이라는 명칭으로 일컫기도 한다. 하지만 마소라 본문이라는 명칭은 마소라 학파가 점을 찍은 본문일 수도 있고, 그들에게 전승된 자음 본문일 수도 있기 때문에 분명하지는 않다.

시문

성서 히브리어도 시문과 산문을 구별한다. 물론 구약성서의 대부분의 본문들, 그 가운데서도 특히 오경과 역사서의 이야기들은 산문으로 기록되어 있다. 이에 반해서 예언서에서는 산문 본문들과 시문 부분들이 뒤섞여 있는 것을 볼 수 있다. 마지막으로 전체적으로 시적인 언어로 저작된 〈시편〉과 〈잠언〉과 같은 책들도 있다. 비블리아 헤브라이카를 들여다보면 그러한 구분을 하는 데 도움을 받을 수 있다. 왜냐하면, 비블리아 헤브라이카에는 시문 부분들은 시구 형태로 행을 구분해서 인쇄해 놓았기 때문이다. 이 밖에도 마소라 학파가 고안해낸 악센트 체계가 있는데, 이것들은 — 해석적 악센트이기도 하며 — 의미 단위를 두드러지게 해 준다(2.4를 보라). 하지만 분명히 시문의 구조로 판명된 본문 안에서 산문을 구분해 내는 것은 히브리어 언어 연구 분야에서 여전히 논쟁이 되는 문제 가운데 하나이다. 게다가 유럽의 시문에서는 가장 중요한 특징인 각운(Reim)이 히브리어 시문에서는 나타나지 않거나, 매우 드물게 그리고 부수적으로 불완전한 유음(Assonanz)으로 나타날 뿐이다. 그래서 비블리아 헤브라이카에서 시문의 행 구분을 조사하지 않은 채로 내버려 두어서는 안 된다. 히브리어 시문 연구에서는 오히려 이른바 **평행법**이 유일하게 확실한 특징으로 사용된다. 한 절은 보통 평행법을 통해서 두 부분으로 나뉜다. 둘로 나뉜 반절들은 내용에서 서로 연관되고, 시문의 의미 단위를 형성한다. 이때에 두 번째 반절은 비슷한(동의적인), 이어가는(종합적인) 또는 반대되는(대조적인) 생각을 표현하는 경우들로 구분한다. "지혜로운 아들은 아비를

1) [역자주] 읽기용 모음. 문자적으로는 '읽기의 어머니들'이라는 뜻인데, 모음으로 쓰이는 자음들을 말한다.

기쁘게 하거니와 / 미련한 아들은 어미의 근심이니라"(잠 10:1)가 한 예이다.

콜론[2] 구분(Kolometrie)

평행법에 더하여서, 콜론 구분 방법은 한 본문에서 시적 표현 형식들을 밝혀내는 데 더욱 도움을 준다. 이러한 방식은 자음 수에 따라 두 개의 마디(이중 콜론[Bikolon])나 세 개의 마디([Trikolon], 삼 행으로 이어진 마디글로 된 절들을 구분하여 규정하려고 시도하는 방법이다. 콜론 구분 방법의 기본 개념은 우가릿 시문들과 비교하는 데서 발전되었다. 왜냐하면, 우가릿 시문에서는 시적인 법칙들과 관습들에 근거를 둔 일정한 절의 길이를 찾아볼 수 있기 때문이다. 이것을 히브리어 시문에 적용하면 연구의 대상이 되는 본문의 의미 단위들을 결정하는 데 도움이 되는 기준 길이는 다음과 같다. 비대칭적인 탄원의 절(키나[Qina])에서는 자음의 숫자가 14 + 9이고(애 2:21), 대칭적인 긴 절에서는 이중 콜론의 경우 14 + 14의 자음으로 되어 있고(시 21:3[2]), 삼중 콜론이 경우 14 + 14 + 14의 자음으로 되어 있다(시 77:17[16]). 그리고 히브리어에서 완전 서법을 통한 개별적인 구문(Kola)의 길이는 12개의 자음과 18개의 자음 사이를 왔다 갔다 할 수 있다.[3] 이에 반해서 이런 방식으로부터 크게 이탈하는 본문의 경우는 시문 구조의 교란을 보여 주며, 더러는 개정 작업, 난외주, 또는 본문 훼손에서 비롯한 것으로 설명될 수 있다. 그동안에 명확하게 드러난 것처럼, 해당 본문 단위들이 매우 후대에 형성된 것(포로기 이후의 것)이 아닌 한, 콜론 구분은 특별히 시편들과 예언자들의 말들과 지혜의 격언들에서 입증된다.

1.2 문자

히브리어의 정방형 문자

비블리아 헤브라이카만이 히브리어의 정방형 문자로 인쇄되는 것은 아니다. 중세의 필사본들과 쿰란에서 나온 대부분의 성서 필사본들도 정방형 문자로 기록되어 있다. 모든 자음 가운데 다수가 정확하게 정방형 안에 들어갈 수 있기 때문에 정방형 문자라고 부른다. 이 문자는 그 기원에 따라 때때로 **아시리아 문자**라는 이름

2) [역자주] '콜론'은 '마디'를 뜻하는 고대 그리스어 'κῶλον'에서 나온 말로, 시나 절에서 하나 또는 그 이상의 단위로 이루어진 리듬의 구성 요소이다. 평행을 이루는 같은 요소가 두 개 나올 때 이중 콜론이라고 하고, 세 개 나올 때 삼중 콜론이라고 한다. 율리우스 카이사르의 말 'Veni, vidi, vici'(왔노라, 보았노라, 이겼노라.)는 라틴어 동사가 모두 같은 길이로 되어 있어서 삼중 콜론의 예로 들 수 있다.

3) 참소, O. Loretz, Kolometrie ugaritischer und hebräischer Poesie: Grundlagen, informationstheoretische und literaturwissenschaftliche Aspekte, ZAW 98 (1986), 248-258.

으로도 불린다. 왜냐하면, 본래 아시리아 문자는 아케메니드(페르시아) 제국에서 특별히 널리 퍼졌던 아람어 문자를 가리키는 것이기 때문이다. 아마도 유대인들이 아람어 문자를 받아들인 것은 이미 언급한 대로, 히브리어가 성서의 언어로 계속해서 사용되고 있었음에도 페르시아 시대(기원전 5/4세기)에 제국의 공용어였던 아람어가 예후다 속주에서 점차 일상어로 사용되기 시작했던 과정과 관련이 있는 듯하다. 하지만 이전에 이스라엘과 유다에서 사용되었던 고대 히브리어 문자가 완전히 밀려나지는 않은 것으로 보인다. 고대 히브리어 문자가 사용된 좋은 예로는 여전히 고대 히브리어 문자를 담고 있는 바르 코흐바 항거 시대(기원후 132-135년)에 나온 주조 화폐들뿐 아니라, 쿰란에서 나온 〈하박국 주석〉의 문서 두루마리도 있다. 이 본문들은 정방형 문자가 주를 이루지만, 여호와 신명은 고대 히브리어 글자로 기록되어 두드러진다(도판 13). 이 밖에도 쿰란의 동굴들에서 발견되었던 12개의 성서 필사본들은 예외 없이 모두 고대 히브리어 문자로만 기록된 본문을 보여 준다. 이것은 예스러운 필사법을 대표 서법으로 사용해서 성서 본문에 특별한 지위를 부여했다고 추정하게 한다.[4)]

페니키아-고대 히브리어 알파벳 문자

이집트와 메소포타미아의 고도로 발달한 문명들이 단어 문자(Wortschrift)와 음절 문자(Silbenschrift)를 발전시키고, 그것을 표현하기 위해 수백 개가 넘는 쐐기 문자가 필요했었다면, 기원전 2천 년대에 이루어진 알파벳 문자의 발명으로 엄청나게 단순해졌다. 원시 시나이 비문들은 알파벳 문자의 선구적 형태로 여겨진다. 이 비문들은 시나이반도에 있는 세라비트 엘 카딤의 광산에서 발견되었고, 이미 알파벳이 생겨났음을 알려 준다. 그러나 기원전 13세기에서야 비로소 기호의 문자 수가 페니키아의 알파벳 문자의 영향으로 22개로 줄어들었다. 고유한 문자 기호와 더불어 페니키아의 새로운 기록 방식은 전체 레반트 지역에서 재빨리 확고한 지위를 얻었고, 오늘날에는 문자 체계들의 모체로 인정받는데, 그러한 문자 체계들은 아랍 문명뿐 아니라 서구 문명을 대표하는 존재가 되었다. 페니키아의 알파벳에서 고대 히브리어의 문자도 생겨났는데, 고대 히브리어 문자는 성서 시대의 이스라엘과 그 이웃 나라들에서 사용되었다. 가장 오래되고 중요한 문자의 증거들로는 이즈베트 사르타(Izbet Sartah)에서 나온 기원전 11세기에 학생이 페니키아-고대 히브리어 문자들을 연습한 것, 베들레헴에서 나온 기원전 11세기의 압들라비

4) 참조, H.-J. Fabry, Der Text und seine Geschichte, in: E. Zenger / u.a., Einleitung in das Alte Testament, KStTh 1,1, 7. Aufl. Stuttgart 2008, 41.

트(Abdlabit)의 화살촉, 기원전 950년 무렵으로 거슬러 올라가는 게셀의 농사 달력, 기원전 820년 무렵의 텔 단 비문(도판 1), 기원전 820년 무렵의 모압 왕 메사의 기념비(도판 2), 기원전 8세기의 사마리아에서 나온 오스트라카, 기원전 700년 무렵의 실로아 명문(도판 3), 기원전 600년 무렵의 라기스 서신들(도판 4)이 있다. 포로기-포로기 이후 시대에 속하는 후대의 증거로는 케테프 힌놈에서 나온 은판이 해당될 수 있는데, 이것은 민수기 6:24-26에 나오는 아론의 축복을 고대 히브리어 문자로 보여 준다. 마지막으로 사마리아 오경도 언급할 수 있는데, 사마리아 오경은 특수한 형태의 고대 히브리어 문자로 기록되고 전승되었다(도판 27). 이 때문에 이 사마리아인들의 토라는 특별히 예스러운 인상을 준다. 하지만 사마리아 오경의 문자들의 모양을 연구한 결과 이 사마리아 문자는 기원전 2세기에야 비로소 생겨났다는 결론이 내려졌다.

물론 고대 히브리어 문자 기호들에 관한 지식은, 위에서 언급한 본문들을 연구하는 전문가들의 전유물은 아니다. 그것은 본문비평에 있어서도 중요하다. 우리가 비블리아 헤브라이카에서 정방형 문자로 맞닥뜨리지만, 포로기 이전에 생겨난 구약성서의 본문은 원래 고대 히브리어 문자로 쓰여지고 전승되었기 때문이다. 예를 들어, 베껴 쓰는 과정에서 글자를 혼동하거나 위치를 잘못 바꿔 써서 생겨나는 본문의 오류들은 우리가 고대 히브리어 글자들과 여러 글자 형태들에서 찾아볼 수 있는 유사점들을 잘 알고 있어야 비로소 알아볼 수 있다. 이 때문에 고대 히브리어의 알파벳 연구는 주석 방법론과 관련한 초급 세미나에서도 주의를 기울여야 하는, 없어서는 안 되는 것이기도 하다(도판 48).

1.3 필기도구

성서 시대의 이스라엘에서는 문서를 기록하기 위해 다양한 도구들이 사용되었다. 구약성서는 중요한 문서 기록 수단으로서의 **돌**을 벌써 언급하는데, 구체적으로 말하면 십계명이 새겨졌던 두 개의 돌판 형태이다(출 34:1). 특히 왕들은 돌을 기념비로 사용했다. 그것은 바위에 새겨진 명문의 형태나, 벽에 사용된 석재에 새겨진 삽화의 형태, 아니면 끌로 문구를 적어 넣어 전쟁에서 통치자가 보여 준 행위를 영광스럽게 찬양하기 위한 복석으로 세워졌던 건립된 기념비의 형태가 될 수 있었다(참조, 삼상 15:12). 돌은 또한 **석회**로 덧바르기도 했는데(참조, 신 27:2-3), 그러면 거기에 글자들을 새기고 그리거나, 잉크로만 칠할 수 있는 표면이 생겼다. **회칠한 벽** 위에 기록된 명문의 인상적인 예는 얍복강 하류에 있는 데이르 알라에서 발굴된 기원전 8세기의 건축물에서 찾아볼 수 있다. 성서에서도 증언하는 선견자 발람에 관한 그 본문은 검은색 잉크로 기록되어 있지만, 시작하는 자리와 본문 가장자리를 둘러싸고 있는 몇몇 단어들은 붉은색 잉크로 기록되어 있다.[5] 눌러 찍는 인장과 굴려 찍는 인장은 보통 **석회암**으로 만들지만, 더러는 석영, 홍옥수, 자수정, 그리고 다른 준보석들로 만들기도 한다. 일반적으로 인장에는 소유자의 이름이 새겨지거나 조각된다. **목재**도 밀랍을 바른 필사판의 형태로 문서 기록 수단의 역할을 할 수 있었다. 아마도 이사야 30:8과 하박국 2:2가 이러한 목재판을 염두에 두고 있을 가능성이 있다. **금속**의 사용에 관해서는 위에서 언급한 케테프 힌놈의 은판과 쿰란에서 발견된 구리 두루마리(3Q15)가 인용될 수 있을 것이다. 아직까지 언급되지 않은 재료들 가운데서 가장 중요한 것으로는 **진흙**을 들 수 있다. 그렇지만 팔레스타인에서는 굽지 않은 진흙판의 형태로는 사용되지 않았다. 왜냐하면, 굽지 않은 진흙판은 쐐기 문자를 기록할 때에만 적합하지, 고대 히브리어 문자와 같은 흘림체(Kursive) 형태에는 적합하지 않기 때문이다. 이와 대조적으로, 사람들은 구운 질그릇 조각을 메모장, 저장품 기입장, 납품 증서, 그리고 계약 문서, 청원서, 편지와 필기 연습 등 다양하게 사용했다. 이때 문자는 질그릇 조각에 긁어서 새기거나, 점을 찍어서 새기거나, 잉크만을 사용해서 기록하곤 하였다. 이러한 질그릇 조각들을 **오스트라카**라고 부른다. 예언자들의 신탁과 지혜 격언들과 같은 짧은 성서 본문들도 성서에 들어오기 이전에 질그릇 조각들에 기록되었으리라는 사실은 충분히 가능하다. 이것이 입증되지는 않지만, 이와 관련해서 기원전 6세기로 거슬러 올라가는 라기스 오스트라콘 3번을 언급할 수 있다. 그것은 예언자의 신탁을 담고 있는 편지 발송을 언급하며 예언자의 말을 간접적으로 인용한다. 애석하게도 이러한 인용은 "조심하라!"는 한 단어로만 되어 있다. 아마 이 단어는 해당하는 예언자 신탁의 시작 어구이거나 핵심 문장인 것으로 보인다.[6] 오스트라카를 포함하여 지금까지 말한 모든 문서 기록 수단은 다양한 이유로 긴 본문들의 기록에는 적합하지 않으며, 그 때문에 성서의 전승에는 중요한 의미를 갖지 못한다. 오히려 제조하기 편하거나 구하기 편하고, 돌돌 말린 것을 펼칠 수 있어서 계속되는 본문을 기록하는 것을 가능하게 만들었던 기록 재료를 찾아내야 했다.

---

5) 오늘날에도 검은색 잉크와 – 흔적으로 남아 있는 – 붉은색 잉크까지도 알아볼 수 있는 회칠한 벽의 남은 부분은 암만의 별로 주목받지 못하는 고고학 박물관에서 여전히 경탄을 자아내고 있다. 그곳에는 나중에 언급하게 될 쿰란의 구리 두루마리와 쿰란의 기록방식으로 기록된 〈전도서〉 필사본의 단편 4QQoh[a] (= 4Q109)도 있다(도판 15).

6) 참조, U. Rüterswörden, Der Prophet in den Lachisch-Ostraka, in: Ch. Hardmeier (Hg.), Steine - Bilder - Texte. Historische Evidenz außerbiblischer und biblischer Quellen, ABG 5, Leipzig 2001, 179-191.

파피루스

파피루스는 이미 기원전 3천 년대에 이집트에서 기록 재료로 널리 사용되었고, 파라오들과 제사장들이 법률 문서들, 종교 본문들, 그리고 문학적인 이야기들을 기록할 때 사용하였다. 파피루스는 몇 미터까지 높이 자라는 파피루스 풀 줄기의 속심으로 만들어진다. 파피루스 풀의 속심은 얇고 가늘고 길쭉한 모양으로 잘라서, 세로로 촘촘하게 서로 가지런하게 배열한다. 그리고 그 위에 다시 가로로 가늘고 길쭉하게 두 번째 층을 놓는다. 파피루스 자체가 풍부한 접합제를 가지고 있어서, 압착하는 것만으로도 섬유질을 단단히 붙일 수 있다. 그런 뒤에 파피루스로 만든 종이는 말리고 평평하게 하는 작업을 거치기만 하면 된다. 옅은 황색부터 탁한 초록색까지 그 색이 다양한 개별 파피루스 종이들은 20에서 50장들을 한 묶음의 두루마리로 이어 붙인다. 이때 가로로 된 섬유들이 항상 안쪽에 놓이도록 엄격한 주의를 기울여야만 한다. 앞면(recto)과 뒷면(verso)에 모두 기록이 가능한 종이들도 있지만(겔 2:10; 참조, 계 5:1), 일반적으로는 앞면에만 기록이 되기 때문이다. 양면에 기록된 파피루스 사본들은 **오피스토그라프(Opistograph)**[7]라고도 부른다. 서기관 바룩이 예언자 예레미야가 말하는 대로 기록하였던 그 두루마리도 파피루스로 만들어졌음이 분명하다. 그 두루마리는 후에 유다 왕에게 조각조각 잘려서 화로에 던져졌다(렘 36장).

이집트와 페니키아 사이의 무역 관계는 시리아와 팔레스타인에서도 분명히 기록 재료로 파피루스가 필요했을 것이라는 사실을 입증해 준다. 그래서 이집트의 관리 벤아문(Wenamun)의 여행 보고(기원전 11세기)는 그가 섬세한 상품 파피루스 500 두루마리(다양한 품질의 등급이 있었다!)를 이집트 사람들이 축제 행렬용 배들을 만들 때 필요한 목재와 교환해 오라는 임무를 파라오에게서 받고 비블로스로 여행했다고 이야기한다. 파피루스를 옮겨 싣는 주요한 무역 장소는 수백 년 동안, 항구 도시인 비블로스였다(베이루트에서 북쪽으로 약 40km 떨어져 있는 곳). 잠시 덧붙여서 말하자면, **비벨(Bibel)**[8]이라는 단어는 비블로스라는 이름에서 비롯한 것이다. 파피루스는 분명히 질긴 성질을 가진 기록 재료였고, 오랜 시간이 흘러도 원형 상태로 보존될 정도로 내구성이 있었다. 그렇지만 팔레스타인에서는 지금까지 얼마 되지 않는 파피루스 단편들만 발견되었는데, 이는 일단 사해와 네게브의 메마른 사막 기후를 제외하면, 파피루스 두루마리들의 보존을 위한 기후적 조건이 이집트보다 더 열악했기 때문이다. 하지만 팔레스타인에서 발견된 봉인 문서들과 인장

7) [역자주] 앞뒤에 다 쓰여진 원고라는 뜻이다.

8) [역자주] 영어로는 '바이블'.

을 찍은 자국들의 뒷면에서는 파피루스 섬유질의 구조를 아직까지도 분명하게 알아볼 수 있다. 이것들은 사람들이 편지를 주고받을 때 문서 기록 수단으로 파피루스를 사용했다는 것을 입증해 준다. 히브리어가 기록된 가장 오래된 파피루스 낱장은 기원전 7세기의 것으로, 쿰란에서 멀지 않은 곳에 있는 와디 무라바아트에서 발견되었다. 그것은 원래의 글 일부 또는 전체를 지우고 다시 쓴 문서인 재록필사본(Palimpsest)으로서 본래 하나의 서신 본문을 담고 있었지만, 나중에 곡물 조달 목록이 그 위에 덧쓰여졌다. 이 밖에도 이미 1902년에 알려진 파피루스 단편도 특별히 중요하다. 그것은 발견자의 이름을 따라 일컬어진 **나쉬 파피루스**(도판 6)이다. 이 파피루스는 쿰란의 문서 두루마리들이 발견되기 전까지 히브리어 성서 본문을 나타내는 가장 오래된 본문 증거로 여겨졌다. 이 파피루스 단편은 기원전 2세기나 1세기 무렵으로 거슬러 올라가며, 출애굽기 20장과 신명기 5장의 독법을 보이는 십계명과 신명기 6:4-5에 나오는 '쉐마' 본문을 담고 있다. 이것은 성서 문서 두루마리가 아니라, 예배 의식과 관련된 편집 작품 가운데 하나였을 개연성이 매우 높다.

가죽

가죽 두루마리들은 엘레판틴의 유대인 군사 식민지에서뿐 아니라, 페르시아 총독들의 관청에서도 기록 재료로 사용된 것으로 입증된다(기원전 5/4세기).[9] 가죽에 기록된 성서 본문 중 가장 탁월한 예는 쿰란의 제1 동굴에서 발견된 기원전 2세기의 첫 번째 〈이사야〉 두루마리이다(도판 10). 그럼에도 파피루스 두루마리와 어깨를 나란히 하는 기록 재료인 가죽은 팔레스타인뿐 아니라 그 밖의 중동의 서남아시아에서도 아주 천천히 그 자리를 다져갔다. 왜냐하면 동물의 겉가죽을 기록하기에 알맞은 가죽으로 만들고 나머지 가공 작업을 하는 것은 시작부터 어렵고 비용이 많이 들었기 때문이다. 동물의 가죽은 그 겉가죽을 벗겨낸 뒤에 우선 털을 제거하고, 깨끗하게 씻고 난 다음, 실제적인 무두질이 이루어진다. 무두질에 필요한 식물 재료는 몇몇 종류의 나무껍질에서 추출하고, 광물 재료는 사해에 풍부하게 있었던 여러 가지 소금에서 확보했다. 가공하지 않은 동물의 생가죽을 무두질해서 필사에 쓸 수 있는 가죽으로 만든 뒤에는, 거친 한 면과 기록에 적합한 매끈매끈한 한 표면이 된다. 필사할 표면에 대한 후속 처리는 표면을 적절히 부드럽게 하는 작업, 유연하고 신축성 있게 하는 작업과 잉크를 흡수할 수 있게 만드는 작업이다. 여러 무두질 공정을 위해서는 무엇보다도 물이 많이 필요하다. 흥미롭게도 쿰란의

9) 참조, H.-P. Rüger, Art. Schreibungmaterial, Buch und Schrift, in: K. Galling (Hg.), Biblisches Reallexicon, HAT I/1, 2. Aufl. Tübingen 1977, 289-292.

거주지에는 자신들만의 물을 공급하는 곳도 있었다. 이것은 쿰란에서 문서 두루마리를 만들기 위해 가공하지 않은 생가죽을 문서 필사용 가죽으로 정교하게 가공하는 무두질 작업장이 운영되었다는 가정을 뒷받침해 준다(3.1을 보라). 파피루스보다 가죽이 가지는 명백한 장점은 견고성에 있다. 특별히 자주 사용되는 문서 두루마리들은 상대적으로 닳아 낡아지지 않아야 한다. 이 때문에 가죽 두루마리를 화려한 형태로 만드는 것이 권장되었다. 〈아리스테아스의 편지〉에서 언급하는 금으로 기록되고 정교하게 꿰매 합쳐진 토라 두루마리를 이에 대한 좋은 예로 들 수 있을 것이다(〈아리스테아스의 편지〉, 176; 참조, 요세푸스, 〈유대고대사〉, XII,89-90).

양피지

대략 기원전 2세기 이후로 사람들은 특정한 형태의 석회 착색제를 사용해서 동물의 겉가죽에서 훨씬 매끄럽고 더욱 밝은 재료를 만들 수 있게 되었고, 그것은 편리한 기록의 도구가 되었다. 사람들은 그러한 작업 방식을 버가모(페르가몬)의 왕 에우메네스 2세(Eumenes II)가 만든 것이라고 여기기 때문에 그러한 기록 재료를 양피지(페르가멘트[Pergament])라고 부른다. 양피지에는 양쪽 면에 기록이 가능했을 뿐 아니라, 밝은 바탕과 어두운 잉크가 대조되어 글자를 더 잘 읽을 수 있다. 이 밖에도 양피지는 질기면서도 신축성이 있는데, 이는 양피지의 섬유질은 무두질이 이루어짐에도 여전히 동물성 젤라틴을 함유하고 있기 때문이다. 그래서 양피지는 책을 기록하는 가장 중요한 재료로 발전되었다. 중세의 서적 제조술의 관심은 여기서 더 나아가 양피지를 푸른색과 자주색으로 물들이는 데 있었다. 끝으로, 양피지는 또 다른 장점이 있었다. 양피지의 표면은 쉽게 긁어낼 수 있어서, 사람들은 새로운 문서 작업을 위해서 양피지를 재사용할 수 있었다. 사람들은 이렇게 여러 번 덧써서 기록한 양피지 장들을 **재록필사본**이라고 부른다. 이 때문에 많은 중요한 성서 필사본들은 글자가 기록된 표면 아래에 존재하며, 오늘날에도 적외선을 쬐면 다시 볼 수 있다.

1.4 두루마리와 코덱스

고대에 '책'은 파피루스, 가죽 또는 양피지로 만든 두루마리의 형태였다. 오늘날에도 여러 권이 한데 묶인 작품의 개별 책을 표현하는 말인 **권**(卷, Volumen [라틴어 volvere '말다, 굴리다'에서 유래한 말])이라는 용어는 그러한 두루마리 형태를 생각나게 한다. 헬레니즘 시대 후기에야 비로소 앞면과 뒷면에 기록이 된 파피루스 낱장이나 양피지 낱장을 층층이 포개어 묶은 코덱스(Kodex) 형태가 점점 확고한 위치를 차지하기 시작했다. 기독교가 정경의 문서 모음집을 책으로 한데 묶었다는 점에서, 기독교는 이 발전을 결정적으로 나아가게 했다. 이에 반해 회당에서 성서의 낭독과 관련해서 두루마리의 형태는 규정된 대로 유지되었다. 물론 이것은 코덱스 형태가 유대교에서 사용되지 않았으리라는 사실을 뜻하지는 않는다. 오히려 우리는 기원후 2세기 이후부터 유대인들이 개인적인 용도로 코덱스 형태를 사용했을 것이라고 추측할 수 있다.[10] 후대에 코덱스는 유대인들의 성서 연구서로서 특별한 중요성을 얻기까지 했는데, 다음과 같은 흥미로운 상황 때문에 그리되었다. 곧 예배에서 예전용으로 사용하도록 마련한 토라 두루마리들은 자음들로만 구성된 본문을 가지고 있었기 때문에, 할라카에 따르면 모음을 붙이는 것과 노래 부호를 덧붙이는 것은 허용되지 않았다. 그래서 히브리어 성서 본문에 모음 기호와 악센트를 마련해 주었던 중세의 마소라 학파의 작업에서 코덱스 형태는 마치 예정된 것과 같았다.

문서 두루마리

히브리어 본문의 경우에는 본문을 읽을 때 오른손으로 두루마리를 붙잡고 왼손으로 두루마리의 길이를 약 40-50cm 정도 펴서 읽는다. 일반적으로 이것은 세 개의 세로 단으로 된 필사 본문의 평균 크기와 일치한다. 이는 때로, 인접한 단의 엇비슷한 높이에서 읽을 수 있는, 비슷하거나 내용상 연관된 본문 부분이 난외주나 본문 오류가 생겨나는 데 영향을 줄 수 있었다는 것을 뜻한다. 글을 계속 읽어 나갈 때는 문서 두루마리를 오른손으로 돌려 감고 왼손으로는 그 다음 부분을 펼친다. 필사본들을 읽은 이후에는 항상 시작 부분으로 다시 되감아야만 하거나 또는 읽기 원하는 특정한 본문 구절까지 앞으로 감아야 했기 때문에, 사람들은 필사 및 독서 공간에 두루마리용 책상을 특별히 마련했다.[11] 조심스럽게 다루더라도 두루마리는 상당히 잘 마모되어서, 자주 읽히는 문서 두루마리들은 주기적으로 새로운 사본으로 교체해야 했다. (고대에 문서 두루마리는 가운데를 비우고 둘둘 말아서 사용했다. 따라서 이때까지는 두루마리의 시작 부분과 끝 부분에 손잡이가 달린 나무 막대기로 마감하지 않았다.) 앞에서 서술한 대로 사용하기 때문에 문서 두루마리의 길이에는 당연히 한계가 있다. 쿰란의 동굴에 보관될 수 있었던 가장 긴 성서 필사

10) 참조, S. Lieberman, Hellenism in Jewish Palestine. Studies in the Literary Transmission Beliefs and Manners of Palestine in the I Century B.C.E.-IV Century C.E., TSJTSA XVIII, New York 1950, 203-208 (Appendix III: Jewish and Christian Codices).

11) 쿰란에 있는 문서 두루마리 걸상(Schriftrollenbank)에 대한 개연성 있는 정체규명에 관해서는 H. Stegemann, Die Essener, Qumran, Johannes der Täufer und Jesus, Freiburg / Basel / Wien 1993, 61-62를 참조하라.

본은 7.34m 길이의 첫 번째 〈이사야〉 두루마리이다. 규모가 큰 문학 작품들은 여러 두루마리, 또는 책으로 나눴다. 예를 들어, 호메로스의 〈일리아스〉를 24권의 책으로 나누거나, 토라 곧 오경(그리스어, πεντάτευχος '다섯 겹으로 만든')을 5권의 책으로 나누는 등이다.

문서 두루마리들은 다양한 판형이 될 수 있다. 그럼에도 그 당시에도 이미 '표준 판형들'이 형성되기에 이르렀다고 추정할 수 있다. 물론 그것들을 전지(全紙)를 접는 방식에 뿌리를 둔, 오늘날에 통용되는 책 판형들(2절판, 4절판, 8절판)과 비교할 수는 없다. 그렇지만 유다 사막에서 발견되었던 필사본들 가운데서는 호화 판형(de luxe editions)이라고 서술되며, 서로 비슷한 판형을 보여 주는 한 무리의 문서 두루마리를 식별해 낼 수 있다.[12] 이것들은 독점적으로는 아니지만 주로 성서의 표준 필사본들을 만드는 데 사용된다. 그 밖의 질적인 특징들과 더불어 이 무리의 필사본들에는 다음과 같은 판형 정보도 드러난다. 곧 문서 두루마리들의 높이는 30-40cm 사이이다. 위쪽과 아래쪽의 난외 공간은 3-4cm의 너비로 넉넉하게 정해지는데, 흔히 아래쪽 난외 부분의 너비가 약간 더 크다. 기록을 위해 마련된 공간에는 대략 35-45행을 담을 수 있다. 난들의 너비는 정해져 있지 않은데, 이것은 문서 두루마리에 바느질로 꿰매거나 맞붙이는 가죽을 어떻게 재단하느냐에 달려 있다. 일반적으로 필사본 한 장에는 평균 너비가 10-12cm인 단이 3-4개 있다. 단의 너비는 되도록 균등하게 나누며, 필사하기 전에 날카로운 도구로 미리 그려 놓는다. 가로선을 긋기도 하는데, 가로선을 그은 다음에는 문자들을 그 선 위에 기록하지 않고 선 아래에 닿게 한다. 쿰란에서 발견된 〈하박국 주석〉에서 미리 그어 놓은 수직선들과 수평선들을 특히 잘 알아볼 수 있다(도판 13).

복원

쿰란의 동굴들에서 수많은 단편들이 발견되기는 했지만, 완전하게 보존된 필사본은 몇 안 되기 때문에 문서 두루마리의 복원은 특별히 중요하다. 복원은 곳곳에 수많은 함정이 놓여 있는 너무나도 복잡한 작업이다.[13] 우선 개별적인 단편들이 어

12) 이에 대해서는 E. Tov, The Biblical Texts from the Judaean Desert – an Overview and Analysis of the Published Texts, in: ders. / E. D. Herbert (ed.), The Bible as Book. The Hebrew Bible and the Judaean Desert Discoveries, London 2002, 158-160 (Appendix)을 참조하라.

13) 참조, H. Stegemann, Methods for Reconstruction of Scrolls from Scattered Fragments, In: L. H. Schiffman (ed.), Archaeology and History in the Dead Sea Scrolls, JSPE.S 8, Sheffield 1990, 189-220 (205-206쪽에 체크리스트가 있다).

떤 필사본에 속하는지 확인되어야만 하며, 그런 뒤에 그 필사본에 있어야 할 그 자리에 넣어야 한다. 그것을 위해서 성서 두루마리들에서 도구와 내용 그리고 판형을 염두에 두고 집중해서 살펴본다. 이렇게 해서 대개의 경우에 단편들 가운데서 한 두루마리의 것임과 제자리를 알 수 있게 하는 손상의 유형(예를 들면, 습기, 벌레, 구겨짐을 통한 손상)을 찾아낼 수 있다. 성서 본문의 내용은 단편들을 구분하는 데 또 다른 도움을 주는데, 물론 이때는 처음부터 마소라 본문 판본을 기초로 삼을 필요가 없고, 오히려 필사본들 각각의 본문 전통을 되도록 정확하게 규정해야만 한다(3.5를 보라). 마지막으로 개별 단편은 필사본의 단에서 원래 자리를 찾아야 하는데, 그러한 자리는 미리 정확하게 계산해야 한다. 이를 위해 간격과 행의 길이와 글자의 크기를 세심하게 측정해야 하는데, 이것은 사용할 수 있는 본문 단편들이 아주 많이 남아 있을 때만 가능하다. 첫 번째 〈사무엘〉 두루마리(4QSam[a] = 4Q51)에서 31-54단은 이렇게 하여 완전하게 재구성할 수 있었다.[14)]

보관

대부분의 문서 두루마리들은 보호를 위해 덮개와 두루마리를 묶어서 잠글 수 있는 가죽끈을 사용한다. 덧붙여서 많은 두루마리는 바깥에 긴 띠로 된 별지(라틴어, titulus)를 붙여 두는데, 그 위에는 짧은 목차가 기록되어 있다. 고대의 도서관에서는 말아서 묶은 두루마리들을 나무로 된 서가에 쌓아두거나 궤 안에 보관했을 개연성이 매우 높다. 그러나 우리는 — 황제 치하 시기의 버가모(페르가몬)에서처럼 — 닫을 수 있는 책장도 생각해 볼 수 있다. 그러한 책장은 대략 120개에서 200개의 문서 두루마리들을 수납할 수 있었다. 물론 쿰란의 제1 동굴에서 발견된 진흙 항아리들이 유명해졌는데, 그것들은 뚜껑으로 닫을 수 있고 그 속에 아마로 싼 문서 두루마리들을 차곡차곡 쌓아 놓은 항아리들이다(도판 8). 그렇지만 이것이 문서 두루마리를 보존하는 일반적인 방식은 아니었고, 오히려 사람들이 운반하기 위해서, 또는 — 증서나 계약문의 경우에는 — 계속 보관해 두려고 사용했던 일종의 특수한 포장 방식일 뿐이었다(렘 32:14).

코덱스

두루마리는 기원후 1세기부터 코덱스로 발전하기 시작했지만, 하지만 서적의 이 두 형태는 매우 오랫동안 공존하였다. 코덱스에서 파피루스나 양피지 낱장은

14) 참조, E. D. Herbert, Reconstructing Biblical Dead Sea Scrolls. A New Method Applied to the Reconstruction of 4QSam[a], STDJ 22, Leiden / New York / Köln 1997.

더는 한 장씩 떨어진 채 늘어놓는 것이 아니라, 책자 형태로 포개고, 층층이 정돈하여 한데 묶이게 되었다. 그러나 우리가 성서 필사본에서 볼 수 있는 것처럼, 두루마리 형태는 코덱스에 영향을 준다. 두루마리는 대개 두 개의 단이나 세 개의 단으로 기록된 코덱스 개별 쪽의 활자의 모양을 확정했다(예, 카이로 코덱스, 도판 20). 그러나 코덱스의 단들은 상당히 좁아졌기 때문에, 본문 단락 구분의 특징들(행 안의 공란이나 행 끝 비우기)을 항상 분명하게 알아볼 수는 없다.

특별히 기독교가 왜 코덱스 형태로 옮겨갔는지의 그 까닭은 다양하지만, 아직도 분명히 설명되지는 않는다. 하지만 이 새로운 책 형태가 문학 장르에 따라 점진적으로 그리고 세분화되어서 받아들여졌다는 사실은 확인된다. 곧 기원후 3세기에는 기독교 문헌들에 뒤이어서 법률 문헌들이 나타났고, 기원후 4/5세기에는 고전 시문학이 뒤를 이었다.[15] 처음에 코덱스는 대개 파피루스로 만들어졌었는데, 기원후 4세기부터는 양피지 코덱스가 확고한 자리를 차지하였다(예, 바티칸 코덱스). 코덱스 형태의 장점들은 분명하다. 낱장은 양면으로 기록할 수 있고, 그 때문에 더 많은 본문을 담을 수 있다. 관리도 더 간편하고 본문을 찾기도 더 수월하다. 마지막으로 코덱스는 두루마리와 달리 분량에서 제한된 범위가 없다. 이 때문에 매우 많은 성서의 개별 문서나 거룩한 문서 전체를 편리하게 한 권의 책으로 묶을 수 있다. 고대의 기독교 성서 제작의 중심지들은 가이사랴, 안디옥(안티오키아) 그리고 알렉산드리아였다. 이미 언급한 것처럼, 유대교에서는 예배에서 사용되는 거룩한 문서로 변함없이 가죽 두루마리를 사용하도록 규정하였다. 이에 반해서 마소라 학파는 그들의 작업을 위해 일반적으로 코덱스 형태를 사용했다. 그들의 중심지는 서쪽에서는 티베리아였고, 동쪽에서는 바벨론의 학교들(Lehrhäuser)이었다(2.3을 보라).

1.5 필기도구들과 잉크

필기도구는 문서 기록 수단에 사용되었던 재료에 따라서 자연스럽게 결정된다. 필기도구들의 특성은 글자 형태에 적지 않은 영향을 준다. 암벽이나 돌덩이에 새겨진 기념비의 명문을 만들기 위해 사람들은 **끌**을 사용했다. 이 때문에 글자가 서실고 모가 나 있는 모습을 보인다. 석회암이나 진흙에 새기거나 점을 새겨 넣는 보다 작은 명문에서는 날카로운 **석필**을 사용했다(사 8:1). 석필은 다양한 재료들로 제작했는데, 예레미야 17:1과 욥기 19:24는 철필을 증언한다. 철필을 쓰면 더 선명하게

15) 참조, D. Fouguet-Plümacher, Art. Buch / Buchwesen III. Die Entwicklung von der Antike bis zur Neuzeit, TRE 7, Berlin / New York 1981, 276-277.

둥근 글자와 더욱 섬세한 문자 모양을 만들어 낼 수 있다. 눌러 찍는 인장과 굴려 찍는 인장에 그림과 더불어 인장 소유자의 이름을 새겨 넣기 위해, 인장 제작자는 날카로운 송곳과 **조각칼**과 같은 특별한 보석 세공용 도구들을 가지고 있어야 했다.

지금까지 언급한 필기도구로, 마련해 둔 기록 재료에 글자를 새겼다. 파피루스와 가죽의 경우에서처럼 이러한 일이 여의치 않으면, 문서는 잉크로 기록한다(렘 36:18). 더 오래된 시대에는 기록을 위해 가느다란 **골풀**을 사용했는데, 그 섬유질의 끝부분은 작은 붓처럼 사용할 수 있었다. 기원전 3세기 무렵부터는 그리스 사람들이 사용한 **갈대 펜**(그리스어, κάλαμος)을 찾아볼 수 있다. 이에 반해 새의 깃털과 거위 깃펜은 중세에서야 비로소 사용된다.

갈대 펜

갈대 펜 또는 칼라모스[16]는 천연 갈대를 비스듬하게 잘라서 만드는데, 그 끝머리는 갈라져 있다. 이러한 갈대 펜에는 잉크가 골고루 그리고 빨리 흡수되기 때문에, 흘림체의 흐르듯이 구부러진 선의 필치로 쓸 수 있게 해 준다. 물론 이러한 특성을 유지하기 위해 갈대 펜은 주기적으로 잘라 주어야만 한다. 이를 위해 기록자는 특별한 기록자용 칼을 사용한다(렘 36:23). 갈대의 깃을 보호하기 위해 — 현대의 만년필과 비슷하게 — 뚜껑을 씌우기도 했다. 그 밖에 깃털 상자(히브리어, קֶסֶת, qäsät, 참조, 겔 9:2)도 기록자가 갖추어야 할 도구에 속한다. 그것은 보통 나무로 만들어지는데, 고급품은 상아로 만들어졌다. 그리고 깃털 상자에는 갈대 깃들을 수납할 하나의 서랍뿐 아니라, 하나 또는 그 이상의 접시 모양으로 생긴 오목한 홈이 있었는데, 그러한 홈에서 검정 잉크나 — 가루로 만든 점토를 혼합해서 만든 — 붉은 잉크를 섞을 수 있었다. 이를 위해 안료 가루는 가죽 주머니에 따로 보관하였다.

잉크

고대에는 잉크가 두 종류, 곧 더 오래된 식물성 잉크와 후대의 금속성 잉크(라틴어, tincta '물들인 것')로 구분된다. 식물성 잉크는 그을음으로 만들고, 결합제인 아라비아고무, 수용성 수지(樹脂), 혹은 식물 기름과 혼합하는데, 결합제는 필사 재료에 더 잘 달라붙게 하는 역할을 한다. 기원전 3세기에 금속성 잉크가 발명되었는데, 그것은 만드는 방법 때문에 '몰식자 잉크'(Eisengallustinte)라고도 부른다. 이를 위해 몰식자(沒食子, Gallapfel)가 필요한데, '몰식자'란 특정한 종류의 떡갈나무 종에 속하는 나무의 이파리와 가지와 싹에서 부풀어 오른 것들로, 알 낳

16) [역자주] 갈대나 갈대 펜을 의미하는 고대 그리스어 단어이다.

는 어리상수리혹벌(Gallwespe)에게 찔려서 생기는 혹처럼 둥글게 부풀어 오른 부분이다. 말린 몰식자는 밟아 으깬 다음에 황산철과 아라비아 고무를 첨가해서 푹 삶는다. 그러나 오래 가는 염료는 문서 기록 재료 위에서 마르는 과정이 되어서야 비로소 생기는데, 정확히 말하면 2가(價)인 황산철이 3가(價)인 황산철로 산화됨으로써 생겨난다. 3가인 황산철은 몰식자산(Gallussäure)과 결합하여 짙은 검은색이 된다. 몰식자 잉크가 도입된 이후에도 두 잉크 종류, 곧 식물성 잉크와 금속성 잉크는 서로 병행해서 사용되었다. 이 때문에 어떤 필사본이 중세의 것보다 더 오래되었다고 여겨지더라도 식물성 잉크의 사용만으로는 그 필사본의 연대를 추론하기에 충분하지 않다. 그러나 어쨌든 쿰란에서 사용된 잉크는 금속성 잉크가 아니라, 식물성과 석탄을 함유한 잉크이다.

필사본이 어떤 잉크로 기록되었는지는 다른 관점에서도 중요하다. 왜냐하면, 가장 작은 쿰란의 단편들을 엑스선 투시로 조사하자 방사 물질의 모양을 바탕으로, 사용된 잉크의 화학 조합을 밝힐 수 있다는 사실이 드러났기 때문이다. 이러한 방식으로 직이도 한 필사본의 것인지 분명하지 않은 두 개의 단편이 화학적으로 유사한 잉크로 필사했는지, 아니면 다른 잉크로 필사했는지를 확인할 수 있다. 더 나아가 쿰란의 필사본들에 대한 화학적 분석이 쿰란의 동굴들에서 발견된 문서 두루마리를 필사했던 한 종류의 잉크, 또는 여러 종류의 잉크들이 어느 지역에서 온 것인지를 언젠가 밝힐 수 있게 될지는 지켜볼 일이다.

1.6 참고 문헌

문자

J. Tropper, Vom phönizischen Alphabet zur hebräischen Quadratschrift. Die Entstehung der Schrift (Folge 3/4), Welt und Umwelt der Bibel Nr.28 (2003), 72-77.

시문

W. Bühlmann / K. Scherer, Sprachliche Stilfiguren der Bibel. Von Assonanz bis Zahlenspruch. Ein kleines Nachschlagewerk, 2. verb. Aufl. Gießen 1994.

콜론 구분

W. T. W. Cloete, The Colometry of Hebrew Verse, JNSL 15 (1989), 15-29.

O. Loretz, Kolometrie ugaritischer und hebräischer Poesie: Grundlage, informationstheoretische und literaturwissenschaftliche Aspekte, ZAW 98 (1986), 248-258.

명문

H. Donner / W. Röllig (Hg.), Kanaanäische und aramäische Inschriften I, 5. erweit. und überarb. Aufl. Wiesbaden 2003 [= KAI].

K. Jaroš, Inschriften des Heiligen Landes aus vier Jahrtausenden, Mainz 2001 (CD-Rom).

J. Renz / W. Röllig, Handbuch der Althebräischen Epigraphik, Bd. I-III, Darmstadt 1995 und 2003 [= HAE].

K. A. D. Smelik, Historische Dokumente aus dem alten Israel, KVR 1528, Göttingen 1987.

D. Schwiderski (Hg.), Die alt- und reichsaramäischen Inschriften - The Old and Imperial Aramaic Inscriptions, FoSub 2, Berlin / New York, 2004.

필기도구

A. R. Millard, Pergament und Papyrus, Tafeln und Ton: Lesen und Schreiben zur Zeit Jesu, Biblische Archäologie und Zeitgeschichte 9, Gießen / Basel 2000 (englisch: Reading and Writing in the Time of Jesus, The Biblical Seminar 69, Sheffield 2000).

2. 마소라 본문

구약성서의 히브리어 본문은 일반적으로 마소라 본문(MT 혹은 M)이라고 일컫는다. 이는 오늘날 구약성서 히브리어 본문의 형태가 마소라 학파의 전승 활동에 바탕을 두고 있기 때문이다. 마소라 학파는 중세에 히브리어 성서 본문을 보존하고 되도록 정확하게 전수하려고 노력했던 유대인 학자들이다. 또한 이들은 히브리어 성서 본문에 모음 부호를 추가하고 또한 절들을 의미 단위로 나눠서 특정한 해석으로 고정시켰다. 이러한 관점에서 중세 마소라 본문의 네 가지 필수적인 구성 요소를 판별할 수 있다. 곧 자음 본문, 모음 표기, 본문의 조직적 구성(휴지[사이 띄우기, Intervalle]와 악센트들)과 난외에 적어 넣은 마소라(소마소라와 대마소라)가 그것이다. 이러한 마소라 학파의 작업을 통해 기원후 10세기 무렵에는 본문비평의 관점에서 통제된 탁월한 본문 형태에 도달하였는데, 우리는 그러한 본문 형태를 규범적인 것이라고 불러도 좋다. 그런데도 우리는 히브리어 성서 본문이 이미 수백 년 전부터 자음 본문으로 유통되었다는 것을 고려해야 한다. 더불어 초기 본문 역사 연구는 마소라 자음 본문에서 기원후 2세기 무렵에 이미 단일화된 본문 전통이 나타났다는 것을 알게 해 준다. 이러한 배경에 비추어 볼 때, 마소라 본문을 설명할 때는 자음 본문과 중세 학자들이 고정시키고 모음을 붙인, 엄격한 의미에서의 마소라 본문을 구분하는 것은 불가피하다.

2.1 자음 본문

자음 본문의 전승과 관련해서 본문 역사는 세 단계로 구분할 수 있다. **첫 번째 단계**(기원전 3세기부터 기원후 70년 무렵까지)에서는 원(原)마소라 여러 본문들에서부터(3.5를 보라) 권위 있는 자음 본문이 발전한다. 이때 우선 그 본문에 전승된 내용이 우위를 차지하는 반면에, 본문의 자음 구성 요소의 정확한 복제와 재현은 아직 이차적인 관심사로밖에 보이지 않는다. 이러한 초기 단계는 로마가 제2 성전을 파괴할 무렵까지 계속되는데, 다음 장에서는 쿰란의 문서 두루마리들과 관련해서 이 이야기를 자세히 살펴볼 것이다. **두 번째 단계**(기원후 70년부터 기원후 7세기까지)는 제2 성전의 종말과 두 번째 유대 항거 진압 이후의 시대에 해당한다. 이 단계는 마소라 자음 본문의 더 진전된 통일과 유대교의 바리새파-랍비 당파적 경향을 통한 보존이라는 뚜렷한 특징을 보여 준다. 그와 더불어 칠십인역을 내세우며 자기들이 유효한 성서 본문을 가지고 있다고 주장하는 초기 기독교와 벌인 논쟁도 유대교 편에서는 자음으로 구성된 히브리어 성서를 확립하는 것과 독자적인 그리스어 번역들을 지원하는 쪽으로 강하게 방향을 선회하는 데 영향을 준다(5.3을 보라). 이에 반해 기원후 7세기에 시작된 이슬람교의 코란에 관한 연구가 바벨론 전통의 유대인들이 히브리어 성서 본문에 대해 기울였던 노력에 영향을 주었거나 활성화했는지, 또 그랬다면 어느 정도였는지에 관해서는 지금까지 전혀 연구되지 않았다. **세 번째 단계**(기원후 8세기부터 중세 말까지)는 자음 본문의 모음 표기 확립, 특히 여러 방점 체계들로 시작한다. 전체적으로 볼 때, 이 단계는 지속적인 본문 보존의 단계로 특징지을 수 있다. 이 단계에서는 모음 표기와 악센트 부여를 통해 본문의 의미가 정확하게 정해질 수 있을 뿐 아니라, 면밀하게 고안한 난외의 이중 참조 지시 체계(2.5를 보라)로 본문 자체에도 필사 오류가 생기는 것을 방지해 준다.

첫 번째 단계 막바지에 마소라 전통이 유대교의 권위 있는 본문 판본으로 확고한 지위를 차지하기 시작했던 까닭은 여럿 있다. 한편으로는, 쿰란 두루마리들의 여러 본문 판본들이 쿰란의 동굴들에 은폐되어서 본문 역사에서 떨어져 나갔고, 사마리아 오경 이전의 본문 전통은 사마리아 사람들이 계승하였으며, 칠십인역의 히브리어 번역 대본들은 기독교 성서의 기초가 되었다는 사실을 들 수 있다. 이리하여 유대교에는 마소라 본문 전통만 남겨졌다.[1] 다른 한편으로는, 거룩하게 여겨진 성서의 필사본들에 대한 통제권이 제사장-레위인의 손에 있었고 그 때문에 베껴 쓸 수 있는 알맞은 표준 필사본이 예루살렘 성전에 있었다고 추정할 수도 있다.[2] 여기서 우리는 초기 유대교에서 '거룩한 문서들'(heilige Schriften)이 아직까지는 정경으로서 실체를 나타내는 것이 아니라, '성소의 문서들'(Schriften des Heiligtums)로 여겨졌다는 점을 특별히 고려해야 한다.[3] 예배의식 때 사용하기에 알맞은 문서 두루마리는 거룩한 것으로 여겨졌으며, 따라서 그 두루마리의 내용은 간접적으로만 거룩한 것으로 여겨졌다. 제사장들이 문서 두루마리의 거룩성을 실질적으로(materialiter) 결정하고, 더러 부정확하다고 여겨지고 본문이 다르거나 훼손된 필사본들은 뺐기 때문에, 그들은 본문의 이형들을 줄이고 본문 전통을

1) 참조, H.-J. Fabry, Der Text und seine Geschichte, in: E. Zenger / u.a., Einleitung in das Alte Testament, KStTh 1,1, 7. Aufl. Stuttgart 2008, 38.

2) 성전의 소장 도서 목록에 대해서는 2마카 2:13-15를 참조하라.

3) 이에 대해서는 J. Maier, Zur Frage des biblischen Kanons im Frühjudentum im Licht der Qumranfunde, in: ders., Studien zur jüdischen Bibel und ihrer Geschichte, SJ 28, Berlin / New York 2004, 47을 참조하라. 이 사항에 관해서 J. Assmann, Das kulturelle Gedächtnis. Schrift, Erinnerung und politische Identität in frühen Hochkulturen, München 1997, 94도 참조하라. "거룩한 본문은 어떠한 해석을 요구하는 것이 아니라, 예배의식에 의해 보호받는 낭독을 요구한다 … 이에 반해 정경적인 본문은 한 공동체의 규범적이고 형성적인(formative) 가치들을 구체화한다."

자기들의 뜻에 따라 통일시키기 위한 조정 도구도 가진 셈이다. 더 나아가 성전에는 전문적인 교정가들(히브리어, מַגִּיהִים Maggîhîm)이 있었는데, 그들은 사본이 만들어질 때 그 제작 과정을 감독하고 바로잡는 일을 했다. 제2 성전의 멸망 이후에 랍비 학교는 이러한 두 가지 역할, 곧 조정과 통제의 역할을 맡았다.[4]

정경

'권위 있는'(autoritativ) 본문과 '정경의'(kanonisch) 본문은 흔히 동일시된다. 그래서 어떤 것도 더하거나 빼서는 안 되는 거룩한 문서들의 정경을 확립하는 것은 자음 본문을 그 문구에 충실하게 문서로 확정하는 것과 관련이 있다. 그렇지만 사실 관계를 그렇게 짧게 말할 수 있지는 않다. 왜냐하면, 정경이라는 개념을 히브리어 성서에 적용할 때 이미 문제점을 안고 있기 때문이다. 곧 그 개념은 랍비적 유대교에는 존재하지 않았던 거룩한 문서에 관한 기독교의 정의를 전제하고 있기 때문이다.[5] 그 대신에 유대교의 거룩한 문서는, 세 부분으로 나뉘고 계시의 특성에 따라 등급이 매겨진 권위 있는 문서들의 모음집에 반영된 구성물로 설명할 수 있다. 전통적으로 이 모음집은 인위적으로 만든 말인 **타나크**(Tanach, 히브리어, תְּנַךְ tᵉnak)로 불리는데, 이 단어의 세 자음은 셋으로 나뉜 부분들의 첫 글자를 가리킨다. 곧 1. 토라(Tora) = '율법'(오경: 〈창세기〉~〈신명기〉), 2. 느비임(Nebi'im) = '예언서'(전기 예언서: 〈여호수아〉~〈열왕기하〉, 후기 예언서: 〈이사야〉~〈말라기〉), 3. 성문서(Ketubim) = '문서들'(거룩한 기록들[Hagiographen]: 〈시편〉~〈역대하〉)이다. 이때 문서로 된 토라는 모세가 시내산에서 받았던 하나님의 직접적인 계시로 여겨진다. **구전의** 토라만이 이와 동등한 지위를 주장한다. 랍비 전통에 따르면 구전 토라도 마찬가지로 시내산에서 주어졌으며, 그 이후로 그것들은 끊임없는 전통의 사슬 안에서 구속력 있는 시내산 계시와 동등했지만, 거룩한 문서들 밖에서 전승되었다. 두 번째 부분은 예언의 책들을 모아 놓은 것이다. 이 책들은 모세의 토라에 견주면 간접적인 계시로 분류되며, 역사와 연관한 해석으로 토라와 관련된다. 세 번째 부분의 문서들은 다시 금 예언에서 분리되지만, 적어도 예언적으로 영감을 받은 것으로 여겨지며, 그 때문에 〈시편〉의 특별한 지위에 대한 근거가 된다. 계시의 특성에서 세 번째 부분의

4) 참조, E. Tov, Der Text der Hebräischen Bibel. Handbuch der Textkritik, Stuttgart / Berlin / Köln 1997, 25-26.

5) 참조, J. Maier, Möglichkeiten und Formen theologischer Exegese im Judentum, in: ders., Studien zur jüdischen Bibel und ihrer Geschichte, SJ 28, Berlin / New York 2004, 3–15.

문서들은 토라와 예언서 뒤로 물러나게 된다. 정경의 세 부분을 점차 차등화한 것은 유대인들의 문서 이해에서는 본질적이며, 방향을 제시하는 세 개의 끝맺음 본문인 신명기 34:10-12; 말라기 3:22-24[4:4-6]; 역대하 36:22-23에서 발전하여서 상호 본문적(intertextueller) 해석의 틀을 세우는 해석학적 구상을 뜻한다.[6]

쉽게 알아볼 수 있는 대로, 유대교의 문서 모음집을 세 부분으로 구분하는 것에는 역사적인 과정이 반영되어 있다. 여기에서 모세의 토라로서 오경의 문서 순서는 페르시아 시대에 벌써 특별한 위신(또는 존경)을 얻었으며, 이로써 말하자면 '정경적인' 지위를 얻었다는 것에는 의심의 여지가 없다. 물론 이러한 정경적 지위는 **다시 쓴 성서(Rewritten Bible)**의 여러 증거가 입증하는 것처럼(3.2를 보라) 우선은 아직 본문의 형태에 해당하는 것은 아니었다. 예를 들어, 후기 예언서의 영역에서 개별적인 책을 넘어서는 편집을 통해 하나의 **예언서 전집(Corpus propheticum)**을 형성하려는 노력들도 엇비슷한 시대에 속하는데, 기원전 2세기 무렵에 전기 예언서와 연결되면서 이 예언서 전집도 권위 있는 중요성을 얻게 되었다.[7] 이와 관련해서 〈이사야〉에서는, 점점 더 위신(또는 존경)을 얻게 되면서 그사이에 본문의 형태에 관한 관심도 생겨나고 문자 그대로를 전승하려는 데로 이어졌다는 사실이 관찰된다. 따라서 가령 기원전 1세기에 생겨난 쿰란의 두 번째 〈이사야〉 두루마리(1QJes^b = 1Q8)는 마소라 학파를 통해 보존된 중세의 자음 본문에서 아주 크게 벗어나지 않는다. 이에 반해서 정경의 셋째 부분의 책들은 사정이 다르다. 그 책들의 전승에는 일부 상당한 본문 결함이 있다. 그래서 그 책들이 거룩한 문서들의 전집에 속해 있었는지가 아주 오랫동안 해결되지 않고 있었으며, 그 때문에 권위 있는 본문 판본에 대한 관심이 감소되었다는 사실을 고려해야 한다. 예를 들어, 기원후 1세기에도 여전히 〈아가〉와 〈전도서〉가 '손들을 더럽게 하는지', 곧 그 책들이 거룩한 문서들에 속하는지의 문제가 논의된다. 왜냐하면 여기서 쓰인 표현 뒤에는 거룩한 것과 접촉하는 일이 인간에게는 마땅하지 않고, 그 때문에 거룩하다고 여겨지는 문서 두루마리들을 손으로 만지려면 의례에 따라 손을 씻어야 한다는 생각이 있다. 그 밖에도 회당에서 거룩한 문서의 글을 낭독할 때 집게손가락 대신에 토라 지시봉(Torazeiger)이 사용되는 관습도 이러한 생각에서 비롯한 것이다.

---

6) 참조, E. Zenger, Heilige Schrift der Juden und der Christen, in: ders. / u. a., Einleitung, 24–26 (Die hermeneutische Systematik des Tanach).

7) 참조, O. H. Steck, Der Abschluß der Prophetie im Alten Testament. Ein Versuch zur Frage der Vorgeschichte des Kanons, BThSt 17, Neukirchen-Vluyn 1991.

얌니아 회의(기원후 100년 무렵)

거룩한 기록들(성문서)을 바탕으로 보면, 어떤 책이 유대교의 거룩한 문서에 속하는지의 문제는 매우 긴 토론 과정을 거치면서 논의되었는데, 그러한 토론 과정은 기원후 3/4세기에 이르기까지도 계속되었음이 분명하다. 예전의 연구에서는 이러한 과정을 하나의 역사적 사건으로 압축하려 하며 얌니아 회의(히브리어, יַבְנֶה Jabne)를 언급했다. 이런 견해에 따르면, 아스돗에서 북동쪽으로 약 14km 떨어진 곳에 자리 잡은 도시인 얌니아에서 기원후 100년 무렵에 유대인 상급 법원을 랍비 가말리엘 2세가 열었으며, — 기독교와 경계를 지으려고 — 히브리어 성서의 정경 문서들이 확정했다고 한다.[8] 하지만 그동안 이러한 이해는 역사적으로 허구임이 명백히 밝혀졌는데, 좀 더 정확히 말하면 다음과 같은 세 가지 이유를 들 수 있다. 첫째, 위에서 언급했던 〈아가〉와 〈전도서〉가 '손을 더럽힌다'는 문제에 관해 야브네에서 이루어진 학술적 토론을 논하는 것은 미쉬나에 나오는 본문뿐이다.[9] 그러나 눈에 띄는 점은 여기에서도 정경에 드는지의 문제에 관해서 토의가 이루어진 것이 아니라, 이 두 문서를 거룩한 것으로 분류하는 문제에 관해서만 논의된다는 것이다. 둘째, 회의에 대한 랍비 학교에서의 논쟁은 과대평가되고, 그리하여 야브네에서 그리고 초기의 교회 공의회에서, 교의(教義)적으로 중요한 결정들이 이루어졌다는 잘못된 인상을 주어 왔다. 셋째, 처음부터 바리새파-랍비 당파적 경향이 전체 유대교에 대한 교육적 권위를 차지하였다는 사실을 가정한다. 그렇지만 이러한 주장은 적절하지 않다. 왜냐하면, 특히 유대인의 지역 공동체들은, 랍비 학교들이 점점 더 많은 권위를 차지하게 되었던 이어지는 세기들에서도 그들의 자율권을 주장할 수 있었기 때문이다.

---

8) 예를 들어, K. Budde, Der Kanon des Alten Testaments, Gießen 1900, 58 – 64를 참조하라.

9) Mischna, Jadajim III, 5를 참조하라. "모든 거룩한 문서들은 손들을 더럽게 한다. 〈아가〉와 〈전도서〉도 손들을 더럽게 한다. 예후다(R. Jehuda)는 이렇게 말한다. '〈아가〉는 손들을 더럽게 한다. 이에 반해 〈전도서〉는 논쟁의 여지가 있다.' 요세(R. Jose)는 이렇게 말한다. '〈전도서〉는 손들을 더럽게 하지 않는다. 이에 반해 〈아가〉는 논쟁의 여지가 있다.' 쉬므온(R. Schim'on)은 이렇게 말한다. '〈전도서〉는 샴마이(Schammai) 학파의 견해를 완화시킨 것들 중의 하나이자 힐렐(Hillel) 학파의 견해를 가중시킨 것들 중의 하나이다.' 쉬므온 벤 앗자이(R. Schim'on ben Azzai)는 이렇게 말했다. '72 장로들이 엘레아자르 벤 아자랴(R. Eleazar ben Azarja)를 임명했던 그 날에('얌니아 회의') 72 장로들의 입으로부터 내게 전승된 것은 〈아가〉와 〈전도서〉가 손들을 더럽힌다는 것이다.'" 이 사항에 대해서는 G. Stemberger, Jabne und der Kanon, in: Zum Problem des biblischen Kanons, JBTh 3, Neukirchen-Vluyn 1988, 163 – 174를 참조하라.

그렇지만 이른바 '얌니아 회의'를 통해 유대교의 정경 형성의 문제를 해결하려는 시도를 포기하면, 그것의 가장 중요한 진보, 곧 정경의 완결이 역사적으로 이해될 수 없다. 게다가 거룩한 본문과 정경의 본문 사이의 구분을 고수한다면, 권위 있는 문서들이 초기 유대교에서 일반적으로 그리고 구속력이 있는 것으로 인정을 받게 되었지만, 정경의 문서들로 공식적으로 확정되었던 것은 결코 아니라는 것을 알 수 있다. 그것의 본문 형태도 사정은 마찬가지다. 그것은 의심할 여지없이 전통을 준수하여 본문을 작성한 결과이다. 그러한 전통에 입각한 본문 작성은 거룩한 문서들을 점점 권위 있는 것으로 존경하는 것과 함께 나타났으며, 마소라 본문 판본을 표준 본문으로 확고한 자리를 잡도록 이끌었다. 하지만 최종 정경 본문이라는 의미에서 본문 고정의 문제는 아니다. 그리고 자음 본문을 문서로 작성하고 그것의 발음 전통을 체계적으로 확정했던 중세의 마소라 학파조차도 정경이라는 의미에서 본문을 고정하는 것을 요구하지 않는다. 왜냐하면, 그들은 유대교 성서위원회의 회원들이 아니라, 이를테면 개인적이고 자발적인 집단이기 때문이다. 그들은 성서 본문과 관련한 일에 헌신했고, 탁월하고 전통을 준수하는 본문 보존 작업을 통해서 다른 독법들을 광범위하게 제거하였다는 존경을 얻게 되었다. 이 점에서 구약성서의 히브리어 본문 형태와 관련한 이른바 '최종 정경 본문'은 결코 역사적인 실체가 아니라, 교리적인 결정일 뿐이다. '최종 정경 본문'이 — 예를 들어, 공시적 주석법의 구속력 있는 기초 등으로 — 언급될 때마다 우리는 그것의 정의에 관해 질문해야만 한다 (7.1을 보라).

2.2 전승과 수정

전승된 자음 본문은 여러 특징을 보여 주는데, 마소라 학파는 이미 그런 점을 발견하고 보존했다. 그러한 특징들은 한편으로는 본문에 존재하는 특별한 글자들과 예외적인 점들이며, 다른 한편으로는 자음 읽기와 관련된 본문 난외에 있는 짧은 기록이다. 이미 그 가운데 몇몇은 탈무드에서도 언급되는데, 이러한 특징들은 성서 본문에 정통한 서기관들(히브리어, סוֹפְרִים, Sôpherîm)의 초기 실제 활동을 증언한다. 그들은 자음 본문을 변경하려 했던 것은 아니지만, 그래도 자음 본문의 올바른 전승에 대한 자신들의 깊이 있는 생각을 표현하고자 했다. 이러한 특징들은 아마도 고대의 서기관들의 전통 중에서 한 단면만 보여 줄 것이다. 아래의 개관은 레닌그라드 코덱스의 본문 해설과 관련이 있는데, 비블리아 헤브라이카 슈투트가르텐시아(Biblia Hebraica Stuttgartensia, 줄여서 BHS)는 레닌그라드 코덱스

의 본문에 충실하게 출간된 것이다.[10)]

2.2.1 특별한 점들(puncta extraordinaria)

마소라 본문은 15개의 구절(창 16:5; 18:9; 19:33; 33:4; 37:12; 민 3:39; 9:10; 21:30; 29:15; 신 29:28[29]; 삼하 19:20[19]; 사 44:9; 겔 41:20; 46:22; 시 27:13)에서 개별적인 글자들이나 전체 단어들 위에 점이 찍혀 있다. 이 점들의 해석은 논쟁의 대상이다. 몇몇 경우에 이 점들은 삭제 기호로 이해할 수 있다. 이것은 쿰란의 문서 두루마리에서도 찾아볼 수 있는데, 지워야 하는 한 자음, 또는 몇 개의 자음을 표시하는 것이다. 첫 번째 〈이사야〉 두루마리인 1QJes[a]의 이사야 36:7에는 "예루살렘에서"라는 단어 위에 교정 점이 있는데, MT와 다른 판본들에는 이 단어가 (더 이상) 없다.[11)] 그렇지만 삭제 이론을 모든 경우의 **특별한 점들**에 적용할 수는 없다. 이 때문에 특별한 점들이 필사 오류로 여겨지는 것을 표시하거나 문제시되는 이형임을 지시하기 위해서도 사용될 수 있었다고 가정한다. 물론 왜 15개 구절에만 그러한 점들이 찍혀 있었는지(또는 전승되었는지)는 수수께끼로 남아 있다.

2.2.2 뒤집어진 눈(Nun inversum)

우리는 BHS에서 '눈'(נ) 글자가 뒤집어진 것을 9회 찾아볼 수 있는데, 이것은 구분을 위해 추가된 점으로 이해할 수 있다. 예컨대, 민수기 10:35-36 앞과 뒤에, 그리고 시편 107:21-26, 40 앞에 이 표시가 있다. 일반적으로 이것은 알렉산드리아의 자료에서 입증되는 거꾸로 된 시그마(그리스어, ἀντίσιγμα)의 유비를 통해 설명한다. 알렉산드리아의 문서들에서 시그마와 거꾸로 된 시그마(Antisigma)는 본문 구절을 '괄호 안에 넣음'으로써 그것이 원래 자리에 있지 않다는 것을 보여준다. 이러한 경우는 민수기 10:35-36에도 적용될 수 있는데, 이 구절은 특히 미드라쉬와 바벨론 탈무드에 그에 해당하는 논의가 있다(〈Sifre〉 84; 〈Schabbat〉 115a–116a). 그러나 랍비들에게 이 구절은 점을 통해 표시되기 때문에, 이 자료에서는 **뒤집어진 '눈'**의 의미에 대한 직접적인 암시를 끌어낼 수 없다. 그것이 단순히 나구느(히브리어, נָקוּד '점이 찍힌')의 약어를 의미하는 것이라면, 무엇 때문에 사람들은 본문에 실수로 들어간 것으로 보이지 않게 하려고 '눈'을 회전시켰

10) 이 사항에 대해서는 P. H. Kelley / D. S. Mynatt / T. G. Crawford, Die Masora der Biblia Hebraica Stuttgartensia. Einführung und kommentiertes Glossar, Stuttgart 2003, 38–52를 참조하라.

11) 그 밖의 예들은 Tov, Text, 174–175에 있다.

단 말인가?[12)]

2.2.3 올려 쓴 자음(Litterae suspensae)

마소라 본문에서 사사기 18:30; 시편 80:14[13]; 욥기 38:13, 15에 있는 네 개의 단어들은 올려 쓴 자음, 또는 '매달려 있는'(aufgehängten) 글자를 보여 준다. 므낫세(מנשה)라는 단어에 올려 쓴 자음이 나타나는 첫 번째 경우, 곧 사사기 18:30이 대표적이다. 매달려 있는 눈(Nun)은 원래 단어인 모세(משה)가 므낫세로 읽혔고, 이에 상응하여 마소라 학파에 의해서도 점이 찍혔다는 사실을 보여 주는 것임이 분명하다. 이 경우는 사사기 18:30에서 언급되는, 우상을 숭배하는 제사장 요나단이 계보상 모세와 관련되는 것을 막아야 했기에 본문의 의미에 개입해 들어온 것임이 명확하다. 나머지 세 경우도 마찬가지로 본문을 교정한 것들로 볼 수 있지만, 그러한 교정의 이유는 교리상의 문제 때문에 이루어진 것은 아니다. 오히려 아인(Ajin)이 각각 빠져 있는 것을, 본문비평에 따라 올려 쓴 자음으로 보충한다.

2.2.4 크게 쓴 자음(Litterae majusculae)

중세의 필사본들에는 크게 쓴 글자들도 발견되는데, 이것들은 여러 가지 구실을 한다. 크게 쓴 자음은 장(Abschnitt)이나 책(Buch)의 시작 부분에 위치할 수 있으며, 그 장이나 책의 통계적으로 책의 한가운데 부분을 표시하거나 특정한 단어를 정확하게 읽도록 돋보이게 한다. BHS는 네 가지의 경우들, 곧 레위기 11:42; 민수기 27:5; 신명기 6:4(첫 번째 단어와 마지막 단어)를 제시한다. 이때 BHS는 레닌그라드 코덱스와 달리 그 중요성 때문에 첫 번째 자리에 덧붙였다. 이는 마소라 학파가 난외의 메모에 기록해 놓은 것처럼, 글자 수를 세었을 때 레위기 11:42에 있는 크게 쓴 자음이 토라의 가운데를 나타내기 때문이다.

2.2.5 케티브와 케레(기록된 것과 읽기)

마소라 본문에서 가장 흥미로운 현상들 가운데 하나는 케티브와 케레이다. 케티브와 케레는 기록자나 마소라 학파가 난외에 기록한 짧은 기록을 직접 자음 본문과 밀접하게 결합시킨다. 따라서 다음과 같은 체계가 적용된다. 곧 난외에 본문과는 다른 단어 혹은 더 흔하게는 그 단어의 다른 형태가 적혀 있고, 케레(아람어, קְרֵי q^erê)라고 명시된다. 이러한 표시법은 자음 본문에 기록된 단어를 대신하는 읽기

12) 참조, E. Würthwein, Der Text des Alten Testaments. Eine Einführung in die Biblia Hebraica, 5. Aufl. Stuttgart 1988, 20.

이며, 따라서 이는 케티브(아람어, כְּתִיב k[e]tîb)의 읽기를 '대체한다'. BHS에서 난외 기록은 구분점이 위에 찍힌 ק̇ (케레의 약어)로 표시하며, 읽으려는 해당 단어 아래에 이를 적는다. 본문에 케레 단어가 딸려 있다는 것은 작은 원(°)을 추가하는 것으로 표시하는데, 그것은 본문에 기록된 해당 단어 위에 표시된다. 작은 글자로 난외에 기록된 케레 단어는 점이 찍히지 않은 상태로 있는 반면에, 본문에 있는 케티브 단어는 케레와(만) 어울리는 모음 기호로 표시된다. 예를 들어, 이사야 49:5에 대한 케레는 기록되어 있는 부정어 לֹא '아니다' 대신에 3인칭 남성 단수 접미어를 가진 전치사인 לוֹ '그에게'라는 단어를 제시한다. 이를 통해 본문의 의미가 명확하게 개선되어 드러나고, 하나님 종의 사명이 이제 그가 이스라엘을 '그에게로', 곧 여호와께로 모으는 것이라고 진술한다. 우리는 이 경우에서 기록자나 마소라 학파가 케티브-케레라는 도구를 온전히 본문을 개선하기 위해 사용할 수 있었고, 또한 그것을 명확하게 실행했다는 것을 볼 수 있다. 그렇지만 이러한 교정 이론은 케티브-케레가 나타나는 1,300개 이상의 경우들을 충분히 설명할 수 없다. 이 때문에 케레의 짧은 기록들이 실제로는 하나, 또는 그 이상의 필사본에서 읽어내어 난외에 모아 놓았던 이형(異形, Varianten)들이라고 추정했다.[13] 이러한 추정은 또한 많은 경우에 들어맞고, 케레의 독법들이 오래된 이형들을 다루는 것일 수 있다는 점에서는 본문비평적으로 주목할 만한 가치가 있다. 마지막으로, 케티브-케레의 기원을 두 개의 전통으로 구분하는 것도 고려되었다. 곧 케티브에 책임이 있는 기록자 전통과 마소라 학파가 잘 알고 있었고 케레를 통해서 확보되어야만 했던 구술적인 발음 전통이 그것들이다. 어쨌거나 우리는 케티브-케레를 가지고 있는 모든 구절이 마소라 학파에게서 비롯한 것으로 보아서는 안 된다. 특히 탈무드에서 특별한 두 종류의 케티브-케레가 언급되기 때문이다(<Nedarim> 37b–38a). 한 종류는 **케레 벨라 케티브**(아람어, קְרֵי וְלָא כְּתִיב '기록되어 있지는 않지만, 그렇게 읽어야 할 것')인데, 이것은 한 단어가 본문에는 나오지 않지만 그렇게 읽도록 난외에 표시되는 것이다. 이 경우에 본문의 올바른 모음 표기(Vokalisation)는 자음 없이 주어진다(삿 20:13). 다른 한 종류는 **케티브 벨라 케레**(아람어, כְּתִיב וְלָא קְרֵי '그렇게 읽어서는 안 되지만, 기록되어 있는 것')인데, 이것은 케레 웰라 케티브와 정반대의 경우를 보여 준다. 케티브 웰라 케레에 따르면, 본문에 기록된 모음 표기가 이루어지지 않은 단어는 불필요한 여분의 것으로 여겨져서 읽어서는 안 된다(삼하 13:33).

13) 참조, H. M. Orlinsky, The Origin of the Kethib-Qere System. A New Approach, in: Congress Volume Oxford 1959, VTS 7, Leiden 1960, 184 – 192.

2.2.6 영속적 케레(Qere perpetuum, 항상 그렇게 읽기)

우리는 케티브-케레의 특별한 경우를 이미 히브리어 수업의 첫 번째 시간에 배우게 되는데, 이것이 이른바 영속적 케레이다. 이것은 비블리아 헤브라이카에 특별히 자주 등장하는 세 단어에 해당한다. 그 단어들에서는 난외에 해당 케레 단어가 기록되지 않더라도 그 단어들을 그렇게 읽도록 배웠다는 것이 전제된다. 기록된 단어 밑에 있는 모음들만이 이를 암시한다. 첫 번째 경우로 하나님의 이름, 곧 이른바 신명사문자(Tetragramm)가 여기에 해당한다. BHS에서 יְהוָה에 모음 표기가 된 케티브는[14] אֲדֹנָי의 모음을 가리키며 이에 따라 '아도나이'라고 발음된다. יְהוָה의 다른 모음화는 아람어 단어 שְׁמָא '그 이름'의 모음들과도 자주 발견된다. 그래서 이후에 사람들은 '아도나이'나 '하-쉠'(Ha-Schem, 히브리어로 '그 이름'을 뜻함)으로 읽는다. 그 밖의 두 경우는 예루살렘에 대한 발음과 3인칭 여성 단수 인칭대명사에 대한 발음(오직 토라에서만 해당된다)에 관한 것이다.

2.2.7 세비린(Sebirin, 견해들)

수많은 경우가 케티브-케레 구절들과 유사한데, 그러한 경우들에서는 한 본문에 어려운 것으로 여겨지는 단어가 나타나서 더 단순하거나 더 일반적으로 사용되는 단어 형태가 난외에 제안된다. 그러나 세비린 주해는 케레 단어와 같은 비중을 지니지는 못하고, 앞에 써 두는 세비르(Sebir, 아람어, סבר '생각하다'의 수동 분사)를 통해 단순한 견해나 추측으로 여겨진다. 심지어 세비린 주해는 그것을 더 나은 독법으로 여겨 본문을 수정해서는 **안 된다**는 경고로 여겨지기도 한다. 이에 따라서 민수기 13:22에 있어서 사실 정탐꾼들이 주어인 '오다' 동사의 복수형이 단수형보다 더 나은 것으로 잘못 여겨진다는 견해가 주장된다. 그럼에도 세비린 주해에 대한 이러한 해석이 언제나 설득력이 있지는 않다.

2.2.8 티쿠네 소페림(Tiqqune sopherim, 필사자의 개선)[15]

랍비 전승에 따르면 실제로 필사자(또는 기록자)들도 자음 본문에 개입해서 몇

---

14) 신명(神名) '여호와'(Jehova)는 영속적 케레를 잘못 알았던 데서 생겨난 것으로, 사람들이 케레의 모음들을 가지고 케티브를 읽었기 때문에 생겨난 것이다.

15) 이 사항에 대해서는 C. McCarthy, The Tiqqune Sopherim and Other Theological Corrections in the Masoretic Text of the Old Testament, OBO 36, Freiburg, Schweiz / Göttingen 1981과 S. Lieberman, Hellenism in Jewish Palestine. Studies in the Literary Transmission Beliefs and Manners of Palestine in the I Century B.C.E.–IV Century C.E., TSJTSA XVIII, New York 1950, 28 – 37을 참조하라.

몇 구절을 수정했다는 이야기가 18회 나온다. 이른바 필사자들의 개선은 무엇보다도 불쾌감을 주기 때문에 변경한 독법과 관련되어 있다. 이에 대한 흥미로운 경우가 사무엘상 3:13에 있다. 여기에서 본래의 본문에는 엘리에 대한 고발이 다음과 같이 나온다. "이는 그의 아들들이 하나님을 저주했기 때문이다"(칠십인역 θεόν)[16]. 그런데도 저주의 직접 목적어가 하나님인 이 구절은 무례를 범하는 것으로 여겨질 수 있었기 때문에, 전통에 따라 필사자들이 그 본문을 다음과 같이 바꾸었을 것이라고 주장된다. "이는 그의 아들들이 자신들에게 스스로 저주를 불러왔기 때문이다." 그러므로 필사자들은 본래의 אֱלֹהִים을 לָהֶם으로 달리 썼을 것이다. 서기관들(Sopherim)이 이 구절을 정말 그러한 방식으로 개정했는지는 아직은 증명되지 않고 있다. 왜냐하면, 초기에 본문이 훼손되었을 수 있으며, 그러한 훼손된 본문이 자음 본문에 유지되었고, **티쿠네 소페림**을 통해 후대에 해석되었을 수도 있기 때문이다. 그 밖의 구절로는 창세기 18:22; 민수기 11:15; 12:12; 사무엘하 16:12; 20:1(이와 관련해서 왕상 12:16; 대하 10:16을 참조하라); 예레미야 2:11; 에스겔 8:17; 호세아 4:7; 하박국 1:12; 스가랴 2:12[8]; 말라기 1:13; 시편 106:20; 욥기 7:20; 32:3; 예레미야애가 3:20 등이 있다. 이러한 경우들과 더불어 바벨론 탈무드(〈Nedarim〉 37b)는 연속법에 쓰이는 바브(konsekutives Waw)가 한 단어 앞에서 생략되었던 다섯 개의 구절도 언급하면서 그것들을 **이투레 소페림(Itture sopherim, 필사자의 생략)**이라고 특징을 표현한 이름으로 부른다. 이 다섯 구절은 창세기 18:5; 24:55; 민수기 31:2; 시편 68:26[25]; 36:7[6]이다.

여기에서 서술된 본문의 현상들만이 아니라, 랍비들의 논의도, 위에서 언급된 본문 역사의 두 번째 단계(기원후 70년에서 7세기까지)인 마소라 학파의 활동 이전에 이미 고정된 자음 본문의 집중적인 보존이 시작되었음을 분명하게 보여 준다. 랍비들은 토라와 관련해서 그러한 자음 본문을 완전한 것으로 간주했고, 그 때문에 그것을 해석할 때 모든 글자 하나하나에 특별히 주목하고 의미를 부여했다.[17] 이와 동시에 서기관들은 절, 단어 그리고 글자의 개수도 세었는데, 그것은 필사본의 작성과 통제를 수월하게 하려는 목적이 있었다. 하지만 우리는 랍비들이 구전 토라를 통해 추가 계시의 자료를 가지고 있었다는 점을 간과해서는 안 된다. 그들은 그러한 추가 계시의 자료를 통해 전승이나 해석에서 이해하기 어려운 거룩

16) [역자주] 우리말 『개역개정』 성경에는 "이는 그가 자기의 아들들이 저주를 자청하되"라고 되어 있다.

17) 랍비들의 문서 이해에 대해서는 Ch. Dohmen / G. Stemberger, Hermeneutik der Jüdischen Bibel und des Alten Testaments, KStTh 1,2, Stuttgart 1996, 75–109를 참조하라.

한 문서의 구절들을 설명하고, 해석하고, 또는 하나의 특정한 본문의 의미로 확정할 수도 있었다. 이 때문에 유대교의 신앙 운동이 기원후 8세기에 결집해서 일어났을 때 랍비 유대교는 심각한 위협을 받게 되었음이 틀림없다. 이는 문서화 된 토라만 구속력 있는 것으로 인정하는 반면에, 미쉬나와 탈무드로 편찬된 구전 토라를 배척하여서 랍비 권위의 기반을 박탈했기 때문이다. 이 당파의 추종자들은 — 이들은 더 오래된 교과서들에서는 유대교의 한 분파로 불린다 — 카라이(히브리어, קָרָאִים Qara'îm '성서를 읽는 사람들')로 불린다.

카라이

카라이 운동은 그 출발점을 바벨론에 두었다. 기원후 760년 무렵에 아난 벤 다비드(Anan ben David)는 바벨론에서 최초의 카라이 공동체를 세웠고, 그들은 거룩한 문서의 본문에 바탕을 둔 엄격한 규정에 따라 생활했다. 카라이 운동은 바벨론으로부터 신속하게 확장되어서 이내 예루살렘에서 많은 추종자를 얻었고, 예루살렘은 카라이들의 정신 영적인 중심지 가운데 하나로 발전했다. 그들이 구전 토라를 등진 것은 문서 연구만 촉진한 것이 아니라, 심지어 랍비들이 더욱더 강하게 문서 해석에 몰두하게 하는 영향을 미쳤다. 파울 칼레(Paul Kahle)가 대변하는 논지에 따르면, 성서 본문에 대한 몰두는 기원후 800년 무렵에 여리고 근처의 바위 동굴에서 발견되어 예루살렘으로 이송된 필사본들을 통해 새로운 동력을 얻었다. 그뿐 아니라 네스토리우스파의 대주교 셀류키아의 티모테우스 1세(Timotheus I. von Seleukia, 726 – 819년)의 한 편지도 이러한 발견물이 실제로 존재했었다는 사실을 증언한다. 이 때문에 파울 칼레는 그 문서 두루마리들이 지난 세기에 (다시) 발견된 쿰란 제1 동굴에서 비롯했을 가능성이 매우 높은 것으로 본다. 반면에 하르트무트 슈테게만(Hartmut Stegemann)은 제3 동굴을 선호하고 약 70-140개 규모의 문서 두루마리들이 발견되었을 것으로 추정한다.[18] 이러한 추정이 맞고, 그에 따라 카라이들이 매우 오래된 성서 필사본들도 손에 넣었다면, 히브리어 성서 본문에 대한 그들의 작업은 매우 의미심장하다는 인상을 준다. 또한 쿰란의 원 마소라 본문 무리와 마소라 전통의 자음 본문 사이의 밀접한 관계를 이러한 측면에서도 설명할 수 있을 것이다. 어쨌든 이제 우리가 살펴보게 될 마소라 학파는 부분적으로는 카라이들의 운동에서 생겨났고, 부분적으로는 그 운동에 자극을 받아 활발

18) 참조, P. E. Kahle, Die Kairoer Genisa, deutsche Ausgabe bearbeitet von R. Meyer, Berlin 1962, 16–18; H. Stegemann, Die Essener, Qumran, Johannes der Täufer und Jesus, Freiburg / Basel / Wien 1993, 101–104.

한 성서 연구 활동을 하게 되었다.

2.3 마소라 학파의 모음 표기

마소라 학파의 활동이 전성기에 있을 때, 사람들은 전승자들을 그들의 활동에 따라 순수한 자음 본문을 베껴 썼던 **소페림**(히브리어, **סוֹפְרִים** '필사자들')과 자음 본문의 토대에 모음 기호와 악센트들을 갖추게 했던 **나크다님**(히브리어, **נַקְדָנִים** '방점 표기를 하는 사람들'[Punktatoren]), 그리고 마지막으로는 난외와 본문 아래에 본문을 보호하고 본문을 통제하기 위해 부합하는 소견들을 덧붙였던 보다 엄격한 의미에서의 **마소라 학파**(2.5를 보라)로 구분했다. 명백한 근거에서 방점(Punktation)과 마소라는 예를 들어, 알레포 코덱스에서처럼 한 명의 같은 인물이 수행했다고 흔히들 주장한다. 알레포 코덱스의 본문은 살로몬 벤 부야아(Salomon ben Buja'a)가 필사한 반면에, 모음 기호와 악센트와 마소라는 아론 벤 아셰르(Aaron ben Ascher)가 표기했다. 모음 기호의 부여는 당연히 본문을 보호하는 일에 매우 결정적인 진보였다. 모음 기호의 부여로 읽기 전통이 문서로 고정되었을 뿐 아니라, 발음 규칙을 넘어서 본문의 의미가 정확하게 고정될 수 있었기 때문이다. 이와 관련해서 마소라 학파의 모음 표기 형성은 매우 혁신적인 발전이지만 그와 동시에 부득이한 발전이기도 했다는 사실에는 의문의 여지가 없다. 우리는 히브리어가 오래전부터 구어 형태의 일상어로 사용되지 않았던 배경에서 모음 표기 작업을 살펴보아야 한다. 이미 기원전 3세기부터 히브리어는 아람어로 대체되었고, 그 이후로는 문헌 언어(Literatursprache), 또는 (거룩한 문서 두루마리들의 언어라는 의미에서의) 거룩한 언어로서만 읽히고 기록되었다. 이러한 이유로 쿰란의 본문들은 이미 완전 서법(plene-Schreibungen)과 읽기에 도움을 주는 수단들(**읽기용 모음 문자,** matres lectionis)[19]을 자주 사용해서 발음과 더불어 본문 이해에 대한 암시를 제공해야 하는 필요성과 노력을 알려 주고 있다.[20] 이에 반해서 마소라 학파의 자음 본문은 반대 방향의 경향을 보여 준다. 불완전 서법이 늘어나고 모음 문자들이 분명하게 적게 사용되어 마소라 학파의 전통(Traditum)은 다시금 매우 개방적인 본문 상황을 맞이하게 된다. 이러한 개방

19) [역자주] 모음으로 쓰이는 자음들을 의미한다.

20) 언어사적으로 모음 문자들이 생겨난 것은 자음들인 헤, 바브, 요드 그리고 알렙이 모음생략(Elision)과 축약을 통해 발음에서 약한 면을 가지고 있기 때문에 자음들의 본래적인 음가(Lautwert)를 상실하고, 이로 인해 자음들이 부분적으로 모음 문자들로 사용될 수 있는 여지가 존재하게 된 것과 관련 있다. 이에 대해서는 R. Meyer, Hebräische Grammatik, Berlin / New York 1992, § 9 (Vokalbuchstaben)를 참조하라.

적인 본문 상황은 구전 읽기 전통으로도 더는 계속해서 보충될 수 없었다. 이미 이러한 이유 때문에 순수한 자음 본문의 고정화는 마소라 학파를 더는 만족시킬 수 없었다. 왜냐하면, 많은 단어에서 본문의 의미에 대한 서로 다른 설명들을 허용하는 서로 다른 읽기가 여전히 가능했기 때문이다.

히브리어 성서에 모음을 붙이려는 마소라 학파의 시도는 기원후 7/8세기 무렵에 시작되었다. 특별히 바벨론 탈무드에서는 아직까지 방점 표기를 보여 주는 것이 전혀 없지만, 서로 다른 단어 형태들과 읽기 방식들이 이미 논의되고 있었다. 그런데도 마소라 학파의 모음 표기에 앞서 체계적인 발음을 확립하려는 시작 단계의 시도들이 존재한다. 이미 언급한 특정한 자음들을 히브리어에서 모음 문자로 사용하는 것과 더불어 다음과 같은 것도 언급될 수 있다. 첫째, 모음을 담고 있는 형태의 그리스어로 히브리어 본문을 표기하는 방식인데, 이것은 헥사플라의 둘째 단에 위치한다(5.4를 보라). 이것은 이미 기원후 2세기에 그리스어를 말하는 동료 신앙인들이 히브리어 성서를 (고대에 흔했던 큰 소리로) 읽거나 다른 이들 앞에서 낭독할 수 있도록 하려고 유대인들이 만들어 낸 방법일 가능성이 크다. 그 밖에 잊지 말아야 할 사실은 성서에 나오는 수많은 지명과 인명이다. 그것들에 대한 칠십인역과 그리스어 개정본들(Rezensionen)에서의 발음은 해당 음역(音譯) 모음으로 고정되어 있었다(예를 들어, 알렙=α, 헤=ε, 헤트=η, 요드=ι, 아인=ο). 둘째, 오경의 사마리아 전승은 그때그때 문제가 되는 모음 기호와 구두법(Interpunktion)이 그 자음 본문에 덧붙여졌다는 것을 보여 준다. 이것은 티베리아식 모음 표기에 비하면 독자적인 체계이지만, 전체 성서 본문을 아우르고 있지는 않다. 전체적으로 볼 때, 그러한 모음 체계가 몇몇 중세의 필사본들에서만 나타나기 때문에, 우리는 그것이 더 오래된 시대로 거슬러 올라가는지, 만약 그렇다면 어느 정도까지 거슬러 올라갈 수 있는지, 그리고 왜 그것을 이후 시대에 다시 포기했는지는 말할 수 없다. 셋째로, 시리아 동부에서는 아마도 이미 기원후 5/6세기에 시작되어서 그 후로 모음 기호를 구분점으로 표현하는 발전을 찾아볼 수 있다. 이 때문에 시리아 동부의 모음 표기를 마소라 학파의 방점 표기의 선구자 가운데 하나로 볼 수 있다.

모음 표기 체계들

근본적으로는 세 개의 체계로 구분한다. 곧 카이로 게니자에서 발견된 필사본들로 알려지게 된 **팔레스타인**의 방점 기호 표기와 **바벨론**의 방점 표기라는 더 오래된 두 체계와 좀 더 후대의 **티베리아식** 모음 표기를 구분하는 것이다. 사마리아의 방점 표기와 비슷한 팔레스타인 체계는 좀 더 단순한 방식과 덜 완성된 방식으로, 모음을 표현하기 위해 점과 선을 사용한다(도판 19). 이에 반해 양식화된 모음 문자들은 바벨론의 방점 표기의 기초를 형성하는데, 그러한 모음 문자들은 그 모양을 부분적으로 여전히 식별할 수 있다(도판 17과 18). 장모음 '아'(ā)는 알렙의 일부 모양으로 나타나는 반면에, 모음 '에'(ä)는 작게 기록된 아인을 통해서, 그리고 장모음 '우'(ū)는 더 단순화된 바브를 통해서 표현된다. 신(Sin)과 쉰(Schin)을 구별하기 위해서 바벨론의 방점 표기를 하는 사람들은 이따금 작은 ס 내지는 ש을 글자 위에 쓴다. 더 오래된 두 체계는 **선상형**(線上形, supralinear, 모음 기호를 자음 위쪽, 곧 '행 위에'에 붙이는 형태)이라고 부른다. 반면에 더 후대의 체계인 티베리아식 모음 표기는 **선하형**(線下形, infralinear, 한 가지 예외가 있기는 해도 모음 기호를 자음 아래쪽, 곧 '행들 사이에' 붙이는 형태) 표현법을 선호한다. 이것은 단순한 방점 표기의 개선과 완성을 나타내며, 이로써 다른 두 체계를 이내 완전히 밀어낼 수 있었다. 물론 티베리아식 모음 표기를 사용했던 벤 아쉐르 가문의 중요한 코덱스들도 이에 결정적으로 이바지했다. 오늘날에 이르기까지 그것들은 학술적인 편집본들을 통해서 히브리어 성서 본문의 선형적인 모습을 제공한다(2.8을 보라). 이어지는 개관은 모음 기호와 그 세 체계들에 나오는 모음 기호들의 서로 다른 표현법을 보여 준다.

바벨론식	ā	ä		e	i	o	u
팔레스타인식	å	a	e / æ	e	i	o	u
티베리아식	å	a	æ	e	i	o	וּ u

자료 1: 세 모음 체계 비교 (파울 칼레[Paul Kahle])

이미 '바벨론식'(babylonisch)과 '팔레스타인'(palästinisch)이라는 명칭들은 자음 본문에 모음 기호를 넣은 마소라 학파의 작업이 대략 같은 시대에 서로 다른 지리적 영역에서 이루어졌다는 것을 알려 준다. 이 때문에 사람들은 서부의 마소라 학파(서방[Okzident]에 대한 약어로 Occ)와 동부의 마소라 학파(동방[Orient]에 대한 약어로 Or)를 구분한다. 이 때에 **바벨론**이 이미 초기에 유대인들의 학문의 중심지로 발전했고, 수라, 네하르다와 후내에는 품베디디(오늘날의 이라크의 팔루자)에 중요한 학교들이 있었다는 것을 기억해야 한다. 공식 아람어 성서 번역본들, 곧 오경의 타르굼 옹켈로스(Targum Onkelos)와 예언서의 타르굼 요나탄(Targum Jonathan)(6.1을 보라)은 바벨론 탈무드처럼 바벨론에서 생겨났다. 카라이 운동도 바벨론에서 발원했다는 사실마저 전체 그림과 잘 들어맞는다. 이러한 배경에서 연구자들이 바벨론의 방점 표기에 대해 좀 더 깊은 관심을 가졌다는 것은 말할 나위 없이 이해가 된다. 특히 바벨론의 방점 표기는 서부 마소라 학파의 모음 기호와 다를 뿐만 아니라 모음 표기 부여, 곧 발음의 확립에서도 달랐다. 예를 들어, 바벨론의 카메츠는 항상 장모음 '아' 발음(ā-Laut)을 표현하며, 이 때문에 개구음(開口音)인 '오'(o)와 '우'(u)를 표현하는 데에는 사용될 수 없었다. 이러한 차이점들에 관한 연구는 전문가들의 몫이며, 여기에서는 더 상세하게 논의하지 않을 것이다. 그런데도 바벨론의 방점 표기는, 발전할 가능성이 있었을지라도, 티베리아식 체계와 비교할 때 여러 가지 이유에서 그 지위를 유지할 수 없었다. 이러한 변화 과정과 관련해서 우리는 **바빌로니아 페트로폴리탄 코덱스**(2.6을 보라) 안에 그 역사의 순간을 포착한 유일한 한 장면을 가지고 있는데, 그 코덱스는 기원후 916년에 생겨나서 티베리아식 체계가 영향을 더해가는 것을 문서로 증언한다. 곧 이 코덱스는 선상형의 바벨론식 모음 기호로 기록되어 있지만, 이미 그 원칙에서는 티베리아식 모음 표기 방식을 따르고 있다. (이러한 방식으로 바벨론의 방점 표기는 기원후 12세기에 이르기까지 줄곧 예멘 전통으로 계속해서 발전되었다.)

티베리아식 모음 표기

서부에서는 갈릴리의 게네사렛 호수 남서 연안에 자리 잡아 기원후 7세기에 아랍의 통치를 받게 된 **티베리아**가 마소라 학파의 학문적 활동의 중심지로 발전했다. 그곳에서 기원후 8~10세기에 특히 두 가문, 곧 **벤 아쉐르** 가문과 **벤 납달리** 가문이 활약했다. 이들은 여러 세대에 거쳐 전승된 성서 본문과 그 본문의 발음을 확정하는 데에 몰두했고, 이를 위해 매우 능률적인 모음 표기 체계를 발전시켰다. 이전의 방점 표기들과 비교해 볼 때 이제 티베리아식 체계에서는 완전 모음 å, a, æ, e, i, o, u만이 표기되는 것이 아니라, 이른바 중성모음(Murmellaute)도 표기될 수 있었다. 이를 위해 사용되는 기호인 **쉐바**는 무성 쉐바(Schwa quieszens)뿐 아니라 발음이 되는 유성 쉐바(Schwa mobile)로도 나타날 수 있다. 후두음(Laryngalen, 셈족 언어에서 나타나는 전형적인 후음들)의 특별한 어려움, 곧 후두음뿐 아니라 부가음(Nebenlaut)의 유성 발음을 명확히 발음하는 문제에 관해서 티베리아의 마소라 학파는 쉐바 기호를 å, a, æ 모음들과 조합하는 것(합성 쉐바)으로 해결했다. 이를 통해 עֳ, עֲ, עֱ (음역할 때 이 짧은 모음 성격의 발음들은 위첨자 형태의

å, a, æ로 표시된다. 이에 반해 유성 쉐바는 위첨자 형태의 e로 표시된다.) 같은 이른바 **하텝 음**이 생겨난다. 끝으로 자음에서도 강한 발음과 약한 발음이 구분되어 발음 체계는 한층 더 정교해진다. 된소리의 발음을 위해서 마소라 학파는 자음에 점, 이른바 **다게쉬 포르테**를 찍는다. (음역할 때 다게쉬 포르테가 찍힌 자음들은 이중으로 표시된다.) 이에 반해 **다게쉬 레네**는 특별한 경우를 나타내는데, 이는 그것이 폐쇄음에 드는 특정한 자음들에 사용되어서 마찰음의 발음 대신에 파열음의 발음을 알릴 때만 사용되기 때문이다. 이미 이러한 몇몇 사항들은 티베리아식 모음 표기가 철저하게 연구된 문법 없이는 전혀 생각될 수 없는 것임을 알려 준다.[21] 이러한 배경에서 히브리어 성서에 모음 표기를 하는 마소라 학파의 시도에 근본적인 영향을 준 세 요소를 언급할 수 있다. 첫째, 그러한 시도를 뒷받침해 주는 것은 구술 읽기 전통이다. 물론 구술 읽기 전통은 전승된 자음 본문보다는 더 후대에 생겨난 것으로 언어사적 관점에서 명확하게 분류할 수 있다. 읽기 전통이 실제로 어느 정도까지 이전으로 거슬러 올라가고, 또한 어떠한 모음의 변화들이 구술 전승 과정에서 생겨났는지에 관해서는 논란이 있다. 둘째, 티베리아식 모음 표기는 히브리어 발음과 문법적인 고찰 사이의 상호 작용의 바탕이 된다. 이것은 마소라 학파가 기존의 발음 전통들을 문법 규정 일람표의 틀 안에 부어 넣은 것만이 아니라, 거꾸로 문법 규정 일람표가 확정될 발음에 규범적인 힘을 발휘하기도 해서, 때때로 문법적으로는 정확하지만 인위적인 모음 표기로 이끌었다는 것을 의미한다. 셋째, 주석적인 결정도 한 역할을 했는데, 그러한 결정들은 부분적으로는 유대교 전통으로부터 끌어낸 것이고, 부분적으로는 마소라 학파 자신들에 의해 이루어진 것이다. 왜냐하면, 서로 다른 읽기 가능성이 존재하는 불완전 서법과 동사 형태들에 있어서 마소라 학파는 부득이하게 모음 표기와 더불어 특정한 본문의 의미를 결정해야만 했기 때문이다. 그뿐 아니라 개별적인 경우에서 자음 본문의 구성 요소 가운데 문제가 있는 것으로 여겨지는 단어들도 적절한 모음 표기를 통해 '개선될' 수 있었다는 사실을 고려한다면,[22] 마소라 학파의 결정에서 자주 언어사적이고 신학적인 관점들이 서로 흘러들어 뒤섞인다는 사실이 다시 한번 명확하게 드러난다. 그러므로 모음 표기가 된 자음 본문에서 우리는 그러한 본문의 확립이 마소라 학파의 특정한 관점에서 비롯한 것이라는 가능성을 언제나 잊지 않고 고려해야만 한다.

21) 이 때문에 최초의 히브리어 문법가들은 나크다님(Naqdanim) 곧, '방점 표기를 하는 사람들'이라고도 불려진다. 참조, E. L. Dietrich, Die hebräische Literatur der nachbiblischen Zeit, in: Semitistik, HO I/3, Leiden / Köln 1964, 85-86.

22) Tov, Text, 227-228에 나오는 실례들.

벤 아쉐르(Ben Ascher)

이미 언급했던 것처럼, 티베리아의 방점 표기 가운데서 벤 아쉐르 가문의 시도는 특별히 눈에 띈다. 벤 아쉐르 가문의 일원들은 다섯 세대에 걸쳐 자음 본문의 구성 요소의 보존과 그것의 모음 표기 작업에 몰두하였다. 우리는 이러한 시도의 이론적이고 학문적인 측면을 티베리아식 체계의 발전에서 찾아볼 수 있다. 이에 반해 실제적으로 중요한 측면은 신뢰할 수 있는 모음 부호가 표기된 필사본들의 제작에 존재한다. 벤 아쉐르 가문의 시도를 담당한 마지막 두 세대는 카이로 예언서 코덱스를 기록하고 방점 표기를 수행했던 모세 벤 아쉐르와 그 유명한 **알레포 코덱스**에 방점 표기와 마소라를 갖추게 했던 그의 아들 아론 벤 모세 벤 아쉐르로 대표된다. 이러한 표준 코덱스가 유대인 철학자 마이모니데스(1135-1204년)에게서 대단한 존경을 받았고, 그 이후로 벤 아쉐르 전통은 사전과 문법의 기초가 되었기 때문에, 벤 아쉐르 전통은 그 지위를 차지할 수 있었을 뿐만 아니라, 성공적으로 확고한 지위를 유지할 수 있었다. 따라서 오랫동안 사람들은 야콥 벤 하임의 제2 랍비성서(1524-1525년)를 통해 벤 아쉐르 본문을 대하고 있다고 생각했다. 그렇지만 이 성서는 벤 아쉐르와 벤 납달리의 혼합 본문인 것으로 밝혀졌다.

벤 납달리(Ben Naftali)

벤 아쉐르 가문과 대략 같은 시기에 활동했던 벤 납달리 가문도 티베리아에 정착해서 살았고 벤 아쉐르 가문 못지않게 중요한 가문이었다. 벤 납달리 전통의 본문 판본들은 이 두 가문이 서로 아주 심한 경쟁 관계에 있지 않고, 오히려 서로 교류했다는 사실을 증언한다. 왜냐하면, 자음 본문에서 단지 8가지의 차이점들만을 관찰할 수 있기 때문이다. 그 밖에 벤 아쉐르 본문과 다른 900여 개의 점들은 일반적으로 발음의 특정한 뉘앙스와 관련되는 모음 표기와 악센트를 주는 특별한 경우들과 관계된 것들이다. 이에 반해 나머지 마소라 학파들이 다른 결정을 내렸던 많은 경우에서 이 두 가문의 본문 판본들은 눈에 띄게 동일한 모습들을 보여 준다.

키타브 알-킬라프(Kitab al-Khilaf)

기원후 11/12세기에 나온 미샤엘 벤 웃지엘(Mischael ben Uzziel)의 한 논문이 보존되었는데, 그것은 벤 아쉐르와 벤 납달리의 방점 표기와 전반적으로 차이점을 보여 준다.[23] 차이점을 나타내는 대부분의 경우는 메텍(Meteg)의 자리와 관련한

23) L. Lipschütz (Hg.), Kitāb al-Khilāf. Mishael Ben Uzziel's Treatise on the Differences Between Ben Asher and Ben Naphtali, HUBP.Monograph Series 2, Jerusalem 1965.

차이점이며(2.4를 보라), 따라서 본문비평과 관련해서는 중요하지 않은 것으로 보인다. 그런데도 이 작품은 다른 측면에서 흥미를 자아낸다. 그것은 티베리아식 모음 표기가 된 중세의 필사본들을 벤 아쉐르 전통 및 벤 납달리 전통과의 일치성이라는 기준을 통해 등급을 구분하고, 이를 통해 필사본들의 독특성과 신뢰성에 대한 논리적 추론을 끌어내는 데 탁월한 기초를 제공한다.[24]

마지막으로, 티베리아식 모음 표기와 더 오래된 **성서 히브리어의 발음**과의 관계에 대한 질문과 더불어 본문비평에서 마소라 학파의 방점 표기와의 연관성에 대한 질문이 제기된다. 이 질문에 대한 응답은 마소라 학파와 성서의 자음 본문 사이에는 천 년이 넘는 상당한 시간의 차이가 존재하고, 또한 히브리어는 더는 익숙한 대중 언어가 아니라 학자들이 전달한 책의 언어로서만 알려져 있다는 사실로써 그 틀의 경계가 세워진다. 이 밖에도 우리는 티베리아식 모음 표기가 본질적인 의미에서 언어사적인 시도라고 추정할 수는 없고, 그것보다는 더 우선이 되는 실제적인 목적을 따랐다고 추측해야만 한다. 곧 거룩한 문서를 예배 의식에서 사용하기 위해서, 전통을 통해 보증되고 교리적인 측면에서 이의 없이 읽을 수 있는 성서 본문을 제공하는 것이었다.[25] 마지막으로 마소라 학파가 구체적인 작업을 할 때 모음 표기를 하는 데 있어 시리아와 아라비아의 영향도 있었음을 완전히 배제할 수 없다. 따라서 지금까지 서술한 것들을 배경으로 해서 우리는 마소라 학파의 발음 규칙을 전통적인 요소들과 혁신적인 요소들의 언어사적 융합으로 간주해야만 할 것이다. 그리고 이러한 융합은 전체적으로 볼 때 성서 시대 히브리어의 발음과 여러 경우에서만 가깝다.

이로써 본문비평은 모음 표기가 된 자음 본문으로부터가 아니라 순전한 자음 본문으로부터 시작해야 한다는 사실이 뚜렷하게 나온다. 서로 다른 모음 표기의 가능성이 생겨난다면, 쿰란에서 나온 필사본들을 끌어오게 되는데, 때에 따라서 필사본들은 그것들이 사용하는 모음 글자를 통해 명확한 설명에 도움을 줄 수 있다. 특정한 본문 이해와 그에 상응하는 모음 표기를 전제하는 칠십인역과 그 밖의 번역본들도 참고해야 한다. 물론 개별 경우에서는 그것들이 전제하고 있는 모음 표기가 구술 발음 전통으로부터 말미암은 것인지, 아니면 그것들을 번역한 사람들의 결정에서 비롯된 것인지를 결정하기가 어렵다. 마지막으로, 아마도 선입견을 가지고 특정

24) Die Einleitung der Biblia Hebraica Quinta, Fascicle 18: General Introduction and Megilloth, Stuttgart 2004, XL–XLVIII은 이에 대해 개괄적으로 소개하는 글을 제공한다.

25) 마소라 학파가 스스로 오래된 발음을 기록하는 것이라고 믿었다는 사실은 당연히 논쟁이 되지 않는다(에른스트 뷔르트바인).

한 모음 표기를 결정했을 수도 있는 아주 한정된 맥락도 고려되어야만 한다. 이때 주석적인 결정이 때때로 흘러 들어간다는 사실은 분명히 이해된다. 물론 경우마다 각각 모음 표기가 이루어진 마소라 본문이 논거로 인용되기도 한다. 그럼에도 해당 모음 표기가 마소라 학파의 문법적인 선결들에 영향을 받은 것인지, 아니면 주석적인 선결에 영향을 받은 것인지는 반드시 항상 점검해야만 한다. 요약하면, 우리는 티베리아식 모음 표기를 그 권위가 자음 본문의 핵심 본문 증거보다는 밑에 있는 것으로 여겨야 할 것이다. 따라서 티베리아식 모음 표기는 본문비평적인 의미에서 (그리고 단지 이러한 측면에서만!) 특별한 권위의 효력을 결코 주장할 수 없다.[26)]

2.4 본문 단락 나누기와 악센트 체계

본문의 단락을 구분하는 체계들은 이미 쿰란의 문서 두루마리들에서 찾아볼 수 있으며, 사실 성서의 필사본들뿐 아니라 성서가 아닌 필사본들에서도 나타난다. 구분 종류의 선택에서 필사본들 가운데서는 결코 원칙상의 차이점을 확인할 수 없다. 그런데도 성서의 필사본들에서는 두 가지 가치를 가진 산문 구분 체계가 상대적으로 자주 나타나는데, 그러한 구분 체계는 이어지는 본문에서 중심 단락과 하부 단락 사이를 구분 짓는다.[27)] 중심 단락의 끝부분이나 시작 부분은 **행 나머지 비우기**와 새로운 행을 시작하는 것으로 표시하는데, 이 새 행은 더러는 들여쓰기(Alinea, 행의 시작에서 몇 칸을 띄고 시작하는 것)도 하고, 더러는 들여쓰기를 하지 않기도 한다. 어떤 중심 단락을 계속해서 하부 단락들로 구분하기 위해서는 **큰 공란**, 곧 행들 사이에 있는 빈 공간을 사용하는데, 이것은 일반적인 단어 사이의 간격을 명확하게 벗어난다(15mm 이상). 예상한 본문이 행 끝까지 채워져서 큰 공란이 주어질 수 없다면, 새로운 행에서 **들여쓰기**를 한 다음에 이어지도록 만든다. 그렇지만 필사본들에서는 큰 공란이 일종의 구분 신호 역할을 하는지는 언제나 명확하게 인식되지는 않는다. 왜냐하면, 삭제, 필사 용지의 손상이나 행 끝에 단 난외 공간을 일정하게 두려는 노력도 더 넓은 간격을 만드는 역할을 했기 때문이다. 지금까지 언급한 구분 종류들에 덧붙여서 쿰란에서 발견된 첫 번째 〈이사야〉 두루마리에서 볼 수 있듯, 보조 난외 표시가 있다. 이러한 종류의 난외 표시는 **문단 표시선(Paragraphos)**, 곧

---

26) S. Schorch, Die Vokale des Gesetzes. Die samaritanische Lesetradition als Textzeugin der Tora. 1. Das Buch Genesis, BZAW 339, Berlin / New York 2004, 3–10은 구술적인 읽기 전통과 관련해서 다른 견해를 주장한다.

27) 이 사항에 대해서는 J. M. Oesch, Textgliederung im Alten Testament und in den Qumranhandschriften, Henoch 5 (1983), 289 – 321을 참조하라.

대개 끝이 살짝 꺾인 형태의 짧은 가로선이다.[28] 문단 표시선은 비워 놓은 행의 끝, 공란 또는 들여쓰기 앞에서 본문이 끝나는 행 아래 오른쪽 난외에 쓴다. 쿰란 제1동굴에서 발견된 〈이사야〉 두루마리(1QJes[a])의 두 번째 부분에서는 선 위에 원을 붙여놓은 문단 표시선이 많이 발견되는데, 이것도 본문의 한 부분을 표시한다.[29]

쿰란의 성서 필사본들에서 나타나는 본문 단락 구분을 조금 더 상세하게 참조하면 마소라 학파의 자음 본문뿐 아니라, 그 구분도 초기 본문 역사에까지 거슬러 올라간다는 사실을 보다 명확하게 볼 수 있다.[30] 그러므로 마소라 학파는 본문 단락 나누기를 새롭게 발명한 것이 아니라 — 기대한 것과 다르지 않게 — 그들의 전승 활동의 관심에서 본문 구분을 보존하고, 검증하고 또한 더욱 체계적으로 확장하였다. 본문 단락을 나누는 두 가지 방식이 마소라 학파의 코덱스들에서 나란히 전승된다. 하나는 회당에서 성경 봉독을 위해 구분을 표시한 **독서 주기 단락**이고, 다른 하나는 본문 이해를 도와주는 **의미 단락**이다.

파라쇼트와 세다림

토라에 가장 높은 계시의 권위를 돌리는 유대교의 문서 이해에 맞게 마소라 학파는 정경의 첫 번째 부분을 처음부터 끝까지 주간 독서 단락들로 구분해서 전승한다. 이때 두 개의 서로 다른 체계가 쓰인다. 바벨론의 한 해 독서 주기에 따르면, 토라는 54개의 주간 단락들 **פָּרָשׁוֹת** ‘장들’)로 나뉜다. BHS에서 이러한 **파라쇼트**는 ‘쉰’ 위에 줄임말임을 나타내는 점(Abkürzungspunkt)을 가지고 있는 **פרשׁ**로 표시되며, 안쪽 난외에 표기된다. 이러한 파라쇼트는 BHQ에서는 바깥쪽 난외에 표기된다. 이에 반해 팔레스타인의 독서 주기는 토라 전체를 다 읽으면 3년이 걸린다. 따라서 정경의 첫 부분의 본문은 154개 혹은 167개의 주간 단락으로 구분되며, 이것은 **세다림**(히브리어, **סְדָרִים**, ‘정렬’)이라고 불린다. BHS와 BHQ는 167개의 토라 세다림을 제공하는데, 이것은 안쪽 난외나 바깥쪽 난외에 **ס̇**로 표시된다. (많은 교과서에서 그 수를 452개로 세는 세다림은 중세의 많은 코덱스들이 세다림 구분법을 전체 히브리어 성서로 확장한 결과다.) 회당에서는 정경의 둘째 부분인 예언서 가운데 선별된 단락들만을 낭독했다. 해당하는 독서 주기 단락들은 **하프타롯**

---

28) [역자주] 문단 표시선: — ⌐ ⍛

29) 이것에 대해서는 O. H. Steck, Die erste Jesajarolle (1QIs[a]). Schreibweise als Leseanleitung für ein Prophetenbuch, SBS 173/1, Stuttgart 1998, 33 – 39를 참조하라.

30) 이러한 것을 배경으로 볼 때 본문비평의 틀 안에 ‘구분 비평’(Gliederungskritik)과 같은 것도 만들어야 한다는 방법론적인 요구는 정당성을 얻는다. 참조, J. M. Oesch, Petucha und Setuma, OBO 27, Freiburg, Schweiz / Göttingen 1977, 361–368.

(히브리어, הַפְטָרוֹת '종결들')이라고 불리며 개별적인 토라 읽기들에 종속된다(도판 18). 이에 반해 정경의 셋째 부분의 성문서는 성서 독서와 관련되어 있지 않다. 다섯 권의 메길로트(히브리어, מְגִלּוֹת '절기 두루마리들')는 예외다. 이 책들은 특정한 축제일, 곧 유월절(《아가》), 오순절(《룻기》), 예루살렘 파괴 기념일(《예레미야애가》), 초막절(《전도서》), 부림절(《에스더》) 등에서 공적이기는 하지만 예전에서가 아닌 독서에 사용된다.

페투하와 세투마

독서 주기 단락과 더불어 마소라 학파는 (《시편》을 제외한) 전체 구약성서에서 의미 단락 나누기를 보여 준다. 그들의 구분 체계는 파라쉬요트[31]라고 불리기도 하는데, 이는 단락이 열린 단락인지 닫힌 단락인지를 구별하는 것이 바탕을 이룬다. 더 자세히 특징을 표시하기 위해 마소라 학파는 פתח와 סתם 동사 어근의 수동 분사형을 사용한다. 이에 따라 열린 단락은 **페투하**(히브리어, פְּתוּחָה, '열려진')라고 불린다. 열린 단락은 새로운 행과 함께 시작하는 반면에, 이전의 행은 완전히, 또는 부분적으로 빈 채로 놓아둔다. 곧 그 행의 끝까지 '열린 채로' 남겨 둔다. BHS와 BHQ에서 열린 파라쇼트는 첫 글자인 פ로 표시되는데, 이 표시는 열린 행의 끝의 빈 공간에 쓰인다. 일반적으로 열린 파라쇼트는 더 큰 의미 단락을 표시하는 것이다. 이 때문에 פ라는 표시가 없는 책의 첫 단락도 열린 것으로 간주한다. 이에 반해, 더 작은 의미 단락은 행 안에 간격을 두어 앞선 본문과 분리한다. 이때 공란 다음에 있는 행은 끝까지 계속해서 기록된다. 곧 그 행은 '닫힌다'. 따라서 닫힌 단락은 **세투마**(히브리어, סְתוּמָה, '막힌')라고 부른다. BHS와 BHQ는 간격 안에 있는 첫 글자 ס로 닫힌 단락을 표시한다. 열린 의미 단락과 닫힌 의미 단락으로 구분하는 것은 한편으로는 전통에 따르며, 다른 한편으로는 주석에서 비롯한다. 이 때문에 마소라 학파의 필사본에서 열린 파라쇼트인지 닫힌 파라쇼트인지의 구분이나 평가도 경우에 따라 제각각 달라진다는 사실은 결코 놀랄 만한 일이 아니다. 페투하 구분과 세투마 구분이 서로 어떠한 관계에 있는지는 여전히 해결되지 않았다.

절 나누기

절은 히브리어 성서 본문에서 가장 작은 의미 단위를 형성한다. 이때 절 구분도 고대의 전통으로 거슬러 올라갈 수 있는데, 특히 4QDan[a] (= 4Q112)에 있는 해당 절의 단편들은 작은 간격으로, 그리고 4QtgLev (= 4Q156)에 있는 절의 단편들은

31) [역자주] 또는 피스카오트, pisqa'ot.

세로 쌍점으로 표시한다.[32] 미쉬나와 탈무드도 세부적으로 절을 나누는 것을 보여 준다(mMegilla 4,4). 마소라 학파는 그들 나름대로 절의 끝을 표시하기 위해 보통 절의 끝에 있는 마지막 강세 음절에 **실룩** 악센트를 사용하고, 덧붙여 (모든 필사본들이 보유하고 있지는 않은) 마름모 모양의 세로 쌍점 **소프 파숙**을 사용했다. 마소라 학파가 올바른 본문 이해를 위해 얼마나 강한 노력을 기울였는지는 절 차원에서 더욱 잘 드러난다. 분리 악센트와 연결 악센트의 체계는 본문의 의미를 이해하는 데 도움을 준다.

악센트 체계

마소라 학파의 악센트는 세 가지 구실을 한다.[33] 첫째로, 악센트는 **영창 기호(Kantillationszeichen)**로서 회당 예배에서 이루어지는 '노래 형태의' 본문 봉독을 돕는다. 둘째, **음조 기호(Tonzeichen)**로서 한 단어의 강세를 보여 준다. 셋째, **구두법(句讀法) 기호(Interpunktationszeichen)**로서 논리적인 문장 구조를 표시하고, 이를 통해 문장의 의미 구분을 지시한다. 동시에 본문은 악센트의 도움으로 조직적으로 구성되고 따라서 한 절의 모든 부분에 대한 정확한 진술을 가능하게 하는 일종의 지시 관계 체계(Referenzsystem)가 만들어진다. 악센트는 기본적으로 **분리 기호**(라틴어, Distinctivi 또는 Domini)와 **연결 기호**(라틴어, Conjunctivi 또는 Servi)로 구분된다. 이때 분리 기호는 본문을 조직하는 역할을 하는 데 반해, 연결 기호는 단어들 사이의 통사적 관계를 보여 주어서 본문의 이해를 돕는다. 악센트는 물론 모음 표기도 본문 해석의 영역에 속하지만, 이들은 본문비평에서 어느 정도는 연관성이 있다. 왜냐하면, 악센트는 매우 오래된 전통이기 때문에 자음 본문의 이해에 가까이 있고, 어떤 경우에는 본문의 문제를 밝히는 데 유익하게 쓰일 수 있는 일종의 해석 전통을 도맡기 때문이다.

분리 악센트는 절 짜임새에서 결정적인 역할을 하는데, 휴지(休止)의 지속성에 따라 네 그룹(시문으로 된 책에서는 세 개의 그룹)으로 나뉜다.[34] 각각의 그룹은 짜임새의 차원에서 설명할 수 있다. 가장 중요한 것들은 첫 번째 짜임새 차원의 악센트로, 가운데 휴지부를 표시한다. 이 악센트는 한 절 안에 한 번만 쓰인다.

32) 참조, Tov, Text, 172.

33) 참고, H.-D. Neef, Arbeitsbuch Hebräisch. Materialien, Beispiele und Übungen zum Biblisch-Hebräisch, Tübingen 2003, 44–47.

34) 참조, Tov, Text, 56은 악센트의 위계 구조를 "황제"(실룩, 아트나), "왕"(세골타, 자켑 카톤 등), "공작"(르비아 등) 그리고 "백작"이라고 묘사함으로써 명확하게 설명한다.

절이 끝나는 것을 표시하는 ◌ֽ **실룩**과 더불어 ◌֑ **아트나**는 절을 둘, 곧 a + b로 나누는 구실을 한다. 두 번째 짜임새 차원에서 가장 중요한 악센트는 바로 ◌֒ **세골타**와 ◌֔ **자켑 카톤**이다. 이것들은 두 개의 반절들을 또 다시 둘, 또는 경우에 따라 세 부분(aα + aβ [+ aγ])으로 구분한다. ◌֗ **르비아**도 비교적 자주 찾아볼 수 있는데, 이것은 세 번째 짜임새 차원에 속한다. 주석 문헌에서 아래 첨자의 아라비아 숫자로 표시되는 르비아는 더 자세한 짜임새 구분을 가능하게 한다($a\alpha_1 + a\alpha_2$). 짜임새의 차원들을 주의 깊게 살펴보면, 개별 절의 부분들은 이러한 체계에 따라 정확하게 명시되고 있음을 알 수 있다. 그렇지만 시문으로 된 책들, 곧 〈시편〉과 〈욥기〉와 〈잠언〉에서 마소라 학파는 이와는 다른 악센트 체계를 사용한다(자료 3). 시문으로 된 책들에서 사용된 악센트 체계의 핵심적인 차이점은 아트나와 더불어, 또는 아트나 대신에 이중 악센트인 **올레 브요레드**를 통해 또 다른 주요 분리 기호를 제공한다는 점이다. 따라서 이러한 악센트의 조합으로 시문에서 세 부분으로 이루어진 절인 삼중 콜론도 상황에 맞게 a + b + c (시 77:3[2])로 표현할 수 있다. 평행법이라는 시문의 기본 형식을 규정하는 데 마소라 학파의 주요 분리 기호는 당연히 도움을 주지만, 독단적인 것으로 이해되어서는 안 된다. 왜냐하면, 일련의 경우들에서 콜론 구분 연구를 통해 얻어진 주석의 결과(1.1을 보라)가 마소라 학파가 부여한 악센트와 일치하지 않기 때문이다. 이 두 개의 악센트 표는 책갈피로 BHS에 첨부되어 있다. BHQ에서는 서문 부분에 수록되어 있다.

파섹과 메텍

마지막으로 악센트에 속하지 않는 두 개의 기호들도 마저 언급해야 한다. 파섹은 조그만 수직선인데, 이것은 두 단어 사이에 있음으로써 이 두 단어를 섣부르게 결합하여서는 안 된다는 것을 보여 주는 역할을 한다. 파섹은 첫 번째 단어의 마지막 자음과 두 번째 단어의 처음 자음이 서로 같을 때도 흔히 쓰인다. 모음과 더불어 그 왼쪽에 조그맣게 긋는 선인 메텍은 모음 표기를 보조하는 기호이다. 이것은 어떤 음절을 열린 음절로 이해해야 하고, 따라서 그 모음이 길게 발음될 때에 쓰인다.

장수 매기기와 절수 매기기

전통적인 지시 체계, 곧 모든 성서 개관 작업과 학술 활동과 관련된 현대의 성서의 장 나누기와 절 나누기, 그리고 그것들의 구분에는 특별한 역사가 있다. 장 나누기는 캔터베리 대주교가 된 스테판 랭턴(Stephan Langton, 약 1150 – 1228년)이 라틴어 성서(불가타)에 처음으로 시도하여 오늘날까지 사용되고 있다. 그것은 기

TABLE OF ACCENTS

ACCENTS FOR THE TWENTY-ONE PROSE BOOKS

(The horizontal lines divide the accents into grades of equivalent strength.)

Disjunctive accents

Sign	Name(s)	Example
◌ֽ	sillûq (*always at the verse end* [sôp̄ pasûq]); *or* sôp̄ pasûq	דָּבָֽר׃
◌֑	ᵓat̲naḥ	דָּבָ֑ר
◌֒	səḡôltâ *(postpositive)*	דָּבָר֒
◌֓ ׀	šalšelet̲	דָּבָ֓ר ׀
◌֔	zaqēp̄ qaṭan	דָּבָ֔ר
◌֣֔	mûnaḥ-zaqēp̄	וְהָאָ֣דָ֔ם
◌֕	zaqēp̄ gad̲ôl	דָּבָ֕ר
◌ֽ֔	mət̲îḡâ-zaqēp̄	וְכִבְסֽ֔וֹ
◌֖	ṭip̄ḥâ (*comes before* ᵓat̲naḥ *or* sillûq)	דָּבָ֖ר
◌֗	rəḇîaᶜ	דָּבָ֗ר
◌֮	zarqâ (*postpositive; comes before* səḡôltâ)	דָּבָר֮
◌֙	pašṭâ *(postpositive)*	דָּבָר֙
◌֨ ◌֙	pašṭâ	מֶ֨לֶךְ֙
◌֚	yət̲îḇ (*prepositive; a substitute for* pašṭâ)	מֶ֚לֶךְ
◌֛	təḇîr	דָּבָ֛ר
◌֜	gereš *or* ṭeres	דָּבָ֜ר
◌֞	geršayim	דָּבָ֞ר
◌֡	pazer *or* pazer qaṭan	דָּבָ֡ר
◌֟	pazer gadôl *or* qarne p̄arâ	דָּבָ֟ר
◌֠	təlîšâ gəd̲ôlâ *(prepositive)*	֠דָּבָר
◌֣ ׀	ləḡarmeh (*comes before* rəḇîaᶜ)	דָּבָ֣ר ׀

Conjunctive accents

Sign	Name(s)	Example
◌֣	mûnaḥ *or* šôp̄ar mûnaḥ, šôp̄ar ᶜillûy, *or* šôp̄ar məḵarbel	דָּבָ֣ר
◌֤	mahpak *or* šôp̄ar hapûḵ *or* məhuppaḵ	דָּבָ֤ר
◌֥	mêrəḵâ	דָּבָ֥ר
◌֦	mêrəḵâ kəp̄ûlâ	דָּבָ֦ר
◌֧	dargâ	דָּבָ֧ר
◌֨	ᵓazlâ	דָּבָ֨ר
◌֩	təlîšâ qəṭannâ *(postpositive)*	דָּבָר֩
◌֪	galgal *or* yeraḥ	דָּבָ֪ר
◌֖	mâyəlâ (*rare; looks like* ṭip̄ḥâ, *but always used as a secondary accent on the same phonetic unit as* ᵓat̲naḥ *or* sillûq)	וַיֵּ֖צֵא־נֹ֑חַ

Additional signs

Sign	Name(s)	Example
◌ֽ	gaᶜyâ *or* meteg̲ *(always used ahead of another accent)*	וַֽיְלַמְּדָה
־	maqqēp̄	אִמְרִי־לִי
׀	paseq	הַבּוֹגֵד ׀ בּוֹגֵד

자료 2: 산문으로 서술된 책들에 대한 BHQ의 악센트 표

TABLE OF ACCENTS

ACCENTS FOR THE THREE POETICAL BOOKS (PSALMS, JOB AND PROVERBS)

(The horizontal lines divide the accents into grades of equivalent strength.)

Disjunctive accents

Sign	Name(s)	Example
	sillûq (*always at the verse end* [sôp̄ pasûq]); *or* sôp̄ pasûq	דָּבָֽר׃
	ᶜolê wəyôred	דָּבָ֥֫ר
	ᵓatnaḥ	דָּבָ֑ר
	rəḇîaᶜ gad̲ôl	דָּבָ֗ר
	rəḇîaᶜ mug̱raš	דָּבָ֗֝ר
	šalšelet̲ gəd̲ôlâ	דָּבָ֓ר ׀
	ṣinnôr *or* zarqâ *(postpositive)*	דָּבָר֘
	rəḇîaᶜ qaṭan	דָּבָ֗ר
	dəḥî *(prepositive)*	דָּ֭בָר
	pazer *or* pazer qaṭan	דָּבָ֡ר
	məhuppak̲ ləg̱armeh	דָּבָ֤ר ׀
	ᵓazlâ ləg̱armeh	דָּבָ֨ר ׀

Conjunctive accents

Sign	Name(s)	Example
	mûnaḥ *or* šôp̄ar mûnaḥ	דָּבָ֣ר
	mêrək̲â	דָּבָ֥ר
	ᶜillûy *or* šôp̄ar ᶜillûy	דָּבָ֬ר
	ṭarḥâ	דָּבָ֖ר
	galgal *or* yeraḥ	דָּבָ֪ר
	šôp̄ar mahpak̲ *or* šôp̄ar məhuppak̲	דָּבָ֤ר
	ᵓazlâ	דָּבָ֨ר
	šalšelet̲ qəṭannâ	דָּבָ֓ר
	ṣinnôrît̲ *(comes before* mêrək̲â *or* šôp̄ar mahpak̲ *on an open syllable)*	דָּבָ֘ר / דָּבָ֥֘ר

Additional signs

Sign	Name(s)	Example
	gaᶜyâ *or* meteg̱ *(always used ahead of another accent)*	וַֽיְלַמְּדָ֫ה
	maqqep̄	אִמְרִי־לִ֥י
	mət̲îg̱â *(used as a secondary accent on the syllable before* mêrək̲â*)*	חָ֥כְמָ֫ה
	paseq	הַבּ֣וֹגֵד ׀ בּוֹגֵ֑ד

자료 3: 3권의 시문으로 된 책들에 대한 BHQ의 악센트 표(〈시편〉, 〈욥기〉 그리고 〈잠언〉)

원후 14세기 무렵에 히브리어 성서에도 적용되었다. 장 나누기와 더불어 불가타에서 통용되던 것과 같이 〈사무엘〉과 〈열왕기〉, 그리고 〈역대기〉가 두 부분으로 나뉘는 것도 받아들여졌다. 장과 같은 방식으로 절에 일련번호를 붙이는 것은 매우 후대에 이루어진다. 그 작업 방식은 인쇄본과 관련해서 기원후 16세기에 생겨났고 파리의 인쇄업자인 로베르트 스테파누스(Robert Stephanus, 1503 – 1559년)에게서 비롯한다.

2.5 소마소라와 대마소라

마소라 학파는 모음 표기 및 악센트 부여와 더불어 본문의 보존을 위해 인상적인 체계를 발전시켰다. 이 체계는 좁은 뜻에서 마소라(히브리어, מַסֹּרָה, '전승')라고 불리며 원래 본문 옆과 아래 난외에 기록된 메모로 나타난다. 옆쪽 난외에 있는 지시 사항은 **소[小]마소라(마소라 파르바[Masora parva])**라고 불리고, 위쪽과 아래쪽 난외에 있는 지시 사항은 **대[大]마소라(마소라 마그나[Masora magna])**라고 불린다. **난외 마소라(Masora marginalis)**라고도 불리는 난외의 마소라와 더불어 성서의 책들의 끝에는 제각각 **종결 마소라(Masora finalis)**도 찾아볼 수 있다. 이 종결 마소라는 주로 통계적인 정보를 제공한다. 예를 들어, 〈레위기〉의 끝에는 다음과 같은 내용이 진술된다. "이 책의 전체 절수는 859에 달한다."

마소라 학파는 마소라 안에 히브리어 본문에 대해 놀라울 정도로 많은 정보를 모아 놓았는데, 이것들은 무엇보다 일반적이지 않은 기록 형태를 보호하려는 하나의 목적을 위한 것이다. 곧 난외에 기록된 메모들을 통해 부주의하거나 일반적인 기록 방식에 익숙해져서 쉽사리 발생하는(발생할 수 있는) 오류를 방지하려는 것이다. 예를 들어, **불완전 서법**(곧 모음 문자가 없는 서법)으로 표기된 단어들에 대한 기록이 있는데, 그러한 단어들은 **완전 서법**만큼이나 좋은 기록일 수도 있고, 그 반대일 수도 있다. 또는 한 절 안에 같은 단어가 여러 번 나타나는 경우를 알려주는데, 이는 그 단어가 빠질 가능성을 미리 막기 위해서이다. (특정 책, 정경의 부분, 또는 전체 성서에서 그 단어나 단어 형태가 나타나는 것과 관련해서) 어떠한 단어 혹은 단어 형태에 대한 통계적인 정보가 특히 자주 난외에 기록되어 있다. 따라서 우리는 창세기 1:1에서 בְּרֵאשִׁית 베레쉬트 '태초에'라는 단어가 성서에 다섯 번 나타나는데, 그 가운데 세 번은 절의 시작 부분에서 쓰인다는 사실을 보게 된다. 이에 따라서 그 밖의 모든 용례는 본문 오류를 의미했다. 이를 통해, 특히 해당 본문의 행과 같은 높이의 난외에 기록되어 있는 소마소라는 기록된 자음 본문의 직접적인 특징을 검증할 수 있게 한다는 사실을 엿볼 수 있다. 이에 덧붙여서 소마소라의 통계 정보와 관련이 있는 대마소라는 표기된 단어나 그것의 단어 형태에 관한 정확한 용례 정보를 제공한다. 창세기 1:1의 경우에 대마소라는 예레미야 26:1; 27:1(각각 말씀의 시작 부분에서) 그리고 28:1; 49:34이다. 당연히 사람들은 이것이 어떻게 이루어질 수 있었을까 하고 질문한다. 왜냐하면, 사실 마소라 학파는 아직은 현대의 장수 매기는 법과 절수 매기는 법을 가지고 있지 않았기 때문이다. 해결책은 성서 본문에 대한 탁월한 지식에 있다. 그래서 마소라 학파에게는 문제가 되는 절을 명확하게 확인하는 데 표제어면 충분했다. 따라서 난외주는 풍성한 성구사전 참조 지시를 제공한다. 그렇지만 오늘날에는 마소라를 들여다보지 않아도 컴퓨터 프로그램의 도움을 받아 그러한 정보를 조사할 수 있다. 그런데도 마소라 연구는 주석적인 관점에서 중요한 본문 관찰의 탁월한 보고(寶庫)일 뿐 아니라, 전승된 성서 본문에 대하여 중세에 어떻게 작업을 했는지를 들여다볼 수 있게 해 주기 때문에 유익하다. 그렇지만 초보자에게는 그 울타리가 상대적으로 높은데, 이는 초보자가 우선 두 가지 근본적인 어려움을 극복해야만 하기 때문이다. 하나는 난외 마소라에 있는 정보들이 모음점이 없고, 일부는 히브리어로, 일부는 아람어로 기록되어 있다는 점이다. 다른 하나는 자주 — 글자 위에 찍히는 구분점으로 표시되어 있는 — 약어들을 사용하는데, 이때 우리는 단어의 약어들과 숫자 기호들을 구분해야만 한다. 하지만 이러한 어려움은 쉽게 극복될 수 있다. 왜냐하면, 그동안에 비블리아 헤브라이카의 마소라에 대한 독자적인 연구 서적들과 보조 서적들이 등장하여 전체 약어들이 풀이해 주고 마소라 학파의 전문 용어들을 해설해 주었기 때문이다.[35] 이 밖에 BHQ에서는 어렵게 해석되는 마소라 파르바의 정보들을 개별 분책에 덧붙여져 있는 주석 부분에서 설명하고 마소라 마그나의 전체적인 용례 정보들을 현대의 장수 매기기와 절수 매기기에 따라 목록화하였다.[36] 그래서 다음 설명을 일부 지시 사항으로 제한하여 처음 접하는 이에게는 도움을 주고, 마소

35) P. H. Kelley / D. S. Mynatt / T. G. Crawford, Die Masora der Biblia Hebraica Stuttgartensia. Einführung und kommentiertes Glossar, Stuttgart 2003.

36) 덧붙여서 BHS와 BHQ는 마소라 파르바를 제시하는 방식에서 차이가 드러난다. 곧 BHS에서 레닌그라드 코덱스의 소마소라의 정보들은 편집자인 베이(Gerald E. Weil)가 도맡아 통일시켜 완성하였으며, 때로는 고치기도 했다. 이것은 원본과 비교하면 소마소라의 분량을 3배 정도로 확장했다는 점에서 교정본(Revision)이라고 할 수 있다. 그럼에도 베이가 시도했던 개별적인 조처들은 더는 정확하게 실행될 수 없었는데, 이는 그가 네 권을 목표로 착수했던 작업 중에서 마소라 마그나의 목록들을 담고 있는 첫 번째 책만 출간되었기 때문이다. BHQ는 BHS의 이러한 시도에서 돌이켜서 충분히 납득이 되는 이유에서 마소라의 원전에 충실한 재현으로 되돌아갔다. 이때 레닌그라드 코덱스의 명백한 오류들도 그대로 두었고 개별적으로 주석을 붙였다.

라에 대한 연구에 호기심을 가지도록 하려 한다.

소마소라(마소라 파르바, Mp)

이미 위에서 언급했듯이, 난외 마소라에는 밑에 קׄ를 적어서 표시하는 케레 단어들과 סבׄירׄ로 표시하는 세비린 주해가 있다. לׄ라는 줄임말도 자주 발견되는데, 이것은 해당 단어 혹은 단어 형태가 단 한 번만 쓰임을 가리킨다. 이는 전문 용어로 **일회용례(Hapax legomenon)**라 한다. 그 줄임말 아래에 또 다른 구절이 제시된다면, 그 구절에서는 완전히 같은 단어는 아니지만, 매우 비슷한 단어가 나타난다(본문 보존!). 불완전 서법 및 완전 서법과 관련해서 아람어 חסיר '부족한'의 줄임말 חסׄ 및 아람어 מלא '가득 찬'의 줄임말인 מלׄ이 나타난다. 난외에는 계산된 내용도 매우 자주 기록되어 있는데, 그때 히브리어 글자들은 **숫자 기호**로 사용된다. 이때 숫자 1 = אׄ 은 다른 문자들과의 숫자 조합으로만 나타난다. 예를 들어, 21 = בׄאׄ 또는 줄임말 בׄ מׄ אׄ '하나의 유일한 예외로'가 그러한 경우인데, 이는 사실 일회용례는 이미 לׄ을 통해 표시되기 때문이다. 그 밖의 숫자들은 2 = בׄ, 3 = גׄ , 4 = דׄ , 5 = הׄ 등으로 쓰인다.[37] 이에 반해 오직 BHS에서만 나타나는 작은 아라비아 숫자 색인은 마소라 비평장치를 지시한다. 따라서 소마소라를 해독할 때는 원칙적으로 두 가지 질문에 대답해야 한다. 난외주를 어떻게 정확하게 번역할 수 있는가? 그리고 난외주와 관련한 본문 현상은 어떻게 정확하게 설명할 수 있는가? 이를 잘 보여주는 예를 보자. 시편 61:8[7]은 왕에 대한 다음과 같은 중보 기도를 담고 있다. "그가 영원히 하나님 앞에서 거주하리니 / 인자와 진리를 예비하사 그를 보호하소서!" 이미 이 번역은 특별히 어미가 탈락된 명령형 מַן '예비하소서!'가 눈에 띄는 특이한 본문이다. 이에 대해 마소라 파르바는 לׄ לשון קדש '거룩한 언어에서 단 한 번만 (증언됨)'이라는 메모를 달아 놓았다. 히브리어에서 이러한 명령형 형태가 단지 이 한 구절에서만 나타난다는 사실의 확인은 당연히 성서 본문에 이 두 자음을 보존하려는 목적으로 쓰인다. 그렇지만 본문비평의 눈으로 볼 때, 마소라의 관찰은 그런 명령형 형태가 실제로 존재하는지, 아니면 그 대신에 잘못 기록된 것으로 가정해야 하는지의 문제를 제기한다. 이 밖에 자음 본문의 전승이 완전히 확고한 것이 아니라는 사실도 존재한다. 왜냐하면, 두 개의 히브리어 필사본들과 아퀼라, 심마쿠스 그리고 히에로니무스의 번역본들에는 문제가 되는 이 단어가 없기 때문이다. 물론 이러한 본문 증거들에 무게를 둘 필요는 없다. 왜냐하면, 그것들은 명령법

37) 히브리어의 숫자 기호 표는 R. Wonneberger, Leitfaden zur Biblia Hebraica Stuttgartensia, 2. Aufl. Göttingen 1986, 104에 있다.

을 누락시킴으로써 본문의 의미를 파악하는 일을 더 쉽게 해줄 뿐 아니라(**더 쉬운 읽기[lectio facilior]**), 전체적으로 마소라 본문이 어떻게 생성될 수 있었는지는 설명하지 않기 때문이다. 이에 반해 본문 오류를 수용함으로써 마소라 본문을 설명하는 프리드리히 델리취(Friedrich Delitzsch)의 제안은 매우 생각해 볼 만한 가치가 있다. 그는 명령형 형태의 이 두 자음을 본래 그곳에 있었던 부사 **תָּמִד** '지속적으로'가 훼손되고 남은 나머지로 해석하고, 이 본문 훼손의 원인을 원래 단어의 순서인 **אמת תמד**에서 타우(Taw)의 **중자탈락**(Haplographie, 8.1.5를 보라)에서 비롯한 것으로 설명했다. 그는 이것이 나중에 달렛(Daleth)을 눈(Nun)으로 잘못 쓴 것이거나 고친 것이었다고 주장했다.[38] 이러한 제안을 따른다면, 시편 61:8[7]은 — 내용에서나 콜론 구분(16+16)에서나 평행법의 대칭에 맞게 — 원래 다음과 같다. '그가 영원히 하나님 앞에서 거주하리니 / 인자와 진리, 그것들이 계속해서 그를 보호하기를!' 그러나 전체적으로 볼 때 이러한 본문 재구성의 가능성은 오직 마소라 학파가 이 두 자음들('훼손된 나머지')을 충실하게 보존했고 특이한 것으로 표시해 해놓았다는 상황에만 근거할 뿐이다.

대마소라(마소라 마그나, Mm)

소마소라가 한 단어나 특정한 표현법이 얼마나 자주 나타나는지만을 표기하는 반면, 대마소라는 그것이 나타나는 용례들을 제공한다. 이를 통해서 용례 정보를 담고 있는 짧은 목록들과 더 긴 목록들이 생겨난다. 그러한 정보들은 철저히 조사된 것이며, 성서 본문에 걸쳐 두루 더 조사할 수 있게 해 준다. 따라서 히브리어 성서 본문 전체에 걸쳐 관련된 것들을 서로 연결하고, 이러한 방식으로 자음 본문에 있는 그 어떤 임의의 자리에서 마소라 학파의 이해에서 벗어나는 기록의 가능성을 막아주는 것이 바로 이 마소라 마그나이다. 마소라 학파의 견해가 부분적으로는 더는 이해되지 못하고, 많은 필사본에서 장식품으로만 전승되었던 때인 중세 후기에 들어 와서 본문의 보존을 위한 이 도구는 다시 없어졌다.

그렇지만 총 4,282개에 이르는 이런 종류의 목록을 제공하는 레닌그라드 코덱스의 대마소라는 BHS에서 직접 이용할 수 없다. BHS의 마소라 비평장치는 해당하는 목록의 항목 번호들만을 제공하며, 그 목록은 별도의 모음집을 참조해야 한다.[39]

---

38) F. Delitzsch, Die Lese- und Schreibfehler im Alten Testament, Berlin / Leipzig 1920, § 7a를 § 131과 함께 참조하라.

39) G. E. Weil, Massorah Gedolah iuxta condicem Leningradensem B 19a, Bd. 1: Catalogi, Rom 1971 (seconda editio 2001).

이에 비해 BHQ에 게재된 대마소라는 실질적인 진보를 보여 준다. 이외에도 위에서 이미 언급한 것처럼 마소라 마그나에서 일컫는 구절의 용례 정보는 BHQ의 주석 부분에서 편리하게 참조할 수 있다. 그래서 이제 우리는 이 비블리아 헤브라이카의 새로운 간행본이 대마소라를 이용하는 것을 탁월하게 지원하고 있다고 말할 수 있다.

오클라 브-오클라(Ochla we-Ochla, Okhl)

마소라의 특징적인 표지는 참조 체계(Referenzsystem)이다. 그것은 자음 본문을 마소라 파르바와 연결하고, 마소라 마그나를 넘어서 같거나 비슷한 그 밖의 성서 구절들로 인도한다. 그러나 마소라와 더불어 독립적인 마소라 판본들도 존재하는데, 그 가운데서 가장 분량이 많고 가장 잘 알려진 것을 보기 삼아 언급할 필요가 있다. 그것은 오클라 브-오클라이며 약 400개의 목록을 제공한다. 그 목록에는 다양한 본문의 현상들이 특정한 질문들 아래에 수집되어 있고, 알파벳 순서로 제시된다.[40] 그 판본의 첫 부분에는 거룩한 문서에 단 두 번만 등장하는 단어의 목록이 있다. 그 단어는 한 번은 바브(Waw) 없이 그리고 한 번은 앞에 놓인 바브와 함께 나타난다. 그 모음집에 이름을 부여했던 이러한 알파벳 순서의 목록들의 첫 번째 단어 쌍은 **אָכְלָה וְאָכְלָה 오클라 브-오클라**이며, 사무엘상 1:9와 창세기 27:19에 나오는 여성형 어미를 가진 부정사(Infinitiv)와 관련이 있다. 이 판본은 중세에 자주 사용되었고 야콥 벤 하임이 출간했던, 마소라가 있는 랍비 성서의 첫 번째 인쇄본에서도 사용된다.

2.6 중세 시대의 성서 필사본들

완전한 성서 본문을 위해 중세 초기의 필사본들은 여전히 기본적인 본문 증거들이다. 그것들은 마소라 학파의 작업이 전성기였던 때에 생겨났는데, 이미 앞에서 언급했듯이 마소라 학파의 서부 중심지는 티베리아였다. 그곳에서는 성공적인 유대인 가문인 벤 아쉐르 가문도 활동했는데, 이 가문은 여러 세대에 걸쳐 성서 본문을 충실하게 전승시키는 데 이바지했다. 그들의 본문 작업장에서 카이로예언서 코덱스와 알레포 코덱스가 생겨났는데, 이것들은 표준 필사본들로서 특별히 신뢰할 만하게 마소라 본문 전통을 증거한다. 중세의 많은 코덱스들은 후기(Nachschriften)와 부기(附記, Unterschriften)를 갖추고 있다. 이러한 이른바 **간기**는 기록자와 생성 시기와 생성 장소(도판 20과 도판 23)에 관한 추가 정보를 제공

40) F. 디아즈 에스테반(F. Díaz Esteban)은 할레 필사본(Hallenser Handschrift)에 따라 작성한 이 작품의 새로운 출판본인 Sefer Oklah we-Oklah, Madrid 1975를 내놓았다

한다. 특별한 경우에 후대에 첨가된 간기는 해당 필사본의 운명과 머물러 있던 장소에 관한 정보도 제공한다. 다음의 개관에 이어 가장 중요한 중세의 성서 필사본들을 간략하게 제시하고 특징을 소개하려 한다.[41]

이름	연대	내용	특징	약자
카이로 코덱스	895년	전기 예언서와 후기 예언서	모세 벤 아쉐르 (벤 납달리 전통)	C
알레포 코덱스	900-925년	성서 대부분을 거의 포함함 (신-아)	살로몬 벤 부야아 마소라: 아론 벤 아쉐르	A
레닌그라드 코덱스	1008년	성서 전체를 포함함	사무엘 벤 야콥 벤 아쉐르 전통	L
오리엔탈 코덱스 Ms. 4445 영국국립도서관[42]	9/10세기	토라 (손실된 부분 있음)	벤 아쉐르 전통	B
사쑨 1053 코덱스	10세기	성서 대부분을 거의 포함함	(벤 납달리 전통) 덜 꼼꼼함	S1
바빌로니아 페트로폴리탄 코덱스	916년	후기 예언서	바벨론식 방점 표기	(V^P)

카이로 코덱스(M^C)[43]

두 번째 간기에 따르면 카이로 예언서 코덱스는 기원후 895년에 티베리아에서 생겨났으며, 모세 벤 아쉐르가 필사하고 방점 표기를 하였다. 이러한 기원 언급은 종종 의심을 받았는데, 이는 그 본문이 차이점을 보이는 경우 60% 이상에서 벤 아쉐르 전통이 아니라 벤 납달리 전통을 따르고 있기 때문이다. 이 표준 코덱스는 훼손되지 않은 채로 잘 보존되어 있고, 전기 예언서와 후기 예언서의 본문을 제공하는데, 쪽마다 각각 세 단으로 이루어져 있다(도판 20). 이에 반해 찬양 부분들은 한 개나 두 개의 단으로 되어 있다. 소마소라는 측면 난외와 단 사이에 존재하는 것이

41) 이 코덱스들에 대해서는 A. Schenker / u. a. (Hg.), Biblia Hebraica Quinta, Fascicle 18: General Introduction and Megilloth, Stuttgart 2004, XL–XLVIII을 참조하라.

42) 1973년에 영국국립도서관이 설립된 이래, 이전에 영국박물관의 필사본 분과였던 부서는 영국국립도서관의 관할에 속하게 되었다.

43) BHQ에서는 마소라 본문을 나타내는 M이 해당 필사본의 위첨자 형태의 약어 문자 앞에 위치한다.

일반적인 반면에, 대마소라는 위쪽 난외와 아래쪽 난외에 배치된다. 후대의 간기들에 따르면, 이 성서 필사본은 첫 소유주가 예루살렘에 있던 카라이 공동체에게 선물로 주었는데, 그 후에 십자군에게 잠시 압류되었다고 한다. 그런 뒤에 이 코덱스는 카이로 구시가지에 있는 카라이 회당에 이르게 되었는데, 그곳에 오늘날까지 보관되고 있다.

알레포 코덱스(M^A)

알레포의 코덱스도 티베리아에서 제작된 표준 코덱스인데, 그 본문은 특별히 벤 아쉐르 전통을 정확하게 재현하고 있을 뿐만 아니라 세심하게 교정되어 있다. 그것의 자음 본문은 살로몬 벤 부야아(Salomon ben Buja'a)가 필사했고, 모세 벤 아쉐르의 아들인 아론 벤 아쉐르가 모음 표기와 악센트와 마소라를 담당했다. 이 본문도 대개 한 쪽이 세 단으로 나뉘어 있는 반면에, 시문으로 된 〈욥기〉, 〈잠언〉 그리고 〈시편〉은 두 단으로 필사되어 있다. 본문 배열이 특이하게 된 경우는 신명기 32장에 있는 모세의 노래에서 찾아볼 수 있다(도판 21). 20세기까지 여전히 히브리어 성서의 전체 본문을 담고 있는 알레포의 코덱스는 이미 일찌부터 명성을 떨쳤다. 그것을 마이모니데스가 언급한 표준 코덱스와 같은 것이라고 본다면, 이미 중세 학자들은 그 본문에 따라 다른 성서 필사본들을 교정할 목적으로 알레포 코덱스를 사용했다. 이 코덱스는 그 이면에 험난한 역사가 있는데, 그 코덱스의 시작과 끝 부분은 결국 본문이 매우 많이 소실되었다. (보존된 본문에 존재하는 일부 빈 칸과 더불어 시작 부분에서는 〈창세기〉부터 신명기 28:16까지의 본문, 그리고 끝 부분에서는 아가 3:12-14, 〈전도서〉, 〈예레미야애가〉, 〈에스더〉, 〈다니엘〉, 〈에스라〉, 〈느헤미야〉의 본문이 없다.)[44] 처음에 이 코덱스의 소유주는 대략 기원후 1050년 무렵에 그것을 예루살렘에 있는 카라이 공동체에 기부했다. 그곳에서 알레포 코덱스는 다시 십자군에게 압류되었고, 그 이후에 카이로 구시가지로 보내졌다. 카이로 구시가지에서 이 코덱스는 다시 유대인의 소유로 넘어가게 되었다. 1375년에 이 귀중한 필사본은 시리아의 알레포에 있는 회당으로 옮겨졌다. 이 필사본은 1947년 유엔 총회가 팔레스타인의 분할과 이스라엘 국가의 성립에 찬성할 때까지 그곳에 머물러 있었다. 그 이후에 많은 아랍의 도시들에서 반유대인 폭동이 일어났고, 그 과정에서 알레포의 회당도 불에 다 파괴되었다. 그때에 사람들은 필사본이 모조리 불타 없어졌다고 생각했다. 1958년에 이르러 원래 487쪽에 이

44) 성서 책들이 순서상 알레포의 코덱스는 정경의 세 번째 부분, 곧 〈역대기〉로 시작하는 성문서가 현재 보존되어 있다.

르는 그 코덱스 가운데 294쪽이 다시 발견되었다. 사람들은 그것을 오래된 세탁기의 세탁조로 추정되는 통 안에서 발견했는데, 그 세탁조는 터키에서 이스라엘로 다시 밀수된 것이었다. 이 294쪽 분량의 코덱스는 오늘날 예루살렘에 있는 책의 전당(Schrein des Buches)에 보관되어 있다. 최근에 이르러서야 비로소 알레포 코덱스의 또 다른, 그러나 아주 작은 단편의 존재가 알려지게 되었다.[45] 훗날 미국으로 이민 간 한 유대인이 그것을 알레포 회당의 화염으로부터 구해 내었고 그때부터 행운을 가져다주는 상징물로 지니고 다녔다. 2007년 11월에 그것은 예루살렘에 있는 벤 쯔비 연구소(Ben Zvi Institut)로 반환되었다. 〈출애굽기〉의 몇 구절을 담고 있는 이 단편은 또 다른 쪽들도 개인 소장품으로부터 돌연히 나타날 수 있을 것이라는 (크지는 않지만) 희망을 품게 해 준다. 알레포 코덱스는 예루살렘의 히브리 대학교가 준비하고 있는 학술적인 성서 편집본의 기초를 이룬다(HUB).

레닌그라드 코덱스(M^{L})

레닌그라드 코덱스는 유일하게 완전히 보존된 중세의 성서 본문을 제공한다. 레닌그라드 코덱스라는 명칭은 그 보존 장소인 레닌그라드에 따라 붙여진 것인데, 소련 시절에는 상트페테르부르크를 레닌그라드라고 불렀다.[46] L로 줄여 쓰는 이 필사본은 때로 러시아 국립도서관에서 부여받은 이 코덱스의 기호에 따라 B 19a로 인용되기도 한다. 간기에 따르면, 레닌그라드 코덱스는 1008년에 카이로 구시가지에서 제작된 필사본으로, 아론 벤 모세 벤 아쉐르가 교정한 문서들에 따라 살로몬 벤 야콥이 제작했던 것이었다(도판 24). 이러한 진술은 포괄적으로 볼 때 레닌그라드 코덱스가 벤 아쉐르 전통의 본문을 제공하며, 따라서 알레포 코덱스와 가장 가깝다는 사실과 상응한다. 차이점들은 그리 많지 않다. 모음은 그 당시에 매우 잘 알려진 기록 방식들을 살짝 더 선호하며, 장의 표시는 세투마와 페투하를 놓는 방식에서 조금 차이 난다. 이 필사본의 작업은 알레포 코덱스보다 덜 세심하게 이루어졌으며, 수많은 교정 사항들을 보여주며, 특별히 마소라에 오류가 있는 진술들이 있다. 그렇지만 이러한 부족함은 이 성서 필사본이 성서의

---

45) 2007년 11월 6일의 하아레츠(Haaretz)의 신문기사 "예루살렘의 학자의 손에 주어진 성서의 고대 양피지 단편"을 참조하라.

46) 소련 붕괴 이후에 레닌그라드 코덱스를 페트로폴리탄 코덱스로 개명하려는 시도가 여러 차례 이루어졌다. 그렇지만 왜 우리가 특별한 이유 없이, 명확하고 또한 통용되고 있는 코덱스의 명칭을 포기해야 하는지, 그리고 그럼으로써 페테르부르크의 예언서 코덱스와 혼동할 가능성이 더 생기는 것을 감수해야 하는지는 이해가 되지 않는다. 어쨌든 필사본들의 명칭들은 결코 정치적인 고백을 하는 자리가 아니다.

모든 책을 포함하고 있다는 점에 묻힌다. 현재 레닌그라드 코덱스의 본문은 독일 성서공회가 출간하는 비블리아 헤브라이카의 비평적인 편집본들의 기초가 된다.

오리엔탈 코덱스 Ms. 4445(Codex Oriental Ms. 4445, M^B)

런던에 있는 영국국립도서관의 필사본 분과에 보존되고 있는 이 코덱스는 가장 오래된 중세의 성서 필사본들 가운데 하나다. 본래의 간기가 없어서 연대와 출처는 정확하게 규정되지 않는다. 기원후 9세기에 만들어진 것이라는 주장은 여전히 개연성이 있는 것으로 여겨진다. 이 코덱스는 아름다운 서체로 악센트와 마소라와 함께 방점 기호가 표기된 본문을 제공한다(도판 22). 시작 부분과 끝부분에는 빈 칸들이 있다. (창 1:1-39:19와 신 1:34-34:12가 없다.) 벤 아쉐르와 벤 납달리 사이에서 차이점을 보이는 경우들 가운데 80%에서 이 필사본은 벤 아쉐르 전통을 따른다. 이 필사본의 연대가 오래되었기 때문에, 그것은 학술적인 성서의 편집본들에서 본문 대조(사본과 원본의 비교)를 위해 사용된다.

사쑨 1053 코덱스(M^{S1})

데이비드 살로몬 사쑨(David Salomon Sassoon, 1880-1942년)의 개인 수집품[47]에 속하는 이 코덱스는 몇몇 빠진 부분들을 제외하면 소마소라가 있는 전체 성서 본문을 제공한다. 반면에 대마소라는 단지 몇몇 쪽들에서만 발견된다. 기록자와 출처가 알려지지 않았기 때문에, 이 코덱스는 대략 기원후 10세기에 만든 것으로 연대를 추정할 뿐이다. 이 필사본은 덜 세심하게 기록되었고 차이점을 보이는 경우들 가운데 40%에서 벤 아쉐르나 벤 납달리와는 다른 마소라 학파의 전거를 따르고 있다. 사쑨의 장서에 속하는 또 다른 필사본은 기원후 10세기의 다마스쿠스 오경인데, 이것은 **사쑨 507 코덱스(M^{S5})**라고도 불린다. 그 본문은 벤 납달리 전통에 더 가까운 것으로 보이는 반면, 그것의 마소라는 벤 아쉐르를 따르고 있다.

바빌로니아 페트로폴리탄 코덱스

이 페테르부르크 예언서 코덱스는 BHS의 비평장치에서 V^P(이독[異讀, varia lectio], 곧 페트로폴리탄 코덱스의 대인 독법)로 인용된다. 이 코덱스는 러시아의 카라이[48]인 아브라함 피르코비취(Abraham Firkowitsch, 1785–1874년)의 수집

47) 이에 대해서는 H. Rabinowicz, The Sassoon Treasures, JQR 57 (1966), 136–153을 참조하라.

48) [역자주] 구약만을 신봉하는 유대 종파 신봉자.

물에 속한다. 피르코비취는 동방의 카라이 회당에서 매우 오래된 많은 필사본들을 찾아내어 손에 넣었다. 오늘날 상트페테르부르크에 있는 러시아 국립도서관에 소장된 이 코덱스는 기원후 916년에 필사되었고, 그 연대뿐만 아니라 바벨론식 체계에 따라 모음 표기가 된 본문으로 흥미를 끈다. 이 코덱스가 자음 본문, 방점 표기 그리고 마소라는 서부 전통을 따르는 와중에 동방의 기호 체계만은 보존하고 있는 이 현상은 매우 놀라운 것이다. 이로써 이 예언서 코덱스는 티베리아식 전통이 바벨론식 전통에 비해 확고한 위치를 차지하기 시작했다는 것을 보여 주는 유일무이한 증거이다.

게니자 단편들(Gnz)

카이로의 게니자에서 발견된 단편들은 쿰란의 문서 두루마리들이 발견되기까지 가장 중요한 본문 발견들 가운데 하나로 평가되었다. 게니자 단편들의 발견은 우연히 일어났다. 그것은 19세기 말에 이루어진 카이로 구시가지의 벤 에스라 회당 개축 공사에서 모습을 드러냈다. 벤 에스라 회당은 이전에는 기독교 교회로 사용되었던 장소였는데, 기원후 882년에 매각되어서 유대교의 예배당으로 완전히 바뀌었다. 이 본문이 발견된 것은, 거룩한 하나님의 이름을 담고 있는 문서 두루마리들이 낡아지면 엄숙한 격식으로 묻어서 잘못된 사용을 방지하는 유대교의 관습 덕분이다. 이전에는 더 사용하지 않는 문서의 단편들을 회당 옆 곁방이나 창고(아람어, genaz [게나즈] '숨기다')에 보관하였다. 하지만 알려지지 않은 이유로 카이로 구시가지의 게니자는 비워지지 않았고, 언젠가 벽이 쌓이게 되었다. 그리고 사람들이 1896년에 앞서 언급한 개축 작업 도중에 원래의 보관 공간을 다시 발견하기까지 잊혀졌다. 그 보관 공간 안에서 약 20만 개의 필사본 단편들이 발견되었는데, 그 가운데는 수많은 성서 본문들이 있었다. 기원후 11세기와 12세기에 생겨난 외경인 〈집회서〉의 히브리어 단편들은 특히 중요하다. 왜냐하면, 예수스 시락의 손자가 쓴 서문에 따르면 그 본문이 본래 히브리어로 쓰였다고는 하지만, 이전에만 해도 〈예수스 시락서〉(Buch Jesus Sirach; 〈집회서〉)는 단지 그리스어(그리고 시리아어) 판본만이 존재했었기 때문이다. 게니자의 발견을 통해 이제 (모음 표기가 없는) 히브리어 자음 본문의 68%가 알려지게 되었고, 그것들은 이후에 마사다와 쿰란의 동굴들에서 발견된 몇몇 소수의 단편을 통해 보충되었다.[49] 이 밖에도 아퀼라의 그리스어 번역본과 더불어 기원후 5세기 무렵에 생겨난 언설

49) 참조, P. C. Beentjes, The Book of Ben Sira in Hebrew. A Text Edition of All Extant Hebrew Manuscripts and a Synopsis of All Parallel Hebrew Ben Sira Texts, VT.S 68, Atlanta 2006.

체 필사본도 게니자 단편들 가운데서 발견되었다는 사실은 본문의 역사 연구에서 주요한 역할을 한다(5.3을 보라). 마지막으로 발행인인 살로몬 쉐히터(Salomon Schechter)가 '사독 계열 작품의 단편들'(Fragments of a Zadokite Work)이라고 불렀던 두 개의 중세 필사본들은 또 다른 놀라움을 자아낸다. 왜냐하면, 이 작품이 약 50년 뒤에 쿰란의 동굴들에서 발견된 다마스쿠스 문서와 같다는 사실이 밝혀졌기 때문이다. 현재 케임브리지 대학도서관에는 약 14만 개의 단편들이 존재한다. 왜나하면, 1896년에 케임브리지 대학교가 그 대학교의 탈무드 강사(Reader)인 살로몬 쉐히터를 카이로로 보내서, 게니자 자료를 현장에서 살펴보고, 되도록 많은 필사본을 케임브리지로 가져오도록 했기 때문이다.[50] 이것은 카이로에 있는 유대교 공동체의 허락과 공식 반출 허가를 받아 이루어졌다. 이미 이전에 영국의 수집가 엘칸 나탄 아들러(Elkan Natan Adler)는 약 3만여 개의 게니자 단편들을 손에 넣었는데, 나중에 그는 이것들을 뉴욕에 있는 미국유대신학교(Jewish Theological Seminary of America)에 팔았다. 그 밖의 부분들은 아브라함 피르코비취의 수집물에 포함되어 상트페테르부르크로 가게 되고, 또한 골동품 거래로 전 세계에 있는 60여 개의 서로 다른 지역들로 흩어지게 되었을 가능성이 매우 크다. 이러한 배경에서 캐나다 출신의 예술 보호자인 앨버트 프리드버그(Albert Friedberg)는 최근에 **프리드버그 게니자 프로젝트**를 시작했다. 이 사업은 카이로 게니자의 전체 단편들을 온라인 도서관에 수집하여, 이를 디지털화된 형태로 사용할 수 있게 만드는 것이다.[51]

2.7 인쇄된 본문 판본들

중세의 끝에 이르기까지 — 기독교 교회가 아니라 — 오로지 유대인 전승자들만이 히브리어 성서 본문의 전승을 도맡았다. 따라서 처음 인쇄된 본문 판본들은 유대인 학자들이 마련했고, 성서 본문과 더불어 랍비 주석들, 그리고 부분적으로는 타르굼(Targumim)이라는 명칭이 붙은 아람어 번역본을 포함하고 있었다(6.1을 보라). 이 때문에 **랍비 성서**라는 이름으로 불렸다. 성서 제작은 당연히 인쇄업

50) 두 명의 스코틀랜드 여성들, 곧 아그네스 스미스 루이스(Agnes Smith Lewis)와 마가렛 던롭 깁슨(Dunlop Gibson)이 이러한 작업을 주도했다. 이들은 카이로에서 몇몇 단편들을 수집했다. 그리고 살로몬 쉐히터(Salomon Schechter)는 히브리어 〈집회서〉를 담은 한 파피루스 단편을 통해 게니자 본문들의 의미에 대해 주의를 기울일 것을 촉구했다. 그 역사에 대해서는 P. E. Kahle, Die Kairoer Genisa, deutsche Ausgabe bearbeitet von R. Meyer, Berlin 1962 (영어: The Cairo Geniza, Oxford 959)를 참조하라.

51) http://fgps.genizah.org/에서 정보와 문서들을 찾아볼 수 있다.

자들에게 책 인쇄를 하도록 자극했다. 그러한 인쇄업자들 가운데서 안트베르펜 출신의 기독교인 사업가 다니엘 봄베르크(Daniel Bomberg)라는 인물이 특히 눈에 띄었다. 그는 베네치아에 큰 규모의 히브리어 인쇄소를 세우고, 이른바 제1 랍비 성서(1516-1517년)를 출간하였다. 그 성서의 본문은 기독교로 개종한 랍비 펠릭스 프라텐시스(Felix Pratensis)의 노고로 이루어진 것이다. 곧 논의할 제2 랍비 성서도 다니엘 봄베르크에 의해 출간되었는데, 이 성서는 처음으로 전체 마소라를 담은 채 인쇄되었다. 이 성서는 그 이후에 **봄베르기아나**라는 이름으로 불리게 되었다.

제2 랍비 성서(1524-1525년)

야콥 벤 하임이 마련한 본문의 인쇄 판본은 랍비 성서들 가운데 가장 유명하다(도판 26). 히브리어 본문을 재현하는 데에 야콥 벤 하임은 펠릭스 프라텐시스의 선행 작업에 기댈 수 있었다. 전체적으로 볼 때, 야콥 벤 하임의 성서 본문 판본은 중세 후기에 등장한, 벤 아쉐르 전통과 벤 납달리 전통 사이의 혼합 본문을 제공하는데, 이 혼합 본문을 학계에서는 **표준 본문**(textus receptus)이라고 부른다. 덧붙여서 야콥 벤 하임의 성서 본문 판본은 소마소라와 대마소라 그리고 광범위한 종결 마소라도 포함하고 있다. 인쇄를 위해 마소라를 통합하려고, 야콥 벤 하임은 위에서 언급했던 오클라 브-오클라 모음집과 더불어 다니엘 봄베르크가 바로 이러한 목적을 위해서 매입했었던 마소라 학파의 다양한 필사본들을 사용했다. 그렇지만 잘 알려져 있듯 이러한 필사본들이 일반적으로 좋은 질은 아니며, 대부분의 마소라에 오류가 있고 불완전한 모습을 보인다. 그래서 야콥 벤 하임은 결함이 있는 마소라 자료로부터 마소라의 인쇄 판본을 만들어 내도록 번거로운 세부 작업을 해야 했다. 이와 관련해서 그는 표준 본문에 따라 마소라의 인쇄 판본을 여러 차례 정정하고, 보충하고 또한 부분적으로 창작해 내기도 했다.[52] 이 과정은 사실 본래 히브리어 성서 본문을 보존해야 하는 소마소라와 대마소라가 이제 거꾸로 모든 관계에서 신뢰할 수는 없는 표준 본문에 맞게 조정되었고, 이를 통해 그것들이 가지고 있는 포괄적인 본문 통제의 기능을 근본적으로 상실하게 되었다는 점에서 특이하다. 그런데도 제2 랍비 성서는 가장 의미심장하고 표준이 되는 인쇄 판본으로 발전했다. 그리고 그 본문은 마소라와 더불어 바로 정경으로서 명망을 얻게 되었다. 20세기까지 거의 모든 판본이 제2 랍비 성서를 따랐고, 비블리아 헤브라이카의 첫 번째 판과 두 번째 판도 그러했다. 이와 더불어 비평 편집본

52) Kahle, Genisa, 139는 이와 같이 비판적인 평가를 내린다.

을 제작하려는 시도는 매우 드물게만 이루어졌다. 이에 대한 예로는 할레 대학교의 개신교 신학자이자 동양학자인 **요한 하인리히 미하엘리스**(Johann Heinrich Michaelis, 1668-1738년)의 편집본을 언급할 수 있을 것이다. 사실, 이 편집본도 주로 표준 본문을 보여 주고 있지만, 이에 덧붙여서 다섯 개의 에르푸르트 필사본들을 더 오래된 본문과 비교하고 그 가운데 가장 중요한 독법들을 하나의 비평장치 안에 기록해 놓는다.[53)]

이형 모음집

이형 모음집에는 주목할 만한 작업이 있는데, 여기서는 표준 본문과 조정이 이루어진 필사본들의 본문 대조가 이루어진다. 그러한 이형 모음집들 가운데서 나중에 본문비평장치들을 만드는 데 참조 대상이 되었던 두 개의 본문 인쇄본을 언급할 수 있다. 하나는 마소라 본문과 함께 인쇄된 **벤저민 케니코트**(Benjamin Kennicott)의 이형 모음집(1776-1780년)이다. 이 이형 모음집은 600개가 넘는 히브리어 필사본들을 비교하고 자음 본문과 차이점을 보이는 모든 사항을 방대한 분량의 비평장치 안에 기록해 놓았다. 다른 하나는 **조반니 드 로시**(Giovanni de Rossi)의 모음집(1784-1788년)이다. 이것은 케니코트와 비교할 때, 그 숫자가 훨씬 더 많아진 이형들의 판본을 제공하여 깊은 인상을 준다. 하지만 그러한 이형들은 대부분 그리 중요하지 않은 철자법의 차이점들, 바브(Waw)의 삽입이나 삭제, 단수형과 복수형의 변화 등을 제시할 뿐이다. 그렇지만 본문비평의 관점에서 볼 때 이것의 진짜 약점은, 사실상 비교적 후대의 필사본들이 본문 대조에 쓰였다는 점이다. 그러한 필사본들은 중요하거나 필요한 독법들을 그다지 포함하고 있지 않다. 그 때문에 그 필사본들은 훼손되었을 가능성이 있는 마소라 본문 구절의 교정을 위해서도 사용할 수 없다. 표준 본문과 비교할 때 많은 점에서 개선되고 신뢰할 만한 벤 아쉐르 본문을 제공하고 있는 현대의 히브리어 성서의 인쇄 출간본들 때문에, 방대한 이형 모음집들은 그 의미를 잃어버렸다. BHS가 때때로 그러한 이형 모음집들과 여전히 관련을 맺는 반면에(참조, 예를 들어 V^{Ken69} = 케니코트의 모음집에 따라 69번의 기호를 부여받은 히브리어 필사본의 이독[Varia lectio]), 그것들은 BHQ의 비평장치에서는 더는 본문 증서로 기록되지 않는다.[54)]

53) J. H. Michaelis, Biblia Hebraica ex aliquot manuscriptis et compluribus impressis codicibus, item Masora tam edita, quam manuscripta aliisque hebraeorum criticis diligenter recensita etc., Halle 1720.

54) 참조, Biblia Hebraica Quinta, Fascicle 18, XXXVI.

여러말대조성서들(Polyglotten)

여러말대조성서들은 히브리어 원문과 더불어 여러 번역본들을 수록하고 있는데, 그러한 번역본들은 평행하는 단의 형태로 배열되어 있다. 가장 먼저 인쇄된 여러말대조성서는 톨레도의 대주교였던 프란시스코 시메네스 드 시스네로스(Franciso Ximenes de Cisneros)가 주도해서 만들었는데, 그는 이를 통해 자기 시대의 언어로 히브리어 성서 본문과 고대의 번역본들에 접근할 수 있도록 하기를 원했다. 이로부터 **콤플루툼 여러말대조성서**(1514-1517년)가 생겨났다. 구약성서와 관련해서 콤플루툼 여러말대조성서는 마소라 본문과 행간에 라틴어 번역이 있는 칠십인역(루키안의 본문 형태)과 불가타를 제공하고, 오경에서는 별도의 라틴어 번역이 있는 타르굼 옹켈로스를 제공한다. 그 히브리어 본문 판본은 분명히 초기 바벨론식 필사본들에 의존하고 있으며, 몇몇 특징들을 보여 준다(도판 47). 가장 내용이 풍부하고 비평적으로 가장 가치가 있는 여러말대조성서는 주교 브라이언 월턴(Brian Walton)에 의해 6권으로 출간된 **런던 여러말대조성서**(1653-1657년)이다.[55] 이 여러말대조성서는 사마리아 오경과 사마리아 타르굼, (라틴어 번역이 있는) 시리아어 번역본과 아라비아어 번역본, 베투스 라티나의 단편들과 이에 덧붙여서 (역시 라틴어 번역이 있는) 에티오피아어 번역본과 페르시아어 번역본 및 본문비평장치를 추가로 가지고 있다. 엠마누엘 토브(Emanuel Tov)가 전해주는 정보에 따르면, 브라이언 월턴은 결국 자신의 여러말대조성서의 서설(序說, Prolegomena)에서 여러 본문 증거의 독법들을 비교하는 데 기준이 되는 본문비평의 규칙들에 관한 목록들도 가장 처음으로 제공한다.

2.8 학술적인 본문 편집본들

학술적인 본문 편집본들은 하나의 본문만을 제공하는 것이 아니다. 오히려 그것들은 어떠한 방식과 형태로 그것들이 전승된 본문 증거를 제공하기를 원하는지에 관한 설명도 전달할 목적이 있다. 이와 관련해서 기본적으로 두 개의 편집 원칙을 구분할 수 있다. 그것들은 **절충본**(eklektisch, '선별적인')과 **고문서본**(diplomatisch, '원전에 충실한')으로 일컫는다. 이 두 편집 원칙에 대한 지식은 비평 편집본들을 제대로 다루는 데 기초가 된다.

55) B. Walton (Hg.), Biblia sacra polyglotta, Vol. I–VI, London 1653–1657 (Nachdruck: Graz 1963–1965). 본문비평의 규칙들에 대해서는 Vol. I, 36-37을 참조하라.

절충본

절충적인 본문 편집본들의 기본 원칙은 사용할 수 있는 (모든) 필사본들 가운데서 가장 좋은 독법을 선택하는 것에 있으며, 그러한 가장 좋은 독법은 출간될 본문에 수용된다. 그때마다 적합한 것을 찾는 본문비평적 결정은 비평장치에서 본문 증거의 목록과 가치평가를 통해, 그리고 대안 독법 언급을 통해 기록되고, 이러한 방식으로 이해할 수 있도록, 그리고 검증할 수 있도록 한다. 이때 이러한 편집 원칙에 따라 만들어진 전체 본문은 이떠한 실제적인 필사본을 통해서 대표되는 것이 아니라, 본문비평적인 결정의 통합으로 비로소 인위적으로 만들어진다는 것을 고려해야만 한다. 그러므로 이것은 (재)구성된 본문이다. 절충 본문 편집본의 예로는 특히 1993년에 27판으로 나온 그리스어 신약성서(Novum Testamentum Graece)와 지금까지 괴팅겐 칠십인역 연구소(Göttinger Septuaginta-Unternehmen)를 통해 출간되고 있는 개별적인 책들이다.

고문서본

원전에 충실한다는 원칙에 따라 특별히 신뢰할 만하다고 평가되는 하나의 필사본을 선택하여 되도록 원래 그 본문에 충실하게 재현한다. 하지만 더러 본문 원전을 읽어낼 수 없거나 본문이 빠져서 빈 칸이 있을 때는 최소한의 교정이나 보충이 필요하고, 또한 학문적 사용을 위해 원래의 판형(Layout)을 바꿔야 할 수도 있기 때문에, 사람들은 그것을 고려해서 고문서본을 말한다.[56] 물론 원전에 충실한 편집본에서 비평장치는 문서 기록과는 근본적으로 다른 역할을 한다. 비평장치의 과제는 본문 증거들과 독법들을 언급함으로써 사용자들이 원전의 본문 전승에 대해 포괄적으로 찾아볼 수 있도록 정보를 제공하는 데 있다. 따라서 원전에 충실한 편집본에서는 실제적인 본문비평 작업을 여전히 수행해야 한다. 이것에 도움을 주기 위해 — 예를 들어, 비블리아 헤브라이카 슈투트가르텐시아에서 — 많은 본문비평장치는 특정한 본문비평적인 결정으로 이끌어가야 하는 이른바 발행인들의 본문비평 작업 지시 사항들을 제공한다. 고문서본의 예들은 아래에서 제시될 BHS, BHQ와 HUB이다.

비블리아 헤브라이카[57]이 형태로 독일에서 출간된 히브리어 성서의 본문비평본

56) 우츠슈나이더(H. Utzschneider)와 니췌(S. A. Nitsche)의 방법론을 다루는 책에서는 이러한 사정이 반대로 묘사된다. 참조, Arbeitsbuch literaturwissenschaftliche Bibelauslegung. Eine Methodenlehre zur Exegese des Alten Testaments, Gütersloh 2001, 51.

57) 이 명칭은 문법적으로 보면 중성 복수형으로 '히브리어 책들'이라고 하는 것이 옳다. 그럼에도 그 동안에 비블리아 헤브라이카는 '고유명사'로서 확고한 위치를 차지했고 독일어 문장에서는 여성 단수형으로 사용된다.

은 백 년이 넘는 전통을 가지고 있다. 그것의 첫 번째 판은 1906년에 라이프치히에서 나타났고, 봄베르기아나의 인쇄본을 위해 야콥 벤 하임이 만든 히브리어 본문을 따랐는데, 1913년의 두 번째 판도 그러했다. 따라서 그것은 중세 후기의 혼합 형태로 되어 있는 마소라 본문을 제시하는데, 이때 선별된 이형들과 개선을 위한 제안들은 비평장치에 기록되었다. 비블리아 헤브라이카의 세 번째 판도 마찬가지로 그때까지 비블리아 헤브라이카의 발행인이었던 루돌프 키텔(Rudolf Kittel, 1853-1929년)이 마련하였다. 학계에서 3판을 앞선 두 판본들과 마찬가지로 '키텔 성서'(Kittel-Bibel, BHK)라고 부른다. 물론 그것은 완전히 새로운 개정판으로, 1927-1937년에 뷔르템베르크 성서공회(Württembergischer Bibelanstalt)에서 나왔다. 키텔 성서가 결정적으로, 오늘날에도 여전히 권위를 인정받는 이유는 그것이 표준 본문 대신에 레닌그라드 코덱스를 통해 원래의 벤 아쉐르 본문 코덱스를 인쇄했다는 점에서 찾을 수 있다. 이 일은 파울 칼레(1875-1964년)가 주도적으로 맡아 했다. 그는 레닌그라드에서 아브라함 피르고비치의 소장한 자료들을 조사하고, 모스크바 인민위원회의 허락을 받아 성서 필사본 B 19a를 빌려서 라이프치히 대학교로 가져왔다. 파울 칼레는 처음으로 마소라도 추가했는데, 물론 이것은 마소라 파르바의 경우에만 실현될 수 있었다. 끝으로, 세 번째 판은 완전히 새로운, 두 부분으로 나뉜 본문비평장치를 제공한다. 그것은 위쪽 부분에는 단순한 이형들과 크게 중요하지는 않은 정보들을 기록해 놓은 반면에, 아래쪽 부분에는 중요하다고 여겨지는 독법들과 본문의 변경 사항들을 기록해 놓았다. 물론 이러한 BHK 비평장치의 분할은 그 가치를 입증해 보이지 못했고, 공부하는 사람들에게 더는 사용되지 않았다.

비블리아 헤브라이카 슈투트가르텐시아(BHS)

오늘날 구약성서 연구와 본문비평의 기초는 칼 엘리거(Karl Elliger)와 빌헬름 루돌프(Wilhelm Rudolph)가 책임진 1967-1977년의 비블리아 헤브라이카의 네 번째 판으로, 그것이 출간된 장소의 이름을 따서 '슈투트가르텐시아'라는 명칭이 추가되어 불린다. 레닌그라드 코덱스 이후에 일관되게 재현된 본문은 한스 페터 뤼거(Hans Peter Rüger)가 여러 차례에 걸쳐 한층 더 세심하게 대조 작업을 했다. 난외에는 소마소라가 인쇄되어 있다. 대마소라의 경우 목록 번호들을 성서 본문 아래에서 찾아볼 수 있는데, 그것들은 제라르 E. 베이(Gérard E. Weil)가 별책으로 간행한 책에서 참조할 수 있다. 아래에서 자세하게 살펴볼 BHS 비평장치는 이제 더 이상 두 부분으로 나뉘어 있지 않고, 그 당시의 출판된 상황에 따라 사해에서 발견된 필사본들을 포괄적으로 고려한다. 또한, 우리는 BHS가 개정되던 시기에 쿰란의 문서 두루마리들이 특히 본문 전승의 개별적인 증거로만 참조되었고, 여전히 본문 역사의 증거로서 종합적으로 조망되지는 못했다는 사실을 고려해야 한다. 따라서 BHS 비평장치는 여전히 이론 형성의 과정 중에 있는 본문비평 연구의 중간 상태만을 반영할 뿐이다.

비블리아 헤브라이카 퀸타(Biblia Hebraica Quinta, BHQ)

세계성서공회연합회의 주도로 생겨난 비블리아 헤브라이카의 새로운 출간본은 키텔 성서의 세 개의 판들과 BHS의 네 번째 판 이후에 BH 시리즈의 다섯 번째 판으로 꼽히며, 이 때문에 '퀸타'(Quinta)라는 말이 덧붙여졌다. 아드리안 쉥커(Adrian Schenker)가 의장을 맡았던 발행인 위원회는 새롭게 고문서본을 내기로 결정했다. 왜냐하면, 그 당시의 본문 연구의 상황에서 히브리어 성서의 절충본 제작은 시기상조라고 느껴졌기 때문이다. 이러한 평가는 특히 쿰란에서 발견된 초기 성서 필사본들이 매우 복잡하고, 아직 충분하게 연구되어 있지 않은 본문의 역사를 인식하게 된 배경에 비추어 보아야 한다. 오늘날에도 비평적인 본문의 재구성을 통해 어떠한 단계의 본문 역사에 도달하는지, 그리고 이와 더불어 어떠한 단계가 재현되어야 하는지에 관한 문제에 대해서는 어떠한 합의도 존재하지 않는다. 원전에 충실한 편집본을 내기로 한 결정이 담겨 있는 BHQ는 슈투트가르트에서 출간된 비블리아 헤브라이카 출간본들의 전통을 보존하는 연장선에 있고, 그 선행본과 마찬가지로 레닌그라드 코덱스의 본문을 제공한다. 물론 BHQ는 중세의 성서 필사본들과 훨씬 더 밀접한 연관성을 가지도록 노력한다. 학문적으로 사용하려는 사람들이 적응해야 하는 BHQ의 본문 제시 방식은 몇 가지 점에서 BHS와 구분된다. 곧 지금까지 본문에서도 제시되는 절을 나타내는 숫자들은 이제는 안쪽의 왼편 난외나 안쪽의 오른편 난외에만 기록되어 있다.[58] 이 밖에도 현재 본문에서 본문비평장치에 나오는 진술들을 지시하던 위첨자 문자 체계는 쓰이지 않는다. 이 때문에 특정한 단어나 문장에 대한 본문비평 주해가 존재하는지를 밝혀내기 위해서는 비평장치를 그때그때 일일이 꼼꼼하게 살펴보아야 한다. BHQ는 마소라 마그나(Mm)를 이제는 목록 숫자로써 제시하는 것이 아니라 온전하게 인쇄해서 제시함으로써도 원전에 더 충실한 모습을 보여 주는데, 이는 매우 환영할만한 일이다. 또한 새롭게 바뀐 것 가운데 본문비평장치는 이제 중요한 본문 증거들을 차이점과 이형의 경우뿐 아니라, 본문에 존재하는 마소라 학파의 독법의 경우에서도 기록해 놓고 있다. 비

58) 시문 본문들의 경우에서만 이러한 처리방식에서 벗어나는데, 시문 본문들에서는 숫자들이 설의 행들의 시작 부분, 곧 오른쪽 바깥 난외 내지는 왼쪽 안쪽 난외에 위치한다.

평장치에서 제시되는 증거 본문들은 일반적으로 원어(原語)와 원문자(原文字) 그대로 인용된다. 이것은 페쉬타의 인용구들도 이제 더는 BHS에서처럼 음역으로가 아니라, 에스트랑겔로(Estrangelo, 고대 시리아어의 흘림체) 그대로 제시된다는 뜻이다.[59] 이제부터 비평장치의 언어는 영어이다. 그러나 초급 구약성서 주석 방법론 초급 세미나(Proseminar)에서 공부하는 학생들은 앞으로도 변함없이 라틴어 줄임말을 배워야만 하는데, 이는 본문비평과 관련된 논의에서 이루어지는 모든 학문적인 주석 문헌들이 바로 이러한 라틴어 기호들을 사용하고 있기 때문이다. 그 밖에 흥미로운 사실은 여기서 쓰이는 라틴어 미래 분사들(Gerundiva, 예를 들면 transponendum '바꾸어야 할'), 곧 이전의 BH 발행인들이 특정한 본문비평적인 결정들을 권유하는 지시문들도 영어를 통해 비평장치에서 사라진다는 점이다. 이러한 점을 고려할 때 BHQ의 새로운 편집본은 마소라 본문에 대한 동시대의 매우 큰 신뢰에 있어 유보적 태도를 더 강하게 드러내고 있다. 메길로트(Megilloth, 2004년)[60], 〈에스라/느헤미야〉(2006년), 〈신명기〉(2007년), 〈잠언〉(2009년), 열두 소예언서(2010년), 〈사사기〉(2012년), 〈창세기〉(2016년)의 개별 편집본이 이미 출간되었다. 더 나아가 모든 분책에는 마소라와 본문비평장치에 대한 유용하면서도 그 이상의 참조사항들을 담고 있는 영어 주석 부분이 첨가되어 있다. 특정한 위치에 주석이 존재한다면, 이것은 특별한 기호 ✣를 통해 비평장치 안에 기록된다. 그러므로 BHQ는 BHS보다 훨씬 많은 정보를 제공하며 머지않아 그 자리를 대체할 것이 분명하다.

슈투트가르트 전자 연구 성서(Stuttgarter Elektronische Studienbibel, SESB Version 2.0)

이것은 독일어 사용자 인터페이스를 가지고 있는 포괄적인 검색 프로그램으로, 영미권에 널리 보급된 성서 소프트웨어인 **바이블웍스**와 나란히 등장하였다. 구약의 본문비평 작업을 위해서 SESB는 학술적인 편집본들, 곧 로베르트 베버(Robert Weber)의 불가타 편집본, (형태론 데이터베이스가 있는) 알프레드 랄프스(Alfred Rahlfs)의 칠십인역 편집본, (역시 형태론적인 데이터베이스가 있는) BHS와 BHQ의

59) 이러한 지침의 변경은 BHQ에 있는 무시할 수 없는 시리아어 인용구들을 여전히 전문가들만 읽고 평가할 수 있게 만든다. ThLZ 131 (2006), 722–725에 있는 크로이처(S. Kreuzer)의 평론을 참조하라.

60) [역자주] 〈룻기〉, 〈아가〉, 〈전도서〉, 〈예레미야애가〉 그리고 〈에스더〉의 다섯 권의 책들을 말한다.

이미 출간된 분책을 지원한다. 전자 버전으로는 최초로 BHS 본문이 모든 케티브/케레 형태들뿐 아니라, 본문비평장치와 함께 제공되었다. 그리고 이것은 다음과 같은 두 가지 방식을 통해 살펴볼 수 있다. 곧 본문비평적인 지시 문자들 위에 마우스 커서를 움직여서 해당 내용이 기재된 팝업창을 열거나,[61] 새 창에 전체 본문비평 창을 불러내서 그것을 활성화된 본문 편집본 창과 연동하여 그 정보를 히브리어 본문과 평행해서 나타나게 할 수 있다. SESB 버전에서 BHS 본문을 표제화하는 것은 사용자들이 표제어와 규정된 단어 형태들에 대해 정확하고도 포괄적인 조회를 할 수 있게 하는데, 그 결과들은 시각적 필터를 통해 나타나는 색깔로 강조된다. 그 밖에도 우리는 〈창세기〉부터 〈열왕기하〉까지의 범위 안에서 문구들과 문장들을 찾을 수도 있는데, 이는 BHS 본문의 문법 코드화를 통해 이루어진 데이터베이스가 존재하기 때문이다(에프 탈스트라[Eep Talstra]와 암스테르담 자유대학 컴퓨터공학 작업 그룹[Werkgroep Informatica der Vrije Universiteit Amsterdam]이 만든 WIVU 데이터베이스이다). 물론 이때 사용자는 이러한 코드화에 앞서 이미 문법적인 결정이 되었다는 사실을 고려해야만 한다. 대체로 초보자라면 검색 명령어를 우선은 덜 특수하게, 경우에 따라서는 두루뭉술하게 규정하고, 목록에 나온 모든 구절들을 살펴보기를 추천한다. 왜냐하면 검색하지 않았지만 비교 가능한 표현들이, 검색한 언어적인 현상을 올바르게 판단할 수 있게 해 주는 결정적인 정보를 자주 담고 있기 때문이다. 어쨌든 슈투트가르트 전자 연구 성서는 적어도 독일어권에서는 으뜸가는 위치에 있는, 가치 있는 검색 프로그램으로 확실히 추천할 수 있다. 이 소프트웨어의 DVD에는 영어-독일어 안내서(사용 설명서)가 첨부되어 있는데, 그것은 일목요연하게 사용법을 알려주고 또한 포괄적으로 그 프로그램의 장점들을 소개한다.

히브리대학교 성서(Hebrew University Bible, HUB)

슈투트가르트에서 BHQ가 마련되는 동시에, 예루살렘에서도 HUB로 또 하나의 학술적인 히브리어 성서 본문 편집본이 준비되고 있다는 사실은 반가운 일이다. 이 두 개의 사업은 서로 경쟁 관계에 있는 것이 아니라, 서로 다른 특징으로 서로 보완한다. 히브리대학교 성서는 **대비평편집본**(editio critica major)이다. 주 본문은 매우 세심하게 작업된 알레포 코덱스에 기초한다. 그렇지만 알레포 코덱스의 오경 부분은 매우 많은 부분이 소실되었다. 이 때문에 그 사업이 후기 예언서를 출

61) BHQ의 인쇄된 판본과 달리 BHQ의 SESB의 버선은 또 다시 본문비평적인 지수(指數)들을 제공하는데, 그것들은 추가적으로 붉은 색으로 강조된다 위첨자로 된 'm' 문자를 통해 우리는 마소라 마그나까지도 불러낼 수 있다.

CANTICLES שיר השירים

1 שִׁ֥יר הַשִּׁירִ֖ים אֲשֶׁ֥ר לִשְׁלֹמֹֽה׃	ל֗
2 יִשָּׁקֵ֙נִי֙ מִנְּשִׁיק֣וֹת פִּ֔יהוּ כִּֽי־טוֹבִ֥ים דֹּדֶ֖יךָ מִיָּֽיִן׃	ל֗ . ל֗ וחד ונעתרות נשיקות
3 לְרֵ֙יחַ֙ שְׁמָנֶ֣יךָ טוֹבִ֔ים שֶׁ֖מֶן תּוּרַ֣ק שְׁמֶ֑ךָ	י֗ו . ל֗
עַל־כֵּ֖ן עֲלָמ֥וֹת אֲהֵבֽוּךָ׃	ד֗
4 מָשְׁכֵ֖נִי אַחֲרֶ֣יךָ נָּר֑וּצָה	ל֗
הֱבִיאַ֨נִי הַמֶּ֜לֶךְ חֲדָרָ֗יו נָגִ֤ילָה וְנִשְׂמְחָה֙ בָּ֔ךְ	ד֗ . ל֗ וחד וחדריו
נַזְכִּ֤ירָה דֹדֶ֙יךָ֙ מִיַּ֔יִן מֵישָׁרִ֖ים אֲהֵבֽוּךָ׃ ס	ג֗
5 שְׁחוֹרָ֤ה אֲנִי֙ וְֽנָאוָ֔ה בְּנ֖וֹת יְרוּשָׁלָ֑͏ִם	ל֗ . ל֗
כְּאָהֳלֵ֣י קֵדָ֔ר כִּירִיע֖וֹת שְׁלֹמֹֽה׃	ל֗ . ה֗ מל
6 אַל־תִּרְאׅ֙וּנִי֙ שֶׁאֲנִ֣י שְׁחַרְחֹ֔רֶת שֶׁשְּׁזָפַ֖תְנִי הַשָּׁ֑מֶשׁ	ל֗ . ל֗ . ל֗ ומל

[1:3] לריח י֗ו וסימנהון ולקחת . ואת הכבש דואלה שמות . ראשית . והקטירם . ואת כל חלבה . ואת הקרב . מעל כפיהם . וזרק . מעיני . אך בכור . עלת תמיד . בכורים . ראש שנה . ולחמי אשר נתתי . שמניך טובים :o: [4] הביאני ד֗ וסימ֗ בצדקתי הביאני יהוה . במראות אלהים . הביאני המלך . הביאני אל בית היין ודגלו :o:

1:2 דֹּדֶ֖יךָ S T | μαστοί σου G V (differ-vocal) | 6QCant (indet) ‖ → v 4; 4:10; 7:13 • **3** לְרֵ֙יחַ֙ שְׁמָנֶ֣יךָ טוֹבִ֔ים (6QCant) (V) S | καὶ ὀσμὴ μύρων σου ὑπὲρ πάντα τὰ ἀρώματα G (assim-4:10) • שְׁמָנֶ֣יךָ G S | **שמנים** 6QCant V • שֶׁ֖מֶן תּוּרַ֣ק | מר֗ן 6QCant | μύρον ἐκκενωθέν G | ἔλαιον ἐκχεόμενον ⟨α'⟩ ⟨ε'⟩ V T | ܡܫܚܐ ܕܡܬܪܩ S ⁜ • **4** מָשְׁכֵ֖נִי α' σ' V S | 3 pl pf G (differ-vocal) | 2 sg pf ⟨ε'⟩ | **משכני** 6QCant ∘ מָשְׁכֵ֖נִי 6QCant α' σ' (⟨ε'⟩) V S | 2 sg sfx G (harm-ctext) • אַחֲרֶ֣יךָ ⟨α'⟩ V S | foll εἰς ὀσμὴν μύρων σου G ⟨ε'⟩ (assim-v 3) ⁜ • נָּר֑וּצָה G ⟨α'⟩ ⟨θ'⟩ V S T | 1 sg ⟨ε'⟩ (exeg) | 6QCant (insuf) • הֱבִיאַ֨נִי G V | impv σ' S (differ-vocal) | 6QCant (indet) • חֲדָרָ֗יו 6QCant ⟨α'⟩ ⟨σ'⟩ ⟨ε'⟩ V | sg G | ܠܬܘܢܘܗܝ S (exeg) • נָגִ֤ילָה וְנִשְׂמְחָה֙ G V | **ונגילה] נשמחה** 6QCant S • נַזְכִּ֤ירָה G V S T | 1 sg ⟨ε'⟩ • דֹדֶ֙יךָ֙ ⟨ε'⟩ S | μαστούς σου G V | 6QCant (indet) ‖ → v 2 • מֵישָׁרִ֖ים אֲהֵבֽוּךָ׃ G ⟨α'⟩ σ' ⟨ε'⟩ V (S) | **מישרים אהובים** 6QCant ⁜ • **5** בְּנ֖וֹת G V S | **בנתי** 6QCant ⁜ • שְׁלֹמֹֽה׃ ⁜ •

자료 4: BHQ의 표준적인 면(본문과 비평장치 사이에 마소라 마그나가 있다)

간하는 것에서 시작되었다는 것은 쉽게 납득할 수 있다. 지금까지 발간된 책들은 〈이사야〉(1995년), 〈예레미야〉(1997년) 그리고 〈에스겔〉(2004년)이다. BHS와는 달리 HUB의 비평장치는 어떠한 판독도 하지 않으며, 또한 독법들에 대해 본문비평적인 평가를 내리지도 않는다. 본문 증거들은 네 부분으로 세분하여 제시된다. 곧 고대의 번역본들, 유다 광야에서 발견된 본문들 그리고 랍비 문헌으로부터의 인용들, 자음 본문에서 이형들을 보여 주는 중세 필사본들로부터 선별한 것들, 그러니까 모음 표기와 악센트에서 이형들을 보여 주는 중세 필사본들로부터 선별한 것들이 그것들이다. 마지막으로 '다섯 번째 비평장치'는 발행인에게 문서화된 독법들과 본문의 문제들에 관해 그들 자신의 관찰들을 기록하는 것을 허용한다. 전체 비평장치는 히브리어와 영어로 된 두 단이 평행되어 나타난다.

옥스퍼드 히브리어 성서 프로젝트(Oxford Hebrew Bible Project, OHB)

이미 언급한 것처럼 히브리어 성서의 절충본을 제작할 때 나타나는 문제들을 극복할 수 있는가는 지금도 논쟁 가운데 있다. 그런데도 절충본을 제작하려는 계획을 실행하는 데는 타당한 이유가 존재한다. 이를 위해서 앞으로 출간된 옥스퍼드 히브리어 성서의 주 발행인인 버클리의 캘리포니아 대학교의 로널드 헨델(Ronald Hendel)은 일단의 명망 높은 학자들을 모았다. 그들의 목적은 최종적인 본문을 제작하는 것이 아니다. 그러한 본문은 존재할 수 없다. 그 대신 그들의 목적은 신뢰할 수 있고, 신중하며, 재검증이 가능한 비평적인 판을 제작하는 것이다. 그러한 판은 '본문 원형'에 근접하고, 따라서 추론 가능한 가장 초기의 본문 단계를 표현한다.[62] 본문의 전수 과정에서 벌써 성서 본문의 다양한 대안적인 판본들이 존재하는 책들과 장들에서, 비평 본문은 두 개 (또는 그 이상의) 단으로 제시된다. 또 하나의 어려운 점은 칠십인역의 독법이나 다른 번역본의 독법이 더 오래되고 더 신뢰할 만한 것으로 입증되어서 비평 본문에 받아들여질 경우에, 필수적으로 이루어지는 **역 번역(逆翻譯, Rückübersetzung)**에 있다. 이 문제에 있어서 발행인들은 낙관적인 평가를 내리며, 그동안 등장한 번역 기술들에 대한 일련의 연구들을 증거로 끌어들인다.[63] 이것들은 지지하는 본문 증거들과 함께 히브리어

62) 참조, R. Hendel, The Oxford Hebrew Bible: Prologue to a New Critical Edition, VT 58 (2008), 324–351.

63) 예를 들어, I. Soisalon-Soininen, Studien zur Septuaginta-Syntax, AASF.B 237, Helsinki 1987; A. Aejmelaeus, On the Trail of the Septuagint Translators: Collected Essays. Revised and Expanded Edition, CBET 50, Kampen 2007을 참조하라.

단어의 선택과 구문의 주의 깊고 신뢰할 만한 재구성을 가능하게 해야만 한다. 마지막으로 가령 판독도 절충본에 받아들여져야 하는지의 문제가 제기된다. 바로 이 점에서도 옥스퍼드 히브리어 성서는 진보적인 입장을 대변하고 세심한 판독을 본문비평 방법론의 중요한 일부로 간주한다. 이때 어떠한 고대의 본문 증거를 통해서도 지지 받지 못하는 독법들은 최소한으로 축소되어야 한다는 것은 자명하게 이해된다. 앞으로 옥스퍼드 히브리어 성서 프로젝트의 진보와 실행은 학문적 영역에서 히브리어 성서 본문의 절충본이 고문서본들을 대체할 수 있는지를 입증할 것이다. 어쨌든, 이미 지금 단계에서도 말할 수 있는 것은 이 계획이 공개적이고 본문비평적인 질문들을 심화시키는 논의에 이바지할 것이라는 사실이다.

2.9 참고 문헌

본문 편집본들

BHS: K. Elliger / W. Rudolph (Hg.), Biblia Hebraica Stuttgartensia, Stuttgart 1967–1977, 5. verbesserte Aufl. Stuttgart 1997 [Studienausgabe 1997].

BHQ: A. Schenker / Y. A. P. Goldman / A. von der Kooij / G. J. Norton / S. Pisano / J. de Waard / R. D. Weis (Hg.), Biblia Hebraica Quinta, Stuttgart 2004ff [지금까지 출판된 것: Fascicle 18: General Introduction and Megilloth, 2004; Fascicle 20: Ezra and Nehemiah, 2006; Fascicle 5: Deuteronomy, 2007; Fascicle 17: Proverbs, 2008].

HUB: M. H. Goshen-Gottstein (ed.), The Hebrew University Bible: The Book of Isaiah, Jerusalem 1995 [계속 출판됨: C. Rabin / S. Talmon / E. Tov (ed.), The Book of Jeremiah, 1997; M. Goshen-Gottstein / S. Talmon (ed.), The Book of Ezekiel, 2004].

OHB: Informationen und Textproben unter: http://ohb.berkeley.edu. Vgl. R. Hendel, The Oxford Hebrew Bible: Prologue to a New Critical Edition, VT 58 (2008), 324–351 [Advisory and Editorial Board 350–351].

원본 모사들

Codex Aleppo: M. Goshen-Gottstein (ed.), The Aleppo Codex. Photographic Facsimile Edition, Jerusalem 1976. http://www.aleppocodex.org

Codex Leningradensis: D. N. Freedman / A. B. Beck / J. A. Sanders (ed.), The Leningrad Codex. A Facsimile Edition, Grand Rapids, Michigan 1998 [mit fünf einführenden Aufsätzen].

비블리아 헤브라이카에 대한 보조 자료

R. Wonneberger, Leitfaden zur Biblia Hebraica Stuttgartensia, 2. Aufl. Göttingen 1986.

W. R. Scott, A Simplified Guide to BHS. Critical Apparatus, Masora, Accents, Unusual Letters & Other Markings, 4. Aufl. Richland Hills, Texas 2007 [mit einer Einführung in die BHQ von H. P. Scanlin].

마소라

G. E. Weil, Massorah Gedolah iuxta codicem Leningradensem B 19a, Bd. 1: Catalogi, Rom 1971 (seconda editio 2001). [Erster Band eines nicht fortgesetzten Werkes, der die große Masora unter den in der BHS angegebenen Katalognummern aufführt; vgl. dazu BHS, Prolegomena, V–XI].

I. Yeivin, Introduction to the Tiberian Masorah, translated and edited by E. J. Revell, Masoretic Studies 5, Missoula 1980.

P. H. Kelley / D. S. Mynatt / T. G. Crawford, Die Masora der Biblia Hebraica Stuttgartensia. Einführung und kommentiertes Glossar, Stuttgart 2003 (englisch: The Masorah of Biblia Hebraica Stuttgartensia. Introduction and Annotated Glossary, Grand Rapids, Michigan / Cambridge, U. K. 1998).

티쿠네 소페림

C. McCarthy, The Tiqqune Sopherim and Other Theological Corrections in the Masoretic Text of the Old Testament, OBO 36, Freiburg, Schweiz / Göttingen 1981.

게니자 단편들

Information und Dokumentation unter: http://fgps.genizah.org/

입문서들

S. Lieberman, Hellenism in Jewish Palestine. Studies in the Literary Transmission Beliefs and Manners of Palestine in the I Century B.C.E.–IV Century C.E.,

TSJTSA XVIII, New York 1950.

P. E. Kahle, Die Kairoer Genisa. Untersuchungen zur Geschichte des hebräischen Bibeltextes und seiner Übersetzungen, deutsche Ausgabe bearbeitet von R. Meyer, Berlin 1962 (englisch: The Cairo Geniza, Oxford 1959).

E. Tov, Der Text der Hebräischen Bibel. Handbuch der Textkritik, Stuttgart / Berlin / Köln 1997 (englisch: Textual Criticism of the Hebrew Bible, Second Revised Edition, Minneapolis / Assen und Maastricht 2001).

검색 프로그램

Stuttgarter Elektronische Studienbibel. http://www.sesb-online.de/

Bible Works. http://www.bibleworks.com/

Accordance (for Macintosh). http://www.accordancebible.com/

3. 쿰란에서 나온 두루마리 문서들

사해의 북서부 연안에는 와디 쿰란으로 가파르게 떨어지는 이회암[1] 단층 언덕이 있는데, 이곳에 쿰란의 고대 거주지 폐허들이 있다. 이 폐허들은 사해의 안개 속에 고요히 있으며, 그것들이 발견된 지 60년이 흐른 지금, 그 해석에 관해 다시금 불타오른 논쟁에 대해서는 아무것도 예견할 수 없다. 문서 두루마리들은 발견된 건물 유적지들과는 어떤 관계에 있는가? 이 질문은 논의의 초점으로 거듭 제기된다. 왜냐하면, 그 필사본들은 발굴지 안이 아니라 그 가까이에 있는 동굴들에서 발견되었기 때문이다.

중요한 발견에서 늘 그렇듯, 쿰란의 문서 두루마리들과 같은 그러한 발견에서는 보통 발견 전설로 계속 발전해 나가는 고유한 발견의 역사도 따라온다. 그것은 1947년 초에 에드-디브(Edh-Dhib) 곧 '자칼'[2]이라는 이름을 가진 베두인족 사람으로부터 시작된다. 그는 자신이 치던 작은 가축 떼를 방목하던 중에 쿰란 서쪽 고지(高地)의 동굴 입구들 가운데 하나에 돌을 던지는 것으로 시간을 보내고 있었다. 돌 가운데 하나가 질그릇 항아리와 같은 것을 맞추었을 때, 무함마드 에드-디브(Muhammad edh-Dhib)[3]의 주변에 있던 목동들이 그 동굴에 내려가기 시작했다. 그렇지만 그들은 실망했다. 그들은 금으로 된 보물 대신에 한 쌍의 항아리만 발견했다. 그 가운데 한 항아리에는 아마포로 싼 문서 두루마리들이 있었고, 덧붙여 말하자면 그 중에 오늘날 예루살렘의 이스라엘 박물관에 있는 책의 전당(Schrein des Buches)에 보관된 그 유명한 첫 번째 〈이사야〉 두루마리가 포함되어 있었다. 그들은 잠시 상의한 뒤에 그 두루마리 단편들을 밖으로 가지고 나왔다. 그 베두인 사람들은 그것들이 아마도 그들에게 어느 정도 돈을 벌어 줄 것이라고 여겼던 듯하다. 그리하여 그 문서 두루마리들의 일부는 모험 같은 경로로, 골동품상이 된 베들레헴에 있는 구두 수선공에게 이르렀다가, 한 시리아 정교회 대주교의 소유가 되었고, 예루살렘에 있는 히브리대학교의 교수였던 엘리에제르 수케닉(Eliezer Sukenik)의 손에 들어갔다. 이 사람은 그 필사본들의 연대와 가치를 알아보고 곧바로 신비로 가득한 그 근원을 추적했던 첫 인물이었다. 그때부터 쿰란의 동굴들과 폐허들에서 그 밖의 발굴들이 계속해서 진행되었다.[4]

---

1) [역자주] 이회암(泥灰岩, Mergelterrasse): 석회질이 포함된 암석으로, 점토가 굳어져 이루어진 퇴적암.

2) [역자주] 개과의 육식동물.

3) 정확한 이름은 무함마드 아흐메드 엘-함메드[Muhammad Ahmed el-Hammed]이다.

4) 발굴의 역사에 관해서는 J. C. VanderKam, Einführung in die Qumranforschung. Geschichte und Bedeutung der Schriften vom Toten Meer, Göttingen 1998, 21–32를 참조하라.

그 주거지에 대한 첫 발굴은 예루살렘에 있던 도미니크 수도회의 프랑스 연구소였던 성서 학교(École Biblique)에 소속된 고고학자 롤랑 드 보(Roland de Vaux)의 주도로 1951년 말에 시작되었다. 오랜 시간 동안 논쟁의 여지 없이 받아들여지던 해석, 곧 키르벳 쿰란이 에세네 공동체의 수도원 비슷한 시설이었다는 해석도 그에게서 비롯된 것이다. 이러한 해석의 배경이 되는 것은 한편으로는 장로 플리니우스(Plinius der Ältere, <Naturalis historia>, V,73)와 플라비우스 요세푸스(Flavius Josephus, <Bellum Iudaicum>, II,119 – 161)인데, 이들은 에세네 사람들이라는 이름으로 사해 서쪽 광야에서 살며 엄격한 규정에 따라 생활했던 유대인 집단에 대해 증언한다. 그리고 다른 한편으로 아주 엄격하게 공동체 생활을 규정하는, 제1 동굴에서 발견된 쿰란의 공동체 규정도 그러한 해석의 배경이 된다. 이를 통해 그 필사본들과 그 주거지 사이의 관련성만이 조성되는 것이 아니라, 이른바 **쿰란-에세네파 가설**도 생겨난다. 그 가설은 쿰란의 주민들이 지금까지 문헌으로만 알려졌던 에세네 사람들임이 틀림없다고 말한다. 그들은 이미 그 당시에 유대교의 '분파'로 잘못 표현되었다. 이 이론은 결과적으로, 발견된 문서 두루마리들을 에세네 공동체에게서 비롯된 것으로 만들고, 이를 통해 쿰란의 고대 도서관이라는 이론을 형성한다.[5]

3.1 주거지를 둘러싼 논의

현재의 연구는 쿰란-에세네파 가설을 논박할 뿐만 아니라, 근처의 동굴들에서 발견된 문서 두루마리들과 쿰란의 주민들 사이에 직접적인 관련성이 존재한다는 합의에 대해서도 이의를 제기한다. 그럼에도 이 두 문제는 서로 구별되어야 한다. 그 사이에 첫 번째 문제에 대해서는, 앞으로는 에세네 사람들 없이도 쿰란-주거지에 대한 해석이 이루어져야 한다는 과감한 예측을 할 수 있게 되었다.[6] 이에 반해 두 번째 문제는 최종적인 해답을 얻지 못하고 있는데, 특히 롤랑 드 보가 발견한 매장 유적지가 현재에도 여전히 학문적으로 해결할 것이 남아 있고, 고고학적 데이터베이스가 더 확장되기를 기다려야 하기 때문이다. 이러한 이유로 여기에서는, 쿰란을 서로 다른 방향으로 해석하는 논의와 관련해서 두 가지 모델이 제시될 수

5) F. M. Cross, The Ancient Library of Qumran and Modern Biblical Studies, New York 1961 (독일어: Die antike Bibliothek von Qumran, Neukirchen 1967)의 책 제목을 참조하라.

6) 이에 관한 논의에 대해서는 J. Maier, Die Qumrangemeinde im frühen Judentum, in: S. Talmon (Hg.), Die Schriftrollen von Qumran. Zur aufregenden Geschichte ihrer Erforschung und Deutung, Regensburg 1998, 51 – 69를 참조하라.

있다. 한 모델은 본문들과 주거지의 관련성을 논거의 토대로 삼고, 또 다른 모델은 그것을 의심한다.

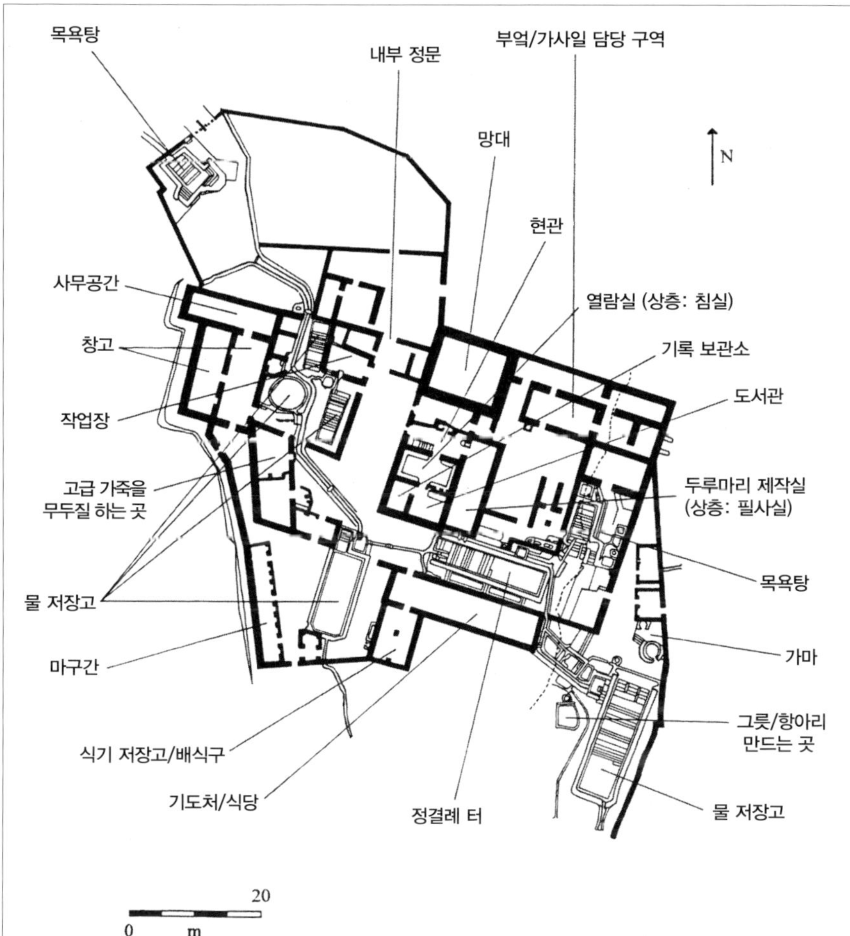

자료 5: 쿰란의 주거지(그림: 알렉산더 마우러[Alexander Maurer])

문서 두루마리 제작소

괴팅겐 대학교의 쿰란 전문가인 하르트무트 슈테게만(Hartmut Stegemann)이 발전시킨 모델이 쿰란-에세네파 가설에 수렴하는 것이 사실이지만, 반드시 이 가설을 전제로 하는 것은 아니다. 슈테게만은 쿰란의 시설물을 2-3km 남쪽에 있는 **아인 페쉬카**의 경제 시설물과 함께 묶어서 해석한다. 범위가 넓으며 분명히 알아볼 수 있는 건축의 개념이라는 점에서 그렇다. 가죽 생산의 모든 사전 단계와 그

다음 과정을 포함하여 두루마리의 제작에 초점을 맞추어 해석하는 것이다. 무두질한 생가죽 제품을 사해 연안에 있는 아인 페쉬카로 옮기는 것은 슈테게만의 해석과 일치한다. 그곳에서 무두질을 하려고 만든, 담장이 쳐진 두 개의 큰 물통이 고고학적으로 입증된다. 이 물통 앞에는 물을 대 주는 저수지가 있었다. 가공하지 않은 생가죽은 뒤이어 쿰란으로 이송되어서 그곳에서 마무리 작업을 거치며, 판판하게 다져지고, 재단되며, 문서 두루마리로 꿰매 합쳐지고 때에 따라서는 필사되기도 한다. 슈테게만은 복합 건물에 있는 각각의 방들에서 여러 작업 활동을 할 수 있었다고, 그 기능을 매우 낙관적으로 생각한다(자료 5). 곧 고급 가죽을 만드는 무두질 작업실, 구두를 만드는 작업실과 토기를 만드는 작업실부터 가죽 두루마리들을 만드는 재단실과 열람실까지 이른다. 슈테게만에 따르면, 문서 두루마리들의 제작이라는 목적 아래에 본문 연구가, 그리고 때에 따라서는 공동체 안에서의 종교 생활이 놓이게 된다. 본문을 필사하는 사람들은 도서관이 필요하였는데, 이것이 쿰란의 전제다. 이와 관련해서 다음과 같은 세 가지 세부 사항을 계속해서 제시한다. 첫째는 도서관 입구로의 접근을 통제했던 것으로 해석된 벽의 틈인데, 이 사이로 이름이 적힌 돌을 넣어야 했다고 한다. 둘째는 열람실 창구이며, 셋째는 필사본들을 되감는 용도로 썼을 약 3m 길이의 평평한 탁자이다. 슈테게만은 오늘날의 상황을 적용해서 아인 페쉬카를 포함한 쿰란 주거지의 건립은 다름 아닌 "슈투트가르트의 독일성서공회나 가톨릭 성서 출판사처럼 고유한 제지소, 인쇄소, 제본소와 발송부서가 있는, 일종의 출판사 시설이라"고 주장한다.[7)]

작업장 모델을 아주 생생하게 해 주는, 폭넓은 기능을 부여하는 이 설명은 동시에 그 약점이 된다. 그것들이 모든 경우에 고고학적인 검증을 통과한 것은 아니기 때문이다. 이 밖에도 문서 두루마리의 제작을 목적으로 한 건축 계획이 실제로 쿰란 주거지의 건설 단계에 세워졌는지, 아니면 후대에 그것이 확장되었던 단계인 헤롯의 시대(지층 III층)에 귀속되어야 하는지는 논란거리다. 하지만 비판이 일차적으로 겨냥하는 것은 본문들과 쿰란에 전제되는 도서관이 여전히 고고학적 발견들에 어울려야 한다는 해석의 틀을 구실로 삼는다는 점이다. 이러한 성급한 결론을 피하기 위해서는 사용 가능한 모든 고고학적 자료들에만 바탕을 두는 선에서, 그리고 되도록 본문들과는 독자적으로 쿰란의 기능과 주민을 규정하는 작업가설이 필요하다. 동시에 키르벳 쿰란을 외딴 사막의 거주지로 보며 그 지역의 배경에서 고립시킴으로써 요단 계곡 남쪽과 오아시스인 여리고와 사해 인근 지역을 연결

7) H. Stegemann, Die Essener, Qumran, Johannes der Täufer und Jesus, Freiburg / Basel / Wien 1993, 82.

해 주는 경제 영역의 고고학적 자료들을 고려하지 않고 있다는 사실은 애석하다.

농업 활동

이즈하르 히르쉬펠트(Yizhar Hirschfeld)와 위르겐 창엔베르크(Jürgen Zangenberg)의 연구들에 따르면, 지역적 해석은 쿰란이 수공예품 시설들(토기, 금속 가공)과 농사일(경작, 수확 및 대추야자 열매 그리고 경우에 따라서는 향유의 추가 가공)이 이루어지던 아주 소박한 농장이었다는 결론으로 인도한다.[8] 이 밖에도 궁전 같은 건물이 없는 것은 관리인이 농장에서의 작업을 조직적으로 진행했던 반면에, 실제적인 소유주는 여리고에 있는 상류층에 속했고 그곳에 거주했다는 결론에 이르게 된다. 쿰란의 주민이 토지 공동체에서 그들이 맡은 작업이 아닌 다른 무언가와 연관되어 있었을 것이라는 사실을 그 어느 것도 암시하지 않는다. 이 농업 모델은 농기구들, 금속 도구들의 발견과 그 주거지에서 화로 두 개를 사용했다는 사실을 통해 입증된다. 더 나아가 10,000개 이상 발견된 대추야자 열매의 씨는 그 주민들이 농장 재배 방식을 운영했고, 대추야자 와인을 생산했다는 사실을 뒷받침하는 것으로 본다. 기원전 100년 즈음에 이루어진 쿰란-주거지이 건립(지층 II층)은 하스모니안 왕조가 사해에 구축한 지역적인 사회 기반 시설의 확충과 관련이 있을 개연성이 있다. 이 일에서는 사해를 가로지르는 배로 상품 수송뿐 아니라, 예루살렘과의 무역 관계가 가정될 수도 있는데, 그러한 사항들은 사용된 도자기의 출처를 규명함으로써 고고학적으로 입증이 되고 있다.[9]

제시된 모든 논거가 확실한 것은 아니다. 그 주거지 자체는 짐 싣는 짐승인 노새가 다니는 좁은 산길들을 통해서만 도달할 수 있고, 여리고처럼 중요한 교역로에 있지도 않다. 쿰란에는 자체의 항구가 없으며, 또한 사해 북부 지역에서의 고대 선박 교통의 증거도 아직은 충분할 정도로 밝혀지지 않았다. 그 밖에 기후 조건들도 문제가 된다. 낙관적인 평가를 한다고 하더라도 높은 증발율과 염분을 함유한 토양 때문에 기후 조건들은 사해 주변 지역에서의 농업 생산이 매우 제한적으로만

8) 참조, Y. Hirschfeld, Qumran – die ganze Wahrheit. Die Funde der Archäologie – neu bewertet, deutsche Bearbeitung von J. Zangenberg, Gutersloh 2006, mit Stratigraphie und Chronologie im Anschluss an Jean-Baptiste Humbert: Stratum I: späteisenzeitlich (630–580 v. Chr.), Stratum II: hasmonäisch (130–37 v. Chr.), Stratum III: herodianisch (37 v. Chr.–68 n. Chr.); Stratum IV: römische Garnison (68–132 n. Chr.).

9) 참조, J. Zangenberg, Region oder Religion? Überlegungen zum interpretatorischen Kontext von Chirbet Qumran, in: M. Küchler / K. M. Schmidt (Hg.), Texte – Fakten – Artefakte, NTOA 59, Freiburg, Schweiz / Göttingen 2006, 32–48.

이루어지게 만든다. 마지막으로 키르벳 쿰란의 묘지 유적지에서 발견된 젊은 남성들의 뼈들은 지속적인 농업-수공업 활동으로 생긴 신체 마모라고 결론 내릴 수 있는 의미심장한 흔적을 보여 주지 않는다. 이 때문에 새로운 고고학적 자료들은 그 주거지의 주민들 중 일부가 농업적인 활동도 했다는 가정만을 뒷받침할 수 있다. 그렇지만 왜 800개 가량의 문서 두루마리들이 키르벳 쿰란과 맞닿은 주변 지역에서 발견되었는가 하는 핵심적인 질문은 여전히 해답을 주지 않은 채로 남아 있다. 어쨌든 예루살렘 도서관에서 유래한 문서들이 쿰란 인근에 감추어져 있었다고 추측하는 정보는 확실하지 않다. 이는 사람들이 그 문서들을 숨기는 데 필요로 했던 질그릇 항아리와 직물들과 같은 보조 수단과 자원들이 그 주거지에서도 사용될 수 있었기 때문이다. 이러한 배경에서 쿰란의 동굴들은 새롭게 보인다. 특히 그곳에서 발견된 문서 두루마리들은 그 내용에 대해서만 질문할 뿐 아니라, 고고학적인 발굴물로서도 취급해야만 한다.

쿰란 동굴들

발견된 제4-10 동굴은 와디 쿰란의 이회암 단층 언덕에 있는 주거지와 직접 맞닿아 있다. 제1-3 동굴과 제11 동굴은 약 3-5km 북쪽으로 더 떨어진 곳에 있다. 우리가 일단 문서 두루마리를 고려하지 않는다면, 적어도 두 개의 관찰점이 그 주거지와 동굴들 사이의 연결 관계를 알아보도록 해 준다. 곧 한편으로 제5 동굴과 제7-10 동굴은 주거지로 사용되었는데, 이러한 사실은 동굴 안에 사는 주민들이 적어도 식량과 기구들의 공급을 위해 주거지에 사는 사람들과 접촉점이 있었다는 것을 암시한다. 다른 한편으로 그 유명한 '에세네 사람의 괭이' 두 개가 발견되었는데, 하나는 저수통들 옆에 있는 쿰란의 114번 방에서 발견되었고, 다른 하나는 제11 동굴에서 발견되었다.[10] 또 다른 연관성은 쿰란의 기록 체계(3.2를 보라)로 기록된 문서 두루마리가 작성될 때 사용되었던 잉크들에 대한 조사로 밝혀졌는데, 잉크의 성분에 대한 화학적 분석이 출처를 규명해 주고 그것을 넘어서 그 주거지에서 발견된 '잉크 통들'과의 연관성이 성립되는 한에서 그렇다. 어쨌든 그 동굴들은 쿰란의 주민들에게 알려져 있었고, 따라서 동굴들이 필사본들을 숨기는 데에 사용되었다는 것은 결코 논쟁이 될 수 없다. 그 문서 두루마리들이 언제 그 동굴들에 옮겨졌는지도 알려져 있다. 사람들은 그 사건을 기원후 68년 직전, 곧 로마 사람들

10) 참조, H.-J. Fabry, Archäologie und Text. Versuch einer Verhältnisbestimmung am Beispiel von Chirbet Qumran, in: M. Küchler / K. M. Schmidt (Hg.), Texte – Fakten – Artefakte, NTOA 59, Freiburg, Schweiz / Göttingen 2006, 87–94.

이 그 지역을 침략하여 쿰란의 주거지를 파괴했던 시기 직전으로 연대를 추정한다. 제1 동굴과 제4 동굴에서 발견된 것들을 보다 상세하게 들여다보면, 가능한 역사적인 시나리오는 다음과 같은 윤곽으로 그려질 수 있다.[11] 키르벳 쿰란에서 약간 더 멀리 떨어진 제1 동굴에서는 약 80개의 문서 두루마리들이 보관되었는데, 그 가운데는 15개의 성서 필사본들이 있다. 그것들은 세심하게 준비해서 안전한 곳으로 옮긴 것들이다. 왜냐하면, 전체 필사본들은 질그릇 항아리들에 담겨 있고 그것들을 보호하기 위해 부분적으로는 아마포에 감겨 있었기 때문이다(도판 8). 이 밖에도 우리는 문서 두루마리들 중에서 가치 있다고 여겨진 것들이 의도적으로 선별되었다고 가정할 수 있다. 적어도 그 유명한 〈이사야〉 두루마리는 이러한 사실을 보여 주는데, 그 두루마리는 일상적인 사용을 목적으로 하는 것이 아니라, 필사자들이 베껴 옮길 때 쓰는 표준 필사본 역할을 했다. 그 주거지에 직접 맞닿아 있는 곳의 제4 동굴은 완전히 다른 상황을 보여 준다. 제4 동굴에는 대략 500-600개의 필사본이 보관되었는데, 그 가운데에는 성서 본문들뿐 아니라, 필기 연습한 것들과 계산서 및 증명서들이 포함되어 있다. 그 밖에도 그곳에서는 성구함과 항아리들 및 대접들과 빵 굽는 틀의 형태로 만들어진 기름 램프들과 같은 일상 용품들도 발견되었다. 필사본들은 많은 경우에 손상된 상태의 단편들만이 보존되어 있었는데, 이것은 그 문서 두루마리들이 보호되지 않은 채로 땅에 쌓여 있었다는 결론을 내리게 한다. 그 가운데서 100개가 넘는 단편들이 성서 필사본에 속하는데, 대부분은 사용되었던 문서들이었다. 마지막으로 우리가 제4 동굴의 입구가 이회암 바위로 임시로 밀폐되었다는 사실도 고려한다면, 로마 사람들이 도착하기 전, 아주 적절한 때에 그 거주민들이 옮길 수 있는 모든 것을 간신히 여기에다 보관해 두었을 것이라는 추측이 쉽게 이해된다. 그 추측에 따라 제4 동굴에서의 고고학적 발견물들이 쿰란 주민들 최후의 자발적인 구조 작업의 결과라고 적절하게 해석된다면, 그 주거지 안에 실제로 도서관도 존재했었다는 결론에 이르게 된다.

3.2 사해에서 나온 성서 필사본들

명칭

유다 광야에서 나온 필사본들이 줄여 부르는 체계(약어)는 쉽게 파악할 수 있고, 관습적인 순서로 간략한 정보들 곧 동굴의 숫자, 발견 장소(Q = 쿰란, Hev = 나할 헤베르, Mas = 마사다, Mur = 와디 무라바아트), 성서 본문(Gen = 〈창세기〉 등, XII = 열두 소예언서) 그리고 사본의 특성 표시(위첨자 a, b, c 등)를 제공한다. 그

11) 참조, Stegemann, Essener, 98–115.

밖의 첨가구가 덧붙기도 한다(pap = 파피루스 단편, palaeo = 고대 히브리어 문서, gr = 그리스어, LXX = 칠십인역, p = 페쉐르, 곧 성서 주석 필사본, ap = 외경, 예를 들어, 외경 〈창세기〉, tg = 타르굼). 이에 따라 4QpalaeoEx[m]는 쿰란의 제4 동굴에서 발견된 고대 히브리어 문서 〈출애굽기〉의 필사본 'm'을 의미한다. 또 다른 예로 8HevXIIgr는 사해 연안에 있는 나할 헤베르의 제8 동굴에서 발견된 열두 소예언서의 그리스어 두루마리를 의미한다. 이러한 체계를 통해 필사본들에는 설명이나 정보를 제공하는 기호가 부여되고 또 정확하게 설명된다. 그렇지만 우리는 필사본들과 필사본들의 단편들에 명확하게 정렬된 숫자를 부여하는 경향이 학계에서 점점 더 확고한 자리를 차지하는 것을 실감한다. 따라서 특별히 본문 편집본들 가운데서 조그만 단편들은 숫자로 지시됨으로써 매우 신속하게 검색하고 찾을 수 있다.[12] 이에 따라 제4 동굴에서 발견된 〈사무엘〉의 첫 번째 문서 두루마리에 대한 참조 지시는 4Q51(= 4QSam[a])이다.

연대 추정

사해의 성서 필사본들이 갖는 의의는 오래 되었다는 것뿐만 아니라 고대성에도 있다. 많은 필사본들이 지금까지 알려진 중세의 필사본들보다 천 년 이상 더 오래되었고, 구약성서의 개별적인 책들이 여전히 개정되고 있고, 성서의 정경이 완결되기 오래전의 시기로 거슬러 올라간다. 가장 오래된 문서 두루마리들은 기원전 3세기 중반에 생겨난 것이다. 가령, 4QEx – Lev[f](= 4Q17), 4QpalaeoDtn[s](= 4Q46)와 4QSam[b](= 4Q52) 등이다. 기원전 3세기나 기원전 2세기에 속하는 것들은 6QpalaeoGen(= 6Q1), 6QpalaeoLev(= 6Q2), 4QEx[d](= 4Q15); 4QDtn[a](= 4Q28); 4QJer[a](= 4Q70); 4QJer[b](= 4Q71); 4QPs[a](= 4Q83); 4QpalaeoJob[c](= 4Q101); 4QQoh[a](= 4Q109) 등이 있다. 그리고 가장 오래된 그리스어 필사본은 4QLXXDtn(= 4Q122)이다.[13] 이것은 위에서 언급한 일련의 성서 필사본들이 쿰란 주거지가 건립되기 전에 생겨난 것이 틀림없으며, 따라서 쿰란이 아닌 장소에서 만들어졌다는 것을 의미한다. 당연히 우리는 곧바로 예루살렘의 성전 도서관을 생각하게 된다. 그렇지만 이 문서 두루마리들이 쿰란에 오게 된 시점과 방식에 대해

12) 쿰란 본문들을 독일어로 번역하여 모범적으로 출간한 것에 관해서는 J. Maier, Die Qumran-Essener. Die Texte vom Toten Meer, Bd. I–III, München / Basel 1995–1996을 참조하라.

13) 그 문서 두루마리들의 연대에 관해서는 B. Webster, Chronological Index of the Texts from the Judaean Desert, in: E. Tov (ed.), Indices and an Introduction to the Discoveries in the Judaean Desert Series, DJD XXXIX, Oxford 2002, 351 – 446을 참조하라; 그 밖에도 F. M. Cross, The Oldest Manuscripts from Qumran, JBL 74 (1955), 147 – 172를 참조하라.

말할 수 없는 것과 마찬가지로 예루살렘의 성전 도서관에 대해서도 말할 수 없다. 그러나 한 필사본의 정확한 연대가 도대체 어떻게 결정될 수 있을까? 쿰란의 동굴들에서 발견된 고고학적 유물들과의 연관 관계는 별로 도움을 주지 않는다. 왜냐하면, 그것들은 문서 두루마리들이 안전한 곳으로 옮겨진 시점에 관해서만 이야기할 수 있기 때문이다. 이 때문에 필사본들의 연대 결정을 위해서는 단지 두 개의 절차들이 고려될 뿐이다. 곧 자연과학적인 방사성 탄소 동위원소 연대측정법과 고문서학이다. 잘 알려진 대로, 여기에는 C-14 방사성 동위원소의 **C-14 방법론**이 사용되는데, C-14의 방사성 동위원소의 분열은 오랜 시간대에 걸쳐 측정될 수 있다. 이를 통해 유기 물질의 사멸 시점이 계산될 수 있으며, 또한 이것은 필사본들의 경우에 있어서 한 유기 기록 재료의 제조 시점이 결정될 수 있다는 것을 의미한다. 그러나 쿰란의 문서 두루마리들의 경우에는, 방사성 탄소 동위원소 연대측정법이 가속질량분석기(AMS)로 매우 소량의 물질만을 필요로 하는(1-10mg 사이) 측정 방법을 확보하고 나서야 비로소 이 방법이 적용될 수 있었다. 그 측정을 통해서는 대략적인 시간대만 결정될 수 있기 때문에, 실질적으로 필사본들에 대한 AMS 조사들은 고문서학 연대 추정을 확인하거나 때에 따라서는 그것을 정정하는 목적으로 사용된다(참조, 예를 들면 4QSam^{c}의 AMS 연대는 기원전 192-63년 내지는 기원전 196-47년이고, 고문서학의 연대는 기원전 100-75년이다).[14]

고문서학 (Paläographie, 필사본들의 고유한 특징들에 관한 학문)

이 분야의 원칙은 문서와 문체가 개별 시대를 거치면서 발전하고, 그때마다 필사본을 만들면서 시대적이고 지역적인 독특성들을 인식하고 평가할 수 있게 해 준다는 것이다. 어떤 문서를 하나의 발전 계통에 편입시켜 분류하기 위해 모든 개별적인 글자들의 이른바 **시대별 일람표**가 만들어지는데, 그 표로부터 우리는 특정한 시대에 특정한 글자 형태들이 사용되는 것을 알아차릴 수 있다. 이를 통해 연구되는 필사본들은 상대적인 연대순으로 배열될 수 있다. 그 가운데 사람들이 그 내용을 통해 명확하게 연대를 추정하고, 그 기원에 따라 분류할 수 있는 본무들이 존재한다면, 절대적인 시간적 체계를 만들 수 있다. 그리고 그러한 절대적인 시간 체계 안에, 기원에 대해 잘 알려지지 않았고 연대 추정이 되지 않는 필사본들을 끼워 맞출 수 있다. 자료의 양이 많으면 많을수록, 고문서학적 절차에 따라 필사본의 연대

14) 참조, G. Doudna, Dating the Scrolls on the Basis of Radiocarbon Analysis, in: P. W. Flint / J. C. Vanderkam (ed.), The Dead Sea Scrolls After Fifty Years. A Comprehensive Assessment, Vol. I, Leiden / Boston / Köln 1998, 430 – 471.

는 더욱더 정확하게 규정된다. 사해에서 발견된 문서 두루마리들의 경우 개별적인 필사본들이 25-50년의 편차로 정확하게 연대가 추정될 수 있다고 여긴다.

쿰란 필사 관습

쿰란의 동굴들에서 발견된 필사본들 가운데 약 25%는 공통적인 기록 체계를 보여 주며, 사실 성서 본문들과 비 성서 본문들에서 별반 다르지 않은 모습을 보여 준다. 그 특징들은[15] 1) 특별한 서법(예를 들어, 2인칭과 3인칭 복수형의 대명사 접미어들의 긴 형태들), 2) 완전 서법과 **읽기용 모음 문자**의 빈번한 사용(예를 들어, **כיא**, **כול**, 그리고 **לוא**),[16] 3) 종결자음(꼬리형)이 거의, 또는 완전히 쓰이지 않음, 4) 통일된 기호 표기(예를 들어, 단락의 끝이나 단의 끝에서 나타나는 폭이 더 넓은 마지막 글자들, 네 개의 점들로 하나님의 이름을 대체한 것), 5) 하나님의 이름을 빈번히 고대 히브리어 글자들로 기록하는 서법이다. 이러한 독특한 점들은 **쿰란 필사 관습**이라는 말로 요약해서 불린다. 이러한 명칭이 문제가 없는 것은 아니다. 왜냐하면, 이 명칭은 이 모든 본문을 쿰란의 주거지에서 필사했다는 인상을 불러일으키기 때문이다. 이러한 기록 체계가 아마도 팔레스타인의 다른 곳에도 널리 퍼져 있었고, 혹시 한 특정한 기록자 학파로부터 생겨났을지도 모르기 때문에, 사실 이러한 주장은 배제되지는 않지만, 입증되지도 않는다. 따라서 '쿰란의'라는 첨가어는 우선 언급된 특징들이 주로 쿰란의 본문들에서 입증된다는 상황만을 표시하는 것이다. 쿰란 필사 관습에서 전승된 성서 필사본들의 고유한 의미는 오히려 중요하지 않게 평가되고 있는데, 이는 성서 필사본들이 부분적으로 엉성하고 결함을 가진 채로 마무리되었기 때문이다. 성서 필사본들 가운데 많은 수는 원 마소라 필사본들의 복사본으로 해석될 수 있고, 따라서 마소라 본문 전통에서 이미 잘 알려진 독법들을 증언하고 있다(3.5를 보라). 그런데도 이러한 필사본 그룹을 본문비평적으로 과소평가해서는 안 된다. 이 필사본들은 개별적인 경우에서, 예를 들면 4QQoh[a] (= 4Q109)의 경우에서 볼 수 있는 것처럼 흥미로운 추가 정보를 전해 줄

15) 참조, E. Tov, Der Text der Hebräischen Bibel. Handbuch der Textkritik, Stuttgart / Berlin / Köln 1997, 89-92; 그리고 보다 상세하게는 동일 저자의 Scribal Practices and Approaches Reflected in the Texts Found in the Judean Desert, STDJ 54, Leiden / Boston 2004를 참조하라.

16) 히브리어 부정어는 아람어 일상어에서 똑같이 기록된다. 하지만 오(ō)가 아니라 아(ā)로 발음한다. 이러한 상황에서 완전 서법들은 음성 언어적 지시로 설명된다. 쿰란 필사 관습에서 나타나는 계속되는 철자법의 변형들은 아마도 이와 비슷하게 해석된다. 참조, E. Y. Kutscher, The Language and Lingustic Background of Isaiah Scroll (1QIsa[a]), STDJ 6, Leiden 1974.

수 있기 때문이다.[17] 한편으로 이 필사본은 전형적인 필사 오류들을 보여 준다. 잘못 봄(aberratio oculi[18])을 통해서 행의 끝에 있는 두 개의 단어들이 둘째 단 1행에서는 빠져 있다. 물론 필사자는 자신의 실수를 깨달았다. 왜냐하면, 그는 빠뜨린 두 단어를 단 위에 이어지는 단어와 함께 추가로 써 넣었고, 이에 상응해서 2행의 첫 번째 단어를 지웠기 때문이다(도판 15). 이러한 아름답지 않은 교정의 종류와 방식은 이렇게 제작된 복사본이 일반적으로 사용되던 문서들 가운데 하나였다는 것을 보여 준다. 다른 한편으로 셋째 단 1행에서는 몇몇 단어들이 지워져 있다. 이것은 이 자리에 있던 원문을 원 마소라 본문에 맞게 수정하려는 의도가 분명한 또 다른 사람의 손길이라고 여겨진다. 왜냐하면, 지워진 단어들은 마소라 본문 전통에는 나타나지 않는 것들이기 때문이다. 물론 여전히 존재하는 빈 칸과 언제나 곤란스럽게 느껴지는 전도서 7:6에서 7:7로 넘어가는 부분에서는 적어도 4QQoh^{a}의 필사 대본이 마소라 본문보다 더 오래되고, 아마도 심지어 더 좋은 그리고 더 본래적인 독법을 제시한다고 추론하게 한다. 그러한 독법은 현재는 지워져 있다.[19] 따라서 이러한 결과는 한편으로는 쿰란 필사 관습에 속하는 필사본인 4QQoh^{a}의 가치가 덜하다는 것을 확인시켜 주지만, 다른 한편으로는 고유한 독법들을 제공하고, 〈전도서〉 생성 연대인 기원전 3세기 중반과 시간상으로 더 가까운 위치에 닿아 있는, 보다 오래된 대본의 존재를 입증한다.

현존 본문

쿰란에서 발견된 성서 필사본들의 총합은 대략 200개에 이른다. 〈에스더〉를 제외한 모든 성서의 책들이 나타난다. 가장 많은 자리를 차지하는 것은 〈시편〉의 두루마리들이다(36개의 필사본 단편들). 이 두루마리들은 부분적으로는 성서 〈시편〉의 순서와 선택에서 벗어나기도 한다. 따라서 이 두루마리는 예배를 위한 모음집으로 이해된다. 〈시편〉을 뒤따르는 것으로는 〈신명기〉(30개)와 〈이사야〉(21개)가 있고, 그 밖에 오경에 속하는 것으로는 〈창세기〉(19-20개), 〈출애굽기〉(17개), 〈레위기〉(13개) 그리고 〈민수기〉(7개)가 그 뒤를 잇는다.[20] 단 하나의 단

17) 참조, E. Ulrich, Ezra and Qoheleth Manuscripts from Qumran (4QEzra and 4QQoh^{a,b}), in: Priests, Prophets and Scribes (FS J. Blenkinsopp), JSOT.S 149, Sheffield 1992, 142 – 147.

18) [역자주] 이 라틴어는 직역하면 '눈들의 이상'이라는 뜻이다.

19) 이에 대해서는 A. A. Fischer, Skepsis oder Furcht Gottes? Studien zur Komposition und Theologie des Buches Kohelet, BZAW 247, Berlin / New York 1997, 94–95를 참조하라.

20) 이러한 셈에 대해서는 Tov (ed.), Indices, 165–183 (D.1. Categoriced List of the ›Biblical Texts‹)을 참조하라.

편만 남아 있는 것은 〈에스라/느헤미야〉와 〈역대기〉이다. 외경 가운데서는 〈토비트〉와 〈바룩〉과 〈집회서〉[21]가 남아 있다. 또한, 본문비평에서 중요한 것은 성서 본문들에 대한 연속적인 주석들이다. 이 주석들은 성서 인용구들과 그 인용구에 대한 중간에 삽입된 해석(페쉐르[Pescher])으로 구성된다. 쿰란의 두루마리들 가운데 페쉐르는 그 수가 약 30개 정도에 달하는데, 무엇보다도 예언서들과 관련해서 저작되었다(예를 들면, 1QpHab과 4QpNah = 4Q169). 마지막으로, **다시 쓴 성서 구성물들(rewritten biblical compositions)**이라는 명칭이 붙여진 일련의 본문들도 존재한다. 이것은 성서 본문들을 알기 쉽게 바꾸어 쓰는 형식의 이어쓰기이다. 많은 것들이 성서의 기초 본문을 따르고 있다는 것을 알아볼 수 있는데, 그것들은 성서의 기초 본문을 해석하고 보충한다(예를 들어, 4QRP^{a-e} [개정된 오경] = 4Q158, 4Q364 – 367). 또 다른 것들은 관련된 성서 본문들과 많은 차이를 보이는데, 그 공통점은 비슷한 소재를 다루고 있다는 것뿐이다. 이에 대한 예로 4QVisSam(= 4Q160)을 제시할 수 있는데, 그것은 사무엘상 3장의 이야기를 배경으로 4QVisSam만의 고유한 사무엘 꿈 환상을 묘사한다.

물론 성서 필사본들은 합쳐서 대략 200개에 이르지만, 완전히 보존된 문서 두루마리는 20개가 넘지 않으며, 이에 반해 많은 필사본은 단편들을 통해서만, 그리고 부분적으로는 단지 얼마 되지 않는 몇 구절로 된 부분으로만 나타난다는 사실을 간과해서는 안 된다(자료 6). 이와 같은 단편들을 대강 추정해 보면 전체로는 대략 15,000개에 이른다. 성서의 책 한 권의 개정 작업을 할 때 각각의 쿰란 본문들에 어떤 단락들이 포함되어 있는지를 들여다보고자 한다면, 최근에 출간된 표준적인 출판물인 *Discoveries in the Judaean Desert* (DJD)의 색인집을 추천할 수 있다.[22] 이 책의 색인 목록에서 발견이 되면, 찾고자 하는 본문 구절이 실제로 존재하는지 해당 책에서 쉽게 찾아볼 수 있다. 왜냐하면 필사본에는 종종 한 단의 조각들만 남아 있어서 한 구절의 일부에서 몇몇 단어들만 남아 있기 때문이다.

21) 2QSir(= 2Q18)의 단편에 나오는 몇몇 구절들과 더불어 알파벳 시형으로 된 〈집회서〉 51:13-30이 놀라운 방식으로 〈시편〉 두루마리 11QPs^{a}에서 발견된다. 쿰란에서 가장 빈번하게 나오는 비 성서적인 문서들인 〈희년서〉(19개의 단편), 〈다마스쿠스 문서〉(12개), 〈에녹서〉(11개)와 비교하는 것은 흥미로운 일이다.

22) 참조, Tov (ed.), Indices, 185–201 (D.2. Index of Passages in the ›Biblical Texts‹), 및 E. Ulrich, Index of Passages in the Biblical Scrolls, in: P. W. Flint / J. C. Vanderkam (ed.), The Dead Sea Scrolls After Fifty Years. A Comprehensive Assessment, Vol. II, Leiden / Boston / Köln 1999, 649–665.

1Q1 (1QGen)	1Q5 (1QDtn^{b})	1Q8 (1QJes^{b})	1Q12 (1QPs^{c})
1Q2 (1QEx)	1Q6 (1QJudg)	1Q9 (1QEz)	1Q71 (1QDan^{a})
1Q3 (1QpalaeoLev)	1Q7 (1QSam)	1Q10 (1QPs^{a})	1Q72 (1QDan^{b})
1Q4 (1QDtn^{a})	1QJes^{a}	1Q11 (1QPs^{b})	
2Q1 (2QGen)	2Q6 (2QNum^{a})	2Q11 (2QDtn^{b})	2Q16 (2QRut^{a})
2Q2 (2QEx^{a})	2Q7 (2QNum^{b})	2Q12 (2QDtn^{c})	2Q17 (2QRut^{b})
2Q3 (2QEx^{b})	2Q8 (2QNum^{c})	2Q13 (2QJer)	2Q18 (2QSir)
2Q4 (2QEx^{c})	2Q9 (2QNum^{d}>2Q7)	2Q14 (2QPs)	2Q23 (2QBar?)
2Q5 (2QpalaeoLev)	2Q10 (2QDtn^{a})	2Q15 (2QJob)	
3Q1 (3QEz)	3Q2 (3QPs)	3Q3 (3QLam)	
4Q1 (4QGen–Ex^{a})	4Q33 (4QDtn^{f})	4Q67 (4QJes^{n})	4Q97 (4QPs^{p})
4Q2 (4QGen^{b})	4Q34 (4QDtn^{g})	4Q68 (4QJes^{o})	4Q98 (4QPs^{q})
4Q3 (4QGen^{c})	4Q35 (4QDtn^{h})	4Q69 (4QpapJes^{p})	4Q98a (4QPs^{r})
4Q4 (4QGen^{d})	4Q36 (4QDtn^{i})	4Q69a (4QJes^{q})	4Q98b (4QPs^{s})
4Q5 (4QGen^{e})	4Q37 (4QDtn^{j})	4Q69b (4QJes^{r})	4Q98c (4QPs^{t})
4Q6 (4QGen^{f})	4Q38 (4QDtn^{k})	4Q70 (4QJer^{a})	4Q98d (4QPs^{u})
4Q7 (4QGen^{g})	4Q39 (4QDtn^{l})	4Q71 (4QJer^{b})	4Q99 (4QJob^{a})
4Q8 (4QGen^{h})	4Q40 (4QDtn^{m})	4Q71a (4QJer^{d})	4Q100 (4QJob^{b})
4Q9 (4QGen^{j})	4Q41 (4QDtn^{n})	4Q71b (4QJer^{e})	4Q101 (4QpalaeoJob^{c})
4Q10 (4QGen^{k})	4Q42 (4QDtn^{o})	4Q72 (4QJer^{c})	4Q102 (4QProv^{a})
4Q11 (4QpalaeoGen–Ex^{l})	4Q43 (4QDtn^{p})	4Q73 (4QEz^{a})	4Q103 (4QProv^{b})
4Q12 (4QGen^{m})	4Q44 (4QDtn^{q})	4Q74 (4QEz^{b})	4Q104 (4QRut^{a})
4Q13 (4QEx^{b})	4Q45 (4QpalaeoDtn^{r})	4Q75 (4QEz^{c})	4Q105 (4QRut^{b})
4Q14 (4QEx^{c})	4Q46 (4QpalaeoDtn^{s})	4Q76 (4QXII^{a})	4Q106 (4QCant^{a})
4Q15 (4QEx^{d})	4Q47 (4QJos^{a})	4Q77 (4QXII^{b})	4Q107 (4QCant^{b})
4Q16 (4QEx^{e})	4Q48 (4QJos^{b})	4Q78 (4QXII^{c})	4Q108 (4QCant^{c})
4Q17 (4QEx–Lev^{f})	4Q49 (4QJudg^{a})	4Q79 (4QXII^{d})	4Q109 (4QQoh^{a})
4Q18 (4QEx^{g})	4Q50 (4QJudg^{b})	4Q80 (4QXII^{e})	4Q110 (4QQoh^{b})
4Q19 (4QEx^{h})	4Q51 (4QSam^{a})	4Q81 (4QXII^{f})	4Q111 (4QLam)
4Q20 (4QEx^{j})	4Q52 (4QSam^{b})	4Q82 (4QXII^{g})	4Q112 (4QDan^{a})
4Q21 (4QEx^{k})	4Q53 (4QSam^{c})	4Q83 (4QPs^{a})	4Q113 (4QDan^{b})
4Q22 (4QpalaeoEx^{m})	4Q54 (4QReg^{a})	4Q84 (4QPs^{b})	4Q114 (4QDan^{c})
4Q23 (4QLev–Num^{a})	4Q55 (4QJes^{a})	4Q85 (4QPs^{c})	4Q115 (4QDan^{d})
4Q24 (4QLev^{b})	4Q56 (4QJes^{b})	4Q86 (4QPs^{d})	4Q116 (4QDan^{e})
4Q25 (4QLev^{c})	4Q57 (4QJes^{c})	4Q87 (4QPs^{e})	4Q117 (4QEsra)
4Q26 (4QLev^{d})	4Q58 (4QJes^{d})	4Q88 (4QPs^{f})	4Q118 (4QChr)
4Q26a (4QLev^{e})	4Q59 (4QJes^{e})	4Q89 (4QPs^{g})	4Q119 (4QLXXLev^{a})
4Q26b (4QLev^{g})	4Q60 (4QJes^{f})	4Q90 (4QPs^{h})	4Q120 (4QpapLXXLev^{b})
4Q27 (4QNum^{b})	4Q61 (4QJes^{g})	4Q91 (4QPs^{j})	4Q121 (4QLXXNum)
4Q28 (4QDtn^{a})	4Q62 (4QJes^{h})	4Q92 (4QPs^{k})	4Q122 (4QLXXDtn)
4Q29 (4QDtn^{b})	4Q63 (4QJes^{j})	4Q93 (4QPs^{l})	4Q196 (4QpapTob^{a} ar)
4Q30 (4QDtn^{c})	4Q64 (4QJes^{k})	4Q94 (4QPs^{m})	4Q197 (4QTob^{b} ar)
4Q31 (4QDtn^{d})	4Q65 (4QJes^{l})	4Q95 (4QPs^{n})	4Q198 (4QTob^{c} ar)
4Q32 (4QDtn^{e})	4Q66 (4QJes^{m})	4Q96 (4QPs^{o})	4Q199 (4QTob^{d} ar)
5Q1 (5QDtn)	5Q3 (5QJes)	5Q5 (5QPs 119)	5Q7 (5QLam^{b})
5Q2 (5QReg)	5Q4 (5QAm)	5Q6 (5QLam^{a})	
6Q1 (6QpalaeoGen)	6Q3 (6QDtn)	6Q5 (6QpapPs?)	6Q7 (6QpapDan)
6Q2 (6QpalaeoLev)	6Q4 (6QReg)	6Q6 (6QCant)	
7Q1 (7QLXXEx)	7Q2 (7QEpJer)		
8Q1 (8QGen)	8Q2 (8QPs)		
11Q1 (11QpalaeoLev)	11Q4 (11QEz)	11Q7 (11QPs^{c})	11Q10 (11QtgJob)
11Q2 (11QLev^{b})	11Q5 (11QPs^{a})	11Q8 (11QPs^{d})	
11Q3 (11QDtn)	11Q6 (11QPs^{b})	11Q9 (11QPs^{e})	

자료 6: 쿰란의 동굴들에서 나온 성서 필사본들의 목록들
(하인츠 요제프 피브리[Heinz Josef Fabry]를 따름)

3.3 성서 책들의 개별 문서 두루마리들

일반적인 개요를 일목요연하게 보충하기 위해서, 성서 본문들을 담고 있는 광범위한 문서 두루마리들 가운데 몇몇을 아래에서 소개한다. 잘 알려져 있고 본문비평적으로 중요한 필사본들로 제한하여 선택했다.

이름	연대	특징	약어
첫 번째 〈이사야〉 두루마리	기원전 125–100년	쿰란 필사 관습, MT에서 벗어나는 독법들	1QJes[a]
첫 번째 〈사무엘〉 두루마리	기원전 50–25년	비 마소라 본문, G와 공통된 독법들	4QSam[a]
제11 동굴에서 나온 〈시편〉 두루마리	기원후 25–50년	MT에서 벗어나는 배열, 추가적인 부분들(예를 들어, 집회서 51장)	11QPs[a]
하박국 페쉐르	기원후 1–50년	절마다 해설하는 주석, 지금까지는 알려지지 않은 독법들	1QpHab
외경 〈창세기〉 (아람어)	기원후 1–50년	창세기 5:28–15:4에 대한 미드라쉬, 전 사마리아 오경 본문 전통(?)	1QapGen 1QGenAp
열두 소예언서 두루마리(그리스어)	기원후 50년무렵	카이게 개정본, 고대 히브리어 신명사문자의 증명	8HevXIIgr

〈이사야〉 두루마리(1QJes[a] = 일련번호가 부여되지 않음)

첫 번째 〈이사야〉 두루마리는 쿰란에서 나온 가장 유명한 성서 필사본으로 여겨진다. 이 〈이사야〉 두루마리는 완전하게 보존되어 있는 몇 안 되는 문서 두루마리이며, 지금은 예루살렘에 있는 이스라엘 박물관의 책의 전당에 보관되어 있다. 이 두루마리는 17장을 서로 잇대어 꿰매어 만들어졌으며, 66장에 달하는 〈이사야〉의 모든 본문을 54단 안에 제공하고 있다(도판 10). 아마도 두 명의 서로 다른 필사자가 작업했던 것으로 보인다. 왜냐하면 후반부(사 34-66장)에서는 광범한 영역에서 완전 서법과 완전한 접미어 형태들이 발견되기 때문이다. 이 밖에도 필사본의 전반부와 후반부는 세 줄이 비어 서로 분리되어 있다. 하지만 그에 대해서는 또 다른 이유가 고려될 수도 있다. 첫 번째 〈이사야〉 두루마리는 쿰란 필사 관습(3.2를 보라)을 보여 주며 기원전 2세기의 마지막 사분기로 연대가 추정된다. 〈이사야〉 두루마리 본문의 특징은 명확하게 평가하기가 어렵다. 왜냐하면, 여기서는 마소라 본문과 다른 많은 차이점들이 확인되기 때문이다. 이 차이점은 단순히 정서법의 영역에서 생기는 문제가 아니다. 필사자가 마소라 전통과 다른 전통의 본문을 필사했거나, 여러 대본을 사용했다는 가정은 이러한 판단의 결과를 충분히 설명할 수 없다. 그 대신에 마소라 본문과 가까운 〈이사야〉의 해석 판본에 관해 이야기하는데, 그 판본은 단순한 본문 전승과는 다른 목적을 위한 것이었다고 주장한다.[23) 필사자의 시대와 실제 연관성을 알아볼 수 있게 해 주고, 분명히 그 필사자 자신에게서 생겨난 일련의 해석적인 이형들도 이러한 방향을 암시해 준다. 그러므로 이 경우에는 단순히 필사자만이 아니라, 〈이사야〉의 권위 있는 본문을 저작하려는 목적을 가지고 있던 것으로 보이는 학자가 작업에 참여했다는 결론을 보여 준다. 따라서 이런 생각이 고려할 만한 가치가 있는 것이라면, 〈이사야〉 두루마리의 필사자의 정체를 "의의 교사"(Lehrer der Gerechtigkeit)와 직접 동일시하는 시도[24)]를 사변적이라 여겨야 할 것이다. 어쨌거나 우리는 마소라 본문에서 벗어나는 첫 번째 〈이사야〉 두루마리의 독법에 대해 본문비평적으로 특별한 주의를 기울여야 한다. 따라서 개별적인 경우마다 그때그때 해당 이형들이 실제로도 오래되고, 경우에 따라서는 더 나은 본문으로 거슬러 올라갈 수 있는지를 검증해야 한다.

〈사무엘〉 두루마리(4QSam^{a} = 4Q51)

이 성서 필사본들 대부분은 이미 1952년에 쿰란의 제4 동굴에서 베두인 사람들이 발견하였고, 그 이후의 발굴에서 나머지의 단편들이 추가로 발견되었다. 이 문서 두루마리는 기원전 50-25년 무렵에 필사되었다. 이 문서 두루마리에는 〈사무엘상〉의 장들 대부분과 〈사무엘하〉의 모든 장들이 담겨 있다. 가죽 두루마리가 그 당시에 집중적으로 사용되었다는 사실은 흥미로운 세부 사항, 곧 몇 군데에서는 나중에 파피루스 조각을 붙여서 보강하였다는 것을 보여 준다. 애석하게도 규모가 큰 이 문서 두루마리가 열악한 보존 상태에 있는데, 아마도 이것은 문서 두루마리의 전체 출간이 50년 넘게 늦어진 이유 가운데 하나일 것이다. 어쨌든 〈사무엘하〉에서는 본문 단 배열을 거의 완전히 재구성하는 데 성공했다. 초기 본문 역사에서 〈사무엘〉 두루마리는 엄청난 의미가 있으며, 보다 정확히 말하면 세 가지 측면에서 그러하다. 첫째, 〈사무엘〉 두루마리는 많은 독법들에서 마소라 본문과 차이를 보이지만, 칠십인역과는 광범위하게 일치하는 본문을 제공한다. 이 때문에 그리스

23) 참조, O. H. Steck, Die erste Jesajarolle (1QIs^{a}). Schreibweise als Leseanleitung für ein Prophetenbuch, SBS 173/1, Stuttgart 1998, 18.

24) 참조, A. van der Kooij, Die alten Textzeugen des Jesajabuches. Ein Beitrag zur Textgeschichte des Alten Testaments, OBO 35, Freiburg, Schweiz / Göttingen 1981, 94–97.

판본에서 나타나는 대부분의 차이점들은 번역자에게서 비롯한 것이 아니라, 그가 마소라 본문 전통과 다른 히브리어 번역 대본을 사용했기 때문이라는 가정이 힘을 얻는다. 둘째, 〈사무엘〉 두루마리는 마소라 본문과 뚜렷이 다른 일련의 차이점들을 보여 준다. 이 차이점들은 마소라 본문과 다른 독자적인 독법들이며, 그런 뜻에서 〈사무엘〉에서 전승된 히브리어 본문이 훼손된 부분이 많기 때문에 본문비평적으로 중요하다. 셋째, 〈사무엘〉 두루마리는 사무엘상 11장의 원래 히브리어 본문의 시작을 전해 주는데, 여기에는 세 절 정도를 더 포함하고 있다. 지금까지 이 본문 단편은 대체로 플라비우스 요세푸스(〈Antiquitates〉 VI,68-70)를 통해서만 알려져 있었다. 그것이 마소라 본문에서 빠지게 되었을 개연성은 매우 높다.[25] 이러한 사실을 지지하는 것은 오직 쿰란의 본문 단편만이 이야기의 시작 상황을 묘사하고, 그에 덧붙여서 히브리어 이야기 방식에 상응하게 나하스를 그의 완전한 칭호인 '암몬 사람들의 왕'으로 소개한다는 사실이다(자료 7).

제11 동굴에서 나온 〈시편〉 두루마리(11QPs[a] = 11Q5)

이 필사본은 1956년에 베두인들이 발견하였는데, 그 자세한 상황은 알려지지 않았다. 물론 이 필사본이 제11 동굴에서 비롯했다는 것은 같은 기록자의 손으로 돌릴 수 있는 단편들이 이후에 발견되었다는 사실로 입증될 수 있었다. 고문서학의 관점에서 볼 때, 이 필사본의 연대는 기원후 25년과 50년 사이로 추정된다. 원래 이 가죽 두루마리는 약 5.5m의 길이였는데, 그 가운데 5m 가량이 현존하는 본문 단편들을 통해 재구성되었다. 불행하게도 이 문서 두루마리의 아래 3분의 1이 완전히 썩어 버려서, 25행으로 된 한 단의 본문에서 각각 15-17개 행씩만이 보존되어 있다. 철자법은 쿰란 필사 관습을 따르고 있다. 부분적으로 선상형(supralinear, 행 위에)으로 추가되었던 일련의 교정은 같은 필사자의 손길에서 비롯한다. 고대 히브리어 문자들로 된 신명사문자는 기록할 때 남겨둔 빈 자리에 나중에 삽입되었다. 내용으로 볼 때, 이 문서 두루마리는 〈시편〉의 제4권과 제5권의 시편들(시 90-106편과 시 107-150편) 및 추가적인 단편들(예를 들면, 〈집회서〉 51:13-30; 시리아어 역본 시편 151편; 154-155편; 삼하 23:1-7)을 제공한다. 본문역사에서 특별히 중요한 사실은 이 두루마리의 배열이 독특한 방식으로 마소라 본문 전통의 순서에서 벗어나 있다는 점이다. 이 사실에서 시편 (1)2-89편의 부분

---

25) 참조, F. M. Cross, The Ammonite Oppression of the Tribes of Gad and Reuben: Missing Verses from 1 Samuel 11 Found in 4QSamuel[a], in: E. Tov (ed.), The Hebrew and Greek Texts of Samuel, Proceedings IOSCS – Vienna 1980, Jerusalem 1980, 105–118.

모음집의 시편들의 순서가 이미 기원전 150년 무렵에 확정되었던 반면에, 나머지 시편들의 배열은 기원후 1세기에 이르기까지도 여전히 미확정인 채로 남아 있었다는 결론을 끌어낼 수 있다. 하지만 그 사정은 더 복잡한 것이 분명하며, 언제나 대립적인 논쟁의 대상이 된다. 이에 대해 제안된 해결책은 11QPs[a]가 이미 쿰란 이전의 마소라 본문 전통에서 벗어난 〈시편〉 판본을 보여 준다는 가정에서부터 그것이 원 마소라 〈시편〉에 의존하며 특별히 제의적-예배적 관점들에 의해 만들어진 이차적인 〈시편〉 편찬(Psalmen-Kompilation)이라는 추측에 이르기까지 광범위하다.[26)]

4QSam[a](= 4Q51)에 따른 사무엘상 11장의 본래적인 시작 부분

6행 *그리고 나하스, 곧 암몬 사람들의 왕이 갓 자손과 르우벤 자손을 매우 압박하고, 그는 쳤다, 그들의 모든*
7행 *오른쪽 눈들을, 그리고 공포와 두려움을 이스라엘에 가져왔다. 그리고 이스라엘 사람들 가운데 한 명도 남지 않았다,*
8행 *요단강 저편에, 그의 오른쪽 눈이 나하스, 곧 암몬 사람들의 왕에 의해 찔려 도려내어지지 않은; 7천 명은 예외였는데,*
9행 *그들은 암몬 사람들 앞에서 도망쳐서* ***야베스***-*길르앗으로 갔다.*
행 위(supra)에 기록됨 | *한 달 후에* 나하스, 곧 그 암몬 사람이 와서 포위했다 **야베스**- | (길르앗)를, 그리고 야베스의 모든 사람들이 나하스에게 말했다,
10행 그 암몬 사람에게. "우리와 언약을 세우라, 그러면 우리가 너를 섬길 것이다."

자료 7: 4Q51, 열째 단 6-10행 (*이탤릭체*: 쿰란에서만 보존된 본문; 일반체: MT를 통해 전승된 본문). 필사자는 유사문미탈락(Homoioteleuton, "야베스")을 통해 9행의 두 번째 문장을 빠뜨리고, 이어서 그가 자신이 실수로 잘못 본 것을 깨닫고 행 위에(supra) 나중에 적어 넣었다.

〈하박국 주석〉 (1QpHab)

이 가죽 두루마리는 쿰란에서 처음으로 발견된 문서 두루마리 가운데 하나이며, 하박국 1-2장에 대한 연속적인 성서 주석을 제공한다(도판 13). 이러한 쿰란의 전형적인 페샤림은 현대 성서 주석의 선구자로 여길 만하다. 이것은 성서 본문을 한 구절 한 구절 인용하고 그 사이에 그것에 대한 해설을 각각 삽입한다. 이때 주석 작업은 부분적으로는 성서 원문을 정확하게 따르고, 부분적으로는 인용된 구절에

26) 이 사항에 대해서는 P. W. Flint, The Dead Sea Psalms Scrolls and the Book of Psalms, StTDJ 17, Leiden 1997; U. Dahmen, Psalmen- und Psalterrezeption im Frühjudentum. Rekonstruktion, Textbestand, Struktur und Pragmatik der Psalmenrolle 11QPs[a] aus Qumran, StTDJ 49, Leiden 2003(구성에 대한 도표가 312쪽에 제시되어 있다)을 참조하라.

서 따온 한두 단어에 초점을 맞춘다. 그 해석들은 흔히 "פשר peschär [페쉐르] 또는 פשרו על pischrô 'al [피쉬로 알] '그의 해석은 다음과 같다.'"는 히브리어 공식을 통해 덧붙여진다. 쿰란 필사 관습과 1QpHab의 생성 시기는 그것의 주석 작업이 바로 쿰란 주거지에서 이루어졌다는 추측을 강화한다. 따라서 〈하박국 주석〉은 두 가지 측면에서 주목할 만한 가치가 있다. 한편으로 그 성서 구절들은 본문비평적인 논의에서 고려해야만 하는 일련의 특별한 독법들을 제공한다. 다른 한편으로 그 해석들은 쿰란 공동체의 주해와 신학뿐 아니라, 아마도 그 공동체의 역사를 엿볼 수 있는 창을 제공한다. 왜냐하면, 성서의 예언들이 끊임없이 종말과 관련되고, 해석자들은 자신들이 이 세상의 마지막 날에 살고 있다고 확신한다는 점에서 일련의 시대사적인 암시들을 담고 있기 때문이다. 로마 사람들의 도착을 그 주석으로부터 매우 분명하게 읽어낼 수 있다(참조, 1QpHab IV,9-13; VI,2-5). 이에 반해, "의의 교사", "악한 제사장" 또는 "거짓의 사람" 이면에 누가 숨겨져 있는지는 아직까지 명확하게 밝혀지지 않고 있다. 이 밖에도 언급되는 사람들의 정체가 과연 밝혀질 수는 있는지도 논쟁이 된다.

외경 〈창세기〉(1QGenAp = 1Q20)

이 문서 두루마리는 그것이 처음 출간될 때의 제목에 따라 불린다.[27] 개신교에서 사용하는 말로 표현하면, 외경은 히브리어 성서의 정경에 들어가지는 않지만, 칠십인역 내지는 불가타에 드는 책이며, 가톨릭에서 사용하는 말로 하면 제2 경전으로 거룩한 문서에 드는 것으로 간주하는 책들이다. 엄격한 의미에서 1QGenAp는 외경 문서가 아니라, 오히려 〈창세기〉의 미드라쉬이다. 곧 그것은 더러는 글자 그대로 전하는가 하면, 더러는 자유롭고 성서 밖의 자료로 확장된 원역사와 족장사의 이야기 재구성이다. 본문은 아람어로 저작되었다.[28] 이 문서 두루마리의 가죽은 불행하게도 아주 많이 부식되어서, 문자를 해독하기가 너무나도 어려운 상태다. 성서 본문과 관련해서 그 필사본은 22개의 나머지 단에서 창세기 5:28-15:4의 이야기를 재구성한다. 그렇지만 이 문학 작품은 매우 분량이 많고, 아마도 〈창세기〉의 모든 이야기 자료를 포함했을 것이다. 어쨌든 쿰란의 제4 동굴에서는 얼마 되지 않는 몇몇 단편들이 발견되었는데, 그것들은 벧엘에서의 야곱이 경험한 꿈 환상

27) 참조, N. Avigad / Y. Yadin, A Genesis Apocryphon. A Scroll from the Wilderness of Judaea, Jerusalem 1956.

28) 독일어 번역이 있는 본문에 대해서는 K. Beyer, Die aramäischen Texte vom Toten Meer, Göttingen 1984, 165-186 또한 186-187(4QGenAp)을 참조하라.

(창 28장)과 요셉 이야기에 나오는 한 장면(창 45장)을 비슷한 문체로 다루고 있다. 1QGenAp의 필사본은 기원후 1세기 초에 만들어졌을 것이다. 그러나 이것을 가지고는 여전히 그 문학 작품의 생성 시기에 관해 아무것도 이야기할 수 없다. 오히려 그것이 히브리어로 기록된 〈희년서〉와 가깝다는 것은 기원전 2세기를 생각하도록 하지만, 그보다 훨씬 이전에 생겨난 것일 수도 있다. 어쩌면 외경 〈창세기〉에서 아람어로 번역된 성서 본문은 심지어 전 사마리아 오경 본문 전통에 대한 간접적인 본문 증거로도 여겨진다. 물론, 그 문서 두루마리가 대중적인 지혜와 성서 자료들 사이의 대화라는 독특한 인상을 주고, 이를 통해 종교적인 경건 문학을 기록한다는 점이 더 중요하다. 여기서 외경 〈창세기〉는 가능한 한 족장들의 경험 자체를 통해서 족장들 이야기를 하고, 그렇게 하여 대중의 언어인 아람어로 초기 유대교의 내러티브 문체의 아름다움을 증언하고 있다.

나할 헤베르에서 나온 그리스어 열두 소예언서 두루마리(8HevXIIgr)

이 필사본은 서로 다른 두 필사자에 의해 제작되었는데, 그 두 사람은 필사자 A (Hand A)와 필사자 B (Hand B)로 표기된다. 필사자 A는 정교하게 무두질된 얇은 가죽 위에 필사했는데, 그 가죽의 낱장들은 두루마리로 만들기 위해 서로 접착되어 있으며, 〈요나〉, 〈미가〉, 〈나훔〉, 〈하박국〉, 〈스바냐〉 그리고 스가랴 1-3장의 부분들을 포함하고 있다. 필사자 B는 약간 두껍고 덜 매끄러운 가죽을 사용했다. 그것의 낱장들은 바느질로 서로 이어졌고, 스가랴 8-9장의 나머지 부분들을 제공한다. 이 두 필사자가 사용한 필사용 가죽이 서로 다르지만, 필사본 낱장의 판형은 같다. 이 때문에 필사자 B는 대부분 필사자 A가 기록한 작품에 부분적으로 보충하였거나 계획적으로 그것을 이어 썼다고 여길 수 있다는 가정이 개연성 있다.[29] 그 연대에 관해서는 일반적으로 기원전 50년부터 기원후 50년 사이의 시기가 언급되는데, 다수는 그 시기를 기원후 1세기 중반으로 정할 것을 고려한다. 필사자 A의 작품 대부분은 이미 1952-1954년에 거래시장에 등장했고, 그 당시의 록펠러 박물관에 판매되었다. 1961년에 엔게디 근처에 있는 나할 헤베르에서 이루어진 발굴들에서 요하난 아하로니(Yohanan Aharoni)는 제8 동굴에서 필사자 B의 좀 더 작은 단편들뿐 아니라 필사자 A의 작은 단편들도 발견하였다. 따라서 전체 문서 두루마리의 출처가 그곳임이 분명해졌다. 이 외에 화폐 발굴품은 그 필사본이 바르 코흐

29) 참조, A. Rahlfs, Verzeichnis der griechischen Handschriften des Alten Testaments Bd. I,1: Die Überlieferung bis zum VIII. Jahrhundert, bearb. von D. Fraenkel, Septuaginta Vetus Testamentum Graecum. Supp. I,1, Göttingen 2004, 159.

바 항거 때에 그곳에 숨겨졌다는 추론을 하게 한다. 본문 역사에서 그리스어로 된 열두 소예언서 두루마리는 그리스어 번역을 개정에 내맡겨서 그를 통해 히브리어 원문의 단어 의미와 본문 의미에 더 가깝게 조정하려고 했던 초기의 필사본적인 증거를 제공한다는 점에서 흥미롭다. 이 두루마리의 번역 특징을 따라 이 두루마리를 카이게 개정본이라고 부른다(5.3을 보라). 그리스어 번역본에 나오는 하나님의 이름을 히브리어 자음들로 표현하는 관습도 주목할 만한 가치가 있는데, 이는 이미 **파피루스 푸아드 266**(도판 29)에서도 찾아볼 수 있다. 그에 상응해서 열두 소예언서 두루마리에서는 신명사문자가 고대 히브리어 문자로 나타나며, 그리스어 본문과 동시에 왼쪽에서 오른쪽으로 기록되었을 가능성이 높다. 또한 필사자 A는 그가 닫힌 단락과 열린 단락에서의 히브리어 배열 체계에 능통했음을 알아볼 수 있게 해 준다. 절의 시작에서 첫 글자는 매번 크게 쓴다.

3.4 본문 역사의 초기 단계 개관

오늘날에도 일반적으로 쿰란의 발굴이 **원래** 성서 본문의 정확한 전승을 입증했다고 서술하곤 한다. 이렇게 일반화한 평가는 적절하지 않은데, 그 이유는 두 가지가 있다. 한편으로는 **원래** 성서 본문은 확인되지 않았고, 오히려 마소라 본문 전통과 그를 통한 본문 전승의 핵심적 흐름만이 확인되었기 때문이다. 다른 한편으로는 이것이 쿰란의 성서 필사본들의 겨우 절반 정도에만 해당되기 때문이다. 그 밖의 다른 필사본들은 마소라 본문에서 확실히 벗어나는 독법들을 증거한다. 그리고 또 다른 필사본들은 지금까지는 알려지지 않았던 독법들을 제공한다. 따라서 쿰란 발굴의 의미는 일차적으로 마소라 본문의 고대성을 입증하는 데 있는 것이 아니라, 구약성서의 본문 역사의 재구성에 이바지한 데 있다. 물론 쿰란 본문의 학술적인 편집본 출간이 지연됨으로써 전체적으로 새로운 그림은 점진적으로만 형성될 수 있었다. 그렇지만 이것은 본문 연구에서 질적인 도약을 의미한다. 왜냐하면, 사해에서 문서 두루마리들이 발견되기 전에는 본문 전승에는 사실상 마소라 본문(MT 혹은 M), 사마리아 오경 본문(Smr) 그리고 칠십인역의 그리스어 본문(LXX 혹은 G, 여전히 히브리어 대본이 없음!)이라는 세 개의 핵심 흐름들만 알려져 있었기 때문이다. 히브리어 성서 본문에 있어서는 마소라 본문이 표준적인 주요 본문 증거였고, 또한 계속해서 그러한 역할을 하고 있다. 하지만 쿰란의 발굴은 마소라 본문이 이미 통일된 본문 전통이라는 사실을 밝혀 주었다. 특별히 제2 성전이 파괴된 이후에 전승자들은 정서법의 차이점들과 본문의 내용적인 이형들을 줄이기를 열망했다. 이에 대한 증거로 무라바아트에서 발견된 열두 소예언서 두루마리(MurXII)

가 제시될 수 있는데, 이 두루마리는 기원후 2세기에 생겨난 것으로 마소라 본문의 본문을 거의 완전하게 재현하고 있다(도판 16). 이에 반해 역시 마소라 본문을 증거하는 일련의 쿰란 성서 필사본들은 상대적으로 많은 차이점들을 보여 주지만, 그러한 차이점들은 보통 서로 다른 기록 방식과 — 내용적인 차이점에 있어서는 — 개별적인 단어들이나 문구들에 국한된다. 그 성서 필사본들은 마소라 본문의 전 단계 본문으로 이해될 수 있으며, 그 때문에 **원 마소라 본문**(protomasoretische Texte)[30] 이라고 불린다. 이미 이러한 몇 가지 관찰들은 '마소라 이전의'(vor-masoretische) 본문 역사를 엿보는 길을 열어놓았고, 지금까지의 모습이 더욱 차별화되고 수정되어야만 한다고 판단하도록 만든다. 이것은 특별히 칠십인역의 의미에 적용된다. 왜냐하면, 지금까지는 〈여호수아〉, 〈사무엘〉, 〈열왕기〉, 〈예레미야〉 그리고 〈에스겔〉에서 부분적으로 나타나는, 마소라 본문과 상당히 다른 그리스어 전승이 그것들의 번역자들의 탓으로 전가되어야 하는지, 아니면 이것들이 더 오래된 본문 전통들을 따르고 있는지의 여부가 결정될 수 없었기 때문이다. 이 질문에서도 쿰란의 발굴은 더 많은 설명을 가져다주었다. 왜냐하면, 〈사무엘〉과 〈예레미야〉의 필사본들인 4QSam^{a}와 4QJer^{b}는 칠십인역과 눈에 띄게 많은 본문의 일치를 증거하며, 따라서 4QSam^{a}와 4QJer^{b}를 매우 유보적으로 **히브리어 대본**이라고 부를 수 있기 때문이다.[31] 동시에 그것들은 번역자들이 작업할 때에 실제로 마소라 전통이 아닌 히브리어 본문을 사용했을 것이라는 추측을 입증해 준다. 애석하게도 칠십인역에 가까운 그러한 본문들은 쿰란에서는 매우 적은 수만 발견되었고(성서 필사본들의 약 5%), 이 때문에 이러한 번역 대본들과 칠십인역 사이의 관계는 매우 제한적으로만 조사될 수 있다. 그런데도 이로부터 본문의 역사와 관련하여 중요한 두 가지 결과

30) 이 책에서는 일관되게 원 마소라 본문들이라고 부른다. 그런데 때때로 **원(proto-)**과 **전(prä-)**이라는 접두어가 혼란스럽게 혼용된다. 그러나 이 두 접두어는 엄격하게 구분되어야 한다. 이 책에서 '원'(proto-)이라는 그리스어 접두어는 보다 이전의 본문 형태를 언급할 때 사용된다. 이 경우 보다 후대의 본문 형태와 비교하여 **내용적으로(sachlich)** 더 오래된 것임이 입증될 수 있고 서술될 수 있는 관계에 놓여 있다('전 단계'[Vorstufe]라는 의미에서). 이에 반해 '전'(prä-)이라는 접두어는 순전히 **시간적으로(zeitlcih)** 앞에 존재했음을 표시한다. 더 이전의 본문 형태와 더 이후의 본문 형태 사이의 관계에 대해서는 자세한 진술을 하지 않는다('선구사'[Vorläufer]라는 의미에서).

31) 참조, L. J. Greenspoon, The Dead Sea Scrolls and the Greek Bible, in: P. W. Flint / J. C. VanderKam (ed.), The Dead Sea Scrolls After Fifty Years. A Comprehensive Assessment, Vol. I, Leiden / Boston / Köln 1999, 102: "이것은 우리가 이떤 두루마리 **진체를(in toto)** 주어진 책이나 자료 묶음의 히브리어 **대본(기초를 이루는 본문)**과 동일시할 수 있다고 말하는 것은 아니다. 그럼에도 이러한 히브리어 필사본들의 발견은 그리스어 번역자들의 편에서의 본문에 대한 '조작'(manipulation)에 관한 많은 손쉬운 가정들을 잠재운다."

가 나타난다. 한편으로 칠십인역은 발견된 히브리어 본문 대본들을 통해 추가로 본문 증거로서의 신뢰성을 얻게 된다. 다른 한편으로 본문 전승의 이러한 초기 단계에서 성서 본문의 최종 편집과 필사본의 제작이 시간상으로 겹쳐 있는 일종의 중간 단계가 가정되어야만 한다는 사실이 드러나는 것으로 보인다(구성적-전달-단계 [compositional-transmissional-stage]).[32] 이에 따라, 본문이 한 특정한 시점에 완성되었고 그 이후에는 단지 전승되었다는 성서의 전승 지점(Übergabe-Punkt)에 대해, 더는 말하지 않는다. 이제는 전승 영역(Übergabe-Bereich)에 대해 말한다. 전승 영역에서는 생산적인 본문 성장의 단계가 점진적으로 멈추게 되는 반면에, 문서 전승의 단계는 이미 시작되었고 다수의 본문 판본들(본문의 다양성)을 동반한다. 어쨌든 **독자적 본문**(성서 필사본들의 약 40%)이라는 명칭이 붙은, 쿰란에서 발견된 필사본들의 또 다른 그룹은 이러한 방향을 암시한다. 왜냐하면, 독자적 본문은 인식할 수 있는 이유 없이 마소라 본문, 칠십인역, 또는 사마리아 오경이 증거하는 독법들 사이에서 이리저리 변화하고, 부분적으로는 두드러지게 다르며, 또한 지금까지 알려지지 않은 독법들을 제공하기 때문이다. 물론 개별 경우에는 본문의 차이점들이 자유롭게 만들어 낸 이형인지, 아니면 위에서 언급한 전승 영역에서 본문 구성에서 비롯한 더 오래된 독법들인지를 결정하는 것은 어렵다. 이러한 많은 본문들이 이른바 **통속본문(Vulgärtexte)**이라는 사실도 어려움을 더한다. 그러한 본문들은 '비공식적' 본문들로 이해하는데, 그러한 본문들은 매우 널리 보급되어 있었고, 필사자들에게 본문 안에 많은 변경과 개선을 집어넣는 것이 허용되었다. 대부분의 이형들이 이러한 특성으로 설명될 수 있지만, 통속본문들도 경우에 따라서는 원래의 독법들을 보존했다는 것도 자명한 일이다. 이러한 배경에 비추어서 본문 전승의 이러한 초기에 존재하던 여러 본문 판본들을 항상 하나로 규정되는 원본문으로 소급시키는 것은 현재의 시점에서는(혹은 전혀?) 불가능하다(7.1을 보라).

3.5 초기 성서 필사본 분류

많은 문제들을 해결해야 하지만, 본문비평의 실제 적용은 쿰란의 성서 필사본들을 분류하고 본문 증거들로서 특성을 부여하는 기준을 필요로 한다. 그에 따라서 고대 본문의 역사에 비추어 각각의 특정한 본문 전통을 나타내는 네 개의 그룹들을 기술할 수 있다. 엠마누엘 토브(Emanuel Tov)는 또 하나의 그룹, 곧 위에서 언급한 필사본들을 거론하는데, 이것들은 쿰란 필사 체계로 요약된다. 그렇지만

32) 참조, Tov, Text, 155; H.-J. Fabry, Der Text und seine Geschichte, in: E. Zenger / u. a., Einleitung in das Alte Testament, KStTh 1,1, 7. Aufl. Stuttgart 2008, 52.

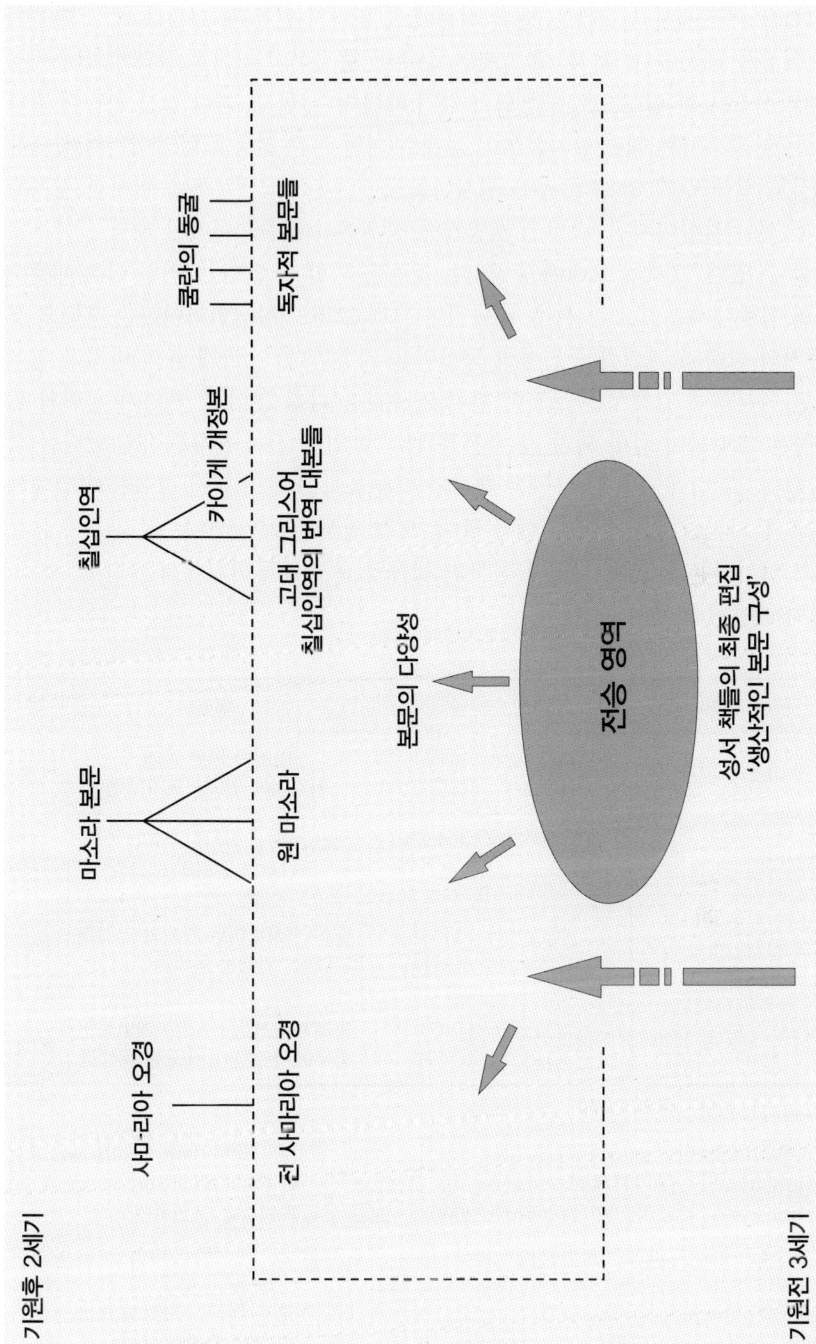

자료 8: 마소라 본문 이전의 본문 역사에 대한 개요(알렉산더 A. 피셔[Alexander A. Fischer])

이 그룹은 여기에서 서술하는 분류 기준에 수용되지 않는데, 그것은 사실 다음과 같은 이유들 때문이다. 첫째, 이 그룹은 순수한 형식적인 기준을 통해서 이루어졌고, 따라서 고유한 방식으로 구성되어 있기 때문이다. 둘째, 쿰란 필사 관습에 속하는 것은 아직까지는 해당 필사본들이 실제로 어떤 본문 전통을 나타내는지에 대해 아무것도 말해 주지 않는다. 많은 필사본들이 원 마소라 대본들을 필사한 것처럼 보이는 것이 사실이지만, 이것은 개별적인 경우에서 검증되어야만 해당 그룹으로 분류할 수 있다. 그러나 그때에 중첩되는 것들은 피할 수 없다. 이러한 이유 때문에 아래의 범주에서는 마소라 본문, 사마리아 오경 그리고 칠십인역이라는 후대의 본문 증거의 그룹과 관련한 근접성의 등급만을 지향한다.[33] (아래 표의 마지막 열에 제시된 백분율에 관해서는 그것이 단지 기준값을 다룰 뿐이고, 게다가 일련의 필사본들은 그것들이 얼마 되지 않는 본문 범위로 인해 전혀 분류되지 않았다는 점을 밝힌다. 그 밖에 주목할 사항은 제시된 백분율이 정경의 문서 그룹들과 관련해서 다르게 나타난다는 점이다. 예를 들어, 오경 필사본들의 52%는 원 마소라 본문 전통과 일치하는 반면에, 나머지 성서의 책들의 문서 두루마리에서는 단지 44%만이 일치하는 면을 보여 준다).[34]

본문 전통	주요 증거들	특징	몫
원 마소라 본문	1QJes^{b}(= 1Q8) 4QJer^{c}(= 4Q72)	마소라 본문 증거, 철자법에 있어서의 이형들	50%
전 사마리아 오경 본문	4QpalaeoEx^{m}(= 4Q22) 4QEx – Lev^{f}(= 4Q17)	단순화, 조화시킴, 사마리아 오경과의 일치되는 것들	5%
마소라 본문과 다른 전통의 칠십인역의 번역 대본	4QJer^{b}(= 4Q71) 4QSam^{a}(= 4Q51)	칠십인역의 본문 증거와 그것과 가까운 독법들	5%
자유로운 독자적 본문	4QJos^{a}(= 4Q47) 4QJdc^{a}(= 4Q49)	알려지지 않은 그리고 개별적인 경우에서 설명이 필요한 독법들	40%

33) E. Tov, Die biblischen Handschriften aus der Wüste Juda – Eine neue Synthese, in: U. Dahmen / A. Lange / H. Lichtenberger, Die Textfunde vom Toten Meer und der Text der Hebräischen Bibel, Neukirchen-Vluyn 2000, 1 – 34의 상세한 진술을 참조하라.

34) 이에 대해서는 E. Tov, The Biblical Texts from the Judaean Desert – an Overview and Analysis of the Published Texts, in: ders. / E. D. Herbert (ed.), The Bible as Book. The Hebrew Bible and the Judaean Desert Discoveries, London 2002, 153 (= ders., Hebrew Bible, Greek Bible, and Qumran. Collected Essays, TSAJ 121, Tübingen 2008, 145)을 참조하라.

3.5.1 원 마소라 본문(= 원 랍비 본문)

원 마소라 본문 전통을 대표하는 본보기로는 1QJes^{b}(도판 12)와 4QJer^{c}(= 4Q72)를 들 수 있다. 흥미롭게도 고대 히브리어 문자로 된 모든 필사본도 이 그룹에 속한다(4QpalaeoEx^{m} = 4Q22는 제외). 또한 쿰란의 필사 체계에 따라 만들어진 성서 본문들 가운데 몇몇도 여기에 속한다. 쿰란 밖에서는 기원후 66-74년으로 연대를 추정하는 헤롯의 요새 마사다에서 나온 일련의 성서 필사본들도 특별히 이 그룹에 속하는 것으로 여겨진다. 아마도 원 마소라 본문 전통은 성전의 당국자들에 의해서 훼손되지 않고 온전하게 보존되었고, 바리새인들과 사두개인들에 의해 계승되었다. 이 본문의 특징은 몇몇 아주 사소하며, 대부분 정서법과 관련된 차이점들에도 불구하고 마소라 본문과 매우 일치한다는 것이다. 본문비평에서 그 의미는 그리 높게 평가될 수 없는데, 이는 해당 필사본들이 일반적으로 다른 데서도 잘 입증되는 마소라 본문을 확인시켜 주고 있기 때문이다.

3.5.2 전 사마리아 오경 본문(= 조화 본문들)

이 그룹에 속하는 것으로는 예를 들어, 4QpalaeoEx^{m}(= 4Q22), 4QEx – Lev^{f}(= 4Q17)와 4QNum^{h}(= 4Q27)가 꼽힌다. 전 사마리아 오경 본문의 특징은 그것이 실제로 사마리아 오경의 이형들을 확인시켜 주고 있지만, 사마리아 공동체가 유대교로부터 분리한 것으로 설명되는 전형적인 사마리아 오경의 독법들을 전혀 가지고 있지 않다는 데 있다. 이 본문을 알아보게 해주는 특징은 언어적인 단순화 경향과 조화시키는 경향 및 사마리아 오경에서도 발견되는 조정하는 추가 본문이다. 이 밖에도 개별 본문들은 지금까지 알려지지 않은 독법들을 제공한다. 본문비평적으로 중요한 것은 무엇보다도 전 사마리아 오경 본문 전통이 마소라 본문과 달리 칠십인역에는 합치되는 경우들이다.

3.5.3 마소라 본문과 다른 전통의 칠십인역 번역 대본

여기에 속하는 것은 특별히 〈예레미야〉 두루마리들인 4QJer^{b}(= 4Q71)와 4QJer^{d}(= 4Q71a)와 더 나아가 4QLev^{d}(= 4Q26), 4QEx^{b}(= 4Q13) 그리고 4QDtn^{q}(= 4Q44)이다. 분량이 큰 〈사무엘〉 두루마리인 4QSam^{a}(= 4Q51)는 제한적으로 추가될 수 있다. 왜냐하면, 〈사무엘〉 두루마리가 칠십인역과 루키안 개정본과 명확하게 일치되는 것을 보여 주는 것이 사실이기는 하지만, 동시에 일련의 결정적인 차이를 보이는 독법들도 제공하기 때문이다. 여기에서 제시된 그룹의 필사본들은, 그리스어로 번역한 사람들이 히브리어 대본들로 사용하던 성서 책들의 복사본들이 속했던 본문 전통을 함께 입증한다. 따라서 그것들의 본문비평적인 의미는 한편으로는 칠십인역 독법들의 고대성을 확증하는 데 있고, 다른 한편으로는 각각의 경우에 따라 칠십인역의 실제 번역 대본을 재구성할 수 있는 가능성에 있다. 물론 우리는 칠십인역의 번역 대본들이 교정본이 아니라 개별적인 필사본들(개별적 복사본들)이라는 사실을 고려해야만 한다. 이 때문에 이 그룹에 속하는 것으로 여겨지는 필사본들이 칠십인역과 유사한 면들을 넘어서 또 다른 공통적인 특징들도 가지고 있는지의 문제는 해답이 주어지지 않은 채로 남아 있다.

3.5.4 자유로운 독자적 본문

여기에 속하는 것들로는 4QJos[a](= 4Q47), 4QJdc[a](= 4Q49)와 5QDtn(= 5Q1) 그리고 4QEx[d](= 4Q15)나 4QCant[a](= 4Q106)와 같은 '제의적'인 또는 '발췌된' 본문들을 예로 들 수 있다. 어떤 면에서는 앞에서 서술했던 세 본문 전통들 가운데 하나에 명확하게 분류될 수 없는 모든 본문들도 여기에 속한다. 물론 이것은 필사본들의 필사자들이 문서의 대본을 자유롭게 다루었다는 점에서만 그러한 필사본들의 그룹과 관련해서 본문 전승의 '전통'에 대해 말할 수 있다는 것을 의미한다. 그러한 필사본들의 특징은, 한편으로는 마소라 본문과 사마리아 오경, 그리고/또는 칠십인역과 일치하는 독법들을 번갈아 가며 증거하는 것이고, 다른 한편으로는 독자적이고 알려지지 않았던 수많은 독법들이다. 마지막에 언급한 특징은 이 그룹을 본문비평에서 특별히 중요하게 만드는데, 그것은 다음과 같은 두 가지 측면에서 그러하다. 첫째, 이 본문들 안에는 실제로 더 오래되거나 원래의 독법들도 보존되어 있을 수 있다. 둘째, 이 본문들은 성서 책들의 상이한 본문 판본들의 다양성을 입증하며, 이를 통해 적어도 마소라 본문 이전의 본문 역사와 또한 본문 발전의 초기 단계(!)와 관련해서 문서 전승의 삼중의 흐름이라는 가설(마소라 본문, 사마리아 오경, 칠십인역)을 반박한다. 따라서 자유롭고, 독자적인 본문들을 쿰란의 동굴들에 보관한 것은 당연히 그것들의 본문 전통이 중단됨을 의미했다. 그것들은 본문이 더 발전하는 데 있어서 더는 아무런 영향을 줄 수 없었다.

3.6 학술적인 본문 편집본들

쿰란 본문들을 공식적으로 출판하는 기관은 *Discoveries in the Judaean Desert* (DJD)이다. 학술 편집본이 중단된 이후에, 1990년 이후부터는 다시금 단행본들을 모은 전체 전집이 등장하여 2010년에 완성되었다. 전집 가운데 더 오래된 단행본들은 현재 이미 개정된 상태이다. 게다가 DJD XXXIX (E. Tov [ed.], The Text from the Judaean Desert: Indices and an Introduction to the Discoveries in the Judaean Desert Series, Oxford 2002)로 색인집이 나왔다. 개별적인 단행본들은 원어 본문과 더불어 영어 및 프랑스어 번역본이 병행되고, 편집된 필사본들과 단편들의 사진도 제공한다. 성서 본문과 관련해서는 특별히 다음과 같은 단행본들이 중요하다.

- I D. Barthélemy / J. T. Milik, Qumran Cave 1, Oxford 1955. [1QJes[a]가 없다]
- IV J. A. Sanders, The Psalms Scroll of Qumran Cave 11 (11QPs[a]), Oxford 1965.
- VIII E. Tov, The Greek Minor Prophets Scroll from Nahal Hever (8HevXIIgr), Oxford 1990; 개정 재출간 1995.
- IX P. W. Skehan / E. Ulrich / J. E. Sanderson, Qumran Cave 4.IV: Palaeo-Hebrew and Greek Biblical Manuscripts, Oxford 1992. [4Q11, 4Q22, 4Q45–46, 4Q101, 4Q119–122]
- XII E. Ulrich / F. M. Cross / et al., Qumran Cave 4.VII: Genesis to Numbers, Oxford 1994; 재출간 1999.
- XIV E. Ulrich / F. M. Cross /et al., Qumran Cave 4.IX: Deuteronomy, Joshua, Judges, Kings, Oxford 1995; 재출간 1999.
- XV E. Ulrich / et al., Qumran Cave 4.X: The Prophets, Oxford 1997.
- XVI E. Ulrich / et al., Qumran Cave 4.XI: Psalms to Chronicles, Oxford 2000.
- XVII F. M. Cross / et al., Qumran Cave 4.XII: 1–2 Samuel, Oxford 2005.
- XXIII F. García Martínez / et al., Qumran Cave 11.II: (11Q2–18, 11Q20–31), Oxford 1998.
- XXXII P. W. Flint / E. Ulrich, Qumran Cave 1.II: The Isaiah Scrolls, Oxford (2010).

반드시 필요한 보조 자료는 유대교 학자인 요한 마이어(Johann Maier)가 출간한 전체 쿰란 본문들의 독일어 번역이다. 영어권에서는 F. 가르시아 마르티네스(F. García Martínez)와 E. J. C. 티첼라르(E. J. C. Tigchelaar)의 연구용 편집본을 언급할 수 있는데, 이것은 쿰란 본문들을 모음 없이 음역한 것과 더불어 그에 대한 영어 번역을 제공한다. 페샤림 본문들에 대해서는 에두아르트 로제(Eduard Lohse)가 모음을 붙인 본문들을 담고 있는 히브리어-독일어 편집본이 흔히 사용되는데, 아네테 슈토이델(Annette Steudel)은 이 편집본의 속편 작업을 진행했다.

J. Maier, Die Qumran-Essener. Die Texte vom Toten Meer, Bd. I: Die Texte der Höhlen 1–3 und 5–11, München / Basel 1995 (UTB 1862); Bd. II: Die Texte der Höhle 4, München / Basel 1995 (UTB 1863); Bd. III: Einführung, Zeitrechnung, Register und Bibliographie, München / Basel 1996 (UTB 1916).

F. García Martínez / E. J. C. Tigchelaar, The Dead Sea Scroll Study Edition, Vol. 1: 1Q1–4Q273, Leiden 1997; Vol. 2: 4Q274–11Q31, Leiden 1998 (Paperback, Leiden 2000).

E. Lohse (Hg.), Die Texte aus Qumran [I]. Hebräisch und Deutsch, 4. Aufl. Darmstadt 1986.

A. Steudel (Hg.), Die Texte aus Qumran II. Hebräisch/Aramäisch und Deutsch, Darmstadt 2001.

사해의 필사본들의 모든 사진들은 그동안에 마이크로필름으로도 이용할 수 있게 되었다. CD-ROM으로는 지금까지는 성서 이외의 쿰란 본문들에 대해서만 접근이 가능한 상태이며, 이와 더불어 성서와 성서 이외의 쿰란 본문들은 인쇄된 성구사전을 통해 이용이 가능하다:

E. Tov (ed.), The Dead Sea Scrolls on Microfiche, Leiden 1993; Companion Volume to the Dead Sea Scrolls on Microfiche Edition, second revised edition, Leiden 1995.

E. Tov (ed.), The Dead Sea Scrolls Electronic Library. Incorporating The Dead Sea Scrolls Reader, Leiden 2006 (CD-ROM).

M. G. Abegg / J. E. Bowley / E. M. Cook (ed.), The Dead Sea Scrolls Concordance, Vol. I: The Non-Biblical Texts from Qumran, Leiden / Boston 2003; Vol. II: The Non-Qumran Documents and Texts, 2015; Vol. 3 (2 vols): The Biblical Texts from the Judaean Desert (2009).

장래에는 인터넷으로 쿰란의 필사본들을 들여다보고 그것들에 대한 연구를 가능하게 하는 더욱더 많은 가능성들이 주어질 것이다. 신뢰할 만한 공급자들 가운데서 한 예로 예루살렘에 있는 이스라엘 박물관의 인터넷 서비스를 언급할 수 있을 것이다. 그곳에서 **조이 고테스만 운게를라이더를 기념하는 도로트 재단의 사해 두루마리 정보와 연구 센터(The Dorot Foundation Dead Sea Scrolls Information and Study Center in memory of Joy Gottesman Ungerleider)**가 〈이사야〉 두루마리(1QJes[a])와 성전 두루마리(Tempelrolle, 11QT)를 검색할 수 있는 기회를 제공한다. 이외에도 확대 기능은 읽을 대상을 정확하게 점검할 수 있게 한다.

http://www.imj.org.il/shrine_center/Isaiah_Scrolling/index.html
http://www.imj.org.il/shrine_center/Temple_Scrolling/index.html

그리고 다음 누리집에서는 쿰란에서 발견된 모든 문서 두루마리와 그 단편의 사진본을 손쉽게 찾아볼 수 있다.

https://www.deadseascrolls.org.il/home

3.7 참고 문헌

참고 도서 목록

R. A. Clements / N. Sharon, The Orion Center Bibliography of the Dead Sea Scrolls and Associated Literature (2000–2006), STDJ 71, Leiden 2007. http://orion.huji.ac.il

키르벳 쿰란

M. Th. Davis / B. A. Strawn (ed.), Qumran Studies: New Approaches, New Questions, Grand Rapids, Michigan 2007.

K. Galor / J.-B. Humbert / J. Zangenberg, Qumran. The Site of the Dead Sea Scrolls. Archaeological Interpretations and Debates, STDJ 57, Leiden / Boston 2006.

Y. Hirschfeld, Qumran – die ganze Wahrheit. Die Funde der Archäologie – neu bewertet, deutsche Bearbeitung von J. Zangenberg, Gütersloh 2006 (englisch: Qumran in Context. Reassessing the Archaelogical Evidence, Peabody 2004).

M. Küchler / K. M. Schmidt (Hg.), Texte – Fakten – Artefakte, NTOA 59, Freiburg, Schweiz / Göttingen 2006.

H. Stegemann, Die Essener, Qumran, Johannes der Täufer und Jesus, Freiburg / Basel / Wien 1993, 10. Aufl. 2007 (englisch: The Library of Qumran. On the Essenes, Qumran, John the Baptist, and Jesus, Grand Rapids, Michigan 1998).

J. C. VanderKam, Einführung in die Qumranforschung. Geschichte und Bedeutung der Schriften vom Toten Meer, Göttingen 1998 (englisch: The Dead Sea Scrolls Today, Grand Rapids, Michigan 1994).

사해 문서 두루마리들

U. Dahmen / A. Lange / H. Lichtenberger, Die Textfunde vom Toten Meer und der Text der Hebräischen Bibel, Neukirchen-Vluyn 2000.

Ph. R. Davies / G. J. Brooke / Ph. R. Callaway, Qumran – Die Schriftrollen vom Toten Meer, Stuttgart 2002 [개론적이고 수많은 사진이 제공된 기록집].

P. W. Flint / J. C. VanderKam (ed.), The Dead Sea Scrolls After Fifty Years. A Comprehensive Assessment, Vol. I–II, Leiden / Boston / Köln 1998–1999.

J. Frey / M. Becker (Hg.), Qumran und der biblische Kanon, BThSt 92, Neukirchen-Vluyn 2008.

S. Talmon, Die Schriftrollen von Qumran. Zur aufregenden Geschichte ihrer Erforschung und Deutung, Regensburg 1998.

E. Tov / E. D. Herbert (ed.), The Bible as Book. The Hebrew Bible and the Judaean Desert Discoveries, London 2002.

E. Tov, Hebrew Bible, Greek Bible, and Qumran. Collected Essays, TSAJ 121, Tübingen 2008 [1990-2008년에 간행된 출판물 가운데 중요한 최신 출판물을 모아 놓은 논문집].

D. L. Washburn, A Catalog of Biblical Passages in the Dead Sea Scrolls, SBL.TCS 2, Atlanta 2002.

4. 사마리아 본문

〈요한복음〉은 야곱의 우물 곁에서 이루어진 예수와 한 사마리아 여성의 대화를 그려 준다. 그 대화에서 유대인과 사마리아인 사이에 논쟁이 되던 문제, 곧 하나님께 예배드리는 적합한 장소가 예루살렘인지, 아니면 **그리심산**인지의 문제가 다루어진다. 이때에 그 사마리아 여인은 이 산에서 하나님께 예배하기를 시작했다는 이스라엘 조상들의 전통을 언급한다(부정과거형에 대한 기동[起動, ingressive]적인 이해를 담고 있는 요 4:20). 그 전통은 결코 과거가 아니라 그녀가 살고 있는 현재까지 지속되는, 그리심산에서 하나님께 예배드리는 관습을 의미한다. 이를 통해 사마리아 사람들의 첫 번째 특징으로 나타나는 것은 그들이 여호와께서 선택하신 거룩한 장소가 예루살렘이 아니라 그리심산이라고 간주한다는 사실이다. 두 번째 특징으로는 사마리아 사람들이 예언서와 성문서가 아니라 오경만을 그들의 거룩한 책이자 기초 문서(Gründungsdokument)로 인정하고 있다는 점을 들 수 있다.[1] 이 때문에 사마리아 본문은 오직 토라만을 전승한다.[2] 그것들은 특별한 형태의 고대 히브리어 문자로 저작되었다. 이른바 사마리아 오경이 17세기에 유럽에 알려지게 되었을 때, 사람들은 그것이 고대 문자로 기록되어 있기 때문에, 마소라 본문보다 더 오래된 본문 단계에 속하는 것으로 믿었다. 그렇지만 사마리아 문자 형태는 실제로 하스모니안 시대에 속하는 것임이 밝혀졌다(기원전 2세기).[3] 이 때문에 사람들은 고대 히브리어 문자의 사용과 무엇보다도 자신들이 그들의 토라의 전승을 통해 고대적인 이스라엘의 본문 전통을 보존해 왔다는 사마리아 공동체의 주장을 결합시킨다. 우리가 그들의 이러한 주장을 조사하기 전에, 사마리아 사람들의 기원과 역사에 관한 간략한 정보가 제시될 것이다.

4.1 사마리아 사람들의 역사에 관하여

오늘날 세계에서 인종에서나 종교에서나 가장 소수인 사마리아 공동체는 오늘

1) 랍비 유대교에서 정경적인 지위를 얻게 되었던 유대교의 구전 토라도 사마리아 사람들에게는 인정을 받지 못한다. 그 대신에 그들은 고유한 사마리아 할라카(율법에 대한 해석)를 가지고 있다.

2) 사마리아 사람들이 성서 역사에 덧붙여서 〈여호수아〉의 독특한 본문 판본과 '역대기 II'(Chronik II)라는 명칭을 가진, 성서 역사에 관한 또 다른 작품도 가지고 있었다는 사실이 때때로 지적된다. 예를 들어, H.-J. Fabry, Der Text und seine Geschichte, in: E. Zenger / u. a., Einleitung in das Alte Testament, KStTh 1,1, 7. Aufl. Stuttgart 2008, 49를 참조하라. 이것은 옳은 지적이다. 하지만 그 두 작품들은 19/20세기에 나온 필사본들에서만 존재하기 때문에, 그것이 근대에 편집된 책들이 아닌가 하는 질문이 제기된다.

3) 참조, E. Tov, Der Text der Hebräischen Bibel. Handbuch der Textkritik, Stuttgart / Berlin / Köln 1997, 67.

날에도 여전히 이스라엘에 존재하며, 그 구성원은 약 550명으로 산정된다. 그들 가운데 대부분은 성서의 세겜에서 그리 멀지 않은 곳에 있는 **나블루스**(로마의 네아폴리스의 아랍어 이름)에 거주하며, 아주 일부는 텔아비브 남쪽에 있는 홀론의 사마리아인 구역에 거주한다.[4] '사마리아인'이라는 명칭은 스스로 자신을 부르는 말이다. 그것은 옛 북왕국의 수도였던 '사마리아'에서 비롯한 것이 아니라, '지키다, 보존하다'(아람어, schamrajin[샤므라이인] '지키는 사람')라는 단어와 결부되어 있으며, '하나님의 토라를 보존하는 사람'이라는 의미로 이해된다. 사마리아 사람들은 스스로 이스라엘의 열 지파의 참된 후손으로 여기고, 자신들의 기원을 옛 북왕국 주민들로 소급시킨다.

역사

물론 신명기 역사가의 서술은 북왕국과 그 주민들의 역사가 기원전 722년에 아시리아 사람들에게 정복됨으로써 끝난 것으로 만든다(왕하 17:6). 그 이후 전체 이스라엘 사람들이 포로로 잡혀갔고, 그 자리에 메소포타미아 지역에서 온 이방 민족들이 이주하여 정착하게 된다. 이러한 서술의 이데올로기적이고 적의에 찬 상황 자체를 부인할 수는 없다. 왜냐하면, 이러한 급진적인 주민 교체를 통해서 아시리아의 속주인 사마리나(Samarina)의 장래 주민들이 혼합 종교적인 이교도-식민주의자들로 보이게 되었기 때문이다. 그렇지만 이러한 시각은 옛 이스라엘 지역에서의 여호와 숭배뿐 아니라 기원전 7세기까지 계속된 벧엘 등의 제의 장소들이 존속했던 것도 설명하지 못한다. 분명히 신명기 역사가들은 여호와 제의를 계속했던, 포로로 잡혀가지 않은 북쪽 이스라엘 사람들의 역사적 실존에 대해 침묵한다.

이어지는 페르시아 시대(기원전 538-332년)에 사마리아 속주의 주민들은 북왕국 이스라엘의 후손들과 그 사이에 동화된 이방 민족들로 이루어진 반면에, 남쪽에 남아 있던 유다 사람들은 바벨론에서 돌아온 사람들과 함께 더 작고 더 가난한 예후다 속주의 주민을 이루었다. 이것은 사마리아의 상류층이 처음에는 모든 제의와 예배 문제들에서 제의 중심지인 예루살렘과 예루살렘의 대제사장들의 권위를 인정했었다는 것에서 출발한다(사 56:3-7).[5] 따라서 기원전 5세기 무렵에 그리심

4) 참조, S. Talmon, Die Samaritaner in Vergangenheit und Gegenwart, in: F. Dexinger / R. Pummer (Hg.), Die Samaritaner, WdF 604, Darmstadt 1992, 379 – 392.

5) 이에 대해서는 H. Thyen, Genese und Geschichte des Heiligtums auf dem Garizim, sowie des jüdisch-samaritanischen Schismas, in: ders., Studien zum Corpus Iohanneum, WUNT 214, Tübingen 2007, 488을 참조하라.

산 위에서 이루어진 고유한 여호와 공동체의 구성은 사마리아 공동체의 **결합적 정체성(corporate identity)** 형성이 아니라, 오히려 예루살렘으로 귀환한 사람들이 성공적으로 행했던 엄격한 분리 정책과 반(反) 혼합 정책의 피할 수 없는 결과로 간주되어야 한다. 후대에 그리심산 위에 헬레니즘 도시가 건립된 것은 알렉산드로스 대왕이 사마리아를 파괴한 것(기원전 320년), 그리고 그와 결부된 사마리아 상류층의 도피와 관련되어 있을 개연성이 매우 높다. 우리가 이미 이 시점에서 사마리아 사람들이 예루살렘으로부터 분리되고 유대인들에게서 정치적-제의적으로 분열되었다고 말할 수 있다는 것을 차치하더라도, 어쨌든 그리심산은 그 이후로 사마리아 공동체의 종교적, 정치적 그리고 경제적 중심지로 발전해 나아갔다.

분열

유대인과 사마리아인의 분열은 두 집단의 여호와 숭배자의 결정적인 분리를 의미한다.[6] 학계에서는 그동안 이 분열이 그리심산에 고유한 성전을 건립한 것과 아무런 관련이 없고, 오히려 요한네스 히르카누스 1세(기원전 143-104년)가 이 성소[7]와 세겜 도시를 파괴한 것(기원전 110년)과 관련이 있다는 광범위한 의견의 일치가 존재했다. 그의 폭압적인 유대화 정책은 제의 공동체의 최종적 단절을 뜻했다. 그 이후로 사마리아 사람들은 그리심산만을 유일한 (유월절을 위한) 합법적인 희생 제사의 장소로 여기고, 아론의 아들 엘르아살까지 소급시켰던(참조, 대상 5:29-36[6:3-10]) 그들 자신의 사독 계열 제사장들을 합법적인 제사장들로 간주했다. 이러한 분열은 오랜 기간 동안 점증된 갈등으로 특징 지워진 공존의 최종점이다.[8]

그리심산

나블루스의 협곡은 북쪽으로는 에발산(938m) 그리고 남쪽으로는 그리심산

6) 교회사 서술에서 차용된 이 용어는 분열(Schisma)이 항상 정통이라고 규정되는 핵심 그룹으로부터 특수 그룹이 떨어져 나오는 것을 묘사한다는 점에서 문제점을 안고 있다. 참조, Thyen, Studien, 484.

7) 요세푸스의 〈Antiquitates〉, XIII,254-258을 통해 그 파괴의 연대는 관습적으로 기원전 128년으로 추정된다. 하지만 주화 유물들(Münzfunde)이 보여 주는 증거에 따르면, 그리심산 위에 있던 그 성소는 기원전 111년 이전에는 파괴되지 않았다. 따라서 세겜의 정복과 관련되어 있다는 가설이 받아들여질 수 있다. 참조, J. Zangenberg, Berg des Segens, Berg des Streits. Heiden, Juden, Christen und Samaritaner auf dem Garizim, ThZ 63 (2007), 304-305.

8) 이에 대해서는 B. Becking, Do the Earliest Samaritan Inscriptions Already Indicate a Parting of the Ways?, in: O. Lipschits / G. N. Knoppers / R. Albertz (ed.), Judah and the Judeans in the Fourth Century B.C.E., Winona Lake, Indiana 2007, 213-222도 참조하라.

(868m)으로 둘러싸여 있다. 청동기 시대(MB IIC)에 벌써 그리심산에는 산비탈 아래쪽에 성소가 존재했다. 더 많은 발굴조사들을 통해 그리심산 측면 돌출부인 텔 에르-라스에 기원후 2세기에 로마의 제우스 신전 터가 건립되었다는 증거를 얻을 수 있었다. 오랜 기간 동안 그 신전의 하부 구조는 사마리아 사람들이 찾았던 신전의 유적과 동일시되었다. 그렇지만 이러한 추정은 그 사이에 부정되었는데, 이는 문제의 주춧돌이 로마의 제우스 신전과 같은 시기에 건립되었기 때문이다. 무엇보다 사마리아 사람들의 성소에 관한 흔적들이 더 발견되지 않았기 때문에, 그리심산 위에 사마리아 사람들의 신전이 존재했는지, 아니면 희생 제사를 드리는 제의 장소만 존재했는지에 관한 질문이 제기되기도 했다. 이 질문은 이츠하크 마겐(Yitzhak Magen)의 지도 아래에서 이루어진 가장 최근의 발굴들을 통해 결정된다. 이처럼 그리심산의 주봉우리에서는 원-에올리아식[9]의 기둥머리들을 갖추고 있는 사마리아 성전의 존재가 입증되었는데, 그 성전은 이미 기원전 5세기 중반 무렵에 건축된 것이다.[10] 여기서 페르시아 시대의 건축 설계는 세 개의 문이 있는 성전 시설을 보여 준다. 이러한 모습은 에스겔 40:10-16을 지향하고 있을 개연성이 높으며, 사마리아의 성전 건축도 예루살렘의 모범을 따라 이루어졌다는 가정을 뒷받침해 준다. 이미 언급한 것처럼 요한네스 히르카누스 1세가 파괴하기 전인 기원전 2세기 초에 이 성전 구조물은 새로 개조되었고, 확장된 성소 구역으로 개축되었다. 따라서 고고학적인 결과는 이미 기원전 5세기에, 그리고 제의 중앙화 계명에도 불구하고 대안적인 여호와 성전이 그리심산 위에 서 있었다는 것을 증명해 준다.[11]

4.2 사마리아 오경

사마리아인들은 독자적인 본문 판본으로 된 토라를 가지고 있는데, 그것은 사마리아 오경(Smr = Samaritanus)이라는 명칭으로 불린다. 사마리아 오경은 마소라 본문과 비교할 때 약 6,000개에 이르는 차이점이 있다. 물론 대부분의 차이점들은 정서법적인 특징들(특히 매우 흔한 완전 서법)과 의미에 영향을 주지 않는 다른 언어적 차이점과 관련되어 있다. 이에 반해, 마소라 본문과 차이를 보이는 사마리

9) [역자주] 소아시아 북서안의 고대 그리스 식민지.

10) Y. Magen, The Dating of the First Phase of the Samaritan Temple on Mount Gerizim in Light of the Archaeological Evidence, in: O. Lipschits / G. N. Knoppers /R. Albertz (ed.), Judah and the Judeans in the Fourth Century B.C.E., Winona Lake, Indiana 2007, 157 – 211의 상세한 서술을 참조하라.

11) 디아스포라에 관해서는 엘레판틴섬에 있던 야웨 성전과 기원전 2세기부터 하부(下部) 이집트의 레온토폴리스에 있었던 오니아스의 성전도 참조하라.

아 오경의 이형들 중 약 3분의 1이 칠십인역의 독법들과 일치한다는 사실은 중요하다. 이러한 일치점들은 확실히 우연이 아니다. 따라서 사마리아 오경과 칠십인역의 본문 증거들이 마소라 본문과 비교할 때 더 오래된 본문 전통을 보존했는지의 여부는 각 경우마다 개별적으로 검증해야 한다.

사마리아 오경의 본문 형태는 세 가지 측면에서 특징적인 모습을 보인다. 첫째, 광범위한 **조화(Harmonisierung)**의 경향을 보이는데, 사실 이것은 본문 사이의 긴장과 모순을 조정하여서 토라의 내적인 일관성을 강화하려는 목적을 가지고 있다. 이러한 관심사는 〈신명기〉의 시작 부분에서 특히 명확하게 인식될 수 있는데, 〈신명기〉의 도입 설교는 이스라엘 역사를 회고하며 보여 주고 새로운 강조점을 부여한다. 여기에서는 〈출애굽기〉와 〈민수기〉에 있는 평행 본문들에서 가져와서 조화시키며 변경한 것을 많이 찾아볼 수 있다. 부분적으로는 〈신명기〉에서 유래한 단편들이 그 앞에 나오는 평행 본문들에 삽입되기도 하는데, 이것은 삽입을 통해서 두 개의 시술들이 조화를 이루도록 하기 위함이다. 조화시키기 위해 조정된 보다 작은 것들은, 예를 들면 고유명사의 철자법을 통일하여 기록하는 것이나 직접적인 문맥에 나오는 표현들에 맞추는 것이 있다.[12] 둘째, 사마리아 오경의 본문은 **단순화**의 경향을 보여 준다. 특이한 철자법들은 수정되며, 대명사의 긴 형태의 접미어들과 같은 고대적인 형태들은 현대화되고, 어려운 문장 구조는 단순화된다. 이러한 변화들은 아직 백성들에게 히브리어 본문을 가능한 한 이해하도록 제시하는 데 관심을 가지고 있었던, 상대적으로 이른 시기에 유래했다고 가정할 수 있다. 셋째, **내용 변경**도 사마리아 오경의 특징이다. 이러한 변경들 가운데서 상대적으로 얕은 교의적 변경 층이 눈에 띄는데, 이 층은 사마리아인들의 제의적인 관심사에 맞춰 만들어졌다. 이러한 변경들은 전형적인 사마리아 공동체의 관점을 보여 주며, 이를 통해 이미 예루살렘의 제의 공동체로부터 점점 더 멀어졌던 것을 전제한다.

사마리아 오경의 수정들

사마리아 공동체의 특별한 관심은 고대부터 그들의 성소의 건립과 관련이 있다. 따라서 사마리아 오경에서는 토라에서 발견되고 관습적으로 예루살렘과 결부되었던 중앙의 제의 장소에 대한 모든 지시들이 그리심산, 곧 그로써 사마리아 사람들의 제의적 중심지와 관련된다. 특별히 눈에 띄는 것은 계명을 하나 삽입한 것이다. 그 계명은 십계명 다음에 출애굽기 20:17에 위치하는데, 이는 또한 사마리아인에게는 십계명 중 열 번째 계명으로 계수되며, 그리심산 위에 한 성소를 건립하

12) Tov, Text, 70–73이 제시하는 예들.

도록 명령한다.[13] '여호와가 택하실 그 곳'(출 20:24; 신 12:5)이라는 신명기 역사가의 공식[14] 변화도 특징적인데, 그 변화는 동사를 과거형으로 바꾼 것이다. 이를 통해 이 공식은 이미 세겜(창 12:6; 33:20)에 존재하던 제의 장소 그리고 세겜과 간접적으로 인접한 곳에 있는 그리심산과 관련되며, 사마리아 사람들은 그 산 위에 자신들의 성전을 건축했다. 사마리아 공동체에게 유월절은 핵심 의미를 가지고 있었고, 오늘날까지 희생제사 예배가 그리심산에서 거행된다는 것을 배경으로 할 때, 출애굽기 13:6에서와 같은 수정들도 설명될 수 있다. 여기에서 (7일 대신에) 6일 동안 무교병을 먹고 7일째에는 여호와를 섬기는 축제를 행하라는 사마리아 오경의 명령은 무교절과 유월절 희생의 날을 구별하는 역할을 한다. 이러한 종류의 수정들을 사마리아 오경의 '이데올로기적인 변경'이라고 부르기를 원한다면, 거꾸로 마소라 본문에 대해서도 그와 같이 이야기해야만 한다. 왜냐하면, 신명기 27:4에서의 본문비평적인 사례 연구가 증언하는 것처럼(9.5.2를 보라), 마소라 본문에서도 이데올로기에 바탕을 둔 반(反)사마리아적인 수정이 비슷한 방식으로 발견되기 때문이다.

사마리아 오경의 연대기

사마리아 오경의 또 다른 특징 하나는 그것이 세상의 시간을 독특하게 계산한다는 점이다. 이것은 사마리아 오경을 다른 본문 전통들로부터 구분 짓는다. 예를 들어, 마소라 본문은 창조부터 홍수까지의 시간대를 1,656년으로, 그리고 이스라엘의 출애굽까지의 시간대를 2,666년으로 계산하여서, 기원전 164년에 있었던 예루살렘 성전 재봉헌의 시점까지 4,000년이 되게 한다. 이에 반해 사마리아 오경은 홍수까지 1,307년이 걸리고, 출애굽까지는 2,867년이 걸린다. 한편, 그리스어 전승은 홍수까지 2,242년이 걸리고, 출애굽까지는 3,346년이 걸리는 것으로 잡는다.[15] 사람들은 당연히 사마리아의 계산이 어떠한 목적을 추구하고 있는지 알고 싶어 한다. 그렇지만 사마리아 연대기의 체계뿐만 아니라 사마리아 연대기와 다른 시간 계산들(〈희년서〉의 계산도 포함해서)과의 관계도 지금까지 명확하게 밝혀지지 않고 있다. 서로 다른 연대기들 이면에 신학적인 구상들이 존재한다는 사실은 마소라 본문의 ('마카비와 관련된') 계산에서 의심의 여지 없이 볼 수 있다. 이외에도 마

13) 이 계명은 신 11:29상; 27:2하-3상, 4-7; 11:30에 나오는 본문 요소들이 엮여서 만들어진 것이다.

14) 이 공식은 처음부터 그 장소를 예루살렘과 동일시하는 것을 목적으로 하고 있다. 참조, T. Veijola, Das 5. Buch Mose. Deuteronomium, ATD 8,1, Göttingen 2004, 267.

15) 칠십인역의 연대기에 대해서는 M. Rösel, Übersetzung als Vollendung der Auslegung. Studien der Genesis-Septuaginta, BZAW 223, Berlin / New York 1994, 129 – 144를 참조하라.

소라 본문과 사마리아 오경과 칠십인역의 세 가지 시대 계산이 상대적으로 후대에 개정된 연대기들이며, 그것들은 다양한 중간 단계들을 거쳐 본래 존재하던, 제사장 문서의 구상 속에서 이루어진 시간 도식으로 소급된다고 가정할 수 있다.[16)]

독서 전통

사마리아 오경은 본질적으로 자음 본문으로 전승된다. 사실 사마리아 사람들도 중세 초기에 모음 기호를 발전시켰지만,[17)] 그러한 모음 기호들은 단지 산발적으로만 사용되었다. 20세기 이전에는 모음 표기가 완전하게 되어 있던 필사본은 단 하나도 존재하지 않았다. 결과적으로 사마리아 토라의 전승은 현존하는 자음 본문을 문서로 고정시키는 것과 발음을 확정시키는 독서 전통으로 나뉜다. 그리고 독서 전통은 사마리아 공동체 내부에서는 오늘날까지도 대대로 구전으로 전달된다. 최근에 〈창세기〉에서 이러한 사마리아의 독서 전통을 고양시키고, 전체적으로 안정되고 신뢰할 만한 것으로 입증하려는 시도가 행해졌다.[18)]

필사본들

사마리아 오경의 모든 필사본들은 중세에서 비롯하였다. 책의 형태로 된 가장 오래된 것들 중의 하나는 **추르빌 코덱스**이다. 이것은 케임브리지 대학의 도서관에 소장되어 있으며(Ms. Add. 1846) 기원후 12세기의 것이다. 나블루스 사마리아 공동체의 거룩한 두루마리는 특별한 명성을 가지고 있다. 전통에 따르면, 그 두루마리는 이스라엘 지파들이 가나안 땅에 들어간 지 13년째 되었을 때에 아론의 손자인 아비샤(Abischa)가 필사했으며, 그에 따라 **아비샤 두루마리**라고 불린다. 그렇지만 이 두루마리는 여러 두루마리들을 가지고 중세에 편찬한 것으로, 그 가운데서 가장 오래된 부분인 민수기 35:1-신명기 34:12의 본문 단락은 기원후 11세기로 연대가 추정된다.

번역본들

사마리아 오경에는 아람어 번역본과 아랍어 번역본이 존재한다. 사마리아 타르

16) 이에 대해서는 J. Northcote, The Schematic Development of Old Testament Chronography: Towards an Integrated Model, JSOT 29 (2004), 3–36을 참조하라.

17) 참조, Z. Ben-Hayyim, The Samaritan Vowel-System and Its Graphic Representation, ArOr 22 (1954), 515–530.

18) 참조, S. Schorch, Die Vokale des Gesetzes. Die samaritanische Lesetradition als Textzeugin der Tora. 1. Das Buch Genesis, BZAW 339, Berlin / New York 2004.

굼은 특별히 두 개의 중세 필사본들로 전승되는데, 기원후 13/14세기에 생겨난 이른바 필사본 J (British Library Or. 7562)와 훨씬 후대에 생겨난 필사본 A (Nablus Ms. 3)로 전승된다. 이 두 필사본은 사마리아 아람어의 여러 발전 단계들을 반영한다. 필사본 A는 사마리아에서 이루어진 예전의 전성기, 곧 기원후 4세기를 암시하는 반면에, 필사본 J는 훨씬 더 오래된 형태를 나타내고 있다.[19] 이러한 사실을 배경으로 해서 볼 때, 사마리아 타르굼의 형성은 기원후 1/2세기에 이루어진 것이라고 추정할 수 있다. 아람어 번역본과 더불어 사마리아 오경은 아랍어 번역본도 있는데, 이 아랍어 번역본은 아마도 기원후 11세기에 생겨난 것으로 추정된다.

사마레이티콘(Samareitikon)

오리게네스는 헥사플라에서 사마리아 오경의 그리스어 번역본을 인용하면서, 그것을 사마레이티콘이라고 표시한다. 개별적인 인용들은 특별히 오경에 대한 사마리아 오경의 첨가구와 관련되며, 그것들은 오리게네스 자신이 사마리아 오경의 본문으로부터 번역한 것일 수 있다.[20] 따라서 사마리아 오경의 그리스어 번역본이 존재했는가의 여부에 관한 질문이 제기된다. 현재 학계에서는 이 질문에 대해 부정적으로 대답한다. 왜냐하면, 이를 위해서 요구된 현존 필사본들이 전체적으로 칠십인역 전승에 속하며, 사마레이티콘의 수용에 필요한 배타적인 사마리아 오경의 특징들을 결코 가지고 있지 않기 때문이다. 더 많은 연구가 필요하다.

4.3 전 사마리아 오경 본문

사마리아 오경과 관련된 가장 중요한 발견은 또다시 쿰란의 발굴물들이다. 그것들을 통해서야 비로소 사마리아 오경의 본문비평적인 의의를 적절하게 평가할 수 있다. 쿰란의 문서 두루마리들 가운데서 마소라 본문과 다른 전통에 있는 단편들이 발견되었다. 이 단편들은 사마리아 오경 본문의 특징적인 공통점들을 보여 주지만, 여전히 사마리아 공동체의 전형적인 수정을 담고 있지는 않다. 이를 통해 그러한 단편들은 사마리아 오경이 전체적으로 마소라 본문에 대하여 사마리아의 관점들을 가지고 기획된 마소라 본문들에 대한 후대의 개정이라는 이전의 평

---

19) 참조, R. Pummer, Einführung in den Stand der Samaritanerforschung, in: F. Dexinger / R. Pummer (Hg.), Die Samaritaner, WdF 604, Darmstadt 1992, 20-21.

20) 참조, E. Tov, Die griechischen Bibelübersetzungen, ANRW II/20.1, Berlin / New York 1987, 185. 이와 다른 견해를 가진 F. Siegert, Register zur »Einführung in die Septuaginta«, MJSt 13, Münster 2003, 371은 오리게네스의 셈어 관련 활동을 거의 개연성이 없는 것으로 여긴다.

가를 반박한다. 그 대신에 이 단편들은 사마리아 오경이 실제로 독자적인 본문 전통과 관련이 있으며, 이것을 계승한다는 것을 입증한다. 물론 쿰란에서 발견된 조화 본문들과 사마리아 오경 사이의 관계는 원 마소라 본문과 마소라 본문 사이의 관계와는 다르다. 요컨대, 후자의 관계가 비교적 적은 수의 차이점들과 편차들을 보여 주는 반면에, 쿰란에서는 서로 조화시키고 단순화하는 본문의 특징들과 더불어서 사마리아 오경과 직접적으로 관련이 있음을 알게 해 주는 어떠한 필사본도 (지금까지는) 입증되지 않는다. 반대로 문제가 되는 본문들은 기원전 3/2세기에 확산된, 마소라 본문과는 다른 전통에 있는 기초 전승(Grundlage)을 필사했으며, 사마리아 오경뿐 아니라 다른 필사본들도 그러한 기초 전승을 자신의 것으로 만들었다. 따라서 엠마누엘 토브는 이 그룹에 속하는 본문들을 **전 사마리아 오경(präsamaritanisch)**이라고 부르고, 이를 통해 사마리아 오경과의 직접적인 관련성을 가지고 있다는 잘못된 이해를 예방하자고 제안했다.[21] 전 사마리아 오경의 특징들을 가지고 있는 모든 본문들은 쿰란 공동체 바깥에서 비롯했을 개연성이 매우 높다. 그러한 특징들은 부분적으로는 자유로운 독법들을 제공하고, 부분적으로는 대중화시키고 조화시키는 독법들을 제공하는데, 이것이 후대 사마리아 오경 본문 형태와 어느 정도 가까운 모습을 보여 준다. 물론 이것들의 본문 기초는 상대적으로 빈약하기 때문에, 제한적으로만 전 사마리아 오경 본문 전통에 관해 이야기하고 서술할 수 있을 뿐이다.

4QpalaeoEx^{m}(= 4Q22)

고대 히브리어 문자로 기록된 쿰란의 문서 두루마리들 가운데, 〈출애굽기〉 필사본만이 전 사마리아 오경의 본문을 제공한다. 본래 57개의 단으로 되어 있던 본문 가운데 출애굽기 6:25-37:16의 본문을 담은 43개의 단만 남아 있다.[22] 이 필사본은 기원전 1세기로 연대가 추정되며, 주목할 만한 예외를 제외하면 여기서 벌써 사마리아 오경의 확장 본문을 담고 있다. 그 예외란, 출애굽기 20:17 다음에 사마리아 공동체의 전형적인 특징으로 간주되는 사마리아이 열 번째 계명이 나타나지 않는다는 점이다. 그 밖에도 이 〈출애굽기〉 두루마리에서는 한 단어나 한 문구를 변

21) 참조, Tov, Text, 66. 따라서 더 오래된 문헌에서는 여전히 만나게 되는 동의어로 사용된 **원 사마리아 오경(protosamaritanisch)**이라는 명칭은 완전히 포기되어야만 한다.

22) 참조, P. W. Skehan / E. Ulrich / J. E. Sanderson, Qumran Cave 4.IV: Palaeo-Hebrew and Greek Biblical Manuscripts, DJD IX, Oxford 1992, 53 – 130; 이에 대해서는 J. E. Sanderson, 4QpaleoExod^{m}, RQ 13 (1989), 548 – 560을 참조하라.

경하고, 대체하거나 보충하는 개별적인 독법들도 나타난다. 특별히 흥미로운 것은 출애굽기 7:14-11:10에 나오는 재앙 이야기의 서술이 이 두루마리에서 확장된 점이다. 마소라 본문 판본과 같이 그것은 우선 모세 내지는 아론에게 하나님이 내리신 명령들을 서술한다. 그렇지만 마소라 본문이 그에 상응하는 실행 보고를 부분적으로 간략하게만 제공하거나 심지어 제공하지 않는 반면에, 4QpalaeoEx^{m}에서는 하나님의 명령들이 생략되지 않은 정확한 문구 그대로 기술된다(출 7:18하, 29하[8:4하]; 8:19하[23하]; 9:5하, 19하). 이를 통해 〈출애굽기〉 필사본은 하나님의 명령과 실행이 정확하게 상응하게 만든다. 이러한 이야기 도식은 말하자면 신학적인 측면에서 완전하게 보충되는데, 이로써 재앙 서술은 전체적으로 더 조화를 이루게 되지만, 많은 문학적인 이음새들도 부드럽게 다듬어진다.[23)]

4QNum^{b}(= 4Q27)

이 필사본은 아주 잘 보존되어 있는 얼마 되지 않는 쿰란의 문서 두루마리들 가운데 하나이다. 이것은 정방형 문자를 사용하며, 기원전 1세기 후반부로 연대가 추정되고, 민수기 11:31-36:13의 본문을 담고 있는 27개의 단으로 된 단편들을 제공한다.[24)] 이 단편들의 단락 표시는 명확한 특징을 보여 준다. 열 군데에서 해당 본문 부분의 첫 번째 행 또는 첫 번째 절은 붉은색 잉크로 필사되어 있다. 이 분류가 마소라의 세다림 구분과 일치하지는 않지만, 아마도 이를 통해 예전 때 읽을 독서 단락의 시작 부분을 나타내었을 것이다. 필사본 4QNum^{b}이 독법에서 세 개의 표준적인 본문 전통들과 대략 동일한 정도로 벗어나 있다는 사실은 우리를 놀라게 한다. 사마리아 오경과 일치하는 것은 42%, 마소라 본문과는 약 37%, 그리고 칠십인역과는 약 35%이며, 어떤 것과도 일치하지 않는 것은 약 28%이다. 이에 반해 중요한 의미를 가진 독법들만을 고려한다면, 그것들은 사마리아 오경과 칠십인역에 더 가깝다. 이 밖에도 다섯 경우에서 4QNum^{b}는 사마리아 오경과 같이 동일한 확장 본문을 보여 준다(민 20:13하; 21:12상, 13상, 21상; 27:23하). 바로 이것은 나머지 구절들에서도 그럴 가능성이 있다. 이러한 이유로 4QNum^{b}를 전체적으로 전 사마

23) 이 사항에 대해서는 B. Lemmelijn, The So-Called »Major Expansions« in SamP, 4QpaleoExod^{m} and 4QExod^{j} of Exod 7:14-11:10. On the Edge between Textual Criticism and Literary Criticism, in: B. A. Taylor (ed.), X. Congress of the International Organisation for Septuagint and Cognate Studies, Oslo 1998, SBL.SCS 51, Atlanta 2001, 429–439를 참조하라.

24) 참조, E. Ulrich / F. M. Cross /et al., Qumran Cave 4. VII: Genesis to Numbers, DJD XII, Oxford 1994, 205–267.

리아 오경 본문 전통에 속하는 것으로 귀속시킬 수 있다.

조화 본문

흥미롭게도 조화시키는 경향이 있는, 비슷한 모습을 보여 주는 본문의 특징들이 성서 필사본들로 여길 수 없는(또는 제한적으로만 그럴 수 있는) 본문들에서도 발견된다. 이에 속하는 본문으로는 집합적으로 **개정된 오경(Reworked Pentateuch)**이라는 명칭을 가지고 있는 단편들인 4QRP^{a-e}(= 4Q158, 4Q364 – 367)가 있다. 이 단편들은 성서의 원문에 아주 가까운 토라에 대한 일종의 덧쓴 글(Nachschrift)을 제공하지만, 여기저기에서 매우 자유롭게 표현하고 다른 성서 자료를 삽입한다. 예를 들어, 4QRP^{a}는 출애굽기 20:21 뒤에 삽입구가 있는데, 여기에는 신명기 5:28-29와 신명기 18:18-19가 서로 조합되어 있다. 이러한 조합은 사마리아 오경, 4QpalaeoEx^{m}(= 4Q22) 그리고 4QTest(= 4Q175)에서도 입증된다.[25] 쿰란에서 발견된 일련의 **경패(經牌, Phylakterien)** 또는 성구함(聖句函, 아람어, תְּפִלִּין '기도 상자들')도 조화시키는 것들을 볼 수 있다. 기도할 때 이마나 왼쪽 팔에 묶어서 끈으로 고정시키는 이 상자들은 〈출애굽기〉와 〈신명기〉에서 뽑은 짧은 본문들, 예를 들어, 십계명과 같은 본문을 베껴 쓴 것을 담고 있다. 쿰란에서 발견된 본문에서 두 개의 십계명 판본들이 이제는 서로 다른 강도에서 조정되었다는 것을 볼 수 있다. 몇몇 본문들은 사마리아 오경과 유사하게 약간의 변경들을 통해 신명기 판본을 〈출애굽기〉 판본에 더 가깝게 다가가도록 시도하는 일종의 제한된 조화 본문을 보여 준다(4QPhyl^{j} = 4Q137). 다른 본문들은 여기서 한 걸음 더 나아간다. 예를 들어, 안식일 계명에서 이 두 계명 판본들을 포괄적으로 조화시키는 모습을 보여 준다(4QPhyl^{g} = 4Q134, 8QPhyl = 8Q3, 참조, 4QDtn^{n}, 나쉬 파피루스).[26] 이러한 실상에서 두 가지 결론을 추론할 수 있다. 첫째, 전 사마리아 오경 본문들은 분명히 더 큰 본문 그룹에 속하는데, 이 본문 그룹은 본문의 지평에서 나타나는 긴장과 모순을 조정하려고 노력하며, 유사한 접근법을 성서 본문에도 적용하였다. 둘째, 마지막에 언급한 일련의 본문들은 조화 방식에서 시종일관된 면을 보이며, 사마리아 오경의 서본을 넘어서는 개입과 변경도 했다는

25) 4QTest는 성서 인용구들을 주제에 따라 분류한 것으로, 신 5:28-29와 18:18-19에서 시작된다. 이 쿰란 본문은 증명서(Testimonium)라는 명칭으로 불린다.

26) 참조, E. und H. Eshel, Dating the Samaritan Pentateuch's Compilation in Light of the Qumran Biblical Scrolls, in: Sh. M. Paul / u. a. (ed.), Emanuel: Studies in Hebrew Bible, Septuagint, and Dead Sea Scrolls (FS E. Tov), VT.S 94, Boston / Leiden 2003, 232–235.

사실이 확인된다.[27] 그러한 시도를 한 필사자들이 의심의 여지 없이 그들이 작업한 조화 본문을 통해 성서 본문을 적절하게 재현하겠다고 생각했다는 사실은 다시금 강조할 필요는 없다. 우리의 맥락에서는 이러한 사실보다는 본문들을 포괄적으로 조화시키는 작업(더 포괄적으로 조화시키는 편집 작업[more comprehensive harmonistic editing])이 무엇보다도 하스모니안 시대 후기나 헤롯 시대로 연대가 추정되는 반면에, 제한적인 조화 작업이 이루어진 필사본들(제한적으로 조화시키는 편집 작업[limited harmonistic editing])은 기원전 2세기로 연대가 배정된다는 사실이 흥미롭다. 따라서 전 사마리아 오경 본문과 후대의 사마리아 오경의 저본은 조화시키는 편집 작업의 초기 단계에 속한다.

이러한 사실을 배경으로 볼 때 다음과 같은 개연성 있는 시나리오를 생각할 수 있다. 곧 유대인과 사마리아인의 분열이 일어나기 전에도 그리심산 공동체는 조화 본문들로부터 통일된 성격을 가진 다섯 개의 문서 두루마리를 선별해 냈는데, 그들은 그것을 예부터 전해진 참된 토라로 여겼다. 따라서 이러한 다섯 개의 문서 두루마리는 **사마리아 오경의 저본**이 되었고, 그 안에 사마리아 오경의 고유한 수정들이 연속적으로 기재되었지만, 그 밖의 조화 작업은 더 이상 계획되지 않았다. 사마리아 공동체가 왜 조화 본문을 가진 이러한 두루마리들을 선택했는지 그 이유를 결정하기는 어렵다. 아마도 그와 관련해서는 어떤 특별한 근거가 없었던 것 같다. 왜냐하면 이와 같은 본문들은 일반적으로 사용되는 것이었기 때문이다.[28] 그러나 사마리아 사람들이 조화 본문 판본을 아주 의도적으로 결정했을 수도 있다. 왜냐하면, 그들에게는 오경에 나오는 긴장과 불일치들을 조정하는 본문 판본이 규범적인 토라 두루마리의 기초로 가장 적합한 것처럼 보였기 때문이다.[29] 이 밖에 히브리어 토라의 단락들을 예배에서 낭독하기 위해 언어적으로 단순화되고, 그럼으로써 더 잘 이해되는 본문을 확보해야 하는 실용적인 측면이 그러한 선택에 영향을 주었을 수도 있다. 또는 사마리아 사람들이 예루살렘 성전에서 보존되고 관리되었을 개연성이 매우 높게 보이는 원 마소라 본문 그룹의 (표준)필사본들을 사용할 수 없었거나, 아니면 사용하려고 하지 않았는가에 대해서도 생각할 수 있다.

돌이켜 보면 사마리아 오경의 저본은 더 큰 본문 그룹에 귀속될 수 있다. 그 그

27) 전 사마리아 오경 본문들과 다시 쓴 성서의 관계에 대해서는 E. Tov, Rewritten Bible Compositions and Biblical Manuscripts, with Special Attention to the Samaritan Pentateuch, DSD 5 (1998), 334–352 (재출간, in: ders., Hebrew Bible, Greek Bible, and Qumran. Collected Essays, TSAJ 121, Tübingen 2008, 57–70)도 참조하라.

28) 참조, Tov, Text, 82.

29) 참조, Eshel, Dating, 238.

롭은 기원전 2세기의 유대인 필사자들의 노력을 통해 (전) 마소라 본문에서 일관되지 않는 것들을 제거하려는 특징을 가지고 있다. 당연한 결과로서 전 사마리아 오경 저본의 형성이 이 시기에 시작되었다고 말해야만 한다. 이것이 사실일 경우에, 사마리아 오경이 매우 오래된 본문 전통을 반영하며 그 본문 판본이 기원전 4세기까지 소급될 수 있다는 이전 연구의 견해를 논박하는 것으로 여길 수 있다. 하지만 이를 통해 사마리아 오경의 본문비평적인 의의에 대해서는 아직 아무것도 진술되지 않는다. 오히려 그것은 두 가지 측면에서 결정된다. 첫째, 사마리아 오경의 저본은 원 마소라 본문 그룹과 비교할 때, 독자적인 본문 전통에 속하며, 그것은 다양한 독법들의 비교와 평가를 가능하게 해 준다. 둘째, 우리는 사마리아 오경 안에서 마소라 본문에 의존하지 않는 오래된 독법들이 보존되어 있다는 사실을 고려해야 한다. 이러한 가능성은 현재에도 여전히 저평가를 받고 있는 듯하다. 그러나 요즈음 일어나는, 사마리아 오경에 관한 연구의 관심의 증가는 이 문제에 대한 더 명확한 해명에 공헌할 것이다.

4.4 학술적인 본문 편집본들

최근 몇십 년 동안 사마리아 본문을 규명하는 데에 상당한 진전이 이루어졌다. 그런데도 사마리아 오경에 대한 현대의 본문비평 편집본은 여전히 해결되지 않은 연구의 대상으로 남아 있다. 일련의 다양한 본문 증거들을 고려한, 지금까지 유일하고 완전한 본문 편집본은 제1차 세계대전 기간이었던 1914년부터 1918년까지 아우구스트 프라이헤르 폰 갈(August Freiherr von Gall)이 출간했는데, 그 본문 편집본은 구약성서의 본문비평이 사마리아 오경의 독법들과 통제에 대해 접근할 수 있도록 허용한다.

아우구스트 폰 갈(1914–1918년)

이 편집본은 절충 본문을 제공하는데, 그 본문은 중세 후기와 그 무렵에 알려진 필사본들의 대조에 의존하여 형성되었다. 잘 읽을 수 있는 장방형 문자로 자음 본문만 순수하게 제공된다. 그 본문에는 세 겹의 비평장치가 덧붙여지는데, 첫 비평장치 부분은 이형들을 나열한다. 두 번째 부분은 모음과 구분 기호를 기록하고, 세 번째 부분은 많은 필사본들이 가지고 있는 구두점을 제공한다. 본문의 서술 부분에서는 둥근 괄호나 각진 괄호 안에 따로 분리된 글자들이 발견된다. 이때에 둥근 괄호( ) 안에는 지워야 할 것을 넣고, 각진 괄호[ ] 안에는 보충되어야 하는 것을 넣는다. 그렇지만 이러한 정보들은 증거 없이 제공된다. 따라서 이 정보들은 편찬사의 판독(判讀)으로 간주되어야 하고 또한 검증을 거쳐야만 한다. 앞에서 언급했던 것처럼, 절충 본문 편집본은 더는 최근의 연구 상황에 적합하지 않다고 하더라도, 여전히 나름대로 공헌을 한다. 그 단점은 특별히 그 사이에 필사본의 수가 현저하게 많아졌다는 데 있다. 이 절충본에서는 후대에서야 비로소 출간된 아비샤 두루마리뿐 아니라, 쿰란에서 발견된 전 사마리아 오경 본문들, 사마리아 타르굼 및 아랍어 번역본도 당연히 고려되지 않는다. 이 밖에도 아우구트스 폰 갈은 불완전 서법을 더 선호하고 그에 따라서 본문비평적인 결정들을 마소라 본문에 맞춰서 조정했다. 이것은 사마리아 오경의 중요하고도 생각할 만한 가치가 있는 독법들을 비평장치에서만 찾아볼 수 있다는 것을 뜻한다. 마지막으로 지적할 사항은 발행인이 마소라 본문의 통용되는 장 나누기와 절 나누기에 따라 사마리아 본문을 제공한다는 것이다.

루이스-페르난도 기론 블랑크(Luis-Fernando Girón Blanc, 1976년)

마드리드에서 가르치는 기론 블랑크가 시급히 요청되던 새로운 편집본의 작업을 맡았다. 그의 〈창세기〉 편집본은 앞에서 언급한 추르빌 코덱스에 바탕을 둔다. 추가된 또 다른 15개의 필사본을 선택하는 데는 세 가지 관점이 작용한다. 연대가 기원후 1350년 이전인지, 상태가 좋은지, 또한 아우구스트 폰 갈이 사용하지 않은 것인지 등이다.[30] 애석하게도 이 새로운 편집본은 아직도 진척되지 않고 있다.

아브라함 탈(Abraham Tal, 1994년)

사마리아 오경의 가장 최근 편집본은 벤 하이임(Ben-Hayyim)의 제자인 아브라함 탈이 편찬했다. 이 편집본은 나블루스의 회당에 보관되고 Ms. 6 (C)라는 기호로 불리는 단일한 필사본에 관한 믿을 만하고 올바르게 음역된 출간물이다. 이것은 기원후 13세기 초에 유래했으며 핀하스 벤 엘아자르(Finhas ben Elazar)라는 이름을 가진 한 제사장이 필사한 것이다. 이 필사본을 사마리아 오경을 대표하는 본문 판본으로 선택한 것은 특별히 그 본문이 대체로 완전하며, 게다가 한 사람의 손길에 의해서 완성되었다는 이유 때문이다. 그런데도 Ms. 6 (C)로 결정한 것은 모든 의심을 떨쳐 버리게 해 주지는 못한다. 왜냐하면, 기원후 11세기와 12세기에 유래한 몇몇 더 오래된 필사본들이 존재하며, 그것들은 명망 높은 네시아(Nesiah) 가문의 구성원들이 필사했기 때문이다. 그 밖에도 그들의 본문 작업장에서는 백 개가 넘는 오경 필사본들이 유래했는데, 그것들은 기존에 존재하던 어떤 본문 전

30) 참조, Pummer, Einführung, 13.

통을 대표하는 것이 분명하며, 특별한 본문의 특징들과 더불어 적잖이 신뢰할 수 있는 본문 판본을 제공한다. 이러한 점을 배경으로 할 때, 우리는 다음과 같은 사실을 확인한다. 아브라함 탈이 편찬한 편집본이 사마리아 오경에 대한 새로운 본문비평적 편집본을 향한 길에서 중요한 한 걸음이라고 하더라도, 이것(여전히 부족한 것)을 대체할 수는 없다.[31]

현재 우리가 사마리아 타르굼을 전형적인 고문서본으로 만날 수 있는 것 역시 아브라함 탈의 덕택이다. 1980-1983년에 출간된 그 작품은 위에서 언급한 가장 중요한 두 개의 타르굼 필사본들(4.2를 보라)을 병행 인쇄로 제공한다. 거기에 본문비평적인 주해들을 가지고 있는 두 개의 비평장치들은 서로 다른 판본들에 대한 평가를 가능하게 해 준다.

끝으로 벤 하이임의 또 다른 제자인 하세브 쉐하데(Haseeb Shehadeh)의 노력으로 만든 아랍어 번역본의 본문 편집본을 언급해야만 한다. 첫 번째 권은 이미 1989년에 출간되었으며, 〈창세기〉와 〈출애굽기〉를 담고 있다. 이 책도 공관적인 형태로 제시된 두 개의 필사본들의 본문을 기반으로 한다. 그 필사본들은 한편으로는 기원후 13세기에 유래한 사마리아 오경의 3개 언어 대조 성서의 아랍어 단이며(참조, 도판 27), 다른 한편으로는 아부 사이드(Abu Sa'id)가 개정한 아라비아어 Ms. 5 필사본의 본문(파리에 있는 국립도서관)이다.[32]

4.5 참고 문헌

본문 편집본들

A. Freiherr von Gall, Der hebräische Pentateuch der Samaritaner, Bd. I–V, Gießen 1914–1918 (Nachdruck: Berlin 1966).

L.-F. Girón Blanc, Pentateuco hebreo-samaritano: Génesis. Edición crítica sobre la base de manuscritos inéditos, TECC 15, Madrid 1976. [이 작업은 지금까지도 진척되지 않고 있다.]

A. Tal, The Samaritan Pentateuch. Edited According to MS 6 (C) of the Shekhem Synagoge, Texts and Studies in the Hebrew Language and Related Subjects 8, Tel-Aviv 1994.

31) 이에 대해서는 A. D. Crown, JSS 40 (1995), 348-350이 서평을 참조하라.

32) 이에 대해서는 H. Shehadeh, The Arabic Translation of the Samaritan Pentateuch, in: A. D. Crown (ed.), The Samaritans, Tübingen 1989, 481-516을 참조하라.

A. Tal, The Samaritan Targum of the Pentateuch. A Critical Edition, Part I–III, Texts and Studies in the Hebrew Language and Related Subjects 4–6, Tel-Aviv 1980–1983. [III부에 개론이 나와 있다.]

H. Shehadeh, The Arabic Translation of the Samaritan Pentateuch. Edited from the Manuscripts with an Introductory Volume, Vol. I: Genesis–Exodus, The Israel Academy of Sciences and Humanities, Jerusalem 1989.

보조 자료

Z. Ben-Hayyim (with assistance from A. Tal), A Grammar of Samaritan Hebrew, Based on the Recitation of the Law in Comparison with the Tiberian and Other Jewish Traditions. A Revised Edition in English, Jerusalem / Winona Lake, Indiana 2000.

A. Tal, A Dictionary of Samaritan Aramaic. 1. und 2. Teil, HO I/50, Leiden 2000. [히브리어 약어 때문에 사전을 사용하기가 어렵다.]

모음 표기(사마리아의 독서 전통)

S. Schorch, Die Vokale des Gesetzes. Die samaritanische Lesetradition als Textzeugin der Tora. 1. Das Buch Genesis, BZAW 339, Berlin / New York 2004.

입문서들

A. D. Crown (ed.), The Samaritans, Tübingen 1989 [논문집].

A. D. Crown, Samaritan Scribes and Manuscripts, TSAJ 80, Tübingen 2001.

F. Dexinger / R. Pummer (Hg.), Die Samaritaner, WdF 604, Darmstadt 1992. [1991년까지의 사마리아 오경 연구 상황에 관한 안내가 담긴 논문집.]

쿰란

E. and H. Eshel, Dating the Samaritan Pentateuch's Compilation in Light of the Qumran Biblical Scrolls, in: Sh. M. Paul / u. a. (ed.), Emanuel: Studies in Hebrew Bible, Septuagint, and Dead Sea Scrolls (FS E. Tov), VT.S 94, Bosten / Leiden 2003, 215–240.

B. Lemmelijn, The So-Called »Major Expansions« in SamP, 4QpaleoExod^{m} and 4QExod^{j} of Exod 7:14-11:10. On the Edge between Textual Criticism and

Literary Criticism, in: B. A. Taylor (ed.), X. Congress of the International Organisation for Septuagint and Cognate Studies, Oslo 1998, SBL.SCS 51, Atlanta 2001, 429–439.

E. Tov, Rewritten Bible Compositions and Biblical Manuscripts. With Special Attention [Paid] to the Samaritan Pentateuch, DSD 5 (1998), 334–354 (wiederabgedruckt in: ders., Hebrew Bible, Greek Bible, and Qumran. Collected Essays, TSAJ 121, Tübingen 2008, 128–154).

고고학

Y. Magen, The Dating of the First Phase of the Samaritan Temple on Mount Gerizim in Light of the Archaeological Evidence, in: O. Lipschits / G. N. Knoppers / R. Albertz (ed.), Judah and the Judeans in the Fourth Century B.C.E., Winona Lake, Indiana 2007, 157–193.

J. Zangenberg, Berg des Segens, Berg des Streits. Heiden, Juden, Christen und Samaritaner auf dem Garizim, ThZ 63 (2007), 289–309.

II. 고대 번역본들

II. 고대 번역본들

5. 칠십인역

칠십인역 또는 줄임말인 LXX(또는 G)는 그리스어 성서를 흔히 일컫는 명칭이다. 정경 역사의 관점에서 칠십인역은 초기 기독교에서 자신들의 성경으로 받아들인, 그리스어로 된 거룩한 문서들의 순서와 범위를 가리키며, 본문 역사의 관점에서는 그리스어로 번역된 구약성서를 가리킨다. 이 두 관점은 서로 연관되어 있지만 실제로는 구별된다.

정경

칠십인역은 히브리어 성서에 들어 있는 책들 말고도 그리스어로 된 문서들을 더 담고 있다. 그 배경에 헬라파-유대인 디아스포라들이 사용하던, 그리스어로 된 원래의 유대 문서 모음집이 있었는지는 알 수 없다. 그런 '알렉산드리아 정경'의 가설은 입증되지 않았다. 그렇기 때문에 기독교 문서 모음의 정경 형성이 '유대인'의 칠십인역과 거리를 두면서 이루어졌다고도 주장할 수 없을 것이다. 그리스어 성서의 정경 형성에는 오히려 복잡한 과정이 있었다. 여기서는 이 과정을 〈아타나시우스의 부활절 편지〉(기원후 376년)에서부터 되짚어 본다.[1] 아타나시우스는 히브리어 정경에 있는 책의 수를 히브리어 스물두 알파벳과 일치하는 '신비한' 숫자 22에 맞춘다.[2]

---

1) 이에 대하여 M. Hengel, Die Septuaginta als ›christliche Schriftensammlung‹, ihre Vorgeschichte und das Problem ihres Kanons, in: M. Hengel / A. M. Schwemer (Hg.), Die Septuaginta zwischen Judentum und Christentum, WUNT 72, Tübingen 1994, 219 – 235를 참조하라.

2) 구약성서를 22권 또는 24권으로 세는 차이는 히브리어 정경에서 〈룻기〉와 〈예레미야애가〉가 전기예언서나 후기예언서에 속하지 않고 성문서로 들어가 두 권의 책으로 계산되기 때문에 발생한 것이다.

아타나시우스는 여기서 〈에스라 2서〉(= 에스라/느헤미야)에 〈에스라 1서〉(= 에스라 3서)를 묶어서 한 권의 책으로 합쳤고, 〈바룩〉과 〈예레미야의 편지〉(바룩 6장)는 〈예레미야〉에 부록으로 붙였으며, 〈다니엘〉의 추가 부분도 그렇게 하였다. 그는 그 밖에 솔로몬의 〈지혜서〉, 〈집회서〉, 〈에스더(!)〉, 〈유딧〉, 〈토비트〉 등도 포함하였다. 아타나시우스는 이 책들을 정경으로 간주하지는 않지만, 신앙 교훈을 위한 책으로 권장한다(〈마카베오 1~4서〉는 언급되지 않으며, 바티칸 코덱스에도 빠져 있다). 마지막으로, 여러 기독교 문서 모음에 들어 있거나, 거기에 딸려 있던 그 밖의 책들, 특히 묵시문학인 〈에녹서〉 등은 정경에서 빠졌다. 편의상, 알프레드 랄프스(Alfred Rahlfs)의 칠십인역 소비평편집본의 정경에 따르면, 추가된 책들은 다음과 같다. 1) 역사서로는 〈에스라 1서〉, 〈유딧〉, 〈토비트〉, 〈마카베오 1~4서〉이다. 2) 시가서로는 〈시편 151편〉, 〈송가(Oden)〉, 〈지혜서(=Sapientia)〉, 〈집회서〉, 〈솔로몬의 시편〉이 있다. 3) 〈예레미야〉 부록으로는 〈바룩〉과 〈예레미야의 편지〉가 있고, 4) 〈다니엘〉 추가 부분은 〈수산나〉, 〈아자리야(아사랴)의 노래(기도)〉, 〈세 젊은이의 노래〉, 〈벨과 뱀(용)〉이 있다.

이 가운데에는 처음부터 그리스어로만 기록된 문서들도 있다. 곧 기원후 1년에 알렉산드리아에서 저작된 솔로몬의 〈지혜서〉, 히브리어나 아람어 대본으로 거슬러 올라가지 않는 〈다니엘〉 추가 부분, 또는 〈마카베오 2~4서〉와 같은 책 등이다. 더욱이 〈송가〉는 기독교인 저자들에게 가서야 비로소 한데 묶인 찬양집이다. 이와 같이 칠십인역에는 번역이 아닌 책들도 들어 있다. 이러한 배경에 비추어 볼 때 그리스어 성서는 전체로서 평가되어야 한다. 왜냐하면, 이는 헬라-로마 세계의 구약 문서를 전달해 줄 뿐만 아니라, 그 자체가 헬레니즘 시대의 유대교와 초기 기독교 안에 들어 있으며, 그들의 신앙의 내용과 문화적 상황을 보는 시각을 열어 주기 때문이다.

본문

처음부터 그리스어로 쓰여진 성경과 더불어 구약성서를 그리스어로 옮긴 번역본도 칠십인역이라는 이름으로 일컬어진다. 칠십인역은 가장 오래된 번역으로서 히브리어 성서 본문 전승에 대한 귀중한 증거이기 때문에, 이후의 논의에서는 주로 이런 뜻에서 칠십인역과 연관한 것들을 설명할 것이다. 본문비평에서는, 권위 있는 표준 본문으로 발전하였으며 기원후 4세기의 여러 주요 코덱스에 나타나는 칠십인역의 그리스어 본문과 가장 오래된 4QLXXLev^{a}(= 4Q119)와 4QLXXNum(= 4Q121)과 같은 필사본에서 나타나는 고대 그리스어 역본 전승을 다시 한번 더 정확하게 구분한다. 영어권에서는 이에 대해 **'칠십인역(Septuagint)'**과 **'원래의 칠십인역(Old Greek)'**이라는 용어를 쓰는 것을 볼 수 있다.[3)]

히브리어 성서	루터 성경	칠십인역
토라	**역사서**	**오경**
태초에	모세의 첫 번째 책	창세기
이름들	모세의 두 번째 책	출애굽기
그가 부르셨다	모세의 세 번째 책	레위기
광야에서	모세의 네 번째 책	민수기
설교들	모세의 다섯 번째 책	신명기
전기예언서		**역사서**
여호수아	여호수아	여호수아
사사기	사사기	사사기
	룻기	룻기
사무엘	사무엘 상하	열왕기 1서, 2서(= 사무엘 상하)
열왕기	열왕기 상하	열왕기 3서, 4서(= 열왕기 상하)
	역대 상하	역대 상하
후기예언서	에스라	에스라 1서
이사야	느헤미야	에스라 2서(= 에스라/느헤미야)
예레미야	에스더	에스더(+추가 부분)
에스겔		유딧
열두 권의 책		토비트
		마카베오 1~4서
성문서	**교훈서와 시가서**	**시가서**
찬양의 책	욥기	시편(+151편)
욥기	시편	송가
같은 잠언	솔로몬의 잠언	잠언
	솔로몬의 전도서	전도서
룻기	솔로몬의 아가	아가
노래 중의 노래		욥기
전도서		지혜서
애가		집회서
에스더		솔로몬의 시편
다니엘	**예언서**	**예언서**
에스라/느헤미야	이사야	호세아~말라기
그 날들의 사건들[= 역대 상하]	예레미야	이사야

3) 원래의 칠십인역(Old Greek)에 해당하는 독일어 표현은 'altüberlieferter Septuagintatext', 즉 '예부터 전승된 칠십인역 본문'이다. 학술문헌에서는 '고대 칠십인역(alte Septuaginta)'이라거나 '원(原) 칠십인역(ursprüngliche Septuaginta)'이라는 용어도 나타난다.

히브리어 성서	루터 성경	칠십인역
	애가	예레미야
	에스겔	바룩
	다니엘	예레미야애가
	호세아~말라기	예레미야의 편지
		에스겔
		다니엘 (+추가 부분)
		수산나
	(부록)	벨과 뱀(용)
	외경	

자료 9: 정경 형태 비교(히브리어 성서의 책명은 마틴 부버[M. Buber]가 로젠츠바익[F. Rosenzweig]과 함께 독일어로 번역한 성경[Die Schrift. 1~4권, 개정판, Darmstadt 1997]을 따른다.)

언어

알렉산더의 제국이 무너진 뒤에도 이른바 코이네-그리스어는 지중해 동쪽 모든 지역에서부터 페르시아의 여러 지역에 이르기까지 널리 사용되는 언어였고, 이집트와 팔레스타인 일부 지역에서는 공식적인 자리에서나 경제활동에서 두루 사용되었다. 특히 이집트 디아스포라의 헬라화 된 유대인들은 코이네를 사용하였고, 많은 사람들에게는 모국어이기까지 하였다. 그래서 **코이네-그리스어**는 칠십인역의 언어이기도 하다. 이 점은 아주 중요한 사실이다. 왜냐하면 이는 성서의 책들이 단순히 독특한 번역체 그리스어로 옮겨진 것이 아니라, 헬레니즘 시대의 일반 언어로 그리스어를 쓰는 삶 속에서 번역되었다는 것이 분명하기 때문이다. 그러므로 역본들에는 바탕을 이루는 히브리어 본문을 가능한 한 충실하게 재현하는 번역은 물론, 헬라파 유대인의 독자적인 새 해석이 들어 있으며, 이들은 서로 어우러진 채 존재하고 있다는 견해를 무시해서는 안 된다. 또한 이것은 본문비평의 관점에서 중요한 의미를 갖는다. 곧 칠십인역에 있는 모든 번역 이형이 실제로 또 다른 히브리어 본문이나 마소라가 아닌 보다 '더 좋은' 대본의 존재를 전제하는 것이 아니라, 문맥에서 나온 헬레니즘의 해석에도 그 바탕을 둘 수 있다는 것이다. 이런 점에서 칠십인역의 문화적 환경은[4] 외면하고서 오직 그것의 '본문 증거로서의 특징'만 고려해서는 안 된다는 것이 자명해진다. 왜냐하면 이런 경우라면 본문비평 문제에서 타당한 결정에 이르지 못할 것이기 때문이다.

4) 이에 대하여 H.-J. Gehrke, Das sozial- und religionsgeschichttliche Umfeld der Septuaginta, in: S. Kreuzer / J. P. Lesch (Hg.), Im Brennpunkt: Die Septuaginta. Studien zur Entstehung und Bedeutung der Griechischen Bibel Bd. 2, BWANT 161, Stuttgart 2004, 44-60을 참조하라.

5.1 칠십인역 기원 설화

칠십인역의 기원에 관한 고대 본문 가운데 기원전 100년 무렵의 〈아리스테아스의 편지〉가 가장 중요한 증거임은 의심할 나위가 없다. 비록 전설의 성격이 분명하지만, 이 글이 전하는 이야기는 몇몇 역사적 추론을 가능하게 해 준다. 또 다른 증거는 알렉산드리아의 필론(〈모세의 생애〉, II,29-41), 플라비우스 요세푸스(〈유대고대사〉, XII,11-119), 유스티누스(〈트리폰과의 대화〉)에게서 나타나고, 또 영향사에서 가장 중요한 기원 설화의 형태는 이레네우스(〈이단 논박〉, III,21,2)에게서 찾아볼 수 있다.

〈아리스테아스의 편지〉

이 편지에서 아리스테아스는 자기의 형제 필로크라테스에게, 알렉산드리아의 왕립도서관 감독인 팔레론의 데메트리오스가 세상의 모든 책을 소장하도록 엄청난 금액의 돈을 받았다고 전한다. 여기에 유대인의 토라도 번역되어 서고에 비치되어야 했다. 이 계획을 실행하려고 프톨레마이오스 2세(285-247년)는 예루살렘의 대제사장 엘르아살에게 협조 청원의 편지를 쓰고 아리스테아스를 통해 예루살렘에 전달한다. 엘르아살은 모든 지파에서 여섯 명의 유능한 남자들, 그러니까 모두 72명의 지혜자들 번역자로 뽑고, 유대인의 율법이 기록된 두루마리 문서와 함께 그들을 이집트로 보낸다. 72명의 지혜자들은 융숭한 대접을 받고, 연회 뒤에는 왕 앞에서 지혜로 가득 찬 대화를 펼치는데, 거기서 자신들의 높은 학식을 입증해 보인다. 사흘 뒤에 그들은 파로스섬 바닷가에 지어진 집으로 안내되어 그곳에서 번역 일을 맡게 된다. ("그들은 서로 비교해 가면서 단어 하나까지 합의하여 번역을 완성하였다.") 그들이 72일 만에 번역 작업을 완수한 뒤, 그리스어로 된 율법서가 먼저 유대인 공동체 앞에서 낭독되고 그들의 공인을 받는다. 그것은 이어서 왕에게 전달되는데, 왕은 놀라 마지않으며 승인한다. 번역자들은 명예를 드높이고 선물을 하사 받아 예루살렘으로 떠난다.

평가

〈아리스테아스의 편지〉는 위서(차명 문서)로 여길 수 있다. 왜냐하면, 한 이방인과 이집트 왕의 고위 관리들이 이 편지를 기술했다고 주장하지만, 그 이면에는 우리가 위(僞)-아리스테아스(Pseudo-Aristeas)라고 부르는, 훨씬 후대의 유대인 저자가 숨어 있기 때문이다. 그는 변증보다는 널리 알리려는 의도에서 이것을 기록한다. 이를 위해 그는 토라의 그리스어 번역을 유일한 것으로 보여 주고, 이것을 이방인 통치자(랍비 전통에 따르면, 탈마이 왕)의 입을 통해 찬양하게 한다. 그의 독자층은 알렉산드리아의 디아스포라 유대인들이었을 것으로 추정된다. 〈아리스테아스의 편지〉

는 토라의 번역을 전설적으로 프톨레마이오스 2세의 통치 시대로 옮겨다 놓지만, 불완전하다고 하는(〈아리스테아스의 편지〉, 314) 이전의 다른 번역들도 언급한다. 만약 칠십인역의 기원 시기를 이에 따라 정하고자 한다면, 첫 그리스어 번역이 이루어진 것으로 예상되는 때는 기원전 300년 무렵이다. 〈아리스테아스의 편지〉에서 이집트라고 기록된 칠십인역의 기원 장소도 신뢰할 만하며, 이것은 헬레니즘 시대의 행정 언어에 나오는 전형적인 단어들이 번역 안에 들어와 있다는 점에서 입증된다. 그럼에도 그들은 유대인 번역자들이다. 그들은 원어는 물론 번역어에도 능통하며, 특정한 제의 전문용어들을 사용함으로써 자신들이 유대인임을 드러낸다. 그러나 그들이 예루살렘에서 왔으며, 거기서 화려한 표준 필사본에 적힌 유대인 율법을 가지고 왔다는 것은 다른 이유로 그리 개연성이 없다. 왜냐하면, 현재 연구에 따르면, 구약성서의 개별 책들이 그리스어로 번역될 때 대본으로 사용된 히브리어 본문들은 표준을 생각할 수 없도록 개별적이었으며, 때로는 조악한 본문들이었던 것으로 평가되기 때문이다. 그러므로 예루살렘 성전의 도서관과 표준 필사본을 직접 연관 짓는 것은 배제해야 한다. 비록 〈아리스테아스의 편지〉가 바로 이 점에서 또 다른 인상을 준다고 할지라도 그렇다. 마지막으로 토라를 그리스어로 번역 제작하는 주도권이 누구에게서 나왔는지, 그러니까 헬라의 왕인지 아니면 유대인의 회당인지에 대한 문제는 여전히 논란거리다. 이에 대한 대답에 앞서야 할 것은 알렉산드리아의 유대인 공동체가 의심의 여지 없이 권위 있는 그리스어역 토라를 소유하고자 하는 열망을 가졌다는 사실이다. 왜냐하면, 히브리어로 율법을 낭독하면 프톨레마이오스 왕국에 사는 많은 유대인들이 율법을 더 이상 이해하지 못하였기 때문이다. 그런데도 그들이 독자적으로 역본을 만들었는지는 〈아리스테아스의 편지〉에서 기껏해야 간접적으로, 그리고 그 문서의 의도와는 별도로 끌어낼 수 있을 뿐이다. 이로부터 적어도 왜 완성된 역본이 곧바로 이집트 왕이 아니라, 먼저 유대 공동체에 선보여졌으며, 그들이 유효하고 확정적이라고 선포했는지가 설명된다. 이러한 배경 때문에 왕립도서관에 소장하고자 한 이집트 왕의 열망 때문에 율법이 그리스어로 번역되었다고 하는 위-아리스테아스의 서술은 다수가 받아들이지 않으며, 그 대신 알렉산드리아 공동체의 실질적 필요를 그 까닭으로 든다. 그러나 만약 프톨레마이오스 통치자의 교육 정책적 노력을 고려하고, 유대인과 그리스인 사이에 이루어지기를 바랐던 또 실제로 필요했던 문화적 소통 때문에 번역이 이루어진 것이라면, 객관적 사실은 달리 평가될 것이다.[5] 이 경우라면,

5) 이에 관하여 W. Orth, Ptolemaios II. und die Septuaginta-Übersetzung, in: H.-J. Fabry /U. Offerhaus (Hg.), Im Brennpunkt: Die Septuaginta. Studien zur Entstehung und Bedeutung der Griechischen Bibel [Bd. 1], BWANT 153, Stuttgart 2001, 97 – 114를 참조하라.

〈아리스테아스의 편지〉에서 되돌아보며 기술하는 것처럼, 토라 번역에 대한 왕의 후원은 결코 특이한 것이 아닐 것이다. 여기서 우리가 타협점을 찾는다면, 번역 작업은 프톨레마이오스 왕조의 '호의적인 관심'이 함께 한 사업이 된다.[6] 하지만 〈아리스테아스의 편지〉는 역사비평적 관점에서 볼 때 여러 층의 긴 과정이 있는 것으로 보이는 사실도 단순히 기술하는 데만 초점을 맞추고 있기 때문에, 이 경우에라도 우리는 통일성 있는 번역 작품을 가정하는 데는 의문을 가지게 된다. 왜냐하면, 이미 오경에서 개별 책들의 히브리어 대본은 물론 그 번역자도 다 다르다고 말할 수 있기 때문이다.

기독교의 수용

이 시점에서는 헬레니즘 시대의 유대교가 '72명의 학자들의 번역'을 다섯 권의 율법서에 한정해서 연관 짓고 있다는 점을 강조해야 한다. 칠십인역의 전체 문서 모음으로 확대된 것은 기원 설화를 초기 기독교가 받아들인 결과 위에서 비로소 시작된다. 여기서 기독교 교회는 그리스어 성서 전체의 정경으로서의 지위에 대한 자기들의 관심을 영감 사상과 결합하였으며, 거기다가 이미 필론에게서 시작한 기적 모티브를 사용하여 칠십인역 설화로 구성한다. 이제 설화는 다음과 같이 전개된다. 파로스섬에서 70인의 장로들은[7] 이제부터 각자 따로 떨어져 70개의 방에서 번역을 수행한다. 그들이 다시 모여서 자기들이 번역한 것을 서로 대조해 보니 번역이 문자적으로 일치한다. 그리하여 심지어는 이방인들도 이 책들이 하나님의 영감으로 번역된 것임을 알게 된다. 영감의 기적을 통해서 교회는 계속해서 하나님께서 권위를 세워 주신 성경 본문으로 여길 수 있게 되었다. 칠십인역이 마침내 기독교의 책이 된 것이다.

5.2. 초기 본문의 역사

구약성서의 그리스어 번역은 오랜 세월에 걸쳐 이루어졌으며, 기원전 3세기 초에 토라부터 시작한다. 〈집회서〉의 서문은 번역자인, 예수스 시락(Jesus Sirach)의 손자가 기원전 117년 무렵에 쓴 것이다. 이에 따르면, 이 시기에 벌써 그리스어로 된

6) M. Tilly, Einführung in die Septuaginta, Darmstadt 2005, 47을 참조하라. 유대인 내부의 수도권을 주요 원인(causa prima)으로 평가하고, 그에 반해 프톨레마이오스의 문화정책을 제2의 원인(causa secunda)일 뿐이라고 주장하는 글로는 R. Hanhart, Septuaginta, in: W. H. Schmidt / W. Thiel / R. Hanhart, Altes Testament, Grundkurs Theologie 1, Stuttgart 1989, 181을 참조하라.

7) 칠십인역은 숫자를 나타내는 그리스어 기호 ο' (= 70) 또는 οβ' (= 72)로 표기한다. 숫자 72의 끝수를 버려서 70으로 만드는 것은 성서 전통에 그 배경이 있다. 하나님이 당신의 영을 주신 이스라엘의 70인 장로들을 떠올리게 하는 것이다(민 11:16-17; 참조, 출 24:1-11).

율법서와 예언서와 나머지 책들이 존재한 것으로 보인다. 그러나 이를 근거로 번역 작업이 완결되었다고 생각해서는 안 된다. 왜냐하면, 전승된 칠십인역의 상태는 분명히 복잡한 그림을 그려 주기 때문이다. 이 그림에 따르면, 특히 성문서(정경의 세 번째 부분)의 번역은 기원후 2세기까지 계속된다. 아무래도 〈사사기〉에서와 같이 여러 번역이 이루어졌던 같다. 그리하여 오리게네스와 다른 필사본들과 두루 일치하며 기독교 교회에 널리 퍼졌던 알렉산드리아 코덱스(A)는 더 오래된 본문을 제공해 주는 반면에, 바티칸 코덱스(B)는 달리 전승되지 않은 또 다른 번역이다.[8] 이것은 극단적인 직역이며, 앞서 나온 어휘와 일관되게 맞추고 있어서(예컨대 '누구의 앞에'라는 뜻의 לִפְנֵי [리프네]는 ἐνώπιον[에노피온]으로) 훨씬 더 이후의 본문으로 여겨진다. 〈에스더〉의 경우, 마소라 본문에 비해 약 100구절이 더 많은 긴 형태의 그리스어 역본이 기원전 1세기에 생겨나 존재했으며, 또 알파 본문이라고 불리는 기원후 1세기의 약간 더 짧은 그리스어 역본도 존재했다. 마지막으로 칠십인역 〈전도서〉 본문은 기원후 2세기에 이르러서야 번역된 것으로 보이며, 아퀼라에게서 직접 비롯한 것이 아니라면, 아퀼라 개정본(5.3을 보라)과 비슷하다. 이러한 예들은 칠십인역의 생성이 한 시점에 일어난 사건이 아니라, 번역 기법의 발전과 개량과 더불어 나란히 진행된 역사적 과정으로 이해해야 한다는 것을 깨닫게 해 준다.

〈창세기〉 번역이 가장 앞선다. 이 번역은 히브리어-그리스어 사전도 없었고 번역 이론에 대한 지식도 없었던 당시로서는 대단한 업적이었다. 그러나 현장에서 즉흥적으로 일하는 통역자의 경험은 근동의 종교 문학을 그리스어로 옮기는 일을 하기에는 충분하지 않았을 것이다. 따라서 창세기 번역이 아무런 준비 없이 이루어진 것이 아니라, 그에 앞서 최소한 어휘 검토, 곧 〈창세기〉에 나오는 히브리어 기본 단어에 상응하는 중요한 그리스어 대응어를 (그리스 말을 사용하는) 공동체의 언어 용법과 일치시켜 확정해 두는 작업이 이루어졌을 가능성이 높다.[9] 이러한 결정은 중요하다. 왜냐하면, 후대의 번역자들은 자기가 가진 당대의 〈창세기〉나 율법서의 칠십인역 어휘는 물론 그들의 번역 기법의 모범을 따르기 때문이다. 그러나 개별 책들에서 칠십인역 번역의 특징은 다른 요소들에 좌우된다. 당연히 우선

8) 이러한 이유로 알프레드 랄프스의 칠십인역 소비평편집본에서 〈사사기〉의 그리스어 본문은 두 개의 번역 본문으로 아래위로 나란히 인쇄된다. 이 내용에 대하여 S. Kreuzer, Eine Schrift, zwei Fassungen: Das Beispiel des Richterbuches, BuK 56 (2001), 88-91을 참조하라. 크로이처는 A와 B 번역본문 너머에서 또 하나의 가장 오래된 〈사사기〉 번역을 끄집어낸다. 이 번역은 안티오키아 개정본과 헥사플라 개정본에서 부분적으로 찾아볼 수 있다.

9) 다음의 결과가 이와 같다. M. Rösel, Übersetzung als Vollendung der Auslegung. Studien der Genesis-Septuaginta, BZAW 223, Berlin / New York 1994, 248-249.

은 서로 다른 번역자들의 출신과 교육 정도이다. 이것은 그들의 개별적 특색에 따라 번역의 문체와 실행 방법을 형성한다. 둘째, 본문의 양식이 법이냐 이야기냐에 따라 번역의 차이가 생긴다.[10] 법 규정들은 훨씬 더 분명한 직역을 요구하고, 이야기는 훨씬 더 자유롭게 번역할 수 있다. 그뿐만 아니라 예언서 본문에는 현장감이 더해질 수 있다. 셋째, 번역은 그 목적에 따라서도 결정된다. 가령, 예배에 대한 관심은 고어체의 본문으로 많이 가게 하고, 일상어와 속어는 피하게 한다. 반면에 교육적인 의도는 언어의 명료성뿐 아니라 조화 쪽으로 기울게 한다. 넷째, 특히나 히브리어 대본의 질이 한몫을 한다. 왜냐하면, 초기의 번역들은, 어떤 본문 형태 집단에도 속하지도 않고 본문 대조도 되지 않은 개별적인 필사본에 따라 제작되었기 때문이다. 바로 이러한 상황은 다른 측면에서도 중요하다. 왜냐하면, 각각의 칠십인역 번역의 기초가 되는 히브리어 본문은 처음부터 마소라 본문과 동일한 것으로 여겨져서는 안 되기 때문이다. 오히려 많은 히브리어 대본은 마소라 본문 이전 단계를 지시해 주고, 또 개별적으로는, 나중에 예루살렘에서 공인된, 원 마소라 전통의 표준 본문과는 다르면서 그보다 더 오랜 본문을 제공해 주는 것이 사실이다.

시기	작업 의역	번역어 지향 번역 ← 중간 →	원어 지향 번역 직역
기원전 3세기		*창세기* *출애굽기* *레위기* *민수기, 신명기*	
기원전 2세기			*사사기* (A) *사사기* (B)
	제1에스라		*열왕기 1~4서, 역대상하*
		시편 *이사야* *여호수아* *예레미야*	
			열두 소예언서
		욥 (원래 본문형태)	*에스겔*
	잠언, 집회서 *다니엘* (칠십인역)		*애가* *마카베오 1서*
기원전 1세기			*유딧* *에스더*
기원후 1세기			*다니엘* (Θ), *스-느* *아가* *전도서*
기원후 2세기			

자료 10: 개별 번역의 대략적인 형성 시기와 특징(폴커 지거르트[Folker Siegert]를 따름)

10) 유대인들이 할라카(법적 규칙, 히브리어로 '가다, 다니다'라는 의미의 단어에서 나온 말)와 학가다(교훈적 이야기, 히브리어로 '보도하다, 이야기하다'라는 의미의 단어에서 나온 말)를 구별하는 것을 참조하라.

이 맥락에서 우리는 몇몇 성서 책의 최종 편집이나 열두 소예언서와 같은 통합이 헬레니즘 시대에 이르러서야, 곧 첫 그리스어 번역이 벌써 시작된 시기에 이루어졌다고 가정해도 된다. 이를 통해 위에 요약한 번역 전환 범위 도표는 기본적으로 사실임이 분명해진다. 이 도표에서 성서 본문의 최종 편집과 사본 및 번역이 마무리되는 것은 시기적으로 겹친다(3.4를 보라). 이것이 구체적으로 의미하는 바는, 앞서 언급한 번역이 전환되는 범위에서는 초기의 성경책 판본들이 유통되었다는 사실이다. 이 판본들은 이미 완결된 것으로 간주되어 번역을 위한 대본으로 사용될 수 있었던 것이다. 하지만 본문 성장의 생산 단계가 아직은 멈추지 않았기 때문에, 그러한 히브리어 본문 형태의 성서 책들은 편집 개정을 거치고, 이 개정본도 후대의 판본으로 유통되었을 수 있다. 그렇다면 이는 본문 전달 단계에 성서 여러 책의 여러 판본이 있었음을 말하는 것이다. **'초기 본문의 역사'**에서 다수 판본의 전승이 병행하는 이 과정은 아마도 특별한 경우가 아니라, 으레 그랬을 것이다. 비록 몇몇 구약 본문들만이 이를 증거한다 하더라도 말이다. 덧붙여서 위에서 서술한 내용은 오늘날의 예를 들어 설명할 수 있다. 벌써 여러 차례 언급한 엠마누엘 토브(Emanuel Tov)의 본문비평 교과서는 원래 1989년에 히브리어판으로 출간되었고, 이것을 1992년에 영문판으로 번역 출간하면서 저자가 부분적으로 수정, 확장, 개정하였다. 하인츠-요제프 파브리(Heinz-Josef Fabry)가 주도하여 펴낸 1997년의 독일어 번역본은 다시금 영문판에 바탕을 두고, 저자와 조정해서 마찬가지로 비평적으로 검토되었고 개정되었다. 마지막으로 2001년에 약간 수정된 영문판의 재판이 출간되었다.[11] 따라서 이 본문비평 교과서의 편집본은 서로 다른 네 개가 존재한다. 물론 구약성서의 책들은 저자의 문학이 아니라 **'전통 문헌'**(7.1을 보라)이라는 점에서 이와 근본적으로 차이가 난다. 개정, 이어쓰기, 또 현재화는 누가 했는지 알려지지 않았다. 이에 대한 연구는 방법론에서 보자면 편집사의 영역에 해당한다. 그런데도 대충 보아 넘기지 말아야 할 것은, 위에서 언급한 번역 전환 범위에 해당하는 편집자들은 그야말로 편집자일 뿐만 아니라 또한 필사자로 활동했으며, 그들의 (공동의?) 개정을 진행하면서 동시에 편집본을 만들어 냈다는 것이다. 구약성서에서 초기와 후대의 판본 또는 번역 본문을 구별해 낼 수 있는 가장 잘 알려진 예는 〈예레미야〉와 사무엘상 17-18장의 다윗과 골리앗 이야기이다.[12]

---

11) E. Tov, Textual Criticism of the Hebrew Bible, Second Revised Edition, Minneapolis / Assen und Maastricht 2001.

12) 또 다른 예로 E. Tov, Der Text der Hebräischen Bibel. Handbuch der Textkritik, Stuttgart / Berlin / Köln 1997, 265-289를 참조하라.

〈예레미야(G)〉

칠십인역의 〈예레미야〉는 더 적은 분량의 본문과 전체 짜임새와 이방 민족 말씀의 순서에서 마소라 본문과 차이가 난다. G는 다른 예언서에서도 흔히 나타나는 세 구조로 된 종말론적 도식에 따라 이스라엘과 유다에 대한 심판 말씀, 이방 민족 말씀, 구원 말씀의 순서로 되어 있다. 반면, 마소라 본문에서는 이방 민족 말씀이 이 책의 끝에 놓여 있으며, 이로써 예언자 이야기에 담긴 구원 말씀 뒤에 자리하고 있다. 칠십인역이 본래의 순서를 보존한 것인지에 대해서는 의견이 갈리어 논란이 된다. 그 반면에, 마소라 본문에 비해 약 3,000개의 단어가 더 짧은 그리스어 본문은 실제로 더 오래된 본문 형태를 반영한 것으로 보인다. 왜냐하면, 의도적으로 이 분량으로 본문을 줄인다는 것은 그 자체로 개연성이 매우 낮은 주장이기 때문이다.[13] 얼핏 보기에 후대에 이루어진 것으로 보이는 〈예레미야〉의 본문 단축마저 번역자가 한 것이라고 보아서는 안 될 것이다. 칠십인역의 짧은 판본은 오히려 히브리어 대본에서 비롯한 것이 상당히 확실하며, 이는 쿰란에서 나온 두 개의 단편, 곧 4QJer[b](= 4Q71)와 4QJer[d](= 4Q71a)를 통해 입증된다(3.5.3을 보라). 마소라의 긴 판본도 2QJer(= 2Q13)와 4QJer[a](= 4Q70), 그리고 4QJer[c](= 4Q72)와 같은 고대 본문 증거로 확인된다는 것도 고려한다면, 우리는 〈예레미야〉의 경우 서로 다른 두 개의 간행본이 있다고 분명히 말할 수 있다.

사무엘상 17-18장(G^B)

다윗과 골리앗 이야기는 조금 다른 경우이다. 여기서는 본문의 한 단락 안에서뿐 아니라, 칠십인역 전승 안에서도 불일치가 존재하기 때문이다. 알렉산드리아 코덱스(A)와 다수의 그리스어 필사본은 마소라 본문을 따른다. 반면에 바티칸 코덱스(B)는 39절 가량 더 짧은 판본이며 여기에는 이 단락 전체(삼상 17:12-31, 41, 48하, 50, 55-58; 18:1-6상, 10-11, 12하, 17-19, 21하, 29하-30)가 빠져 있다. 히브리어 대본을 입증해 줄 만한 초기의 본문 증거가 없더라도, 이 경우에는 더 불충분한 그리스어 본문 형태의 더 오래된 개정본이 존재했던 것 같다. 왜냐하면, 마소라 본문에 더 있는 본문(Plus)이, G^B에 빠져 있는 본문(Minus)보다 미드라쉬 형태의 부연으로 더 잘 설명되기 때문이다. G^B에 빠져 있는 본문에 대해서 우리는,

13) 이에 대하여 J. Ch. Gertz (Hg.), Grundinformation Altes Testament. Eine Einführung in Literatur, Religion und Geschichte des Alten Testaments, Göttingen 2006, 335–338(히브리어판과 그리스어판에 대한 개관도표가 있다)을 참조하라.

중복과 긴장의 제거를 통한 단축 의도가 있었다는 가정을 해야 한다.[14)]

초기 본문 증거

가능한 한 히브리어 성서의 가장 오래된 본문 형태에 근접하기 위해, 본문비평이 특히 히브리어 대본의 본문 증거인 칠십인역에 집중하는 것은 확실히 바람직하다. 그러나 칠십인역 본문 자체를 살펴보고 서로 다른 번역본이 나오기까지 더듬어 거슬러 올라가는 일 또한 중요하다. 여기서 초기 본문 증거는 매우 중요한 역할을 한다. 왜냐하면 그것들은 오리게네스의 헥사플라(5.4를 보라)가 다른 본문 전승에 결정적인 영향을 미치고, 또 더 오래된 본문 전통들을 두루 변형시키기 이전 시대에 비롯된 것이기 때문이다. 아쉽게도 쿰란에서는 몇 안 되는 그리스어 성서 필사본만 발견되었다. 게다가 이것들은 기원전 2세기 초반의 것으로, 신명기 11:4의 몇몇 낱말들만 담고 있는 가장 오래된 가죽 두루마리 단편 4QLXXDtn(= 4Q122)의 예가 보여 주듯이 아주 단편적으로 전승되었다. 제4 동굴에서 나온 네 개의 토라 본문 가운데 특히 4QLXXLev[a](= 4Q119) 단편은 본문 역사에서 매우 중요하다. 전승된 본문의 레위기 26:2-16은 약간 자유로운 번역을 보여 주고, 몇몇 독법에서는 칠십인역 본문의 초기 형태인 원래의 칠십인역(Old Greek)을 입증해 준다.[15)] 제7 동굴에서는 대략 20개의 또 다른 파피루스 단편들이 나왔다. 그러나 대부분의 경우, 이들 본문의 분량은 아주 적어서 거기에 적힌 성서 본문을 확인하기란 거의 불가능하다. 다만 7QpapLXXEx(= 7Q1)와 7QpapLXXEpJer(= 7Q2)는 분명히 확인된다. 쿰란 말고 가장 중요한 본문 증거는 앞서 언급한, 나할 헤베르에서 나온 그리스어 열두 소예언서 두루마리(3.3을 보라)와 이집트에서 발굴한 파피루스이다.

파피루스 라일랜즈 그릭 458(랄프스 기호: 957)

현재 맨체스터의 존 라일랜즈 도서관에 보관된 이 파피루스는 기원전 2세기 중반으로 거슬러 올라가며, 그리스어로 전승된 것 중 가장 오래된 성서 본문이다(도판 28). 단편 a-h는 미라를 감쌌던 두 개의 상자에서 떨어져 나왔으며 신명기 23-28장의 본문을 담고 있다. 흔히 그렇듯 그리스어 본문은 언셜 서체(5.6을 보라)

14) W. Dietrich, Die Erzählungen von David und Goliat in I Sam 17, ZAW 108 (1996), 172 – 191은 역시 같은 생각을 보여 준다. 또 내용에 대한 논의는 D. Barthélemy u. a. (ed.), The Story of David and Goliath. Textual and Literary Criticism, OBO 73, Freiburg, Schweiz / Göttingen 1986.

15) 참조, P. W. Skehan, The Qumran Manuscripts and Textual Criticism, in: Congress Volume Strasbourg 1956, VT.S 4, Leiden 1957, 157–160.

로 기록되지만, 고유한 특징이 있다. 그러니까 초기의 그리스어 필사본들은 일반적으로 띄어쓰기가 되어 있지 않은 반면에, 파피루스 라일랜즈 그릭 458의 필사자는 낱말 뭉치와 문장 사이에 빈 공란(Spatium)을 두어서 본문을 배열하였고, 이로써 일종의 절 나누기를 전해 주었다. 이와 비슷한 방식의 절 구분은 쿰란의 몇몇 히브리어 필사본에서도 나타난다. 또한 다른 데서는 전혀 찾아볼 수 없거나, 극히 소수의 본문 증거에서만 찾아볼 수 있는 일련의 고유한 독법도 나타난다.[16]

파피루스 푸아드 266(랄프스 기호: 847, 848 그리고 942)

이 파피루스 단편들은 리비아 광야의 변두리에 있는 오아시스 도시인 파이윰에서 나왔으며, 1943년 하나로 묶인 상태로 구매되었다. 최근 연구에 따르면, 이 파피루스 단편들은 세 개의 서로 다른 두루마리에 속하며, 여기에는 각각 고유한 랄프스 번호가 붙여졌다. 앞선 두 개의 두루마리는 기원전 1세기로 거슬러 올라가며, 각각 〈창세기〉와 〈신명기〉의 본문을 담고 있다(도판 29). 셋째 두루마리는 조금 더 후대의 필사본으로 역시 신명기 10-11장과 31-33장의 단편을 제공한다. 두 개의 〈신명기〉 두루마리 문서 중 더 오래된 것은 **'거룩한 하나님의 이름'**(nomen-sacrum)을 번역하여 표기할 때 세부적으로 매우 흥미로운 서법을 보여 준다. 그러니까 그 첫 번째 그리스어 필사자는 매번 해당 부분을 비워 두었고, 거기에다가 두 번째 손길이 하나님의 이름인 신명사문자를 고대 히브리어 문자로 기입해 넣었다. 하나님의 이름을 고대 히브리어 알파벳으로 기록한 것은 어쨌든 8HevXIIgr에서도 여러 차례 찾아볼 수 있으며, 이것은 유대인의 필사본에서 이루어진 관행이었던 것으로 보인다. 그럼에도 기원전 1세기에 속하는 4QLXXLev^{b}(= 4Q120)에는 Ιαω와 같은 또 다른 형태의 거룩한 하나님의 이름 표기 서법이 나타난다.[17] 칠십인역에서 신명사문자를 전형적으로 퀴리오스로 옮기는 것은 기독교 이전 시대로 거슬러 올라갈 것이다.[18] 이에 대한 분명한 증거가 초기 필사본에는 없지만 말이다(그러나 파피루스 그리스어 458, 단편 d: 신 26:18은 그 증거일지도 모른다).

16) 참조, J. W. Wevers, The Earliest Witness to the LXX Deuteronomy, CBQ 39 (1977), 240–244.

17) 참조, P. W. Skehan / E. Ulrich / J. E. Sanderson, Qumran Cave 4.IV: Palaeo-Hebrew and Greek Biblical Manuscripts, DJD IX, Oxford 1992, 170, 174. Ιαω의 표기는 단편 20의 4행(레 4:27)에서 증거되며, 아마 단편 6의 12행(레 3:12)에서도 증거될 것이다.

18) 이에 관하여 R. Hanhart, Textgeschichtliche Probleme der LXX von ihrer Entstehung bis Origenes, in: ders., Studien zur Septuaginta und zum hellenistischen Judentum, FAT 24, Tübingen 1999, 32 – 33을 참조하라.

체스터 비티 파피루스(랄프스 기호: 961–967과 2149–2151)

체스터 비티 파피루스 IV-XV는 〈창세기〉, 〈민수기〉, 〈신명기〉, 〈이사야〉, 〈예레미야〉, 〈에스겔〉, 〈다니엘〉, 〈에스더〉의 일부와 〈집회서〉의 단편이 담긴 11개의 코덱스에서 남은 부분이다(도판 31). 〈에녹〉의 단편과, 15개의 신약 문서도 또한 들어 있고, 여기에 교부 사데의 멜리토(Melito von Sardes) 설교가 담겨 있다. 이 파피루스들은 기원후 2~4세기로 거슬러 올라가며, 본문의 분량 면에서는 지금까지 언급된 초기 필사본들의 몇 배가 된다.[19] 그러므로 이 파피루스들은 칠십인역 본문에 대한, 헥사플라 이전 시대의 가장 중요한 본문 증거들이다. 또한 중요한 것은 나중에 '테오도치온 본문'에게 밀려난 본래의 칠십인역 본문을 증거하는 〈다니엘〉의 그리스어판이다. 파피루스 967번도 아주 가치 있는 본문 증거인데, 이것은 〈에스겔〉에서는 마소라 본문의 판본에 비해 더 오래된 책의 형태를 보여 준다.[20] 영국인 체스터 비티가 1929년 무렵에 이 파피루스들의 주요 부분을 입수했다. 이들은 현재 몇몇을 제외하고는 더블린의 체스터 비티 도서관에 소장되어 있다.

그 밖에 다른 두 개의 파피루스를 언급해야 한다. 하나는 3세기의 **보드머 파피루스 XXIV**(랄프스 기호: 2110)인데, 수많은 오류와 불규칙적인 정서법으로 된 시편 17-118편의 본문이 쪽수를 매긴 코덱스에 기록되어 있다. 다른 하나는 창세기 필사본의 **베를린 단편**(랄프스 기호: 911)으로 3/4세기에 속한다. 이것은 흘림체로 이행하는 언셜체로 기록되었고, 창세기 1-35장의 본문을 담고 있다. 베를린 단편은 현재 바르샤바 대학교의 파피루스 분과에 소장되어 있다(도판 32).

5.3 유대 개정본

그리스어 번역본과 히브리어 대본들의 다양한 가치는 물론, 마소라 본문과의 차이는 개별 책들의 그리스어 판본에 대한 수정이 초기에 벌써 시작되었다는 것을 이해하게 해 준다. 그러한 수정을 보통 교정(Revisionen)이라 일컫는다. 교정은 히브리어 본문에 맞추는 수정은 물론, 그리스어역의 개선과 그 밖의 변경을 말한다. **교정**

19) 본문의 정확한 상태에 대해서는 A. Rahlfs, Verzeichnis der griechischen Handschriften des Alten Testaments Bd. I,1: Die Überlieferung bis zum VIII. Jahrhundert, bearb. von D. Fraenkel, Septuaginta Vetus Testamentum Graecum. Supp. I,1, Göttingen 2004, 68–107을 참조하라.

20) 이에 대하여 K.-F. Pohlmann, Ezechiel. Der Stand der theologischen Diskussion, Darmstadt 2008, 22–27을 참조하라. 쾰른에 보존된 〈에스겔〉 단편들은 인터넷 홈페이지를 통해 볼 수 있다. http://www.uni-koeln.de/phil-fak/ifa/NRWakademie/ papyrologie/Ezechiel/bildereze.html

은 개정본(Rezension)이 편입되거나 종속되는 포괄적인 개념에 해당한다. 어쨌든 학문적인 개념에서 **개정본**은 좁은 의미로 이해하여 두 가지 특징으로 정의되는 것이 관행이다. 첫째, 개정본은 어휘 번역에서 원 칠십인역 본문 전승과 공통의 요소를 가져야 한다. 둘째로 원본에 더 충실한 방향으로 번역이 수정되어야 한다.[21] 개정본 외에 더러 편집본(Edition)이라는 개념도 사용한다. **편집본**은 새로 유통되기 시작한 본문의 번역이 불완전한 것으로 생각되어 부분적으로 개선한 것을 말한다.[22]

카이게 개정본(Kaige-Rezension, 또는 팔레스타인 개정본)

이 개정본의 이름은 두드러진 언어 특징에 따라붙은 것이다. 왜냐하면 이 개정본은 히브리 본문에 맞추려는 노력으로 히브리어의 גַּם[감] 또는 וְגַם[베감]을 매번 그리스어 καίγε[카이게]로 번역하고 이렇게 해서 단순 계사(Kopula)와는 구분하기 때문이다. 이전에 이 개정본은 테오도치온의 것으로 여겨졌으며, 그래서 기원후 190년 무렵으로 연대를 추정하였다. 그러나 이미 예전의 본문 연구에서 '테오도치온'의 독법이 신약성서의 인용에서 벌써 증거되며, 그래서 그것이 사실상 테오도치온의 개정본보다 더 오래되었을 것이라는 결과를 판단하기 어려운 상태였다. 사해 문서의 발견은 이 '원 테오도치온' 문제도 해결하였다. 왜냐하면 1952년 나할 헤베르에서 발견된 그리스어 열두 소예언서 두루마리(도판 30)가, 카이게 개정본과 테오도치온 개정본이 합쳐진 한 본문을 증거하기 때문이다. 그래서 이 두 개정본을 동일시하지 않고, 하나로 묶어 **'카이게-테오도치온'**이라고 일컫기도 한다. 카이게 개정본은 매우 이른 시기, 그러니까 기원전 50년과 기원후 50년 사이에 그리스어 본문에 대한 개정이 있었음을 보여 준다. 그 특징은 다음과 같다. 신명사문자를 번역하지 않고 고대 히브리어 문자 그대로 쓰며, 인명이나 지명 등은 원 칠십인역 본문 전승의 음역을 받아들이고, 점차 형성되고 있는 마소라 본문 전통을 따르며, 히브리어화 하는 개정을 하는 것 등이다. 그러나 성서의 어떤 책이 카이게 개정본의 규칙에 따라 개정되었는지는 정확하게 말할 수 없다. 이 문제가 얼마나 복잡한지는 특히 〈사무엘〉과 〈열왕기〉가 보여 준다. 이 책들의 그리스어 본문은 특정 본문 범위에서만 카이게 개정본을 보여 준다. 곧 사무엘하 10:1-열왕기상 2:11 본문(난락 표시: βγ)과 열왕기상 22:1-열왕기하 25:30까지의 본문(γδ)에

21) 이에 대하여 E. Tov, Die griechischen Bibelübersetzungen, in: ANRW II/20.1, Berlin / New York 1987, 171-172를 참조하라.

22) 참조, F. Siegert, Zwischen Hebräischer Bibel und Altem Testament. Eine Einführung in die Septuaginta, MJSt 9, Münster 2001, 287.

서 그렇다. 반면에 나머지 개정되지 않은 단락에서는 마소라 본문과는 다르고, 루키안 개정본 또는 안티오키아 본문(5.5를 보라)과는 비슷한 더 오래된 칠십인역 본문을 찾아볼 수 있다.

아퀼라(α′)

카이게 개정본이 유대교와 기독교 사이에 있던 그리스어 성서 본문을 둘러싼 논쟁보다 앞선 반면, 그보다 나중에 나온 유대인의 개정본은 이 논쟁과 관련되어 있다. 유대교로 개종한 아퀼라의 작품은 가장 잘 알려진 새 번역인데, 기원후 130년 무렵에 이루어졌다. 그는 아마도 랍비 아키바의 제자로서 문서 이해에서 그를 따랐다. 그의 이해에 따르면, 히브리어 성서에는 모든 단어와 철자마다 고유한 의미를 지닌다. 이로부터 아퀼라 개정본의 많은 특징이 설명되는데, 곧 그 대본이 되었을 마소라 원어 본문을 맹목적으로 직역했다는 것이다. 이는 바로 원어 중심의 번역 기법에 대해 말해 준다. 곧 일관되게 히브리어 단어의 어근에 맞춘 뒤에 일정한 그리스어 대응어를 정해 준다[23](표현 등가 우위). 예를 들어 히브리어 הלך[할라크] '가다'를 문맥에 따라 다양한 동사로 번역하는 (내용 등가 우위) 칠십인역 본문과는 달리, 아퀼라는 항상 일치하는 건 아니지만 대개 πορεύομαι[포류오마이]로 옮긴다. 목적격 표시인 אֶת־[에트]조차도 전치사 σύν[쉰]으로 옮기기를 선호한다. 특히 아퀼라와 밀접한 〈전도서〉 번역에서 그렇다. 그리스어로 번역할 때 이렇게 기술적으로 처리하는 바람에 성서의 많은 구절의 뜻이 모호해졌음은 자명한 일이다. 그에 반해 아퀼라 본문은 원어인 히브리어를 절대적으로 참조하는 특징을 여실히 보여 준다. 그래서 우리는 자연스럽게, 아퀼라 본문이 실제로 독립적인 본문으로 의도되었는지, 아니면 구체적인 '삶의 자리'에서 사용된 것인지 질문할 수 있다.[24] 어쨌든 우리는 아퀼라의 개정본을, 유대교가 칠십인역에서부터 거리를 두고 칠십인역의 본문을 기독교에게 넘긴 이후에, 가장 영향력이 큰 경쟁 관계에 있는 번역이었다고 간주해도 된다. 이에 비추어 볼 때, 아퀼라가 왜 특히, 신약성서의 사용을 통해 흡사 기독교적 '소유'가 된 것으로 보이는 칠십인역의 표현들을 피하였는지 그 이유가 분명해진다. 이러한 특징을 보여 주는 것이 '메시아'의 번역이다.

---

23) 아퀼라에게서 나타나는 낱말 조정은 J. Reider, An Index to Aquila, completed and revised by N. Turner, VT.S 12, Leiden 1966에서 추론되었다. 이에 대한 한하르트(R. Hanhart)의 비평적인 서평, ThRev 64 (1968), 391–394를 참조하라.

24) 참조, F. Siegert, Register zur »Einführung in die Septuaginta«, MJSt 13, Münster 2003, 362-363.

아퀼라는 이 단어를 기독교 교회에서 전유물처럼 쓰게 된 Χριστός[크리스토스]가 아니라 같은 뜻이지만 다른 번역어인 ἠλειμμένος[엘레임메노스]로 옮겼다.

심마쿠스(σ′)

에피파니우스(Epiphanius)의 증언에 따르면 심마쿠스는 유대교로 개종한 사마리아 사람이었다(〈무게와 측량〉[De mensuris et ponderibus], 16). 때때로 그는 랍비 문헌에 언급된 솜코스(Somchos)와 동일시되기도 한다. 이 사람은 랍비 메이르(Meir)의 제자였다고 한다. 번역인지 개정본인지 분명하지 않은 상태에 있는 심마쿠스의 작품은 기원후 170년 무렵에 생겨났다고 한다. 한편으로 그는 아퀼라의 선행 작업을 근거로 삼고, 다른 한편으로는 적절한 단어를 선택하고, 후대의 로마-헬라 산문 예술을 따르는 문체로 개선하는 데 힘썼다.[25] 이렇게 하여 심마쿠스는, 표현 등가 우위를 희생시키지 않고, 원어의 고정성과 번역어의 유동적 지향성 사이에서 균형을 시도하였다. 히에로니무스는 심마쿠스의 번역을 특별히 높이 평가하였다. 유감스럽게도 이 번역은 몇 안 되는 인용문과 헥사플라 단편에만 보존되어 있다. 그렇기 때문에 이 본문의 성격을 규정하는 일은 여전히 논란거리다.

테오도치온(θ′)

테오도치온에 대해서는 앞서 언급하였다. 그의 개정 활동은 앞서 설명한 초기의 카이게 개정본에 바탕을 두고, 그것을 계속 확장하는 일이었다. 그가 개정한 분량과 현재 남아 있는 상태에 대해서는 정확하게 말할 수 없다. 따라서 테오도치온 본문이 더 오래된 카이게 개정본을 보여 주는 것인지, 아니면 그의 본래의 교정 노력의 결과를 보여 주는 것인지는 개별 경우마다 검증해야 한다. 많은 연구자는 심지어 테오도치온이 이 그리스어 본문의 판본 제작에 참여하였다는 가설을 완전히 포기하고, 카이게-테오도치온 개정본에 대해서만 말한다. 고대 교회의 전통에 따르면, 앞서 말한 테오도치온은 소아시아 출신으로 마찬가지로 개종자였다고 한다(이레네우스, 〈이단 논박〉, III,23). 테오도치온은 코모두스(Commodus) 황제 시대에 활동하였기 때문에 그의 작품은 기원후 190년 무렵으로 설정된다. 앞선 개정자들과 마찬가지로 테오도치온도 그리스어 성서 본문을 개정할 때, 히브리 단어 어근에서 시작한다(어원을 지향하는 번역). 서로 다른 두 개의 히브리어 단어가 같은 그리스어 단어로 번역되지 않게 하려고, 경우에 따라 흔히 쓰이지 않는 대응어도

25) 참조, Hanhart, Septuaginta, 188-189.

쓴다. 그에 반해, 동식물 이름과 같이 번역어에 적절한 대응어가 없으면, 종종 음역하기도 했다. 칠십인역 본문을 존중하면서, 히브리어 원문을 강하게 모방하기 때문에 테오도치온 개정본은 아퀼라와 심마쿠스의 가운데 위치에 있을 수 있다. 반면에, 거의 모든 필사본에서 약간 더 자유롭게 번역된, 더 오래된 칠십인역 본문을 제칠 수 있었던 이른바 〈다니엘〉의 'Θ'-본문의 경우는 특히 문제가 된다. 왜냐하면 이 'Θ'-본문은, 다른 곳에서 테오도치온의 교정 경향을 특징짓는 동질성과 일관성을 보여 주지 않기 때문이다. 그렇기 때문에 학계에서는 〈다니엘〉의 'Θ'-본문이 테오도치온과 아무런 상관이 없다고 가정한다. 오히려, 일부는 히브리어-아람어 원문에서 번역하고 일부는 칠십인역 본문을 각색한, 초기 개정본이라는 것이다.[26] 이것이 맞다면, 'Θ'-본문은 카이게 개정본과 더불어 기원전과 기원후의 전환기 무렵에 칠십인역 본문의 교정이 이미 이루어졌다고 예상하게 하는 또 다른 증거가 될 수 있다.

'세 번역' (οἱ γ′ 또는 οἱ λ′)

고대의 자료에서 벌써 유대인의 개정본인 아퀼라, 심마쿠스, 테오도치온을 한데 합쳐서 '세 번역'(γ′ 그리스어 숫자기호)이라고 일컫거나, 아울러서 나머지 번역자들(λ′ 그리스어 λοιποί[로이포이]의 약자)로 일컫는다. 이들은 상응하는 기호를 써서 괴팅겐 칠십인역의 비평장치에는 물론 비블리아 헤브라이카 슈투트가르텐시아와 퀸타의 비평장치에도 들어가 있다. 대부분 오리게네스의 헥사플라(5.4를 보라)에 한데 합쳐져서 보존된 세 개의 유대인 개정본들과 더불어 또 다른 헥사플라 이전의 개정본들이 있는데, 오리게네스는 이것도 찾아내 자기 작품에 포함하였다. 이것은 익명으로 전승되었음에도, 마찬가지로 유대인의 개정본에 든다. 여기서 적어도 방법론의 관점에서 유대인과 기독교인의 개정본을 어떻게 구별하느냐는 문제가 생긴다. 유대 기원의 특징으로 일반적으로 언급되는 것은 첫째, 칠십인역에서 흔히 사용한 번역어 κύριος[퀴리오스] '주님'을 신명으로 사용하지 않고 신명사문자의 형태를 사용하는 것이며, 둘째 책의 형태가 아니라, 두루마리 형태로 기록한다는 것이다. (원본이 존재하는 한은 적어도 그렇다!)

유대 개정본의 출현은 랍비 유대교가 칠십인역으로부터 점점 더 거리를 두었던 맥락에서 보아야 한다는 점을 여기서 마지막으로 한번 언급해야 한다. 우

26) 참조, A. Schmitt, Die griechischen Danieltexte (»θ′« und o′) und das Theodotionproblem, BZ 36 (1992), 1–29.

선 이것은 랍비들이 칠십인역 본문을 버렸다는 것을 의미하지 않는다.[27] 그렇지만 그들은 칠십인역 본문을 수정하거나 개정하지 않는 대신에, 경쟁 역본들을 지원하였다. 유대인과 기독교인 사이에 특정 성경 구절에 대한 정확한 주석 논쟁이 자주 있었는데, 이때 기독교인들은 당연히 통용되는 칠십인역 본문에 바탕을 두고 있었다. 따라서 유대인들 편에서 칠십인역 본문에 대해 문제를 제기하며 끌어온 것은 경쟁 역본들이었다. 그 가운데 특히 원어를 강하게 지향하는 아퀼라 역본이 결정적인 중요성을 얻었다. 그러므로 유대교가 논쟁을 통해 예부터 전해 오는 칠십인역 본문과 점점 더 거리를 두었다는 것은 두말할 나위가 없다. 이 과정은 결국 칠십인역의 포기라는 결과로 이어질 수밖에 없었다. 이런 사실은 나중에야 탈무드 이후의 소책자(Traktat)에서 표현된다. 이 책은 칠십인역의 기원 설화에 이어 언급하기를, 칠십인역을 완성한 날은 금송아지를 만든 날이 재앙의 날이었던 것처럼 그렇게 이스라엘에게 해로운 날이었다고 한다(〈소페림[Sopherim]〉, 1,8).

5.4 오리게네스의 헥사플라

오리게네스의 헥사플라는 본문 역사에서 분기점을 이룬다. 이것은 칠십인역 전승의 주요 흐름을 한데 묶어 줄 뿐만 아니라 유대인과 함께 그리스어 본문에 대해 토론하게 해 준다. 기원후 230년과 240년 사이에 교회의 교정 작품을 완성한 알렉산드리아의 신학자 오리게네스는 여섯 개의 성서 본문, 곧 1) 히브리어 본문, 2) 히브리어 본문의 그리스어 음역, 3) 아퀼라역, 4) 심마쿠스역, 5) 칠십인역 본문, 6) 테오도치온역을 여섯 단에 나란히 배치하였다. 헥사플라 외에 오리게네스는 네 개의 번역만을 담은 이른바 **테트라플라**라는 두 번째 작품도 완성하였다. 이것이 헥사플라보다 앞서 있었는지, 아니면 훨씬 이후에 네 단으로 줄인 편집본인지는 분간해 낼 길이 거의 없다. 어쨌든 두 작품의 분량은 상당하였다. 헥사플라의 분량은 어림잡아 50권, 곧 6,000장에 이른다. 이 때문에 헥사플라는 통째로는 거의 필사되지 않았다. 팔림프세스트(palimpsest), 곧 긁어내고 새로 덧쓴 이른바 재복필사본으로 남아 있는 밀라노 헥사플라 단편(랄프스 기호. 1098)은 헥사플라의 외양을 보여 준다(노판 34).

---

27) 이에 대하여 G. Veltri, Gegenwart der Tradition. Studien zur jüdischen Literatur und Kulturgeschichte, JSJ.S 69, Leiden / Boston / Köln 2002, 95–98을 참조하라. 그는 칠십인역이 기독교의 소유이기 때문에 유대인의 진례에서 사라진 것이 아니라, 랍비들이 예배에 사용하기에는 그리스어 타르굼보다 아퀼라의 번역이 더 적합하다고 여겼던 환경 때문이라는 날카로운 주장을 한다.

첫째 단

헥사플라의 첫째 단에는 히브리어 본문이 있었으나 히브리어 알파벳으로 쓰인 이 단은 하나도 남아 있지 않다. 그래서 히브리어 본문의 단이 존재하기나 했었는지 의심되는데, 이는 특히 이미 언급한 밀라노 헥사플라 단편(편집자의 이름을 따라 '메르카티 단편'으로도 불림)[28]이 둘째 단부터 여섯째 단까지만 남아 있기 때문에 더욱 더 그러하다. 그렇지만 의심할 만한 근거는 충분하지 않다. 이는 첫째, 밀라노 소문자 필사본은 기원후 9~11세기, 그러니까 비교적 후대에 형성된 헥사플라 필사본이기 때문이다. 그리고 둘째, 기독교 전승의 관심이 주로 헥사플라의 그리스어 본문에 해당되어서 히브리어 본문도 생략될 수 있다고(필사자가 히브리어의 정방형 문자에 능숙하지 않았던 경우라면 특히나 더 그랬을 것이다) 가정할 수 있기 때문이다. 정반대로도 추측할 수 있다. 헥사플라를 구상할 때, 다시 말해 오리게네스가 본문 작업장에서 헥사플라를 준비할 때, 히브리어 기본 본문이 결정적 역할을 한 반면, 그 옆에 있는 그리스어 음역 본문은 별로 그렇지 않았다고 말이다. 그래서 원래 히브리어 단이 있었다는 것을 지지하는 쪽으로 쟁점을 해결할 수 있으며 심지어는 그에 대한 간접 증거까지도 댈 수 있다. 간접 증거는 카이로 게니자에서 나온 필사본 단편에 의지하는데, 이 단편은 헥사플라에 나온 대로 쓴 시편 22편의 본문(칠십인역 21편)을 덧쓴 면(Doppelblatt)에 제공해 준다(랄프스 기호: 2005). 이것도 덧쓴 재록필사본이다. 아래 곧 바탕에 기록된 글자는 기원후 7세기의 것이다. 그러나 기원후 11세기에 두 번째로 기록할 때는 헥사플라 본문을 긁어냈을 뿐만 아니라 덧쓴 면의 위쪽과 바깥 가장자리가 새로운 형태로 재단되었다. 이렇게 재단된 덧쓴 면은 현재는 둘째 단부터 다섯째 단까지만 확인된다. 그렇지만 본래 형태에 첫째 단도 담겨 있었으리라는 것을 비교적 정확하게 가늠해 볼 수 있다.[29] 이러한 배경에서 제기되는 흥미로운 질문은 헥사플라가 본래 어떤 히브리어 본문 판본을 사용했는가 하는 것이다. 프레데릭 필드(Frederick Field)는 당연히 자신의 1875년의 헥사플라 편집본에서 마소라 본문으로 채워 넣었다. 그러나 그것을 복원하려는 최근의 시도는 경우마다 다 다르며, 심지어는 자

28) Psalterii Hexapli Reliquiae, cura et studio Johannis Card. Mercati, pars prima, Rom 1958.

29) 자세한 것은 다음을 참조하라. R. G. Jenkins, The First Column of the Hexapla: The Evidence of the Milan Codex (Rahlfs 1098) and the Cairo Genizah Fragment (Rahlfs 2005), in: A. Salvesen (ed.), Origen's Hexapla and Fragments, TSAJ 58, Tübingen 1998, 88–102; 또 다음의 두 논문도 보라. G. J. Norton, Observations on the First Two Columns of the Hexapla, 103–124; P. W. Flint, Columns I and II of the Hexapla: The Evidence of the Milan Palimpsest (Rahlfs 1098), 125–132.

음 상태에서도 서로 다른 본문을 전제해야 한다는 것을 보여 준다. 이를 통해 다시 한번 확인되는 것은, 기원후 3세기에 히브리어 성서는 어느 정도 고정된 본문 형태가 사용되었으나, 최종 확정된 마소라 본문 형태는 아직은 나타나지 않았다는 것이다.

둘째 단-여섯째 단

둘째 단은 그리스어 음역이며, 이는 히브리어 자음 본문을 읽거나 거기에 모음을 붙일 때 매우 유용했을 것이다. 이 음역은 기원후 2세기 무렵에 만들어진 유대인의 창작물로, 이것을 오리게네스가 채택한 것으로 보인다. 둘째 단 다음에는 그리스어 역본들이 나오는데, 이 순서는 히브리어 본문과 근접한 정도를 반영할 것이다. 셋째 단에는 특히나 본문의 문자적 의미를 고수하는 아퀼라역을 둔 반면, 넷째 단은 심마쿠스역으로, 훨씬 더 적극적으로 번역어에 맞춘 번역임을 보여 준다. 다섯째 단에는 칠십인역 본문이 있는데, 이것은 오리게네스가 교열하고 개정한 것이다. 마지막으로 여섯째 단에는 카이게-테오도치온 개정본이 있지만, 열두 소예언서와 〈사무엘〉과 〈열왕기〉의 일부분에는 또 다른 번역이 있다.

기타 번역들

유세비우스의 기록(〈교회사〉, VI, 16,1-4)에 따르면 오리게네스는 자신의 〈시편〉-헥사플라에 잘 알려진 네 개의 번역(셋째 단~여섯째 단) 다음에, 다섯째, 여섯째, 일곱째 번역("일곱째 단~아홉째 단")을 두었다고 한다.[30] 이들은 각각 퀸타, 젝스타, 셉티마로 헤아려진다. 이것이 의미하는 바는, 헥사플라의 다섯째 단은 퀸타로 불리고 기호 ε′ (그리스어 숫자)가 붙은 번역과 똑같지 않다는 것이다. (독일식) 셈법은 단을 말하고, 다른 (라틴식/그리스식) 셈법은 번역본을 말한다.[31] 언급된 익명의 번역본들은 유감스럽게도 거의 남아 있지 않다. 헥사플라-〈시편〉의 약 150구절을 가진 메르카티 단편은 여하튼 퀸타를 제공해 준다. 그러나 일곱째 단이 아니라 여섯째 단의 테오도치온역 자리에 있다(도판 34). 그 외에 젝스타(여섯 번째 번역본) 아래 있는 오리게네스의 덧붙인 글을 통해 우리는 흥미로운 사실을 하나 더 알게 된다. 그

30) 이 기타 번역들은 단의 형태로 제시하지 않고 난외나 본문 아래에 기록했을 가능성이 매우 높다.

31) M. Tilly, Einführung in die Septuaginta, Darmstadt 2005, 85–93에서는 퀸타(Quinta)를 헥사플라의 다섯째 단과 다섯 번째 그리스어역(=퀸타)을 일컫는 데 쓰고 있다. 이렇게 이중으로 사용하는 것은 혼란을 일으킨다. 이러한 이유로 고대 문헌에서 사용된 두 번째 단의 명칭(그리스어 음역 단)을 세쿤다(Secunda)로 일컫는 것은 피하는 게 좋겠다.

것은 이 번역이 다른 히브리어, 그리스어 책들과 함께 여리고의 한 항아리에서 발견되었다고 하는 것이다. 쿰란에서와 같은 본문 발굴이 이미 고대에도 있었던 것이다. 많은 연구자들은 실제로 젝스타가, 네 개의 토기 항아리(원문 그대로!)와 약 20개의 그리스어 두루마리 문서의 자투리들이 드문드문 발견된 쿰란 제7 동굴에서 나왔다고 추측하기도 한다.[32]

오벨로스와 아스테리스코스

다섯째 단의 특이성은 전승된 칠십인역 본문이 오리게네스가 직접 마련한 개정본으로 제공된다는 점에 있다. 그는 호메로스의 서사시에 대한 알렉산드리아의 본문비평을 통해서 알게 된 교정 기호를 사용하였다. **오벨로스(÷)**[33]로는 '잉여 본문', 곧 그리스어 본문에만 있고 히브리어 본문에는 없는 본문 구절들을 표시해 준다. 반면에 **아스테리스코스(※)**로는 '누락 본문', 곧 히브리어 원본에는 있었지만 어떤 이유에서인지 칠십인역에는 빠진 본문들을 표시하였다. 해당 본문 단락이 끝났음을 가리키는 종결 표시로 오리게네스는 다양한 형태로 나타나는 **메트오벨로스(÷,✓)**를 사용하였다. 이에 따르면 창세기 1:7은 다음과 같이 번역된다. "하나님이 궁창을 만드사 궁창 아래의 물과 궁창 위의 물로 나뉘게 하시니. ※ 그대로 되니라.✓" 히브리어 본문에는 있지만 칠십인역에서는 유사문두탈락(8.1.7을 보라)으로 생략된 것으로 보이는 이른바 '성취 관용구'를 오리게네스는 다른 번역들에서 보완하고 '누락 본문'이라고 표시하였다. 여기서 볼 수 있듯이, 이러한 기호들로 본문 대조가 매우 수월해졌다. 그러나 헥사플라에서 아리스타르크 기호를[34] 사용할 때는, 이 기호들이 엄밀한 본문 비평적 의미에서 제거 표시나 보충 표시로 수용되지는 않았다는 점을 유의해야 한다. 어떤 면에서는 그 쓰임새가 정반대다. 왜냐하면 오리게네스는 자신이 '잉여 본문'(칠십인역에 더 있는 본문)으로 표시한 것을 실제로 감히 제거하려 하지 않았기 때문이다. 오히려 그는 '잉여 본문'을 필수적인 칠십인역 본문으로 여겼으며, 이로써 이 특별한 자료는 영원히 기독교 교회의 소유가 되었다. 그에 반해 그는 히브리어 원본에만 제공된 '누락 본문'(칠십인역에 빠져 있는 본문)

---

32) 참조, H. Stegemann, Die Essener, Qumran, Johannes der Täufer und Jesus, Freiburg / Basel / Wien 1993, 111–113.

33) 그리스어 ὀβελός[오벨로스]는 '꼬치'를 뜻하며 '찔러 고정된 것' 즉, 저작물에서 제거되어야 하는 위조된 자리를 가리킨다.

34) 기원전 2세기에 알렉산드리아의 문법학자 아리스타르크가 도입한, 구분 기호는 아리스타르크 기호로도 불린다.

을 선택적인 독법으로 선언하였다.[35)]

헥사플라 개정본(G^O)

칠십인역-단은 교정 기호만 담은 것이 아니다. 오리게네스는 본문에도 깊이 관여하여 아무런 표시 없이 고치기도 했다. 이따금 단어와 일부 문장의 자리를 뒤바꾸기도 하였는데, 이는 다른 번역들과의 대조를 수월하게 하려 했던 것으로 보인다. 그러므로 누구든지 칠십인역의 원래 본문을 밝혀내려고 한다면, 전승된 칠십인역 본문을 헥사플라가 '순수한 형태'로 제공하는 것이 아니라, 오리게네스의 개정본으로 제공한다는 점을 고려해야 한다. 오리게네스의 개정본은 아주 빠르게 명성을 얻었고, 그 때문에 그 이후의 칠십인역 본문 역사에 폭넓은 영향을 미쳤다. 헥사플라 G^O-본문은 종종 따로 필사되었기 때문에, 그 전승 자료는 헥사플라 전체 작품의 경우보다 훨씬 더 유용하다고 평가할 수 있다. 오벨로스와 아스테리스코스도 전승해 주는 중요한 본문 증거로는 기원후 4/5세기의 것으로 **콜베르토-사라비아누스 코덱스(G)**(도판 35)와 기원후 6세기에 속하는 **마르칼리아누스 코덱스(Q)**가 있는데, 후자에는 헥사플라의 독법이 난외에 기록되어 있다(도판 36). 또한 주의해야 할 것은, 가치가 덜한 후대의 필사본에는 교정 표시가 부분적으로 또는 전부 생략되어 있으며, 이따금 잘못 이해되거나 단지 장식으로 전승되었다는 것이다. 본문비평을 위해서 필수적인 참고자료는 1875년에 출판되어 대부분의 대학도서관과 신학교 도서관에 소장된 프레데릭 필드의 편집본이다. 여기에는 그때까지 알려져 있던 헥사플라 본문 자료가 편찬되어 있다.[36)]

시리아어 헥사플라(Syh)

이른바 시리아어 헥사플라는 헥사플라 전체 본문에서 매우 중요한 가치를 지닌다. 이것은 텔라의 주교 파울이 기원후 7세기에 매우 면밀하게 제작한 시리아어 역본이다. 이것은 아리스타르크 기호를 보존하고 있는 G^O 본문의 가장 좋은 증거로 여겨진다. 또한 이것은 아퀼라, 심마쿠스, 테오도치온의 독법도 제공해 준다. 시리아어 헥사플라 본문은 특히 밀라노의 암브로시아 도서관에 소장된 필사본(C. 313 Inferiore)에 남아 있는데, 이것은 기원후 9세기의 것으로 구약성서의 후반부(예

35) 오리게네스의 (마 19:19에 대한) 마태복음 주석에 나타난 입장 표명은 P. E. Kahle, Die Kairoer Genisa, Berlin 1962, 254에 번역되었다.

36) F. Field (Hg.), Origenis Hexaplorum quae supersunt, Vol. I–II, Oxford 1875 (Nachdruck: Hildesheim 1964).

언서와 성문서)는 물론, 런던에 보존된 〈출애굽기〉 필사본 Add. 12.134(도판 37)와 같이 개별 책들의 다른 여러 필사본들도 제공해 준다.

헥사플라로 오리게네스는 그리스어 성서의 본문 전승에서 점점 더해 가는 다양성에 대처하는 동시에, 유대교와 벌이는 대화에서 자신의 개정본 G^{O}를 통해 오류와 허점이 없는 칠십인역 본문을 보여 주려고 하였다. 대단한 수고를 쏟아 부은 그의 사업은, 헥사플라 편집본이 아주 빠르게 퍼져 나갔으며, 이어지는 칠십인역 본문의 역사를 주도하였다는 점에서 성공적이었음을 보여 준다. 본문비평의 관점에서 오늘날 그의 작품이 가지는 가치는, 헥사플라가 본문 전승의 "가장 불행한 사건"으로 여겨진다는 평가에 이를 정도로까지[37] 매우 다양하게 자리매김 된다. 이러한 극단적인 평가는, 교부들이 헥사플라의 모든 단에서 분별없이 부분적으로 인용하고, 또 주요 코덱스들도 헥사플라의 독법을 수용하였기 때문에 특정 낱말이 언제 칠십인역으로 들어갔는지 더 이상 판단할 수 없게 된 상황과 연관된다. 이 때문에 본문비평 작업과 이를 통한 칠십인역 원래의 본문을 밝히는 일은 매우 어려워졌다. 바로 이 '헥사플라 매듭'이 오늘날에도 풀기 쉽지 않은 문제이며, 또한 괴팅겐 칠십인역 연구소(5.8을 보라)를 통한 비평 본문 제작이 더디게 진행되게 하는 원인이다. 이러한 상황을 제외하고 생각하면, 오리게네스의 헥사플라 작업장이 없었더라면 다양한 독법들과 어쩌면 유대인 개정본들도 전승되지 못했을 것이다. 그러므로 초기 필사본과 후대의 주요 코덱스 사이의 본문 역사 재구성을 위해 헥사플라 전승은 필수적이면서도 중요한 연결고리이다.

5.5 안티오키아 본문(루키안 개정본)

헥사플라 이후 시대에 기원후 4세기로 거슬러 올라가는 또 하나의 그리스어 성서의 기독교 개정본이 알려져 있다. 전통에 따르면, 이것은 기원후 312년에 순교한 안티오키아의 장로 루키안과 관련이 있으며 **루키안 개정본**(G^{L})이라 불린다. 여러 개정본에서 흔히 나타나듯이, 루키안에서도 히브리어 본문에 맞추려는 것들을 관찰할 수 있다. 어떤 히브리어 본문 전통에 맞춰 수정되었느냐 하는 질문은 여전히 논쟁거리다. 그럼에도 이러한 조정보다 그리스어 문체의 개선이 더 많은데, 이

37) 참조, F. Siegert, Register zur »Einführung in die Septuaginta«, MJSt 13, Münster 2003, 369. F. Bleek, Einleitung in das Alte Testament, 5. Aufl. Berlin 1886, 546에서 벌써 율리우스 벨하우젠(J. Wellhausen)이 인용된다. "오리게네스가 어느 정도로 칠십인역을 실질적인 목적을 위해, 그러니까 교회의 성경으로 유용하게 했는지는 여기서 답변될 수 없다. 칠십인역이 우리에게 제공하는 학문적인 목적, 즉 고대 번역자 앞에 있던 히브리어 원본의 복원을 위해서 그는 … 오히려 칠십인역을 못 쓰게 만들었다."

는 예전에서의 낭독을 고려하여 루키안 〈시편〉 본문이 그리스 교회에서 특히나 높이 평가되었다는 점을 배려한 것이다. 루키안은 당연히 헥사플라도 사용하였다. 이때 그는 심마쿠스역에 더 관심을 기울였다.[38] 반면에 오리게네스는 잘 알려진 대로 테오도치온 본문을 선호하였다. 그렇지만 루키안 개정본은 또 다른 이유에서 결정적인 의미를 지닌다. 왜냐하면 이 개정본의 기초가 되는 그리스어 본문이 오리게네스가 개정한 칠십인역 본문이 아니라, 이미 플라비우스 요세푸스에게서 부분적으로 입증되거나 사용되었고, 또한 고대 라틴어역(**베투스 라티나**)의 몇몇 단편에서도 입증되는, 훨씬 더 오래된 그리스어 본문이기 때문이다. 더 오래된 이 본문은, 〈사무엘〉과 〈열왕기〉에서 관찰되는 것처럼, 초기 카이게 개정본과도 다르다. 앞에서 이미 상술한 것처럼(5.3을 보라) 칠십인역은 사무엘하 10:1-열왕기상 2:11(βγ)과 열왕기상 22:1-열왕기하 25:30(γδ)의 부분에서 카이게 개정본을 따른다. 반면, 나머지 부분들은 마소라 본문과의 차이점들을 보여 주지만 루키안 개정본과의 공통점들을 보여주는, 개정되지 않은 본문을 제공한다. 여기서 주목할 만한 점은, 카이게 부분의 βγ와 γδ를 포함하는 안티오키아 본문 증거 그룹들이 전반적으로 개정되지 않은 본문을 제공한다는 것이다.[39] 실상은 거의 확실하게, 루키안 개정본의 본문이 카이게 개정본에 견주어 원래의 칠십인역에 훨씬 더 근접해 있다는 것을 뜻한다. 그러니까 정확히 말하자면 — 테오도치온의 경우와 유사하게 — 여기서도 **원 루키안 본문**에 대해 말하거나, 아니면 적절하게 루키안 개정본에 담긴 기초 단계에 대해 말해야 한다. 왜냐하면 이것은 루키안의 개정 작업이 있기 이미 오래전부터 존재했기 때문이다. 명칭 문제를 피하기 위해 오늘날에는 **안티오키아 본문**이라는 보편적인 이름을 선호하며, 특히 안티오키아 교부들의 인용문들은 이 본문이 안티오키아 지역에서 비롯했을 가능성이 매우 높음을 입증해 준다. 이로써 G^L은 많은 경우에 세 개의 주요 코덱스(5.6을 보라)에 있는 주요 본문 증거보다 원래의 칠십인역(Old Greek) 본문 전승의 더 순수한 형태를 담고 있을 수 있다는 점을 확인할 수 있다. 그 실상은, 원 루키안 본문이 이미 매우 이른 시점인 기원후 1세기 무렵에 칠십인역 전통에서 떨어져 나온 뒤에 다시 칠십인역 전

38) 참조, N. Fernández Marcos, The Textual Context of the Hexapla: Lucianic Texts and Vetus Latina, in: A. Salvesen (ed.), Origen's Hexapla and Fragments, TSAJ 58, Tübingen 1998, 409-410.

39) 추측건대, 〈사무엘〉과 〈열왕기〉의 루키안 본문은 개정본일 뿐만 아니라 편집본이기도 할 것이다. 이것이 가장 눈에 띄는 특징은 〈사무엘하〉의 본문이 왕상 2:11의 다윗의 죽음까지 계속 이어져서 책의 경계가 뒤로 밀린다는 것이다. 페르난데스 마르코스(Fernández Marcos)와 부스토 사이스(Busto Saiz)의 간행본 본문에서는 삼하 25:1-26:11이 한 장으로 계산된다(= 왕상 1:1-2:11).

통과 접촉하지 않았으리라는 가정을 통해 매우 설득력 있게 설명된다.[40] 이것의 개정 성격을 잠정적으로 견지해야 하는 이유는 원 그리스어 역본, 곧 원래의 칠십인역 본문과 직접적으로 동일시해 버리면, 우선 해결할 수 없는 다른 문제들이 비롯되기 때문이다. 무엇보다도, 안티오키아 본문의 기초 단계가 4QSam^a(= 4Q51)의 히브리어 본문과, 또 후자가 원 칠십인역 본문 전승과 어떤 관계에 있는지가 충분히 설명되지 않았다.

현존 본문

루키안 개정본이 그리스어 성서 전체로 확장되었는지의 문제는 더는 해결해 낼 수 없으며, 또 그럴 것 같지도 않다. 곧 오경의 경우 루키안 본문은 확인되지 않는다. 〈여호수아〉의 경우 '루키안' 본문에 대해 논의하기는 하지만, 이것은 오히려 원 칠십인역 본문 전승을 말하는 것 같다. 왜냐하면 대체로 루키안 개정본의 그리스어 성서 본문을 인용하는 크리소스토모스(345~407년)와 테오도레트(393~460년)는 〈여호수아〉에서 '루키안'으로 분류되는 본문을 직접 언급하지는 않기 때문이다. G^L는 룻기 4:11에서부터야 비로소, 그리고 〈사무엘〉과 〈열왕기〉의 해당 부분에서, 또한 〈역대기〉에서, 〈에스라-느헤미야〉에서, 〈시편〉과 〈이사야〉에서 분명하게 입증된다. 반면에 〈에스더〉의 알파-본문은 여전히 논란 중이다.[41]

본문 증거

전통을 통해서 알려져 있고, 안티오키아 교부의 인용에서 입증되는 루키안 개정본은 실제로 19세기에 이르러서야 (재)발견되었다. 놀랍게도 기원후 9~13세기에(!) 유래한, 헥사플라의 손이 전혀 닿지 않은 몇몇 소문자 필사본으로 말이다. 이들은 네 개 혹은 다섯 개의 필사본으로, 대체로 케임브리지 편집본(5.8을 보라)의 문자 기호를 붙여 b (+ b'), o, c_2, e_2로 일컬어진다. 안티오키아 본문의 최근 편집본에서 필사본은 그것의 사본번호에 따라 인용되고, 두 개의 하위 집단, 곧 19, 108(b' + b)과 82, 93, 127(o, e_2, c_2)로 분류된다.[42] 일반적으로 두 번째 하위 집단의 본문비평적 가치가 약

---

40) 참조, N. Fernández Marcos, Der antiochenische Text der griechischen Bibel in den Samuel- und Königbüchern, in: S. Kreuzer / J. P. Lesch (Hg.), Im Brennpunkt: Die Septuaginta. Studien zur Entstehung und Bedeutung der Griechischen Bibel Bd. 2, BWANT 161, Stuttgart 2004, 191.

41) 참조, K. De Troyer, Der lukianische Text. Mit einer Diskussion des A-Textes des Estherbuches, in: S. Kreuzer / J. P. Lesch (Hg.), Im Brennpunkt: Die Septuaginta. Studien zur Entstehung und Bedeutung der Griechischen Bibel Bd. 2, BWANT 161, Stuttgart 2004, 236–244.

42) Fernández Marcos, Text, 177 – 188에 있는 안티오키아 필사본에 대한 기술.

간 높게 평가되지만, 당연히 개별 경우는 항상 원래의 독법을 보존하는지를 고려하여 검토해야 한다. 현재의 연구는 특히 〈사무엘〉과 〈열왕기〉에 집중하고 있는데, 그 이유는 이 두 책의 경우 4QSam^a(= 4Q51)와 4QSam^c(= 4Q53)에서 두 개의 초기 히브리어 증거 본문이 존재하며, 안티오키아 본문이 이들과 매우 유사하기 때문이다. 이로부터 우리는 안티오키아 본문의 기초 단계, 곧 이른바 원 루키안 본문이 실제로 매우 이른 개정본임을 확인해 주느냐는 질문에 대한 답을 기대할 수 있다. 그리고 무엇보다도 개정할 때의 조정이 마소라 본문보다 더 오래되고 또 그것과 구분되는 히브리어 본문을 알아볼 수 있게 해 주느냐는 질문에 대한 답을 기대할 수 있다.

본문 편집본

그동안에 안티오키아 본문이 두 개의 비평장치(직접, 간접 본문 증거)를 갖춘 세 권의 종합적인 본문 편집본으로 출판된 것은 매우 환영할 만한 일이다. 이 편집본은 기원후 5세기 무렵에 안티오키아 지역에서 낭독되었을 〈사무엘〉, 〈열왕기〉, 〈역대기〉의 안티오키아 칠십인역 본문을 재구성해 준다.[43] 그런데도 오해를 줄이기 위하여 강조되어야 할 것은, 편집자가 여러 근거를 통해 한층 더 발전된 안티오키아 본문을 제공한다는 것인데, 이 본문을 안티오키아 본문 집단 가운데서 가장 오래된 층의 복원이나 특히 원 칠십인역 본문 전승과 혼동해서는 안 된다. 이것이 구체적으로 의미하는 바는, 이 본문 편집본이 원 루키안 문제의 답을 제공해 주는 것이 아니라, 제기된 본문비평적 역질문에 대한 탄탄한 학문적 출발의 토대를 제공한다는 것이다. 마지막으로 하나 더 주목해야 할 점은 나탈리오 페르난데스 마르코스(Natalio Fernández Marcos)가 이끄는 연구팀의 또 다른 업적이다. 루키안 개정본의 그리스어 어휘가 적지 않게 칠십인역의 일반적인 어휘군에서 벗어나서, 해당 사전이나 성구사전에 기록되지 않는다는 점을 고려하여, 이 연구팀은 안티오키아 본문의 어휘와 대응어를 색인으로 보충하여 밝혀 주었다.[44]

헤시키우스(Hesychius)

오리게네스와 루키안과 더불어 히에로니무스는 〈역대기〉 서문에서 또 하나의 개정본을 언급하는데, 그는 이것을 이집트의 주교 헤시키우스(기원후 300년 무렵)의

43) N. Fernández Marcos / J. R. Busto Saiz, El texto antioqueno de la Biblia Griega I, TECC 50, Madrid 1989; II, TECC 53, Madrid 1992; III, TECC 60, Madrid 1996.

44) 참조, N. Fernández Marcos / M. V. Spottorno Días-Caro / J. M. Cañas Reillo, Indice Griego-Hebreo del Texto Antioqueno en los libros históricos, Vol. I–II, TECC 75, Madrid 2005.

것으로 돌린다. 그에 따르면 히에로니무스 시대에 이 세 개의 칠십인역 편집본이 여러 지역에 두루 퍼져 있었는데, 오리게네스의 헥사플라 역본은 팔레스타인에, 루키안 본문은 안티오키아에, 헤시키우스 본문은 이집트에 있었다고 한다. 하지만 헤시키우스 본문이 실제로 존재했는지는 증명되지 않는다. '헤시키우스' 개정본의 잔재를 밝혀내려는 과거 연구의 본문 역사적 관점의 노력은 목표를 달성하지 못했다.

5.6 주요 코덱스

고대 후반에서 중세에 이르기까지 칠십인역은 그리스어 **대문자(Majuskel)**로, 다시 말하면 정방형 문자의 기본형으로 삼는 경향이 있는 비문 글자에서 발전한 대문자로 기록되었다. 이 필사본들에서 문자들은 이어서 기록되지 않았으며, 낱말 분리 없이**(연속서법)** 서로 잇닿아 배열되었다. 대문자는 기록되었다기보다는 오히려 굵은 선과 가는 선이 구분된 채로 그려졌다고 말할 수 있다. 그리스어 대문자의 약간 둥근 형태를 **언셜체**라고 부른다. 이 때문에 더러 언셜체 필사본이라고 일컫는다. 그리스어 성서 본문은 처음에는 강세 없이 기록되었다. 그러나 철자의 위와 아래에 강세가 표시된 마르칼리아누스 코덱스(Q)와 같은 대문자 필사본도 있다(도판 36). 대문자로 된 성서 전체를 제작하는 것은 상대적으로 비용이 많이 드는 일이다. 생산을 조금 쉽게 하기 위해서, 철자 이어쓰기(Ligatur)나 특히 자주 등장하는 단어들에 대해서는 낱말 줄여쓰기가 적극적으로 사용되었는데, 이들은 윗부분에 줄을 그어 표시하였다. 관습적인 것으로 (여기서 그리스어 소문자로 옮기면), $\overline{\vartheta\varsigma}$ 하나님, $\overline{\kappa\varsigma}$ 퀴리오스(주님), $\overline{\chi\varsigma}$ 크리스토스(그리스도), $\overline{\iota\sigma\lambda}$ 이스라엘, $\overline{\alpha\nu o\varsigma}$ 사람, $\overline{\mu\eta\rho}$ 어머니 등이 있다. 대문자 서체로는 약 250개의 성서 필사본이 우리에게 전해진다. 그러나 많은 필사본이 한두 장 분량이다. 기호로는 라틴어 대문자 또는 그리스어 대문자가 쓰인다.

대문자 서체는 대략 기원후 9세기까지 성서 본문에 대한 일반 서체로 사용되다가 이어서 흘림체로 계속 발전된 실사용 서체를 통해 **소문자(Minuskel)**로 대체되었다. 이것은 특히, 공간이 덜 필요하고, 그래서 필기 재료가 덜 사용되며, 또 더 빨리 쓸 수 있게 되는 경제적인 장점이 있다. 소문자 본문은 이제 단어의 띄어쓰기뿐 아니라 강세, 기음(氣音) 표시 부호(Spiritus)와 마침표도 제공한다. 마찬가지로 낱말 줄여쓰기도 사용되었다. 그러니까 소문자 서체 사용에서 벌써 후대의 성서 필사본이라는 것(기원후 9~16세기)을 알아볼 수 있다. 그러나 본문 증거로서 소문자 필사본의 가치에 대해서는 아직 아무것도 공식적으로 밝혀지지 않았다. 왜냐하면 그것은 세심하게 필사된 대문자 본문을 베낀 것으로서 처음부터 끝까지 고대 독법을 보존하고 있을 수 있기 때문이다. 그 밖에 소문자 가운데 위에서 언급한 필사본 b, o, c_2, e_2도 중요하다. 이것들은 기원후 9~13세기에서 비롯하지만 주로 루키안 개정본을 증거하고 있다.

대문자로 된 코덱스들을 보여 주는 아래의 도표는 구약과 신약을 아우르는 기독교 성경전서에만 제한한다.[45] 이 코덱스들이 BHS와 BHQ에서 본문 증거로 표시될 때는, 문자 기호로 대표해서 나타난다. 이 코덱스들은 신약성서에서 마찬가지로 문자 기호로 표기되며, 추가로 숫자로 매겨진다. 여기서 앞에 붙여진 숫자 영(0)은 대문자 필사본임을 나타낸다. 그러나 기호에서의 공통점은 신약과 구약을 아우르는 성경전서에만 존재한다.[46]

이름	연대	특징	기호
바티칸	기원후 4세기	최상, 거의 완전한 필사본, 본문은 약간 훼손됨	B
시나이 영국박물관	기원후 4세기	후대의 교정본에 영향 받음, B와 자주 일치	S
알렉산드리아 영국박물관	기원후 5세기	통일성이 없는 본문, 부분적으로는 헥사플라의 경향, 특수 독법	A
에프래미 시리 재록필사본	기원후 5세기	시가서 단편들이 있는 양피지 재록필사본, 욥기의 특이성	C
베네치아 코덱스	기원후 8세기	두 부분, 창-레와 시편들 없음, 여러 본문 전통들	V

바티칸 코덱스(G^B)

바티칸 도서관에 보존된 이 필사본은 768장의 양피지로 되어 있으며 기원후 4세기에서 비롯한다. 이것은 구약성서의 전체 그리스어 본문이지만, 칠십인역에 있는 〈마카베오 1~4서〉, 〈송가〉, 〈솔로몬의 시편〉은 없다. 시작 부분에 빠진 부분인 창세기 1:1-46:28과 칠십인역 시편 105:27-137:6은 15세기에 보충되었다. 바티칸 코덱스는 오늘날까지 개정 이전의 칠십인역 본문에 대한 가장 중요한 본문

45) 자세한 것은 A. Rahlfs, Verzeichnis der griechischen Handschriften des Alten Testaments Bd. I,1: Die Überlieferung bis zum VIII. Jahrhundert, bearb. von D. Fraenkel, Septuaginta Vetus Testamentum Graecum. Supp. I,1, Göttingen 2004를 참소하라.

46) 시나이 = ℵ (!) 01, 알렉산드리아 = A 02, 바티칸 = B 03, 에프래미 시리 재록필사본 = C 04 참조, K. und B. Aland, Der Text des Neuen Testaments, Stuttgart 1982, 113–137.

증거로 여겨진다. 예외는 헥사플라 본문을 제공하는 〈이사야〉 하나이다. 이것의 유래 장소는 이집트로 추정되지만 이에 대한 기록은 없다. 바티칸 코덱스의 존재에 대한 첫 증거는 1475년에 나온 바티칸 도서관 목록의 기장(記帳)이다. 1797년 나폴레옹 원정 동안 이 코덱스는 잠시 동안 파리에 가 있기도 했지만, 나폴레옹의 전복으로 다시 반환되었다.

시나이 코덱스(G^S)

기원후 340년과 360년 사이의 것으로 추정되는 이 필사본 가운데 470장이 오늘날 알려져 있다. 세 명의 필사자가 이 작업을 하였다(도판 33). 뿐만 아니라 6세기에 두 명의 교정자가 기록 오류를 수정하고 다른 필사본과 맞추어 보면서 대안 독법을 본문에 기입한 것을 확인할 수 있다. 두 명의 교정자 가운데 한 사람은 〈에스라-느헤미야〉와 〈에스더〉에 대한 두 개의 간기를 썼고, 여기에서 그는 팜필루스(Pamphilius)가 수정한 헥사플라 본문을 사용한 사실을 알려 준다. 구약성서 가운데 남아 있는 것은 창세기 23:19-24:46; 레위기 20:27-22:30; 또 〈민수기〉, 〈신명기〉, 〈사사기〉, 〈역대상〉, 〈에스라-느헤미야〉, 〈에스더〉의 일부와, 몇몇 부분이 빠진 예언서와 시가서와 더불어 그 밖의 문헌인 〈토비트〉, 〈유딧〉, 〈마카베오 1~4서〉, 〈지혜서〉, 〈집회서〉 등이 있다. 시나이 코덱스가 보여 주는 본문은 예언서와 시가서에서 바티칸 코덱스와 매우 비슷한 반면에, 〈에스라-느헤미야〉에서는 개정되지 않은 본문을 폭넓게 보여 준다. 한편, 다른 책들은 헥사플라의 영향을 받았다. 이 코덱스는 실제로 기원후 6세기에 이르러서야 묶여졌기 때문에 그 이전에는 운송이 가능하지 않았다. 유래 장소는 가이사랴로 추정된다. 이 코덱스는 성 카타리나 수도원이 설립된 직후에 바로 가이사랴에서 이집트로 가게 되었을 것이다.

여러 보존 장소를 밝히려는 연구를 설명하는 재발견의 역사는 콘스탄틴 폰 티셴도르프(Konstantin von Tischendorf, 1815-1874년)라는 이름과 뗄 수 없이 연관되어 있다.[47] 1844년 5월에 그가 근동으로 처음 여행을 하였을 때였다. 그는 성 카타리나 수도원에서 129장의 성경 필사본을 발견하였는데, 전해 오는 이야기에 따르면 폐지 상자에 훼손된 양피지가 버려져 있었다고 한다. 티셴도르프는 그 가운데 43장을 가져올 수 있었다. 이것을 그는 라이프치히 대학도서관에

47) 이에 대해 L. Schneller, Tischendorf-Erinnerungen. Merkwürdige Geschichte einer verlorenen Handschrift, Leipzig 1927에 나온 보고를 참조하라(가장 최근 판본은 1991년에 Die abenteuerliche Entdeckung des »Codex Sinaiticus«라는 부제를 달고 재인쇄 됨).

양도하고, 여기서 이것은 우선 **프리데리코-아우구스타누스 코덱스**라고 불리게 되었다. 성과가 없었던 두 번째 여행 이후, 그는 1859년 세 번째로 성 카타리나 수도원을 방문하고 거기서 347장의 코덱스 주요 부분을 찾아낼 뿐만 아니라, 카이로에서 그 사본을 제작하여 러시아 차르인 알렉산더 2세에게 선물하였다. 이리하여 이 부분이 먼저 상트페테르부르크의 국립박물관에 소장되었고, 1933년 영국 정부에 양도되었다. 하지만 런던에 있는 부분 가운데 한 장은, 다른 방식으로 그곳에 가 있던 다른 네 개의 단편들과 함께 상트페테르부르크에 남아 있었다. 마지막으로 1975년에 성 카타리나 수도원의 북쪽 담을 수리하는 도중에 12장과 14개의 단편들이 더 발견되었으나, 이것들은 지금까지도 편집되지도 않았고, 본문 대조작업이 되지도 않았다. 시나이 코덱스의 여러 부분은 이제 전산화 작업을 통해 합쳐져서, 2010년에 웹사이트를 통해 공개되었다. 코덱스 낱장들에 대한 디지털화와 영상 편집은, 참여한 도서관들 그리고 성 카타리나 수도원의 수도회와의 협력으로 이루어졌으며, 독일 연구재단의 후원을 받았다.[48]

알렉산드리아 코덱스(G^A)

세 번째 주요 성서 필사본은 기원후 5세기 중반의 것으로 오늘날 네 권으로 이루어져 있다. 구약성서에서는 사무엘상 12:19-14:9와 칠십인역 시편 49:20-79:11만 빠져 있다. 다른 두 개의 코덱스에 비해 알렉산드리아 코덱스는 뚜렷이 통일되지 않은 본문을 제공한다. 오경에서는 레위기만 바티칸 코덱스와 유사하고, 역사서의 〈사무엘상〉~〈열왕기하〉에서는 헥사플라 개정본을 보여 주는 반면에, 〈이사야〉는 아주 일부분에서만 헥사플라 영향을 인식하게 해 주며, 심지어 〈예레미야〉는 개정 이전의 본문을 보여 주기까지 한다. 여기에다가 많은 경우에 특이한 독법이 나타나므로 본문비평에서 특별한 주의가 필요하다. 이 코덱스는 콘스탄티노플의 총대주교가 잉글랜드의 왕 찰스 1세에게 선사하기 전, 1627년까지는 콘스탄티노플에 있었다. 그전에 알렉산드리아의 총대주교였던 이 기증자는 분명히 이 필사본을 알렉산드리아의 총대주교 도서관에서 가지고 갔을 것이다. 이에 따라 이 필사본의 이름이 지어졌다. 그러나 이 필사본이 언제 알렉산드리아로 왔는지, 어디서 기록되었는지에 대해서는 지금까지 밝혀지지 않았다.

48) 홈페이지 주소는 http://www.codex-sinaiticus.net/이다. 라이프치히 대학도서관의 43장은 이미 디지털화 되어 있으며, 여기 제시된 인터넷 주소나 웹사이트 http://www.e-manuscripts.org/에서 추가 프로그램을 설치한 후 편리하게 살펴보거나 읽을 수 있다.

에프래미 시리 재록 코덱스(Codex Ephraemi Syri rescriptus [GC])

이 이름에서 드러나는 것처럼, 기원후 12세기에 에프라임 시루스가 38권의 소책자로 새로이 덧쓴 재록필사본(덧쓴 양피지)이다. 먼저 기록되었다가 지워진 글씨는 성경전서의 남은 부분을 보여 준다. 64장은 성문서(〈욥기〉, 〈잠언〉, 〈전도서〉, 〈아가서〉, 〈지혜서〉, 〈집회서〉)의 일부 본문들을, 145장은 신약성서를 담고 있다. 오늘날 파리 국립도서관에 소장된 이 필사본은 〈욥기〉에서 몇 가지 특수성을 보여 준다. 안타깝게도 상태가 매우 좋지는 않지만, 그나마 오늘날 노력해서라도 읽어 낼 수 있게 된 것은, 콘스탄틴 폰 티셴도르프가 힘쓴 수고 덕분이다. 그는 1840/1841년에 화학물질을 사용하여 재록필사본의 먼저 기록되었다가 지워진 문서가 보이도록 하는 일을 시작했다.

베네치아 코덱스(G^V)

기원후 8세기에 속하는 이 코덱스는 두 부분으로 나뉘어 있다. 첫 번째 부분은 로마의 바티칸 도서관에 있으며, 두 번째 부분은 베네치아에 있다. 이 두 부분이 한 필사본이라는 것은 19세기 말 에리히 클로스터만(Erich Klostermann)이 알아보았다. 로마에 있는 부분은 〈창세기〉부터 레위기 13:59까지가 빠진 오경과 역사서를 전해 주고, 베네치아에 있는 부분은 〈욥기〉로 시작하여 시가서, 예언서, 그리고 외경인 〈토비트〉, 〈유딧〉, 〈마카베오 1~4서〉를 제공해 준다. 이 두 부분 사이에서 시편이 떨어져 나간 것으로 추정된다. 구약성서를 들여다보면, 주어진 본문 전통들이 꽤 다양하다는 결론이 나온다. 두 번째 부분의 끝에는 유세비우스의 본문이 있는데, 이것은 의심의 여지 없이 신약성서로 연결해 주었을 것이다. 이 때문에 신약성서가 하나도 남아 있지 않음에도 베네치아 코덱스가 성경전서였을 것으로 생각할 수 있는 것이다.

5.7 칠십인역과 히브리어 본문

여기까지 기술한 내용을 따라온 독자라면 칠십인역의 전승 역사는 특히나 복잡한 과정이라는 결론에 대해 이의가 없을 것이다. 가장 오래되고 믿을 만한 칠십인역 본문을 찾아내기 위하여 연구자들과 주석가들은 본문 편집본들, 참고자료, 칠십인역 연구소의 연구논문들(Mitteilungen des Septuaginta-Unternehmens [MSU])을 참조하였다(5.9를 보라). 본문비평 관점에서는 특히 히브리어 성서와의 접점들에 관심이 집중된다. 쿰란 문서의 발굴은 여러 면에서 마소라 본문 전통에서 벗어나는 그리스어 역본들이 특정 히브리어 대본에 바탕을 두고 있음을 알게 해 주었다. 그러나 지금까지 칠십인역 본문의 정확한 대본임을 입증하는 두루마리 문서는 하나도 발견되지 않았다.[49] 그런데도 칠십인역을 히브리어 성서 본문에 대한 본문 증거로 사용할 수 있게 하기 위해서는 가설적인 역번역 작업은 피할 수 없다. 이 작업에서 히브리어 단어 선택, 구문론의 문제, 그리고 그리스어 본문에 있는 해석 요소와 언어 요소의 식별이 가장 어렵다. 그렇지만 개별 단어와 용법이나 문장 성분을 재구성할 때는 근거 있는 결과를 목표로 해야 한다.[50] 그러므로 히브리어 성서 본문의 비평 편집본을 만들려는 옥스퍼드 히브리어 성서(OHB)의 계획(2.8을 보라)을 처음부터 불가능한 것으로 판단해서는 안 된다. 당연히 그 편집본의 본문 역사의 전제에는 신뢰할 만한 그리스어 원어 본문이 일부를 이룬다. 그래서 대략적으로 가장 오래된 칠십인역 본문에 이를 수 있는가, 있다면 어떻게 이를 수 있는가, 하는 질문이 제기된다. 우리는 과거 연구에서 주도된 이론적 논의를 토대로 이 문제에 대한 대답을 모색할 수 있다.

원(原)본문 이론(파울 드 라가르드[Paul de Lagarde])

여기서는 근동 전문가이자 성서학자인 파울 드 라가르드(1827-1891년)에 대해 주로 언급하겠지만, 그가 19세기 후반 독일에서 등장한 문화적 염세주의자들 가운데 한 사람이었다는 것에 대해 침묵해서는 안 될 것이다. 이들은 잘못 인도된 유대인 혐오 격론과 더불어 후대 나치(국가 사회주의) 선전 활동의 전조가 되었다.[51] 이런 그의 활동은 유감스럽지만, 원본문 이론으로써 칠십인역 연구를 결정적으로 발전시킨 그의 업적만큼은 무시할 수 없다. 광범위한 성서의 본문 역사를 그려보겠다는 야심 찬 그의 계획은 그리스어 본문 전승 영역에서 세 개의 주요 칠십인역 필사본이 초기 개정본, 곧 (카이게-)테오도치온, (원)루키안 그리고 헤시키우스로 거슬러 올라갈 수 있다는 가정에 바탕을 둔다. 따라서 이것들에 담긴 유대교와 기독교의 개정 요소들을 가려냄으로써 원래의 칠십인역 본문을 복원할 수 있

49) 내용에 대하여 A. Aejmelaeus, What Can We Know about the Hebrew *Vorlage* of the Septuagint?, ZAW 99 (1987), 58-89 (= On the Trail of the Septuagint Translators: Collected Essays. Revised and Expanded Edition, CBET 50, Kampen 2007, 77–115)를 참조하라.

50) 이에 대하여 E. Tov, Die griechischen Bibelübersetzungen, in: ANRW II/20.1, Berlin / New York 1987, 153–157을 참조하라

51) 이 맥락에서 중요한 근동 전문가이자 병든 사상가인 파울 드 라가르드를 그의 시대 속에 다르게 배열하려고 시도하는 학문적 전기문이 최근에 출판된 것을 언급해야 할 것이다. U. Sieg, Deutschlands Prophet. Paul de Lagarde und die Ursprünge des modernen Antisemitismus, München 2007; 이에 대해 R. Hanhart, Paul Anton de Lagarde und seine Kritik an der Theologie, in: B. Möller (Hg.), Theologie in Göttingen. Eine Vorlesungsreihe, Göttingen 1987, 271–305를 참조하라.

으리라는 것이다. 라가르드가 제안한 방법은 근본적으로 옳았음이 밝혀졌다. 그렇지만 칠십인역의 첫 번역이 통일된 본문에 바탕을 두고 있다는 그의 본문 역사 전제는, 그 사이에 얻어낸 초기 본문 역사의 모습(5.2를 보라)을 통한 수정이 필요하다. 이에 따르면 칠십인역은 하나의 통일된 본문에도, 단 하나의 번역 과정에도 기초하지 않는다. 오히려 칠십인역 성서의 모든 책들은 각각 관찰되어야 하며, 또한 각각의 첫 번역은 형성 시기와 히브리어 대본 본문, 그리고 번역의 특징을 바탕으로 서로 구별되어야 한다는 점이 고려되어야 한다. 그런데도 개별 책들의 첫 번역은 그 자체로 동질적이며 각각 통일된 본문 대본으로 거슬러 올라간다는 점에서 라가르드가 옳았다.[52] 그렇다면 우리는 칠십인역의 '원본문들', 곧 첫 번역과 그 대본 본문의 복수성에 대해서는 말할 수 있지만, 하나의 원 칠십인역에 대해서는 말할 수 없을 것이다. 라가르드는 원(原)본문 이론을 체계적으로 받아들이면, 이 방향으로 중요한 한 걸음을 내디딜 수 있다고 생각했다. 그리하여 그는 〈창세기〉에서 〈룻기〉까지 루키안 본문의 편집을 감행하였다.[53] 그가 자신의 야심 찬 사업을 포기하였다는 것을 여기서 언급해야 하는 것은 복잡한 본문 역사의 문제들이 이 예로 다시 한번 설명될 수 있기 때문이다. 그러니까 라가르드는 〈사무엘〉의 영역에서 루키안 개정본을 따른 것으로 밝혀진 소문자 필사본 19와 108에 바탕을 두었다. 이때 그는 필사본들도 자신들의 대본을 바꿀 수 있다는 점을 고려하지 않았다. 그러나 이 경우는 바로 그 경우였다. 그의 제자 알프레드 랄프스는 두 개의 필사본 19와 108이 먼저 다른 본문 형태를 따르고 룻기 4:11에서부터야 비로소 루키안 개정본으로 바뀐다는 것을 보여 줄 수 있었다. 여기서 드러나는 바는, 라가르드의 편집본 전체 본문은 실제로 〈룻기〉의 마지막 12구절에서만 루키안 본문을 제공하고 있다는 것이다.

타르굼 가설(파울 칼레[Paul Kahle])

파울 칼레(1875-1964년)의 관점은 '원본문 이론'과 대립되는 가설로 자주 인용된다. 이 관점은 그리스어 역본의 다중 기원을 주장하고, 그것을 아람어 타르굼(6.1을 보라)의 도식에 따라 설명한다. 이에 따라 칼레는 일부는 구전으로, 일부는 문서로 생겨난, 여러 그리스어역 성서가 여러 장소에 동시에 존재했다고 생각한다. 그리스어를 말하는 디아스포라가 이해할 수 있는 성서 본문을 예배와 교육에서 사용해야 하는 필

52) F. Siegert, Zwischen Hebräischer Bibel und Altem Testament. Eine Einführung in die Septuaginta, MJSt 9, Münster 2001, 74를 참조하라.

53) P. de Lagarde, Librorum Veteris Testamenti canonicorum pars prior graece, Göttingen 1883.

요에서 이것이 생겨났다는 것이다. 칼레는 〈아리스테아스의 편지〉에 언급된 내용을 바탕으로 이렇게 필요에 따라 임시로(ad hoc) 생겨난 번역들을 가정한다. 이에 따르면 공식 번역 사업이 있기 전에 이미 그리스어로 번역된 토라가 있었으나 부족하였다는 것이다(〈아리스테아스의 편지〉, 314). 그러므로 후대의 칠십인역 본문은 (라가르드와 달리) 단일한 첫 번역으로 거슬러 올라가지 않고, 나란히 존재하며 대안이 되었던 다중적 번역들이 결합되면서 생겨났다는 것이다. 칼레가 본문 전승의 복수성과 칠십인역의 주요 흐름에서 이탈하는 독법들을 라가르드보다 훨씬 더 날카롭게 고려하였음에도, 그로부터 잘못된 결론들을 끌어냈다고 말할 수 있다. 곧 위에서 언급했듯이, 칠십인역이 성서의 아주 다양한 번역들이 합쳐져 있다는 사실을 고려한다면, 이를 통해 이미 복수성에 대한 인상이 분명해진다. 이는 성서의 개별 책들이, 각각 그 자체로 관찰하면, 단일한 첫 번역물들로 거슬러 올라간다는 것, 그리고 본문 역사에서 형성된 이형들이 필사와 수정과 개정의 노력들을 통해 충분히 설명될 수 있다는 것과 모순을 이루지 않는다. 그러므로 이른바 '첫 번역들' 이전에, 또 그와 나란히 다른 그리스어 번역 시도가 있었다면, 타르굼 가설은 본문비평에서 중요성을 얻지 못한다.

도달할 수 있는 가장 오래된 칠십인역과, 쿰란에 보존된 히브리어 대본 본문을 통해 부분적으로 검증된 가설적인 역번역들을 살펴보는 데서 오늘날 논의의 출발점에 이르렀다. 이는 원 칠십인역 본문 전승이 원 마소라 본문 전승에 비해 실제로 더 오래된 히브리어 본문 단계를 반영하고 있는가 하는 문제에 불을 붙인다. 여기서도 일괄적인 대답은 해 줄 수 없다. 그러나 초기 본문 역사에서 성서 책들의 최종 편집은 사본의 제작과 시간적으로 겹칠 수 있기 때문에, 이러한 가능성을 근본적으로 고려해 볼 수 있다. 이러한 배경에서 다음과 같은 시나리오를 생각해 볼 수 있다. 완성된 것으로 여겨지는 성서 본문의 두루마리가 유통되고, 뒤이어 이것은 첫 그리스어 역본의 히브리어 대본 본문이 된다. 그러는 사이에 바로 이 성서 본문이 원 마소라 전통으로 다시 수정되고, 변경되고 경우에 따라서 확장된다. 이 경우에 원래의 칠십인역 본문은 마소라 본문보다 더 오래된 히브리어 본문 형태로 거슬러 올라갈 것이다.

최근에 아드리안 셍커(Adrian Schenker)가 〈열왕기〉에 대한 본문 역사 연구에서 이런 방향으로 진전된 시도를 수행하였다.[54] 이 결과 원 칠십인역 본문 전승을 마소라 이전의 본문 형태에 대한 열쇠로 사용할 수 있기 위해서는, 다음과 같은 세 가지 부정적인 조건이 충족되어야 한다. 첫째, 그리스어 이형 독법들은 그 히브

54) 참조, A. Schenker, Älteste Textgeschichte der Königsbücher. Die hebräische Vorlage der ursprünglichen Septuaginta als älteste Textform der Königsbücher, OBO 199, Freiburg, Schweiz / Göttingen 2004.

리어 대본에 대한 본문 훼손으로 설명해서는 안 된다. 둘째, 번역 과정의 결과와 그리스어 안에서의 이형으로 이해해서는 안 된다. 셋째, 그것들을 원 마소라 본문에 대한 편집자의 수정으로 인식해서는 안 된다. 그렇지 않을 경우 그것들은 이러한 본문 형태에 종속되기 때문이다. 솅커는 이러한 방법론적 규정에 따라 원 칠십인역 본문 전승을 재구성한다. 그는 본문 증거로 실제로 바티칸 코덱스, 안티오키아 본문 또는 루키안 본문을 사용하고 또한, 고대 라틴어 역본, 곧 많은 경우에 칠십인역의 특히 원래의 형태를 증거하는 이른바 **베투스 라티나**(6.4를 보라)의 단편도 사용한다(칠십인역 전승의 진행 과정에서 마소라 본문에 맞춰진 개별 구절에서, 오직 베투스 라티나만 원 칠십인역 본문 전승을 보존하는 경우가 있기 때문이다!). 마지막으로 마소라 본문과 고대 칠십인역 사이의 선별된 본문 비교는 칠십인역의 독법이 대체로 〈열왕기〉의 가장 오래된 본문 형태로 향하는 반면에, 원 마소라의 독법은 바로 이 본문 형태를 다시 수정한 것으로, 이른바 문헌상 변경된 새로운 간행본으로 해석할 수 있다는 의심의 근거를 마련해 준다. 그래서 솅커는 원 칠십인역 본문 전승이 도달할 수 있는 가장 오래된 〈열왕기〉 본문 단계를 '그리스어의 틀 안에서' 반영한다는 결론, 곧 장차 등장할 원 마소라 본문 흐름에서 나온 지류에서가 아니라(!) 바로 그 직전의 것이라는 결과에 이른다. 원래 칠십인역의 히브리어 대본과 원 마소라 본문의 두 형태는 서로에게 원 본문과 대조 번역 본문 구실을 한다.[55] 더 강조해서 표현하자면, 대조 번역 본문, 다시 말해 편집본은 원 마소라 본문 전통의 탄생 시점을 알려 준다. 말하자면 그전에 그것은 없었다! 그런데도 논란 중에 있는 견해의 개연성은, 바로 이 〈열왕기〉의 원 마소라 독법이 우연히 또 다양하게 형성된 것이 아니라, 의도적으로 만들어졌으며, 반사마리아적 경향이 있고, 두 종교 공동체가 최종적으로 갈라지기 이전에 생겼을 새로운 간행본을 증명하는 것에 달려 있다. 그에 비해, 기원전 3세기에 존재했음직한 그리스어 역본에서 파악되는 가장 오래된 본문 형태는 점차적으로 성장한 문학적 작품이라는 인상을 훨씬 더 강하게 풍긴다.

본문비평의 관점에서 솅커가 개별 경우를 검증하는 원칙을 결코 셈하지 않는다는 사실은 분명하다. 모든 본문 문제는 우선은 그 자체로 기술되어야 하고 논의되어야 한다. 그렇지만 그는, 상황이 허락하는 곳에서는, 개별 경우의 결정을 담보해 줄 수 있는 본문 역사의 전체 그림을 그릴 것을 요구한다. 〈열왕기〉의 범위에서 솅커가 그린 초기 본문 역사가 진실로 입증되는지는 기다려 봐야 한다. 이에 대한 논의는 시작되었으며, 그 논의는 근본적으로 본문 증거로서 그리스어 역본의 중요성에 대한 질

55) Schenker, Textgeschichte, 174; 또 이에 대하여 크로이처(S. Kreuzer)의 서평, ThLZ 132 (2007), 636–638을 참조하라.

문을 다룬다.[56] 칠십인역이 적어도 구약성서의 특정 본문 영역에 대해 특별한 방법으로 다시금 중요성을 되찾고, 그리하여 19세기에 (아직 쿰란 발견이 있기도 전이고 물론 다른 전제 아래에서지만!) 벌써 한 번 누렸던 명망을 다시 찾게 될 수도 있다.

5.8 학술적인 본문 편집본

학술적인 본문 편집본의 역사에는, 1514-1517년에 인쇄했지만 1520년이 되어서야 출판된 **콤플루툼 여러말대조성서**가 있다. 이것은 로마자 소문자(Minuskel) 필사본에서 만들어진 칠십인역 본문을 제공한다(도판 47). 또한 1587년 교황 식스투스(Sixtus) 5세가 만들도록 명령을 내린 이른바 **식스티나(Sixtina)**도 학술적인 본문 편집본의 역사에 있다. 식스티나는 바티칸 코덱스에 따라 인쇄된 그리스어 본문이다. 1906-1940년에 출판된 케임브리지 대 편집본 **그리스어 구약성서(*The Old Testament in Greek*)**가 나올 때까지의 나미지 편집본들은 식스티나의 본문을 그대로 따른다.[57] 케임브리지 편집본에는 〈창세기〉에서 〈토비트〉에 이르는 책들이 방대한 비평장치와 함께 들어 있다. 그러나 이 사업은 계속되지 않았다.

괴팅겐 칠십인역(1926년부터)

괴팅겐 칠십인역 연구소는 1908년에 창립되어 최근에 100주년을 맞이했다. 이 연구소 사업의 목표는 절충 본문을 만들어 냄으로써 얻을 수 있는 가장 오래된, 모든 개정 또는 그 밖의 편집 이전 상태로 거슬러 올라가는 그리스어 본문 형태의 칠십인역을 재구성하는 데 있다. 이를 위해 본문 증거에 대한 비평적 검토를 거쳐 원래의 칠십인역에 가장 가까운 독법을 본문에 담는다. 괴팅겐 칠십인역은 **대비평편집본(editio critica major)**으로서, 전체 필사본 자료를 정리하고, 또 그것의 본문비평적 결정을 비평장치를 통해 필요한 대로 완전하게 명시한다. 이 비평장치에는 모든 이형이 재구성된 본문에 대한 본문 증거들과 함께 제시되어 있다. 그뿐 아니라 대부분의 낱권들은 초기 유대 개정본들의 모든 본문 증거들을 나열한 두 번째 (헥사플라) 비평장치를 제공한다. 괴팅겐 칠십인역으로 성서의 특정한 책을 연구하고자 하는 이들은 먼저 관련 편집본 각 권의 서론 부분 또는 낱권으로 따로 출간된 칠십인역 연구소의 연구논문들(MSU)에서 약술된 본문 역사와 전승사에 대한 정보를 얻을 수 있다. 지금까지 괴팅겐 대비

56) 그 예로 M. Pietsch, Von Königen und Königtümern. Eine Untersuchung zur Textgeschichte der Königsbücher, ZAW 119 (2007), 39–58을 참조하라.

57) A. E. Brooke / N. McLean (ed.), The Old Testament in Greek according to the Text of Codex Vaticanus, Bd. I/1–III/1, Cambridge 1906–1940.

평편집본 시리즈는 23권이 출판되었다. 〈여호수아〉에서 〈역대기〉까지의 역사서[58], 또 시가서 중에는 〈잠언〉, 〈전도서〉, 〈아가서〉, 〈솔로몬의 시편〉이 아직 없다. 괴팅겐 칠십인역을 위한 중요한 보조 자료는 알프레드 랄프스가 완성한 필사본 목록이다. 이것은 데틀레프 프랭켈(Detlef Fraenkel)이 전형적인 방법으로 편집하고 완전히 증보하여 제1권으로 최근에 새롭게 출간되었다. 이것은 쿰란 본문을 포함하여 기원후 8세기까지 사용된 모든 필사본에 대한 설명을 담고 있다. 이 목록은 소장 도서관에 따라 알파벳 순서로 정리되고 색인에는 열 개의 서로 다른 기호 색인을 제공한다.

알프레드 랄프스(1935년)

괴팅겐 칠십인역이 백 년에 걸친 사업이 되리라는 예견을 한 알프레드 랄프스는 1935년에 이미 뷔르템베르크 성서연구소(Würtembergische Bibelanstalt)에서 **소비평편집본(editio minor)**을 출판하였다. 이 책의 파란색 표지는 세대에 걸쳐 칠십인역의 학문적인 위상을 뚜렷이 남겼다. 마찬가지로 이 소비평편집본이 제공하는 절충 본문은 주로 세 개의 주요 코덱스인 바티칸(B), 시나이(S), 알렉산드리아(A)에 바탕을 둔다. 이 소비평편집본이 바티칸 코덱스의 본문을 따르지 않는 곳은 대체로 시나이 코덱스나 알렉산드리아 코덱스에 있는 대안 독법을 제공한다. 이 본문에 또 다른 독법이나 판독(Konjektur, 미루어 읽음)은 아주 드물게 들어와 있다. 이 본문은, 쉽게 짐작할 수 있듯, 아주 임시적인 절차에 따라 만들어졌다. 그렇지만 이 소비평편집본이 믿을 만한 본문을 제공하는 것은 무엇보다도 편집자인 알프레드 랄프스의 전문지식과 직관력 덕분이다. 본문비평을 하면서 그가 내린 판단은 오늘날에도 여전히 눈여겨볼 만하다. 하지만 그것들이 코덱스들의 이형들과 대부분 개정본들의 독법이 기록된 비평장치의 정보를 통해 항상 이해되지는 않는데, 이것은 이 소비평편집본의 가치를 분명히 제한시킨다. 4QSam[a]와 같은 쿰란 두루마리는 당시에 아직 발견되지 않았기 때문에 랄프스는 루키안 개정본을 분명히 평가절하 하였고, 그래서 그것의 독법을 그다지 많이 받아들이지 않은 것은 또 다른 단점이 된다. 최근에 이 소비평편집본을 로베르트 한하르트(Robert Hanhart)가 다시 한번 세밀하게 검토하여 개선하였다. 이로써 2006년부터는 개정된 본문을 사용할 수 있게 되었다.[59]

---

58) 마지막으로 출판된 책은 U. Quast (Hg.), Septuaginta. Vetus Testamentum Graecum, Bd. IV,3: Ruth, Göttingen 2006이다. [역자주] 2014년에 한하르트는 역대하의 편집본을 펴냈다(VII,2 Paralipomenon II).

59) A. Rahlfs (Hg.), Septuaginta. Id est Vetus Testamentum graece iuxta LXX interpretes, Duo volumina in uno. Editio altera quam recognovit et emendavit R. Hanhart, Stuttgart 2006.

독일어 칠십인역(2009년)

고대 유대교와 기독교 교회에서 칠십인역이 차지한 엄청난 의미를 볼 때, 이 본문이 현대에 이르기까지 독일어로 번역되지 않았다는 것은 놀라운 일이다. 이 공백은 이제 '독일어 칠십인역'(Septuaginta Deutsch) 사업으로 메꾸어졌다. 이 사업에는 편집팀 말고도 100여 명의 연구자들이 참여하였다. 그리스어로 된 구약성서(곧 추가 책들도 포함한) 전체 번역 본문을 한 권으로 내놓은 것은 매우 반가운 일이다.[60] 이것은 일석이조의 소득이다. 이를 통해 한편으로는 독일어권에서의 칠십인역에 대한 견문이 근본적으로 향상되었으며, 다른 한편으로는 유대교와 기독교의 교차점에 있는 본문 역사와 문화사 연구를 위한 중요한 보조 자료가 연구자들에게 제공되었다. 여기서 편집자들은 학문적 유용성에 대해 각별히 신경 썼다. 지금까지 출판된 괴팅겐 칠십인역과 랄프스의 소비평편집본이 번역의 기초 본문이 된다. 두 본문 편집본 사이의 차이들이 각주에 적혀 있기 때문에 독일어 칠십인역만을 사용하더라도 그리스어 번역 본문을 같은 방식으로 이해할 수 있을 것이다. 칠십인역의 몇몇 부분들은 비평 편집본에서 두 개의 판본으로 편집되었다. 이에 맞게 독일어 칠십인역도 두 판본의 본문을 번역한다. 이들은 나란히 있는 단 중간에 선을 그어 나타낸다(〈사사기〉, 〈에스더〉, 〈토비트〉, 하박국 3장, 〈다니엘〉과 추가 부분). 그뿐 아니라 편집자들은 카이게 단락 외에 안티오키아 본문이 파악되는(5.5를 보라) 〈열왕기〉의 범위에서도 두 개의 판본을 수용하여 번역하였다. 〈열왕기〉를 주석하고자 하는 사람은 그들에게 감사하게 될 것이다. 마지막으로 강조해야 할 것은, 번역에서 기울임꼴로 된 본문은 칠십인역과 마소라 본문이 이 자리에서 서로 다르다는 것을 나타낸다는 것이다. 한편, 위첨자로 된 더하기 기호(+)는 마소라 본문에는 칠십인역에 없는 본문이 더 있음을 나타낸다. 이러한 표시들은 본문 역사 연구에 유용한 기호로, 그리스어와 히브리어의 원어 본문에 나타나는 차이점들을 검토하도록 해 준다. 독일어 칠십인역과 그 사용에 대한 다른 모든 자세한 사항은 서론 부분에 제시되어 있다.[61] 독일어 칠십인역이 앞으로 신학 공부를 위한 기본 장비가 될 것이 확실하다. 프랑스어와 영어권에서 이루어진 귀중한 사업, 곧 *La Bible d'Alexandrie* (1986년부터)와 *A New English Translation of the Septuagint* (2007년)에 대한 언급도 빠뜨려서는 안 될 것이다.

---

60) 한 권의 번역본에 이어 또 한 권의 해설본이 나왔다. 여기서는 번역 결정에 대한 근본적인 근거가 제시되고 히브리어 본문과의 차이가 설명된다.

61) M. Karrer / W. Kraus (Hg.), Septuaginta Deutsch. Das griechische Alte Testament in deutscher Übersetzung, Stuttgart 2009, XVII–XXIV. 부록에는 특히 로베르트 한하르트가 개정한 본문이 랄프스 소비평편집본과 다른 부분들을 모아놓은 것, 또 정교회 예배에서 낭독되는 구절들의 목록, 그리고 아리스테아스 전설과 그 영향사에 대한 간단한 서술이 있다.

5.9 참고 문헌

본문 편집본들

Göttinger Akademie der Wissenschaften (Hg.), Septuaginta. Vetus Testamentum Graecum, Göttingen 1926-1928 [낱권으로 된 칠십인역-간행본이 아직 완결되지 않음].
인터넷 정보: http://www.septuaginta-unternehmen.gwdg.de/

A. Rahlfs, (Hg.), Septuaginta. Id est Vetus Testamentum graece iuxta LXX interpretes, Vol. I–II, Stuttgart 1935 (Editio altera quam recognovit et emendavit R. Hanhart, Stuttgart 2006).

원본 모사들

Codex Vaticanus: Bibliorum Sacrorum Codex Vaticanus B. Bibliorum Sacrorum Graecus 1209, Bibliotheca Apostolica Vaticana, Rom 1999 [원래 형태에 색을 입혀 다시 만듦].

Codex Sinaiticus: http://www.codex-sinaiticus.net/

헥사플라

J.-P. Migne (Hg.), Origenis Opera Omnia VI/1–3: Hexaplorum quae supersunt, Patrologiae Graecae XVI/1–3, Paris 1862–1863.

F. Field, (Hg.), Origenis Hexaplorum quae supersunt, Tomus I–II, Oxford 1875 (Nachdruck: Hildesheim 1964).

안티오키아 본문(〈사무엘〉, 〈열왕기〉, 〈역대기〉)

N. Fernández Marcos / J. R. Busto Saiz, El texto antioqueno de la Biblia Griega I, TECC 50, Madrid 1989; II, TECC 53, Madrid 1992; III, TECC 60, Madrid 1996.

칠십인역 보조 자료

E. Hatch / H. A. Redpath, A Concordance to the Septuagint and the Other Greek Versions of the Old Testament, Vol. I–II, Oxford 1897–1906 (Nachdruck: Graz 1954).

T. Muraoka, Hebrew/Aramaic Index to the Septuagint Keyed to the Hatch-Redpath

Concordance, Grand Rapids, Michigan 1998.

F. Rehkopf, Septuaginta-Vokabular, Göttingen 1989 [칠십인역 본문의 번역에 대한 간단하지만 유용한 보조 자료].

J. Lust / E. Eynikel / K. Hauspie, A Greek-English Lexicon on the Septuagint, 2. Aufl. Stuttgart 2003.

A. Rahlfs, Verzeichnis der griechischen Handschriften des Alten Testaments Bd. I,1: Die Überlieferung bis zum VIII. Jahrhundert, bearb. von D. Fraenkel, Septuaginta Vetus Testamentum Graecum. Supp. I,1, Göttingen 2004.

입문서들

E. Tov, Die griechischen Bibelübersetzungen, ANRW II/20.1, Berlin / New York 1987, 121–189.

R. Hanhart, Septuaginta, in: W. H. Schmidt / W. Thiel / R. Hanhart, Altes Testament, Grundkurs Theologie 1, Stuttgart 1989, 176–196.

K. H. Jobes / M. Silva, Invitation to the Septuagint, Grand Rapids, Michigan 2000.

F. Siegert, Zwischen Hebräischer Bibel und Altem Testament. Eine Einführung in die Septuaginta, MJSt 9, Münster 2001 [간추린 참고문헌이 6 – 20에 있다].

F. Siegert, Register zur »Einführung in die Septuaginta«, MJSt 13, Münster 2003.

M. Tilly, Einführung in die Septuaginta, Darmstadt 2005.

본문 역사

E. Tov, The Text-critical Use of Septuagint in Biblical Research. Revised and Enlarged Second Edition, Jerusalem Biblical Studies 8, Jerusalem 1997.

N. Fernández Marcos, The Septuagint in Context. Introduction to the Greek Version of the Bible, Leiden 2000.

S. McKendrick / O. A. O'Sullivan (ed.), The Bible as Book. The Transmission of the Greek Text, London 2003 [논문집].

〈아리스테아스의 편지〉

N. Meisner, Aristeasbrief, JSHRZ II/1, Gütersloh 1973, 35–87.

K. Brodersen, Aristeas. Der König und die Bibel, Griechisch / Deutsch, Stuttgart 2008.

A. und D. J. Wasserstein, The Legend of the Septuagint: From Classical Antiquity to

Today, Cambridge 2006.

연구 논문들

R. Hanhart, Studien zur Septuaginta und zum hellenistischen Judentum, FAT 24, Tübingen 1999.

H.-J. Fabry / U. Offerhaus (Hg.), Im Brennpunkt: Die Septuaginta. Studien zur Entstehung und Bedeutung der Griechischen Bibel [Bd. 1], BWANT 153, Stuttgart 2001.

A. Schenker, Älteste Textgeschichte der Königsbücher. Die hebräische Vorlage der ursprünglichen Septuaginta als älteste Textform der Königsbücher, OBO 199, Freiburg, Schweiz / Göttingen 2004.

S. Kreuzer / J. P. Lesch (Hg.), Im Brennpunkt: Die Septuaginta. Studien zur Entstehung und Geschichte der Griechischen Bibel Bd. 2, BWANT 161, Stuttgart 2004.

M. Karrer / W. Kraus (Hg.), Die Septuaginta – Texte, Kontexte, Lebenswelten, WUNT 219, Tübingen 2008 [논문집].

현대 번역본

M. Harl / u. a. (Hg.), La Bible d'Alexandrie, trad. du texte grec de la Septante, Paris 1986ff.

A. Pietersma / B. G. Wright, A New English Translation of the Septuagint, Oxford 2007. http://ccat.sas.upenn.edu/nets/edition/

M. Karrer / W. Kraus (Hg.), Septuaginta Deutsch. Das griechische Alte Testament in deutscher Übersetzung, [Bd. 1] Stuttgart 2009 [Bd. 2: 해설판, 근간].

칠십인역 주석 총서

S. E. Porter / R. S. Hess / J. Jarick (ed.), Septuagint Commentary Series, Leiden 2005-2007. [현재까지 출판된 책: A. G. Auld, Joshua, 2005; N. C. Croy, 3 Maccabees, 2006; D. deSilva, 4 Maccabees, 2006; S. Brayford, Genesis, 2007; R. J. Littman, Tobit, 2008.]

6. 다른 번역본들

그리스어 칠십인역과 그것의 여러 개정본들과 더불어 구약성서는 다른 언어들로도 번역되었다. 이러한 고대 번역본들은 한편으로는 아람어 역본인 타르굼, 시리아어 역본인 페쉬타, 라틴어 역본인 불가타와 같이 히브리어 본문에 바탕을 두는 것들도 있고, 다른 한편으로는 베투스 라티나(고대 라틴어 역본), 콥트어 역본, 에티오피아어 역본, 아르메니아어 역본과 같이 칠십인역 본문을 번역한 것들도 있다. 이렇게 칠십인역을 번역한 것들은 **이차 번역본**(Tochterübersetzungen)이라고 일컫는데, 이들은 다른 분야에도 의미가 있겠지만 무엇보다도 칠십인역 본문 역사에 의미가 있다.

6.1 아람어 타르굼

아람어는 셈어에 들어가는 언어라서 명백히 히브리어와 매우 가깝다. 잘 알려져 있듯이 예수 시대에 팔레스타인 지역에서는 (그리스어와 함께) 아람어가 사용되었다. 다만 유대 사회에서 사람들이 일상생활에서 쓰던 대중 언어가 히브리어에서 아람어로 바뀌어간 것은 벌써 페르시아 시대에 이루어졌다. 그러니까 대략 기원전 5/4세기에 실행된 것이다. 히브리어가 거룩한 문서들을 기록하는 문자언어로는 변함없이 장려되었으나, 대부분의 주민들은 그것을 더 이상 이해하지 못하게 되었다(느 13:24). 이러한 실상은 다음과 같은 결과를 가져왔다. 회당에서 행해지는 토라의 낭독도 더 이상 이해될 수 없었고, 따라서 아람어로 번역하는 것이 불가피하게 되었다. 이러한 필요성의 이유로 아람어 번역본들이 생겨나게 되었다. 이 번역본들은 타르굼역들이라고 불린다(히브리어, תַּרְגּוּם targûm은 '설명, 주석, 번역'을 의미한다).[1] 문서로 기록된 최초의 타르굼들은 대략 기원전 4/3세기에 생겨난 것으로 보인다. 이로써 그것들은 시기로 보아 칠십인역 또는 오경의 그리스어 번역이 생성된 때와 매우 가깝다. 일반적으로 타르굼역은 입말로 이루어졌던 절 단위의 통역 번역에서 발전한 것으로 추정된다. 이러한 추정에 따르면, 정해진 토라의 단락들이 회당에서 절 단위로 낭독되었고, 다른 사람 곧 번역자(아람어, מְתוּרְגְּמָן metrugeman)가 아람어로 통역했는데, 마찬가지로 자유로운 낭독의 형태로 절 단위로 통역했다. 이와는 달리 문서 형태의 타르굼역은 공적인 예배에

1) 'Targume[타르구메]'라는 말은 독일어식 표현이다. 문헌들에서는 히브리어 복수형 어미인 '-îm[임]'을 가진 '타르구밈'(Targumim)이라는 표현과 아람어 복수형 어미인 '-în[인]'을 가진 '타르구민'이라는 표현도 발견할 수 있다. 문법적인 성과 관련해서 독일어에서는 중성형, 곧 'das Targum'이 널리 쓰인다. 이와는 달리 이전에는 히브리어나 아람어에서와 같이 남성형 명사로 취급하는 'der Targum'이라는 표현도 자주 사용되었다.

서 사용되는 것이 분명하게 금지되었던 것으로 보인다(mMegilla 4,4). 하지만 이 것이 실제로 그렇게 실행되었는지, 아니면 단순한 바람이었는지는 확인하기 어렵다. 반면에 미쉬나의 금지 규정을 통해서, 문서 형태의 타르굼이 널리 퍼지고 쓰였을 것이라는 정반대의 결론을 끌어낼 수 있다. 랍비 학교의 공개 토론을 위해서도 문서 형태의 타르굼 학습이 있었다는 사실이 입증된다. 입말로 진행되는 타르굼 낭독과 문서 형태의 타르굼 전통 사이에 어떤 관련성을 가정할 수는 있지만, 이들 두 전통 사이에 양 방향이 성립될 수 있는 직접적인 연관은 없다.[2] 이는 문서 형태의 타르굼을 고유한 문학 장르로 고찰해야 한다는 사실을 뜻한다. 문서 형태의 타르굼은 입말로 진행된 타르굼 낭독과 더불어 생성되기도 하고, 그것과는 별개로 이루어지기도 하였다.

아람어 타르굼의 특징은 무엇인가? 타르굼은 엄격한 뜻에서 문자적인 번역과는 관련이 없다. 오히려 그것들은 수신자에게 무게를 두고 번역되었으며, 성경 본문이 수신자들에게 잘 이해될 뿐 아니라 전체적으로 신앙심을 불러일으키는 방식에 좀 더 가까워지도록 노력했다. 또한 타르굼역의 번역은 설교로 나아가기 시작했다고도 말할 수 있다. 어쨌든 어떠한 성경 역본에서도 타르굼 역본에서 나타나는 것 같은 강력한 해석 요소는 찾아볼 수 없다. 타르굼에는 다른 말로 바꾸어 쓰고, 덧붙여 풀어 말하고, 하나님에 관하여 오해할 수 있는 진술들을 다듬고, 훼손된 구절들을 의미가 통하는 문장으로 바꾸며, 성경 본문에 당시의 종교적인 견해들을 덧입힐 뿐만 아니라, 그것을 당대의 지평으로 끌어내는 것 등이 들어 있다. 이들은 여기서 엄청난 선택의 폭을 보여 주며 본문을 다룬다. 이것은 상대적으로 문자적인 번역들에서 시작하여 학가다와 할라카 방식으로 확장된 본문처럼 의미를 따라 자유롭게 번역된 본문에 이르기까지 다양하다. 이처럼 학가다와 할라카 방식으로 확장된 본문은 분명히 미드라쉬에 가깝다. 또한 타르굼이 놀라울 정도로 높은 문학적인 창의성을 보여 주는 것은 드문 일이 아니다. 타르굼은 이러한 창의성을 가지고 성경 본문들을 시대의 강물 위로 '옮겨 놓는다(번역한다)'. 반대로 이러한 본문 취급 방식은 타르굼이 본문비평에서 가지는 가치를 감소시킨다. 그러므로 누군가가 타르굼을 히브리어 성서를 위한 본문 증거로 끌어들이기를 바란다면, 항상 그때그때마다 아람어 번역본에서 히브리어 대본을 얻는 믿을 만한 귀납적 추론을 할 수 있는지를 점검해야 한다. 초기 타르굼 말고는 많은 경우에 대본으로 여겨지는 본문이 마소라 본문과 매우 가깝다는 사실이 드러난다. 이것은 전혀 놀랄 일이 아니다. 하지만 의심스러운 경우에는, 해당되는 타르굼의 편집본에서 본문 구절을 참

2) 참조, P. Schäfer, Art. Bibelübersetzungen II. Targumim, TRE 6, Berlin / New York 1980, 217.

조해야 한다.

누가 문서 형태의 타르굼 저자였는가? 이 흥미진진한 질문은 한 마디로 확정해서 답변할 수 없다. 그러나 제사장들은 타르굼의 저자 무리에서 뺄 수 있다. 왜냐하면, 그들은 히브리어에 능통해서 거룩한 문서들과 더불어 아람어 번역본을 참조하거나 만들 필요가 없었기 때문이다. 이뿐 아니라 많은 타르굼은 성경 대본에 있는 특정한 히브리어 낱말들이 번역자들에게 (더는) 알려지지 않았다는 사실을 깨닫게 한다. 바리새인들이나 랍비들도 타르굼의 창설자로서 인정되기 어려울 것으로 보인다. 만약 그들이었다면 타르굼 연구가 그들의 학교에서 중요한 역할을 했을 것이다. 랍비들은 그 대신 계시된 성경 본문과 아람어 번역본들 사이를 엄격하게 구별하였으며, 이로써 오히려 타르굼과 그 사용을 억제하는 경향이 있었다고 전해진다. 어쨌든 이러한 사실은 바울의 스승인 랍비 가말리엘(행 22:3)과 관련된 이야기에서 증명된다. 그 이야기를 너무 높이 평가해서는 안 되지만 말이다. 사람들이 성전산에서 그 랍비에게 〈욥기〉의 타르굼을 보여 주었을 때, 그는 그것을 인정하려 들지 않았고, 그것을 건축사에게 시켜 담벼락 아래에 파묻게 하였다고 한다(bShabbat 115a). 마침내 사람들은 초기 타르굼의 저자들이 유대교의 지혜문학 집단에서 비롯되었을 것이라는 사실을 고려하게 되었다.[3] 아마도 이러한 사정은 심지어 쿰란에서 발견된 〈욥기〉 타르굼에도 해당할 수 있다. 특히 〈욥기〉가 회당의 독서 단락 본문에 포함되지 않기 때문이다. 그러나 이러한 가정을 초기 타르굼 전체 또는 후대의 타르굼 문헌들에 적용해서는 안 된다. 일반적으로 저자 문제를 너무 성급하게 파악하려고 한다는 인상을 받는다. 문서 형태의 타르굼이 아람어로 번역하는 작업 과정에 생겨나기는 했지만, 시간이 지나면서 개정되고 확장되고, 결합되고, 편집되었다는 사실을 염두에 두어야 한다. 따라서 개별 타르굼의 창시자들은 점점 더 전승자 집단들 뒤로 물러난다. 이를 통해 제기된 질문들, 곧 전승자들이 가졌던 전승의 관심과 타르굼이 보여 주는 '삶의 자리'에 대한 질문들은 계속해서 문제로 제기되어야 한다.

쿰란의 초기 타르굼

〈레위기〉 타르굼(Targum Leviticus)의 일부인 두 개의 단편들(4QtgLev = 4Q156)은 훨씬 오래된 타르굼에 대한 대표적인 증거이다. 이 필사본은 기원전 100년 무렵의 것으로 여겨진다. 이 단편들이 담고 있는 레위기 16:12-15와 16:18-21 본문은 진빈직으로 문자적 번역을 보여 준다. 이 점에서 이 단편들은 타르굼 옹

3) 참조, K. Beyer, Die aramäischen Texte vom Toten Meer, Göttingen 1984, 274.

켈로스에 가깝다. 그러나 이 단편에서 어떠한 결론을 끌어내기에는 본문 기초가 너무 빈약하다.[4] 그런데도 주목할 만한 점은 〈레위기〉 타르굼에서 나타나는 유일한 현상이다. 구체적으로 말하면, 절 분리 기호로서 쌍점(**소프 파숙**)이 사용된다는 사실이다. 이 쌍점은 다른 쿰란 필사본에서는 발견되지 않고, 카이로 게니자에서 발견된 성서 필사본과 타르굼 필사본에서야 비로소 (다시) 등장한다. 이러한 종류의 구두점은 인상적이다. 그것은 적어도 회당 예배에서 해왔던 토라 독서 단락들을 절 단위로 번역한 것과 관련이 있을 가능성을 보여 준다. 또 다른 타르굼으로는 쿰란의 제11 동굴에서 발견된 것으로서 위에서 언급한 **〈욥기〉 타르굼**(11QtgHiob = 11Q10)이 있다.[5] 이 두루마리는 32개의 단이 남아 있는데, 각각 윗부분의 8행에서 11행이 남아 있다. 이 두루마리는 욥기 17:14-42:12의 본문을 단편적으로 전해 준다. 이 필사본은 대략 기원후 1세기 중반에 기록되었다. 그러나 그 본문은 훨씬 더 오래된 것으로 보이는데, 그것은 기원전 3세기까지도 거슬러 올라갈 수 있을 것이다.[6] 전체적으로 보아 〈욥기〉 타르굼은 마소라 자음 본문을 폭넓게 반영하는, 상대적으로 문자적인 번역을 보여 준다. 그렇지만 이 아람어 번역은 히브리어 대본의 시형의 절 구조를 따르지 않고, 덜 엄격한 산문체의 본문을 제공한다. 원문에서와는 달리 아람어 역본에서는 욥의 무죄와 지식이 강조된다. 끝으로 제4 동굴에서 〈욥기〉 타르굼의 또 다른 두 개의 단편(4QtgHiob = 4Q157)이 발견되었다. 이 단편들에는 욥기 3:5-9(세 개의 단어!)와 욥기 4:16-5:4(마찬가지로 매우 단편적으로)의 내용 가운데 있는 본문이 들어 있다. 그 밖에 다른 타르굼들은 사해의 동굴들에서 발견되지 않았다.

팔레스타인 타르굼

일반적으로는 팔레스타인 타르굼과 바벨론 타르굼 또는 타르굼 옹켈로스를 구별한다. 타르굼 옹켈로스도 팔레스타인에서 생성되었을 것으로 추측된다. 하지만 그것은 일찍이 바벨론으로 옮겨졌고 그곳에서 편집되었다. 그러니까 '팔레스타인'이나 '바벨론'이라는 명칭은 생성 지역이 아니라 주요 전승 지역을 뜻한다. 팔레스타인 타르굼에 관해서 말할 때는 주로 복수형으로 표현하거나, 모두 합쳐서

4) 이 점에 관하여 U. Gleßmer, Einleitung in die Targume zum Pentateuch, TSAJ 48, Tübingen 1995, 77 – 81을 참조하라.

5) 참조, F. García Martínez / et. al., Qumran Cave 11.II (11Q2–18, 11Q20–31), DJD XXIII, Oxford 1998, 79 – 180.

6) 몇 가지 낱말들이 이러한 입장을 뒷받침해 준다. 이 낱말들은 제국 아람어에서는 널리 사용되었으나 나중에는 더 사용되지 않았다. 이것에 관하여 Beyer, Texte, 282를 참조하라.

'팔레스타인 타르굼 전통'이라고 말한다. 왜냐하면, 해당 필사본들이 크고 작은 범위에서 서로 차이점을 보일 뿐만 아니라, 한 번도 공식적인 편집이 이루어진 적이 없기 때문이다. 그러므로 이 무리는 대단히 다양한 본문을 보여 준다. 팔레스타인 타르굼의 특징은 본문을 비교적 자유롭게 다룬다는 점이다. 그것들은 본문을 쉬운 말로 풀어서 말하기도 하고 미드라쉬 방식으로 덧붙이기도 한다. 이는 팔레스타인 타르굼이 시대를 확정하거나 추정하기 어려운 다양한 시대에 생성된 자료들을 받아들였다는 사실에서 비롯된다. 완전하게 보존된 오경의 팔레스타인 타르굼은 **네오피티 코덱스**(Codex Neofiti, BHQ: T^{N})뿐이다. 그것은 1506년에 필사된 비교적 후대의 필사본이다. 이 필사본은 처음에는 로마에 있는 네오피트 대학교(Kolleg der Neophyten) 도서관에 소장되어 있었는데, 19세기 말 무렵 바티칸 도서관에서 사들였다. 그러나 이 필사본은 도서관 목록에 타르굼 옹켈로스라고 잘못 등록되었다. 1956년에 이르러서야 알레한드로 디에스 마초(Alejandro Díez Macho)가 이 필사본에는 실제로 오래된 팔레스타인 타르굼 본문이 들어 있다는 사실을 밝혔다. 이 코덱스는 449장에 이른다. 필사본의 난외에는 팔레스타인 타르굼 전통의 독법과 일치하는 다른 형태의 수많은 이형 본문이 발견된다. 많은 단락이 마소라와 다른 히브리어 본문으로 거슬러 올라갈 수 있다. 그래서 이전에는 이것을 기독교 이전의 시기에 생겨난 것으로 여기려는 경향이 있었다. 그러나 지금은 네오피티 코덱스에 포함된 전통들의 대부분이 기원후 1/2세기나 그 이후에 생성된 것으로 추정한다.[7] 팔레스타인 타르굼 전통을 보여 주는 다른 중요한 증거로 **단편 타르굼**(Fragmenten-Targum, BHQ: T^{F})을 들 수 있다. 이것은 **제2 예루살렘 타르굼**(Targum Jeruschalmi II)이라고 부르기도 한다.[8] 그렇지만 오늘날에는 일반적으로 '단편 타르굼'이라는 이름이 더 널리 쓰이는데, 이 이름이 이 타르굼의 특징을 표현해 주기 때문이다. 다시 말하면, 이것의 본문은 완전한 타르굼을 전해 주지 않는다. 그것은 하나 또는 여러 낱말들, 구절들, 아니면 좀 더 긴 단락들의 '단편들'을 나란히 구성해 둔 본문을 보여 준다. 그 바탕에 오경의 완전한 타르굼이 존재하였었다는 사실을 보여 주는 것인지, 아니면 처음부터 형태가 다른 일종의 이형 본문들을 수집한 모음집'만'을 의도했음을 보여 주는

7) 참조, Schäfer, Art. Bibelübersetzungen, 219.

8) 이전의 문헌에서는 '예루살렘 타르굼'이라는 이름 아래 제1 예루살렘 타르굼(Jeruschalmi I) = 위(僞)-요나탄 타르굼(Pseudo-Jonathan), 제2 예루살렘 타르굼(Jeruschalmi II) = 단편 타르굼, 제3 예루살렘 타르굼(Jeruschalmi III) = 타르굼 부록(Zusatz-Targume)이 포함되었다. 이 점에 관하여 Gleßmer, Einleitung, 95–98을 참조하라.

지는, 이러한 구성의 원래 의도 문제와 마찬가지로 여전히 논쟁거리이다. 네오피티 코덱스와는 달리 단편 타르굼은 네 개의 개정본에서 뒷받침한다. 이 개정본들도 어느 정도 서로 구별되기 때문에, **하나의** 단편 타르굼에 대해서 제한적으로만 말할 수 있다. 전체적으로 볼 때, 팔레스타인 타르굼 전통은 굉장한 다양성을 보여 준다. 이러한 다양성은 카이로 게니자에서 아주 많이 발견된 다른 타르굼 본문들을 통해서 밝혀진다.[9)]

바벨론 타르굼

가장 잘 알려져 있고 가장 잘 증명된 오경 타르굼은 타르굼 옹켈로스이다(Targum Onkelos, BHQ: T^{O}). 이것은 바벨론식 방점을 가진 일련의 게니자 단편들이 분명히 보여 주듯 바벨론에서 편집되었다. 또한 타르굼 옹켈로스는 바벨론에서 그 최종적인 문서 형태를 갖추었다. 그것은 아마도 기원후 3세기나 5세기 무렵에 이루어졌을 것으로 추정된다.[10)] 그것은 중세 초기에 이미 유대교 안에서 공식 지위를 얻었으며, 점차 팔레스타인 타르굼 전통을 밀어냈다. '옹켈로스'라는 이름은 '아퀼라'의 바벨론식 표현이다. 히브리어 성서의 문자에 충실한 그리스어 번역인 아퀼라 역본은 초기 유대교에서 널리 인정받았다(5.3을 보라). 바벨론 탈무드에서 아람어 번역 성서도 마찬가지로 아퀼라의 것으로 여겨졌다는 사실(bMegilla 3a)은 의도적으로 그렇게 관련지었거나, (더 가능성 있게는) 오해에서 비롯된 것이다.[11)] 타르굼 옹켈로스의 특징은 대부분 마소라 본문을 따르면서 문자적으로 직역하는 편이라는 것이다. 팔레스타인 타르굼의 전형적인 특징이었던 광범위한 미드라쉬 방식의 확장은 나타나지 않는다. 그것이 가능했던 것은, 그 사이에 바벨론 편집이 타르굼 옹켈로스를 유대-바벨론 전통의 할라카와 조화를 이루게 하였기 때문이다. 그럼에도 타르굼 옹켈로스에는 해석 요소나 주석적인 설명을 덧붙일 충분한 공간이 남아 있었다. 그러므로 본문비평에서 개별적인

9) 참조, M. L. Klein, Genizah Manuscripts of Palestinian Targum to the Pentateuch, Cincinati / Rom 1986.

10) 일반적으로 가정하는 사실은 기원전 259년 무렵에 네하르데아(Nehardea)의 학교가 파괴된 후 유대 학자들이 품베디타(Pumbedita)로 이주하였다는 것이다. 그곳은 중세 전성기까지 유대교 연구의 중심지가 되었다. 그러나 여기에서 우리는 신중해야 할 필요가 있다. 왜냐하면, 우리는 아직 아모리 시대(대략 기원후 500년까지)에 바벨론에 학교가 있었는지와 그 조직에 관해 역사적으로 확인된 어떠한 정보도 가지고 있지 않기 때문이다. 이 점에 관하여 G. Stemberger, Einführung in die Judaistik, München 2002, 80-81을 참조하라.

11) 참조, Gleßmer, Einleitung, 84-85.

경우들을 검토할 때, 그것이 히브리어 성서 본문에 대한 문자적인 번역인지 해석적인 진술이 이미 포함된 것인지 구별해 내기가 쉽지 않다. 타르굼 옹켈로스 외에 바벨론에는 예언서(전기 예언서와 후기 예언서!)에 대한 타르굼도 존재했다. 그것은 **타르굼 요나탄**(Targum Jonathan)이라는 이름으로 소개되었다. '여호와께서 주셨다'는 의미가 있는 히브리어 이름 뒤에는 다시금 그리스어 이름이 숨어 있다. 그것은 바로 '테오도치온'이다. 그것은 헥사플라(여섯 본문 대조성서)의 여섯째 단에서 통상적으로 발견되는 그리스어 개정본의 저자와 연결된다(5.3을 보라). 나중에 사람들은 이 타르굼을 힐렐의 제자였던 요나탄 벤 웃지엘(Jonathan ben Uzziel)의 것으로 간주했다(기원후 2세기). 그렇지만 요나탄이나 테오도치온이나 모두 예언서 타르굼의 생성과 관계가 없다. 타르굼 요나탄도 공식 타르굼으로 인정된다. 그것은 탈무드에서 인용되고 언어적으로는 타르굼 옹켈로스와 밀접한 관련성을 보여 준다. 하지만 타르굼 요나탄의 번역은 다시금 좀 더 풀어 썼으며, 성경 본문과 더불어 광범위하게 확장된 본문을 보여 준다. 이 확장 본문들은 미드라쉬에서 가져온 것이며, 종종 흥미로운 해석들을 포함하고 있다. 타르굼 요나탄의 많은 요소들도 매우 이른 시기로 거슬러 올라갈 수 있다. 이 두 타르굼은 그 주요 전승 지역이 바벨론이라는 사실을 앞서 언급하였다. 그러나 이러한 사실이 타르굼 옹켈로스나 타르굼 요나탄이 그곳에서만 읽히고 전승되었다고 오해하는 쪽으로 흘러가서는 안 된다. 오히려 두 공식 타르굼은 팔레스타인 지역에도 전파되었다. 그러니까 그것들은 이전에 사람들이 생각했던 바와 같이 10세기에 이르러서야 전파된 것이 아니다.

위(僞)-요나탄 타르굼(Targum Pseudo-Jonathan = 제1 예루살렘 타르굼)

오경 타르굼인 위(僞)-요나탄 타르굼은 지금까지 서술한 예언서 타르굼인 타르굼 요나탄과 아무 관계가 없다. 그것의 이름은 약어 ת"י를 잘못 풀이한 것에 기인한 것이다. 이것은 예루살렘 타르굼을 의미한 것이었으나 요드(י)를 요나탄 벤 웃지엘을 가리키는 것으로 해석한 것이다. 18세기에 이러한 오류가 발견된 이후로 타르굼을 지칭할 때 '위(僞)-요나탄'이라는 명칭이 쓰였다. 이와는 달리 그것은 원래 이름을 사용하기 위해서는 로마 숫자 I을 붙여야 했다. 그것은 단편 타르굼(=제2 예루살렘 타르굼)과 구별하기 위해서이다. 위(僞)-요나탄 타르굼(BHQ: T[J])은 매우 방대한 오경 타르굼이다. 여기에서 문자적인 번역은 매우 드물게 나타난다. 위(僞)-요나탄 타르굼은 대부분 학가다와 할라카 방식의 확장을 포함하고 있으며, 신구약 중간기 문헌에서 나온 자료들과도 잇닿아 있다. 여기에서 이것을 팔레스타인 타르굼이나 바벨론 타르굼과 따로 다루는 까닭은 아직도 그것이 언제 어디에서 만들어졌는지 밝혀지지 않았기 때문이다. 이 문제에 관한 논쟁은 극단적으로 맞서는 두 견해 사이를 오간다. 한 가지 견해에 따르면 위(僞)-요나탄 타르굼은 팔레스타인 타르굼에서 나온 방대한 자료들로 풍성해졌을 옹켈로스의 본문에서 비롯된다는 것이다. 이와 반대되는 다른 견해에 따르면, 이것은 원래의 팔레스타인 타르굼과 관련되며, 나중에 타르굼 옹켈로스의 영향을 받아 개정되었고, 공식 타르굼에 맞추어졌다는 것이다. 여기에 위(僞)-요나탄 타르굼과 타르굼 옹켈로스로 발전되었을 공통의 이전 단계('원 옹켈로스')에 대한 가정을 통해서 중도적 입장이 개진된다.[12]

본문 편집본

바벨론 타르굼은 **알렉산더 슈페르버**(Alexander Sperber)가 4권으로 펴낸 본문을 현재 활용할 수 있다. 이것은 표준 편집본으로 여겨진다. 1992년에는 전체가 다시 인쇄되었고, 2004년에는 처음 세 권이 한 권으로 묶여 발행되었다.[13] 이 편집본은 여전히 이바지하는 바가 있다. 하지만 오늘날에는 무조건 추천되지는 않는다. 왜냐하면 이 편집본이 주요 증거 본문으로 채택한 것들이 언제나 설득력이 있지는 않으며, 여기서 제공하는 비평장치가 요구사항들을 만족시키지 못하기 때문이다. 팔레스타인 타르굼의 경우에는 한편으로 **알레한드로 디에스 마초**가 펴낸 네오피티 코덱스 편집본을, 다른 한편으로 **마이클 L. 클라인**(Michael L. Klein)이 펴낸 단편 타르굼 편집본을 언급할 수 있다. 위(僞)-요나탄 타르굼은 **어니스트 조지 클라크**(Ernest George Clarke)가 새롭게 편집하였다(6.6을 보라). 그 밖에 1987년부터 '아람어 성경'(The Aramaic Bible) 프로젝트의 테두리 안에서 **마틴 맥나마라**(Martin McNamara)가 펴내고 있는 타르굼 영어 번역본들은 매우 유용하다. 지금까지 대략 20권이 출판되었다.

6.2 시리아 번역본(페쉬타)

시리아어는 동부 아람어 방언으로 기원전 1세기 무렵 아람어로부터 생겨났다. 에뎃사 주변(오늘날의 터키-시리아 국경에서 멀지 않은 터키 남동부의 우르파)이 기원 지역으로 여겨진다. 여기서 이교도의 첫 비문 증거를 발견하기도 했다. 이뿐

12) 참조, Schäfer, Art. Bibelübersetzungen, 222; Gleßmer, Einleitung, 181–196.

13) A. Sperber (ed.), The Bible in Aramaic. Based on Old Manuscripts and Printed Texts. One Volume Edition, Leiden / Boston 2004 (성문서 없음).

아니라 아람어 알파벳을 사용하던 시리아어는 고유한 글꼴을 발전시켰다. 이 서체는 '흘림체'(kursive)[14]의 하나로, 점차 개별 글자들을 서로 연결시키는 쪽으로 옮겨갔다(아랍어 글꼴과 유사하다). 시리아어는 다음과 같이 세 가지로 발전 단계를 구분할 수 있다. 가장 오래된 시리아어의 글꼴을 **에스트랑겔로**(Estrangelo, 그리스어, στρογγύλος '둥글다')라고 부른다(도판 39). 기원후 5세기는 교회의 분열로 더 넓고 간결한 두 가지 글꼴이 사용되었다. 동부 시리아 교회에서는 네스토리안 글꼴이 사용되었고, 서시리아 교회에서는 **세르토**(Serto)라고도 부르는 야콥 글꼴이 사용되었다. BHS의 비평장치에서는 시리아어 독법들이 음역으로 표시되어 있으나, BHQ에서는 에스트랑겔로 글꼴로 기록되어 있다. 이것을 해독하기 위해서 시리아어 문자표와 읽기 훈련이 필요하다. 왜냐하면 글자들이 서로 묶여 있는 글꼴이기 때문에 몇 가지 혼동할 가능성이 있기 때문이다.[15]

페쉬타(Peschitta)

시리아 교회에서 통용되었던 구약성서 번역본을 가리키는 말로서 일반적으로 **페쉬타**(BHS: **𝔖** 또는 BHQ: S)라는 이름이 사용되었다. 이 명칭은 '단순한' 또는 '널리 퍼진'(번역)을 뜻한다. 이 이름은 이 역본을 다른 시리아어 역본들, 곧 시리아어 헥사플라(Syrohexapla)나 에뎃사의 야콥이 만든 시리아어 교정본과 구분할 수 있게 한다. 오늘날에는 일반적으로 페쉬타가 히브리어에서 번역되었다는 사실이 인정된다. 부분적으로는 이것이 칠십인역을 고려하고 있다. 이와는 달리 페쉬타가 생성될 때의 상황과 기원, 그리고 페쉬타 본문의 특징은 논쟁거리이다. 오래된 견해에 따르면, 구약성서의 시리아어 번역본은 (티그리스강 동쪽의) 아디아베네 왕국에서 생성되었다. 이 왕국의 통치자 집안은 기원후 1세기에 유대교 신앙을 받아들였다.[16] 그러나 이 왕국이 트라야누스에 의해서 정복되었고 로마의 속주 아시리아에 편입되어 오랫동안 지속될 수 없었기 때문에, 페쉬타에 대해서 대략 1세기 중반이라는 비교적 이른 연대 설정이 고려되었다. 그러나 이러한 추측은 매우 가설적이며, 역사적으로 확실하지 않은 정보에 기대고 있다. 그래서 오늘날 사람들은 페쉬타가 기원후 150년 무렵에 에뎃사(그리고 니시비스?) 지역에 있

14) [역자주] 흘림체(Kursive)는 라틴어 cursivus(흐르는 듯한, 막힘없는)에서 나온 이름이다. 글자 모양이 기울어진 것이 흘림체의 특징이다. 빨리 쓸 수 있도록 흐르듯이 글자를 쓴다.

15) 참조, T. Muraoka, Classical Syriac for Hebraists, Wiesbaden 1987, 3–13.

16) 참조, P. E. Kahle, Die Kairoer Genisa, deutsche Ausgabe bearbeitet von R. Meyer, Berlin 1962, 285–288 (여기에는 요세푸스, <Antiquitates>, XX,17–96에 대한 참조 지시가 있다).

던 유대 공동체들 사이에서 생성되었을 것이라는 추론을 더 개연성이 있다고 여긴다. 이들 공동체는 몇십 년이 지나지 않아 기독교로 개종한 것으로 보인다. 이를 통해서 그들의 번역본은 시리아 기독교인들의 성경이 되었고, 교회는 그 번역본의 전승 보유자가 되었다. 조금 후인 기원후 200년 무렵에 이루어졌던 〈에스라〉~〈역대기〉 번역본은 유대교의 기원을 가진 것으로 여겨진다. 한편, 그 이전에 번역되었던 책들은 이미 기독교 공동체 안에서 사용되고 있었다.[17] 이러한 정황에 따르면, 유대교인과 (유대-)기독교인 중 누가 번역 작업을 했는지에 관한 질문은 유대 저작성을 지지하는 쪽으로 답변된 것으로 보이며, 페쉬타에 대한 일종의 통일성을 전제한다. 그러나 다음과 같은 사실은 이러한 인식에 모순된다. 곧 개별 책들의 번역본들이 본문의 특징 측면에서 볼 때 분명히 서로 구분된다는 사실이다. 따라서 그 번역본들은 서로 다른 번역자들이 서로 다른 시대에 만든 것이라는 평가가 나온다.[18] 그러므로 우리는 더 복잡한 생성사를 고려해야 한다.

본문의 특징

오경의 페쉬타 번역이 한편으로 두루 폭넓게 마소라 본문을 따르고 있고, 다른 한편으로 타르굼 전통과 밀접한 관계에 있다는 사실을 인식하게 한다는 점은 이미 오래전부터 알려져 있다. 분명한 이해를 위해서 두 가지 예를 들 수 있다. 마소라 본문(MT)의 출애굽기 3:12는 "너희는 하나님을 섬겨야 한다"이다. 그러나 페쉬타와 옹켈로스는 이것을 "너희는 하나님 **앞에서** 섬겨야 한다"로 전한다. 마소라 본문은 창세기 8:4 난외주에서, 이르러서 머물러 쉬었던 산을 아라랏산이라고 일컫는다. 옹켈로스, 네오피티, 위(僞)-요나탄처럼 페쉬타도 그것을 터키 남동부 티그리스강 상부의 왼쪽 강가에 있는 **카르두**(Qardu)산이라고 여긴다.[19] 오경 외에 〈역대기〉도 **쉐키나**(Schechina, 하나님의 처소) 개념을 선호하여 타르굼 전통과 밀접한 관계가 있음을 보여 준다. 그렇지만 그것은 더 많은 범위에서 마소라 본문에서 벗어난다. 〈잠언〉 본문의 성격과 그것의 타르굼에 대한 근접성은 다시금 다르게 평가될 수 있다. 왜냐하면, 여기에서는 상황이 반대로 전개되기 때문

---

17) 참조, M. P. Weitzman, The Syriac Version of the Old Testament. An Introduction, University of Cambridge Oriental Publications 56, Cambridge 1999 (Taschenbuchausgabe 2005), 258–262.

18) 참조, S. P. Brock, The Bible in the Syriac Tradition (English Version), Georgias Handbooks 7, Piscataway, New Jersey 2006, 23.

19) 참조, S. P. Brock, Art. Bibelübersetzungen I, 4.1. Die Übersetzungen ins Syrische. Altes Testament, TRE 6, Berlin / New York 1980, 182.

이다. 곧 타르굼 전통이 페쉬타에 종속되어 있다. 구약성서의 다른 책들에서는 다시금 타르굼 전통의 영향이 미약하다. 반면에 페쉬타와 칠십인역 사이의 공통성이 더 강하게 드러난다(〈이사야〉, 열두 소예언서, 〈시편〉). 여기에서 페쉬타(S)와 칠십인역(G)의 독법이 일치한다면, 이것에 대한 여러 설명이 가능하다.[20] 두 가지 번역본이 모두 마소라 자음 본문과는 다른 어떤 (마소라 이전의) 히브리어 본문 형태를 이용했거나, 아니면 그것들이 번역 작업에서 공동의 주석 전통에 관련되었거나, 둘 중 하나이다.[21] 끝으로 세 번째 가능성이 고찰될 수 있다. 곧 해당 번역자들이 히브리어 출발 본문(원어 본문) 외에 칠십인역 필사본을 참고로 이용하여, 개별적인 경우에 따라 자신의 번역본에 연결시켰을 가능성이다. 이러한 추론이 가능한 경우가 〈이사야〉 페쉬타이다. 그것은 기원후 2세기에 어떤 유대계 기독교인이 번역했다고 여겨진다. 이 번역자는 대본으로서 원 마소라 본문을 사용했고, 동시에 칠십인역 본문에도 정통했다.[22] 그 밖에 페쉬타는 시리아어로 번역된 외경들을 보여 준다. 그것들은 그리스어 본문에서 번역되었다는 점에서 가치가 있다. 그러나 여기에는 예외도 있다. 히브리어 본문으로 거슬러 올라가는 〈집회서〉의 경우가 그러한 예외에 해당된다. 그러므로 시리아어 〈집회서〉 번역본은 특별히 분명히 중요한 본문 증거이다. 왜냐하면, 히브리어 〈집회서〉의 전체 본문이 지금까지 카이로 게니자와 소수의 쿰란 단편들을 통해 68%만 알려졌기 때문이다. 여기까지 이루어진 간략한 조망을 통해, 페쉬타 독법을 평가할 때 그것의 고대성에만 주의할 것이 아니라 성서의 개별 책이 나타내는 번역본의 독특성 또한 고려해야 한다는 점을 강조해야 하겠다.

필사본들

페쉬타는 기원후 5세기에 생성된 일련의 초기 필사본들을 통해 잘 입증된다. 가장 오래된 필사본 가운데 하나는 연대가 464년으로 매겨지는 것으로서 니트리아 수도원(하부 이집트의 와디 나트룬)에서 만들어졌다. 그것은 현재 런던에 있는 영국국립도서관에 소장되어 있으며(Add. 14.425), 〈레위기〉를 제외하고 오경의 대부

20) 참조, Brock, Art. Bibelübersetzungen, 183.

21) 이 점에 관하여 또한 Y. Maori, Methodological Criteria for Distinguishing between Variant Vorlage and Exegesis in the Peshitta Pentateuch, in: P. B. Dirksen / A. van der Kooij (ed.), The Peshitta as a Translation, MPIL 8, Leiden / New York / Köln 1995, 102 – 120을 참조하라.

22) 참조, A. van der Kooij, Die alten Textzeugen des Jesajabuches. Ein Beitrag zur Textgeschichte des Alten Testaments, OBO 35, Freiburg, Schweiz / Göttingen 1981, 291 298.

분을 포함하고 있다(도판 39). 가장 중요한 페쉬타 필사본은 기원후 6/7세기의 것으로, 현재 밀라노에 소장되어 있는 **암브로시아누스 코덱스**(Codex Ambrosianus, B. 21 Inferiore)이다. 그것은 구약성서 전체를 아우르는데, 이처럼 이른 시기에는 보기 드문 경우이다.[23] 더 나아가 시리아어 필사본은 연대 언급이 담긴 간기를 자주 포함한다는 장점이 있다. 보통 그것들은 이른바 셀레우코스 (협정) 연대를 따르고 있다. 이때 기원전 311년이 셀레우코스 연대의 첫 해로 계산된다. 이러한 연대 계산의 시작은 역사적으로 바벨론에 대한 셀레우코스 1세의 승리 및 셀레우코스 왕조의 설립과 연관되어 있다.

라이덴 페쉬타 연구소(Peschitta-Institut Leiden)

전체적으로 첫 번째 본문비평적인 페쉬타 편집본 출판 작업은 현재 라이덴대학교의 페쉬타 연구소에서 도맡아 하고 있다.[24] 이 간행본의 기초는 앞서 언급한 암브로시아누스 코덱스이다. 그러나 이것은 엄격한 의미에서 한 가지 필사본에만 의존하는 고문서본(diplomatische Ausgabe)은 아니다. 여기에서 명백한 필사 오류들이 교정되었을 뿐만 아니라, 저본(대부분 암브로시아누스 코덱스)의 독법들을 신뢰할 수 없거나 둘 이상의 초기 필사본들을 통해 확증되지 않는 경우 본문들이 수정되었다. 변경 내용들은 출판된 본문에서 † † 의 두 기호 사이에 기록되었다. 그리고 선택되지 않은 본문은 첫 번째 비평장치에 제시된다. 두 번째 비평장치에는 부정적인 비평장치의 형태로서 이형태들이 기록된다. 다시 말하면 여기에는 차이가 나는 독법들만 소개되고, 본문에 제시된 독법에 긍정적인 의견을 보이는 증거들은 나오지 않는다. 그 밖에 절수 매기기는 BHS를 따른다. 이것은 페쉬타 편집본의 학문적 사용을 매우 편리하게 해 준다. 전체 편집본은 4부로 구성되어 출판된다. 이 가운데 지금까지 14권의 분책(分冊)들이 발행되었다. 5부에는 마지막으로 오경에 대한 성구사전이 출판되었다.[25]

---

23) 그것의 중요성에 걸맞게 이 코덱스는 1876년에 이미 사진 석판 인쇄(Photolithography, Lithography) 판본으로 출판되었다. 참조, A. M. Ceriani, Translatio Syra Pesitto Veteris Testamenti ex codice Ambrosiano, Vol. I–II, Mailand 1876.

24) 이 점에 대하여 참조, Peshitta Institute Leiden (ed.), The Old Testament in Syriac according to the Peshitta, General Preface, Leiden 1972; 더 상세한 내용은 다음을 보라. P. A. H. de Boer, Towards an Edition of the Syriac Version of the Old Testament, VT 31 (1981), 346–357.

25) Part 5. Concordance, Vol. 1: The Pentateuch, prep. by P. G. Borbone, Leiden 1997 [시리아어/영어].

시리아어 헥사플라(Syh)

텔라의 주교 파울(Paul)에게로 거슬러 올라가는 시리아어 헥사플라(여섯 본문 대조성서)는 칠십인역을 저본으로 하는 시리아어 번역본을 제공한다. 더 정확히 말하면 그것은 헥사플라의 다섯째 단, 곧 오리게네스 헥사플라의 개정본을 상당히 정확하게 번역한다. 이러한 이유에서 시리아어 헥사플라가 앞에서 이미 소개되었다(5.4를 보라). 이것은 본문비평이나 그리스어 본문 역사에서 특별한 의미가 있다. 한편으로 단편적으로만 전승된 원래 헥사플라의 다섯째 단을 광범위하게 재구성하도록 해 준다. 다른 한편으로는 그리스어 원문을 낱낱이 재현하는 것에 정통한 매우 정교한 번역 기법을 증명해 보인다. 필사본 가운데는 또한 기원후 697년에 생성된 매우 이른 〈출애굽기〉 필사본(Add. 12.134)이 들어 있다. 이 필사본은 시리아어 헥사플라에 아리스타르크(aristarchischen)[26] 기호만 전승된 것이 아니라 아퀼라, 심마쿠스, 테오도치온 세 가지 개정본들의 독법들도 본문의 난외에 표기되어 있음을 볼 수 있다(도판 37).

에뎃사의 야콥(Jacob von Edessa, 633–708년)

시리아 정교회의 학자이며 나중에 에뎃사의 주교가 되었던 그는 야콥파 교회[27]의 일원이다. 이 교회는 칼케돈 공의회의 거부 결정에 따라 기원후 6세기에 비잔틴 제국교회에서 갈라져 나왔다. 그는 기원후 684년에 임명된 주교직을 몇 년 지나지 않아서 내려놓고, 여러 시리아 수도원으로 옮겨 다녔다. 마지막으로 그는 텔-아다 수도원에서 활동했다. 그는 그곳에서 기원후 705년 즈음 시리아어 구약성서의 (부분-)교정본을 완성하였다. 이 교정본은 에뎃사의 야콥이 페쉬타와 시리아어 헥사플라 사이에서 '절충 본문'을 만들어 내려고 노력했다는 점에서 주목할 만하다. 또한 그는 안티오키아 본문을 보여 주는 몇 가지 그리스어 필사본들(5.5를 보라)을 자신의 수정 작업에 끌어다 썼다. 그 결과 혼합 본문이 생겨났다. 그가 이러한 방식으로 구약성서 전체를 개정했는지는 더는 잘라 말할 수 없다. 왜냐하면, 보존된 기원후 8세기의 필사본들은 그 가운데 일부만을 전하기 때문이다. 특히 에뎃사의 야

26) [역자주] 헥사플라(Hexapla)에는 히브리어에 상응하는 그리스어 단어가 들어 있는데, 히브리어에는 없고 70인역에서 첨가된 부분은 아리스타르크 기호인 오벨로스(Obelos, ÷)와 메토벨로스(Metobelos, ⩗) 기호 사이에 넣었고, 70인역에서 누락된 히브리어 단어의 번역은 아스테리스코스(Asteriskos, ※)와 메토벨로스(Metobelos, ⩗) 기호 사이에 넣었다.

27) 이 이름의 수여자는 야콥 바라다이오스(Jakob Baradaios, 490-578년경)이다. 그는 네스토리안 교회에 맞서 서시리아에 단성론(monophysitisch) 교회 공동체를 세웠다. 오늘날에는 더 이상 야콥파 교회라고 말하지 않고, (서시리아의) 시리아 정교회라고 부른다.

콥은 첫 번째 창조 이야기에 대한 광범위한 주석을 발표하였고(Hexaemeron, '6일간의 창조'), 시리아어의 문법 문제들에 몰두했으며, 시리아어 문자에 모음 기호와 구분점의 도입을 촉진하였다.

디아테사론(Diatessaron, 네복음서조화본)

디아테사론(네복음서조화본)은 신약성서의 본문 역사에 들어간다. 그런데도 그것이 초기 시리아 교회에서 중요한 구실을 했으므로 여기에서 언급할 필요가 있다. 네 복음서를 하나로 엮은 디아테사론에서는 복음서들의 조화가 중요했다. 다시 말하면, 그것은 의도적으로 네 복음서의 내용을 연속되는 단 하나의 이야기로 보여 주려고 노력했다(그리스어, διὰ τεσσάρων, '넷을 통하여'). 디아테사론은 기원후 170년 무렵 시리아 신학자인 **타티아누스**(Tatian)가 완성했다. **타티아누스**가 그것을 본래 그리스어로 저술했는지, 시리아어로 저술했는지는 아직 분명하게 밝혀지지 않았다. 그러나 2세기 말 무렵에 완성된 시리아어 판본이 시리아 교회 전체에 소개되었고, 그곳에서 오랜 시간 동안 권위 있는 복음서 본문으로 사용되었다는 사실은 분명하다. 디아테사론의 본문은 주로 에프라임 시루스(Ephraim Syrus, 306-373년)의 주석을 통해 보존되어 있다. 하지만 이 주석은 아르메니아어 번역본으로만 완전하게 전승되었다. 그러므로 **타티아누스**가 이미 페쉬타로 번역되어 있던 구약성서로부터 복음서 인용문들을 가져왔는지의 여부를 더 이상 분명하게 결정할 수 없다. 만약 그것이 사실이라면, 우리는 추가로 페쉬타의 생성 연대에 대한 하한선을 얻게 되는 셈이다. 이것은 기원후 150년 무렵이라고 대략적으로 추정하고 있는 페쉬타의 생성 연대에 대한 근거를 제공한다.

6.3 불가타(히에로니무스)

라틴어 성경 번역본은 **베투스 라티나**(Vetus Latina)와 **불가타**(Vulgata)로 구분된다. 베투스 라티나는 고대 라틴어 성경 본문으로서 칠십인역에서 번역되었다(6.4를 보라). 이와는 달리 불가타(BHS: 𝔙 또는 BHQ: V)는 히브리어 성서 본문에서 비롯된다. '불가타'라는 명칭은 16세기경부터 사용되었고, '일반적으로 널리 퍼진 것'이라는 뜻이 있다.

히에로니무스(Hieronymus)

오늘날 불가타에 들어 있는 대부분의 구약성서 책들은 히에로니무스가 번역했다. 그래서 가톨릭교회는 그를 교회의 학자(Doctores ecclesiae)로 인정한다. 히에로니무스는 340년과 350년 사이에 달마티아에서 출생하였다. 그는 로마에서 문법과 수사학을 공부하였으며, 그곳에서 세례를 받았다. 그는 처음에 한동안 시리아에서 수도사로서 활동했고, 유대계 기독교인에게서 히브리어를 배웠다. 382년에 그가 로마로 돌아왔을 때, 교황 다마수스 1세(Damasus I)가 맡긴 직무에 임하여, 라틴어 성경의 교정을 맡게 된다. 교황 다마수스 1세가 죽자 그는 386년에 예루살렘으로 여행을 떠나 자신의 친구인 파울라(Paula)와 함께 베들레헴에 수도원과 수도원 학교를 세운다. 그는 420년에 죽기까지 그곳에서 활동했으며, 자신의 본래 계획을 훨씬 뛰어넘어 라틴어 성경 번역에 종사하였다.

프살테리움 갈리카눔(Psalterium Gallicanum, 헥사플라 칠십인역을 따라 번역된 〈시편〉)

히에로니무스는 383년에 우선 복음서를 수정하는 것으로, 라틴어 성경에 대한 자신의 교정 작업을 시작하였다. 그 이후에 〈시편〉 교정이 이루어졌다. 그러나 그는 〈시편〉 본문을 칠십인역 본문을 따라 급하게[28] 훑어보고 수정하기만 했다. 이때 그가 사용한 본문이, 나중에 로마에서 예배에 도입되어 **프살테리움 로마눔**(Psalterium Romanum)이라고 불리게 된 것과 같은 본문인지는 입증되지 않았고, 가능성 있는 것으로 여겨지지도 않는다. 나중에 히에로니무스가 팔레스타인으로 이주했을 때, 그는 다시금 〈시편〉에 몰두하였고 이때 가이사랴에 있었던 오리게네스의 헥사플라를 참고할 수 있었다. 이 단계에서도 히브리어 원본문은 분명히 그 번역의 기초로서 여전히 역할을 하지 못했다. 오히려 히에로니무스는 우선 오리게네스의 헥사플라 개정본을 따르는 개선된 고대 라틴어 〈시편〉 본문을 완성했다. 이때 그가 본문에 아리스타르크 기호도 첨가한 것으로 보인다. 이 본문 번역본은 우선 갈리아어로 소개되었고, 그 이름을 따라서 **프살테리움 갈리카눔**이라고 불려졌다. 이것은 히브리어 본문에서 직접 번역되지 않았음에도, 예외적으로 불가타의 공인 본문으로 인정된다. 여기에는 다음과 같은 역사적 근거가 있다. 카롤링거 예배 개혁의 상황에서 앨퀸(Alkuin, 약 730-804년)은 히브리어 본문을 기초로 한 〈시편〉 번역본이 아니라 프살테리움 갈리카눔을 자신의 성경전서에 수용하기로 결정하였다. 알퀸의 신구약성서 간행본이 중세 전성기에 중요해지고,

28) 히에로니무스의 Praefatio in libro psalmorum에는 이렇게 나와 있다. “Psalterium Romae dudum positus emendaram et iuxta Septuaginta interpretes, licet cursim, magna illud ex parte correxeram.” 참조, R. Weber / R. Gryson (Hg.), Biblia Sacra iuxta Vulgatam Versionem, Editio quinta, Stuttgart 2007, 765.

소르본느에서는 마침내 파리 성경이 규범적인 의미를 갖게 되었기 때문에, 〈시편〉의 불가타 판본은 이러한 형태로 받아들여져서 1546년 트리엔트 공의회에서 구속력 있는 본문으로 선포되었다.[29] 아마도 히에로니무스는 〈시편〉뿐 아니라 구약성서의 나머지 책들도 헥사플라의 칠십인역 본문 형태를 따라 개정하였을 것이다. 그러한 교정은 적어도 〈아가〉만이 아니라 〈욥기〉에서도 확인된다. 이러한 특징을 보여 주는 〈욥기〉는 히에로니무스와 아우구스티누스 사이의 논쟁에서 분명한 역할을 했다.

프살테리움 이욱스타 헤브라이오스 (Psalterium iuxta Hebraeos, **히브리어 본문을 따라 번역된 〈시편〉**)

그렇지만 본질적으로, 본문 역사에서나 문화사에서 탁월한 히에로니무스의 업적은 히브리어 본문에서 구약성서를 번역한 것이다. 그는 이 번역 작업을 390-450년 사이에 하였다. 히에로니무스가 자신의 라틴어 번역 판본을 통해 칠십인역 본문을 대체하거나 극복하려고 하지 않았다는 사실을 미리 말해 두어야 하며, 이러한 사실은 히브리어 본문에서 이루어진 〈시편〉 번역본을 통해서 그 근거가 마련될 수 있다. 다시 말하면 이 〈시편〉 번역본은 줄곧 전통에 의존하고 있다. 그것은 가능한 한 칠십인역 본문을 따르는 문장 구조를 유지하고, 히브리어 본문이 다른 것을 말하거나 시대에 적합한 어휘로 조절이 필요해 보이는 곳에서만 변경한다.[30] 어떤 점에서 우리는 히에로니무스가 어문학적인 목적만이 아니라 신학적인 목적도 추구했다고 판단할 수 있을 것이다. 그것은 그가 원본문에 바탕을 둔 자신의 번역을 통해서 성경에 대한 더 나은 이해에 도움을 주고, 이로써 기독교 진리를 이해하는 데 이바지한다는 목적이다. 그럼에도 그의 시도는 많은 사람들에게 새로운 것이었고, 또 그들을 불안하게 하는 것이었다. 참으로, 히에로니무스가 유대교의 본문을 통해, 영감으로 된 칠십인역과 이와 더불어 기독교 교회의 기초를 대체하려고 한다는 의심을 살 수 있었다. (또는 의심을 사도록 내몰릴 수 있었다!) 이것은 신성모독적인 사고에 해당하는 것이었다. 당연히 히에로니무스는 이러한 주장에 맞서 자

29) 성무일도서(Brevier)를 위해서 교황청 성서연구원(Päpstliche Bibelinstitut)은 선택할 수 있도록 원본문에서 〈시편〉 번역을 완성하였다. 참조, Pontificio Istituto Biblico (Hg.), Liber Psalmorum cum Canticis Breviarii Romani, Rom 1945.

30) 이 점에 대하여 다음을 보라. E. Schulz-Flügel, Hieronymus, Feind und Überwinder der Septuaginta? Untersuchungen anhand der Arbeiten an den Psalmen, in: A. Aejmelaeus / U. Quast (Hg.), Der Septuaginta-Psalter und seine Tochterübersetzungen, MSU 24, Göttingen 2000, 31–50.

신이 한 일을 방어해야 했다. 물론 그의 행동에 특별한 겸양이나 섬세한 이해심이 있지는 않았다.[31] 이러한 맥락에서 교부 아우구스티누스와 벌인 그의 논쟁은 상당히 흥미롭다. 이 논쟁은 여기에서 일정 부분이라도 언급되어야 할 것이다.

히브리어의 진실성(베리타스 헤브라이카[Veritas hebraica])

히에로니무스와 아우구스티누스 사이의 논쟁에서 문제가 된 것은 히브리어의 진실성이다. 이것은 우선 아주 간단히 말해서 '히브리어 원본'(hebräische Original)을 뜻한다. 히에로니무스는 이것을 자신의 번역 작업의 기초로 설명했고 정당화했다. 물론 여기에는 몇몇 근본적이고 논란의 여지가 있는 질문들이 있다. 여기에서 두 교부 모두 여러 라틴어 번역 성경들이 나돌고 있는 불만스러운 상황을 끝내고 하나의 통일성 있는 교정본으로 라틴어 성경을 대체해야 한다는 견해에는 뜻을 같이하고 있었다는 사실을 선세할 수 있다(Augustinus ad Hieronymum, Epistula 71,6). 그러나 이것을 실현하는 방법이 두 사람 사이에서 논쟁거리였다. 분명히 아우구스티누스는 그리스어 본문을 따르는 라틴어 성경의 새로운 판본을 원했는데, 당시 칠십인역이 모든 교회에서 높은 권위를 차지하고 있다는 데 바탕을 두고 있었다.[32] 그러나 히에로니무스가 아우구스티누스보다 더 예리하게 관찰한 점은 칠십인역의 그리스어 전승도 통일성이 없으며, 따라서 어떤 신뢰할 만한 라틴어 성경 본문이라도 퇴보함 없이 히브리어 원문에 이르기는 어렵다는 사실이다. 그러나 이것이 아우구스티누스가 제기한 주된 이의를 말하지는 않는다. 아우구스티누스의 이의 제기는 조금 다른 차원에 있으며, 그 이면에는 그가 편지에서 인용한 오에아(곧 트리폴리스)에서 일어난 일이 있었다. 그는 편지에서 북아프리카 도시의 한 교회 공동체에 관한 이야기를 전해 주는데, 그 교회에서는 히에로니무스가 히브리어 본문에서 번역한 〈요나〉 본문을 읽었다고 한다. 그러나 히에로니무스의 번역본에 따르면 예언자 요나가 '박넝쿨' 아래가 아니라, '담쟁이덩굴' 아래

31) 칼 호이시(Karl Heussi, Art. Hieronymus, RGG II, 2. Aufl. Tübingen 1920, 1880)는 자신의 견해에서 히에로니무스를 다음과 같이 평가한다. "히에로니무스는 성격적으로 유쾌하지 않았고, 사반심이 강한 사람이었으며, 자신의 논쟁에서는 날카롭고 불공정하였으며, 진실하지 않고 심세함도 없었다."

32) 여기에서 아우구스티누스가 히에로니무스를 반대하기 위해 칠십인역의 영감성을 제기했다는 사실은 잘못된 주장이다. 반대로 아우구스티누스는 히브리어 성서와 그리스어 성서가 동일한 방식으로 영감을 받은 것이라고 여겼다. 이 점에 관하여 〈De civitate Dei〉, 18,44를 참조하라. "Unde etiam ego pro meo modulo vestigia sequens apostolorum, quia et ipsi ex utrisque, id est ex Hebraeis et ex Septuaginta, testimonia prophetica posuerunt, utraque auctoritate utendum putavi, quoniam utraque una atque divina est."

에서 그늘을 찾았다고 하여[33] 혼란이 일어났다. 문제가 되는 구절에 대하여 그 지방에 거주하는 유대인들에게 물어본 뒤에야 본문의 긴장이 풀릴 수 있었다. 당연히 그들은 예로부터 내려온 번역이 옳다고 확인해 주었다. 히에로니무스는 이 이야기에서 자신의 어학 능력을 공격하는 것이라 여겼고, 또 그렇게 여기고자 했다. 그리하여 그는 그것에 대해 비웃으며 답변했다. 그러나 그는 위에 언급한 사건 뒤에 숨어 있는 근본적인 질문을 잘못 이해했다.[34] 곧 아우구스티누스의 견해에 따르면, 히브리어 본문에서 옮긴 히에로니무스의 번역본은 통제될 수 없다는 점에서 문제가 있다. 왜냐하면 히에로니무스나 다른 어떤 사람도 기독교 공동체 안에서 번역을 위해 필요한 충분한 어학 지식을 가지고 있지 않았기 때문이다. 여기에서 다음과 같은 두 가지 논거가 생겨난다. 첫째로, 아우구스티누스는 언젠가는 오류를 범할 수 있는 어떤 개인(히에로니무스)의 어학 능력을 신뢰하고자 하지 않는다. 하지만 칠십인역으로 말하면 그것은 70명의 번역자들이 책임을 지고 있다! 둘째로, 그는 번역의 문제가 있을 때, 유대교 사법기관에 문의하는 것을 가능한 방법으로 여기지 않는다. 특히 기독교 교회와 이념 투쟁 가운데 있었던 '유대인들'은 문서 위조자들이라는 적대적인 혐의를 받고 있었기 때문이다.[35] 이러한 배경에서 아우구스티누스는 실용적인 해결책을 더 좋아했다. 그러므로 구약성서의 라틴어 본문은 그리스어 기초 본문에서 번역되어야 한다는 것이다. 왜냐하면, 그리스어 기초 본문은 검증이 가능하여 혼란스럽게 하거나 그리스어를 사용하는 공동체와의 연합을 위태롭게 하지도 않기 때문이다. 이와는 달리 히에로니무스가 바라는 라틴어 번역본의 신뢰성은 전반적으로 오직 히브리어의 진실성을 통해서만 입증될 수 있다는 견해를 피력했다. 물론 학문의 관점에서 보자면 그가 옳다.

히에로니무스가 완성한 번역본의 언어 형태는 무엇보다 번역어를 중요시하는 번역으로서, 유려하고 고전적인 라틴어를 지향함으로써 부분적으로는 이전 번역본들의 비문학적인 라틴어 표현을 제거하였다는 사실에서 분명하게 드러난다. 비문학적인 라틴어 표현은 그리스어 본문을 문자적으로 번역한 것에서 비롯되었으

---

33) 흥미롭게도 히에로니무스는 여기에서 – 그 자체로 어려운 – 히브리어 일회용례를 번역하지 않고, κιττός [키토스] '담쟁이덩굴'이라고 번역한 아퀼라 번역본을 따랐다. 이와는 달리 칠십인역은 κολοκύνθη [콜로퀸테] '박넝쿨'이라고 읽는다(Hieronymus ad Augustinum, Epistula 75,21–22).

34) 기본적으로 A. Fürst, Veritas Latina. Augustins Haltung gegenüber Hieronymus' Bibelübersetzung, Revue des Études Augustiniennes 40 (1994), 105 – 126을 참조하라.

35) 이러한 비난에도 불구하고 유대인 학자들과의 접촉과 의견 교환이 있었다는 사실은 난외에서라도 언급되어야 할 것이다.

며, 그것은 단순하고 비속한 표현들을 많이 담고 있다. 그 밖에도 히에로니무스의 불가타 번역은 그가 단순한 히브리어 표현을 탁월하게 모방할 수 있게 해 주는 언어인 라틴어를 자유자재로 쓸 수 있었기 때문에 성공할 수 있었다고 할 수 있다.[36)]

히에로니무스가 자신의 때는 물론 후대의 중세에까지 널리 쓰이던 마소라 본문과 정확하게 일치하는 히브리어 본문을 명백히 이용했다는 사실은 이제 본문비평을 위해 중요하다. 물론 히에로니무스는 순수한 자음 본문만을 가지고 있었기 때문에, 그의 번역은 아직 모음이 첨가되지 않은 본문 이해를 보여 준다는 점에서 흥미롭다. 이러한 배경에서 불가타는 마소라 본문의 중요한 본문 증거로서 그 가치가 인정된다. 이와는 달리 불가타가 칠십인역이나 사마리아 오경과는 일치하면서 마소라 본문과는 대립하는 경우들에는 본문비평에서 가치 판단을 하기가 더 어렵다. 이때 본문 증거 자료를 개별적으로 매우 신중하게 검토해야 하며, 해당 차이점들을 만들어 낼 가능성 있는 원인을 따져 물어야 한다. 히에로니무스가 그러한 독법을 자신의 히브리어 대본의 본문에서 발견했을 것이라는 가정은 몇몇 경우에서만 확인될 수 있다.

아미아티누스 코덱스(Codex Amiatinus)

불가타 필사본 전승의 예로서 아미아티누스 코덱스를 들 수 있다. 그것은 중세에 몬테 아미아타 대수도원에 보존되어 있었는데, 그 보존 장소의 이름에 따라 명칭이 붙여졌다. 이 코덱스의 분량은 1,029장에 이른다(도판 43). 물론 이 코덱스는 영국에서 필사되었으나 당시 재로우와 웨어마우스 수도원의 수도원장이 로마 교황에게 선물로 보냈다. 그 생성 연대는 690년과 716년 사이로 추정된다. 당시 수도원에는 히에로니무스의 헥사플라 교정본과 더불어 라틴어 코덱스가 있었지만, 사람들은 아미아티누스 코덱스를 필사하기 위해 이 본문이 아니라 불가타 본문을 택했다. 그것은 분명 당시의 필요에 들어맞았다. 왜냐하면 그 결정은 필사자가 통일성 있는 하나의 본문 대본을 이용할 수 없었다는 사실에서 생기는 어려움과 잇닿아 있었다. 그들은 구약과 신약성서를 위해서 분명한 질적 차이를 보이는 여러 불가타 필사본들을 끌어들여야만 했다. 예컨대, 〈시편〉에서는 상태가 좋지 않은 아일랜드 대본만이 활용 가능한 상태에 있었다. 물론 이러한 상황에 대해서 수도사들은 알고 있었다. 따라서 사람들은 가지고 있던 본문의 개선을 위해 노력하였다.[37)]

36) 참조, F. Siegert, Register zur »*Einführung in die Septuaginta*«, MJSt 13, Münster 2003, 377.

37) 참조, B. Fischer, Bibelausgaben des frühen Mittelalters, in: ders., Lateinische Bibelhandschriften im frühen Mittelalter, AGLB 11, Freiburg i. B. 1985, 67–69.

본문 편집본들

앞서 언급한 바와 같이 트리엔트 공의회에서 이루어진 가톨릭교회의 불가타 본문 확정과 더불어 구속력 있는 본문 편집본을 발행해야 할 필요성도 드러났다. 여러 차례 시도한 뒤에, 교황 식스투스 5세(Sixtus V)가 개정했지만 불충분한 본문 편집본이 1589년에 처음 발행되었다. 식스투스 5세가 죽은 뒤에 그 간행본은 뒤로 물러나게 되었고, 1592/1593년 또는 1598년에 클레멘스 8세(Clemens VIII)의 세 번째 본문 편집본(이하에서 **클레멘티나**[Clementina])이 그 자리를 대신했다. 이로써 사람들은 일반적으로 인정받는, 구속력 있는 불가타를 가지게 되었다. 그러나 그것은 히에로니무스의 본문을 복원했다고 주장할 수 없었다. 이러한 점은 그 밖에 1979년에 가톨릭교회의 공인 본문으로 공포된 **노바 불가타**(Nova Vulgata)도 마찬가지다.[38)]

20세기 초 베네딕트 수도회와 그것을 계승하는 로마의 산 지롤라모 베네딕트 대수도원은 불가타 본문의 절충본 발행을 위임받았다. 이때의 일은 **대비평편집본**(editio critica major)을 만드는 것이다. 그것은 약 8,000개의 필사본을 검토하고 의문스러운 이형태들(순전히 정서법에 관한 것은 예외로 하고)을 비평장치에 표시하는 것이다. 이 거대한 학문적 불가타 본문 편집본은 1926년에 시작되어, 1995년 〈마카베오상하〉의 마지막 편집본이 출판됨으로써 마무리될 수 있었다. 이 본문 편집본에서 히에로니무스가 번역하지 않은 책들, 곧 〈바룩〉, 〈예레미야의 편지〉, 〈지혜서〉, 〈집회서〉, 〈마카베오상하〉는 고대 라틴어 번역본으로 제공되었다.

이 본문비평 저작물이 마무리되기 전인 1969년에 로베르트 베버(Robert Weber)는 **소비평편집본**(editio minor)을 발행하였다. 그 이후로 이 책의 녹색 표지는 불가타 소형판의 특징이 되었다. 그것은 연구자들이 빠르고 편리하게 불가타에 접근할 수 있게 해 준다. 이 소형판의 본문은 대형 편집본에서 수용되고 통제되며 필요한 경우 개선된다. 비평장치는 본문을 만들어 내는 데 기초가 되는 주된 증거 자료 그리고 본문 역사에 대한 더 넓은 통찰을 마련해 주는 이차 증거 자료로 구분된다. 이를 위해 비평 편집본과 클레멘티나의 이형태들이 제공된다. 각각의 비평장치의 난외에는 관련된 본문 증거들의 기호가 추가로 나와 있다. 〈시편〉 본문에서는 한 가지 특별한 점이 있다. 여기에는 두 개의 번역본, 곧 프살테리움 갈리

---

38) Nova Vulgata Bibliorum Sacrorum editio. Sacros. Oecum. Concilii Vaticani II ratione habita, iussu Pauli PP. VI recognita, auctoritate Ioannis Pauli PP. II promulgata, Rom 1979. 1598년에 발행된 클레멘티나(Clementina)에 대한 하나의 텍스트 버전이 인터넷에서 활용 가능하다. M. Tvveedale, Biblia Sacra iuxta Vulgatam Clementinam, Editio electronica, London 2005: http://vulsearch.sourceforge.net/html/

카눔과 프살테리움 육스타 헤브라이오스가 나란히 인쇄되어 있다. 그 사이에 다섯 번째로 개정되고 로저 그리슨(Roger Gryson)이 펴낸 소형판이 출판되었다.

오노마스티콘(Onomastikon, 고유명사 목록)

끝으로 성경 본문과 간섭적으로만 관련이 있는, 히에로니무스의 다른 번역 저작을 언급할 필요가 있다. 그것은 유세비우스가 그리스어로 저작한 성경 지명의 고유명사 목록을 라틴어로 번역한 것이다. 히에로니무스는 이 번역본을 390년 무렵에 제작하였는데, 부분적으로는 보충하고 수정하기도 했다. 물론 이 저작은 그의 성경 번역의 배경이 되지만, 그것은 라틴어를 사용하는 서방 지역에서 팔레스타인 지역학이나 지리학에 관한 권위 있는 자료가 되었다.[39]

6.4 고대 라틴어 단편들(베투스 라티나)

앞서 언급한 바와 같이 히에로니무스 이전과 동시대에 일련의 고대 라틴어 번역본들이 있었다. 이들은 칠십인역 또는 칠십인역 본문들을 번역하였고, 그 때문에 이차 번역본으로 여겨졌다. 그것들은 서로 다른 기원뿐 아니라 서로 다른 특성도 보여 주고, **베투스 라티나**(BHS: 𝔏 혹은 BHQ: La) 또는 고대 라틴어 성경이라는 표현으로 통틀어 부른다. 실제로는 여기에 불가타로 인정되지 않은 모든 고대 라틴어 성경 본문들이 포함된다.[40]

베투스 라티나는 대개 매우 단편적인 형태로만 전승되었다. 그 까닭은 고대 라틴어 성경 본문들이 중세 초기에 이미 불가타에 대체되어 밀려났기 때문이다. 많은 필사본들이 사라졌거나 지우고 덧쓴 재록필사본(Palimpsest)으로만 보존되었다. 다시 말하면, 양피지에 적혀 있던 이전 기록들을 벗겨내고 다른 본문을 그 위에 기록하였다(예를 들어, 뷔르츠부르크 재록필사본 코덱스). 많은 고대 라틴어 독법들은 적어도 불가타 필사본들의 난외에는 보존되어 있다. 라틴 교회 저술가들에게서 나타나는 성경 인용과 암시는 분명히 가장 중요한 자료 가운데 하나이

39) 두 개의 언어로 간행된 다음 책을 참조하라. E. Klostermann (Hg.), Eusebius. Das Onomastikon der biblischen Ortsnamen, Leipzig 1904 (재판: Hildesheim 1966).

40) 더 오래된 문헌에서는 아우구스티누스를 따라 고대 라틴어 성경을 '이탈라'(Itala)라고 표기하는 경우들을 찾을 수 있다. 그러나 오늘날에는 이러한 표현을 더 이상 사용하지 않는다. 왜냐하면 그것은 두 가지 오해를 함축하고 있기 때문이다. 첫째로, 그러한 명칭은 많은 고대 라틴어 단편들과 인용들이 북아프리카에서 생겨난 것임에도 불구하고, 그것이 이탈리아에서 생성되었다는 생각을 갖게 한다. 둘째로, '이탈라'라는 명칭은 '불가타' 외에 또 하나의 통일성 있는 번역본이 있다는 인상을 불러일으킨다. 그러나 그것은 본문의 실상과 맞지 않다.

다. 그들 가운데 카르타고의 주교였던 **키프리아누스**(Cyprian, 258년에 사망)의 글에 나타나는 초기 인용들이 중요한 역할을 한다. 그것들이 부분적으로는 후대의 본문 형태와 일치하지 않기 때문에 특히 그렇다. 우리는 고대 라틴어 성경 본문들이 다양한 번역본들을 대변할 뿐만 아니라 그것들이 다양한(!) 그리스어 본문들을 기초로 한 지속적인 교정 과정 아래에 있었다는 사실을 가정해야 할 것이다.[41] 전승 자료들을 짧게 언급하는 것만으로도 베투스 라티나가 다양한 현상을 그려주며, 그것을 다루는 것은 매우 어렵고, 무엇보다 전문가들이 다루어야 할 작업이라는 사실을 짐작하게 한다.

본문비평에서 고대 라틴어 성경이 지닌 몇 가지 의미들이 있다. 왜냐하면, 그 본문들 가운데 많은 것들이 칠십인역의 헥사플라 이전 시기로 거슬러 올라갈 수 있고, 이로써 원래의 칠십인역(Old Greek) 본문 형태에 대한 추론이 가능해지기 때문이다. 따라서 그것들은 경우에 따라서 안티오키아 본문을 포함하여 그리스어 전승에 대한 중요한 본문 증거들이다. 그렇지만 베투스 라티나의 본문은 이차 번역본이며, 따라서 칠십인역과 일치하는 경우 본문 증거로서 갖는 가치는 상대적으로 낮다는 사실은 깊이 고려해야 한다. 왜냐하면, 예컨대 원 루키안 본문과 같은 다른 오래된 본문 증거처럼 그것들의 독법들이 초기 고대 라틴어 전통에서 비롯되었다는 사실이 입증될 수 없기 때문이다. 그러나 반대로 오직 베투스 라티나만이 원래의 칠십인역에 대한 독법을 보존하는 경우가 있을 수도 있다. 물론 분열된 전승을 보여 주는 경우들 곧 베투스 라티나가 (헥사플라) 칠십인역과 대립하는 경우들은, 본문 연구에서 여전히 가장 풀기 어려운 문제에 속하며 신중한 검토가 필요하다. 이러한 문제들은 고대 라틴어 본문 조각들이 흔히 단편적으로 전승되고 그 기원이 알려지지 않았다는 사실이 그 배경에 있다는 것을 특히 고려해서 보아야 한다. 이뿐 아니라 종종 다시는 밝힐 수 없도록 본문이 합성된 경우도 고려해야 한다.

베투스 라티나에 대한 관심은 분명 칠십인역의 원래 본문 형태에 대한 질문에만 제한되지 않는다. 마찬가지로 그것을 때에 따라서는 히브리어 본문에 대한 본문 증거로서 끌어들일 수 있는지가 중요하다. 그것의 독법이 칠십인역(G)과는 대립되면서 마소라 본문(M)과는 일치할 때 그렇다. 유감스럽게도 이 질문도 마찬가지로 복잡하다. 왜냐하면 고대 라틴어 본문들에 관해서 말할 때, 그것들 가운데 일부가 초기에 그리스어 개정본들과 더불어 **히브리어 본문에 따른 수정**(correctio

41) 참조, S. P. Brock, Art. Bibelübersetzungen I, 3.2. Die altlateinischen Übersetzungen des Alten Testaments, TRE 6, Berlin / New York 1980, 177.

hebraica)을 겪었을 것이라고 가정할 수는 있지만, 그에 대한 분명한 증거들을 거의 제시할 수 없기 때문이다. 더 나아가 우리는 불가타가 그때그때 고대 라틴어 번역본에 반응했고, 그것의 독법들 가운데 많은 경우에 영향을 주었다는 사실을 고려해야 한다. 실제 본문비평 작업에서, 고대 라틴어 이형태들에 대한 신중한 관찰, 조심스러운 판단, 그리고 의심스러운 경우에 상세하게 연구하는 것은, 사실 초보자에게만 의미가 있는 것이 아니다. 본문비평을 하면서 판단을 내리기 위해서 베투스 라티나가 여전히 결정적인 역할을 할 수 있다는 사실이, 신명기 27:4에 대한 논쟁에서 입증된다(9.5.2를 보라).

보이론 베투스 라티나 연구소(Vetus Latina-Institut Beuron)

고대 라틴어 성경의 연구에서 이루어진 진전은 무엇보다 보니파티우스 피셔(Bonifatius Fischer)가 보이론 베네딕트 대수도원에 세운 베투스 라티나 연구소에 힘입은 바가 크다.[42] 19세기 말 교부들의 저작 가운데서 라틴어 성경의 인용문들을 수집하기 시작하였던 바이에른의 목사 요제프 뎅크(Joseph Denk)가 여기에 기초를 놓았다. 그는 보이론 대수도원에 수십만 장에 이르는 색인 카드 수집물을 기증하였으며, 그것은 베투스 라티나 연구소에서 계속해서 확장되고 갱신되었다. 그렇게 생성된 방대한 교부들의 자료 색인은 그 동안에 전자 출판본으로도 이용할 수 있게 되었다.[43]

베투스 라티나 연구소가 추진하고 있는 또 다른 기초 사업은 1949년에 시작된 고대 라틴어 성경의 본문비평 편집본이다. 그것은 27권의 책으로 펴낼 계획이었다.[44] 구약성서 가운데 지금까지 완성되어 발행된 책들은 〈집회서〉(의 전반부), 〈이사야〉와 더불어 〈창세기〉, 〈지혜서〉 등이다. 〈룻기〉, 〈에스라〉, 〈토비트〉, 〈유딧〉, 〈에스더〉, 〈아가〉 등은 작업 중이다. 하지만 구약성서 전체를 포괄하는 유일한 편집본은 여전히 **피에르 사바티에**(Pierre Sabatier, 1682–1742년)가 완성한 고대 라틴어 인용들의 편찬본이다.[45] 끝으로 베투스 라티나를 위한 가장 중요한 참고 자료는 두 권으로 된 고대 라틴어 필사본의 목록이다. 이것은 당시의 연구소 소장이 발행하였다.

42) 다음 웹사이트를 참조하라. http://www.vetus-latina.de/index.html

43) Vetus Latina Institut, Beuron (Hg.), Vetus Latina Database (18 CD-ROMs).

44) R. Gryson (Hg.), Vetus Latina. 피에르 사바티에(Petrus Sabatier)의 편집본을 따르는 고대 라틴어 성경의 나머지 부분은 새롭게 수집되었고, 그리손(R. Gryson)의 주도 아래 보이론 대수도원(Erzabtei Beuron)에서 출판되었다(R. Gryson, Freiburg 1951-1953).

45) P. Sabatier, Bibliorum Sacrorum latinae versiones antiquae seu Vetus Italica, Reims 1739–1749.

가장 중요한 고대 라틴어 필사본과 코덱스 가운데 몇 가지 예를 들면 다음과 같다.

뷔르츠부르크 재록필사본 코덱스(Codex Wirceburgiensis)

여기에는 하나의 예언서 필사본(Ms 177)뿐 아니라 〈창세기〉, 〈출애굽기〉, 〈레위기〉, 〈신명기〉(Ms 103)의 일부분과 함께 22장 분량의 내용이 보존되어 있다. 이것들은 기원후 700년에 덧쓰여졌다. 오경 필사본은 5세기에 아마도 이탈리아에서 만들어진 것으로 추정된다. 그것은 8세기 이후부터 뷔르츠부르크 대성당 도서관에 있었고, 현재는 대학도서관에 소장되어 있다.

루그두넨시스 코덱스(Codex Lugdunensis, Ms 100)

이 필사본은 대문자 라틴어로 쓰인 형태(언셜체)를 따라 기원후 6세기 후반에 만들어진 것으로 추정되며(도판 41), 빠진 부분을 포함하여 구약성서 가운데 처음 일곱 권의 책을 제공한다(칠경[Heptateuch]). 그것이 이전에는 리옹 주교좌성당의 참사회에 속해 있었고, 9세기까지 전례에서 낭독하는 데 사용되었다. 따라서 난외에는 수많은 기록과 본문 수정들이 남아 있다. 그것들은 분명 불가타를 따른 것으로 보인다.

빈도보나 코덱스(Codex Vindobonensis, Ms 101)

이것도 재록필사본으로 남아 있는 필사본이다. 이 필사본은 〈창세기〉, 〈출애굽기〉, 〈레위기〉의 단편들을 포함하여 24장 분량에 이른다. 1차 기록은 기원후 5세기의 것으로 추정된다. 그러나 이것이 8세기에 지워진 후 보비오 수도원에서 문법 소책자를 그 위에 덧씌워 썼다. 이 필사본은 먼저 16세기에 나폴리에 이르렀다가 1718년에 빈으로 옮겨졌다. 그리고 그것은 마침내 1919년에 나폴리의 공립 도서관으로 되돌아왔다.

콘스탄츠 고대 라틴어 예언서 단편(Ms 175)

기원후 5세기 북부 이탈리아에서 기록된 이 예언서 필사본의 역사는 특수한 경우는 아니지만, 특별히 흥미롭다. 그것은 (아마도 1450년 무렵에) 콘스탄츠(Konstanz) 대성당 도서관에서 뜯은 뒤에 여러 양피지 필사본을 제본하기 위해 사용되었다. 표지 제본 부분에 이 고대 필사본의 단편들을 담고 있는 26개의 필사본들이 풀다(Fulda), 다름슈타트(Darmstadt), 슈투트가르트(Stuttgart), 도나우에슁엔(Donaueschingen)과 케른텐(Kärnten)에서 확인될 수 있었다. 〈호세아〉, 〈아모스〉,

〈미가〉, 〈요엘〉, 〈요나〉, 〈나훔〉, 〈에스겔〉, 〈다니엘〉의 단편들이 전승되었다.

베로나 코덱스(Codex Veronensis, Ms 300)

이른바 〈베로나 시편〉은 기원후 5/6세기에 만들어졌다. 그것은 그리스어 라틴어의 이중언어로 된 편집본이다. 여기에는 그리스어가 라틴어 문자로 기록되어 있다는 점에서 주목할 만하다. 〈시편〉 외에도 다음과 같은 노래들이 덧붙여져 있다. 곧 모세의 노래(출 15장과 신 32장), 한나의 찬송(삼상 2:1-10), 포도원의 노래(사 5:1-7), 물고기 배 속에서 드리는 요나의 감사 노래(욘 2:3[2]-10[9]), 하박국의 시편(합 3:2-19), 마리아의 찬가(눅 1:46-55), 풀무불 가운데서 드린 찬송(단[외] 3:51-90) 등이다.

6.5 그 밖의 번역본들

사해 사본이 발견된 뒤로는 그 밖의 번역본들에 관한 관심이 눈에 띄게 줄어들었고, 본문비평에서 그것들의 중요성이 분명하게 줄어들었다. 일반적으로 비평 편집본 안에서 그것들은 보충하고 통제하는 기능만 여전히 인정될 뿐이다.

콥트어(Koptisch)

고대 이집트어의 발전 과정 마지막 단계에 콥트어가 있다. 고대 이집트어는 (기원전 7세기부터 대략 기원후 1세기까지) 대중들의 언어로서 민중 문자(Demotisch)를 가지고 있었으나 그것이 후에 문어(文語)로 분리되었다. 콥트어는 주로 이집트의 농촌 지역에서 사용되었다. 이와는 달리 헬라-로마의 중심지에서는 그리스어가 공용어와 행정 언어로 사용되었다. 기독교는 특별히 이집트의 농촌 인구 가운데 두루 퍼질 수 있었기 때문에, 기독교 교회는 콥트어의 전통 보유자가 되었다. 따라서 콥트 기독교 안에서는 이른 시기부터 성경을 지역 주민의 언어로 읽을 수 있게 해 달라는 요구가 생겨났다. 이와 함께 콥트어로 성경을 번역한 것은 단지 기독교 교회만을 위한 것이 아니라 콥트어를 위해서도 중요한 사건이었다. 그것은 아마도 콥트 문자를 고안한 일과 연관되었을 가능성이 크다. 덧붙여 말하자면, 사람들은 단순화할 의도를 가지고 그리스어 글자를 받아들였고, 거기에 이집트어의 음가를 표현하기 위해 여섯 개의 민중 문자 기호를 추가했다(도판 44). 그러므로 그리스어 알파벳은 매우 적합한 것으로 보였다. 왜냐하면 콥트어에는 수많은 그리스어 차용어들이 있었기 때문이다. 구약성서가 특별히 칠십인역을 태동시킨 나라에서 그리스어에서 콥트어로 번역되었다는 사실은 매우 자연스럽다. 그러므로 콥트어 성경 본문은 무엇보다도 칠십인역에 대한 본문 증거 가운데 하나이다. 그 의미는, 첫 번째 콥트어 번역본이 아마도 이미 기원후 2세기부터 생성되었고, 이로써 그것이 칠십인역의 헥사플라 이전 시기로 거슬러 올라간다는 사실에 있다.

그러나 콥트어 독법에 대한 평가는 복잡하다. 왜냐하면, 콥트어는 통일성 있는 언어가 되었던 적이 없고, 다양한 형태의 방언으로만 존재했기 때문이다.[46] 결과적으로 다양한 지역에서 여러 (독자적인) 번역본들이 나타났다. 그것들 가운데 가장 중요한 것들이 **사히드어**(상부 이집트)와 **보하이르어**(하부 이집트) 번역본이다. 이 가운데 사히드어 성경 본문이 더 오래된 본문 증거로 여겨지고, 본문비평에서 더 높은 가치를 지닌다. 이와는 달리 보하이르어 번역본은 기원후 8세기부터 콥트 교회의 공인 성경 본문으로 인정되었으며, 오늘날까지도 여전히 그러하다. 물론 본문비평을 거친 콥트어 성경 편집본을 펴내는 것은 물론 바람직한 일이었지만, 이제까지 제작될 수는 없었다.[47] 그 어려움은 사히드어 번역본을 완전하게 보여 주는 코덱스가 하나도 남아 있지 않다는 사실에 있다. 그 대신 수많은 필사본 단편들이 존재한다. 그러나 그것들은 세계의 여러 도서관에 흩어져 있다. 그러므로 우선 모든 콥트어 필사본 낱장들을 파악하고, 조사하고, 경우에 따라서는 그것들의 동질성을 확인하는 것이 반드시 필요하다. 현재 칼하인츠 쉬슬러(Karlheinz Schüssler)가 시작한 **비블리아 콥티카, 즉 콥트어 성경 프로젝트**(Biblia Coptica. Die koptischen Bibeltexte)가 이 사업을 집중해서 추진하고 있다. 이 프로젝트를 통해 지금까지 약 24만 장에 이르는 필사본 낱장들이 목록화되고 분석될 수 있었다.[48] 이 저작은 앞으로 콥트어 성경 본문에 대한 실상을 포괄적으로 보여 줄 것이다. 그러나 개별 필사본들이 본문 증거로서 보여 주는 참된 가치가 드러나고, 구약성서의 콥트어 번역본 뒤에 실제로 어떤 칠십인역 본문이 있는가에 대한 의문들이 해소되기까지는 아직 갈 길이 멀다. 오리게네스의 헥사플라 개정본만이

46) 콥트어에는 사히드어(Sahidisch), 파이윰어(Faijumisch), 아흐밈어(Achmimisch), 수바흐밈어(Subachmimisch), 중부 이집트어(Mittelägyptisch), 원(原) 보하이르어(Protobohairisch), 보하이르어(Bohairisch) 등의 방언이 있다.

47) 보하이르어 오경에 대한 비평 편집본이 다음과 같이 시도되었다. M. K. H. Peters (ed.), A Critical Edition of the Coptic (Bohairic) Pentateuch, Chico, California 1983-1985. 지금까지 출판된 책들은 Vol. 1: Genesis, SBL.SCS 19, 1985, Vol. 2: Exodus, SBL.SCS 22, 1986, Vol. 5: Deuteronomy, SBL.SCS 15, 1983이다. 그러나 이 사업은 내가 아는 한 더는 진행되지 못했다.

48) K. Schüssler (Hg.), Das sahidische Alte und Neue Testament, Biblia Coptica. Die koptischen Bibeltexte, Forschungsinstitut für Ägyptenkunde und Koptologie der Universität Salzburg, Wiesbaden 1995-1997. 그 동안 구약성서에 대한 제 1권(sa 1–120)과 신약성서에 대한 제 3권(sa 500–585)이 완성되어 출판되었다.

논쟁 가운데 있는 것은 아니다. 헥사플라에 언급된 퀸타(Quinta, 다섯 번째 번역본)나 젝스타(Sexta, 여섯 번째 번역본)도 문제가 된다(5.4를 보라). 특별히 〈시편〉의 경우 헥사플라 이전의 본문이라는 사실이 의문스러울 수 있다. 소예언서의 사히드어 번역본에서는 다시금 카이게 개정본과의 관계가 추론된다(5.3을 보라). 더 많은 연구 결과들은 아직 기다려야 한다.

에티오피아어(Äthiopisch)

기원후 4세기 중반 즈음에 에티오피아에 기독교 제국 교회가 형성되었다. 얼마 지나지 않아서는 에티오피아어로 옮기는 성경 번역 작업이 시작될 수 있었다. 에티오피아어 번역본도 그리스어 성서의 이차 번역본이다. 이것은 구약성서 전체뿐 아니라, 〈희년서〉나 〈**에티오피아 에녹서**(äthiopischer Henoch)〉라고 부르는 〈에녹 묵시록〉[49]과 같은 다른 책들을 포함하였다. 에티오피아어 번역본의 특징은 다음의 두 가지 이유로 파악하기가 어렵다. 한편으로 13/14세기 이전의 시기로 거슬러 올라가는 에티오피아어 성경 필사본이 난 하나도 남아 있지 않다(도판 45). 다른 한편으로 고대 에티오피아 성경 번역본에는 중세에 여러 차례 끝손질이 가해졌다. 따라서 사람들은 첫 번째 교정본과 그 후에 이루어진 교정본을 구분한다. 첫 번째 개정은 그리스어나 아랍어 필사본을 따라 시행되었다('통속적인' 개정본). 그 이후에 이루어진 개정에는 히브리어 필사본이 참고로 이용되었다('학문적인' 개정본).[50] 물론 개정되지 않은 에티오피아어 성경 본문들만 칠십인역에 대한 본문 증거로 고려된다.

아르메니아어(Armenisch)

기원후 300년에 이미 국가종교로 인정받은 아르메니아 기독교에서는 처음에 그리스어와 시리아어가 문자언어와 교회 언어로 사용되었다. 당시에는 아르메니아 문자가 아직 존재하지 않았기 때문이다. 기원후 5세기 초반에 어떤 아르메니아 사제가 마찬가지로 그리스어 알파벳을 기초로 해서 36개의 글자로 이루어진 문자를 만들었다. 그 후 아르메니아어 성경 번역이 이루어질 수 있었다. 아르메니아어

49) 〈에녹서〉가 전체 범위로는 오직 에티오피아어로 전승되어 있다. 이 번역본은 분명 더 오래된 그리스어 판본으로 소급된다. 이뿐 아니라 쿰란 본문의 발견을 통해 〈에녹서〉의 가장 오래된 부분들이 아람어로 알려지게 되었다. 이 점에 대하여 S. Uhlig, Das äthiopische Henochbuch, JSHRZ V/6, Gütersloh 1984를 참조하라.

50) 참조, S. P. Brock, Art. Bibelübersetzungen I, 8.2. Die Übersetzungen ins Äthiopische. Altes Testament, TRE 6, Berlin / New York 1980, 206-207.

성경 번역본은 대체로 칠십인역 번역에 바탕을 두고 있다. 그러나 페쉬타도 번역을 위해 참고 자료로 활용되었다. 본문비평에서 아르메니아 성경이 가지는 의미는 수많은 필사본들이 헥사플라 기호들을 포함하고 있으며, 이를 통해 오리게네스의 개정본을 입증한다는 사실에 있다. 이뿐 아니라 〈시편〉의 아르메니아어 역본은 루키안 개정본과 매우 비슷하다는 사실을 확인할 수 있다(5.5를 보라).[51]

아랍어(Arabisch)

기원후 7/8세기 이슬람의 개선 행렬과 함께 아랍어도 널리 퍼져나갔다. 그리하여 아랍어는 정복당한 국가들에 사는 유대인과 기독교인들에게도 일상어가 되었다. 그래서 옛 근동의 여러 지역에서 다수의 서로 독립적인 아랍어 성경 번역본이 생겨났다. 특별히 유대인 학자 사아디아 가온(Saadja Gaon, 아랍어로 Said al-Fajjumi)의 아랍어 번역본은 높이 평가되었다. 그는 기원후 928년 바벨론의 수라 아카데미의 교장(Gaon)으로 부름을 받았다. 당연히 히브리어 본문을 바탕으로 한 그의 번역본은 오경의 책들 대부분을 아우른다. 이 번역본의 히브리어 본문의 기초는 당시 널리 유포되었던 마소라 본문과 일치한다. 아랍어 성경 번역본의 다양성은 특별히 그것들이 대본으로 사용했던 서로 다른 히브리어 본문들 때문에 생겨난 것이 아니다. 예컨대 〈욥기〉에 대한 초기 아랍어 번역본이 전승되어 있는데, 그것의 토대는 시리아어 헥사플라까지 소급된다(도판 46). 다른 아랍어 〈욥기〉 번역본들은 페쉬타와 콥트어에서 번역되었다. 서로 다르고 또 항상 명확하게 해명되지는 않는 아랍어 번역본들의 특징은 당연히 본문비평에서 그 가치를 감소시킨다. 따라서 그것들은 본문비평에서 크게 주목받지 못한다. 하지만 그것들은 콥트어, 에티오피아어, 아르메니아어 번역본과 마찬가지로 당시의 근동 세계에 있었던 문화적인 창조 활동을 조명해 주는 중요한 성과이다. 바로 이러한 사실이 최종적으로 언급되어야 할 것이다.

6.6 참고 문헌

타르굼

본문 편집본

K. Beyer, Die aramäischen Texte vom Toten Meer, Göttingen 1984, 273–299

51) 참조, C. E. Cox, The Armenian Version and the Text of the Old Greek Psalter, in: A. Aejmelaeus / U. Quast (Hg.), Der Septuaginta-Psalter und seine Tochterübersetzungen, MSU 24, Göttingen 2000, 174–246.

[〈레위기〉 타르굼 = 4Q156, 〈욥기〉 타르굼 = 4Q157과 11Q10; 〈토비트〉 = 4Q196–199].

E. G. Clarke, Targum Pseudo-Jonathan of the Pentateuch. Text and Concordance, Hoboken, New Jersey 1984.

A. Díez Macho, Neophyti 1. Targum Palestinense, Ms de la Biblioteca Vaticana, Tom. I–VI, Madrid 1968–1979.

M. L. Klein, The Fragment-Targums of the Pentateuch, Bd. I–II, AnBib 76, Rom 1980 [본문과 번역본].

M. L. Klein, Genizah Manuscripts of Palestinian Targum to the Pentateuch, Cincinati / Rom 1986.

A. Sperber (ed.), The Bible in Aramaic. Based on Old Manuscripts and Printed Texts, Vol. I–IVb, Leiden 1959–1973 (Nachdruck: Leiden 1992, Vol. I–III in einem Band: Leiden / Boston 2004).

타르굼에 대한 보조 자료

E. M. Cook, A Glossary of Targum Onkelos. According to Alexander Sperber's Edition, Studies in the Aramaic Interpretation of Scripture 6, Leiden 2008.

G. H. Dalman, Aramäisch-Neuhebräisches Handwörterbuch zu Targum, Talmud und Midrasch, 3. Aufl. Göttingen 1938 (Nachdruck: Hildesheim 2005).

M. Jastrow, A Dictionary of the Targumim, the Talmud Babli and Yerushalmi, and the Midrashic Literature, Vol. I–II, London / New York 1903 (Nachdruck: New York 1989).

입문서들

P. Schäfer, Art. Bibelübersetzungen II. Targumim, TRE 6, Berlin / New York 1980, 216–228.

U. Gleßmer, Einleitung in die Targume zum Pentateuch, TSAJ 48, Tübingen 1995.

D. R. G. Beattie / M. J. McNamara (ed.), The Aramaic Bible. Targums in their Historical Context, JSOT.S 166, Sheffield 1994 [모음집].

번역본

M. J. McNamara (ed.), The Aramaic Bible: The Targums, Edinburgh 1987-1989

[지금까지 약 20권의 책이 출판되었음].

페쉬타

본문 편집본

Peshitta Institute Leiden (ed.), The Old Testament in Syriac according to the Peshitta Version, Leiden 1972-1974 [4부로 구성되어 있으나 아직 완결되지 않은 페쉬타 편집본. 시리아어 본문이 에스트랑겔로 서체로 인쇄되어 있음].

입문서들

S. Brock, The Bible in the Syriac Tradition (English Version), Georgias Handbooks 7, Piscataway, New Jersey 2006.

M. P. Weitzman, The Syriac Version of the Old Testament. An Introduction, University of Cambridge Oriental Publications 56, Cambridge 1999 (Taschenbuch 2005).

불가타

본문 편집본

R. Weber / R. Gryson (Hg.), Biblia Sacra iuxta Vulgatam Versionem, Editio quinta, Stuttgart 2007.

Biblia Sacra iuxta latinam vulgatam versionem ad codicum fidem iussu Pii PP. XI, Pii PP. XII, Ioannis XXIII, Pauli VI, Ioannis Pauli PP. II cura et studio monachorum abbatiae pontificiae sancti Hieronymi in urbe ordinis sancti Benedicti edita, Rom, 1926–1995 [18권].

베투스 라티나

본문 편집본

R. Gryson (Hg.), Vetus Latina. Die Reste der altlateinischen Bibel nach Petrus Sabatier neu gesammelt und herausgegeben von der Erzabtei Beuron unter Leitung von Roger Gryson, Freiburg 1951-1953 [총 27권으로 펴낼 계획이었다. 구약성서에서 지금까지 출판된 책들은 다음과 같다: Bd. 2: Genesis, 1951–1954; Bd. 11/1: Sapientia Salomonis, 1977–1985; Bd. 11/2: Sirach, 1987–2005 (24,47까지); Bd. 12: Esaias 1987–1997].

다음 웹사이트에서 정보를 얻을 수 있다: http://www.vetus-latina.de/index.html

보조 자료

R. Gryson, Altlateinische Handschriften / Manuscrits vieux latins, Part. I: Mss 1-275, Vetus Latina 1/2A, Freiburg 1999; Part. II: Mss 300–485, Vetus Latina 1/2B, Freiburg 2004 [고대 라틴어 자료에 대한 설명: Ms 100부터 구약성서 필사본들, Mss 300–486 〈시편〉 필사본들].

Vetus Latina Institut, Beuron (Hg.), Vetus Latina Database, 18 CD-ROMs [라틴 교회 저술가들의 성경 본문의 직접 인용과 암시에 대한 전체적인 본문 증거들을 포함하고 있는 데이터베이스].

입문서

K. Sallmann (Hg.), Handbuch der lateinischen Literatur der Antike Bd. 4: Die Literatur des Umbruchs. Von der römischen zur christlichen Literatur 117 bis 284 n. Chr., HdA VIII/4, München 1997, 352–367 (§ 468 Vetus Latina).

콥트어 번역본

본문 편집본

M. K. H. Peters (ed.), A Critical Edition of the Coptic (Bohairic) Pentateuch, Vol. 5: Deuteronomy, SBL.SCS 15, Chico, California 1983 [이후 출판된 책들: Vol. 1: Genesis, SBL.SCS 19, 1985; Vol. 2: Exodus, SBL.SCS 22, 1986].

보조 자료

K. Schüssler (ed.), Das sahidische Alte und Neue Testament, Biblia Coptica. Die koptischen Bibeltexte, Forschungsinstitut für Ägyptenkunde und Koptologie der Universität Salzburg, Wiesbaden 1995-1997 [본문 편집본이 아니라 필사본 개요이다, Bd. 1: sa 1–120, Wiesbaden 1995–2000; Bd. 3: sa 500–585, Wiesbaden 2001–2006; Bd. 4, Lfg. 1과 2: sa 586–690, Wiesbaden 2007–2008].

그 밖의 고대 번역본들 관련 자료

이 책은 입문서의 틀 안에 있으므로 여기에서는 다만 런던 〈여러말대조성서〉(Polyglotte)가 특별히 시리아어, 아랍어, 에티오피아어와 페르시아어 번역본을 각각 라틴어 번역과 함께 제공한다는 사실만 알리고자 한다. 연구자와 강의자들은 여기에서 해당 언어에 대한 지식 없이도 라틴어로 조회할 수 있다.

B. Walton (Hg.), Biblia sacra polyglotta, I–VI, London 1653–1657 (Nachdruck: Graz 1963–1965).

독일어 성경 번역본 관련 자료

참조, U. Becker, Exegese des Alten Testaments. Ein Methoden- und Arbeitsbuch, 2. Aufl. Tübingen 2008, 161–163.

참조, Deutsche Bibelgesellschaft / Katholisches Bibelwerk e.V. (Hg.), Deutsche Bibelübersetzungen. Aktualisierte Neuausgabe, bearbeitet von R. Schäfer, Wissenswertes zur Bibel 6, Stuttgart 2008.
다음 웹사이트에서 정보를 얻을 수 있다:
http://www.die-bibel.de/wissen/bibeluebersetzung/deutsche-uebersetzungen/

III. 본문비평

III. 본문비평

7. 본문비평의 목표와 과제

본문비평은 주석으로 가는 관문이며, 여기에 샛문이란 없다. 교회도 학문 세계도 **하나의** 성경 본문을 소유하지 못하고 있고, 여전히 본문 전승의 역사를 통해 전해진 사본만을 가지고 있다는 사실은 거의 주목을 받지 못한다. 이 사실은 본문이 주석의 기초가 됨은 물론, 그 자체가 역사적 연구의 대상이기도 하다는 것을 말해 준다. 필사 오류를 주석한다는 것은 무의미하다. 그러므로 교회와 학문 세계는 전승 과정에서 생겨난 오류를 고쳐서 믿을 만한 성경 본문을 회복할 책임과 의무가 있다. 본문비평은 이러한 과제에 정진하며, 이를 통해 다른 모든 해석 작업의 기초를 마련하는 데 힘을 쏟는다. 본문비평은 과거에 **낮은 단계의 비평**이라 여겨지기도 하였는데, 그 까닭은 본문의 의미를 밝히는 데 집중하는 이른바 **고등 비평**의 준비 작업을 하기 때문이다.[1)]

그렇다고 해서 낮은 단계의 비평이 본문 회복을 목적으로, 필수 교과목으로 이수해야 하는 그런 단순하면서도 기술적인 절차라는 말은 아니다. 낮은 단계의 비평은 그리스어 테크네(τέχνη)가 기술과 숙련을 뜻하는 한, 본문비평 문제를 구별해 내고 균형 있게 다룰 수 있게 해 주는 일종의 기술이다. 본문비평을 해야 할 각각의 경우는 저마다 고유한 논의와 주의를 필요로 한다. 이 때문에 본문비평을 마소라 본문을 개선하는 수단으로만 사용하면서, 마소라 본문에 문법이나 내용을 이해하기 어려운 문제가 있을 때만 다른 본문 증거들을 검토하는 일은 배제되어야 한다. 이런 방법은 주관적이며, 마소라 본문이 본문 전승의 주된 흐름 가운데 하나에

1) 참조, U. Becker, Exegese des Alten Testaments. Ein Methoden- und Arbeitsbuch, 2. Aufl. Tübingen 2008, 17.

지나지 않는데도 그것을 처음부터 본문비평의 목표로 전제하는 셈이다. 복잡하게 뒤얽힌 초기의 본문 역사는 이러한 방식으로 피할 것이 아니라 오히려 현재 연구에서 다뤄지는 본문비평의 이론에 접목해야 한다. 이에 관한 몇몇 논쟁점이 다음 단락들에서 언급될 것이다. 여기서는 우선 본문비평을 통해 어떤 본문을 밝혀내야 하는지의 물음과 관련된 논의를 주로 다룰 것이다.

7.1 원본문과 최종본문

오늘날 본문비평의 목적에 관한 논의는 두 가지 개념에서 같은 방식으로 규정된다. 곧 '원본문'과 '최종본문'이다. 원본문은 아주 초기의 연구에서 나온 개념으로, 성경의 각 책에는 저마다 모든 필사본이 비롯된 하나의 원문서(Urschrift)가 있다는 것을 전제한다. 이에 대해 학자들은 예레미야 36장을 본보기로 든다. 곧 예언자 예레미야와 관련한 '원두루마리'가 존재했으며, 이 원두루마리는 왕의 명령에 따라 태워진 이후에 다시 불러 주는 대로 쓰였고, 그때부터는 크게 변경되지 않은 채 여러 필사본을 통해 전승되었다는 것이다. 이 본보기에 따라 어떤 책이든 성경의 원본문을 그것의 가장 오래된 판본과 같은 것으로 간주할 수 있다고 생각하였다. 또 다른 하나의 개념은 최종본문이다. 이것은 오늘날 정경의 성경 해석에서 논의에 포함되어 정경의 성경 해석이 널리 알리려는 '최종본문 주석'과 관계가 있으며, 사안을 말하자면 완전히 반대편에서부터 바라본다. 성경의 개별 책이 아니라, 신중하고 철저하게 구성된 전체로서 종결된 정경이 최종본문을 규정한다. 이 최종본문은 기원후 100년 무렵에 크기가 확정된 것으로 전제하며, 또 신앙 공동체를 통해, 기독교계에서는 교회(들)을 통해 권위 있는 본문 및 신앙의 기초로 받아들여졌다. 그러나 원본문과 최종본문이라는 두 개념은 그것이 사용되는 각각의 맥락에서 문제점을 드러낸다.

원본문(Urtext)

한 문학 작품의 본문 역사는 일반적으로 확정된 본문, 말하자면 수 세기를 지나며 전해 받은 마지막 사람이 펴낸 최종 편집본을 전제한다.[2] 필사본으로 전승될 때에는 본문 오류가 점점 더 많아지고, 또 의도적인 변경이 이루어진다는 것은 이례적인 일이 아니라 당연하고 일반적인 사실이다. 이로써 원문서와 사본 문서, 원본문과 후대의 본문 형태로 갈라진다. 이러한 배경에서 원본문을 잠정적으

2) 참조, A. Schenker, Urtext, Kanon und antike Bibelausgaben, in: ders., Studien zu Propheten und Religionsgeschichte, SBA 36, Stuttgart 2003, 202.

로 다음과 같이 정의할 수 있다. 곧 원본문은 종결된 본문이며, 간행된 결과 **본문 전승**의 영역으로 넘어간 것이다. 이 시점부터 더 이상 저자가 직접 변경하지 않는다. 이제부터 변형되거나 보충되는 모든 것은 전승자의 책임이거나 아니면 전승을 담당한 기관의 책임이다. 구약성서의 경우에 원본문이 무엇을 뜻하는지는 **생산적인 본문 성장**(문학적 성장)이라는 말을 사용하면 좀 더 자세히 규정할 수 있을 것이다. 이 표현은 오딜 한네스 슈텍(Odil Hannes Steck)이 만들어 냈으며, 여기서도 잠정적으로 도입할 것이다. 이에 따르면 성경의 모든 책은 생겨날 때, 곧 실제 본문 형태와 또 근본적으로 종결된 본문 형태를 갖추기 전에 먼저 생산적인 본문 성장 단계를 거친다. 이러한 생산적인 문학 과정의 종점에는 원래의 본문, 곧 원본문이 있다.[3] 거꾸로 이것은 이어지는 본문 전승 단계의 출발 본문(원어 본문)으로 규정할 수 있다.

원본(Urfassung)

앞서 언급한 내용을 통해서 우리는 성경 가운데 한 문서의 원본은 그것의 원본문과 같지 않음을 알 수 있다. 이 사실을 우리는 괴테(Johann Wolfgang Goethe)의 **원파우스트**(Urfaust)를 예로 들어 이해할 수 있다. 〈파우스트〉의 가장 오래된 판본은 1772-1775년의 것으로, 한 필사본의 대본에 따라 1887년에서야 인쇄되었다. 이른바 이 원파우스트는 대체로 산문으로 저작되었으며, 최종본에 담긴 일련의 장면들만을 제공해 준다. 여기에 많은 구절들은 나중에 개작되었다. 확장된 판본은 괴테가 1788년에 완성하여 1790년에 『**파우스트 단편**』(Faust. Ein Fragment)이라는 제목으로 출판하였다. 여러 해 뒤에 그는 파우스트 작업을 다시 시작했고, 1806년까지 최종판을 써서, 1808년에 마침내 『**파우스트. 비극**』(Faust. Eine Tragödie)이라는 제목으로 펴냈다. 그 사이의 시기에 단편이 발행되었지만, 30년 넘게 이어진 괴테의 〈파우스트〉 작업은 생산적인 본문 성장의 단계와 같은 방식으로 밀힐 수 있다. 원본과 최종본은 논쟁의 여지없이 서로 다른 두 개의 본문들(!)을 말하기 때문에, 원파우스트는 절대로 파우스트의 원본문이라 일컬을 수 없다. 근대 문학 작품과 견주는 것은 유용하지만, 근본적인 차이를 곧바로 언급해야 한다. 그러니까 구약성서의 문서들은 저자의 책이 아니라 전통 문헌이라는 점이다.[4]

---

3) 참조, O. H. Steck, Exegese des Alten Testaments. Leitfaden der Methodik, 14. Aufl. Neukirchen-Vluyn 1999, 37-38.

4) 우리 시대의 저작 및 출판 문화와는 대조적으로 구약성서의 문화 세계에서는 저작권이라는 개념이 없다. 본문의 생산적인 전승은 일반적인 일이다.

전통 문헌

당연히 우리는 성경을 구성하는 여러 책의 출판 일자도 저자도 알지 못한다. 그 때문에 구약성서학 분야에서는 제2 이사야나 야휘스트(J)나 신명기 역사가처럼 인위적으로 만들어 낸 이름이 저자의 자리에 등장한다. 성경 본문 뒤에는 당연히 저자가 있지만, 구약성서 문헌의 형성은 사실 어떤 첫 저자의 창작력보다는 오히려 전통이 천천히 형성되고 보존된 과정에서 비롯된다. 그렇다고 해서 이 말은 구약성서 본문이 마구잡이로 성장하였다거나, 그 본문들이 저절로 문헌 작품으로 구성되었다는 것을 뜻하지는 않는다. 그 반대로 전통 문헌은 의도적으로 형성되었다. 그 뒤에는 개정, 현재화, 이어쓰기, 다시 읽기로 표현하고 기술할 수 있는 편집 활동이 있었는데, 여기에는 합리적인 개념과 신학적인 관심이 들어가 있었다. 그러므로 우리는 본문에 여러 목소리가 있는 것을 전통 문헌의 특징으로 보아야 한다. 여기서 세 가지 관점을 끌어낼 수 있다. 첫째, 본문에는 거의 예외 없이 전승의 생산적 보존이 반영되어 있다(결코 본문을 줄이지 않음). 둘째, 본문의 여러 목소리 가운데서 그 성장 단계마다 편집사 관점에서 투사된 신학적인 논쟁을 찾아낼 수 있다(예언서 주석). 셋째, 성경 전승 형성(과정)을 깨닫는 것은 본문을 그 역사적 차원에서 진술하게 해 준다(여러 주변 세계의 상호 작용).[5] 그러므로 이러한 배경에서는, 위에서 언급한 생산적 본문 형성 단계가 결코 갑자기 종결된 것이 아니라, 서서히 그리고 또다시 문서와 문서 그룹에 따라 차별적으로 본문 전승 단계로 넘어간 것이 자명하다. 만약 그렇다면, 앞서 말한 넘어가는 영역에서는 처음에는 종결된 것으로 여겨져서 발행되었던 성경의 개별 책과 본문 자료가 계속하여 생산적으로 개정될 수 있었다는 점을 생각해야 한다(5.7을 보라). 하지만 이 첫 편집본을 (비록 두 번째 편집본으로 대체된다 해도!) 더는 간단히 없앨 수 없으므로, 어떤 성경 문서의 본문이 때로는 둘이나 그 이상의 편집본으로 세상에 나오고, 그렇게 본문 전승 단계에 이르게 되었다는 것을 뜻한다. 그렇다면 엄격하게 말해 우리는 같은 성경의 책들에 여러 편집본들이 있다면, 그것의 원본문을 더 오래된 원본문과 더 후대의 원본문으로 구별해야 한다. 이때 우리는, 찾아낸 이 원본문들은 그 첫 사본이 없더라도 허구가 아니라 문서 두루마리로 존재하였으며 어떻게든 필사본과 후대의 본문 증거를 통해 확인되어야 한다는 것을 고려해야 한다. 그러므로 우리 앞에 있는 본문비평의 목적을 규정하는 과제는 간단히 해결되지는 않을 것이다.

---

5) **자세히 읽기**(Close Reading)는 이 과정을 거치지 않고 이와 연관되어 서술된 잠재적인 의미와 해석을 뜻한다.

최종본문

정경의 최종본문을 되짚음으로써 초기 본문 역사(기원전 3세기에서 기원후 70년까지)에서 나온 모든 문제를 단번에 제거할 수 있다. 왜냐하면, 정경의 관점에서 본문 역사는 아마도 기원후 100년 무렵에 확정되고 구속력 있는 것으로 여겨져 시, 본문비평의 목표로 밝힐 수 있는 최종본문에서 비로소 시작되기 때문이다. 그에 앞선 본문 역사의 모든 과정은 역사 이전 시기에 속하며, 정경으로 규정하는 주석 공동체에는 중요하지 않다. 이 방법을 택하려 한다면, 정경 전체와 관련되고 구속력 있는 최종본문이 있었는지, 또한 그것을 어떻게 파악할 수 있는지를 검토해야 한다. 우선 추상적인 실체를 구체적인 히브리어 본문 차원과 연관 짓고자 한다면, 가장 먼저 그 존재와 정당성에 관한 어려움이 생긴다. 곧 히브리어 성서가 기원후 100년 무렵에 따로 떨어진 일련의 문서 두루마리 형태로 있었다는 점을 고려한다면, 실제로 정경의 최종본문은 (아직은) 한데 묶인 본문으로는 존재하지 않았다. 유대인의 정경 이해를 따르더라도 이것이 꼭 필요하지는 않았다. 왜냐하면, 랍비 유대교는 토라 두루마리를 긴밀하게 연결된 정경 본문으로 자유롭게 사용하였고, 그들은 계시의 특징에 따라 차등화된 나머지 문서 모음이나 문서들을 정경의 주석으로 여기에 편입시켰기 때문이다. 만약 정경적 주석처럼 기독교의 정경 이해를 히브리어 전체 본문에 적용하고 전체 히브리어 본문을 신중하고 꼼꼼하게 구성된 전체로 관찰한다면, 우리는 다음을 인정해야 한다. 곧 이러한 '기독교 정경 관점에서의 히브리어 최종 본문'은 독서 및 수용 공동체에 우선은 여러 문서 두루마리를 대강 추린 형태로만 존재했으며, 그러므로 가상의 실체로 존재했다는 것이다. 그러므로 여러 관점에서 유대교의 개념과는 다른 기독교 정경 이해를 히브리어 성서 전체 본문과 연관시키고 또 **바로 그** 정경의 최종본문으로 정의하는 것에 문제가 없지 않다. 그래서 그것의 합법성에 관한 질문이 자연스레 제기된다. 그 합법성은, 정경의 관점에서 볼 때, 정경의 최종본문(최종 형태)을 기독교 신앙 공동체가 받아들여 인증을 선언함으로써 성취될 것이다.[6] 다시 히브리어 본문 차원에 관하여 말하자면, 기원후 100년 무렵에 마소라 본문을 규범적인 것으로 확정한 것은 (초기) 기독교 전통은 가지지 않았던 권위자의 명령일 뿐임이 드러난다. 왜냐하면, 고대 교회는 입증된 것처럼 중세 후기 시대까지 히브리어 본문의 전승을 위해서도 그것의

6) 차일즈(Brevard S. Childs)와 다른 이들에게 "신앙 공동체"는 무시간적이고 신학적으로 추상화된 실체가 되어 정경의 최종본문을 교리적으로 확정할 우려가 있다. 이에 대하여 J. Taschner, Kanonische Bibelauslegung – Spiel ohne Grenzen?, in: E. Ballhorn / G. Steins (Hg.), Der Bibelkanon in der Bibelauslegung, Methodenreflexionen und Beispielexegesen, Stuttgart 2007, 39를 참조하라.

정경 확정을 위해서도 애쓰지 않았기 때문이다. 아마도 고대 교회는 더 상위에 있는 전체로서 기독교 정경에 편입시켰던 유대교의 성경 문헌은 요구하였겠지만, 그 히브리어 본문에 대해서는 그리하지 않았을 것이다. 사실상 기독교가 히브리어 성서로, 또는 마소라 본문으로 관심을 돌린 일 자체는 비교적 후대에 일어났으며, 마침내는 옛 정통파 개신교에서는 자음 본문과 모음 표기가 원래의 것이며 말씀으로 영감 받았다고 선언하는 것으로 표현되었다.[7] 이러한 배경에서는, 기독교 신앙 공동체가 기원후 100년 무렵에 마소라 본문을 확정하고, 그리하여 주석에 적합하고, 구속력 있으며 규범적인 성경 본문에 이르게 되었다고는 거의 주장할 수 없다. 그러므로 정경의 최종본문은, 본문비평의 목적을 규정하기 위한 유일한 선택으로 고려될 수 없다.[8]

그러나 정경의 관점에서나 본문 역사에서 차지하는 의미에서는 최종본문에 대해 말할 수 있다. 이에 따르면 최종본문은 기원후 100년 무렵에 확정되어 규범이 되는 실체인 전체 정경(본문)이 아니라, 형성의 역사가 진행되면서 최종 편집 또는 종결 편집을 통해 보존된 개별 성경 책의 본문 형태를 말한다. 또한 고정된 본문의 실체라고 서술하고 그에 따라 최종본문이라 일컬어지는 성경 책의 **최종 형태**라고도 말할 수 있다. 언제 그러한 최종 형태를 얻게 되었는지 정확한 때는 알 수 없고, 개별 본문 또는 본문 무리에 따라 규정할 수 있을 뿐이다. 그뿐 아니라 본문비평은 정경 최종본문의 배경으로 거슬러 올라가야 하며, 또 초기 본문 역사를 그 연구에 포함해야 한다. 이렇게 볼 때 당연히 원본문과 최종본문이 서로 어떤 관계에 있는가 하는 물음이 나온다. 이 점에서 지금까지의 논의는 두 개념, 곧 원본문과 최종본문을 절대적인 것으로 받아들이는 것이 아니라, **관점의 문제로** 이해해야 한다는 것을 보여 준다. 이리하여 두 개념은 나란히 놓일 수 있다. 뜻을 규정하는 관점에서 최종본문은 본문 성장의 마지막 생산 단계에 있는 반면에, 원본문은 본문 역사의 전승 단계 초기에 있다. 이에 따르면, 이상적일 때 성경의 한 문서 또는 여러 문서의 원본문과 최종본문이 (이상적으로는) 같다. 하지만 전승 단계와 구성 단계는 서로 엄격하게 구분되지 않고 맞물려 있다는 것이 (실제로는) 명백해졌다. 왜냐하면,

7) 참조, Johannes Buxtorf d. Ä., Tiberias sive commentarius Masorethicus, Basel 1620; Johann Gerhard, Exegesis sive uberior explicatio articulorum de scriptura sacra, de Deo et de persona Christi, Jena 1625, Locus primus, Caput XIV–XV (Bearbeitung des 1610 erschienenen ersten Bands der Loci theologici).

8) 자세한 것은 다음을 참조하라. J. Trebolle Barrera, The Jewish Bible and the Christian Bible. An Indroduction to the History of the Bible, translated from the Spanish by W. G. E. Watson, Leiden / Grand Rapids, Michigan 1998, 416–421.

성경의 책을 이어쓰고 편집하는 것은 추상적으로 이루어지는 것이 아니라, 필사와 병행되기 때문이다. 그러므로 이미 본문 생산 단계에서, 사본들이 나오고 마침내 첫 번째, 두 번째 편집본이 만들어진다는 점을 고려해야 한다. 이러한 맞물림을 고려할 때만, 어떤 책 또는 성경 책의 일부가 하나 이상의 편집본으로 존재했던 초기 본문 역사의 발견을 바르게 할 것이다.[9] 이로써 우리는, 본문비평과 문헌비평의 과제 영역을 구별하는 방법론적 문제를 만나게 된다.

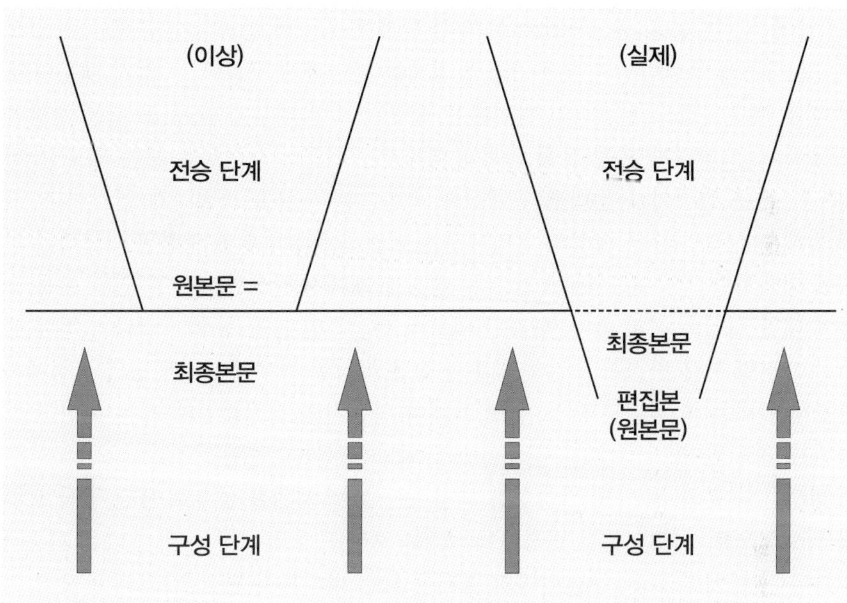

〈자료 11〉 최종본문과 원본문의 관계(알렉산더 A. 피셔[Alexander A. Fischer])

7.2 문헌비평과의 경계

본문비평과 문헌비평의 두 방법론을 구별하려면 근본적으로 세 가지 가능성을 생각해야 한다. 이를 설명하기 위해서 먼저, 앞서 언급한 대로, 성경의 모든 책 또는 그 원본은 생산적 본문 형성(문헌 성장[literary growth])의 단계가 진행되고,

9) 참조, Schenker, Urtext, 203–206. 이 책에서는 〈출애굽기〉, 〈사무엘상하〉, 〈열왕기상하〉, 〈예레미야〉, 〈에스겔〉, 〈다니엘〉, 〈에스라〉~〈느헤미야〉의 여러 (부분)편집본들을 참고로 알려준다. 자세한 것은 다음을 참조하라. E. C. Ulrich, The Canonical Process, Textual Criticism, and Latter Stages in the Composition of the Bible, in: M. Fishbane / E. Tov (ed.), »Shar'arei Talmon«. Studies in the Bible, Qumran, and the Ancient Near East, Winona Lake 1992, 267–291.

마지막 편집 작업이 이루어진 뒤에는 본문 전승(textual transmission) 단계로 넘어간다는 점을 구별하는 것으로 시작해야 한다. 이러한 구별은 전통적인 방법론에 적합하며, 문헌비평 영역에서는 생산적인 본문 성장이 마무리되기 **이전에** 있었던 의도적인 본문 변경을 알려 준다. 반면에 이 분기점 **이후에** 있는 그 밖의 모든 변경은 고정된 본문의 전승에 속하며, 본문비평의 문제점을 내보인다.[10] 방법론을 구분하는 이 첫 번째 가능성은 이론에서는 매우 도움이 되지만, 실제로는 문제가 있다. 왜냐하면 여러 종결 본문이 있는 문서의 경우 전제된 (문학 성장에서 본문 전승으로) 넘어가는 시점은 생산적인 본문 형성 단계에서는 더 분명하게 규정할 수 없으며, 그 때문에 문헌비평과 본문비평의 경계를 분명하게 구분할 수 없기 때문이다. 이 점을 빼고서라도 전통적인 방법론은 숙련된 표현 배후에 숨은 또 다른 결함을 보여 준다. 그러니까 본문 전승 단계에 대해서는 본문에 등장하는 모든 의도적, 비의도적 본문 변경이 본문비평의 대상에 속한다는 사실을 적절하게 설명한다. 그에 반해 생산적인 본문 형성의 영역에서는 여전히 문헌비평과 관련된 의도적인 변경에 대해서만 말할 뿐, 생산적인 본문 성장 단계에서 발생한 실수로 인한 본문 오류에 대한 설명은 전혀 없다. 하지만 이로써 생산적인 본문 형성이 끝나기 전에 생겨난 그러한 본문 변경이나 본문 훼손과 같은 특정한 경우에 본문비평의 관점에서 연구해야 하는지, 한다면 어느 정도로 해야 하는지의 결정적인 문제는 여전히 해결되지 않고 있다.[11]

방법론 구분의 두 번째 가능성은 해당하는 본문 문제를 실수로 생긴 필사 오류와 의도적으로 수행한 본문 변경(8.1과 8.2를 보라)으로 분류하는 데서 나온 기준과 관련된다. 이에 따르면, 문헌비평의 경계는 모든 비의도적 변경은 (그리고 오직 이것만!) 본문비평의 영역에서 다루어야 하며, 반면에 모든 의도적 변경은 문헌비평의 영역에서 다루어져야 한다는 데서 만들어진다.[12] 그러나 이러한 시도도 특히 본문비평을 할 때 의도적인 것과 비의도적인 것이 늘 확실하게 결정될 수 없으므로 설득력이 없다.[13] 그런데도 더 중요한 것은, 생산적인 본문 형성과 아무런 관련이 없는 이러한 의도적인 본문 변경도 **정의**(per definitionem)하자면 문헌비평으로

10) 참조, Steck, Exegese, 38.

11) 참조, E. Tov, The Text-Critical Use of the Septuagint in Biblical Research, Jerusalem 1981, 307은 그럼에도 “이러한 초기 읽기 형태는 본문 전승에서 나온 것이 아니므로 일반적인 본문 기준으로 평가해서는 안된다.”라고 말한다.

12) 참조, L. Schwienhorst, Die Eroberung Jerichos, SBS 122, Stuttgart 1986, 21.

13) 이에 대하여 H.-J. Stipp, Das Verhältnis von Textkritik und Literarkritik in neueren alttestamentlichen Veröffentlichungen, BZ 34 (1990), 34-35를 참조하라.

밀려난다는 사실이다. 이를 탐구하기 위하여 우리는 전통적인 문헌비평 방식 외에 다시 본문비평 방법의 도구, 특히 본문 증거에 대한 검토로 돌아가야 한다. 간단히 말해 이것은 문헌비평과 본문비평 사이를 이런 식으로 정의해서 선을 그어 나누는 것은 결과적으로 그 실행에서 방법론의 과정이 뒤섞이는 것을 뜻한다.

세 번째 입장은 본문비평의 외적 기준에서 끌어오는데(9.2를 보라), 이것은 문헌비평과의 경계를 다르게, 그리고 엄격하게 구분한다. 이것은 **히브리어 구약성서 프로젝트**(Hebrew Old Testament Text Project [HOTTP]) 위원회가 개발한 실용적 개념이다. 이에 따르면, 본문비평을 해야 하는 용례들은 외적 본문 증거, 곧 필사본에서 입증된다는 사실을 통해 규정할 수 있다. 이 가운데서 본문 증거로 입증될 수 없고 오직 내적 기준에 의해 평가될 수 있으며, 그래서 다른 학문적 방법론을 요구하는 경우들은 문헌비평 관점에서 다루어야 할 것으로 구분된다. 세계성서공회연합회는 이러한 형태의 본문비평으로 **비블리아 헤브라이카**(Biblia Hebraica)의 새 편집본을 기획하였다.[14] 그 기준은 의심할 바 없이 명확하며 적용 가능하다. 그렇지만 그것은 예상할 수 없는 선승 상태에 완전히 의존하게 됨을 알 수 있다. 본문비평(!)의 내적 기준에 따라 분명히 규정될 수 있는 본문 문제는 들어가는 말에서 소개한 망대의 사자에서 예를 든 것처럼(사 21:8), 쿰란 〈이사야〉 두루마리의 발견으로 본문비평의 대상이 될 때까지는 문헌비평에서 다뤄야 할 경우가 되었을 것이다. 그러나 이러한 발견을 통해 본래 문제 제기에 어떤 변화가 일어난 것일까?

경계 구분의 문제는 주로 생산적인 본문 형성의 영역에 있으며, 이 영역은 원래부터 문헌비평과 편집사가 다루었다는 것은 분명하다. 방법론의 논의에서는 본문비평을 문헌비평의 본래 연구 영역에서 완전히 떼어 내서 본문 전승의 영역에 제한시키려는 경향을 관찰할 수 있다. 하지만 그러한 경계 구분은 설득력이 없는데, 개정자와 편집자가 생산적인 본문 성장 단계에서 기록자인 동시에 최소한 필사자로 문헌 자료를 다루었다는 점을 배제할 수 없기 때문이다. 결과적으로 우리는 이러한 경우에도 넓은 관점으로 관찰해야 한다. 만약 개정자들이 생산적인 본문 형성 영역에서 그것의 편집과 이어쓰기 작업의 관점을 지니고 있다는 점을 고려한다면, 이것은 문헌비평이나 편집사의 대상이며, 하나 또는 여러 최종본문의 생성과 상태를 밝혀 준다. 그에 반해 기록하고 필사하는 작업의 관점에서 그들을 바라본다면, 본문비평 방법도 경우마다 적용되고, 또 하나 또는 여러 원본문의 생산에 이바지할 수 있을 것이다.

이러한 배경에서 두 방법론의 구별을 전통적인 방법론에 따라 정확히 규정할

14) 참조, A. Schenker / u. a. (Hg.), Biblia Hebraica Quinta, Fascicle 18: General Introduction and Megilloth, Stuttgart 2004, XXXIII.

필요성이 있다. 이 점에서 여기서는 생산적인 본문 성장과 확정된 본문 전승 사이의 전환점을 가정하는 것이 의미 있다고 여긴다. 왜냐하면 이 가정은 적어도 문헌비평의 하한선을 표시해 주기 때문이다. 그뿐만 아니라 초기 본문 역사의 특별한 상황에서 나온 '초기의 독서'를 처리하는 것을 더 자세히 규정해야 할 것이며, 그리하여 본문비평과 문헌비평의 구별에 관한 다음의 입장 또는 정의를 기술할 수 있게 해 준다. 곧 생산적인 본문 성장이 끝난 **뒤에** 이루어지거나 생긴 모든 의도적 비의도적 본문 변경은 본문 전승 단계에 속하며 또 본문비평의 대상이다(보편적 동의). 이러한 분기점(또는 전환되는 범위에서) **이전에** 생긴 본문 변경의 경우는 다음의 두 가지 조건이 충족될 때만 본문비평에서 연구해야 한다. 첫째, 본문비평의 내적 및 외적 기준에 따르거나 둘 중의 한 기준에 따라 본문비평 문제임을 밝힐 수 있어야 한다. 둘째, 그것이 필사 과정에서 생긴 것임을 개연성 있게 밝힐 수 있어야 한다. 반면에 분명하게 규정할 수 없는 다른 모든 경우는 문헌비평의 대상이다.

이러한 구별은, 해당하는 용례들에서 본문비평을 통해 제공된 방법론적 도구를 왜 까닭 없이 포기해야 하는지, 또는 같은 것을 문헌비평 작업 단계로 밀어 두어야 하는지 그 이유를 알기 어려우므로 유효하다. 거꾸로 말해 문헌비평이나 편집사는 각각 그 사안과 방법을 유지할 수 있으며, 여러 편집본들이 있는 한, 본문비평 과정을 고려할 필요는 없다. 본문비평이나 문헌비평이 실제로 수행될 때 자주 긴밀하게 연관된다고 하더라도, 작업 영역에서는 방법론에서 분명히 구별해야 한다.[15] 두 방법론 사이의 대화는 이로써, 불가능한 것이 아니라, 가능하고 바람직하다.[16]

7.3 본문비평의 정의

알트(Albrecht Alt)의 제자인 엡센(Alfred Jepsen, 1900-1979년)은 본문비평의 과제를 간단하게 "원래 본문의 복원"이라고 짧은 문구로 표현하였다.[17] 원래 본문이 어떤 형태로든 존재하거나 아니면 시간상 가까운 필사본과 비교하여 다시 얻어낼 수 있어서 가능한 실수와 차이점들을 인지하고 복구할 수 있다면 이 과제는 분명히 문제없이 해결할 수 있을 것이다. 구약성서에서는 문제가 훨씬 더 복잡하고

15) 참조, E. Würthwein, Der Text des Alten Testaments. Eine Einführung in die Biblia Hebraica, 5. Aufl. Stuttgart 1988, 117-118.

16) 참조, A. van der Kooij, Art. Textgeschichte/Textkritik der Bibel I. Altes Testament, TRE 33, Berlin / New York 2002, 154. 여러 역사비평적 방법론의 상호 의존 관계에 대해서는 Steck, Exegese, 18-19도 참조하라.

17) A. Jepsen, Von den Aufgaben der alttestamentlichen Textkritik, in: Congress Volume Bonn 1962, VT.S 9, Leiden 1963, 332.

꼬여 있다. 왜냐하면 질적 차이가 있고 또 언어가 다른 많은 본문 증거들을 사용할 수 있지만, 어떤 첫 사본도 남아 있지 않기 때문이다. 그뿐만 아니라 찾아낸 원래의 본문 또는 원본문은 성경의 어떤 개별 책의 원본과도, 또 후대에 확정된 그것의 마소라 본문 판과도 혼동해서는 안 된다. 본문비평의 과제를 가능한 한 정확하게 기술하려는 노력으로 방법론을 다루는 책들은 다양한 정의들을 제공한다.

오딜 한네스 슈텍(Odil Hannes Steck)

슈텍에 따르면, 본문비평의 과제는 "히브리어(내지는 〈에스라〉와 〈다니엘〉의 일부에서는 아람어) 본문 전승과 고대 역본들을 비판적으로 선별하여서 본문 역사에서 생겨난 오류를 찾아내고, 될 수 있는 한 '구약성서의 원래 본문'('원본문', '첫 원문')을 확정하는 것이다."[18] 괄호 안에 언급된 개념들은 '원래의 본문'이 무엇을 의미하는지를 명확히 해 주어야 하는 개념들로, 문제점을 보여 주며, 더 사세한 설명을 요구한다. 슈텍은 이어 자신이 정의한 바를 설명한다. 그에 따르면, 원래의 본문이란 근본적으로 생산적인 본문 성장의 마지막 본문 형태를 밀한다. 그 형태는 **늦어도** 한 본문이 정경으로 인정받음으로써 얻게 되었다고 한다. 그 시기는 문서와 문서 무리에 따라 개별적으로 대강 기원전 4세기에서 기원후 1세기 즈음이 될 것이다. 반대로 **빠르면** 언제쯤 이러한 확정된 본문 형태 또는 원래의 본문이 이루어졌겠느냐 하는 질문에는 답할 수 없으며, 해석의 여지가 있다. 일반적으로는 원 마소라 본문 형태를 바탕으로 가장 초기의 종결된 본문 형태가 있었다고 생각한다. 그러나 만약에 우리가 그보다 앞선 편집본도 성경에 있는 어떤 책의 최종 형태로 받아들인다면, 가장 이른 시점은 원 마소라 본문에서 그 이전에 존재한 더 오래된 본문 형태로 거슬러 올라간다. 다만 이것도 마찬가지로 종결된 본문으로 존재하고, 또 종결된 본문으로 전승된다면 말이다. 그에 따르면, 본문비평은 원 마소라 본문 전통의 재구성에 미물러서는 안 되고, 초기의 또 가장 이른 본문 역사를 포함해야 하며, 경우에 따라서는 미소라 이전 본문을 그 목표로 규정해야 한다.[19]

라인하르트 본네베르거(Reinhard Wonneberger)

원본문 문제를 피하려고 여기서 눈을 돌려 본문비평의 과제를 순전히 실용적인

18) Steck, Exegese, 37.

19) 이에 대하여 A. van der Kooij, Zum Verhältnis von Textkritik und Literarkritik. Überlegungen anhand einiger Beispiele, in: J. A. Emerton (ed.), Congress Volume Cambridge 1995, VT.S 66, Leiden 1997, 201-202를 참조하라.

관점에서 규정하는 본문비평의 정의도 여럿 있다. 본네베르거에 따르면, 본문비평은 "필사 과정에서 나온 비의도적이거나 의도적인 본문의 변경 사항들을 인식하고, 파악하고, 되돌려 놓는 시도이다."[20] 이러한 소극적인 정의는 실수에서 비롯된 필사 오류와 이차적인 변경 사항들도 제거된, 더 나은 성경 본문의 복원을 목적으로 한다. 여기서 본문비평의 결정은 필사 과정과 명확하게 연결되어 있다. 곧 다른 독법에서 비롯되지 **않고** 또한 어떠한 필사 과정으로도 설명할 수 **없는** 독법이 원래의 것으로 여겨진다. 본문비평을 가설적으로 '오류가 없는' 본문을 지향하며 마소라 본문으로 되돌아가는 과정으로 기술하려는('회귀의 방법') 정중한 시도는 성경의 어떤 개별 책의 모든 필사본과 번역본이 유일한 본래의 (원 마소라) 본문으로 거슬러 올라간다는 것을 연구 가설로 전제할 때만 통한다. 그렇다면 서로 차이점을 보여 주는 독법이 본문의 계보로 설명되지 않는 모든 경우에는 엄격히 말해 '똑같이 원래의' 것이라고 평가하는 것으로 만족해야 한다. 이렇게 분명히 만족스럽지 않은 상황은, 서로 차이를 보이는 독법의 관계를 규정하기에 현존하는 본문 자료가 충분하지 않다는 사실을 통해서만 본문비평적으로 그 까닭을 댈 수 있을 것이다. 하지만 '똑같이 원래의' 것인 그러한 독법들이 성경 개별 책들의 여러 편집본이나 최종 형태에 속할 수 있다는 가능성을 고려한다면, 그 바탕에 있는, 유일한 공동의 원본이라는 연구 가설을 의심해야 할 것이다. 그러므로 특별히, 본문의 계보에서 이해하기 어렵고 결코 소극적인 정의로 수용되지 않는 의도적인 본문 변경이 있다. 그래서 본네베르거가 이런 경우에는 본문 역사를 참조해야 한다고 강조한 것은 맞다. 본문 역사를 깊이 들여다보는 것은 필사본의 특색과 내용상의 의도를 규정하게 해 주고 이를 통해 본문비평 작업을 촉진할 수 있다.

지크프리트 크로이처(Siegfried Kreuzer)

마찬가지로 원본문 이론을 사용하지 않은 또 하나의 정의는 특히 구약성서 주석 방법론 초급 세미나를 듣는 학생들에게 명료한 방침을 제공해 줄 것이다. "본문비평의 과제는 본문의 전승을 검토하고, 도달 가능한 가장 오래된 본문 형태를 찾아내고 이형태들의 기원을 설명하는 것이다."[21] 우리가 쉽게 알아볼 수 있듯이

20) R. Wonneberger, Leitfaden zur Biblia Hebraica Stuttgartensia, 2. Aufl. Göttingen 1986, 5. 참조, Becker, Exegese, 17.

21) S. Kreuzer, Textkritik, in: S. Kreuzer / D. Vieweger / u. a., Proseminar I. Altes Testament. Ein Arbeitsbuch, 2. Aufl. Stuttgart 2005, 26 (= 김정훈 역, 『구약주석방법론』 [서울: 기독교문서선교회, 2011], 50).

여기서 원본문은 도달 가능한 가장 오래된 본문 형태의 언급을 통해 대체되고, 이를 통해 다시 실용적인 목적이 표현된다. 여기서 크로이처는 본문비평의 경계는 이미 도달 가능성의 기준으로 자연스럽게, 곧 전승 조건 아래 확정되어 있다고 믿는다. 말하자면 이 정의는 본문비평이 도대체 어떤 본문을 생산하려고 하는가 하는 이론적인 논의에서 벗어나게 해 준다. 여기에 덧붙여 크로이처는 이형태들에 대한 설명을 명확하게 자신의 정의에 포함한다. 이렇게 하여 더 오래된 본문 단계로의 접근을 통제할 수 있다. 이로써 핵심은 본문비평의 자료와 본문 역사의 과정을 파악하는 것이며, 이들은 도달 가능한 가장 오래된 본문 형태의 복원을 가능하게 한다.

에른스트 뷔르트바인(Ernst Würthwein)

이 개정판에 앞서 나온 책에서 뷔르트바인은 본문비평의 목표 설정에서 고려해야 할 두 가지 사항을 인급한다. 하나는 성경 문서의 정경화와 그것의 원문을 확정시키는 것을 불가침의 의미로 동일시해서는 안 되며, 오히려 구약성서의 본문은 기원후 2세기까지 여전히 유동적이어서, 그 이전에 확정되어 변경할 수 없는 본문이 있었다고 생각해서는 안 된다는 것이다. 다른 하나는 오늘날의 마소라 본문에는 이미 매우 이른 시기, 그러니까 기원전 4세기까지 거슬러 올라가는 시기에 변경되고 훼손된 본문 구절들이 있다는 것이다. 이것은 본문비평이 복원하려는, 어떤 개별 성경 책의 히브리어 본문은 정확한 연대를 제공할 수 없다는 것을 의미한다. 또한 개별 문서나 문서 무리는 서로 다른 시점에 종결되어 본문 전승 단계로 넘어갔다는 점을 생각해야 한다. 이러한 배경에서 뷔르트바인은 특히나 조심스럽게 본문비평의 작업을 다음과 같이 규정한다. "본문비평 작업에서는 전승된 본문에서 모든 오류와 차이점(이형태)을 파고들어서, 학문적인 기본 원칙에 따라 (고등 비평, 주석 등) 이어지는 작업에 믿을 만한 바탕을 마련해 줄 수 있는 히브리어 본문을 완성하려 한다".[22] 이 정의는 확정하는 본문을 원래의 것으로도 또는 도달할 수 있는 가장 오래된 것으로도 규정하지 않고, **믿을 만한** 것으로 평가한다는 점에서 매우 흥미롭다. 이를 통해 본문비평은 언제나 절충 본문만을 만들어 낼 수 있다는 사실을 인식하게 된다.[23] 뷔르트바인의 의미로 절충 본문도 당연히 실제로 존재한 원본문에 가깝다. 그러나 본문비평 연구는 복원된 성경

22) Würthwein, Text, 116.

23) 또한 G. Veltri, Gegenwart der Tradition. Studien zur jüdischen Literatur und Kulturgeschichte, JSJ.S 69, Leiden / Boston / Köln 2002, 4-5도 참조하라.

본문에 대하여 방법론에서 책임을 져야 하고 그 본문에 대한 내적 외적으로 가장 높은 개연성을 확보해 줄 수 있어야 한다는 점에서 제한되어 있지만 동시에 인정받을 것이다. 순전히 가설적인 원본문으로는 아무것도 얻어내지 못하였고, 오히려 본문비평은 주석에서 계속 사용할 수 있는, 확실한 본문의 바탕을 완성함으로써 그 목적을 달성하였다. 확정해야 할 본문에 대한 뷔르트바인의 매우 조심스러운 표현은, 1980년대에 본문 연구가 여전히 사실상 쿰란 본문의 편집본과 또 존재하는 많은 분량의 본문 자료에 대한 처리에 전념하고 있었다는 배경 속에서 읽을 수 있다. 그러나 그 사이에 개별 성경 문서와 문서 무리의 전승 현상에 집중하고 또 본문 역사에 대한 새로운 관점을 열어 준 연구가 늘어났다. 그렇지만 본문비평의 수행 능력은 믿을 만한 본문 복원의 기준에 따라 측정하고 제한해야 한다는 뷔르트바인에 동의할 수 있다.

앞에서 살펴본 정의로써 본문비평의 다양한 측면을 개관하고 논의할 수 있다. 그러므로 또 다른 대안적인 정의를 덧붙일 필요는 없을 것이다. 그 대신 본문비평의 목적과 과제를 네 문장으로 요약할 필요가 있다. 곧 본문비평은 구약성서의 문서에서 필사 과정에서 생긴 본문 오류와 의도적인 변경을 확정하고, 되돌려서, 본문비평적 결정을 통제하기 위해 이형태들이 어떻게 생겨났는지를 설명함으로써 본문 역사에 이바지한다. 그 목적은 믿을 만하고 학문적으로 책임을 진 본문을 복원하는 데 있으며, 이 본문은 대략 이전에 존재는 했지만 전승되지는 않은 원본문을 재현하는 것이다. 여기서 원본문이란 편집사적 관점에서는 최종본문에 해당하는 것으로, 성경의 한 문서나 문서 무리가 그 최종 편집 또는 종결 편집을 통해 확보하고, 또 편집본을 통해 본문 역사의 전승물이 된, 종결된 본문 형태를 의미한다. 가장 최근의 본문 연구는 어떤 개별 성경 책의 많은 본문이나 본문 일부가 하나 이상의 편집본으로 존재했다고 확신하기 때문에, 이런 경우에 본문비평은 문헌상 종결된 유일한 '본문 구성'(Textkomposition)을 복원하는 데 제한되어서는 안 되고,[24] 각각 더 오래된 것과 더 나중의 편집본의 본문을 확정하고, 이어지는 연구를 위해 그 본문의 판본을 문헌사와 편집사를 통해 제공해야 한다.[25]

24) 하지만 토브(E. Tov)는 본문비평 작업을 유대교 전통에서 권위 있는 것으로 확정되고 마소라 본문에 담긴 문헌 구성으로 제한하고자 한다. E. Tov, Der Text der Hebräischen Bibel. Handbuch der Textkritik, Stuttgart 1997, 146을 참조하라.

25) 여러 편집본들이 계속되는 본문 역사에서 서로 영향을 주고받으며 복잡하게 얽혔다는 점에서 이 과제는 훨씬 더 복잡하다. 참조, Schenker, Urtext, 203.

7.4 판독(判讀, Konjekturen)

본문비평의 특별한 경우는 이른바 판독이다. 판독이란, 본문의 외적 증거를 통해 확인되지는 않지만, 내적 기준과 주석 과정의 고찰에 따라, 특히 문법과 문맥을 관찰함으로써 찾아낸 개연성이 있는, 추정에 따른 바른 독법(라틴어, coniectura '추측')을 말한다. 본문비평에서 판독은 '최후의 수단'(ultima ratio)이다. 외적 그리고 내적 본문비평의 결과, 그 문맥에서 이해도 안 되며 또 의미가 전혀 통하지 않음에도 본래의 것으로 생각해야 하는 특정한 독법이 나타날 때만 판독을 검토해야 한다. 이런 경우도 본문 훼손 또는 '본문 손상'(라틴어, corruptio '손상된')이라고 말한다. 이런 경우들은 충분한 논거를 제시할 수 있는 한, 사안에 따라 판독을 통해 바로잡을 수 있다. '판독'을 달리 표현하면 '수정'(라틴어, emendatio '개선')이며, 이것도 마찬가지로 학술적 논의에서 나오는 용어이다. 종종 단순한 필사 오류에 대한 교정을 '수정'(Emendation)이라고 하며, 교정 과정은 '수정한다'(emendieren)고 일컫는다. 그러나 그러한 개선이 본문 증거(!)를 통해 확인되는 모든 경우에 수정이라고 말해서는 안 된다. 왜냐하면, 이런 경우는, 본문비평을 통해 검증되고, 때에 따라서는 더 원래의 더 나은 독법으로 받아들여지는 다른 형태의 본문이기 때문이다.[26] 그러므로 용어를 뚜렷이 한다는 관점에서 이 글에서는 '판독'의 개념이 더 낫다고 여기며, '수정'은 판독에 따른 개선이라는 의미에서 동의어로 사용할 것이다.

위에서 언급한 바에 따르면, 판독은 지금까지 알려지지 않은 이른바 새로운 독법을 찾는 것이며, 그에 대해 판독은, 원래 본문에는 있었던 독법이 본문 전승 과정에서 유실되었다고 가정한다. 물론 찾아내는 것과 고안해 내는 것 사이에는 약간의 정도 차이가 있다. 또한 주석의 이유로 어떤 독법을 고안해 내어 자신의 개인적인 본문 이해에 잘 끼워 넣거나 또는 자기 개인적인 본문 이해의 근거로 사용할 위험성도 있다. 그래서 고대의 본문비평에서는, 그러니까 사해에서 나온 본문 증거들이 아직 발견되지 않고, 본문 역사의 과정이 아직 충분하게 연구되지 않았던 때에는, 개선 제안에 대한 근거가 자주 충분하지 않은 경우라 할지라도, 판독의 방법을 매우 폭넓게 사용하였다. 왜냐하면, 원래의 독법에 대한 판독을 제시하는 것이 본문 훼손이 어떻게 일어났는지 그 과정을 설명하는 것보다 더 쉬워 보였기 때문이다. 이로써 임의 수정은 판독비평이라는 방법론적으로 검증된 절차로 대체되었다. 그래서 최근의 본문비평이 판독 가능성에 대해서는 좀 회의적으로 대

26) 학술적 논의에서도 널리 퍼진 오해는 마소라 본문에 대한 개선을 제공하는 모든 독법을 수정으로 간주해야 한다는 평가이다. 참조, Tov, Text, 291.

립해 있음을 이해할 수 있다. 심지어는 필사본으로 확인되는 독법만 본문비평에서 다루어야 한다는 요구가 있기까지 하다. 이 경우에 판독은 당연히 정의(per definitionem)한 범위에서 배제될 것이다.

결국 판독의 허용에 대한 논의에서는 더 어려운 독법이 본래의 독법일 가능성이 더 크다는 것을 말해 주는 **'더 어려운 읽기가 더 개연성 있다.'**(lectio difficilior probabilior)는 본문비평 원칙이 중요하다(9.4.2를 보라). 엄격하게 말해서, 이 원칙은 이해하기 어렵거나 특이한 형태로 된 본문 구절을 말하며, 이 경우로 제한된다. 그런데 이제는 방금 언급한 이 원칙을, 그 자체로 이해가 되지 않거나 문맥에 전혀 맞지 않는 뜻의 독법에까지 확장하려고 하였다. 그런 문제의 본문도 더 어려운 읽기(lectio difficilior; '가장 어려운 읽기'[lectio difficillima]라는 의미로!)로 설명할 수 있다고 생각했다. 이 때문에 판독의 가능성은 본문비평에서 거의 완전히 밀려났다. 그러나 더 어려운 읽기(lectio difficilior) 원칙을 지나치게 확장하는 것은 자유로운 판독이 정당한지 또 정당하다면 어느 정도인지에 대한, 인접한 질문을 풀 수 없다.

이에 대한 대답으로 무엇보다도 우리가 알고 있어야 할 점은, 본문비평은 본문 증거들 가운데 아주 일부이면서 무작위의 표본을 사용한다는 점이다. 그러므로 필사나 본문 전승 과정에서 원래의 독법들이 사라질 수도 있다는 가능성은 완전히 배제할 수 없다. 이러한 배경에서 판독의 허용에 대한 이론적 근거가 세워진다. 실제 판독의 정당성은 세 가지 다른 논의로 보강된다. 첫째, 쿰란 동굴에서 나온 필사본 발견은 그 전에 권장된 많은 판독들이 옳았음을 입증해 주었다. 이를 통해 때에 따라서는 판독비평으로써 언젠가 실제로 원래 본문이었던 독법들을 찾아낼 수 있다는 것이 증명되었다.[27] 둘째, 고대 번역본들은 많은 곳에서 그 번역자들이 이미 뜻이 통하지 않고 훼손된 본문을 가지고 있었으며, 그들은 그런 본문을 개인적인 추정이나 개선 또는 다른 방식으로 덮으려 하였다는 것을 분명히 알려 준다. 그러한 곳들은 원래 본문이 전승에서 보존되지 않았음을 추론하게 해 주며, 마찬가지로 어떤 판독을 제안함으로써 유실된 본문을 원래대로 복원하려는 시도가 정당함을 말해 준다. 셋째, 문법적으로 틀린 형태이거나 문장론적으로 불가능한 구성이어서 결코 원래의 것으로 간주해서는 안 되는 문장들도 있다.[28] 그렇지 않다면 문서를 잘

---

27) 이에 대하여 들어가는 말에서 언급한 본문비평의 경우인 사 21:8과 Tov, Text, 293 (표 1: 과거에는 수정으로 확정되었던, 쿰란에서 발견된 독법들)을 참조하라.

28) 수와 성의 불일치와 같이 일반적인 언어 용법에서 벗어나는 문법적 현상이 당연히 존재한다. 그렇지만 이러한 것은 해당 문법 규정의 예외를 보여 주며 수정에는 맞지 않는다.

아는 편집자들이나 훈련된 필사자들과 같이 첫 저자로 활동했던 사람들이 이미 틀리게 기록하였다고 가정해야 할 것이다. 그러나 이것은 판독의 가능성은 물론 본문비평 작업의 전제에도 근본적인 의문을 제기하는 것이 될 것이다.

판독비평

판독비평이란, 본문이 확실히 훼손되었을 경우 간접 증거가 권장하는 증명 과정을 통해, 추정에 의한 독법 곧 필사본으로는 입증되지 않는 독법을 개발하는 방식을 말한다. 이런 경우에 독법은 원래 형태일 것으로 주장되고 개연성을 얻을 수 있게 된다. 물론 판독비평은 본문비평의 첫 단계가 아니라 마지막 단계에 있다. 판독비평은 문제의 본문이 이미 외적 내적 기준에 따라 검토되었으며, 그 결과 믿을 만한 것으로 밝혀진 독법이 분명하게 원래의 본문 그대로 복구될 수 없다는 것을 전제한다. 본문비평에서 드러난 독법에 대한 마지막 판단에는, 언어적 주석적 더러는 문헌비평적인 검토가 영향을 미칠 수 있고 미쳐도 된다는 것은 두말할 나위가 없다. 바로 이 때문에 어떤 독법이 훼손되었다고 판정할 때, 어떤 주관적인 요소가 있다는 것을 부인할 수 없으며, 이것은 판독비평이 작의적인 것이 되지 않으려면 엄격한 원칙에 따라 이루어져야 한다는 점을 요구한다.[29] 이러한 배경에서 자유로운 판독 작업이 지향해야 할 세 가지 지침을 제시할 수 있을 것이다. 첫째, 어떤 본문 구절이 확실히 훼손되었다는 근거에 대한 정황 증거를 충분히 제시해야 한다. 다른 모든 가능한 설명은 본문비평에서 검토되어야 한다. 둘째, 지금까지 알려지지 않은 추정된 독법은 이전의(현존하는) 이형태들과 연관되어야 하며, 이것에서부터 판독되어야 한다. 이어서 판독하여 밝혀낸 독법을 가지고 어떻게 현재의 본문이 생겨났는지 그 방법을 분명히 제시해야 한다. 셋째, 판독의 작업은 전승된 서체와 밀접한 관계 속에서 이루어져야 하며, 히브리어 자음 본문은 가능한 한 최소한으로 변경해야 한다. 이러한 지침은 저마다 타당성을 지닌다. 이때 본문 훼손의 다양한 원인(8.1을 보라)을 참고하는 것이 필요하고 유용하다. 어쨌든 판독비평은 어떤 본문 역사의 과정을 가능한 것으로 여길 수 있는 일종의 경험과 느낌을 얻고 배우는 것이다. 그러므로 초보자에게 권장하는 것은 엠마누엘 토브(Emanuel Tov)가 자세히 설명하고 언급한, 문맥적 언어적 수정과 운율적 원인에 의한 수정의 경우들을 철저히 조사해야 한다는 것이다.[30]

---

29) 참조, M. Noth, Methode der textkritischen Arbeit, in: ders., Die Welt des Alten Testaments. Eine Einführung, Taschenbuchausgabe Freiburg 1992, 320-321.

30) 참조, Tov, Text, 295–305.

8. 본문 훼손, 본문 변경, 이형태

본문 전승에서 차이점들이 생기는 까닭은 기본적으로 비의도적인 **본문 오류**와 의도적인 **변경**의 두 부류로 나뉜다. 첫 번째 부류에는 모든 독서 오류와 필사 오류가 들어가는데, 이는 필사할 때 무의식적, 기계적 또는 청각적 실수에서 생긴다. 책의 '들어가는 말'에서 언급한 이사야 21:8의 예도 여기에 속한다. 이 구절에서 망대에 있는 "사자"는 선견자에 해당하는 히브리어 낱말의 글자 두 개가 자리를 잘못 잡음으로써 생긴 것이다. 두 번째 부류에 속하는 것은 의도적인 변경과 납득할 수 있는 사고 과정으로 거슬러 올라갈 수 있는 모든 본문 변경이다. 이에 대한 예로 창세기 2:2를 들 수 있다. 마소라 본문에서는 하나님이 일곱째 날에 일을 마치셨다고 말하는 반면에, 사마리아 오경, 칠십인역, 페쉬타는 "여섯째" 날에 마치셨다고 읽는다. 이러한 본문 변경의 배경에 있는 사고 과정은 쉽게 알 수 있다. 이 역본들은 하나님이 일곱째 날에도, 그러니까 안식일에도 여전히 일하셨다는 것을 받아들이기 어려웠던 것 같다. 그래서 그들은 일곱째 날을 여섯째 날로 고친 것이다. 하나님이 바로 이 날에 마지막 두 가지 피조물을 만드셨다고 말하고 있기 때문이다. 그러므로 마주한 본문의 문제가 어느 부류에 속하는지를 그때그때 결정하는 것이 본문비평에서 하는 일이다. 대부분의 방법론 교과서는 한편으로는 가장 중요한 오류 자료들을 알려 줌으로써, 다른 한편으로는 개연성을 가진 본문으로 변경하게 한 일련의 원인을 제공함으로써 이에 도움을 준다.

8.1 독서 오류와 필사 오류

비의도적 본문 훼손은 매우 다른 다양한 까닭으로 생겨난다. 대본 구실을 하는 본문의 상태와 질과 마찬가지로 필사자의 피로도, 부주의, 속도, 잘못 봄과 같은 것도 필사 오류의 까닭이 될 수 있다. 우연도 자주 작용하는데, 우연에 따른 본문 훼손은 더 이상 설명되지 않는다. 그럼에도 본문 역사는 일련의 전형적인 독서 오류와 필사 오류를 증거해 준다. 비슷한 요소들이 함께 존재할 때는 실수를 가정하는 것이 매우 타당하다. 이러한 전형적인 본문 오류는 다음과 같이 분류된다.

8.1.1 고대 히브리어 문자를 필사할 때 비슷한 글자나 글자 무리의 모양 혼동 (이에 대한 표준적인 것으로 필사본의 흘림체 형태들이며, 이것들은 잉크로 토기 조각이나 다른 쓰기 도구에 기록된 것이다)[1)]

1) 여기서 글자들은 정방형 문자로 기록되었다. 혼동할 가능성이 있다면 도판 48의 셋째 넷째 칸을 참조하라. 고대 히브리어 서체의 흘림체는 심한 변화를 겪었기 때문에 혼동될 것 같다면 고문서학 일람표도 찾아볼 것을 권한다. J. Renz / W. Röllig, Handbuch der althebräischen Epigraphik III, Darmstadt 1995를 참조하라.

א 과 ת (알렙 / 타우)
י 와 צ (요드 / 차데)
נ 과 פ (눈 / 페)

8.1.2 정방형 문자를 필사할 때 비슷한 글자나 글자 무리의 모양 혼동

ב 와 כ (베트/ 카프)
ד 과 ר (달렛 / 레쉬),
ה 와 ח / ת (헤 / 헤트 / 타우)
ו 와 י (바브 / 요드)
ע 과 צ (아인 / 차데)
יו 와 ה (요드-바브 / 헤)
וי 와 מ (바브-요드 / 멤)

8.1.3 같은 발음으로 생긴 히브리어 글자 혼동

후음: א 과 ע (알렙 / 아인)
순음 (약한 발음으로): ב 와 פ (베트 / 페)
구개음 (탁한 발음으로): כ 와 ק (카프 / 코프)
치찰음: ז, ס, שׂ 과 שׁ (자인 / 사멕 / 신 / 쉰)

8.1.4 글자의 자리바꿈(음위전환[Metathese])

일상언어에서 글자 바꾸기(Buchstabendreher)라 일컫는 글자의 자리바꿈도 드물지 않게 맞닥뜨릴 수 있다. 히브리어 자음 본문에서는 그러한 음위전환이 무심코 필사하다가 발생하거나, 이러한 글자 바꾸기에 상당하는 평행 낱말의 영향을 받아 생길 수 있다.

겔 21:27[22] (צ와 ר의 자리바꿈): 마소라 본문의 בְּרֶצַח "도살하려고 (외치다)" 대신에 (칠십인역을 가지고) בצרח로 읽으면 "그가 입을 벌리고 **소리 지르며**"가 된다. [『개역개정』 겔 21:22 입을 벌리고 죽이며]

8.1.5 한 번 쓰기(중자탈락[Haplographie])

부주의로 생긴 선형적인 실수 가운데는 잇따른 두 개의 같은 글자나 글자 무리, 또는 낱말을 빠뜨리는 것이 있다. 이 경우는 비슷한 글자나 글자 순서에서도 나올 수 있다.

사 5:8 (ב를 한 번만 씀): 쿰란의 〈이사야〉 두루마리(1QJes[a])의 בית בית 대신에 마소라 본문의 בָּתִּים בְּבַיִת "가옥에 가옥을 잇는 자들은 화 있을진저"로 읽는다.

8.1.6 두 번 쓰기(중복오사[Dittographie])

한 번 쓰기와 반대되는 경우이다. 글자나 글자 무리, 낱말을 잘못해서 두 번 쓰는 것이다.

사 30:30 ("울리다"를 반복함): 쿰란의 〈이사야〉 두루마리(1QJes[a])의 והשמיע השמיע יהוה 대신에 마소라 본문(칠십인역) וְהִשְׁמִיעַ יְהוָה "그리고 여호와께서 그의 장엄한 목소리를 듣게 하시며"로 읽는다.

8.1.7 비슷하게 이어진 낱말을 건너뛰어 빠뜨림(잘못 봄[aberratio oculi])

빠뜨림은 순전히 우연일 수 있어서 본문 증거 없이는 입증할 수가 없다. 그러나 필사하는 본문이 빠뜨리도록 조장하는 때도 있다. 그렇게 빠뜨리게 되는 경우는 이른바 **유사문미탈락**(Homoioteleuton), 곧 어떤 낱말이 같게 끝나는 데서 아주 자주 생겨나는데, 그 낱말이 문맥에서 다시 등장하는 경우이다. 필사할 때 필사자의 눈이 필사할 곳에서 벗어남으로써(**잘못 봄**[aberratio oculi]) 생겨날 수 있다. 곧 같은 음의 첫 낱말 끝 글자에서부터 같은 음의 둘째 낱말 끝 글자로 훌쩍 건너뜀으로써 그 사이에 있는 본문 일부를 빠뜨리고 읽는 것이다. 이른바 **유사문두탈락**(Homoioarkton) 곧 같은 음으로 시작하는 낱말이나 문장에서 빠지는 경우는 좀 더 드물다.

사 4:5-6 (시야에서 벗어난 결과, 첫 번째 יוֹמָם "낮이면"(5절)에서 두 번째 יוֹמָם "낮에는"(6절)으로 건너뛰어 빠뜨리게 됨): 마소라 본문(칠십인역)으로 쿰란의 〈이사야〉 두루마리(1QJes[a])에 괄호 부분을 보충한다면 "여호와께서 거하시는 온 시온 산과 모든 집회 위에 **낮이면** 구름(과 연기, 밤이면 화염의 빛)을 만드시고 (그 모든 영광 위에 덮개를 두시며 또 초막이 있어서 **낮에는**) 더위를 피하는 (그늘을) 지으며 또 풍우를 피하여 숨는 곳이 되리라".

8.1.8 낱말을 잘못 분리하거나 결합함

낱말을 분리하지 않은 채 계속 써 내려간 그리스어 대문자 또는 언셜체 문서와는 달리 히브리어에서는 **연속서법**(scriptio continua)에 대한 엄격한 증거를 제시할 수 없다. 그보다는 유명한 텔 단 비문(기원전 820년 무렵)처럼 고대 히브리어 문자로 된 비문들은 이미 점이나 짧은 수직선으로 낱말 분리를 표시한 이른바 띄어쓰기 기호를 보여 준다. 쿰란 두루마리 문서는 주로 정방형 문자로 쓰였는데, 이 문자에서 낱말들은 대체로 중간의 빈 공간을 중심으로 서로 나뉜다. 얼마나 많은 낱말을 한 단의 행에 넣느냐에 따라서 많은 경우 중간의 빈 공간이 매우 좁아질 수도 있다. 그 결과 또 다른 형태의 오류 자료가 생겨난다. 왜냐하면, 중간의 빈 공간이 좁거나 아예 없으면 단어가 어디서 끝나는지 또 어디서 새로 시작되는지 항상 명백하게 인식하기가 어렵기 때문이다. 게다가 부주의로 인한 실수나 본문에 대한 이해 부족도 이와 같은 식으로 잘못된 단어 분리의 원인이 된다. 개별 낱말이 둘로 쪼개지든, 잇따른 두 낱말이 잘못된 자리에서 분리되든 말이다. 당연히 반대의 경우도 나타나는데, 그것은 개별적인 두 낱말을 잘못 결합하여 기록하는 것이다.

삼하 21:1 (단어를 잘못 분리함): 마소라 본문의 אֶל־שָׁאוּל וְאֶל־בֵּית הַדָּמִים 대신에 **דמים**의 관사를 그 앞에 있는 명사로 끌어낭겨서 3인칭 남성 단수 어미를 고대 서법인 **ואל־ביתה** "사울과 **그의 집**에 피를 흘린 죄가 있다"(『개역개정』 "사울과 피를 흘린 그의 집으로 말미암음이니")로 읽는다.

암 6:12 (잘못된 단어 연결): 마소라 본문의 **בַּבְּקָרִים** 대신에 **בבקר ים**로 띄어 읽어 동의적 평행구를 만들고 이때 **בָּקָר**는 집합적으로 해석할 수 있다. "말들이 바위 위에서 달리겠느냐 / 아니면 소들로 **바다를** 갈겠느냐?" (『개역개정』 "말들이 어찌 바위 위에서 달리겠으며 소가 어찌 거기서 밭 갈겠느냐")

8.1.9 모음 글자로 생긴 오류

이미 앞서 말한 대로 히브리어에서는 이른 시기부터 나타나는 현상으로서 바브(ו)와 요드(י), 부분적으로는 알렙(א)과 헤(ה)와 같은 특정한 자음들이 모음을 표시하는 데 사용되었다(**읽기용 모음 문자**, matres lectionis). 그런데도 이러한 '읽기 보조 장치'는 많은 경우에, 모음 글자가 근자음으로 오해될 때 오류 본문의 원인이 될 수가 있었다.[2)]

---

2) 이어지는 예에 나오는 시 58:8[7]과 욥 7:15에 대하여 사전은 수동태로 '사라지다'의 의미를 지닌 어근 מאס II 로 정한다. HAL 513b를 참조하라. 그러나 이 가정에 이론의 여지가 없는 것은 아니다.

시 58:8[7] (מסס 대신 어근 מאס II를 가정함): 마소라 본문의 יְמָאֲסוּ 대신에 יִמַּאֲסוּ = יִמַּסּוּ "그들은 물같이 **녹아 없어질** 것이다"(『개역개정』 "그들이 급히 흐르는 물 같이 사라지게 하시며")라고 읽는다.

앞서 언급한 오류 자료의 예들은 필사자의 이런 미숙함이 한두 번이 아니라, 지속적으로 나타난다는 것을 대단히 풍부하게 증거한다. 나중에 검토하고 수정한 일련의 쿰란 필사본들은 이러한 과정을 들여다보게 해 준다. 같은 사람이 한 것이든 후대의 다른 이가 한 것이든 교정은 본문에 직접 하든지 본문 줄 위에 추가되었다(3.2를 보라). 이러한 배경에서 보면, 구약성서의 어떤 문서도 오류 없이 전승되지 않았다는 것은 자명하다. 따라서 본문비평은 객관적으로 없어서는 안 될 주석 작업 단계에 속한다. 이때 **전형적인 오류 자료**에 대한 지식은 오류에 대해 알려 줄 뿐 아니라, 나아가 그것을 되돌려 놓고 또 믿을 만한 것으로 복원하게 해 준다. 그뿐만 아니라 본문비평의 결정을 검토할 때, 그것이 그때그때 다르면서도 잘 입증되는 독법의 유래를 설명해 줄 수 있음으로써, 훨씬 더 중요한 임무를 수행한다.

원 칠십인역 본문의 복원을 위해 그리스어 본문 증거들도 마찬가지로 독서 오류와 필사 오류를 검토하는 것이 더러 필요하다.[3] 8.1.1에서 8.1.9까지에서 다룬 오류 자료와 비슷하게 그리스어에 대하여도 개별적인 오류 가능성과 오류 빈도를 제시할 수 있다. 우도 크바스트(Udo Quast)는 최근에 출판한 괴팅겐 칠십인역 책에서 〈룻기〉를 예로 들며 이에 대해 매우 도움이 되는 개관을 제공해 준다.[4]

8.2 의도적 변경

이 부류의 독법은 필사자의 관점에서 엄격한 의미에서 본문 변경이 아니라, 선의의(bona fide) 본문 재현이다. 그들은 바른 것을 말하고자 하며, 잘못된 이해를 배제하고자 한다. 여기서는 본문 전승의 초기 단계에는 아직 권위 있는 본문 판본이 없었고, 본문 안에서 그리고 본문을 통해 전승된 권위 있는 내용이 지배적이었으며, 이를 통해 성경 본문을 비교적 자유롭게 다루는 것이 가능하였다는 사실이

3) 이것은 특히, 히브리어 원본에서 유래하지 않고 그리스어로 저작된 외경(제2 경전) 문서들에 적용된다.

4) 참조, U. Quast (Hg.), Septuaginta. Vetus Testamentum Graecum, Bd. IV,3: Ruth, Göttingen 2006, 194-207 (부록 I: Orthographica und Grammatika: 1. Paläographisch bedingte Verschreibungen, 2. Orthographischer Vokal- und Konsonantenwechsel, 3. Grammatischer Vokal- und Konsonantenwechsel); 그 밖에 F. Siegert, Zwischen Hebräischer Bibel und Altem Testament. Eine Einführung in die Septuaginta, MJSt 9, Münster 2001, 341–342 (부록: Terminologie der Septuaginta-Abweichungen)도 참조하라.

전제된다.[5] 그러므로 본문이 그 대본에서 벗어난다고 하더라도, 고유한 의미의 '본문 오류'가 아니며, 의도적인 변경이자 때에 따라서는 명백한 변경이다. 독서 오류와 필사 오류의 부류에 비해 이 오류는 알아보기가 더 어렵다. 그 까닭은 그들은 대개 본문에 불일치를 남기지 않았기 때문이다.[6] 이 부문에 해당하는 본문 변경은 여러 가지 차원이 있으며 다음과 같이 분류할 수 있다.

8.2.1 나머지 어휘에 맞춤

성경 문서 두루마리의 필사본은 성전에 보관했을 뿐만 아니라, 유대 공동체 안에서 낭독하여 들려주었다. 그 때문에 청중의 언어적 필요에 본문을 맞추기 위해 본문 여기저기에서 어려운 낱말을 좀 더 쉬운 낱말로 바꿀 수 있었다는 것은 이해할 만한 일이다. 이것은 특히 이른바 **일회용례**(Hapax legomenon)에 해당한다. 이 용어는 구약성서 본문에, 곧 성경의 히브리어에 오직 한 번만 쓰이며, 그 때문에 흔히 그 의미를 더는 정확하게 정의할 수 없는 낱말을 말한다. 본문 전승에서 일회용례나 흔하지 않은 낱말, 또는 드물게 쓰이는 낱말이 나오는데 여러 역본들이 잘 알려진 어휘를 제공하는 곳에서는 어디서나 본문비평은 더 어려운 독법을 (원문에 가까운 것으로) 결정한다.

시 95:4: 마소라 본문에는 일회용례 מֶחְקָר가 있으며, 이 낱말에 대해 사전은 "(불가해한) 깊음"이라는 뜻을 붙인다(이에 대하여 욥 11:7과 고전 2:10을 참조하라). 그에 반해 히브리어 필사본(과 칠십인역)은 "땅"과 연결되어 더 자주 나오는 מֶרְחָק라고 읽는다. "그의 손 안에 땅의 **넓음**이 있다". 일회용례가 더 쉬운 낱말로 대체되었다. 여기서 두 낱말의 비슷한 모양이 대체를 더 촉진한 것으로 보인다.

8.2.2 문법적 변경

초기 본문 역사에서는 아직 문법책이 존재하지 않았기 때문에, 문법은 사실 보편적인 언어 용법으로 규정되었다. 이따금 성경 본문에는 어렵거나 문법적으로 일반적이지 않은 형태들이 나타나는데, 이것은 필사자들이 잘못된 형태로 여겨서 수

5) 참조, J. Maier, Zur Frage des biblischen Kanons im Frühjudentum im Licht der Qumranfunde, in: Studien zur jüdischen Bibel und ihrer Geschichte, SJ 28, Berlin / New York 2004, 35.

6) 참조, M. Noth, Methode der textkritischen Arbeit, in: idem, Die Welt des Alten Testaments. Eine Einführung, Taschenbuchausgabe Freiburg 1992, 314.

정하도록 하였다. 특히 주어와 술어가 수와 성에 있어 서로 차이가 나는 불일치가 이에 해당한다.[7] 여기에는 다른 현상들도 속한다. 예를 들면 의심스럽다고 생각하는 문장 구성에다가 나중에 불변화사 אשׁר를 끼워 넣는 등이다. 문법 일치는 사마리아 오경(Smr)에서 자주 나타나지만, 쿰란 필사본의 많은 곳에서도 나타난다.

출 17:12 (동사를 명사의 수에 맞춤): 아론과 훌이 모세의 팔을 들고 떠받친 후에, "그의 두 손을 흔들림 없이 (올려진 채 있었다)". 마소라 본문은 삼인칭 남성 단수 형태 וַיְהִי יָדָיו אֱמוּנָה로 되어 있다. 그에 반해 4QpalaeoEx[m]와 사마리아 오경(참조, 칠십인역, 시리아어 역본[Syr], 타르굼)은 복수 형태의 동사를 제시하고, 이를 통해 불일치를 없앴다. 이 독법은 문법적으로 매끄럽게 손질한 것으로 판단할 수 있는데, 특히 이런 경우에는 성서 히브리어에서 뒤에 오는 주어가 복수라 하더라도 앞에 있는 술어가 단수로 오는 것을 허락한다.

8.2.3 문체의 변경

이러한 형태의 수정도 매끄럽고 더 잘 이해되는 본문을 목적으로 한다. 이것은 필사자가 이해하기에 문장이나 문맥에 연관되게 끼워넣는 낱말의 형태, 낱말과 표현과 관계된다. 이때 의도적인 변경과 직관적인 변경이 항상 구별되는 것은 아니다. 예를 들면 칼(Qal) 형태가 더 흔한 히필(Hifil) 형태로 대체되거나, 부정사 절대형이 명령형으로 대체되는 것 등을 언급할 수 있다. 가끔은 "여호와, 너의 하나님"이라는 형태에다 신명을 확장하는 신명기 9:5의 마소라 본문 판본의 경우(사마리아 오경, 칠십인역)에서와 같이 자주 나오는 어구에 어떤 표현이 추가되기도 한다. 판단하기가 더 어려운 경우는 ו[브], כל[콜], אחד[에하드], עתה[아타], לאמר[레모르]와 같이 사소하고 자주 나오는 단어들이 본문에 끼워진 경우이다. 아마도 필사자가 문체에 민감한 것일 수도 있고, 본문의 의미를 특정한 방향으로 틀고자 하는 의도일 수도 있다.

사 45:7 (평행법[parallelismus membrorum]을 더 잘 보충해 주는 낱말의 사용): 마소라 본문은 "내가 평화를 만들고 악을 창조한다"로 읽는데, 이로써 더 어려운 독법을 제공한다. 쿰란의 〈이사야〉 두루마리(1QJes[a])는 "악"

7) 하지만 이에 대하여 GK[28], § 145를 참조하라.

에 더 잘 어울려 보이는 반대말 טוב "선"을 집어넣어서 이 본문을 매끄럽게 손질한다. "내가 **선한 것**도 만들고 악한 것도 창조한다".

8.2.4 평행본문의 영향

필사자가 성경 본문의 내용에 대하여 더 상세하게 정통할수록 그가 필사할 때 평행본문을 기억하고 그 영향을 받을 가능성이 훨씬 더 높다고 생각할 수 있다. 구약성서의 좁고 넓은 문맥이나 평행본문에 있는 비슷한 본문에 맞추는 것을 **조화**시킨다고 말한다. 이 조화는 특히 본문 전승의 첫 단계에서 예상할 수 있다. 이 단계에서 전승자들은 전해 받은 원문의 말을 그대로 기록하기보다는 전해 받은 **내용**을 더 확실하게 전달하려 노력했다(2.1을 보라). 이러한 초기 단계에서는 성경 밖의 전통에서 받은 영향도 배제할 수 없다. 쿰란에서 발견된 이른바 **다시 쓴 성서** (rewritten biblical compositions)의 본문, 또 〈희년서〉와 같은 미드라쉬 형태의 본문이나 초기 에녹 전통의 단편들을 생각해 볼 수 있다.

레 5:25[6:6] (평행구절을 바탕으로 보충함): 마소라 본문은 "그는 흠 없는 소를 … 속건제물로 **제사장에게** 가져올지라."고 읽는다. 사마리아 오경(그리고 칠십인역)에는 אֶל־הַכֹּהֵן "제사장에게"라는 정보가 빠져 있다. 이 표현은 앞의 비슷한 몇 구절에 나온다. 마소라 본문은 의미에 맞춰 레위기 5:18에 따라 보충하였다.

8.2.5 불편함 제거(완곡어법[Euphemismus])

성경의 많은 본문에는 필사자가 불편하게 여길 수 있거나, 유대 공동체의 도덕 및 종교에 들어맞지 않는 것이 있다. 그러한 곳은 표현을 조금 바꾸거나 **완곡어법**을 통해 제거할 수 있다. 이것은 불쾌하게 여긴 낱말을 부드럽게 하거나 숨기려는 완곡한 어법, 또는 미화하는 표현으로 바꾼 것으로 이해된다. 많은 완곡어법은 성적인 영역에서 해당되는 본문이 나타나며, 또 다른 완곡어법은 하나님과 직접 관계될 때 나타난다. 여기에는 필사자가 한 여러 개선들도 포함되는데, 이것은 **티쿠네 소페림**(2.2.8을 보라)으로 마소라에 받아들여졌다. 논란이 되는 것은 욥기 1:5, 11, 그리고 2:5, 9에 대한 해석이다. 여기서 의미에 맞는 표현인 "하나님을 저주하다"는 분명히 "하나님을 축복하다"라고 미화시킨 완곡어법으로 대체되어 있다. 그렇지만 어떠한 본문 증거도 불편한 형태 그대로를 보여 주지 않기 때문에, 완곡어법은 첫 저자에게서 유래한 것일 수도 있다.

삼하 12:9 (불편한 표현을 부드럽게 하는 낱말 삽입): 루키안 개정본(G^L)은 "당신은 왜 주님을 멸시하였습니까?"라고 읽는다. 그에 반해 마소라 본문과 다른 본문 증거들은 훨씬 더 조심스러운 표현을 제시한다. 그들은 **אֶת־דְּבַר**를 삽입함으로써 예언자 나단이 다윗에게 한 비난을 부드럽게 하려 한다. "당신은 왜 여호와**의 말씀을** 업신여기셨습니까?" 그러나 이 경우는 판단하기가 매우 어렵다. 마소라 본문은 매우 잘 확인되기 때문이며, 또한 안티오키아 본문에서 빠진 것도 고려할 수 있기 때문이다.

8.2.6 교리적, 이념적, 또는 율법적 수정

신학적인 이유로 전승 본문에 개입하는 **교리적인** 수정도 완곡어법의 변경에 가깝다. 이것은 해당 필사자들이 필사하는 사람일 뿐만 아니라 학자였으며 또 자신만의 관점을 가지고 있었다는 것을 보여 준다. 그 수가 특별히 많은 것은 아니지만, 이들이 한 변경 내용은 신학적 고찰의 결과이다. 이 장의 첫머리에서 언급한 창세기 2:2의 이형태 본문은 이를 잘 보여 주는 예이다. **이념적인** 변경에 대해서는 특히 사마리아 오경과 관련하여 언급된다. 사마리아 오경에는 사마리아인들의 관점에서 여호와의 중앙 성소 선택을 그리심산과 연결하는 곳이 많다(4.2를 보라). 여기에는 또 신명기 전통의 양식이 "여호와께서 선택하셨던 곳"이라는 과거형으로 바뀐 것도 포함된다. 이렇게 해서 이 선택은 이미 족장사에서 언급한 세겜 성소와 연관되었고, 이와 관련하여 세겜의 그리심산에 세워진 사마리아인의 성전과 연관되었다(참조, 출 20:24; 신 12:5). 또 다른 형태의 수정이 있다. 그 뒤에는 토라에 담긴 법 제도의 영향이 늘어난 것을 알아볼 수 있다. 이에 따르면 특정 본문을 토라의 법 규정과 일치시키려는 필사자의 끊임없는 노력이 이해된다. 이런 것은 **율법적** 변경이라고 말한다.

삼상 2:16 (토라의 법 규정에 맞춤): 마소라 본문에서 제물을 가진 사람은 실로 성소에서 봉사하는 사환에게 이렇게 대답한다. "우리가 제물의 기름을 먼저 태워야 합니다!" 레위기 7:31에 따르면 기름을 태우는 일은 제사장의 임무에 속한다. 그 때문에 4QSam[a]는 그것에 맞게 이렇게 표현한다. "**제사장이** 먼저 … 해야 합니다".

8.2.7 오해로 생긴 변경

필사자가 낱말이나 표현을 오해한 것을 거듭 찾아볼 수 있다. 필사자는 필사 과정에서 (실수로) 본문의 뜻이 왜곡된 것을 깨닫지만, 그 까닭은 알지 못하기 때문에 자기 생각에 그럴 법한 의미를 추정하거나, 의미가 더 잘 통하는 본문을 만들려고 시도한다. 그 결과 두 개의 완전히 다른 독립된 이형태들이 있었던 것처럼 보인다. 그런데도 그 두 독법 가운데 하나가 실수나 오해로 생겨났으며 의도적으로 개선된 것으로 설명된다면, 그것은 이차적이라 할 수 있다. 다음의 예는 칠십인역 전승에서 나온 것이다.

삿 8:32 (실수로 생긴 변경): (본문 역사에서 더 오래된) 알렉산드리아 코덱스 판본(참조, 마소라 본문)은 엔 폴리아 아가테[ἐν πολιᾷ ἀγαθῇ] "그리고 요아스의 아들 기드온이 나이가 많아 죽었다."라고 읽는다. 그에 반해 바티칸 코덱스(G^B)는 엔 폴레이 아우투[ἐν πόλει αὐτοῦ] "그리고 요아스의 아들 기드온이 **그의 고향에서** 죽었다."라는 독법을 제공한다. 폴리아[πολιᾷ]를 폴레이[πόλει]로 잘못 썼거나 오해한 것은, 수식어 아가테[ἀγαθῇ]의 올바른 의미를 끌어내지 못하고 필사자가 손쉽게 소유 대명사 아우투[αὐτοῦ]로 수정하는 결과를 낳았음이 분명하다.

8.2.8 설명구 추가와 난외주

난외주는 본문비평의 특수한 경우이다. 난외주란 설명이 필요한 표현을 해설해 주는 것이다. 본문 안에 기록하든(본문 삽입[Interpolation]), 줄과 줄 사이에 넣든(행간주[Infralinearglosse]) 난외에 표시하든(난외주[Marginalglosse]) 말이다. 일반적으로 말하면 난외주는 설명구의 추가(add = additum)이다. 그러한 추가는 당연히 저자 자신은 물론, 편집자들에게서부터도 비롯된다. 예컨대 지명을 더 자세히 설명해 주려 할 때 등이다. 위에서 구분한 본문비평과 문헌비평의 경계(7.2를 보라)에 따르면, 이러한 추가는 문헌비평에서 다루어야 한다(예를 들어 사 7:17하를 참조하라). 본문 옆에 쓴 방주가 필사하는 과정에 본문에 추가로 기입되거나 끼어 들어온 경우에만 본문비평의 영역에 속한다. 여기서는 특히 행간주와 난외주를 고찰해야 하는데, 이 방주들은 처음에는 본문의 바깥쪽에 특정한 단어에 대한 주해로 덧붙여졌다.[8] 그러나 이것은 계속되는 필사 과정에 실

8) 관련된 낱말이 난외에 다시 반복 기록된 경우 표제어 난외주라고 말한다. Noth, Methode, 315는 그렇게 본문에 들어가게 된 표제어 난외주의 예로 왕하 9:4를 참고하라고 지시한다. 이에 따르면, 주해자는 난외에다 표제어 "젊은 남자"와 그에 대한 설명으로 "(즉) 예언자"라고 기록했다. 나중에 표제어와 본문 옆에 쓴 난외주가 본문으로 함께 들어갔고 그리함으로써 다음과 같이 언어적으로 불가능한 형태가 생겨났다는 것이다. "그래서 젊은이가, 젊은이가, 예언자가 길르앗 라못으로 갔다."

수로 또는 의도적으로 — 본문 안에 끼어들어 오게 되었다. 난외주가 구문상 어색하게 삽입되었거나, 적합하지 않은 자리에 있거나, 본문의 의도에 모순되는 설명을 통해 이미 종결된 본문에 대한 후대의 삽입으로 여겨지는 경우들은 본문비평에서 밝힐 수 있다. 난외나 본문 줄 위에 적어두었던 것이 나중에 어떤 식으로 본문에 들어오게 된 수정이나 이형태에 대해서도 이와 비슷한 과정을 가정할 수 있다. 그러나 구약성서의 경우에는 난외에 기록하는 난외주와 나중에 본문에 끼어들어 온 난외주 모두를 필사한 예를 확인해 주는 본문 증거는 지금까지 없다.

수 18:13 (잘못된 자리에 끼워 넣은 난외주): 마소라 본문과 모든 본문 증거들은 경계를 기술할 때 이렇게 읽는다. "거기서부터 경계는 루스로 나아가서 루스 남쪽에 (산허리에) 이르나니 그것은 곧 **벧엘**이다." 마지막에 기입한 짧은 문장 **הִיא בֵּית־אֵל** "그것은 곧 벧엘이다"라고 설명해 준 난외주로서 도시 루스를 가리킨다. 그러나 구문상 잘못된 자리에 있다. 그래서 이에 대한 설명은 그것이 처음에는 난외에 있었다가 필사하는 과정에 어울리지 않는 본문의 자리로 들어왔다고 가정하는 것이 개연성이 있다.

본문 옆에 적어넣은 난외주에 대하여 마지막으로 언급할 것은, 과거의 주석서뿐만 아니라 BHS 편집자들 중 일부도 이러한 추가의 가정을 관대하게 다뤘으며, 여기서 문헌비평의 경계를 자주 넘어섰다는 점이다. 다음의 예가 이를 잘 보여 준다. 잘 알려진 대로 이사야 6:1-13하α 본문은 경고 말씀으로 끝난다. "그리고 그 [유다 땅] 안에 아직 십분의 일이 남아 있다 하더라도 다시 불 속에 던져지리니 마치 상수리나무와 밤나무가 베어 넘어져도 그 그루터기는(-만은) 남는 것 같으리라". (『개역개정』 "그 중에 십분의 일이 아직 남아 있을지라도 이것도 황폐하게 될 것이나 밤나무와 상수리나무가 베임을 당하여도 그 그루터기는 남아 있는 것 같이") 이 구절 다음에 "거룩한 씨가 그 그루터기니라"라는 짧은 구절이 온다. BHS 편집자는 옆에 적어넣은 난외주로 이 짧은 문장을 해석했음이 분명하다. 그리고 본문비평장치에 이것을 삭제해야 한다(dl = delendum)고 지시하였다. 물론 이것은 설명구가 추가된 것이 아니라 해석이 추가된 것이며, 앞에 나오는 심판 선언과 비판적으로 논쟁한다. 이제는 거룩한 남은 자로 해석하는 그루터기로써 파멸의 심판에서 새 이스라엘이 나온다는 구원 약속에 대한 전체 의미가 분명해진다. 그러니까 최종 편집 이전 또는 최종 편집이 이루어지는 동안에 생겨난 그런 종류의 추가는 이어쓰기 또는 다시 읽기로 고찰되어야 하며, 편집사의 대상이다.[9] 따라서 이사야 6:13하β와 같은 구절은 의심의 여지 없이 그 본문에 속하며, 지워서는 안 된다.[10]

지금까지 설명한 의도적인 본문 변경의 부류를 고정된 규칙으로 이해해서는 안 된다. 오히려 이를 통해 현존하는 본문 문제가 의도적인 수정을 가정해서 설명되는지 물어야 한다. 이형태들이 의도적인 본문 개입으로 거슬러 올라갈 수 있는 모든 경우들은 원래의 독법이 아니라 이차적인 독법일 가능성이 매우 크다.

8.3 대체 독법

본문비평은 독서 오류와 필사 오류, 의도적인 변경의 부류 외에 세 번째 종류의 이형태와도 관계가 있다. 이들은 기계적인 필사 오류도 아니며 의도적인 변경도 아닌, 한 본문에 있는 여러 독법들이다. 이러한 종류의 이형태에 대한 통찰력을 키워 준 것은 특히, 쿰란에서 발견된 자유롭고, 종속되지 않은 본문 전통에 존재한(3.5.4를 보라), 잘 알려지지 않은 많은 독법들이었다. 이들은 그때그때 필사자들의 즉흥적인 영감에서 비롯된 것으로 보인다. 그들은 필사하면서 그들이 가진 대본에서 벗어나긴 하지만, 본문의 의미에 맞는 이형태들을 **직관적으로** 결정하였다. 이것은 특히 정서법상의 이형태와 동의어 독법에 해당한다. 이 경우에는 나중에 두 이형태 가운데 어떤 것이 원래의 본문에 가장 가까운지 더는 확정할 수 없다. 그러나 내용은 서로 다르지만 본문비평 연구를 통해 똑같이 믿을 만한 것으로 밝혀지는 두 가지 독법이 있을 수 있다. 한편으로 이것은, 우연적이면서 불충분한 전승 상태가 본문 문제에 관한 더 이상의 설명을 전혀 허락하지 않기 때문이며, 다른 한편으로는 원래 본문은 사라져서 이제는 해당 본문에 대한 이형태만 남아 있기 때문이다. 이들을 서로 연관짓지 않거나 다른 관찰을 통해 평가한다면, 그것들은 본문비평에서 똑같이 믿을 만한 것으로 여겨야 하며, 그에 따라 '동등하게 원래의' 것으로 확정할 수 있다.[11] 그러한 이형태들을 **대체 독법**이라고 부른다. 이것은 엄격히 말해 본문 주석과 수석서에서 나란히 설명되어야 할 것이다.

삼상 2:29: 마소라 본문은 문제 삼을 수 없는 동사 **בעט** "멸시하다"로 읽고, 그에 따라 "**너희는** 어찌하여 나의 제물과 예물을 **멸시하느냐**"라고 읽는

9) 이에 대하여 W. Werner, Eschatologische Texte in Jesaja 1–39, Messias, Heiliger Rest, Völker, FzB 46, 2. Aufl. Würzburg 1986, 100–102를 참조하라.

10) 따라서 BHS의 비평장치에 있는 본문비평 지시가 여기에서는 적절하지 않다.

11) 내용에 대하여 Tov, Text, 140-141을 참조하라.

다. 그에 반해 칠십인역과 4QSam[a]는 동사 **נבט**의 단수형을 분사형 **מעוין** "흘겨보는, 꺼리는"과 연결된 형태로 써서 **"너는** 어찌하여 **꺼리는 기색으로 바라보느냐**…"라는 대체 독법을 제공한다. 이 두 이형태는 하나가 다른 것과 달리 수긍이 가도록 설명되지 않으면서도, 각각의 문맥에 들어맞는다. 그러므로 이들은 대체 독법으로 볼 수 있다.

하지만 더는 추론할 수 없는 대체 독법 형태를 가정하고 그와 함께 **우위 결정**을 포기하는 것은 본문비평의 포기를 뜻하는 것은 아니다. 오히려 그것은, 믿을 만한 본문을 확정하고 그것을 주석 작업의 기초로 사용하도록 하는 특별한 본문 상황과 방법론의 제약 때문이다. 그래서 이형태를 검토하여 다른 것보다 우위에 있는 독법을 결정하는 본문비평의 관심사는 여전히 유효하지만, 그것이 현존하는 증거자료와 그것에 대한 평가로 지지가 되지 않는다면 본문비평에 대하여 결정을 내려야 할 의무는 없다.

8.4 참고 문헌

(방법론에 관한 책들은 9.7을 보라)

독서 오류와 필사 오류

F. Delitzsch, Die Lese- und Schreibfehler im Alten Testament, Berlin / Leipzig 1920.

본문비평에 관한 참고 문헌들

A. B. Ehrlich, Randglossen zur hebräischen Bibel, Bd. I–VII, Leipzig 1910-1912 (Nachdruck: Hildesheim 1968). [현명한 본문 관찰을 위한 좋은 자료지만, 많은 경우 비판적 검토 없이는 사용할 수 없는, 근거가 빈약하거나 문제가 많은 결정도 있음]

D. Barthélemy, Critique textuelle de l'Ancien Testament. Tome 1–3, OBO 50/1–3, Freiburg, Schweiz / Göttingen 1982–1992.

S. D. Ryan und A. Schenker (Hg.), Tome 4: Psaumes, OBO 50/4, Freiburg, Schweiz / Göttingen 2005. [어려운 구절에 대한 본문비평 논의는 마소라 본문과, 때로 본문비평적 원칙인 더 어려운 읽기(lectio difficilior probabilior)로 확장하는 쪽을 더 좋아하는 경향이 있음]

지금까지 출판된 BHQ 분책의 주석 부분에 있는 본문비평 설명을 참조하라.

주석서들

주석서는 특히 본문비평적 언급이 있는 주석 총서들을 참조하라.

Anchor Bible (AncB)

Biblischer Kommentar. Altes Testament (BKAT)

International Critical Commentary (ICC)

Kommentar zum Alten Testament (KAT).

9. 본문비평 방법

마지막 장인 본 장은 본문비평의 실제 수행을 다룬다. 이 과정은 히브리어 성서라는 특수한 상황에 적용하는 것이지만, 보편적으로 수행하는 학문적인 본문비평 방법과 일치한다. 이러한 본문비평의 바탕은 비블리아 헤브라이카 슈투트가르텐시아(BHS)이다. 이것은 유일한 현대 비평 편집본으로 구약성서의 모든 책을 포함하고 있다. 여기서 BHS는 (절충본이 아닌) 고문서본(diplomatische Edition)이라는 사실을 되새길 필요가 있다(2.8을 보라). BHS는 단 하나의 히브리어 필사본 본문에 기초하고 있다. 그것은 기원후 1008년 무렵에 만들어진 **레닌그라드 코덱스**이다. 그뿐 아니라 BHS의 본문비평장치에는 이 본문의 이형태들과 그것의 본문 증거들이 제시되어 있다. 이 정보들은 본문비평 작업의 출발점이 된다. 신학을 공부하는 이들은 비블리아 헤브라이카의 본문비평장치가 신약 본문비평에서 사용되는 네스틀레-알란트(Nestle-Aland)판 그리스어 신약성서(Novum Testamentum Graece)의 비평장치와는 전혀 다른 기능을 한다는 사실을 유의해야 할 것이다. 왜냐하면, 네스틀레-알란트판에 제공된 신약성서의 그리스어 본문은 이미 실행된 본문비평의 결과들에 기초하고 있기 때문이다. 네스틀레-알란트판에 제시된 비평장치는 편집자들이 본문 증거들과 그것의 독법들을 목록화하고 중요도를 판정하여 시행한 결정들을 학문적으로 검토할 수 있도록 분명하게 보여 주는 것에 이바지할 뿐이다. 이와는 달리 구약성서의 본문비평은 (아직) 어떤 절충본의 결과에 의존할 수 없고, 오히려 어떤 믿을 만한 히브리어 본문을 복원해 내고 그러한 결정들을 학문적으로 정당화하기 위한 본문비평 작업을 따로 수행해야 한다. 그런 목적을 이루기 위해서 구약성서의 본문비평은 더 상세한 연구를 하도록 비블리아 헤브라이카의 본문비평장치에 제공된 본문 전승 자료들의 도움을 얻는다.

본문비평은 일반적으로 개별 경우를 모두 검토하는 것을 원칙으로 한다. 그러니까 본문비평은 오래된 것이라거나 특별히 본문에 충실한 것으로 판단되는 개별 필사본이나 필사본 무리를 예외 없이 따라갈 수 없다. 왜냐하면, 이러한 필사본도 본문의 오류를 포함할 수 있기 때문이다. 반대로 오류 가능성이 있고 엉성하며 믿을 만하지 못한 것으로 판단되는 필사본들도 검토해야 한다. 왜냐하면, 전승 상태가 좋지 않은 필사본들도 때에 따라서는 원래의 독법을 보존하고 있을 가능성이 있기 때문에 그것들을 배제해서는 안 된다. 이론상으로 이는 성경 가운데 선택된 어떤 본문 단락을 다룰 때, 본문 전승에서 생겨난 모든 개별 문제들에 대해서 본문비평 조치가 거듭 수행되어야 함을 뜻한다. 그러나 실제에서는 흔히 본문비평장치를 잠시 살펴본 후 논쟁의 여지가 있거나 주석에서 중요한 본문의 문제로 여겨지는 구절들에 대해서만 상세하게 다룬다. 물론 마찬가지로 그러한 선택 이면에는 밝혀지지 않은 본문비평의 결정들도 있다.

본문비평 과정은 준비, 실행, 결정의 세 단계로 구분된다. 준비과정에는 본문비평장치에 제공된 정보들을 더 상세한 분석을 위해 사용할 수 있도록 본문비평장치의 내용을 해독하는 것이 포함된다. 이어서 해당 본문의 문제들을 현존하는 이형태들과 함께 정확하게 기술해야 한다. 그런 후 본문비평을 실행하는 데 찾아낸 자료들을 처리한다. 이것은 두 가지 검토 과정을 통해서 이루어진다. 첫째, **외적인** 본문비평에서 이형태들에 대한 외적 본문 증거들을 한데 모아 비교하며, 서로서로 신중히 검토한다. 그런 다음, **내적인** 본문비평에서 그러한 이형태들을 내적인 기준들에 따라 철저히 검토하고, 이어서 그러한 이형태들을 실수로 생긴 본문 오류로 볼지, 아니면 의도적인 본문 변경으로 볼지를 묻는다. 마지막 셋째 단계에서, 외적 그리고 내적 본문비평에서 이루어진 결과들을 기초로 하나의 결정을 내리는데, 본문비평 원칙들의 도움을 입어 원래 본문에 가장 근접한 독법을 결정한다. 마지막으로, 가능한 한 나머지 독법들이 왜 나왔는지를 본문비평 관점에서 설명하여 해당 결정을 다시 한번 검토하고 확증한다. 이러한 세 단계의 정확한 구분은 특별히 어떤 본문비평의 결정이 부분 검토가 전체적으로 완료된 뒤에야 내려질 수 있다는 사실을 깨닫게 할 것이다.[1]

9.1 비블리아 헤브라이카의 비평장치 해독

어떤 구체적인 본문 문제가 있으면, 먼저 BHS의 본문비평장치는 어떤 정보들을 담고 있는지 묻게 된다. 이 질문은 결코 쉽게 대답할 수 없다. 왜냐하면, 이 질문에 답하기 위해 비평장치의 용어를 번역해야 하며 적절하게 해석해야 하기 때문이다. 줄인 기호로만 본문 증거들이 표기되어 있어서 이해하기에 어려움이 있다. 게다가 풀어서 해석해야 하는 일련의 라틴어 약어들이 등장한다. BHS의 서문에는 줄인 기호와 약어들이 목록으로 편찬되어 있다.[2] 비평장치의 용어에 친숙해지려면 비평장치에 소개된 약어들을 세 집단으로 분류해 보기를 추천한다. 곧 본문 증거

1) 흔히 저지르는 오류는 분명한 본문 증거가 있을 때 내적인 본문비평을 더는 실행할 필요가 없다고 생각하는 것이다.

2) 참고, K. Elliger / W. Rudolph (Hg.), Biblia Hebraica Stuttgartensia, Stuttgart 1967–1977, 5. verbesserte Aufl. Stuttgart 1997, XLIV–L (Sigla et compendia apparatuum). BHQ에 관해서는 다음을 참조하라. A. Schenker / u. a. (Hg.), Biblia Hebraica Quinta, Fascicle 18: General Introduction and Megilloth, Stuttgart 2004, LXXVI–LXXXIV (Sigla, Symbols, and Abbreviations).

기호들, 평가에 관한 표현들, 편집자의 작업 지시 사항 등이다.[3)]

본문 증거

비평장치에서 가장 자주 언급되는 것이 주요 본문 증거 집단이다. 엄밀히 말하면, 그것은 어느 특정한 본문 전통이나 번역본 전통의 필사본들을 통틀어 일컫는 총괄적 표현이다. 사마리아 오경과 그리스어 개정본들 말고는 모두 BHS에서 라틴 알파벳 고문자 글꼴인 프락투어(Fraktur) 문자로 표기된다. 이와는 달리 비블리아 헤브라이카 퀸타(BHQ)에서는 오늘날에 거의 통용되지 않는 라틴 알파벳 고문자체 글자를 포기하고 그것들을 일반적인 로마자로 대체했다. 여기에는 주요 본문 증거 집단 가운데서 가장 중요한 기호들만 뽑아서 소개한다(첫째 단: BHS, 둘째 단: BHQ).

ꭑ	Smr	사마리아 오경
α′	α′	아퀼라 개정본
θ′	θ′	테오도치온/카이게-테오도치온 개정본
σ′	σ′	심마쿠스 개정본
𝔊	G	원 그리스어 번역본 /칠십인역
𝔏	La	고대 라틴어 번역본/ 베투스 라티나
𝔐	M	마소라 본문
𝔔		쿰란 본문
𝔖	S	시리아어 번역본/페쉬타
𝔗	T	아람어 타르굼
𝔙	V	히에로니무스의 라틴어 번역본/불가타

그러나 본문 전승의 실상은 많은 경우에 본문 증거의 주요 집단들이 더 상세하게 분류되어야 함을 보여 준다. 이를 위해서 각각의 하위 집단과 코덱스를 나타내는 줄임말들을 그 기호에 지수의 형태로 덧붙인다. 예컨대 어떤 칠십인역의 이형태가 알렉산드리아 코덱스를 통해서만 입증된다면, 비평장치에 그 줄임말이 $\mathfrak{G}^{A}$ 또

3) 비평장치 용어들에 대한 더 상세하게 분류된 서술은 다음에서 찾을 수 있다. R. Wonneberger, Leitfaden zur Biblia Hebraica Stuttgartensia, 2. Aufl. Göttingen 1986, 33–78. 특별히 여기서 소개된 상세한 색인이 유용하다(120-127쪽의 Termini und Symbole [용어와 기호들]). 이 색인은 해독하기 어려운 모든 경우에 도움을 준다.

는 G^A라고 표기된다. 루키안 개정본, 또는 안티오키아 본문은 $\mathfrak{G}^L$ 또는 G^L로 표기되나, 체스터 비티 파피루스 967은 G^{P967}로 나타난다. BHQ에서는 이러한 조치가 마소라 본문의 주요 그룹 기호에도 적용된다. 따라서 개별 필사본과 코덱스에 대한 참조 지시들이 기본적으로 지수로 표현된다. 예컨대, 알레포 코덱스는 M^A로 표기된다. 마지막으로 불특정한 집합 개념들도 찾아볼 수 있다. 예컨대, **하나의** 필사본은 Ms로, **다수의** 필사본들은 Mss로 표기된다. 따라서 $\mathfrak{S}^{Mss}$ 또는 S^{Mss}는 해당하는 독법이 하나 이상의 페쉬타 필사본에서 뒷받침된다는 사실을 의미한다. 본문 증거들에 대한 모든 언급은 BHS와 BHQ의 서문에 있는 기호 목록의 도움을 받아 쉽게 풀이할 수 있다. 이렇게 해서 문제가 되는 이형태의 출처가 확인되었다면, 이들은 더 상세한 분석을 위해 관련된 본문의 학술적인 본문 편집본을 통해서 참조할 수 있다. 쿰란 문서에 대한 참조 지시들만은 BHS에서 아직 만족스럽게 풀이되지 않았다. 왜냐하면, 주요 본문 집단을 가리키는 $\mathfrak{Q}$라는 기호가 쿰란 두루마리 필사본 가운데 어떤 것을 가리키는지를 알려 주지 않기 때문이다.[4] 오히려 비평장치 사용자들은 사례마다 어떤 성경 본문과 난락들이 어떠한 사해 필사본을 통해서 입증되고 있는지를 직접 조망해 보아야 한다.[5] 이 때문에 BHQ에서는 명시적으로 쿰란 문서를 나타내는 주요 본문 집단 기호가 더는 사용되지 않고, 그 대신 각각의 개별 필사본이 학문적으로 통용되는 약어들로 제시된다.

평가에 관한 표현들

어떤 독법들이 비평장치에 표기되어 있다면, 그것은 본래의 언어로 인용된다. 이와는 달리 다른 모든 표현들은 BHS의 비평장치에서는 라틴어로, BHQ의 비평장치에서는 영어로 제시되어 있다. 그것들은 대부분 줄임말로 나타난다. 그러나 줄임말을 쓰지 않고 서술된 표현들도 있다. BHS에서 이런 경우가 나타나면 원래는 직접 라틴어 사전의 도움을 받아 번역해야 한다.[6] 이러한 모든 언급은 사용자들이 해당하는 본문의 문제들을 파악하고 서술하는 것을 손쉽게 해 준 상세한 정보

4) 이러한 결핍은 BHS가 생성된 1967–1977년의 기간에는 쿰란 본문들이 아직 충분히 연구되지 않았고 많은 경우 출판되지도 않았다는 사실로 설명할 수 있다. 단지 두 개의 중요한 〈이사야〉 필사본들만이 BHS에서 지수의 형태로 명시되었다. $\mathfrak{Q}^a$는 1QJes^{a}를 나타내었고, $\mathfrak{Q}^b$는 1QJes^{b}를 의미하였다.

5) 사해 본문의 표준 출판 색인은 그러한 목적을 달성하도록 도움을 준다. E. Tov (ed.), Indices and an Introduction to the Discoveries in the Judaean Desert Series, DJD XXXIX, Oxford 2002, 185–201.

6) [역자주]『히브리어 구약성서 한국어 서문판』 서문에 줄임말 기호가 번역되어 있다.

들을 제공한다. 그것들은 개별 이형태를 설명하고 평가하는 정보들을 포함하고 있다. 문법 사항과 마소라의 설명들, 그리고 그 밖의 다른 언급들 외에 이른바 평가에 관한 표현들이 자주 등장한다. 이러한 표현들은 전승 감정 결과에서 드러난 어떤 특정한 사안을 확인하고, 때로는 중요도 판정도 시도한다. 순수한 평가들(특징서술[characterization])은 BHQ의 비평장치에서 추가로 둥근 괄호 안에 표기되어 있다. 다음 몇 가지 예들로 평가에 관한 표현들의 의미와 특징을 분명하게 이해할 수 있을 것이다(첫째 단: BHS, 둘째 단: BHQ).

BHS	BHQ
add = additum 추가, 부가	foll = followed by 추가 (+ 기호를 참조하라)
crrp = corruptum 파손(훼손)된 본문의 와전	crrp = corrupt 파손(훼손)된 본문
dttg = dittographice 중복오사, 이중필사	ditt = dittography 중복오사
dub = dubium 의심스러운	
	euphem = euphemism 완곡어법, 미화(美化)
	facil = faciliation (문체 등을) 손질함
frt = fortasse 어쩌면	
gl = glossatum 난외주, 해설	gl = gloss 난외주, 방주(傍註)
om = omittit 생략	om = omission 생략(〉 기호를 참조하라)
prb = probabiliter 아마도	
	pref = preferred reading 더 나은 독법, 선호하는 독법
tr = transponit 옮겨 놓다	transp = transposition 자리바꿈

물론 이와 비슷한 일련의 진술들과 마찬가지로 마지막으로 언급된 예는 BHS에서 이중적인 의미가 있다. 그러한 약어들이 여러 가지로 풀이될 수 있다. 예컨대, 'tr'은 정동사형으로 이해하여 서술적인 의미로, 해당 본문 증거가 한 낱말이나 단어 무리의 위치를 옮겼다는 사실(transponit '그것은 자리가 바뀌었다' 또는 transponunt '그것들은 자리가 바뀌었다')을 확인시켜 주는 표현으로 이해할 수 있다. 그러나 'tr'은 요구로 이해되어 명령형이나 미래 분사형으로 해석될 수도 있다(transpone '자리를 바꿔라!' 또는 transponendum '자리를 바꿔야 한다!'). 두 번째의 경우 그것은 평가 진술이 아니라 수정 제안에 해당한다. 어떤 표현 방식으

로 사용되었는가 하는 것은 맥락 안에서 비평장치의 언급들을 해독한 후에야 비로소 결정할 수 있다.[7] 이와는 달리 BHQ의 새로운 편집본은 지금까지 사용되던 미래 분사 표현을 더는 쓰지 않음으로 위에서 언급한 특정한 약어들의 이중적 의미를 제거한다. 여기에는 BHQ 편집자들의 기본적인 결정이 관련되어 있다. 다시 말하면 그들은 BHS에 상당히 많이 나타나는 작업 지시 사항이나 개선 제안들을 분명한 근거를 가진 것으로 최소화 하였다(부록에 있는 두 가지 비평장치 줄임말들을 참조하라).

작업 지시 사항들

원래 본문을 복원하는 데 이바지하는 수정 지침은 이미 본문비평의 숙고 결과를 보여 준다. 그것은 개별 성경 책 편집자의 직접적인 지시 기호로 전달된다. 우선 그것들은 주관적 추측으로 보인다. 왜냐하면, 그 이면에 있는 본문비평의 결정들이 비평장치에 증거로 제시되어 있지 않고, 많은 경우 간략한 언급만 되어 있어 내용을 제대로 파악하기가 어렵기 때문이다. 그러나 대부분은 연구사들이 상세하게 토론하고 있거나 또 토론했던 수정 사항에 관계된다. 그것은 많은 수정 지시 사항에서, 편집자의 진술을 이해하고 점검하기 위해서 특별히 책임 편집자가 활용했던 이전의 주석서들을 참조해야 한다는 사실을 의미한다. 사실 작업 지시 사항들은 제4판에 이르기까지 비블리아 헤브라이카의 특징이었기 때문에, BHS에 나타난 몇 가지 예들을 다음과 같이 소개한다.[8]

cj = conjunge(ndum) 연결해야 함 — 시 9:7[6]: [f]l הֵמָּה (cf 𝔊) et cj c 8

dl = dele(ndum) 지워야 함 — 시 18:13[12]: [a]𝔊 (Hier) αἱ νεφέλαι; dl

ins = insere(ndum) 삽입해야 함 — 시 35:25: [a]ins האח (hpgr) cf 𝔊

l = lege(ndum) 읽어야 함 — 시 36:2[1]: [c]l c pc Mss o ϵβρ′ 𝔖 לבו cf 𝔊

tr = transpone(ndum) 자리를 바꿔야 함 — 시 54.7[5]. [b]prb m cs huc tr יחוה cx 8

본문비평장치에 제시된 작업 지시 사항들이 구속력을 갖지 않는다는 사실은 사명하다. 때에 따라 우리는 그것들을 매우 조심스럽게 다루게 된다. 그러나 더러 그것들은 어느 특정한 본문 문제의 해결책을 찾아갈 수 있게 하는 방향을 제시함으

7) 이 전에 관하여 R. Wonneberger, Leitfaden, 76–78을 참조하라.

8) 교과서라는 의미에서 다음과 같은 BHS 비평장치의 약어 표현들에 대한 풀이는 학생들에게 과제로 부과된 채 남아있다.

로써 실제적인 도움을 준다. 특별히 독서 오류와 필사 오류에 관계된 경우 작업 지시 사항들은 줄곧 정당성을 갖는다.

본문비평장치에 있는 줄임말들을 해독하고 인용된 독법들이나 그 밖의 표현들을 번역한 후, 비평장치 용어로 표현된 진술을 일반적으로 이해되는 표현으로 서술해야 한다. 마지막으로 해당 본문 구절의 내·외적인 본문비평에 관한 상세한 검토를 시행하기 전에, 본문에서 문제가 되는 내용을 요약해서 기술해야 한다. 이때 다음과 같은 질문들에 답변해야 할 것이다. 어떤 이형태들이 있는가? 그것들은 어떻게 번역할 수 있는가? 그것들은 어떤 본문 증거를 통해서 입증되는가? 이형태들 사이에 있는 의미의 차이는 무엇인가? 이형태들 사이에 어떤 연결점이 있는가? 어떤 어려움이 여전히 해결되어야 하는가? 본문의 문제를 기술하는 것이 정확하면 정확할수록, 더 쉽게 다음 단계, 곧 본문비평의 실행을 계획하고 수행할 수 있게 된다.

9.2 외적인 본문비평(외적 기준들)

본문비평 작업은 언제나 외적인 본문 검토에서 시작해야 하며, 본문 전승의 실상을 드러내 주어야 한다. 그것은 이형태 자체에서 추론될 수 있는 것이 아니라, 본문 역사 가운데 나타나는 자료들에 관련된 작업이기 때문에, 그것을 외적인 본문비평이라고 부른다. 이 작업은 필사본들과 본문 전승을 선별하는 것으로 시작한다. 사마리아 오경, 쿰란 본문들, 그리고 칠십인역과 같은 중요한 본문 증거들의 경우에는 독법들을 각각 본문들의 맥락도 고려하면서 살펴야 한다. 그것을 위해서는 사용할 수 있는 본문 편집본 안에서 해당 구절을 참조할 수 있다.[9] 이어서 이형태들을 그 각각의 본문 증거들과 더불어 종합해야 하고, 본문 증거 집단들을 서로서로 신중히 검토해야 한다.

본문 증거들의 중요도 판정

본문 역사에서 이미 드러나듯이 모든 필사본들이 같은 가치를 가지는 것은 아니다. 아울러 본문 전통들도 어떤 이형태를 입증하는 데 같은 가치를 인정받는 것도 아니다. 그러므로 외적인 본문비평 원리로서 **Manuscripta ponderantur non numerantur '필사본들은 가치 매김을 하지, 수를 세지 않는다'**는 원칙은 타당한 것

9) 사마리아 오경은 프라이헤어 폰 갈(A. Freiherr von Gall)의 책 Der hebräische Pentateuch der Samaritaner를, 쿰란 본문들은 Discoveries in the Judaean Desert의 해당 권호를 참조하라. 칠십인역 본문은 랄프스(A. Rahlfs)의 소형판이나 괴팅겐 칠십인역 비평 편집본(Göttinger Septuaginta)을 이용할 수 있다.

으로 여겨진다. 따라서 개별 본문 증거의 가치(연대, 신뢰성 등)는 제시되는 필사본들의 양보다 우선한다. 이러한 설명을 했던 이 책의 이전 판이나 비평방법론을 소개하는 여러 책들에서 본문 증거들의 중요도를 판정하는 데 도움을 주기 위해 본문 증거들의 중요도 순위를 정하여 그 순서를 제시하기도 하였다. 그것은 대략 다음과 같은 순서로 나타난다. 마소라 본문(M), 사마리아 오경(Smr), 쿰란 본문(Q), 칠십인역(G), 아퀼라 역본(Aquila), 심마쿠스 역본(Symmachus), 테오도치온 역본(Theodotion), 페쉬타(Peschitta), 타르굼(Targum), 불가타(Vulgata), 고대 라틴어 역본(베투스 라티나).[10] 그러나 그러한 순위 설정은 두 가지 이유에서 문제가 있으며, 어떤 경우에는 혼란을 초래하기도 한다. 첫째로, 말하자면 어떤 필사본이나 본문 전통이 갖는 증거로서의 가치는 어떤 본문 증거 집단에 속해 있느냐에 따라 달라진다. 예컨대, 베투스 라티나는 그 독법이 칠십인역(G)과는 다르면서도 마소라 본문(M)과 일치하면 높은 가치를 지닌다. 이와는 반대로 베투스 라티나가 칠십인역의 독법과 일치하여 칠십인역의 이차 번역본으로 여겨질 때, 그것의 중요도는 낮게 평가된다. 둘째로, 구약성서의 개별 책들은 다양한 가치를 가지고 전승되었기 때문에, 본문 전통이나 필사본의 중요도는 각각의 전승 상태에 따라 결정된다. 예컨대, 〈여호수아〉의 히브리어 본문은 기본적으로 보존 상태가 좋은 것으로 평가된다. 반면에 〈사무엘〉의 마소라 본문은 오히려 좋지 않은 상태로 전승되었고 훼손된 여러 본문들을 포함하고 있다. 끝으로 쿰란 필사본들은 전체적으로 균일하지 않은 등급을 보여 준다. 따라서 본문 증거로서 그 가치는 일반적으로 고대성을 따라 측정될 뿐만 아니라, 상세하게 관찰하여 개별 두루마리의 특징을 따라 평가되기도 해야 한다. 이러한 이유 때문에 위에서 언급한 중요도 순위는 단지 초기의 방향 설정을 얻기 위해서 사용될 수 있을 뿐, 일관된 논거로 사용되어서는 안 된다. 더 나아가 자주 소개되는 원칙, 곧 언어에서나 내용에서나 명백한 곳에서는 언제나 마소라 본문이 다른 어떤 전승보다 우선권을 갖는다는 원칙에도 마찬가지로 신중함이 요구된다. 외적인 본문비평은, 개별 본문의 전통과 필사본의 가치를 어떤 본문 증거 집단 안에서 결정하고[11] 이어서 그 이형태들을 그 증거 능력의 비중을 따라 관련시키는 데 특별한 주의를 기울여야 한다. 이때 마소라 본문이 많은 경

10) 참조, E. Würthwein, Der Text des Alten Testaments. Eine Einführung in die Biblia Hebraica, 5. Aufl. Stuttgart 1988, 125; O. H. Steck, Exegese des Alten Testaments. Leitfaden der Methodik, 13. Aufl. Neukirchen-Vluyn 1993, 41.

11) 특별히 칠십인역은 다룰 때는 사례마다 달리하여 본문비평 작업을 수행해야 한다. 그 작업 가운데 칠십인역 전승 안에 있는 이형태들과 본문 증거들이 수집되고 선별되며, 그리스어 본문 안에서의 훼손 정도가 검토된다.

우 주도적인 역할을 할 수 있다. 하지만 마소라 본문이 방법론적으로 나머지 증거 본문들과 다르게 취급되어서는 안 된다.

외적인 본문비평에서 달성된 결과는 우선 내적인 본문비평을 통해 이루어지는 계속되는 검토에 영향을 미치지 않는다. 왜냐하면 어떤 필사 오류나 본문 변경이 이미 매우 이른 시기에 발생하여 그러한 필사 오류나 본문 변경이 모든 중요한 증거 본문들의 뒷받침을 받게 될 수 있는 반면, 원래 본문은 어쩌면 하나의 필사본이나 번역본 안에만 보존되어 있는 경우가 있을 수 있다는 사실을 고려해야 하기 때문이다. 이러한 이유로 내적인 본문비평은 증거 능력에 관계없이 모든 이형태들을 검토해야 한다. 가령 내적인 본문비평은 필사 오류나 변경에 대한 해명을 통해 가장 잘 입증된 본문에 맞서는 결정에 이를 수 있다.

9.3 내적인 본문비평(내적 기준들)

개별적인 이형태들이 첫 번째 검토 과정에서 그 외적인 증거 능력이 해명되었다면, 이제 두 번째 단계에서 내적인 기준들을 따라 검토된다. 내적인 기준들에는 구절의 문맥, 어휘, 문법, 문체, 시문의 경우 콜론 구분이나 내용, 그리고 그것의 (신학적-)역사적 배경 등이 포함된다. 관례적으로는 이형태 검토를 언어 검토와 내용 검토로 나누고 마소라 본문의 독법에서 시작한다.

언어 검토

전승된 히브리어 본문에서 희귀한 낱말이나 낯선 낱말의 의미를 확정해야 할 때 어려움이 생길 수 있다. 이러한 어려움을 히브리어 사전으로 해결할 수 없을 때, 우가릿어, 아카드어, 아람어, 아랍어와 같은 성서 히브리어와 가까운 셈어를 동원할 수도 있다. 이와 같이 사례마다 어떤 비슷한 어근이나 성서 바깥의 본문에서 입증되는 특별한 의미를 통해서 구약성서의 분명치 않은 본문 구절이 밝혀질 수 있다. 또한 지난 수십 년 동안에 분명하게 늘어난 비문 자료들이 중요한 이바지를 한다. 끝으로 〈전도서〉와 같은 구약성서의 후대 문서들에서는 중세 히브리어 사전을 찾아보는 것이 도움이 된다.[12] 지금까지 난제로 여겨지던 본문에 대한 새로운 설명의 가능성을 찾는 과정에서 본문비평가는 자신의 작업이 흥미롭고 혁신적인 것으로 판명되어 주석에서 다른 길을 갈 수도 있다. 문법의 영역에서는 이례적인 낱말 형태나 문제가 있는 문장구조를 제공하는 독법들이 지적될 수 있다. 어떤 특정한

12) 예를 들어, M. Jastrow, A Dictionary of the Targumim, the Talmud Babli and Yerushalmi, and the Midraschic Literature, Vol. I–II, New York 1971을 참조하라.

표현이나 구성이 문법적으로 올바른지 또는 여전히 가능하다고 여겨질 수 있는지를 확인하기 위해서는 성구사전을 찾아보는 것이 종종 도움이 된다. 이뿐 아니라 슈투트가르트 전자 연구 성경(Stuttgarter Elektronische Studienbibel [SESB])과 같은 전자 검색 프로그램이, 복잡한 문법 현상들을 표제어를 따지지 않고서 검색하여 찾아볼 수 있게 한다.[13] 시문에 등장하는 히브리어 이형태들의 경우에는 현재 본문의 운율에 잘 맞는지에 대한 질문을 할 수 있다. 때로는 BHS의 비평장치에 가끔 **metri causa**(m cs '운율상의 이유로')라는 표현이 등장한다. 이것은 시적인 구조에 문제가 있다는 사실을 가리키며, 자주 어떤 교정 제안과 연결되어 나타난다. 이러한 모든 경우 세심한 검토가 요구된다. 이때 한편으로는 콜론 구분 방법론(1.1을 보라)을 통해서 원래의 시문 구조에 덧붙여진 어떤 첨가나 자리바꿈, 또는 그 밖의 변화를 실제로 찾아볼 수 있는지를 점검해야 한다. 다른 한편으로는 거기에 실제로 본문비평의 문제가 있는지, 곧 발견한 시적 대칭의 손상이 필사 과정의 문제로 설명될 수 있는지, 아니면 본문의 전승 과정에서 생겨난 문제인지를 검증해야 할 것이다. 많은 경우에, 시문의 구조에 거의 또는 더이상 어울리지 않는 확장들이 편집적인 개정이나 후대의 해석으로 판명되어, 본문비평의 문제로 관찰할 것이 아니라 편집사에서 검토해야 할 경우들임을 보여 준다. 어떤 특정한 독법에 대해 사전적, 문법적, 문체적 검토가 만족할 만한 결과를 가져오지 않을 때는 특별히 간과한 본문 오류가 있지 않은지 검토해 보아야 한다. 이뿐 아니라 본문 훼손의 원인들을 더 상세하게 검토해야 한다(8.1을 보라).

내용 검토

어떤 독법이 원래의 것으로 여겨질 수 있을지의 문제는 그 진술이 내용 관련성에서 의미 있게 부합되는지의 여부에 달려 있다. 어떤 이형태가 문법적으로나 문체상으로는 문제가 없지만, 문맥상 적절한 의미를 나타내지 않거나 심지어 문맥에 배치되는 경우가 있다. 이런 때에 내적인 본문비평은 주석과 밀접한 관계에 있으며, 문제가 되는 독법이 이런저런 방식으로 수용 가능한 의미를 얻을 수는 없는지에 대한 과제를 해결해야 한다. 이것이 가능하지 않다면, 이 본문의 자리에는 다른 이형태, 아마도 잘 입증되지 않는 이형태가 선택되어야 할 가능성이 커진다. 많은 경우에, 어떤 독법이 줄곧 타당한 의미를 내기는 하지만, 그 의도나 신학 또는 역사적인 배경이 본문의 단락과 전혀 일치하지 않음을 찾아볼 수 있다. 그러나 그것을

13) 이 점에 관하여 Ch. Hardmeier / B. Salzmann / E. Talstra, SESB 2.0 Handbuch – SESB 2.0 Instruction Manual, Stuttgart 2006을 참조하라.

무시해서도 안 된다. 오히려 이 자리에 있는 본문이 의도적으로 변경되었을 가능성이 있을 수도 있다. 이때 성경 본문 전승의 실상에서 탐구되었던 의도적인 본문 변경에 대한 여러 동기들이 도움을 준다(8.2를 보라).

이러한 방식으로 전체적인 히브리어 독법들을 검토했다면, 내적인 본문비평은 이제 고대 번역본들, 특별히 그리스어 이형태들에 관심을 기울여야 한다. 이때 히브리어 본문과 다른 어떤 번역본의 불일치가 어떻게 설명될 수 있는지에 대한 질문이 가장 우선되는 중요한 문제이다.[14] 그러한 문제의 원인이 번역 자체에 있을 수 있다. 예컨대, 번역어의 문법적 특징 때문에 그러한 일이 발생할 수도 있고 또는 번역어가 활용할 수 있는 표현 수단의 한계 때문에 원어의 관용적 표현을 정확하게 옮기기 어려운 경우도 있다. 그러나 그러한 문제들은 번역자 자신, 곧 번역자가 가지고 있는 언어 지식이나 문체 활용 능력에서 비롯될 수 있다. 이뿐 아니라 어떤 본문이 번역자의 종교관이나 문화적인 배경에 영향을 받는 경우가 드물지 않게 나타난다. 이러한 모든 경우에 번역본의 이형태를 히브리어 원래 본문으로 복원하는 것은 불가능하다. 그러나 만약 어떤 불일치가 번역의 문제로 거슬러 올라갈 수 **없다면**, 다음으로 검토해야 할 것은 그리스어 안에서 이루어진 본문 전승에서 생겨난 본문의 오류는 아닌지의 문제이다. 왜냐하면, 고대 번역본들의 필사본들도 히브리어 본문들과 마찬가지로 불가피하게 전승의 상황들에 놓여 있게 되고, 그에 따른 오류의 가능성을 배제할 수 없기 때문이다. 마찬가지로 이러한 가능성이 제거된 뒤에야 번역본의 이형태 이면에 있는 히브리어 대본이 추론될 수 있다. 이 대본은 원래 본문 자체를 반영할 수도 있거나 원래 본문에 가장 가까운 본문이다.

역번역

내적인 본문비평이 원래 본문의 복원에 문제를 제기하는 번역본의 이형태에 이르렀다면, 그 문제는 역(逆)번역과 관련이 있다. 개별 낱말과 낱말 형태들을 다룰 때 줄곧 믿을 만한 결과들에 이를 수 있어야 한다. 이때 해치-레드패스(Hatch-Redpath)의 칠십인역 성구사전이 좋은 역할을 한다. 이 성구사전은 칠십인역의 모든 그리스어 낱말들을 해당 히브리어 대응어들과 함께 목록으로 보여 준다.[15] 이보

14) 이 점에 관하여 M. Noth, Methode der textkritischen Arbeit, in: ders., Die Welt des Alten Testaments. Eine Einführung, Taschenbuchausgabe Freiburg 1992, 317-318을 참조하라.

15) E. Hatch / H. A. Redpath, A Concordance to the Septuagint, Vol. I–II, Oxford 1897–1906 (Nachdruck: Graz 1954); 이것에 대한 보충으로 T. Muraoka, Hebrew/Aramaic Index to the Septuagint, Keyed to the Hatch-Redpath Concordance, Grand Rapids 1998을 보라.

다 더 어려운 것은 구와 문장의 성분, 그리고 문법적인 구성에서 나타나는 문제들이다. 번역 본문을 역(逆)번역 하려면, 그 전에 그 이형태들이 생겨난 개별 책의 번역 본문을 더 정확하게 검토해야 하고, 개별 책의 특별한 번역 기술이 무엇인지 탐구해야 하며, 그것의 사상적 배경을 설명해야 한다. 이러한 시도는 당연히 전문가들만 할 수 있다. 그러나 비전문가들이라도 어느 특정한 이형태의 히브리어 대본을 확정하기 위해 다양한 시도를 할 수 있다. 예컨대, 해당 번역 본문과 비슷한 표현들을 찾아서 관련된 히브리어 원어 본문이 무엇인지 알아볼 수 있다. 역번역의 여러 가능성을 스스로 탐색해 볼 수 있으며, 이러한 과정에서 개연성 있는 해결책에 도달할 수도 있다. 또는 학술 주석서에서 알맞은 제안들이나 관련 사항을 찾아볼 수 있다. 본문비평장치에도 역번역들이 자주 제시되어 있다. 끝으로, 이런저런 모양으로 칠십인역 본문에 가까운 히브리어 쿰란 문헌들을 역번역하는 데 참조할 수도 있다.

9.4 본문비평의 결정

외적인 기준에 따른 본문 증거들의 선별과 내적인 기준에 따른 이형태들의 검토가 서로 영향을 주지 않은 채 시행된 뒤에, 이제는 얻어낸 부분적인 결과들을 바탕으로 이형태들 가운데 어떤 것이 나머지 것들과 견주어 가장 믿을 만하고 가장 오래된 것으로 거슬러 올라갈 수 있는지, 원래 본문에 가장 가까운 독법으로서 선택될 수 있는지에 대한 결정을 내려야 한다. 가장 손쉬운 경우는 가장 많은 본문 증거를 가진 것들이 언어에서나 내용에서나 가장 가능성 있는 독법과 일치할 때이다. 그러나 더 흔하게 경험하는 사실은 외적인 본문비평과 내적인 본문비평 사이의 검토 과정에서 본문비평 관점의 결정이 이루어진다는 것이다. 본문비평 관점의 결정을 내릴 때, 세 가지 본문비평 원칙들을 쓸 수 있다. 그러나 그것들이 모든 경우의 문제를 아우를 수는 없으며, 기계적으로 적용되어서도 안 된다. 원칙에 입각한 입증은 그것에 상응하는 신중함을 요구한다.

9.4.1 lectio corrupta sive mutata corrigenda. '훼손되거나 변경된 것으로 여겨지는 독법은 개선되어야 한다.'

이 원칙은 사실상 자명한 것이다. 이 원칙은 내적인 기준들에 따라, 실수로 생긴 본문 오류이거나 의도적인 변경으로 인정될 수 있는 모든 이형태들에 적용된다. 그러니까 서로 경쟁하는 독법들이 있을 때, 본문 오류로 설명되지 않는 이형태들이 항상 선호되어야 한다. 그러나 그러한 정확한 읽기가 외적인 본문 증거들을 통해 제공되지 않는 경우, 이 원칙은 결점이 있는 이형태들이 더 오래되고 문제가 없거나 변경되지 않은 본문으로 복원될 수 있어야만 한다는 것을 요구한다.

9.4.2 lectio difficilior probabilior. '더 어려운 읽기가 더 개연성 있다.'

표현 자체에서 분명하게 드러나듯이, 이것은 두 가지, 또는 여러 가지의 독법들을 서로 관련시키는 관계적인 원칙에 해당한다. 이 원칙의 배경에는 다음과 같은 사실에 대한 가정이 있다. 곧 본문이 전해지는 역사 과정에서 어려운 표현 방식들이 좀 더 쉽고 단순한 것(lectio facilior '더 쉬운 읽기')으로 손질될 가능성이 그 반대의 경우보다 더 크다는 것이다. 따라서 경쟁하는 독법들이 있는 경우, 드물게 나타나거나 익숙하지 않은 이형태들은 다분히 더 오래된 것으로 여겨져야 한다. 이 원칙은 어떤 본문 구절의 모든 이형태들에 적용할 수 있다. 그 이형태들은 서로 다르지만, 외적인 그리고/또는 내적인 본문비평에 따라 '대등한 것'으로 인정되며, 그 문맥에서 하나의 가능한 의미, 말하자면 어느 정도 받아들일 수 있는 의미를 만들어 내는 본문들이다. 이런 경우 선호되는 본문의 결정은 더 어려운 읽기를 바탕으로 이루어진다. 이와는 달리 어떤 독법이 불합리하거나 훼손되었거나 뜻을 알 수 없어서 더이상 경쟁하는 독법에 연관시킬 수 없으면, 이 원칙이 적용되어서는 안 된다. 그것이 더 어려운 읽기로서 인정되기는 하지만, 오히려 미심쩍거나 불가능한 독법으로서 독서 오류나 필사 오류를 통해 생겨난 것이라는 의심이 든다면, 그때는 말할 것도 없이 개선의 원칙을 따라야 한다(9.4.1을 보라).

9.4.3 lectio brevior potior. '더 짧은 읽기가 더 오래된 것이다.'

성서 본문에는 어떤 부분이 덧붙여진 경우들이 더 많고, 그에 반해 무엇을 뺀 경우는 좀처럼 없다는 사실이 본문 역사를 통해 입증될 수 있다. 무엇보다도 어떤 공동체 안에서 사용하기 위해 사본을 만들었던 기록자나 필사자는 이곳저곳에서 어떤 것을 좀 더 상세하게 표현하고자 했으며, 그 의미를 보충하는 낱말이나 부가적인 설명을 덧붙이고자 하였다. 필사자가 하나 이상의 대본을 사용한 경우, 그가 두 가지 서로 다른 독법을 서로 연결하고, 또한 두 가지 독법을 자신의 본문에 동시에 받아들였을 수도 있다는 사실도 고려해야 한다. 그러한 확장들을 내적인 본문비평을 통해 문체 손질, 추가 설명, 본문난 밖의 난외주나 본문 합성을 통해 생겨난 독법으로 규정할 수 있다면, 첨가물로서 그 특징이 분명하게 드러나며, 따라서 본문비평의 결정은 명백해진다. 이러한 경우들에서는 사실 더 짧은 읽기가 우선성을 갖는다는 원칙 없이도 입증이 가능할 수 있을 것이다. 그렇지만 이 원칙은 보강할 목적으로 활용될 수 있다. 그러나 또한 본문비평 관점에서 '대등한 것'

으로 여겨지며 두 가지 모두 원래의 독법으로 문제를 제기할 수 있는 더 짧은 독법과 더 긴 독법이 대립하는 때도 있다. 이러할 때에 선호 본문을 결정하기 위해서는 **'더 짧은 읽기가 더 오래된 것이다'**(lectio brevior potior)는 원칙만이 결정적으로 작용한다. 물론 해당 원칙이 본문의 중자탈락(Haplographie), 유사문미탈락(Homoioteleuton)이나 유사문두탈락(Homoioarkton)의 결과로 생성된 더 짧은 본문에도 작용하는 것이 아니라는 사실은 분명하다(8.1.5와 8.1.7을 보라). 왜냐하면, 이러한 경우들에 나타나는 더 짧은 독법은 더 오래된 것으로 인정되는 더 긴 독법에서 생겨났다고 설명할 수 있기 때문이다.

세 가지 원칙에 대한 논의가 보여 주듯이, 이 원칙들은 본문비평의 결정의 논거를 대체할 수 있는 것이 아니라, 그것을 보충할 수 있을 뿐이다. 이때, 이 원칙들이 또한 내용에도 맞게 적용되어야 한다는 사실에 주의해야 한다. 결국, 본문비평의 실제 결과는 다른 이형태들과 달리 원래의 것으로 인정되는 **하나의** 선호 독법을 결정하는 것으로 나타난다. 그러나 위에서 이미 언급한 바와 같이(8.3을 보라), 어떤 경우들에는 어떤 선호 본문을 결정하는 것이 불가능하다. 이런 때 이를 수 있는 실제적인 결과는, 동등하게 원래의 것으로 판정되며 대체 독법으로서 나란히 기술할 수 있는 이형태들의 확인이다. 만약 어떤 본문의 결정 과정이 끝났다면, — 오늘날 통상적으로 이루어지듯이 — 이제는 그 결정이 제대로 이루어졌는지를 검토해 보아야 한다. 여기서 후대의 것으로 판정된 모든 이형태들이 결정 과정에서 설득력 있게 설명되었는지를 검토한다. 그러한 이형태들이 예외 없이 확정적이고 가장 오래된 것으로 여겨지는 독법으로 거슬러 올라가는 것이 가능할 때, 그 본문비평 결정은 신뢰할 만하고 충분한 근거를 가진 것이라고 인정할 수 있다.[16)]

구약성서 본문비평 작업 단계

순비(서술 작업)

1. 본문비평장치의 해독

보조 자료: BHS와 본네베르거(Wonneberger)의 약어표

16) 구약성서 주석 방법론 초급 세미나(Proseminar)에 있는 학생들은 본문비평에서 확정된 본문이 주석 방법론의 다음 단계들을 실행하기 위한 토대를 형성한다는 사실을 잘 알고 있어야 한다. 본문비평의 결정이 문헌비평이나 편집사에서 다루기 힘들거나 불편하다고 해서 추후에 변경되어서는 안 된다. 물론 본문비평의 결정은 주석을 통해 교정될 수 있다. 그러나 그러한 경우 그 교정에 대해서 새롭거나 지금까지 충분하게 고려하지 못했던 본문비평 관점의(!) 논거들을 제시할 수 있어야 한다.

2. 이형태 본문들의 번역본과 함께 본문의 문제점 기술
   보조 자료: 본문비평 해설을 제공하는 주석들

실행(분석 작업)

3. 외적인 본문비평: 본문 증거들의 선별, 본문 증거들을 그룹으로 정리, 본문 증거 (집단)의 중요도 판정과 검토
   보조 자료: 본문비평 편집본들, 본문 역사 연구자료들
4. 내적인 본문비평: 이형태들의 언어와 내용 분석, 때에 따라서는 실수로 생긴 본문 오류나 의도적인 변경으로 분류할 수 있고, 때에 따라서는 판독을 제안할 수 있음
   보조 자료: 사전, 문법책, 성구사전, 가능한 경우 독서 오류나 필사 오류 사례 목록(8.1을 보라), 의도적인 변경 사례 목록(8.2를 보라)

결정(비평 작업)

5. 외적이고 내적인 본문비평을 통해서 얻은 고찰 내용 검토, 본문비평 원칙들의 도움을 통한 결정
6. 나머지 이형태들에 대한 설명을 통해 내려진 결정 검토

자료 12: 본문비평방법의 구성(알렉산더 A. 피셔[Alexander A. Fischer])

9.5 본문비평의 개별 보기들

학술 주석서에는 일반적으로 본문비평의 보기들이 간략하게만 논의되어 있다. 이러한 이유로 여기에서는 본문비평의 논증 방식을 세 가지 보기로 좀 더 자세하게 소개할 것이다. 이러한 보기들을 통해 필사 오류, 본문 변경, 판독에 따른 본문의 개정 등을 살필 것이다. 더 나아가 여기에 선택된 보기들이 본문비평의 가능성과 한계성에 대한 비판적인 논쟁을 촉진할 수 있기를 바란다.

9.5.1 중복오사(Dittographie)의 보기(삼하 6:3–4)

[3]그들이 하나님의 궤를 한 수레, 즉 한 새 수레에 싣고 언덕에 있는 아비나답의 집에서 그것을 가지고 나왔다. 아비나답의 아들들인 웃사와 아효가 그 수레, 곧 [d]**그 새 수레를 몰았다. [4]그때 그들이 언덕에 있는 아비나답의 집에서 그것을 가지고 나왔다.**[d] [웃사는] 하나님의 궤 옆에 [있었고], 아효는 궤

앞에서 갔다.

BHS: 3/4 [d-d] > $\mathfrak{G}^{-O}$ (homtel)

사무엘하 6:3-4에서 BHS의 비평장치는 오리게네스의 개정본을 제외한 칠십인역 전승에서는 "그 새 수레를 … 그때 그들이 언덕에 있는 아비나답의 집에서 그것을 가지고 나왔다."는 부분이 빠져 있다고 밝힌다. BHS 편집자의 추정에 따르면, 칠십인역은 이곳에서 유사문미탈락(Homoioteleuton)에서 비롯된 오류로 생겨난 생략이 있다는 것이다.

외적인 본문비평

마소라 본문을 따르는 본문 증거는 많다. 타르굼과 불가타가 마소라 본문을 따르고 있다. 그리스어 번역본들만 더 짧은 독법을 제공한다. 여기서 오리게네스와는 달리 아퀼라, 심마쿠스, 카이게-테오도치온과 같은 초기의 개정본들이 더 짧은 이형태들을 제공한다는 사실은 주목할 만하다. 이 개정본들은 일반적으로 히브리어 본문을 따르는 방향으로 수정하는 경향을 보이나, 여기에서는 헥사플라 이전의 칠십인역과 보조를 맞추고 있어서 그 중요성을 더욱 크게 한다. BHS 비평장치는 더 짧은 독법에 대한 더 이상의 본문 증거들을 제시하지 않지만, 추가로 쿰란 두루마리 4QSam[a] (= 4Q51)가 그러한 보기로 제시될 수 있다. 사무엘하 6:3-4의 쿰란 본문은 단편적으로만 전승되었다(단편 68과 69에서 몇 개의 낱말들).[17] 하지만 해당하는 본문의 단을 재구성해 보면, 마소라 본문의 더 긴 독법을 위한 충분한 공간이 마련되지 않으며,[18] 이를 통해 원 칠십인역 전통의 증거를 보여 준다. 매우 조심스럽게 역대상 13:7에 나오는 평행 본문을 제시할 수 있다. 〈역대기〉 기록자가 자신의 대본을 자유롭게 다루는 경향이 있다고 해도, 〈역대기〉 본문도 더 짧은 독법을 보여 주며, 따라서 그것은 간접적인 본문 증거의 가치가 있다고 평가된다. 그러므로 더 짧은 독법의 이형태를 지지하는 외적인 본문 증거들의 가치는 마소라 본문 증거에 뒤진다고 말할 수 없다.

내적인 본문비평

그리스어 이형태들은 더 짧고 더 매끄러운 본문을 제공한다. 물론 비평장치

---

17) 참조, Plate XVI, in: F. M. Cross / et al., Qumran Cave 4.XII: 1-2 Samuel, DJD XVII, Oxford 2005.

18) 참조, E. D. Herbert, Reconstructing Biblical Dead Sea Scrolls. A New Method Applied to the Reconstruction of 4QSam[a], STDJ 22, Leiden / New York / Köln 1997, 121.

에 제시된 설명이 그 기원을 분명히 밝혀 주지는 못한다. 왜냐하면, 유사문미탈락(Homoioteleuton)을 통해서 어떤 생략이 이루어졌다는 가정에서는 필사자가 3상반절의 첫 번째 ἐν τῷ βουνῷ('언덕에 있는')에서 3하반절의 두 번째 것이 있는 곳으로 건너뛰거나, 아니면 3상반절의 첫 번째 ἅμαξαν καινὴν('한 새 수레')에서 4상반절의 두 번째의 것이 있는 곳으로 건너 뛰어야 하기 때문이다. 그러나 이 두 가지 가능성은 모두 칠십인역을 통해 증거되는 이형태들로 이끌고 가지는 못한다. 이와는 달리 마소라 본문의 더 긴 독법을 살펴 보면, 거꾸로 칠십인역에는 없고 마소라 본문에 더 있는 부분이 문법에서나 내용에서나 본문의 문맥에 어울리지 않는다는 사실을 보여 준다. 첫째로, 형용사 חֲדָשָׁה[하다샤]('새로운')는 3하반절 끝에서 두 번째 나타날 때 정관사를 동반해야 한다. 왜냐하면, 그것이 정관사를 가진 명사에 연결되기 때문이다.[19] 둘째로, 4상반β절에 있는 "하나님의 궤 옆에"라는 전치사구는 4상반α절의 전치(前置)문에 의미 있게 연결되지 않는다. 왜냐하면, 하나님의 궤는 이미 동사에 덧붙은 3인칭 남성 단수 접미어를 통해 선행 목적어로 제시되고 있기 때문이다.[20] 그러므로 마소라 본문의 독법은 내용에도 맞지 않고 문법에서도 불가능한 것으로 입증되기 때문에 해명이 반드시 필요하다.

이 본문의 문제는 필사 과정에서 생겨난 오류라는 가정을 통해 해결될 수 있다. 말하자면, 필사자는 "수레"가 두 번째 등장할 때 시선을 잘못 두어(aberratio oculi), 정관사 없이 나타나는 그 뒤의 형용사 (חֲדָשָׁה)[하다샤]가 증명하듯이 첫 번째 등장하는 곳으로 다시 돌아갔을 것이다. 그런 다음 필사자는 자신의 본문을 "언덕에 있는"이 등장하는 곳까지 잘못 기록했고, "웃사"라는 이름을 지나서 다시 대본의 올바른 자리로 되돌아왔다. 이러한 과정은 이해할 만하다. 왜냐하면, 처음 나오는 "언덕에 있는. 웃사 …"의 낱말 순서는 두 번째 나올 때도 예측할 수 있기 때문이다. 물론 이러한 설명에서는 필사자가 4상반β절 이전에 나오는 "웃사"라는 이름을 두 번째는 받아들이지 않았다는 사실이 문제가 될 수 있다. 그러므로 그의 이름은 이 자리에서 추론해야 한다. 그러나 이 낱말의 판독은 정당화될 수 있다. 왜냐하면, 이어지는 사건은 이론의 여지 없이 "하나님의 궤 곁에" 있던 웃사의 참여를 전제하고 있기 때문이다. 분명 원래의 본문은 그의 형제 아효가 궤 앞에서 가고 있는 반면에, 웃사는 하나님의 궤 가까이 수레 옆에서 함께 가고 있었다는 것을 상상하게 하는 내용을 전달했다. 루키안 개정본이 4하반β절에 대한 비교적 자유로

19) 참조, GK[28], § 126u.

20) 이 목격적 접미어는 수레를 가리킬 수 없다. 만약 수레를 가리킨다면 그것은 3인칭 여성 단수로 표기되어야 한다.

운 번역을 보여 주는 자신의 역본에서 이와 상응하는 이해를 보여 준다. 곧 '웃사와 그의 형제가 앞에서 그리고 궤 옆에서 갔다'고 하는 것이다.[21] 따라서 궤 곁에 있던 웃사의 존재는 왜 웃사가 소들이 뛸 때 손을 뻗어 그것을 붙들었는지를 설명한다. 이러한 정황과 일치하게 7절에서 그가 "하나님의 궤 옆에서" 죽었다고 말한다.

결정

어떤 필사 오류가 매우 이른 단계에 일어날 수 있다는 사실을 고려한다면, 우리는 마소라 본문이 매우 많은 본문 증거들의 지지를 받는다는 외적인 본문비평 사실을 내적인 본문비평의 결과에 비추어 신중하게 검토해야 할 것이다. 이때 문법적으로 오류가 있고 내용면에서 불분명한 마소라 본문을 **더 어려운 읽기**(lectio difficilior)로 평가해서는 안 된다. 오히려 그것은 시선을 잘못 둔 것에서 비롯된 두 번 쓰기로 생겨났으며, 본문비평을 통해 되돌릴 수 있는 본문의 오류로 설명된다. 이때 필사 오류의 과정에서 원래 있었을 것으로 추정되는 "웃사"가 생략되었다. 그러므로 BHS의 비평장치에 있는 설명은 완전히 반대이며, 그 대신 다음과 같이 표기되어야 할 것이다: $^{d\text{-}d}$ dl (dttg), cf $\mathfrak{G}^{-O}$ ($\mathfrak{Q}$) et ins ועזא ante 4aβ. 그 의미는 다음과 같다. "$^{d\text{-}d}$까지 문제가 되는 낱말들은 중복오사로 삭제되어야 한다. 이 점에 대해서는 오리게네스의 개정본을 제외한 칠십인역의 전통을 참조하라(아마도 같은 전통에 있는 것으로 여겨지는 4QSam^{a}도 참조하라). 또한 고유명사 "웃사"는 주어로서 4상반β절 앞에 삽입되어야 한다." 그러므로 더 짧은 독법을 보여 주는 그리스어 본문은 본문 훼손에 대한 결정적인 단서를 제공하지만, 그렇다고 그것이 원래 본문을 보존하고 있다고는 여겨지지 않는다. 왜냐하면, 그리스어 본문에도 마찬가지로 (있어야 할 것으로 추정되는) "웃사"가 빠져 있기 때문이다. 이러한 정황에 대한 가장 가능성 있는 설명은 다음과 같다. 칠십인역의 히브리어 대본의 필사자나 칠십인역의 번역자가 실수로 생긴 두 번 쓰기를 인식하고 불필요한 본문을 적절하게 삭제하였으나, 중복오사와 연관된 "웃사"의 생략은 인지하지 못하였고, 따라서 그것을 수정하지도 않았다. 어쨌든 칠십인역 역본은 이해하기 어려운 (עִם)[임]을 (σύν)[쉰]으로 번역함으로써 본문을 손질한다. 이를 통해 하나님의 궤는 수레 위에 놓여 있게 된다. 결과적으로 매우 오래전에 생겨난 필사 오류가 있다는 사실을 고려해야 하며, 이것을 통해서 외적인 본문비평의 실상이 설명된다. 이와는 달리 오리게네스의 개정 독법은 설명하는 데 문제가 없다. 그것은 마소라 본문

21) N. Fernández Marcos / J. R. Busto Saiz, El texto antioqueno de la Biblia griega I, TECC 50, Madrid 1989, 105.

을 따르는 오리게네스의 수정으로 이해될 수 있다. 특별히 코이슬리아누스 코덱스(Codex Coislinianus)의 난외주에는 해당 낱말들이 아스테리스코스(Asteriskos, 5.4를 보라)로 누락 본문이라고 표시되어 있다.[22)]

9.5.2 교리적인 이유로 변경한 보기(신 27:4)

> 4너희가 요단을 건너가거든 너희는 내가 오늘 너희에게 명령하는 이 돌들을 [b]**에발산에**[b] 세우고 그 위에 석회를 발라야 한다.
>
> BHS: [b–b] l c ꟃ בהר גריזים cf. ꟃ [Mss] בהרגר(י)זים, Σαμ αργαρ(ι)ζιμ, 𝔏 *Garizin*
> BHQ: בְּהַר עֵיבָל G V S T (em scr) | בהרגריזים Smr G[Ms] T[Smr] || pref בְּהַר גְּרִזִים Smr G[Ms] T[Smr] ✣

신명기 27:4의 BHS의 본문비평 장치는 "에발산에"라는 마소라 본문의 독법 대신 사마리아 오경의 "그리심산에"로 읽을 것을 권한다. 이뿐 아니라 이 비평장치는 그 자리에 "그리심산"이라는 하나로 된 낱말을 기록하고 있는 일련의 사마리아 오경 필사본들을 참조하도록 지시한다. 또한 사마리아 오경의 그리스어 역본인 사마레이티콘(Samareitikon)과 베투스 라티나를 참조하도록 지시한다. 마찬가지로 BHQ도 사마리아 오경의 독법이 우선성을 가진 독법이라고 판단한다. 이때 BHQ는 본문 증거로 사마리아 오경, 칠십인역 필사본, 사마리아 오경의 타르굼 역본을 참조하도록 지시한다. 베투스 라티나가 BHQ 비평장치에는 소개되어 있지 않지만, 적어도 이 비평장치를 해설하는 부록에서는 언급된다. 끝으로 BHQ는 필사자의 수정(em scr)으로 생겨난 마소라 이형태들도 기록한다. 두 가지 독법의 차이는, 신명기 27:5에서 여호와께서 지시하신 제단 건립 위치의 차이에서 생겨난 것이다. 곧 세겜의 북쪽에 있는 에발산 위에 건립해야 하는지, 아니면 세겜의 남쪽에 있는 그리심산 위에 건립해야 하는지의 문제이다.

외적인 본문비평

마소라 본문은 칠십인역의 주요 필사본들을 통해 잘 증명된다. 이 본문 단락을 제

---

22) 참조, F. Field, (Hg.), Origenis Hexaplorum quae supersunt, Tomus I, Oxford 1875 (Nachdruck: Hildesheim 1964), 554와 Anm. 7.

공하는 유일한 쿰란 단편 4QDeut^f(= 4Q33)는 도움이 되지 않는다. 왜냐하면, 문제가 되는 구절 가운데 단 두 낱말만 남아 있기 때문이다.[23] 이와는 달리 BHS 비평장치에 제안된 "그리심산 위에"라는 독법은 사실상 사마리아 오경에 의지하고 있다. 물론 사마레이티콘은 고찰되지 않고 있다. 왜냐하면 여기서 제시되는 기센 파피루스 19(Papyrus Giessen 19; 랄프스 기호: 884)는 사마리아 오경의 그리스어 번역본이라기보다는 칠십인역 필사본의 개정본으로 여겨지기 때문이다.[24] 이러한 이유로 BHQ 비평장치에서는 해당 파피루스가 칠십인역 필사본(G^{Ms})으로 올바로 소개된다. 선호 독법으로 인정되는 또 다른 본문 증거로서 베투스 라티나를 언급할 수 있다. 베투스 라티나의 중요성은 그것이 이차 번역본으로서 칠십인역과 결코 보조를 맞추고 있지 않는다는 사실을 통해 드러난다. 그 밖에도 베투스 라티나의 가치는 루그두넨시스 코덱스(6.4를 보라)가 원 칠십인역 본문 전승(Old Greek)을 증거하고 있으며, (마소라 이전의) 히브리어 본문과 가까운 것을 분명히 알아볼 수 있다는 사실을 통해서 커진다. 이로써 적어도 베투스 라티나는 기센 파피루스 19와 함께 나머지 칠십인역 필사본들의 증거 가치에 이문을 제기하는 헥사플라 이전의 독법을 제공한다.

내적인 본문비평

두 가지 이형태들은 어휘상으로나 문법상으로 또는 문체상으로 어려움을 주지 않는다. 더욱이 "그리심산"이라는 표기는 사마리아 오경 본문에서도 입증된다. 그러므로 모든 것은 내용 검토에 달려있다. 내용 검토는 신명기 27:1-3의 본문이 분명 생산적인 본문 형성 시기에 점차 성장했다는 사실 때문에 복잡해진다. 여기서 적어도 다음과 같은 편집사 연구 결과가 작용한다. 신명기 27:2-3에 반영된 기본 층은 기념하는 돌들을 세우는 것(과 이와 함께 제단 건립 장소)을 여전히 요단강 근처로 위치시키고 있는 반면에, 신명기 27:4의 확장 본문은 제단 건립을 에발산(마소라 본문) 또는 그리심산(사마리아 오경)으로 옮기고 있다는 사실이다.[25] 물론 이러한 지리적인 위치 이동에 대한 편집 동기들을 사실에 맞게 규명할 수 있도록 하기 위해서는 우

23) 참조, E. Ulrich / F. M. Cross / et al., Qumran Cave 4.IX: Deuteronomy, Joshua, Judges, Kings, DJD XIV, Oxford 1995, 53.

24) 참조, E. Tov, Pap. Giessen 13, 19, 22, 26: A Revision of the LXX?, RB 78 (1971), 355–383 (Revised version in: ders., The Greek and Hebrew Bible: Collected Essays on the Septuagint, VT.S 72, Leiden 1999, 459–475).

25) 이 점에 관하여 H.-J. Fabry, Der Altarbau der Samaritaner – ein Produkt der Text- und Literargeschichte?, In: U. Dahmen / A. Lange / H. Lichtenberger, Die Textfunde vom Toten Meer und der Text der Hebräischen Bibel, Neukirchen-Vluyn 2000, 35–37을 참조하라.

선 신명기 27:4에 있는 본문의 문제를 본문비평 관점에 따라 검토해야 한다. 이때 흔히 추정되는 것은, 다른 곳에서도 이념적인 관점에서 변경을 시도하는 사마리아 오경이 사마리아인들의 성소를 모세의 규정으로 합법화하기 위해 그리심산을 삽입했을 것이라는 사실이다. 그러나 이러한 해결은 너무 단편적이다. 오히려 이에 반대하는 많은 근거가 제시될 수 있다. 첫째로, "그리심"이라는 독법은, 그 어느 곳에서도 사마리아 오경의 관점에서 비롯된 것이라는 의심을 사지 않는 베투스 라티나를 통해서도 증명된다. 둘째로, 의심할 여지 없이 출애굽기 20:17을 따르는 사마리아 오경의 보충 구절들은 신명기 11:29상반절; 27:2하반절-3상반절, 4-7; 11:30에 기대고 있다. 이 본문들은 마소라 이전의 본문 형태와 부분적으로는 칠십인역과 일치하는 본문 형태로 제공된다.[26] 그리심산 위의 제단 건립을 토라의 본문을 통해 입증하라는 사마리아인들의 이와 관련한 요구는 분명한 본문의 토대와 그로써 신명기 27:4의 "그리심산"을 원래의 독법으로 전제한다. 셋째로, 전통적으로 에발산은 저주의 산으로, 그리심산은 축복의 산으로 여겨진다(신 11:29). 이러한 배경에서 마소라 본문의 독법은 모순되는 것으로 보인다. 마소라 본문의 독법에 따른다면 모세는 여호와를 위한 제단 건립을 축복의 산 대신 저주의 산에 명령한 것이 되기 때문이다.

이와 더불어 반대의 경우가 눈에 들어온다. 곧 마소라 본문 전통은 본래 그리심산에 건립하도록 규정되었고, 사마리아인들이 제의 장소로서 필요로 하는 제단 건립을 교리적 관점과 변증의 의도에서 저주의 산인 에발산으로 변경시켰다는 것이다. 그 의도는 분명하다. 교리 관점의 변경을 통해서 그리심산에 제단을 건립하라는 사마리아 오경의 계명(사마리아 오경의 십계명을 참조하라)이 토라를 통해서 그 정당성을 잃게 되고, 동시에 사마리아인들의 제의 장소는 저주 아래 놓이게 된다. 또한 마소라 독법이 원래의 것이라는 점을 반대하는 증거로서, 그리심산에 대한 성소 전통과는 정반대로, 에발산을 지지하는 성소 전통이 그 어디에서도 증명되지 않고 있다는 사실이 제시될 수 있다.[27] 끝으로 〈열왕기〉의 본문 역사 연구에서 볼 수 있듯이,[28] 원 마소라 본문 전통 안에서 반사마리아적 수정을 가정하는 것은 결코 이례적인 일이 아니다.

---

26) 참조, F. Dexinger, Das Garizimgebot im Dekalog der Samaritaner, in: G. Braulik (Hg.), Studien zum Pentateuch (FS W. Kornfeld), Wien / Freiburg / Basel 1977, 126–129.

27) 수 8:30은 신 27:4(마소라 본문)에 의존하고 있다. 이점에 대해서 Fabry, Altarbau, 39–41을 참조하라.

28) 참조, A. Schenker, Älteste Textgeschichte der Königsbücher. Die hebräische Vorlage der ursprünglichen Septuaginta als älteste Textform der Königsbücher, OBO 199, Freiburg, Schweiz / Göttingen 2004, 185–187.

결정

두 가지 독법에 대한 본문 증거가 충분하지만, 본문이 서로 비슷하지 않기 때문에, 이것은 실수에서 비롯된 필사 오류 문제가 아니라고 말할 수 있다. 그 대신 제단 건립 장소에 대한 위치 설정의 차이는 의도적인 변경에서 비롯된 것으로 여겨진다. 이때 더 어려운 읽기(lectio difficilior) 원칙을 가지고 논증할 수 없다. 왜냐하면, 유대의 관점을 갖느냐 아니면 사마리아적인 관점을 갖느냐에 따라 이런저런 이형태들을 더 어려운 독법이라고 여길 수 있기 때문이다. 결정은 "그리심산에"를 지지하는 쪽으로 내려진다. 왜냐하면, 사마리아 오경의 영향으로 볼 수 없는 베투스 라티나를 통해서 그것이 입증되기 때문이다. 만약 반사마리아적인 수정이 그리스어로 번역되기 전에 이루어졌다고 한다면, 고대 라틴어 번역본뿐만 아니라, 그리스어 기센 파피루스 19도 헥사플라 이전의 칠십인역 초기 개정본의 독법들로 여겨질 수 있을 것이다. 아마도 내려진 결정에 여전히 그 논거가 추가로 뒷받침될 수 있을 것이다. 왜냐하면, 2007년에 제임스 찰스워스(James Charlesworth)가, 출처는 알려지지 않았지만, 신명기 27:4 하반절에서 6절까지의 본문을 포함하는 본문 난편을 구입하는 데 성공했기 때문이다. 이 단편은 대략 주전 1세기 중반의 것으로 추정되는데, 유일한 차이를 보여 주는 것까지, 다시 말하면 원래의 독법으로 추정되는 "그리심산에"라는 표현까지를 포함하여 정확하게 마소라 본문(!)을 따르고 있다.[29]

9.5.3 판독(전 3:11)

[10]나는 하나님이 인간에게 주시어 수고하게 하신 그 일을 보았다: [11]그분은 모든 것을 그것의 때에 알맞게 만드셨다. 또한, 그분은 **영원**[a]을 그들의 마음 속에 두셨다. 단지 인간은 하나님이 하시는 일을 처음부터 마지막까지 알아내지 못할 뿐이다.

11 [a] הָעֹלָם "영원" 대신에 הֶעָמָל "수고"로 읽으라(음위 전환[metathesis])

판독(判讀, 미루어 읽음)은 외적인 본문 증거 없이 추론에 따라 이루어지는 독법을 일컫는다. 그러므로 그것은 **정의**(per definitionem)한 외적인 본문비평을 거

29) H.-J. Fabry / S. Sprinkmeier, Neue Texte vom Toten Meer, Welt und Umwelt der Bibel Nr. 50 (2008), 4–6의 지시를 참조하라. 물론 발굴의 정황들이 해명될 수 없는 골동품 거래상을 통해 얻은 본문 단편들의 경우에는 항상 신중을 요한다. 그것은 아직 학문적인 출판이 이루어지기까지의 과정이 남아 있다.

스르는 것이다. 위에 제시한 경우는 〈전도서〉에서 이해하기 어려운 본문으로 널리 알려진 구절이다. "또한, 그분은 영원을 그들의 마음속에 두셨다"(『개역개정』 "또 사람들에게는 영원을 사모하는 마음을 주셨느니라"). 본문 증거들은 예외 없이 마소라 본문과 같으며, 고대 번역본들을 통해서도 확인된다. 그러므로 BHS나 BHQ 비평장치에서도 이것에 관한 본문비평 관점의 언급이 나타나지 않는다. 쿰란에서 발견된 두 개의 필사본, 곧 4QQoh[a](= 4Q109)나 4QQoh[b](= 4Q110)도 이 문제에 도움을 주지 못한다. 왜냐하면, 그것들은 지금 문제가 되는 구절을 포함하고 있지 않기 때문이다. 따라서 마소라 본문의 독법에 대한 의문은 내적인 본문비평에 해당하는 언어와 내용 검토를 통해서만 근거를 댈 수 있다.

내적인 본문비평

실제로 전도서 3:11의 전승된 본문을 문제가 있는 것으로 보는 고찰은 여럿 나열할 수 있다. 이 가운데서 정서법상의 차이로 עוֹלָם[올람] 대신 עֹלָם[올람]의 불완전 서법으로 읽는 것은 거의 비중 있게 다루어지지 않는다. 왜냐하면, 그것이 한 번의 보기로는 매우 드물긴 하지만 불가능하지는 않기 때문이다. 물론 이례적이라고 할 수 있는 것은 עוֹלָם[올람]이 독립 명사로서 사용되었다는 점이다. 이러한 보기가 구약성서 다른 곳에서는 발견되지 않는다. 오히려 구약성서의 어법은 정말 일관성 있으면서도 전도서 3:11과 모순되는 모습을 보여 준다. 이 명사는 440번 쓰인 용례 가운데 대부분이 어떤 전치사와 결합하여 나온다. 그 밖의 경우에는 연계 상태에서 속격으로서 나타나거나, 부사적 대격으로 활용된다. 이 모든 경우 이 낱말은 시간상으로 더 상세한 규정을 위해 사용되고 있으며, 예외 없이 '가장 먼 시간'(fernste Zeit)이라는 기본 의미로 거슬러 올라갈 수 있다. 이와는 달리 '영원'이라는 개념은 구약성서에서 낯설다. 구약성서 이후 시대에 나타난 묵시문학에서만 또 다른 의미의 발전을 알아볼 수 있을 뿐이다. 거기에서는 이제 עוֹלָם[올람]이 '세상' 또는 '세상의 시간'의 의미가 있는 (문법적으로) 독립 명사로 등장한다. 이때 묵시문학의 지평에서 현재의 고통스러운 세상(הָעוֹלָמ הַזֶּה '이 세상')과 미래의 구원으로 가득 찬 세상(הָעוֹלָמ הַבָּא '다가오는 세상')이 구별된다. 물론 지혜문학의 책인 〈전도서〉에서 그러한 언어 사용이 이루어졌다는 사실은 배제해야 할 것이다. 이처럼 언어 검토를 통해서 전도서 3:11의 독법이 의심스러운 것으로 드러나게 되었다. 그렇다 해도 위의 고찰이 판독 제안을 충분하게 논증했다고 아직은 말할 수 없다. 오히려 내용 검토를 통해서 마소라 본문의 독법이 그 문맥 안에서 가능하거나 받아들일 수 있는 의미를 내는가에 대한 확인이 필요하다.

내용 검토는 '누구의 마음에 주다'는 관용 표현과의 연관성에서 이루어진다. 이 표현은 구약성서에서 항상 하나님을 행동의 주어로 전제하여 사용된다. 많은 용례들에서 이 관용 표현은 지혜나 지식에 대한 하나님의 중재를 나타낸다. 예컨대, 장막을 짓는 작업을 하는 장인들의 경우 자신들의 작업을 위해 요구되는 수공업 지식을 갖추는 것을 나타낸다(출 31:6; 35:34; 36:2). 이와 마찬가지로 전도서 3:11에 따르면 하나님이 '영원에 대한 지식'과 함께 사람이 장차 마음대로 처리할 수 있는 시간의 경과에 대한 지식을 사람에게 심어 주셨다고 말할 수 있을 것이다. 하지만 이러한 이해는 미시적 문맥에서나 거시적 문맥에서나 불합리하다. 왜냐하면 전도서 3:11의 하반절에서 이미 인간은 하나님의 일을 처음부터 마지막까지 결코 알아낼 수 없다는 사실을 분명하게 밝히고 있기 때문이다. 또한 〈전도서〉는 인간은 아무것도 모른 채 늘 바뀌어가는 시간의 흐름에 내던져 있고 아무리 노력해도 그것을 통찰할 수 없다는 사실을 줄기차게 상소한다(전 8:16-17; 11:1-6). 물론 전도서 3:11의 마소라 본문을 따르는 대부분의 주석가들은 이러한 모순을 인지하며 그것을 완화하는 해석들을 통해 문제를 극복하고자 한다. 그래서, 예를 들면, עֹלָם[올람]은 '영원을 향한 갈망'(desiderium aeternis)으로서, '시대 흐름의 법칙 탐구'로서, 또는 '그때마다 순간을 넘어서는 인식에 대한 분투'로서 (다르게) 해석되었다.[30] 이것들 가운데 그 무엇도 확실히 본문에 내포되어 있거나 낱말 뜻을 통해 충족되지 않는다. 오히려 이 본문의 문제는 해석 이면에 어느 정도 숨겨져 있다. 그렇지만 전도서 3:11 본문의 올바른 뜻을 짐작하고자 하는 이러한 시도들은 의식적이든 무의식적이든 상관없이 본문을 변경하여 '영원'이라는 낱말을 인식에 대한 갈망이나 하나님이 사람에게 그것에 힘쓰도록 만드신 탐구로 대체한다는 점에서 주목할 만하다.

판독비평

지금까지 어문학의 기반을 떠나지 않고서 난해 구절(crux interpretum)을 어느 정도 만족할 만하게 해명하는 해석에 이르지 못했기 때문에, 판독 재인은 정당화될 수 있다. 곧 전승된 עֹלָם[올람] 대신 עָמָל [아말]이라고 읽으면, 모순되지 않는 의미를 얻을 뿐만 아니라 단락 전체를 포괄하는 핵심 진술을 얻게 된다. 곧 하나님은 시간(전 3:1-9)을 그 자체로 그리고 다른 것을 위해 적절하게 배치하셨을 뿐만 아니라(전 3:11상), 사람들에게 그 안에서 수고하도록 위탁하셨다(전 3:11하반α절)

30) 이 점에 관하여 A. A. Fischer, Skepsis oder Furcht Gottes? Studien zur Komposition und Theologie des Buches Kohelet, BZAW 247, Berlin / New York 1997, 235-236을 참조하라.

는 것이다. 물론 인간의 총체적인 곤경은 그가 행동하지 않을 수 없으나, 하나님의 일을 전체적으로 조망할 수 없고, 따라서 유익한 때와 무익한 때를 구분할 수 없다는 사실에 있다(전 3:11하반β절). 이러한 판독 제안은 '누구의 마음에 주다'라는 관용 표현에도 참으로 쉽게 잘 어울린다. 왜냐하면 그러한 관용적 표현이 다른 여러 본문 증거 안에서 앎에 대한 중재만이 아니라, 과제의 위임까지 나타내기 때문이다. 이를 통해서 획득된 진술 곧 하나님이 인간에게 수고하도록 위탁하셨다는 사실은, 〈전도서〉가 구약성서 이후의 지혜 사상과도 공유하는 내용이다(집회 40:1-2). 따라서 이 판독은 〈전도서〉의 사고에 명백하게 들어맞을 뿐만 아니라, 인식 비판을 보여 주는 후대의 지혜문헌의 환경에도 잘 맞는다.

물론 개선 제안의 수락은 한편으로 그것이 논란이 되는 독법의 생성을 설명할 수 있고, 다른 한편으로 의심스러운 구절의 서체를 되도록 적게 변화시키면서 도출될 때 비로소 적법하고 설득력을 얻게 된다. 바로 이것이 그러한 경우이다. 곧 전도서 3:11의 자음 본문을 살펴보면, 이미 עֹלָם[올람]이라는 이례적인 불완전 서법 자체가 전승된 마소라 본문이 עָמָל[아말]에서 글자 자리바꿈(음위전환[metathesis])으로 생겨난 것이라는 사실을 추론하도록 이끈다.[31] 이러한 과정에 대하여 다음 세 가지 논거가 제시될 수 있다. 첫째로, 구약성서에서 글자 자리바꿈은 가장 흔하게 볼 수 있는 필사 오류이다. 전도서 8:10이나 9:4도 그러한 보기에 해당한다고 말할 수 있다. 마소라 본문에서만 관찰해도 50곳에서 케레를 통해 케티브에 나타난 자음들의 자리 변화를 요구한다. 둘째로, 자리바꿈을 위해 반드시 글자 모양의 유사성이 필요한 것은 아니다. 이것은 고대의 필사본들뿐만 아니라, 현대의 출판물에서도 마찬가지로 발견되는 사항이다. ל[라메드]와 מ[멤]의 음위전환의 보기가 구약성서에 나타나지 않는 것은 사실이다. 그러나 이와 유사한 경우가 ל[라메드]와 ד)[달렛]의 자리바꿈(사 38:11), ל[라메드]와 ה[헤]의 자리바꿈(삼하 20:14) 또는 ל[라메드]와 ע[아인]의 자리바꿈(민 21:28)으로 나타난다.[32] 셋째로, 전도서 2:24와 8:15에 대한 미드라쉬 코헬렛 라바는 עָמָל[아말]이 실제로 עֹלָם[올람]으로 변경될 수 있다는 사실을 실례로 보여 준다. 두 경우 모두 음위전환이 아마도 언어학적인 대체로서 생성된 것이기는 하지만("수고" 또는 "세계"는 현재의 고통스러운 세계를 의미한다), 전도서 3:11에서 판독이 전제하듯이 이러한 예들을

31) 여기에서 멤(Mem)의 종결자음(꼬리형)은 고려하지 않아도 된다. 왜냐하면, 꼬리형은 대개 후대에 발전된 것이며 쿰란 두루마리에서도 일관되게 사용되지 않기 때문이다.

32) 참조, F. Delitzsch, Die Lese- und Schreibfehler im Alten Testament, Berlin / Leipzig 1920, 89–91 (§ 95a).

통해 적어도 동일한 낱말에서 일어난 자음 자리바꿈의 가능성이 확인된다. 결국 עֹלָם [올람]의 예상치 못한 불완전 서법 표기도 추론된 글자 자리바꿈을 통해서 분명하게 해명된다.

위에서 제안하는 판독은 논란의 여지가 있다. 왜냐하면 그것이 〈전도서〉에서 논란의 중심에 서 있는 구절을 다루고 있기 때문이다. 많은 주석가들이 이 구절에 관하여 주석적인 시도뿐 아니라 철학적인 해결 시도를 아끼지 않고 있다. 그런데도 이 개정이 〈전도서〉의 사고와 논리적으로 어울리며, 그의 근본적인 통찰과 모순되지 않는다는 사실, 그리고 사람들에게 가장 먼 시간 곧 과거와 미래가 확정적으로 열려 있다는 사실이 여전히 이러한 판독을 지지한다. 위에서 논의된 사례는 모든 판독비평이 반대 논증을 통해서 반박될 수 있는 간접 증거에 근거하고 있다는 사실을 보여 준다. 그러나 전도서 3:11을 주석하면서 영원의 개념을 가지고 작업을 하거나 이 구절에 나른 의미를 첨가하여 읽는 해석들을 주저 없이 따르기 전에, 이러한 판독 제안은 충분히 검토되어야 할 것이다.

9.6 본문비평의 의미

히브리어 성서 곧 구약의 전승은 독특하고 흥미진진하며 복합적인 본문의 역사를 우리의 눈앞에 펼쳐 보인다. 그 전승을 통과하여 지나가는 사람은 성서에 대한 또 다른 광경을 목격한다. 여러 나라들과 여러 시대의 사람들이 공통으로 거룩한 문서를 보존하려고 애썼다는 사실이 전승 곳곳에서 드러난다. 이때 그들의 관심은 서가에 있는 어떤 고대의 유물에 있지 않다. 오히려 전승자들이 깨닫고 있었으며, 오늘까지 변함없는 사실은 인간의 말로 된 성서 안에 생명의 원천인 하나님의 말씀이 흐르고 있다는 사실이다. 성경은 **거룩한 문서**(Heilige Schrift)이다. 왜냐하면, 그것은 살아 계신 하나님과 만나는 것을 가능하게 하기 때문이다. 성서가 이러한 과제를 충실하게 완수하도록 하는 것이 교회의 관심사이다. 구약성서와 신약성서의 본문비평은 교회가 이 일을 해내는 데 기여한다. 그러므로 본문비평은 단순히 학문의 과제가 아니다. 또한 그것은 교회와 선포에 봉사한다. 그것은 단순히 역사적인 기반 다지기가 아니라, 현재를 위해서도 중요하다. 본문비평은 본문 전승에 나타난 결함을 발견하는 것으로 그 목적을 이루지 않는다. 그것은 믿을 만한 성서 본문을 제공하는 것을 목표로 한다. 본문비평에 종사하는 사람들은 바로 이러한 목표를 이루기 위해서 노력해야 한다.

신학 수업 가운데 본문비평의 과제는 때때로 억지로 해야 하는 기능 실습으로 여겨진다. 그러나 이 과제를 진지하게 수행하는 사람은 그것이 방법적인 작업 도구 이상의 의미가 있다는 사실을 곧바로 알아차리게 된다. 곧 상상력, 본문에 대한 감수성, 이형태를 판단하는 능력이 요구됨을 알 수 있다. 총괄적으로 말하면 본문비평은 원래의 과제에 속한 것 이상을 수행한다. 그것은 바로 주석을 위한 관문이다. 여기에 샛문이란 없다. 그것은 성서 본문을 밝혀 주고 그 본문의 뜻을 열어 주는 기능을 수행한다. 성서 본문을 둘러싼 격렬한 논쟁과 현존하는 독법들에 대한 신중한 검토에는 이미 중요한 신학적인 질문들이 내포되어 있다. 그러한 질문들은 본문비평을 통해서 발견되고 주석을 통해서 다루어질 수 있다. 이러한 배경에서 본문비평은 결코 사소한 일이 아니라 복된 작업이다. 그 안에서 말씀과 신앙이 대립하지 않는다. 오히려 그 안에서 말씀과 신앙이 한데 연결된다. 특히 하나님이 스스로 성서를 통해 우리에게 말씀하시기 때문에 그렇다. 이러한 의미에서 이번 판의 서술도 지난 판의 마지막 문장으로 마칠 수 있다. “상황이 그러하므로, 이 책에서 안내하고자 하는 글자를 둘러싼 수고는 진정한 신학적 의미가 있다.”

9.7 참고 문헌

구약성서 본문비평 입문서

U. Becker, Exegese des Alten Testaments. Ein Methoden- und Arbeitsbuch, 2. Aufl. Tübingen 2008, 16–40.

S. Kreuzer, Textkritik, in: S. Kreuzer / D. Vieweger / u. a., Proseminar I. Altes Testament. Ein Arbeitsbuch, 2. Aufl. Stuttgart 2005, 26–48.

A. van der Kooij, Textual Criticism, in: J. W. Rogerson / J. M. Lieu (ed.), The Oxford Handbook of Biblical Studies, Oxford 2006, 579–590.

M. Noth, Methode der textkritischen Arbeit, in: ders., Die Welt des Alten Testaments. Eine Einführung, Taschenbuchausgabe Freiburg 1992, 309–322. [본문비평 작업 방법의 실행을 보여 주는 책으로서, 여전히 읽을 만한 가치가 있다.]

O. H. Steck, Exegese des Alten Testaments. Leitfaden der Methodik, 14. Aufl. Neukirchen-Vluyn 1999, 37–44.

E. Tov, Der Text der Hebräischen Bibel. Handbuch der Textkritik, Stuttgart 1997 [수많은 보기들이 있는 상세한 교과서].

J. Trebolle Barrera, The Jewish Bible and the Christian Bible. An Introduction to the History of the Bible, translated from the Spanish by W. G. E. Watson, Leiden / Grand Rapids, Michigan 1998 [히브리어 성서, 구약과 신약을 아우르는 설명].

신약성서 본문비평 입문서

K. Aland / B. Aland, Der Text des Neuen Testaments. Einführung in die wissenschaftlichen Ausgaben sowie in Theorie und Praxis der modernen Textkritik, Stuttgart 1982.

D. C. Parker, An Introduction to the New Testament Manuscripts and their Texts, Cambridge 2008.

고전 어문학의 보기들

J. Delz, Textkritik und Editionstechnik, in: F. Graf (Hg.), Einleitung in die lateinische Philologie, Stuttgart / Leipzig 1997, 51–73.

K. Dover, Textkritik, in: H. G. Nesselrath (Hg.), Einleitung in die griechische Philologie, Stuttgart / Leipzig 1997, 45–58.

본문 역사 개관

H.-J. Fabry, Der Text und seine Geschichte, in: E. Zenger (Hg.), Einleitung in das Alte Testament, Studienbücher Theologie 1,1, 7. Aufl. Stuttgart 2008, 34–59.

O. Kaiser, Grundriß der Einleitung, Bd. 1: Die erzählenden Werke, Göttingen 1992, 36–43.

G. J. Norton, Ancient Versions and Textual Transmission of the Old Testament, in: J. W. Rogerson / J. M. Lieu (ed.), The Oxford Handbook of Biblical Studies, Oxford 2006, 211–236.

연구 논문

B. Albrektson, Difficilior lectio probabilior. A Rule of Textual Criticism and its Use in Old Testament Studies, in: Remembering all the Way … A Collection of Old Testament Studies, OTS 21, Leiden 1981, 5–18.

A. van der Kooij, Zum Verhältnis von Textkritik und Literarkritik. Überlegungen anhand einiger Beispiele, in: J. A. Emerton (ed.), Congress Volume Cambridge 1995, VT.S 66, Leiden 1997, 185–202.

A. van der Kooij, Textual Criticism of the Hebrew Bible: Its Aims and Method, in: Sh. M. Paul / u. a. (ed.), Emanuel. Studies in Hebrew Bible, Septuagint, and Dead Sea Scrolls (FS E. Tov), VT.S 94, Boston / Leiden 2003, 729–740.

B. Lemmelijn, What Are We Looking for in Doing Old Testament Text-Critical Research?, JNSL (1997), 69–80.

N. Rabe, Zur synchron definierten alttestamentlichen Textkritik, BN 52 (1990), 64–97.

H.-J. Stipp, Das Verhältnis von Textkritik und Literarkritik in neueren Veröffentlichungen, BZ 34 (1990), 16-37.

IV. 도판들

IV. 도판들

1 텔 단 비문
2 모압 왕 메사의 기념비
3 예루살렘 실로아 명문
4 라기스 오스트라콘 4
5 엘레판틴 파피루스
6 나쉬 파피루스
7 쿰란 제1 동굴 입구
8 제1 동굴에서 나온 두 항아리
9 제4 동굴에서 발굴된 쿰란 단편 가운데 두 단편
10 첫 번째 〈이사야〉 두루마리
11 첫 번째 〈이사야〉 두루마리(본문)
12 두 번째 〈이사야〉 두루마리
13 〈하박국 주석〉
14 고대 히브리어 문자의 〈레위기〉 단편
15 제4 동굴의 〈전도서〉 단편
16 무라바아트에서 발굴된 열두 소예언서 두루마리
17 바벨론식 방점 표기를 한 필사본 낱장
18 바벨론식 방점 표기를 한 하프타롯 단편
19 팔레스타인 모음 체계의 단편
20 카이로 코덱스(C)
21 알레포 코덱스(A)
22 오리엔탈 코덱스(Codex Oriental) Ms. 4445 (B)
23 토라 필사본
24 레닌그라드 코덱스(L)
25 특별한 모음 체계의 필사본
26 야콥 벤 하임의 제2 랍비 성서
27 사마리아 오경 3개 언어 대조 성서 (Samaritanische Triglotte)
28 파피루스 라일랜즈 그릭 458 (Papyrus Rylands Greek 458)
29 파피루스 푸아드 266 (Papyrus Fouad 266)
30 그리스어 열두 소예언서 두루마리
31 체스터 비티 파피루스 967 (Chester-Beatty-Papyrus 967)
32 베를린 〈창세기〉 필사본
33 시나이 코덱스(S)
34 밀라노 헥사플라 단편
35 콜베르토-사라비아누스 코덱스 (Codex Colberto-Sarravianus [G])
36 마르칼리아누스 코덱스 (Codex Marchalianus [Q])
37 시리아어 헥사플라 필사본
38 카테나 필사본
39 페쉬타 필사본
40 콘스탄츠 고대 라틴어 예언서 단편
41 루그두넨시스 코덱스 (Codex Lugdunensis)
42 불가타 재독필사본
43 아미아티누스 코덱스 (Codex Amiatinus)
44 콥트어 파피루스 코덱스
45 에티오피아어 필사본
46 아랍어 필사본
47 콤플루툼 여러말대조성서
48 고대 히브리어 알파벳 비교표

1 텔 단 비문
기원전 825년 무렵, 예루살렘: 이스라엘 박물관

텔 단 비문은 지난 수십 년 사이에 얻게 된 몇 안 되는 주요 발굴물 가운데 하나다. 이 비문은 A 단편의 제9행에서 "다윗의 집"을 언급함으로써 다윗 왕조의 존재에 대한 최초이자 가장 오래된 증거를 보여 준다. 본문은 어떤 아람 왕의 승전비문의 내용을 담고 있다. 비문은 그 왕의 등극과 이스라엘과 다윗의 집안 왕들을 죽이게 되었던 군사 원정을 서술한다. B2 단편 끝부분에 두 왕의 이름이 보존되어 있는데, 이스라엘 왕의 이름에서 "-람" 그리고 유다 왕의 이름에서 "-야후"만이 남아 있다. 성서의 남북 왕조에서 왕들의 이름이 이렇게 끝나는 것은 한 경우밖에 없어서, 왕들의 이름 나머지 부분을 '이스라엘 왕 아합의 아들 [요]람'(850-845년)과 '다윗 집안의 왕 요람의 아들 [아하스]야후'(845년)로 채울 수 있게 해 준다. 실제로 성서의 연대기에 따르면 두 왕은 아람 사람 하사엘이 다메섹에서 등극했던 845년에 죽었다. 이에 따라 하사엘이 승전한 뒤에 이 비문을 만들어서 단에 승전비를 세우게 했음이 거의 확실하다. 이 성읍이 나중에 이스라엘에 다시 귀속되었을 때, 사람들은 그 기념비를 부수고, 그 조각들을 바깥 성문 앞뜰을 짓는 데 썼다.

바로 거기서 1993년에, 성벽을 쌓는 데 다시 쓰인 텔 단 비문의 A 단편이 발견되었다. 요새 구조물이 기원전 8세기에 생겨난 것이기 때문에 그 성벽의 한 조각으로 쓰인 부서진 비문 단편은 그것보다 더 오래되었을 것이다. 비문 단편은 곧바로 출간되었고, 격렬한 학문적 논쟁을 불러일으켰다. 왜냐하면 "다윗의 집"이라는 자음은 '(하나님의) 도드의 집'으로 읽을 수도 있는데, 그러면 단 성읍의 지역 성소와 관련이 있을 수도 있기 때문이다. 비문 학자들이 계속해서 올바른 해석을 두고 논쟁하고 있는 동안에, 다른 학자들은 비문의 또 다른 조각이 있는지 면밀하게 찾았고, 8m 정도 북쪽의 성벽 주춧돌에서 또 다른 조각 B2 단편을 발굴해 냈다. 그리고 북동쪽의 토사 더미에서 마침내 B1 단편을 찾아냈다. 그런 뒤에 비문은 한데 합쳐졌고, '다윗의 집'이라는 읽기가 옳다고 입증되었다.

도판: 이스라엘 문화재 관리국(Israel Antiquities Authority)에서 게재를 허락함 (사진 저작권: 이스라엘 박물관, 예루살렘).

본문 편집: Schwiderski, Inschriften, TDanSt(9); Donner / Röllig, KAI I, 5. Aufl., Nr. 310; 본문 번역: TUAT Ergänzungslieferung, 176-179.

참고 문헌 목록: I. Kottsieper, Die Inschrift von Tell Dan, in: M. Dietrich / I. Kottsieper (Hg.), »Und Mose schrieb dieses Lied auf« (FS O. Loretz), AOAT 250, Münster, 1998, 475-500 (Lit.).

2 모압 왕 메사의 기념비
기원전 825년 무렵, 파리: 루브르 박물관

1868년에 선교사 클라인(Klein)은 요단강 동편 아르논 북부에 있는 메사의 수도 디본(오늘날의 디반)에서 검은색 현무암에 새겨진 승전비를 발견했다. 비문은 메사가 40년 동안 모압을 압제하던 이스라엘에 대해 승리한 것을 기리는 내용이다(참조, 왕하 3:4-27). 이어서 비문은 모압 왕의 성읍 건축물에 대해서 보도한다. '페니키아-고대 히브리어' 문자로 기록된 34행 가운데 27행이 완전하게 보존되었는데, 끝부분 행들의 가장자리는 부분적으로 부서져 나갔다. 비문 학자 앙드레 르메르(André Lemaire)의 복원에 따르면 31행은 다음과 같이 읽을 수 있다. "그리고 하우로넨에는 다윗의 집이 살고 있었다." 여기서 말하는 하우로넨을 사해 남동쪽 끝에 자리 잡은 성서의 호로나임과 동일시한다면, 다윗으로 일컬어진 유다의 왕실이, 메사가 이 모압 성읍을 다시 모압으로 되돌려 놓기 전에, 일시적으로 이 성읍을 지배했을 수 있다. 이 재구성 본문이 맞을 경우, 우리는 텔 단 비문과 더불어 다윗 왕조에 대한 두 번째 증거를 가지고 있는 셈이다. 메사 비문은 당연히 기원전 9세기 이스라엘 역사 재구성에도 중요할 뿐 아니라, 종교사의 관점에서도 흥미롭다. 곧 이 비문에는 모압의 주신인 그모스가 여러 번 언급되지만, 18행에서 이스라엘의 하나님 여호와도 언급되기 때문이다.

기념비에 기록된 서체는 상당히 발전된 형태이며, 이미 흘림체와 간소화의 경향을 내보인다. 게다가 낱말들은 물론 문장들도 구분되어 있다는 점은 유례가 드물다. 낱말과 낱말을 구분하는 데는 점이 쓰였고, 문장들은 짧은 세로줄로 서로 분리되어 있다.

비문을 발견한 뒤 곧바로 어떤 젊은 프랑스인이 이 기념비의 탁본을 만들었다. 그리고 이것은 아주 행운이었음이 밝혀졌다. 왜냐하면 얼마 지나지 않아서 베두인들이 비문을 쪼갰기 때문이다. 그래도 쪼개진 조각들을 그 이전에 만들어 놓은 탁본을 바탕으로 다시 합칠 수 있었다. 이렇게 하여 재구성된 기념비(높이 1m, 너비 0.6m)는 지금 파리 루브르 박물관에 소장되어 있다.

도판: 프랑스국립박물관연합(Réunion des Musées Nationaux)에서 게재를 허락함(사진 저작권: bpk / RMN / Franck Raux).
본문 편집: Donner / Röllig, KAI, Nr. 181; 본문 번역: Beyerlin, Textbuch, 253-257; TUAT I/6, 646-650.

3 예루살렘 실로아 명문
HAE-약자: Jer(8):3, 기원전 700년 무렵, 이스탄불: 고대사 박물관

1880년에 기혼 샘(오늘날의 마리엔 샘)에서 실로아 연못으로 이어지는 지하 암석 수로 출구의 암벽에서 고대 히브리어 철자로 기록된 명문(銘文)이 발견되었다. 이름도 없고, 연대 표기도 담고 있지 않지만, 이 비문은 히스기야(기원전 725-697년)가 축조한 지하 수로와 연관될 수 있으며(왕하 20:20), 그래서 기원전 700년 무렵으로 거슬러 올라간다. 터널은 두 무리가 북쪽과 남쪽에서 동시에 암벽을 쪼아 작업하였다. 이것은 고대 건축술의 위대한 업적 가운데 하나로 여겨진다. 양쪽 작업 행렬이 서로 접근했던 구역을 오늘날도 여전히 볼 수 있는데, 방향이 조금 수정되어 있다. 마침내 작업자들은 서로 곡괭이 소리를 들을 수 있었고, 완전히 뚫릴 때까지 서로 소리쳐 의사소통할 수 있었다.

두 무리의 작업자들이 서로 만났던 순간의 긴장감이 명문에 기록되어 있다. 명문은 높이 23cm, 너비 66cm이다. 본문은 "[이렇게] (터널이)[1] 관통되었다. 그리고 관통의 상황은 이러했다…"라는 말로 시작한다. 본문을 기록하기 위해서 암벽은 대략 55×66cm 정도의 크기로 편편하게 만들어졌다. 여섯 줄의 명문은 편편한 면의 아래 반쪽 부분에 자리 잡고 있다. 그렇다면 그 위에 편편한 부분에는 그림이 더해져 있었을까? 아니면 앞부분이 소실된 것인가?

명문이 발견된 뒤에 맨 먼저 석고 모형이 만들어졌다. 몇 년 뒤에 어떤 도굴꾼이 이 명문을 암벽에서 떼 내어 팔려고 하였다. 그 과정에서 명문은 여러 조각으로 깨졌다. 터키인들은 깨진 조각들을 확보한 뒤에 그것을 이스탄불로 옮기고 거기서 맞췄다. 현재 복원된 암벽 명문은 이스탄불 고대사 박물관에 소장되어 있다.

사진 출처: D. Diringer, The Alphabet. A Key to the History of Mankind, New York 1948.
본문과 번역: Renz / Röllig, HAE I, 178-189; Donner / Röllig, KAI, Nr. 189.

---

1) [역자주] "(터널이)"라는 문구는 독자의 이해를 돕기 위해 역자가 첨가한 것이다.

4 라기스 오스트라콘 4
HAE-약자: Lak(6):1.4, 기원전 589–588년 무렵, 예루살렘: 이스라엘 박물관

1935년과 1938년에 이루어진 발굴에서 성서의 라기스(오늘날의 텔 에드 두베이르)에 있는 성문 구조물 공간에서 고대 히브리어 서체로 기록된 토기 조각이 처음에는 18점, 그다음에 3점이 더 발굴되었다. 이 토기 조각들은, 성읍이 바벨론 사람들에게 파괴될 때 생긴 것이 분명한 화재 층에 있었다. 그렇다면 이 오스트라콘 조각들은 기원전 588/587년 나라와 성전이 멸망하기 전, 남왕국 마지막 때의 것이다. 내용을 보면, 대부분 바벨론 침공 동안 곤경에 빠진 유다의 상황을 우리에게 전해주는 군사 서신들이다.

옆쪽의 그림에서 보이는 편지는 양면에 잉크로 기록된 저장용 항아리 조각이다. 늘 그렇듯 토기 조각의 바깥 면에 먼저 기록되었다. 글 쓸 자리가 부족해지자, 기록자는 좀 덜 매끈한 안쪽 면으로 돌렸다. 수신자가 누구인지 나와 있지는 않지만, 편지는 요새의 지휘관에게 보내진 것으로 보인다. 편지의 본문은 축복으로 시작하여, 곧바로 받은 명령의 수행을 통지한다. 끝부분에서 기록자는 라기스에서 훈련 목적으로 피운 것이 분명한 연기 신호를 보았다고 보고한다.

본문은 세련된 필기체로 기록되었는데, 이는 한 세기 이전의 문헌 전통의 결과다. 하지만 낱말 구분선은 매우 불규칙하게 덧붙여졌다. 언어 면에서 이 오스트라콘은 성서 히브리어를 입증해 주며, 특히 〈예레미야〉와 〈신명기〉를 생각나게 해준다. 히브리어학에서 어문학, 고문서학, 그리고 역사적으로 큰 의미가 있다. 오늘날 이 오스트라콘의 일부는 예루살렘의 이스라엘 박물관에, 일부는 런던에 보존되어 있다.

사진 출처: H. Torczyner, Lachish I (Tell ed-Duweir): The Lachish Letters, London 1938.
본문 편집과 번역: Renz / Röllig, HAE I, 419-422; Donner / Röllig, KAI, Nr. 194; TUAT I/6, 622.

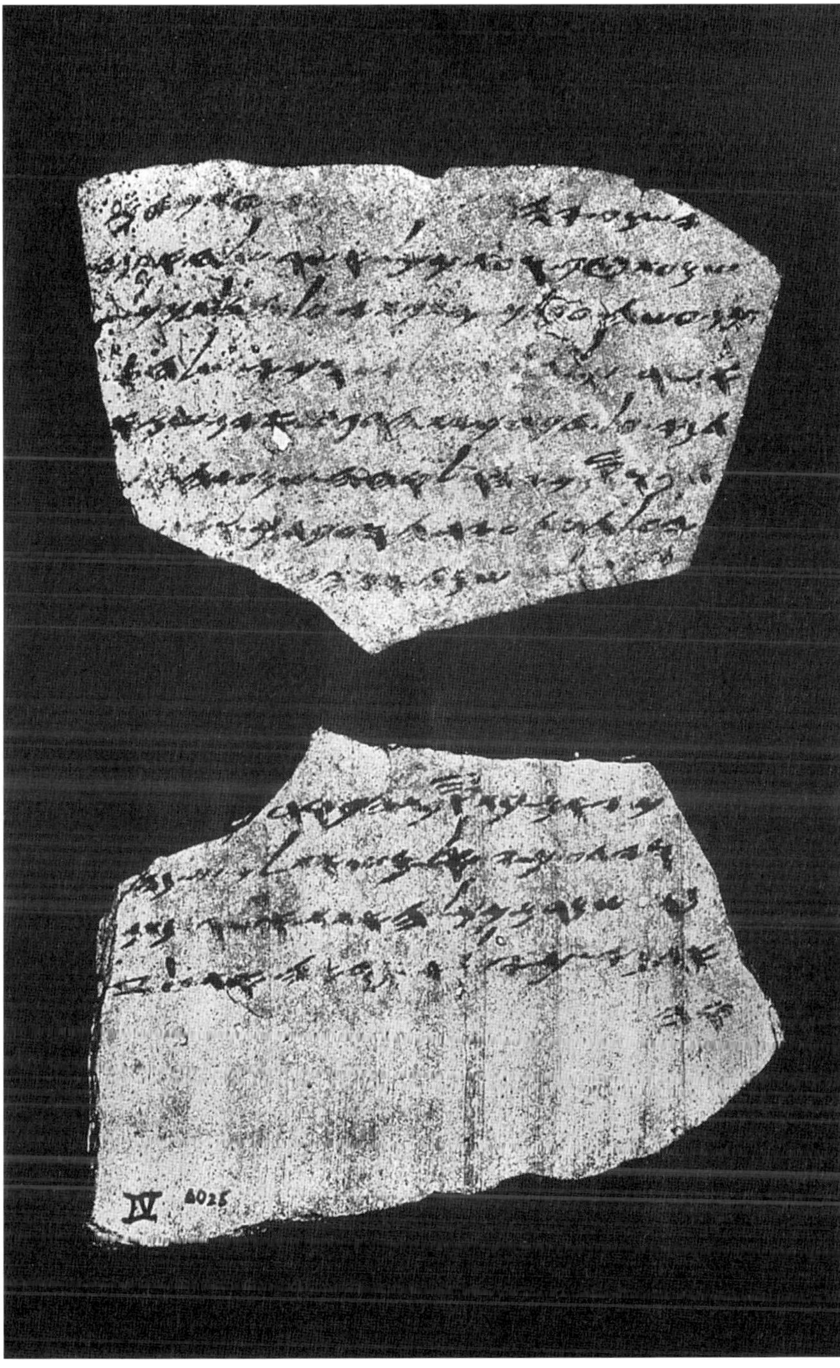

5 엘레판틴 파피루스 코울리-파피루스 30, 기원전 408년, 본문: 바고히(Bagohi)에게 보낸 편지 1–17행(앞면[recto])

1907년과 1908년에 아스완 맞은편 나일강 유역의 엘레판틴섬에서 베를린 파피루스 위원회의 위임에 따라 이루어진 발굴에서 아람어와 아람 문자로 기록된 수많은 파피루스가 모습을 드러냈다. 이 파피루스는 기원전 5세기의 것으로, 편지, 법률 문서, 아히카르 이야기 단편, 베히스툰에 있는 다리우스 비문의 아람어 번역 단편 등을 포함한다. 이 문헌은 나일강 유역의 이 섬에 독자적인 야후(Jahu) 성전(여호와라는 신명은 엘레판틴 파피루스에서 언제나 야후로 쓰임)을 가지고 있었던 '유대 군사 거류 지역'이 존재했다는 것을 입증한다. 야후와 더불어 여기서는 에쉠-베텔, 아낫-베텔, 아낫-야후, 그리고 헤렘-베텔 등의 신들도 언급된다.

다음의 편지는 엘레판틴의 유대 공동체가 예후다 속주의 총독에게 보내는 진정서의 앞면이다. 이 편지는 인접한 크눔 신전의 이집트 제사장이 주도한 자기네 성전의 파괴에 대해 보고한다. 이어서 성전 재건의 허가와 지원을 요구한다. 신명 "야후"는 "하늘의 주님"이라는 별칭과 더불어 15행 마지막에 나타난다(יהו מרא שמיא). 그밖에 29행(뒷면[verso])의 첨가 부분에서 표기된 것처럼, 같은 내용의 편지가 사마리아 총독의 아들들에게도 갔다.

이 파피루스는 페르시아 시대에 아람어와 아람 문자가 광범위하게 분포되었던 것을 인상 깊게 입증해 준다. 히브리어 정방형 문자는 물론, 나바테아 문자, 팔미라 문자, 그리고 시리아 문자(에스트랑겔로[Estrangelo])에서 생겨난 아람 문자는 페니키아-알파벳 문자와 더불어 북셈어의 두 번째 갈래를 보여 준다. 엘레판틴 문서에까지 이르는 아람 문자의 초기 증거들을 통해서, 다음과 같은 특징을 보여 주는 글자 형태의 발전을 알아볼 수 있다. a) 몇몇 글자의 위와 옆이 열려 있음(베트와 달렛, 레쉬와 아인), b) 개별 획수 축소(예를 들어, 헤트와 테트), c) 모서리가 둥글어지고, 합친 글자가 발전함. 기원전 5세기에 변형이 완료되었다는 사실은 특히 파피루스의 필기체 아람 문자에서 알아볼 수 있다.

사진 출처: E. Sachau, Aramäische Papyrus und Ostraka aus einer jüdischen Militär-Kolonie zu Elephantine, Band: Tafeln, Leipzig 1911, Tafel 1.
본문: Schwiderski, Inschriften, A:4.7(5); 본문 번역: TUAT I/3, 254-356.

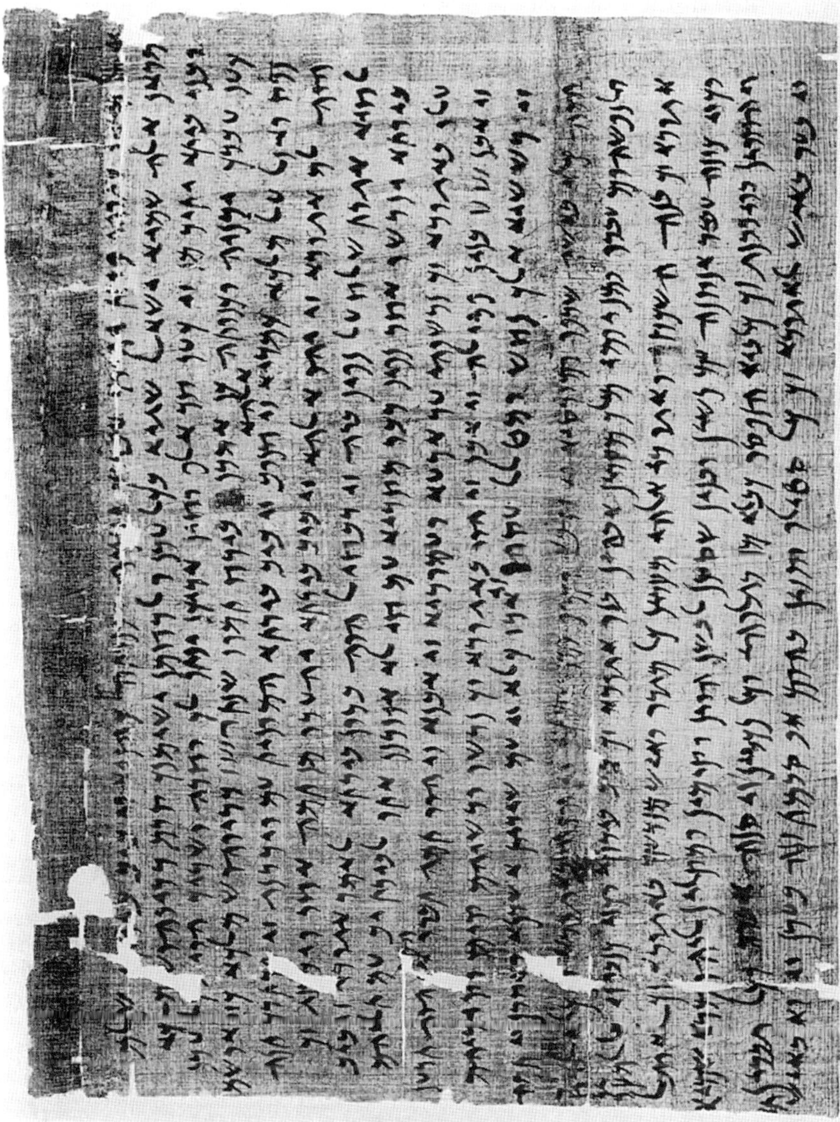

6 나쉬 파피루스

기원전 2/1 세기, 케임브리지: 대학도서관(Ms Or 233),
본문: 십계명, 출애굽기 20장과 신명기 5장에 따라 ( )를 채움

(אנכי י)הוה אלהיך אשר (הוצא)תיך מארץ מ(צרים)
(לוא יהיה ל)ך אלהים אחרים (על־פנ)י לוא תעשה (לך פסל)
(וכל תמונה) אשר בשמים ממעל ואשר בארץ (מתחת)
(ואשר במים) מתחת לארץ לוא תשתחוה להם (ולוא)
(תעבדם כי) אנכי יהוה אלהיך אל קנוא פק(ד עון אבות)
(על בני)ם על שלשים ועל רבעים לשנאי (ועשה חסד)
(לאלפים) לאהבי ולשמרי מצותי לוא ת(שא את שם)
(יהוה א)להיך לשוא כי לוא ינקה יהוה (את אשר)
(ישא את ש)מה לשוא זכור את יום השבת ל(קדשו)
(ששת ימים) תעבוד ועשית כל מלאכתך וביום (השביעי)
(שבת ליהוה) אלהיך לוא תעשה בה כל מלאכ(ה אתה)
(ובנך ובתך) עבדך ואמתך שורך וחמרך וכל ב(המתך)
(וגרך אשר) בשעריך כי ששת י(מי)ם עשה י(הוה)
(את השמי)ם ואת הארץ את הים ואת כל א(שר בם)
(וינח ביום) השביעי עלכן ברך יהוה את (יום)
השביעי ויקדשיו כבד את אביך ואת אמ(ך למען)
ייטב לך ולמען יאריכון ימיך על האדמה (אשר)
יהוה אלהיך נתן לך לוא תנאף לוא תרצח לו(א)
(תג)נב לוא תענה ברעך עד שוא לוא תחמוד (את)
(אשת רעך לו)א תתאוה את ב(י)ת רעך שד(הו ועבדו)
(ואמתו וש)ורו וחמרו וכל אשר לרעך
(ואלה החק)ים והמשפטים אשר צוה משה את (בני)
(ישראל) במדבר בצאתם מארץ מצרים שמ(ע)
(ישרא)ל יהוה אלהינו יהוה אחד הוא וא(הבת)

사진 출처: 케임브리지 대학교 도서관에서 게재를 허락함.

7 쿰란 제1 동굴 입구

1947년 초에 예루살렘에는 사해 근처에 있던 동굴에서 베두인들이 찾아낸 유명한 필사본들이 나타났다. 그것들 가운데는 첫 번째 〈이사야〉 두루마리(1QJes[a]), 〈공동체 규율〉(1QS, 1QS[a]와 1QS[b]), 그리고 〈하박국 주석〉(1QpHab)이 있었다. 동굴 자체는 팔레스타인에서 벌어진 전쟁 때문에 1949년에 가서야 찾아낼 수 있었으며, 랑케스터 하딩(Lankester Harding)과 롤랑 드 보(Roland de Vaux)의 지휘 아래 조사가 진행되었다. 하지만 발굴자들은 광범위한 본문을 더 발굴해 내지는 못했다. 그 뒤에 이어진 그 주변 지역 탐색에서 고대에 사용되었던 흔적이 밝혀진 동굴들이 30개 정도 더 확인되었다. 그 동굴들 가운데 열 곳(제2 동굴-제11 동굴)에서 다시금 더러 꽤 길고 중요한 내용을 담고 있는 필사본 조각들이 발굴되었다.

이 모든 동굴은 키르벳 쿰란 근처에 있었다. 고대의 거주지는 대략 기원전 100년 무렵에 문서 두루마리 제작소나 농업 활동을 위해 세워져서, 제1차 유대 전쟁 때(기원후 66-70년)까지 존재했다. 결국에는 기원후 68년에 로마 군대가 이곳을 파괴하였다. 아마도 후대에 발견된 두루마리들은 그 이전에 이 거주지에 있었을 것이며, 전쟁 가운데서 그것들을 지키기 위해 거기서 근처에 있는 동굴로 옮겼을 가능성이 높다. 쿰란이 파괴된 뒤에 로마인들은 그 거주지를 군사 거점으로 삼았다. 나중에 그곳은 제2차 유대 전쟁 때 반란군의 근거지 구실을 하였을 것이다.

제1 동굴은 팔레스타인에서 특히 건조한 지역에 있으며, 여리고에서 남쪽으로 12km, 쿰란 거주지에서 북쪽으로 1km 떨어진, 해발 150m의 오르기 힘든 급경사 지역에 자리 잡고 있다. 동굴의 원래 입구는 다음 그림에서 화살표로 표시된 둥글고 작은 바위틈이었다.

사진 출처: 사진 저작권: Radu Mendrea.

8 제1 동굴에서 나온 두 항아리

다음의 그림에 나타난, 온전한 형태로 보존된 뚜껑 닫힌 항아리는 제1 동굴이 발견되었을 때 베두인들이 가져가서, 나중에 수케닉(Sukenik) 교수(예루살렘)가 사들인 것이다. 이 항아리들은 각각 (뚜껑을 제외하고) 65.7cm와 47.5cm 높이이며, 지름은 25cm와 26.5cm이다. 이들은 두루마리를 외부의 영향으로부터 보호해 주었음이 분명하다.

이 동굴의 학술 조사 과정에서 50개 정도의 같거나 비슷한 종류의 항아리 조각들이 더 발견되었다. 각각의 항아리가 세 개 이상의 두루마리를 담을 수 있었기 때문에, 한때 150-200개의 문서 두루마리가 그 동굴에 있었을 수 있다고 거듭 추정되곤 하였다. 하지만 그에 대한 증거는 없다. 다만 이 동굴이 수백 년 전에 벌써 한 번 도굴되었다고 여길 수 있을 뿐이다. 이 경우 네스토리우스파의 교부인 셀레우키아의 티모테우스 1세(727-823년)의 편지를 참조할 수 있는데, 어떤 아랍인 사냥꾼이 자기 사냥개에 이끌려 한 동굴에 들어갔는데, 거기에는 수많은 책이 있었다고 전한다. 그리하여 그 사냥꾼은 예루살렘으로 가서, 유대인들에게 자기가 발견한 것을 전했으며, 그들은 가서 동굴에서 히브리어 문자로 기록된 구약성서의 책들과 다른 두루마리들을 찾았다는 것이다.

같은 종류 또는 비슷한 종류의 항아리들이 인접한 동굴들과 쿰란 거주지 자체에서도 발견되었다. 이것들은 연대 추정에 중요하다. 왜냐하면, 이 모든 도기는 헬레니즘 시대와 로마 시대에 만들어졌기 때문이다.

사진 출처: E. L. Sukenik, Megillot Genuzot II, Jerusalem 1950.
참고 문헌: O. Eißfeldt, Der gegenwärtige Stand der Erforschung der in Palästina neu gefundenen hebräischen Handschriften. 7. Der Anlaß zur Entdeckung der Höhle und ihr ähnliche Vorgänge aus älterer Zeit, ThLZ 74 (1949), 597-600 (= Kleine Schriften III, Tübingen 1966, 71-74).

9 제4 동굴에서 발굴된 쿰란 단편 가운데 두 단편
4QSam^{b}(= 4Q52), 기원전 3세기, 4QDtn^{q}(= 4Q44), 기원전 1세기 후반

a) 〈사무엘〉 단편(삼상 23:9-13)

4QSam^{b} 두루마리 단편은 가장 오래된 쿰란 성서 본문 가운데 하나이며, 기원전 3세기 중반 무렵으로 추정된다.

사진 출처: 이스라엘 문화재 관리국이 게재를 허락함(PAM 43.076).
본문과 해설: DJD XVII, 219-246.

b) 모세의 노래 〈신명기〉 단편(신 32:43)

모세의 노래 일부가 기록된 단편들은 특히 주목할 만하다. 왜냐하면, 이 단편은 (칠십인역과 더불어), 짧아지고 신화적인 요소들을 제거한 마소라 본문보다 더 원래의 본문을 담고 있기 때문이다. 그래서 여기서 제시된 43절의 마소라 본문에는 천상(의 존재)과 신들에 대한 경배가 빠져 있다.

4QDtn^{q}	마소라 본문
הרנינו שמים עמו	הרנינו גוים עמו
והשתחוו לו כל אלהים	
כי דם בניו יקום	כי דם־עבדיו יקום
ונקם ישיב לצריו	ונקם ישיב לצריו
ולמשנאיו ישלם	
ויכפר אדמת עמו	וכפר אדמתו עמו
하늘이여 그분의 백성과 함께 즐거워하라	모든 민족들아 주의 백성과 즐거워하라
그리고 모든 신들아 그분께 경배하라	
이는 자기 아들들의 피를 되갚으셨고	주께서 그 종들의 피를 갚으사
그리고 자기 대적들에게 복수하셨으며	대적들에게 복수하시고
자기를 미워하는 자들에게 앙갚음하셨으며	
자기 백성의 땅을 속죄하셨음이다.	자기 땅과 자기 백성을 위하여 속죄하시리로다

세 개의 평행법으로 단락을 구성하는 시문학적인 구조도 쿰란 두루마리를 원래의 본문으로 여기도록 해 준다. 반면에 짧아진 마소라 본문에는 각각 평행된 진술을 전하는 첫 번째와 마지막의 행 절반이 빠져 있다.

사진 출처: 이스라엘 문화재 관리국에서 게재를 허락함(PAM 41.350).
본문과 해설: DJD XIV, 137-142.

10 첫 번째 〈이사야〉 두루마리
1QJes[a], 기원전 125–100년, 예루살렘: 책의 전당(Schrein des Buches)

첫 번째 〈이사야〉 두루마리는 32와 33단(사 38:8-40:28)을 가운데로 해서 말아져 있다. 이 두루마리는 개별 가죽 조각들을 한데 묶어서 만들었음을 분명히 볼 수 있다. 두루마리는 오른쪽에서 시작해서 가운데에 두 단으로 본문 필사 공간(Satzspiegel)이 있고, 왼쪽에서 끝나도록 만들어졌음을 알 수 있다. 다음 두 단의 본문을 읽으려면('[책장을] 넘기려면') 왼손으로 두루마리를 더 돌려 펴고, 오른손으로는 읽은 부분을 다시 감는다. 필사본의 끝부분에는 필사되지 않은 부분을 두어서, 전체 두루마리를 감싸서 보호할 수 있게 하였다.

발굴 장소(제1 동굴)를 확인하고 조사한 뒤에야 발견된 두루마리가 오래되었으며 진품이라는 사실이 분명해질 수 있었다. 골동품상에게서 입수할 때는 여전히 의심받기는 했지만, 첫 번째 〈이사야〉 두루마리가 도굴된 것으로 볼 수 있게 되었다. 연대 추정의 문제에서도 의미 있는 진보를 이루었다. 로마 군대가 쿰란 거주지에 이르기 전에 필사본들이 동굴들에 숨겨져 있었기 때문에, 그곳이 파괴된 해(기원후 68년)가 필사본 완성의 하한선(terminus ante quem)으로 여겨진다. 필사본을 보관할 때, 당연히 필사본들은 상당히 오래 사용한 상태였을 수 있다. 이것은 부분적으로 고대에 아주 많이 사용한 흔적이 있는 데서도 짐작할 수 있다(참조, 도판에 있는 두루마리의 뒷부분).

필사본 두루마리의 연대 추정에 가장 중요한 도구는 히브리어 고문서학이다. 고문서학은 기원전 3세기부터 기원후 2세기까지 문자의 발전을 추적할 수 있게 해주며, 개별 문서를 이 발전 단계 안에 정렬할 수 있게 해 준다. 그 관점에서 첫 번째 〈이사야〉 두루마리는 문자의 형태에서 제1 동굴의 가장 오래된 두루마리일 것이다. 이 두루마리는 기원전 2세기의 사사분기로 추정할 수 있다. 자음 카프와 페, 그리고 '차데'에는 종결자음(꼬리형)이 아직 없다.

사진 출처: E. L. Sukenik, Megillot Genuzot II, Jerusalem 1950.

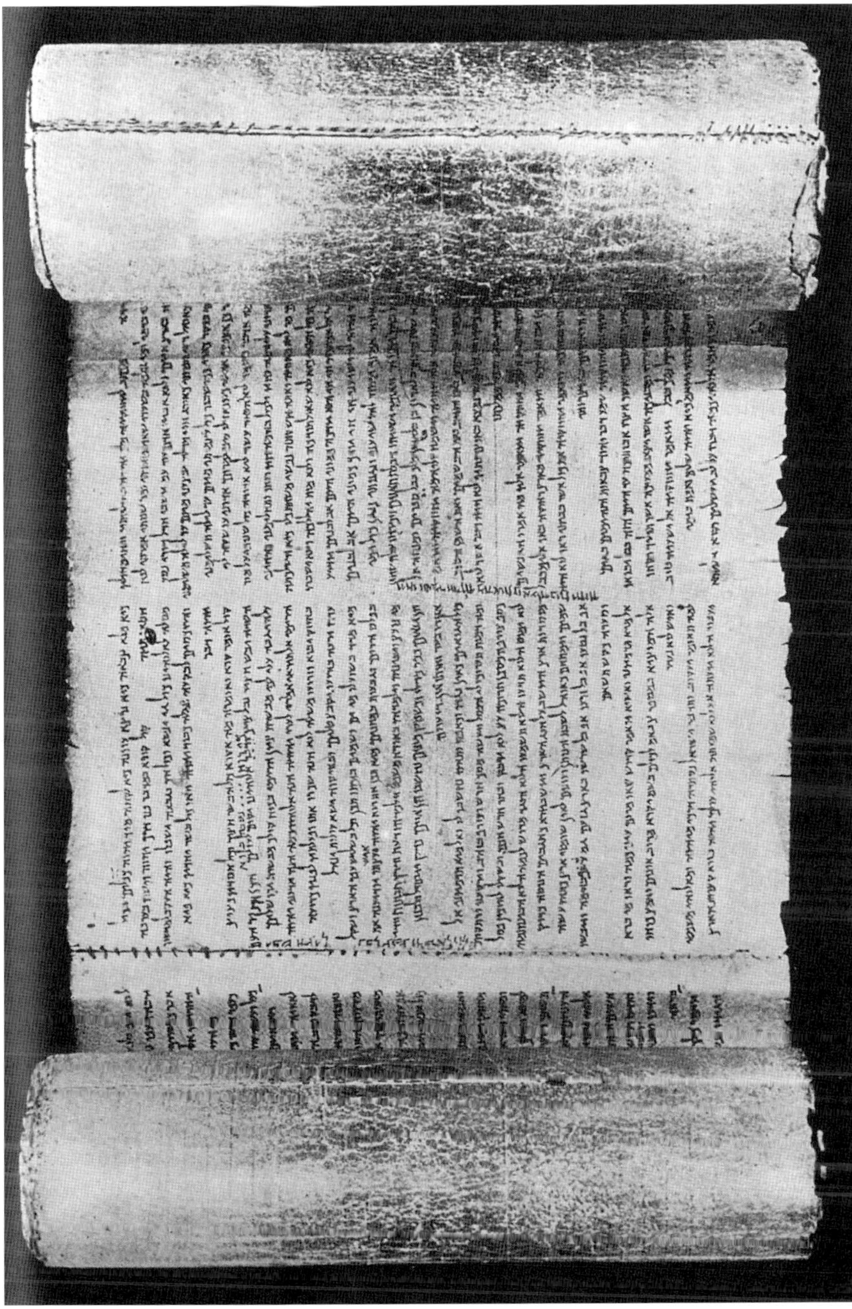

11 첫 번째 〈이사야〉 두루마리(본문)

그림은 이사야 40:6-20의 본문을 보여 준다. 여기서 〈이사야〉 두루마리의 원래 본문에는 7-8절에서 마소라 본문에는 있는 다음의 내용이 없음을 알 수 있다.

כי רוח יהוה נשבה בו אכן חציר העם יבש חציר נבל ציץ

어떤 후대의 수정자가 행간과 단의 왼쪽 난외에 이 본문을 덜 세련된 글씨로 첨가했다. 이에 대한 설명으로는 유사문미탈락(Homoioteleuton)을 통한 누락에서 비롯되었다는 것이 수긍이 간다. 곧 필사자의 눈이 7절의 **נבל ציץ**('꽃이 시든다')에서 곧장 앞으로 건너뛰어서 8절의 같은 표현으로 갔다는 것이다. 하지만 누락된 구절이 칠십인역에서도 빠져 있으며, 오리게네스가 이 본문을 아스테리스코스(asteriscos: ※)로 표시했다는 사실은 흥미롭다. 이런 본문 상태는 다양하게 판단할 수 있다. 한편으로는 〈이사야〉 두루마리의 원래 본문과 칠십인역 사이의 일치는 그저 우연이라고 생각할 수 있다. 그리하여 유사문미탈락이 여기저기서 본문 탈락으로 이어졌을 것이다. 그러나 다른 한편으로는 마소라 본문은 칠십인역의 대본과 〈이사야〉 두루마리에는 아직 없었던 본문이 후대에 확장된 결과일 가능성도 있다.

행간에 기록된 추가 본문에는 신명인 여호와 대신에 점 네 개가 있다. 필사자가 신명에 맞닥뜨려 그것을 기록할 엄두도 내지 못할 정도로 두려움을 느꼈던 것일까? 좀 더 개연성 있는 가정은, 그가 나중에 다른 서체로 신명을 써넣기 위해서 신명이 들어갈 자리를 남겨 두었을 것이라는 사실이다. 아무튼, 다른 본문에서는 이런 방식으로 신명 여호와를 나중에 고대 히브리어 철자로 써넣는 과정을 거쳤다. 7절의 낱말 **דבר** 아래 있는 점은 또 다른 뜻일 수 있다. 아마도 이 점들은 표시된 철자, 그리고 그것이 이루는 낱말을 지울 것을 지시할 것이다. 따라서 삭제 표시와 관련된다.

이 단락의 수많은 이형태 가운데서 다음의 두 개가 특히 중요하다. 이사야 40:6에서 (마소라 본문의 **ואמר**와 다른) **ואומרה**('그리고 **내가** 말했다')는 일반적인 수정인 **וָאֹמַר**(참조, 칠십인역과 불가타)가 옳았음을 입증해 준다. 그리고 이사야 40:17에서 (마소라 본문의 **מאפס**와 다른) **וכאפס** '그리고 아무것도 아닌 것처럼'은 **כְּאֶפֶס**(참조, BHS의 해당 본문비평 각주)라는 판독을 지지해 준다.

사진 출처: 이스라엘 문화재 관리국에서 게재를 허락함(사진 저작권: 이스라엘 박물관, 예루살렘).
본문: P. W. Flint / E. Ulrich, Qumran Cave 1.II: The Isaiah Scrolls, DJD XXXII, Oxford 2010.

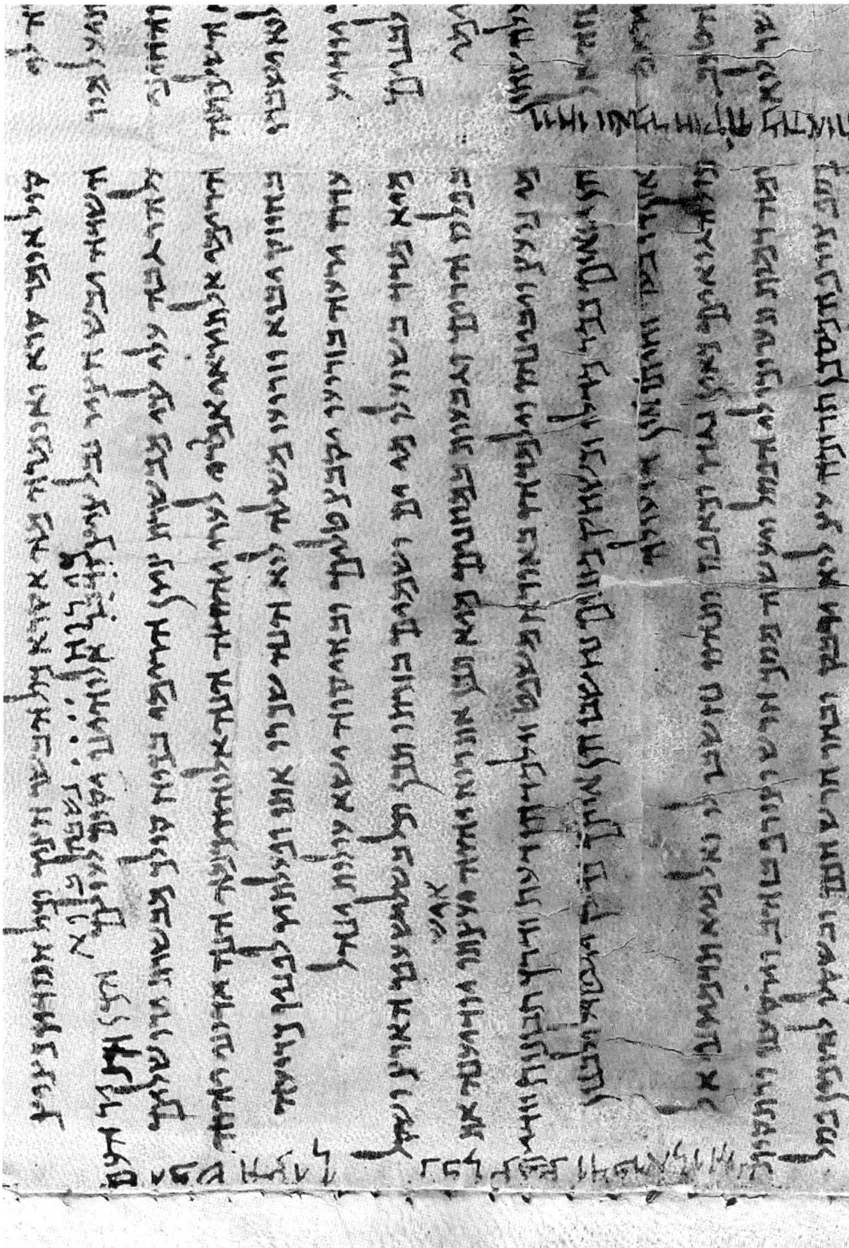

12 두 번째 〈이사야〉 두루마리
1QJes[b] (= 1Q8), 기원전 1세기, 본문: 사 48:17–49:7; 50:7–51:8

두 번째 〈이사야〉 두루마리는 그림에서 보듯 보존 상태가 좋지 않다. 가죽은 부분적으로 부패하여, 모든 단의 일부가 훼손되었다. 게다가 두루마리를 펴는 것 자체가 무엇보다 어려웠다. 왜냐하면, 가죽이 여러 겹으로 서로 붙어 있었기 때문이다. 보존된 부분들은 제2 이사야(Deuterojesaja)를 담고 있으며, 여기서 첫 단은 이사야 48:17-49:7, 둘째 단은 이사야 50:7-51:8의 본문을 전해 준다. 반면에 원-이사야는 몇몇 단편만 남아 있을 뿐이다.

문자는 상당히 작지만, 또박또박 잘 기록되었다. 첫 번째 〈이사야〉 두루마리와 견주었을 때, 두 번째 〈이사야〉 두루마리는 마소라 본문과 놀랍도록 일치한다. 더러는 모음문자가 마소라 본문보다 덜 사용되기도 했다: **שלמך**(마소라 본문 **שלומך**) 48:18; **צר**(마소라 본문 **צור**) 48:21; **כלתי**(마소라 본문 **כליתי**) 49:4. 그러나 그 반대로 마소라 본문에 없는 모음 글자가 덧붙여져 있기도 하다: **יוצרי**(마소라 본문 **יצרי**) 49:5; **גואל**(마소라 본문 **גאל**)과 **קדוש**(마소라 본문 **קדש**) 49:7. 그런가 하면 마소라 자음 본문에 대한 이형태도 보인다: **מדרכיך**(마소라 본문 **מדריכך**) 48:17; **אך**(마소라 본문 **אכן**) 49:4; **הנקל**(마소라 본문 **נקל**)과 **ארץ**(마소라 본문 **הארץ**) 49:6; 첫 번째 〈이사야〉 두루마리와 일치하는 **אדני יהוה**(마소라 본문 **יהוה**)와 **יקומו**(마소라 본문 **וקמו**) 49:7; **ומאזרי**(마소라 본문 **מאזרי**) 50:11. 전반적으로 두 번째 〈이사야〉 두루마리는 첫째와 비교하면 마소라 본문과의 결정적인 이형태가 적다. 그리고 이 두루마리는 중세 필사본에서 관찰할 수 있는 차이점들을 넘어서지 않아서, 의심할 여지 없이 원 마소라 본문 전통으로 분류할 수 있다.

사진 출처: E. L. Sukenik, Megillot Genuzot II, Jerusalem 1950.
본문: P. W. Flint / E. Ulrich, Qumran Cave 1.II: The Isaiah Scrolls, DJD XXXII, Oxford 2010.

13 〈하박국 주석〉 1QpHab, 기원후 1세기, 본문: 하박국 2:7–14를 담고 있는 아홉째 단과 열째 단

이 두루마리는 특별한 종교사적인 의미가 있다. 왜냐하면, 〈공동체 규율〉과 다른 쿰란 본문들처럼 이 두루마리를 통해서 우리는 기독교 이전의 유대교 종교 운동에 대한 새로운 인식을 얻을 수 있기 때문이다. 이 두루마리는 하박국 1장과 2장의 예언서 말씀을 한 절 한 절 인용하고 주석하기 때문에, 구약성서의 본문 역사와 본문비평을 위해서도 중요하다. 첫 번째 〈이사야〉 두루마리에서와 비슷하게, 〈하박국 주석〉에서 인용된 본문은 마소라 본문에서 벗어난다. 그러나 몇몇 경우에서는 인용과 주석 모두 〈하박국〉 본문과는 차이를 보인다(참조, 합 1:8, 11; 2:16).

특히 여호와 신명이 고대 히브리어 문자로 기록된 점은 주목할 만하다(참조, 왼쪽 단 7행과 14행). 이렇게 특별한 신명 서법은 오리게네스와 유대 전승에도 전해져 있다. 카이로 구시가지에서 발견된 게니자 본문 가운데는 아퀼라 역본의 단편이 있는데, 여기서는 그리스어 본문 가운데 있는 신명 여호와가 고대 히브리어 문자로 쓰였다. 따라서 이것은 한때 널리 퍼져 있었던 관습을 보여 준다.

주석 부분에서 〈하박국 주석〉은 신명사문자를 꺼리고 그 대신 신명 엘을 사용한다. 이 필사본이 만들어지던 때 벌써 사람들은 여호와 대신에 **아도나이**를 썼던 것이 분명하다. 이에 대한 근거로 첫 번째 〈이사야〉 두루마리 등에서 마소라 본문에 **יהוה**가 있는 곳에 **אדני**가 전승되어 있거나(사 3:17) 그 반대의 경우가 나타난 것(사 6:11; 7:14; 9:7[8]; 21:16; 28:2)을 들 수 있다. 이로써 고대 히브리어 서체든 정방형 문자든 **יהוה**는 **אדני**의 뜻글자로서 의미가 있었다고 여긴다.

그림에서는 가로줄을 또렷이 볼 수 있는데, 이 선에 맞추어 글자가 기록되었으며, 세로줄은 단의 경계를 정해 준다. 기원후 3세기의 문헌학자들에게 이 줄은 책의 필수 요소로 통했다. 그들은 선긋기를 아담에게로 소급했으며, 그렇게 함으로써 오래되고 존귀한 의미를 부여했다.

사진 출처: Scrolls from Qumran Cave I: The Great Isaiah Scroll; The Order of the Community; The Pesher to Habakkuk. From Photographs by J. S. Traver, Jerusalem 1972.
본문과 번역: Lohse, Text aus Qumran [I], 227-243.

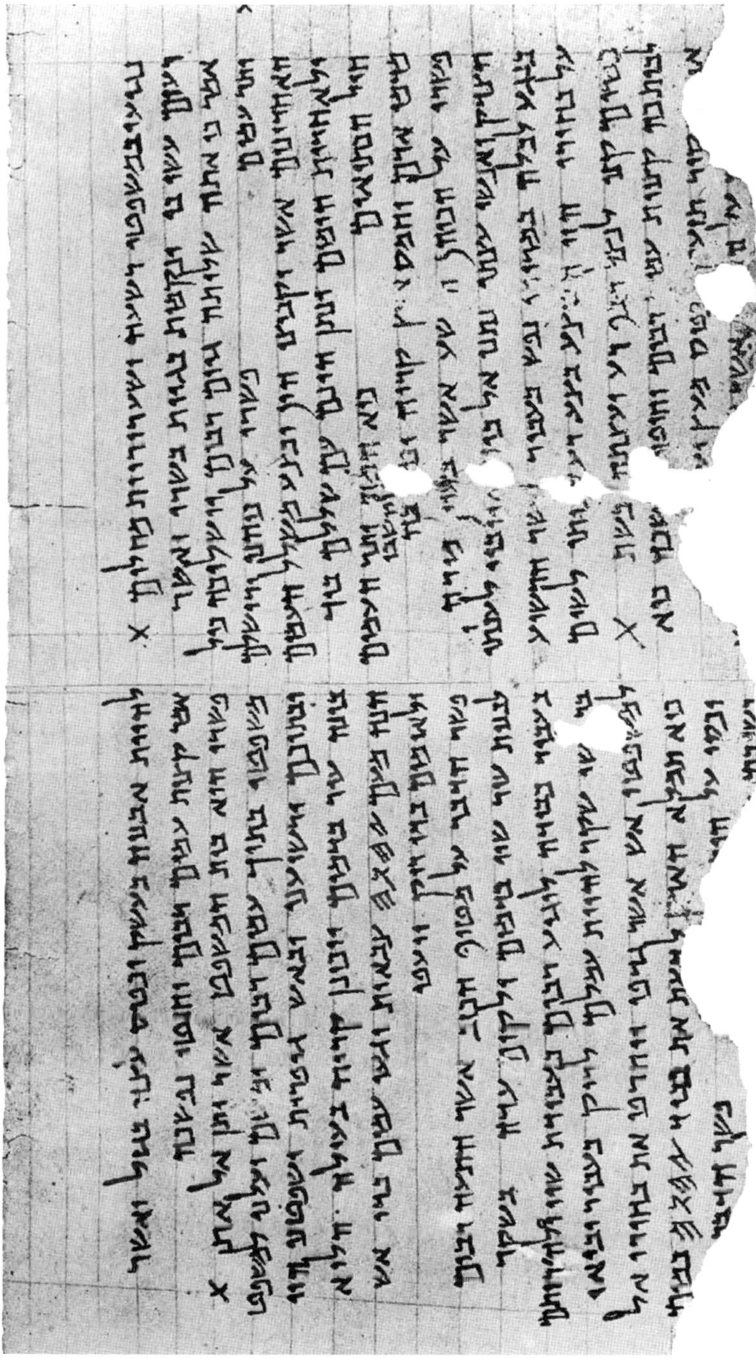

14 고대 히브리어 문자의 〈레위기〉 단편
1QpalaeoLev (= 1Q3)

다음 그림의 본문은 레위기 19:31-34; 20:20-23; 21:24-22:3; 22:4, 5 가운데 일부를 담고 있다. 이 단편은 1949년 2월에 랭캐스터 하딩과 롤랑 드 보가 이끈 제1동굴 탐사 과정에서 발굴되었다. 이 단편에서 처음으로 가죽에 기록된 고대 히브리어 문자가 드러나게 되었다. 또한, 여기에서도 점으로 낱말을 구분하고 있다. 더욱이 마소라 본문과의 이형태도 찾아볼 수 있는데, 20:21에는 영속적 케레(Qere Perpetuum)가 표시된 마소라 본문의 **הוא** 대신에 **היא**가 있다.

이 점에서 이 단편이 사마리아에서 비롯되었다는 추정은 수긍이 간다. 왜냐하면 잘 알려진 대로 사마리아 사람들은 그들의 오경 본문에서 고대 히브리어 문자를 사용했기 때문이다. 하지만 유대 전승과 사마리아 전승이 서로 갈리는 레위기 20:22에서 쿰란 단편은 유대 본문을 따른다. 아직도 이에 상응하는 비교 자료가 없으므로 무엇보다 연대 추정이 매우 어렵다. 가설들은 기원전 5세기부터 기원전 1세기 사이를 왔다 갔다 한다. 물론 고대 히브리어 문자의 사용이 필사본의 연대를 말해 주지는 않는다. 이 문자가 쓰인 두루마리는 기원후 1세기에도 존재했다. 그러다가 고대 히브리어로 기록된 쿰란의 본문들은 정방형 문자의 본문들과 같은 시대에 생겨났다는 설이 학자들 사이에 받아들여졌다. 아마도 포로기 이전 시대부터 보존된 고대 히브리어 문자는 마카비 시대의 고조된 애국심과 더불어 부활을 경험했을 것이다.

쿰란에 사마리아 오경의 평행본문들이 있는 것처럼, 사마리아인들에게 사용되었고 단독으로 전승되었던 이 문자도 그러했을 것이다. 하지만 고대 히브리어로 기록된 쿰란 성서 본문이 하나의 예외를 제외하고는 원 마소라 본문 전통에 속한다는 사실은 흥미롭다.

사진 출처: E. L. Sukenik, Megillot Genuzot II, Jerusalem 1950.
본문: DJD I, 51-53.

אלהיכם . מפנ[י]
מאלהיך . אני . יהו[ה]
את[ו] כאזרח . מכם

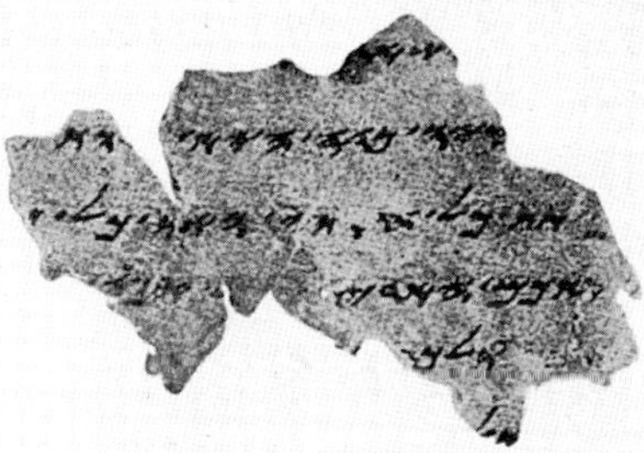

ישאו
[א]חיו . נדה . היא . [ער]ות
[ושמרת]ם . את . כל . חקתי . ואת . כל .
אתכם . הארץ . אשר . אני .
תלכו
אל[ה]

ישראל
. בניו .
. אשר .
[לדרתיכ]ם . כל . איש . אשר .
[א]שר . י[קדישו] . בני .
[מלפ]ני . [א]נ[י]

נפ[ש]
בכל . ש[רץ]

15 제4 동굴의 〈전도서〉 단편
4QQoh[a] (= 4Q109), 기원전 2세기, 암만: 고고학 박물관

필사본 4QQoh[a] 가운데서는 일곱 개의 단편이 보존되어 있다. 단편 1이 가장 광범위하며, 필사본 두루마리의 윗부분을 보여 주는데, 둘째 단은 전체 너비가, 첫째 단과 셋째 단은 일부가 남아 있다. 단편 2는 על א의 자음 두세 개 정도만 알아볼 수 있을 뿐이다. 이 부분은 전도서 6:1의 일부, 곧 이 구절의 마지막 세 낱말인 [הי]א על [האדם]('이는 사람을 [괴롭히는 것이다]')인 것으로 추측한다. 반면에 나머지 다섯 단편은 둘째 단 아랫부분과 셋째 단의 일부로, 서로 연관된 본문 단위로 묶을 수 있다. 필사본은 쿰란 필사 관습을 수행했는데, 첫째 단 1행의 마지막 부분의 כיא 와 같은 필사법을 들 수 있다.

아주 세심하게 작업 되지는 않은 이 필사본 두루마리에서 찾아볼 수 있는 몇몇 수정 본문들은 특히 흥미롭다. 둘째 단 2행에서는 첫째 낱말이 지워져 있다. 이어서 필사자는 1행 끝에 세 낱말 הלך ובחושך שמו('[그리고 그는 어둠 속에서] 행할 것이다. 그리고 그 이름은 어둠 속에 있을 것이')를 난외 윗부분에 써넣었다. 전도서 6:4의 이 예시에서는, 필사자가 첫 낱말인 '어둠'에서 곧장 둘째 것으로 건너뛰었으며(잘못 봄[aberratio oculi]), 부주의로 생긴 실수로 두 낱말을 필사 본문에서 빠뜨렸음을 아주 잘 볼 수 있다. 하지만 그는 오류를 깨닫고, 빠진 두 낱말을 난외 윗부분에 나중에 추가하고 이어지는 낱말을 덧붙였다. 그런데 이 낱말은 2행의 첫 부분에 벌써 기록되어 있었으며, 그래서 그것을 지워야 했다.

둘째 단 끝부분[2)]의 마지막 행에서는 전도서 7:6의 끝 낱말, 곧 [ה]בל('헛되다')을 읽을 수 있다. 이어진 행은 비어 있는데, 이는 일반적으로 단락 구분을 표시하며, 그에 따라 셋째 단은 새로운 잠언과 더불어 전도서 7:7을 시작할 것임을 예상할 수 있다. 그러나 셋째 단의 첫 낱말들은 분명히 지워졌다. 그 가운데서 자음 멤 하나만 흐릿하게 알아볼 수 있을 뿐이다. 이 삭제는 이 필사본 두루마리의 본문을 마소라 본문과 맞추려는 의도의 후대 수정이다. 셋째 단의 낱말들을 헤아려 보면, 마소라 본문과 비교해서 첫 부분에 대략 15-20글자 정도에 해당하는 빈자리가 있음을 알 수 있다. 따라서 4QQoh[a]는 더 긴 본문을 보여 주는데, 이 본문은 삭제 때문에 사라져 버리고 말았다.

사진 출처: E. Ulrich, Ezra and Qoheleth Manuscripts from Qumran (4QEzra and 4QQoh[a,b]), in: Priests, Prophets and Scribes (FS J. Blenkinsopp), JSOT.S 149, Sheffield 1992, 150 (Plate 2).
본문과 해설: DJD XVI, 221-226.

2) [역자주] 단편 6을 말한다

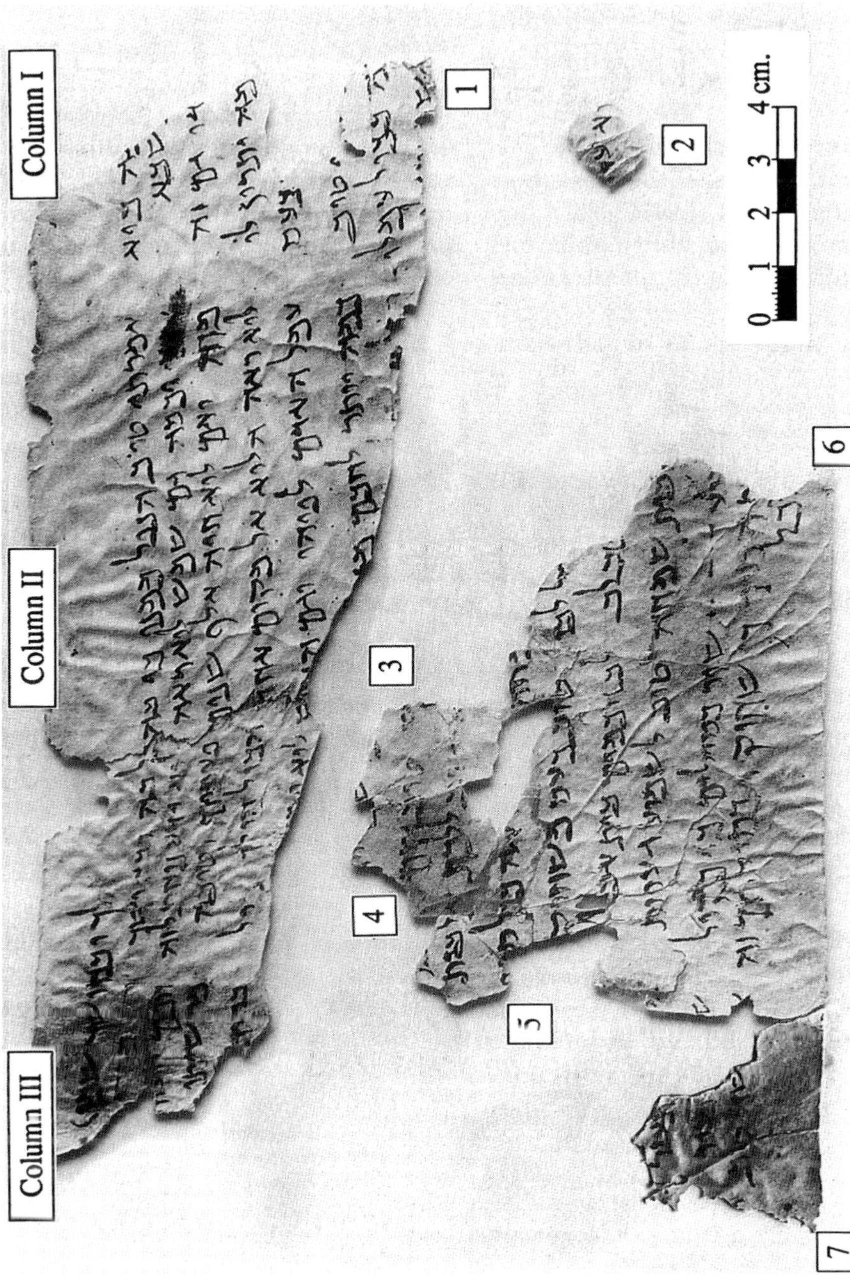
Column I
Column II
Column III
1
2
3
4
5
6
7
0 1 2 3 4 cm.

16 무라바아트에서 발굴된 열두 소예언서 두루마리 Mur XII 88, 기원후 2세기, 본문: 아모스 8:11–9:15

1951년 가을에 베두인들은 유다 광야의 쿰란에서 남쪽으로 17km 지점, 그와는 별도로 깊이 파여 있는 와디 무라바아트에서 동굴 넷을 발견하였으며, 1952년 2월에 랑케스터 하딩과 롤랑 드 보가 상세하게 탐사하였다. 발굴품들을 통해서 그 동굴들에는 금석 병용 시대(기원전 4천 년대)부터 아랍 시대까지 여러 차례에 걸쳐 사람이 살았다는 사실이 밝혀졌다. 기원전 8세기의 거주층에서는 앞서 언급한 고대 히브리어 서체의 파피루스 재록필사본(1.3을 보라), 곧 팔레스타인에서 고대 히브리어로 기록된 가장 오래된 파피루스 낱장이 비롯되었다. 제2차 유대 반란(기원후 132–135년) 동안에 이 동굴들은 어떤 유대 저항군 무리의 은신처 구실을 했다. 이는 여기서 발굴된 수많은 문서를 통해서 밝혀졌는데, 이 가운데는 시몬 벤 코시바(바르 코흐바)의 편지 두 통도 있다.

여기서 여덟째 단이 제시된 열두 소예언서 두루마리는 1955년에 베두인들이 무덤으로 사용했던 다섯째 동굴에서 발견되었다. 필사본은 기원후 2세기의 것으로 추정된다. 서체의 형태는 더 발전되었으며, 쿰란 본문에서보다 무라바아트의 본문에서 더 통일되어 있다. 이 형태는 벌써 중세 필사본의 서체와 매우 흡사하다. 본문은 거의 완전하게 마소라 본문과 일치하여, 기원후 2세기 전반에는 권위 있는 표준 본문이 있었다고 말할 수 있다.

〈아모스〉의 마지막을 표시하기 위해서 필사본 두루마리에는 단 끝에 세 행(과 이어지는 단의 첫 두 행)이 비워졌다. 그밖에 비워진 행들(6, 18, 22행)은 본문 단락 표시인 것으로 보인다(참조, BHS의 암 8:14 뒤에 있는 세투마 표시와 암 9:12 뒤에 있는 페투하 표시. 한편, 마소라 본문의 암 9:6 뒤에서는 새로운 단락 시작을 찾아볼 수 없다).

사진 출처: 이스라엘 문화재 관리국에서 게재를 허락함(PAM 42.345).
본문과 해설: DJD II/Texte, 181-205.

17 바벨론식 방점 표기를 한 필사본 낱장
Berlin Ms. or. qu. 680 = Ec I, 본문: 욥기 37:17–38:15

베를린에 있는 양피지 94의 낱장은 원래 거룩한 기록들(Hagiographen)의 온전한 필사본 가운데 남아 있는 부분이다. 남아 있는 나머지 일곱 장의 필사본은 뉴욕의 글레이저-컬렉션(Glaser-Collection)에 소장되어 있다. 원래 순수한 바벨론식 방점 표기는 후에 어떤 예멘 유대주의자의 손길에 의해 개정되었다. 이런 이유로 재생산된 본문에서 원래의 모음 체계를 알아보기는 어렵다. 소마소라는 대부분 본문 안에 써넣었으며, 해당 낱말 위에 있기도 하다. 아랫부분의 난외에는 대마소라가 있다. 다음의 낱장에서는 대마소라를 알아볼 수 없다. 여기는 부패 때문에 훼손되었다.

사진 출처: P. Kahle, Masoreten des Ostens, BWAT 15, Leipzig 1913.
연구물: P. Kahle, Der masoretische Text des Alten Testaments nach der Überlieferung der babylonischen Juden, Leipzig 1902 (Nachdruck: Hildesheim 1966).

18 바벨론식 방점 표기를 한 하프타롯 단편
Cambridge B 15₁ = Kb 7,1; 본문: 이사야 62:8–9; 호세아 14:2[1]–3[2] 타르굼 포함

유대교의 예배에서는 토라와 더불어 예언서 가운데 개별 본문도 낭독되었다. 그런 예언서 본문을 (히브리어 הפטיר ['끝내다']에서 나온) 하프타라(Haftara)라고 일컫는다. 이 명칭은, 성서 읽기가 예언서 낭독으로 끝났던 것으로 설명할 수 있을 것이다. 그래서 이미 초기부터 하프타롯은 독자적인 두루마리나 책으로 묶었다.

다음 그림의 낱장은 신년 축제 이전의 안식일과 신년 이후의 안식일 하프타라의 구절들을 담고 있다. 이것은 아마도 상트페테르부르크 예언서 코덱스의 방식으로 기록된 화려한 필사본의 한 부분이었을 것이며, 동방 모음 체계의 가장 완벽한 형태의 예가 된다. 늘 그렇듯 개별 히브리어 구절에는 그에 해당하는 타르굼이 따른다. 난외에는 어떤 후대의 손길이 이사야 63:7–16은 물론, 절별 타르굼도 적어 두었다.

사진 출처: P. Kahle, Masoreten des Ostens, BWAT 15, Leipzig 1913.

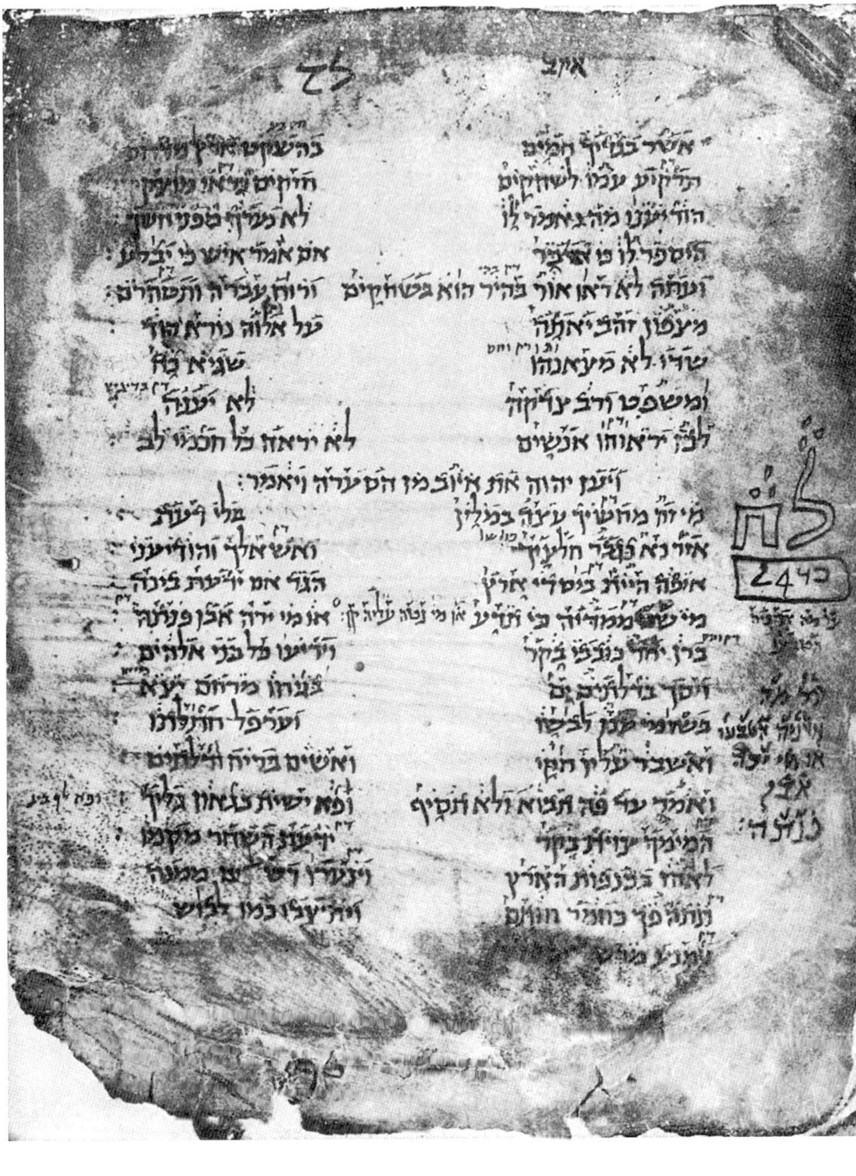

איוב   לז

אשר בגדיך חמים | בהשקט ארץ מדרום
תרקיע עמו לשחקים | חזקים כראי מוצק
הודיענו מה נאמר לו | לא נערך מפני חשך
היספר לו כי אדבר | אם אמר איש כי יבלע
ועתה לא ראו אור בהיר הוא בשחקים | ורוח עברה ותטהרם
מצפון זהב יאתה | על אלוה נורא הוד
שדי לא מצאנהו | שגיא כח
ומשפט ורב צדקה | לא יענה
לכן יראוהו אנשים | לא יראה כל חכמי לב

לח

ויען יהוה את איוב מן הסערה ויאמר
מי זה מחשיך עצה במלין | בלי דעת
אזר נא כגבר חלציך | ואשאלך והודיעני
איפה היית ביסדי ארץ | הגד אם ידעת בינה
מי שם ממדיה כי תדע או מי נטה עליה קו | על מה אדניה הטבעו או מי ירה אבן פנתה
ברן יחד כוכבי בקר | ויריעו כל בני אלהים
ויסך בדלתים ים | בגיחו מרחם יצא
בשומי ענן לבשו | וערפל חתלתו
ואשבר עליו חקי | ואשים בריח ודלתים
ואמר עד פה תבוא ולא תסיף | ופא ישית בגאון גליך
המימיך צוית בקר | ידעתה השחר מקמו
לאחז בכנפות הארץ | וינערו רשעים ממנה
תתהפך כחמר חותם | ויתיצבו כמו לבוש
וימנע מ[illegible]

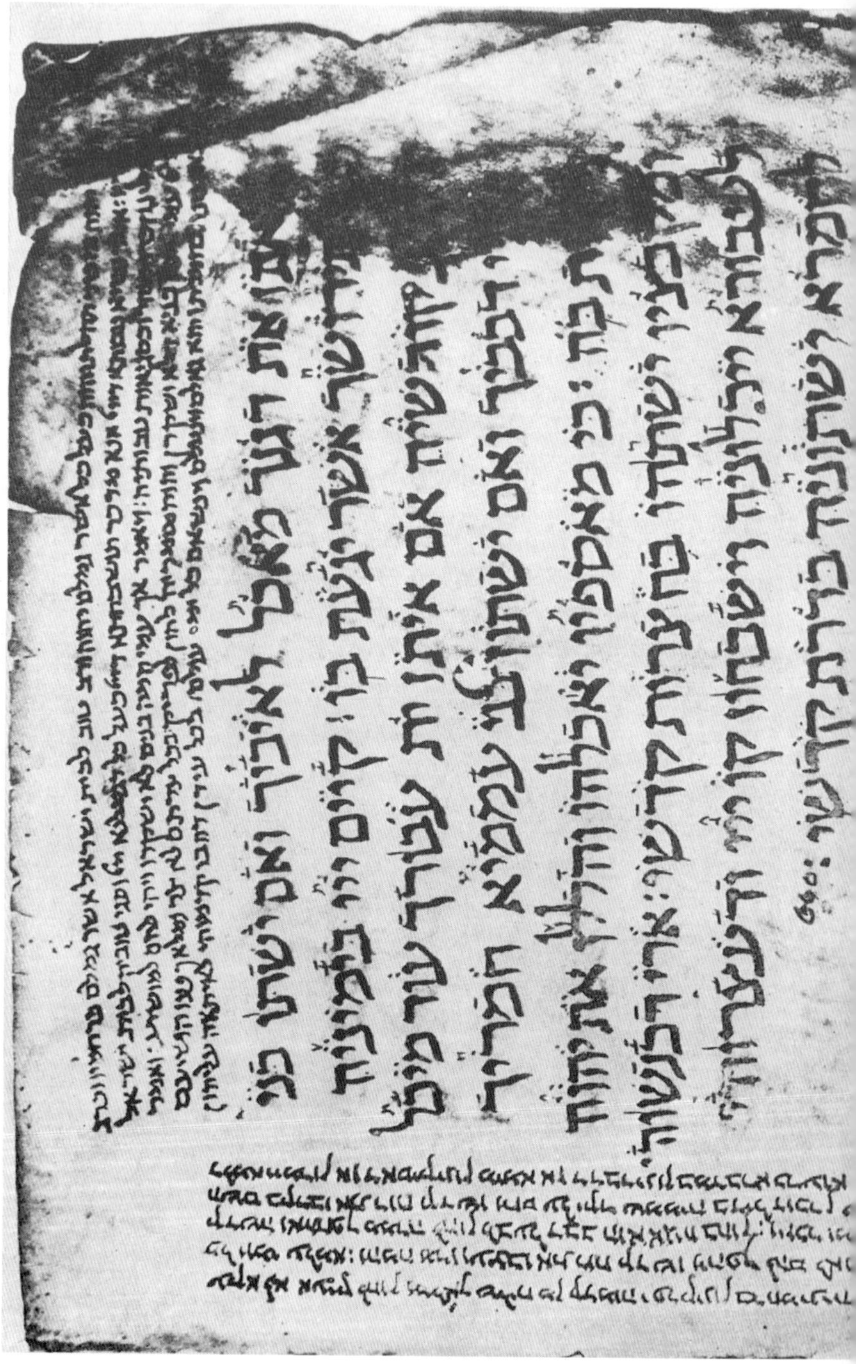

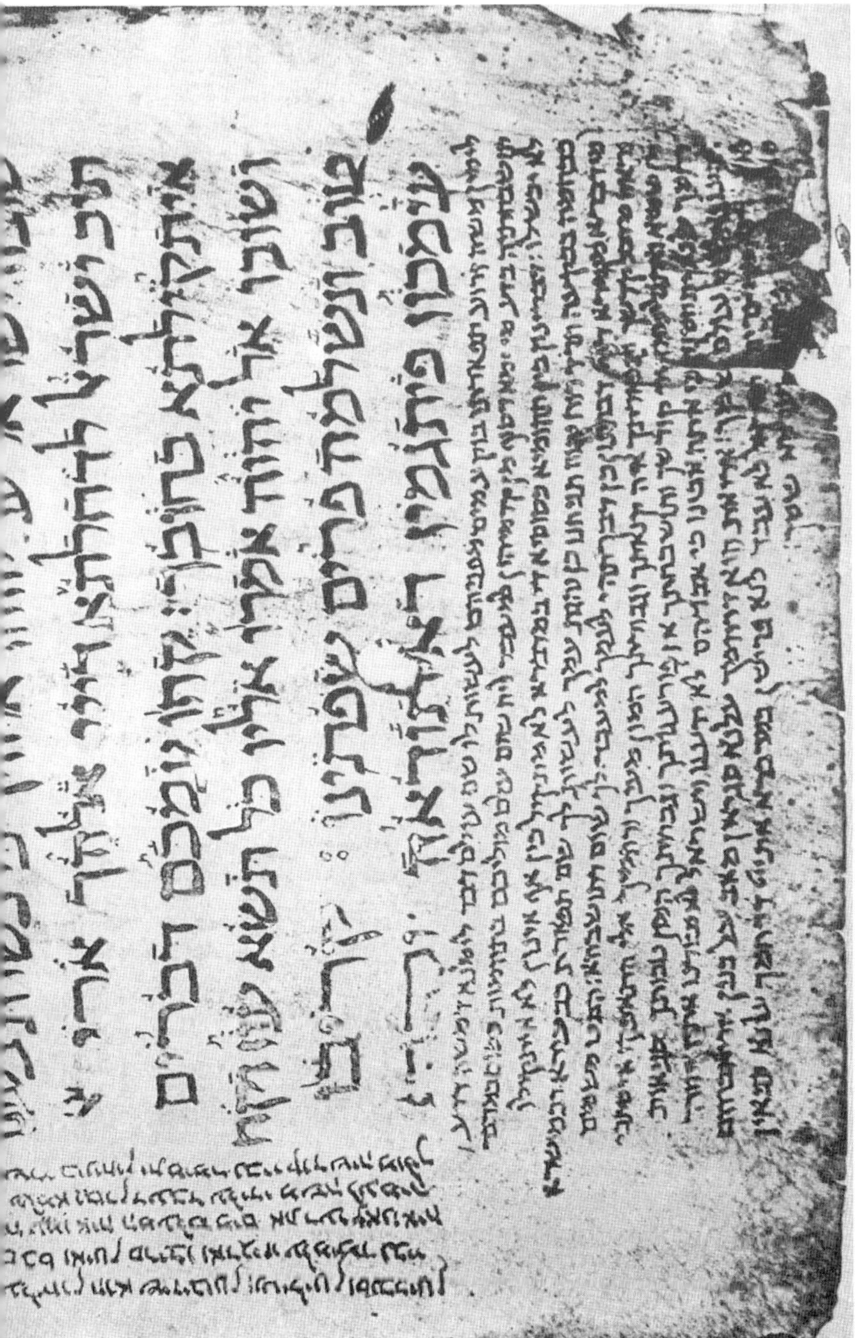

19 팔레스타인 모음 체계의 단편
Oxford Ms Heb e 30, fol 48b, 본문: 이사야 7:11–9:8[9]

몇몇 다른 낱장들과 더불어 예언서 필사본을 이루는 이 단편은 지난 세기말에 팔레스타인 모음 체계를 재발견하도록 이끌었다.

이 낱장이 히브리어 본문을 **줄여쓰기**로 제공하고 있다는 점도 주목할 만하다. 매 구절에서 첫 낱말만 다 쓰고, 나머지 낱말들은 자음 **하나만**(항상 첫 자음인 것은 아니다) 해당 모음과 강세와 더불어 기록되어 있다. 이런 줄여쓰기는 벌써 탈무드에서도 **세루긴**(Serugin, 아람어 סירוגין)이라는 이름으로 언급된다. 이것은 회당 안의 낭독자의 기억을 돕는 구실이나 학교의 학생을 염두에 두었을 것이다.

이 본문에서는 줄여쓰기가 일관되게 사용되었지만, 오래전부터 성서 필사본에서는 자주 쓰이는 말들에 대해서 더러 단축법이 사용되었다. 이것이 필사 과정에서 그렇게 이해되지 않았다면, 당연히 본문 왜곡으로 이어졌을 것이다.

사진 출처: P. Kahle, Masoreten des Westens II, BWANT 50, Stuttgart 1930.

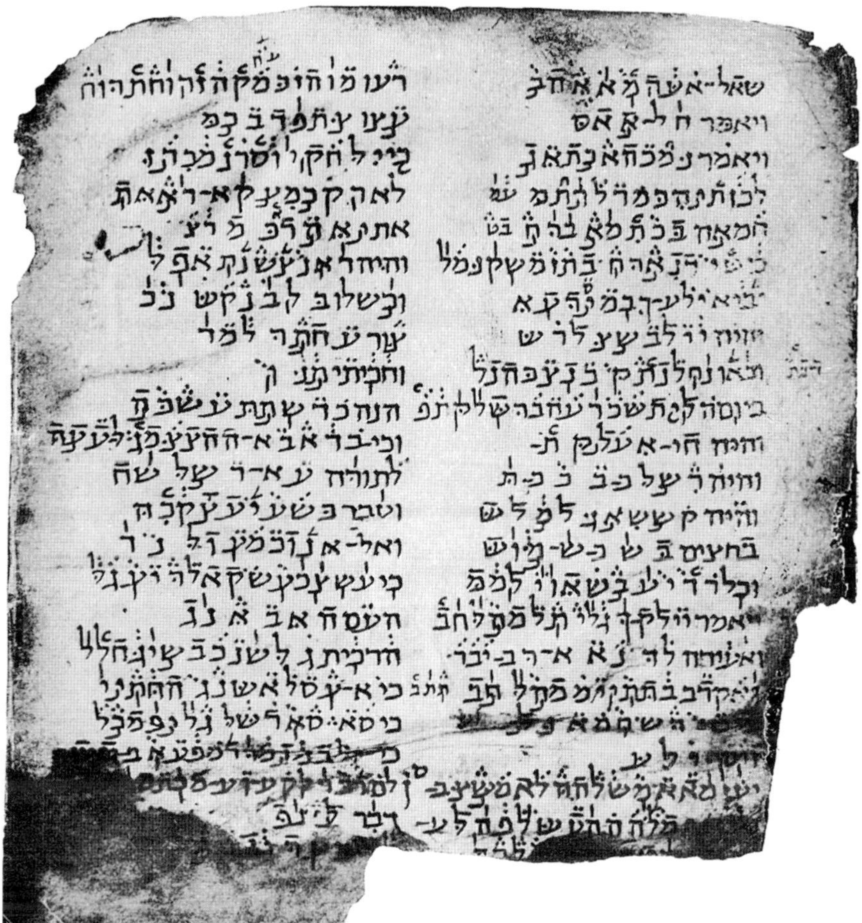

20 카이로 코덱스(C)
기원후 895년 무렵, 카이로: 벤 에스라 회당, 본문: 예레미야 2:16–33

필사본의 끝에 있는 간기(刊記) II에는 다음과 같은 내용이 있다. "나 모쉐 벤 아쉐르는, '내 하나님의 선한 손이 나를 도우시므로'(느 2:8), '매우 분명하게'(신 27:8) '유명한 성읍'(겔 26:17) 마아스야-티베리아스 성읍에서 나의 분별 기준에 따라 이 코덱스(마흐소르[Machsor]) 필사본을 기록하였다 … 이것은 제2 성전 파괴(기원후 895년) 이후 827년 말 무렵에 기록되었다 … 아멘."

이어서 또 다른 손길의 다음과 같은 첨언이 뒤따른다. "그리고 우리가 철자법이나 모음, 마소라나 불완전 서법과 완전 서법에서 헷갈리곤 했던 것들이 있다는 것을 이해하거나 알면서 이 마흐소르, 또는 이 필사본의 말씀을 고치는 자, 곧 자음 하나라도 지우거나 낱장을 찢어내는 자는 용서도 사면도 받지 못하리라. '여호와의 은총을 보지도'(시 27:4) 못할 것이며, 그분을 경외하는 이들에게 보증된 복된 일을 보지도 못할 것이다(렘 29:32) … 아멘. 이것을 읽는 이는 들어야 하며, 그것을 듣는 이는 이해해야 한다. 그것을 보는 이는 깨쳐야 한다. 평화!"

사진 출처: 칼레(P. Kahle)가 게재를 수락한 사진.
간기의 본문과 번역: P. Kahle, Die Kairoer Genisa, Berlin 1962, 99-105.

21 알레포 코덱스(A) 기원후 900-925년, 예루살렘: 책의 전당(Schrein des Buches), 본문:신명기 31:28–32:14

기원후 14세기 끝 무렵부터 시리아의 도시 알레포에 있었던 것으로 보이며 지금은 이스라엘에 보관된 알레포 코덱스는 봉헌기록의 정보에 따르면 쉘로모 벤 부야아(Schelomo ben Buja'a)가 필사했는데, 그는 도판 23에 제시된 930년의 필사본도 작성했다. 그에 반해 모음 체계와 마소라는 아론 벤 아쉐르에게서 비롯되었다. 최근의 연구에 따르면, 이 코덱스는 벤 아쉐르 전통의 매우 가치 있는 증거임이 밝혀졌다.

기원후 15세기로 거슬러 올라가는 정보는 이 코덱스를 마이모니데스(Maimonides, 1135-1204년)의 '표준 코덱스'로 규정하는데, 이는 옳을 것이다. 그 정보는 다음과 같이 기록한다. "… 그리고 우리가 이것들 [곧 토라의 페투하와 세투마의 올바른 서법과 시문들의 구성]에 대한 근거를 두는 이 책은 카이로 구시가지(מצרים)에 알려져 있었고, 스물네 권을 다 담고 있으며, 여러 해 전에 예루살렘에 있었던 터라, 그 책을 통해서 개별 책들을 수정했다. 그리하여 이 책에 모두가 근거를 두곤 했는데, 이는 벤 아쉐르가 여러 해 동안 수정하고(לפי שהגיהו) 이 책 안에 모든 세부 사항을 규정해 두었기 때문이다(ודקדק בו). 전승에서 으레 그렇듯 그는 여러 번 수정하였으며, 그의 지시 사항에 따라 필사한 토라 책에서 나는 그것들에 바탕을 두었다."

옆쪽에 제시된 그림은 코덱스의 일반적인 본문 배열(쪽마다 세 단이 있는 배열)과 다르다. 이것은 마이모니데스도 언급한 '모세의 노래'를 위한 마소라 규정을 고려해서 실행된 것이다. 곧 그 규정에 따르면 노래 앞 여섯 행은 제각각 특정한 낱말로 시작해야 한다. 그 때문에 생기는 행을 채우기 위해서는 자음과 비슷하게 생긴 기호가 쓰였다. 노래 자체는 마이모니데스에 따라 67행에 필사되어야 하는데, 이는 M^A에 해당된다(다른 필사본들에서는 70행을 필요로 했다). 노래 뒤의 다섯 행에 관해서도 규정이 존재한다.

사진 출처: M. Goshen-Gottstein (ed.), The Aleppo Codex. Photographic Facsimile Edition, Jerusalem 1976.
마이모니데스 인용문의 번역: P. Kahle, Die Kairoer Genisa, Berlin 1962, 116.

ואעידה בם את השמים ואת הארץ כי ידעתי
אחרי מותי כי השחת תשחתון וסרתם מן
הדרך אשר צויתי אתכם וקראת אתכם הרעה
באחרית הימים כי תעשו את הרע בעיני יהוה
להכעיסו במעשה ידיכם: וידבר משה באזני כל
קהל ישראל את דברי השירה הזאת עד תמם:

האזינו השמים ואדברה   ותשמע הארץ אמרי פי:
יערף כמטר לקחי   תזל כטל אמרתי
כשעירם עלי דשא   וכרביבים עלי עשב:
כי שם יהוה אקרא   הבו גדל לאלהינו:
הצור תמים פעלו   כי כל דרכיו משפט
אל אמונה ואין עול   צדיק וישר הוא:
שחת לו לא בניו מומם   דור עקש ופתלתל:
הליהוה תגמלו זאת   עם נבל ולא חכם
הלוא הוא אביך קנך   הוא עשך ויכננך:
זכר ימות עולם בינו שנות דור ודור   שאל אביך ויגדך זקניך ויאמרו לך:
בהנחל עליון גוים   בהפרידו בני אדם
יצב גבלת עמים   למספר בני ישראל:
כי חלק יהוה עמו   יעקב חבל נחלתו:
ימצאהו בארץ מדבר   ובתהו ילל ישמן
יסבבנהו יבוננהו   יצרנהו כאישון עינו:
כנשר יעיר קנו על גוזליו ירחף   יפרש כנפיו יקחהו ישאהו על אברתו:
יהוה בדד ינחנו   ואין עמו אל נכר:
ירכבהו על במותי ארץ   ויאכל תנובת שדי
וינקהו דבש מסלע   ושמן מחלמיש צור:
חמאת בקר וחלב צאן   עם חלב כרים ואילים
בני בשן ועתודים   עם חלב כליות חטה

22 오리엔탈 코덱스(Codex Oriental) Ms. 4445 (B)
기원후 9세기, 런던: 영국국립도서관, 본문: 민수기 26:12–27

이것은 모음 체계와 강세가 표시된 오경 필사본으로, 처음(창 1:1-39:19)과 끝(신 1:34부터), 그리고 민수기 7:46-73과 민수기 9:12-10:18이 각각 소실되어 나중에 보충되었다. 이 필사본은 또박또박 잘 쓴 글씨로 필사되었다. 쪽마다 세 단이 있으며, 쪽의 가장자리에는 소마소라가 있고, 윗부분과 아랫부분의 난외에는 대마소라가 있다. 크리스천 데이비드 긴즈버그(Christian David Ginsburg, 1831-1914년)는 이것을 가장 오래된 필사본으로 보았다. 모음 체계가 있는 자음 본문은 기원후 820-850년이지만, 마소라는 대략 백 년 정도 뒤의 것이라고 연대를 매겼다. 마소라는 마소라 학자 벤 아쉐르가 아직 살아 있던 때에 기록되었을 수 있다. 왜냐하면 마소라가 그를 인용할 때 죽은 이에 대한 언급에 쓰였던 축복문 없이 인용하기 때문이다.

더 나아가서 필사본은 벤 아쉐르 전통의 본문을 제공해 주며, 그 고대성 때문에 학문적 성서 편집본의 본문 대조에 쓰인다.

사진 출처: 대영 박물관에서 게재를 허락함.
참고 문헌: Ch. D. Ginsburg, Introduction to the Massoretico-Critical Edition of the Hebrew Bible, London 1897 (Nachdruck: New York 1966).

משפחת הנמואלי
לימין משפחת
הימיני ליכין משפחת
היכיני לזרח משפחת
הזרחי לשאול משפחת
השאולי אלה
משפחת השמעני
שנים ועשרים אלף
ומאתים בני
גד למשפחתם
לצפון משפחת
הצפוני לחגי
משפחת החגי
לשוני משפחת
השוני לאזני
משפחת האזני
לערי משפחת
הערי לארודי
משפחת הארודי
לאראלי משפחת
האראלי אלה

משפחות בני גד
לפקדיהם ארבעים
אלף וחמש מאות
בני יהודה
ער ואונן וימת ער
ואונן בארץ כנען
ויהיו בני יהודה
למשפחתם לשלה
משפחת השלני
לפרץ משפחת
הפרצי לזרח
משפחת הזרחי
ויהיו בני פרץ
לחצרן משפחת
החצרני לחמול
משפחת החמולי
אלה משפחת
יהודה לפקדיהם
ששה ושבעים
אלף וחמש מאות
פ

בני יששכר למשפחתם
תולע משפחת
התולעי לפוה
משפחת הפוני
לישוב משפחת
הישבי לשמרן
משפחת השמרני
אלה משפחת
יששכר לפקדיהם
ארבעה וששים
אלף ושלש מאות
בני זבולן למשפחתם
לסרד משפחת
הסרדי לאלון
משפחת האלני
ליחלאל משפחת
היחלאלי אלה
משפחת הזבולני
לפקדיהם ששים
אלף וחמש מאות

23 토라 필사본 기원후 930년, 상트페테르부르크: 피르코비치(Firkowitsch) 제2 박물관 (코덱스 17), 본문: 신명기 9:15-23

각각 3단으로 구성된 241장의 코덱스 필사본의 마지막에는 필사자와 마소라 학자인 두 형제가 기록한 그들의 활동 보고가 있다. 간기(刊記)에는 먼저 필사자가 다음과 같은 글을 적었다. "발쿠크(Balquq)라 불린 파르가이(Fargai)의 아들 사이드(Sa'id)의 제자이자 부야아(Buja'a)의 아들인 나 쉘로모 하-레비(Schelomo ha-Levi)가 이 모세의 토라 책을 필사하였다. 그런 뒤에 내 하나님의 선하신 손이 내게 있듯이, 우리 주인이신 마이문(Maimun)의 아들들인 우리 주인 바르혼(Barhon)과 우리 주인 살리흐(Salich)를 위해서 …." 마소라 학자가 여기에 다음의 글을 덧붙인다. "랍비 부야아의 아들 나 에브라임이 모음을 표기하고, 마소라를 마련하였으며 이 토라를 완성했다. 그리고 그 이후에, 내 하나님의 선하신 손이 내 위에 있듯이, 그것들을 검증하였다. 그리고 거기에 잘못이 있더라도, 하나님께서는 내게 죄를 묻지 않으시기를 바란다. 나는 이 작업을 (셀레우코스 왕조의) 조약 시대[시대 계산의 시작은 기원전 311년] 이후 1241년 기슬르(Kislev) 달 금요일에 우리의 주인이신 마이문의 아들들인 우리 주인 아브라함과 우리 주인 살리흐를 위해서 끝냈다. 이 토라는 그들을 위한 것이며, 우리를 위해서나 온 이스라엘을 위해서 좋은 징조다. 구속과 도우심, 메시아의 오심과 예루살렘의 건축, 이스라엘의 유배민이 모여드는 것에 대한 축복의 징조다. 이는 우리의 창조자, 예루살렘의 건축자 여호와께서 약속하신 대로인데, 여호와께서는 이스라엘의 흩어진 이들을 모으시고, 백성들을 위해 기치를 높이시며, 이스라엘의 흩어진 이들을 모으시고, 유다의 상한 이들을 그분께서 땅 사방에서 모으실 것이다(사 11:12)."

사진 출처: P. Kahle, Masoreten des Westens I, BWAT 33, Stuttgart 1927 [인용문: 58-59].

ההר וההר
בער באש ושני
לחת הברית על
שתי ידי וארא
והנה חטאתם
ליהוה אלהיכם
עשיתם לכם
עגל מסכה
סרתם מהר מן
הדרך אשר צוה
יהוה אתכם
ואתפש בשני
הלחת ואשלכם
מעל שתי ידי
ואשברם לעיניכם
ואתנפל לפני
יהוה כראשנה
ארבעים יום
וארבעים לילה

לחם לא אכלתי
ומים לא שתיתי
על כל חטאתכם
אשר חטאתם
לעשות הרע
בעיני יהוה
להכעיסו כי
יגרתי מפני האף
והחמה אשר
קצף יהוה עליכם
להשמיד אתכם
וישמע יהוה
אלי גם בפעם
ההוא ובאהרן
התאנף יהוה
מאד להשמידו
ואתפלל גם בעד
אהרן בעת ההוא
ואת חטאתכם
אשר עשיתם

את העגל
לקחתי ואשרף
אתו באש ואכת
אתו טחון היטב
עד אשר דק
לעפר ואשלך
את עפרו אל
הנחל הירד מן
ההר ובתבערה
ובמסה ובקברת
התאוה מקצפים
הייתם את יהוה
ובשלח יהוה
אתכם מקדש
ברנע לאמר
עלו ורשו את
הארץ אשר
נתתי לכם ותמרו
את פי יהוה
אלהיכם ולא

24 레닌그라드 코덱스(L)
기원후 1008년, 상트페테르부르크: 러시아 국립도서관(기호 B 19A), 본문: 창세기 14:12-15:13

이 필사본의 연대에 대해서는 간기(刊記)에 전해진다. “전체 성서를 담고 있는 이 코덱스는 이집트의 대도시(카이로)에서 필사되고, 모음과 마소라가 완성되었으며, 세심하게 수정되었다. 그리하여 그것은 a) 창세 후 4770년 시반(Siwan) 달에 완성되었다. b) 그것은 여호야긴 왕 유배 후 1444년이다. c) 그것은 그리스인들의 통치 후, 곧 (셀레우코스 왕조의) 조약 시대[시대 계산의 시작은 기원전 311년] 이후, 그러니까 예언 중단 후 (1)319년이다. d) 그것은 제2 성전 파괴 후 940년이다. e) 그것은 작은 뿔의 통치(참조, 단 8:9; 여기서는 이슬람을 가리킴) 후 399년이다. 이것은 메보라크 벤 나타나엘이 사들였는데, 그는 제사장 벤 오스닷으로 알려져 있다 …”

여기서 언급된 연대는 다음과 같이 새길 수 있다. a) 기원후 1010년. c) 기원후 1008년. d) 기원후 1009년. e) 기원후 1008년. 반면에 연대 b)는 틀에서 벗어나는데, 이는 아마도 잘못된 전제에서 비롯될 것이다. 필사자가 이슬람 권역에 살고 있었기 때문에 연대 e) = 기원후 1008년이 가장 신뢰할 만할 것이다. 다음의 덧붙인 글은 벤 아쉐르(Ben Ascher)와 연관된다. “사무엘 벤 야콥이 이 성서의 코덱스를 필사하고, 모음을 붙였으며, 마소라를 갖추게 하였는데, 이것은 아론 벤 모세 벤 아쉐르 선생께서 - 그는 에덴동산에서 쉬고 계신다! - 교정하고 해설하여 만드신 책을 가지고 작업하였다. 그래서 이 코덱스도 교정되어 있고, 제대로 해설되어 있다.”

레닌그라드 코덱스는 그것의 본보기였던 알레포 코덱스보다 덜 세심하게 필사되었지만, 그런데도 벤 아쉐르 전통의 믿을 만한 본문을 전해 준다. 이 코덱스의 장점은 전체 성서 본문을 완전하게 전승해 주는 유일한 중세 필사본이라는 데 있다.

사진 출처: D. N. Freedman / A. B. Beck / J. A. Sanders (ed.), The Leningrad Codex. A Facsimile Edition, Grand Rapids, Michigan 1998.
간기 본문: A. Harkavy / H. L. Strack, Catalog der hebräischen Bibelhandschriften der Kaiserlichen Öffentlichen Bibliothek in St. Petersburg, St. Petersburg / Leipzig 1875, 265-267.

אברם ויליכו והוא ישב
בסדם ויבא הפליט ויגד
לאברם העברי והוא שכן
באלני ממרא האמרי אחי
אשכל ואחי ענר והם בעלי
ברית אברם וישמע
אברם כי נשבה אחיו וירק
את חניכיו ילידי ביתו שמנה
עשר ושלש מאות וירדף
עד דן ויחלק עליהם לילה
הוא ועבדיו ויכם וירדפם
עד חובה אשר משמאל
לדמשק וישב את כל ה
רכש וגם את לוט אחיו
ורכשו השיב וגם את
הנשים ואת העם ויצא
מלך סדם לקראתו אחרי
שובו מהכות את כדרלעמר
ואת המלכים אשר אתו
אל עמק שוה הוא עמק
המלך ומלכי צדק מלך
שלם הוציא לחם ויין והוא
כהן לאל עליון ויברכהו
ויאמר ברוך אברם לאל
עליון קנה שמים וארץ
וברוך אל עליון אשר מגן
צריך בידך ויתן לו מעשר

מכל ויאמר מלך סדם
אל אברם תן לי הנפש
והרכש קח לך ויאמר
אברם אל מלך סדם
הרמתי ידי אל יהוה אל
עליון קנה שמים וארץ
אם מחוט ועד שרוך נעל
ואם אקח מכל אשר לך
ולא תאמר אני העשרתי
את אברם בלעדי רק
אשר אכלו הנערים וחלק
האנשים אשר הלכו אתי
ענר אשכל וממרא הם
יקחו חלקם
אחר הדברים האלה
היה דבר יהוה אל אברם
במחזה לאמר אל תירא
אברם אנכי מגן לך שכרך
הרבה מאד ויאמר אברם
אדני יהוה מה תתן לי ואנכי
הולך ערירי ובן משק ביתי
הוא דמשק אליעזר
ויאמר אברם הן לי לא
נתתה זרע והנה בן ביתי
יורש אתי והנה דבר יהוה
אליו לאמר לא יירשך זה
כי אם אשר יצא ממעיך

הוא יירשך ויוצא אתו
החוצה ויאמר הבט נא
השמימה וספר הכוכבים
אם תוכל לספר אתם
ויאמר לו כה יהיה זרעך
והאמן ביהוה ויחשבה לו
צדקה ויאמר אליו אני
יהוה אשר הוצאתיך מאור
כשדים לתת לך את הארץ
הזאת לרשתה ויאמר
אדני יהוה במה אדע כי
אירשנה ויאמר אליו
קחה לי עגלה משלשת
ועז משלשת ואיל משלש
ותר וגוזל ויקח לו את כל
אלה ויבתר אתם בתוך
ויתן איש בתרו לקראת
רעהו ואת הצפר לא
בתר וירד העיט על
הפגרים וישב אתם אברם
ויהי השמש לבוא
ותרדמה נפלה על אברם
והנה אימה חשכה גדלה
נפלת עליו ויאמר לאברם
ידע תדע כי גר יהיה זרעך
בארץ לא להם ועבדום
וענו אתם ארבע מאות

25 특별한 모음 체계의 필사본 옥스퍼드: 보들리언 도서관, 본문: 시편 112:2-114:3

나머지 다섯 장과 더불어 〈시편〉 필사본을 이루는 다음 그림의 필사본 낱장은 특정 필사본 그룹의 특징을 내보이는 몇몇 고유한 점들을 알아볼 수 있게 해 준다. 벤 아쉐르 필사본들과 분명하게 차이 나는 이 필사본 그룹은 이전에는 벤 납달리(Ben Naftali)와 연관되었었다. 하지만 이 필사본은 그 전통과 아무런 상관이 없으며, 특별한 모음 체계를 가진 독자적인 그룹을 보여 준다는 사실이 밝혀졌다. 다음 그림의 본문에서는 벤 아쉐르와 견주었을 때 다음과 같은 특징들이 드러난다.

- 알렙이 자음으로 발음되면, 자음 안에 점을 찍는다: בארץ 시편 112:2; אור 시편 112:4; איש 시편 112:5; יראה 시편 112:8; תאות 시편 112:10; את 시편 113:1; אם 시편 113:9. 알렙이 발음되지 않으면, 그 위에 가로줄을 긋는다: לא 시편 112:6, 7, 8.
- 마지막에 오는 자음 헤가 자음으로 발음된다는 표시인 맙픽 점은 הללויה 시편 113:1, 9에서 보듯 ה 아래 있다.
- 낱말의 마지막 자음 바브가 자음으로 발음되면, בצריו 시편 112:8에서 보듯 ו 안에 쉐바 점이 찍힌다.
- 헤트와 아인은 낱말 끝에 올 때 쉐바를 가진다: בטוח 시편 112:7; רשע 시편 112:10.
- 은입 파타흐(Patach furtivum)가 예상되는 자리에 없다: בטוח 시편 112:7.
- 복합 쉐바의 쉐바 점이 헤와 헤트에서는 옆이 아니라 해당 모음 기호 위에 있다: יחרק 시편 112:10.
- 관계사에는 모음이 표기되지 않는다: אשר 시편 112:8. 또한, 자주 나오는 고유명사는 모음이 표기되지 않거나 부분적으로만 표기된다: ישראל 시편 114:2.

사진 출처: P. Kahle, Masoreten des Westens II, BWANT 55, Stuttgart 1930.

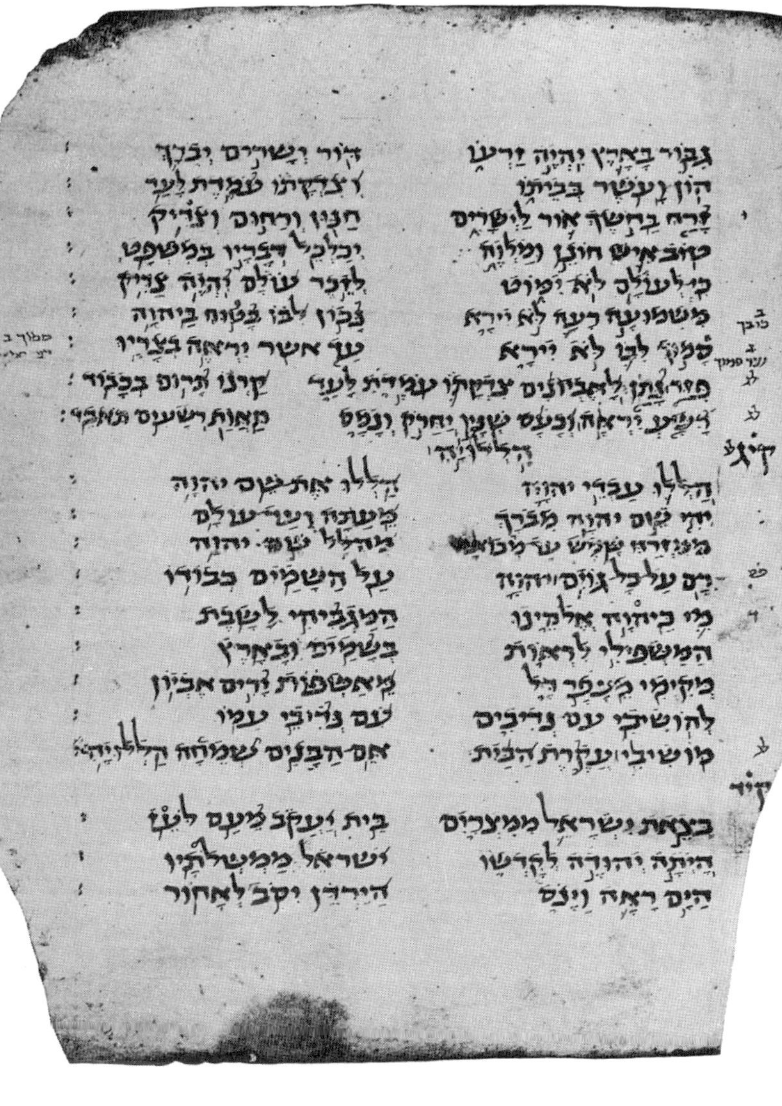

גבור בארץ יהיה זרעו | דור ישרים יברך
הון ועשר בביתו | וצדקתו עמדת לעד
זרח בחשך אור לישרים | חנון ורחום וצדיק
טוב איש חונן ומלוה | יכלכל דבריו במשפט
כי לעולם לא ימוט | לזכר עולם יהיה צדיק
משמועה רעה לא יירא | נכון לבו בטוח ביהוה
סמוך לבו לא יירא | עד אשר יראה בצריו
פזר נתן לאביונים צדקתו עמדת לעד | קרנו תרום בכבוד
רשע יראה וכעס שניו יחרק ונמס | תאות רשעים תאבד
הללויה

קיג

הללו עבדי יהוה | הללו את שם יהוה
יהי שם יהוה מברך | מעתה ועד עולם
ממזרח שמש עד מבואו | מהלל שם יהוה
רם על כל גוים יהוה | על השמים כבודו
מי כיהוה אלהינו | המגביהי לשבת
המשפילי לראות | בשמים ובארץ
מקימי מעפר דל | מאשפות ירים אביון
להושיבי עם נדיבים | עם נדיבי עמו
מושיבי עקרת הבית | אם הבנים שמחה הללויה

קיד

בצאת ישראל ממצרים | בית יעקב מעם לעז
היתה יהודה לקדשו | ישראל ממשלותיו
הים ראה וינס | הירדן יסב לאחור

26 야콥 벤 하임의 제2 랍비 성서
기원후 1524–1525년, 슈투트가르트: 뷔르템베르크 주립 도서관,
본문: 창세기 21:33–22:4

'랍비 성서'(מקראות גדולות)는 16세기에 나온 구약성서 인쇄본을 일컫는데, 여기에는 히브리어 본문과 타르굼, 마소라와 랍비들의 주석이 편찬되어 있다. 옆의 그림은 배열을 잘 알아볼 수 있게 해 주는데, 가운데는 (마소라와 함께) 히브리어 본문과 타르굼이 있고, 그 둘레에 주석이 자리 잡고 있다(여기서는 라쉬와 이븐 에스라).

마소라가 없던 제1 랍비 성서는 1516/1517년에 베네치아의 봄베르크 인쇄소에서 아우구스티누스파 은둔자 수도회에 속해 있던 펠릭스 프라텐시스(Felix Pratensis)가 출간하였다. 그는 랍비의 아들로서 젊은 시절부터 히브리어 연구에 능통했다. (1506년 무렵에) 기독교로 전향한 뒤에 그는 고전 언어학의 학문 방법론을 알게 되었다. 거의 동시대 콤플루툼 여러말대조성서(도판 47)의 편집자와 마찬가지로 그는 이 방법을 히브리어 성서 본문에 적용하였다. 필사본 연구를 바탕으로 그는 정확한 본문을 복원하려 하였다. – "매우 어려운 과제다. 그리고 이 이유 때문에 아무도 다른 이에게 이 일을 시도하게 하지 못했다"(rem equidem perdifficilem nec ob id ab aliis hactenus tentatam). 교황 헌정사에서 그는, 이전에 통용되던 오류투성이의 필사본들(실제로 다른 마소라 학파의 필사본들을 가리킬 것임)과 달리, 히브리어 본문에 진실한 원래의 빛을 재현하였다는 데 매우 자랑스러워했다. 펠릭스 프라텐시스는 처음으로 성서 인쇄본에 케티브와 케레를 표기하였고, 특별한 점들(puncta extraordinaria)을 수용하였으며, 마소라에 따라 특별하게 기록된 자음들(크게 쓴 글씨[literae majusculae], 올려 쓴 글씨[suspensae], 뒤집어 쓴 글씨[inversae] 등)을 고려하였다. 그 밖에 그는 자신이 사용하였던 필사본들의 다른 이형태들(variae lectiones)도 표시하였다.

그의 편집본은 학문적 관점에서는 크게 의미가 없는 야콥 벤 하임이 편집한 다음 그림의 랍비 성서에 광범위하게 기초를 형성하였다. 그리고 이 편집본은 다시금 수많은 후대의 편집본에 표준이 되었기 때문에 펠릭스 프라텐시스의 작업은 폭넓은 영향을 끼쳤다.

사진 출처: 슈투트가르트에 있는 뷔르템베르크 주립 도서관에서, 소장한 견본의 게재를 허락함.

Genes. וירא 22 רשי

אבן עזרא

ויקרא שם בשם יהוה אל עולם:
34 ויגר אברהם בארץ פלשתים ימים
רבים: ס

CAPUT כב

ויהי אחר
הדברים האלה והאלהים נסה את
אברהם ויאמר אליו אברהם ויאמר
2 הנני: ויאמר קח נא את בנך את
יחידך אשר אהבת את יצחק ולך
לך אל ארץ המריה והעלהו שם
לעלה על אחד ההרים אשר אמר
3 אליך: וישכם אברהם בבקר
ויחבש את חמרו ויקח את שני
נעריו אתו ואת יצחק בנו ויבקע עצי
עלה ויקם וילך אל המקום אשר
4 אמר לו האלהים: ביום השלישי
וישא אברהם את עיניו וירא את
5 המקום מרחק: ויאמר אברהם אל
נעריו שבו לכם פה עם החמור ואני
והנער נלכה עד כה ונשתחוה
6 ונשובה אליכם: ויקח אברהם
את עצי העלה וישם על יצחק בנו
ויקח בידו את האש ואת המאכלת
7 וילכו שניהם יחדו: ויאמר יצחק
אל אברהם אביו ויאמר אבי ויאמר
הנני בני ויאמר הנה האש
והעצים ואיה השה לעלה:
8 ויאמר אברהם אלהים יראה לו
השה לעלה בני וילכו שניהם
9 יחדו: ויבאו אל המקום אשר
אמר לו האלהים ויבן שם אברהם
את המזבח ויערך את העצים

27 사마리아 오경 3개 언어 대조 성서(Samaritanische Triglotte) 기원후 1204/1205년, 본문: 신명기 31:15-19

다음의 그림은 파울 칼레(Paul Kahle)가 나블루스에서 손에 넣은 귀중한 3개 언어 대조 성서, 이른바 토라 핀카지예(Tora Finchasiye)의 낱장을 보여 주는데, 이 필사본은 이슬람력으로 601년, 곧 기원후 1204/1205년 필사되었다. 세 단에는 오른쪽에서 왼쪽으로 히브리어, 아람어, 아랍어 본문이 나란히 편집되어 있으며, 이 모두는 사마리아 자음으로 기록되었다. 이 글자는 고대 히브리어에서 발전하였다. 파울 칼레는 고대 히브리어 문자로 기록된 〈레위기〉 단편(도판 14)과의 비교를 바탕으로 다음과 같은 의견을 진술하였다. "물론 자음의 형태가 조금 발전했으며, 성서 필사본을 필사하는 방법의 일정한 원칙들이 시간이 가면서 점차로 생겨났지만, 1000-1500년 동안 고대 히브리어 문자가 얼마나 변함없이 유지되었는지에 언제나 다시금 놀랄 수밖에 없다."

이 필사본에서는 다음과 같은 사항들을 관찰할 수 있다. 개별 낱말들은 점으로 서로 분리된다. 히브리어와 아람어 본문 단에 있는 매 행의 첫째와 마지막 두 자음은 정확하게 줄을 맞춰서 필사하였다. 또한 연이은 두 행에 나오는 같은 자음은 아래위를 잘 맞춰서 필사하는 경향이 있다(예를 들어, 7행과 8행, 11행과 12행을 견주어 보라). 일반적으로 사마리아 오경의 필사본에는 모음 기호가 없다.

사진 출처: P. Kahle, Die hebräischen Handschriften aus der Höhle, Stuttgart 1951 [인용문: 19-20].

28 파피루스 라일랜즈 그릭 458(Papyrus Rylands Greek 458) 랄프스 기호: 957, 기원전 2세기 중반, 맨체스터: 존 라일랜즈 도서관

개별 단편의 내용은 다음과 같다. (a) 신명기 23:24(23)-24:3; (b) 신명기 25:1-3; (c) 신명기 26:12; (d) 신명기 26:17-19; (e) 신명기 28:31-33; (f) 신명기 27:15(?); (g) 신명기 28:2(?); (h) ?

단편들은 미라를 감쌌던 데서 나왔으며, 렌들 해리스(Rendel Harris)가 1917년에 존 라일랜즈 도서관에 소장하기 위해 사들였다. 이 단편들은 아마도 이집트 파윰(Fajjum)에서 비롯되었을 것이며, 연대는 기원전 2세기 중반으로 추정된다. 단편들의 원래 면인 〈신명기〉 두루마리 뒷면은 후대에 계산서와 메모를 위해 사용되었다.

특별히 흥미로운 것은 아주 드문 경우로, 여백 체계이다. "단편 b의 사진에서 드러나듯, 필사자는 구절이나 문장의 끝뿐 아니라, 콜론(κῶλον)이나 낱말 그룹의 끝에도 규칙적으로 여백을 둔다. 구절의 끝(그림의 단편 a 14행 αυτου 뒤)에서는 좀 더 많은 여백을 두며, 위에 점을 찍는다. 그밖에 문장이나 소문장의 끝(참조, 단편 b)에는 제법 많은 여백을 두고, 낱말 그룹 끝에는 상대적으로 적은 여백을 두는 것이 필사자의 원칙이었던 것으로 보인다." 본문의 구분이 공중 독서와 연관되었던가, 아니면 아람어의 영향인가? 그렇지 않으면 이 파피루스는 모든 그리스어 필사본들처럼 낱말 구분법을 몰랐을 것이다.

사진 출처: 맨체스터 존 라일랜즈 도서관에서 게재를 허락한 사진.
최초 출간 본문: C. H. Roberts, Two Biblical Papyri in the John Rylands Library, Manchester 1936, 9-46 + Tafel I [인용문: 25쪽].
필사본 설명: Rahlfs / Fraenkel, Verzeichnis I, 241-242.

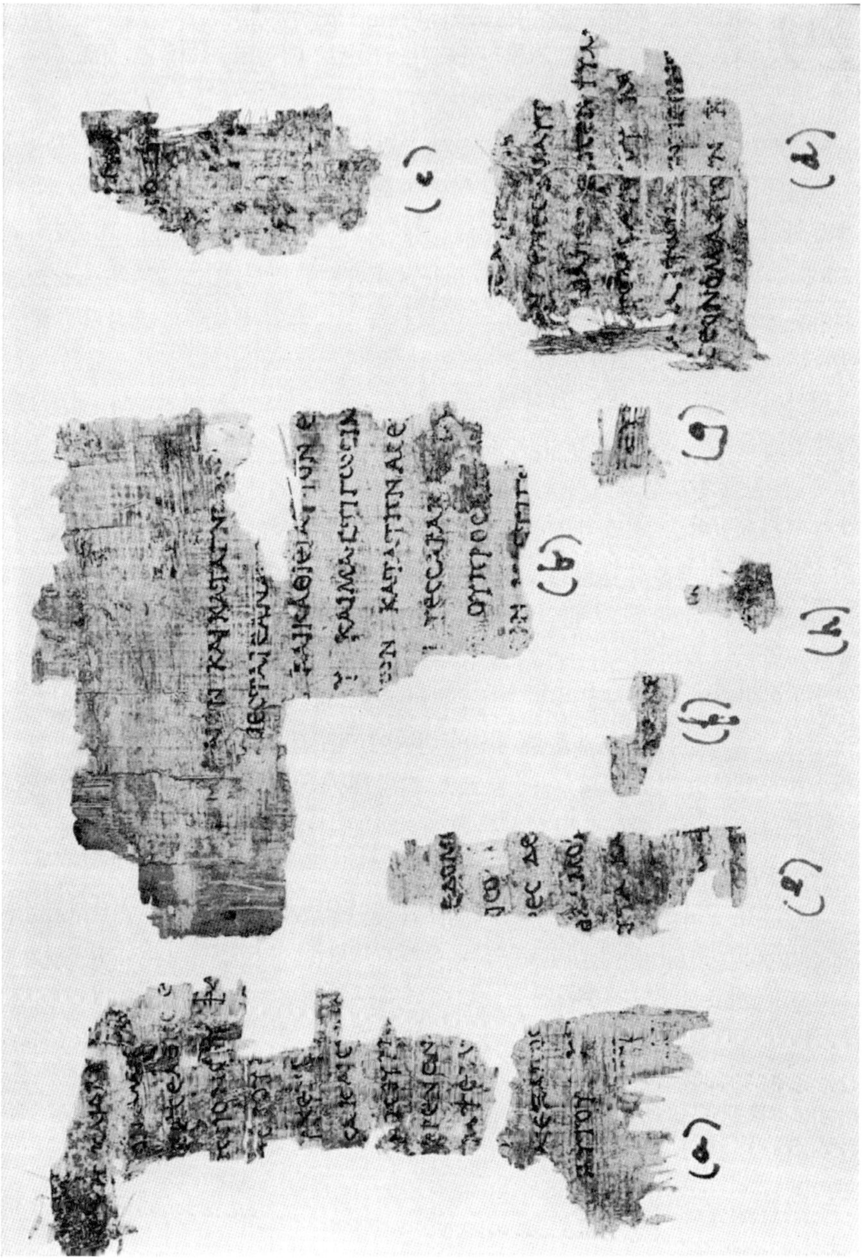

29 파피루스 푸아드 266(Papyrus Fouad 266)
랄프스 기호: 847, 기원전 1세기, 카이로: 이집트 파피루스 서회, 본문: 신명기 31:28–32:6

이 파피루스는 기원전 1세기로 거슬러 올라가며, 유대인이 필사한 것이 분명하다. 특별히 흥미로운 점은 이 파피루스가 여호와 신명을 다루는 방식이다. 그리스어 필사본들의 이 신명 서법에 대해서는 히에로니무스가 한 서신(<Epistula 25 ad Marcellam>)에서 전해 준다. "(신명) 사문자 요드, 헤, 바브, 헤는 발음되지 않는다(ἀνεκφώνητον). 그래서 그 발음을 알지 못하는 그리스어 책들에서는 알파벳의 유사성을 바탕으로 Π Ι Π Ι로 발음하곤 한다."

따라서 히에로니무스는 그리스어 필사본들에서 여호와를 히브리어 자음으로 쓰던 관습을 알고 있었다. 다음 파피루스 그림은 기독교 시대 이전 그에 대한 증거가 된다. 둘째 단 7행과 15행의 그리스어 본문 한가운데에는 여호와가 정방형 문자로 필사되었다. 그리스어 본문의 필사자는 이 자리를 비워두었는데, 또 다른 손길이 빈칸을 다 채우지도 못할 정도로 작게 히브리어 자음을 써넣었다.

이 파피루스와 다른 고대 그리스어 사본에서 신명사문자를 취급하는 방식에서 많은 사람이 추정하는 것은, 그리스어 역본에서는 원래 여호와 신명을 퀴리오스로 옮기지 않았으며, 신명사문자를 그대로 사용하였다는 것이다. 반면에 다른 이들은 이 필사본의 신명사문자 사용을 기존의 전승에 의도적으로 개입한 이차적인 현상이라는 증거로 보기도 한다. 이에 따르면, 신명사문자는 고대 역본에 대해 옛 형식을 본뜨고 히브리어식으로 표현하는 교정본과 연관하여 퀴리오스의 자리에 대신 들어간 것으로 보인다.

그리스어 필사본의 '거룩한 이름 쓰는 법' 곧 '성명서법(聖名書法, die nomen-sacrum-Schreibung)'에 대한 논의는, 특히 기원전 1세기의 필사본 4QLXXLev[b] (= 4Q120)에 Ιαω라는 신명서법도 나옴에 따라, 아직 결론을 맺지 못했다.

사진 출처: P. Kahle, Die hebräischen Handschriften aus der Höhle, Stuttgart 1951.
해설: Rahlfs / Fraenkel, Verzeichnis I, 170-178.

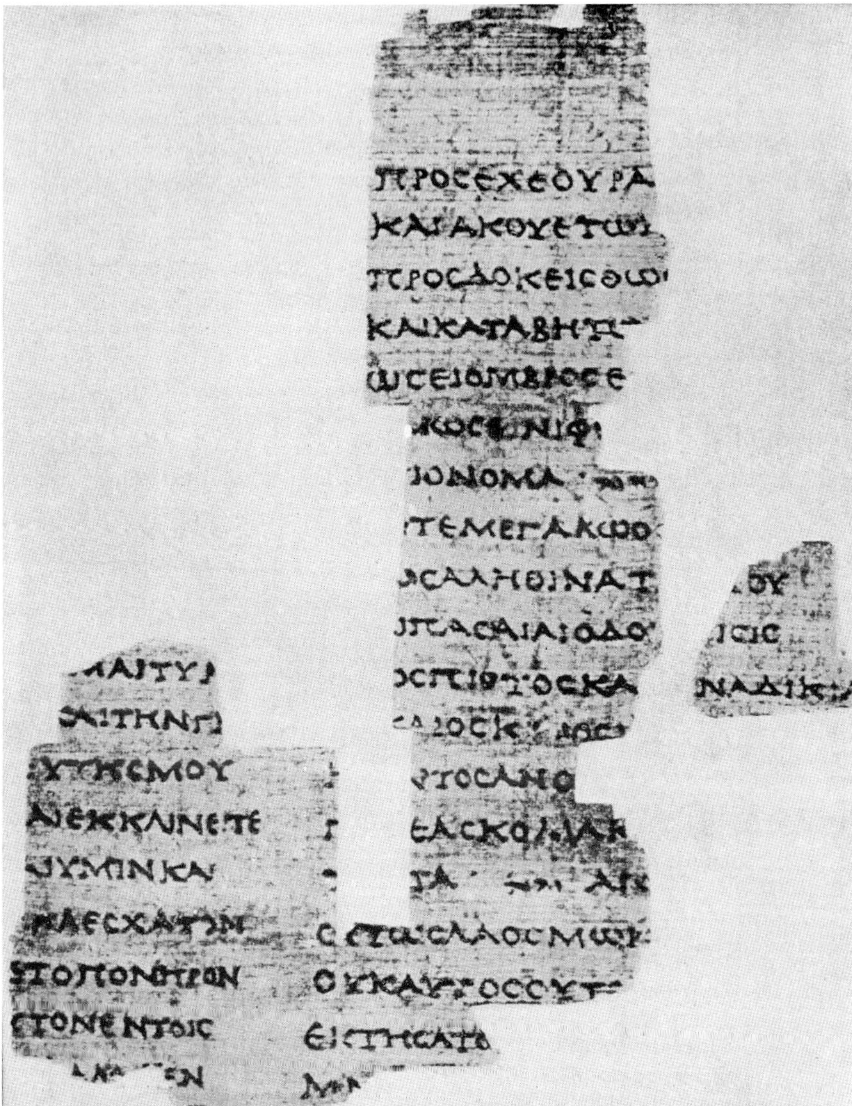
ΜΑΙΤΥ
ΚΑΙΤΗΝΓ
ΥΤΗϹΜΟΥ
ΝΕΚΚΛΙΝΕΤΕ
ΥΜΙΝΚΑ
ΤΑΕϹΧΑΤΩΝ
ΤΟΠΟΝΗΡΟΝ
ΤΟΝΕΝΤΟΙϹ

ΠΡΟϹΕΧΕΟΥΡΑ
ΚΑΙΑΚΟΥΕΤΩ
ΠΡΟϹΔΟΚΕΙϹΘΩ
ΚΑΙΚΑΤΑΒΗΤ
ΩϹΕΙΟΜΒΡΟϹΕ
ΚΟϹΕΝΙΦ
ΟΝΟΜΑ
ΤΕΜΕΓΑΚΩ
ϹΑΛΗΘΙΝΑΤ
ΠΑϹΑΙΑΙΟΔΟ
ϹΠΙϹΤΟϹΚΑ
ΑΙΟϹΚ
ΤΟϹΑΝΟ
ΕΑϹΚΟΙΛΙΑ
ΕϹΤΩϹΑΛΟϹΜΩ
ΟΥΚΑΥΤΟϹϹΟΥ
ΕΙϹΤΗϹΑΤΟ

ΟΥ
ΙϹΙϹ
ΝΑΔΙΚΙΑ

30 그리스어 열두 소예언서 두루마리
8HevXIIgr, 기원후 1세기 중반, 본문: 하박국 1:14–2:5

벌써 여러 차례 언급된 이 필사본 두루마리는 1952년 8월에, 처음에는 자세히 밝혀지지 않았던 유다 광야의 어떤 동굴에서 베두인들이 발견했는데, 몇 년 뒤에 록펠러 박물관에 매입되었다. 그 뒤에 엔게디 근처의 나할 헤베르(Nahal Hever)를 발굴하던 가운데 이스라엘의 발굴단이 그 동굴을 확인하게 되었다. 그 동굴 안에는 의심할 여지 없이 열두 소예언서 두루마리의 일부인 더 작은 단편들이 있었다. 이 필사본은 기원후 1세기 중반의 것으로 추정되며, 유대인이 유대인을 위해 필사한 그리스어 성서 본문들 가운데 하나다. 신명인 여호와는 이 필사본에서 고대 히브리어 문자로 쓴 신명사문자로 나타난다. 나할 헤베르에서 단편들과 함께 발굴된 (동전과 같은) 고고학적 자료를 통해서, 이 필사본 두루마리가 바르 코흐바 반란(기원후 132-135년) 기간에 거기에 보관되었음을 알 수 있다. 하지만 그때 벌써 이 필사본은 오랫동안 사용해온 터였다.

필사본은 두 필사자가 필사하였다. 필사자 A의 필사 부분 가운데는 〈요나〉, 〈미가〉, 〈나훔〉, 〈하박국〉, 〈스바냐〉, 그리고 〈스가랴〉 1-3장이 보존되어 있으며, 필사자 B는 〈스가랴〉 8-9장의 남은 부분에서 찾아볼 수 있다. 본문 역사에서 8HevXIIgr의 의미는, 기원후 1세기에 벌써 그리스어 역본을 히브리어 원문(또는 마소라 본문)에 가깝게 맞추려 하는 개정 시도가 있었음이 입증되었다는 데 있다. 히브리어 גַּם이나 וְגַם을 규칙적으로 καί γε라는 그리스어 표현으로 옮기는 방식에 따라 이것을 카이게 개정본이라 일컫는다(5.3을 보라).

사진 출처: 이스라엘 문화재 관리국에서 게재를 허락함(PAM 40.572).
본문과 해설: DJD VIII; Rahlfs / Fraenkel, Verzeichnis I, 156-160.

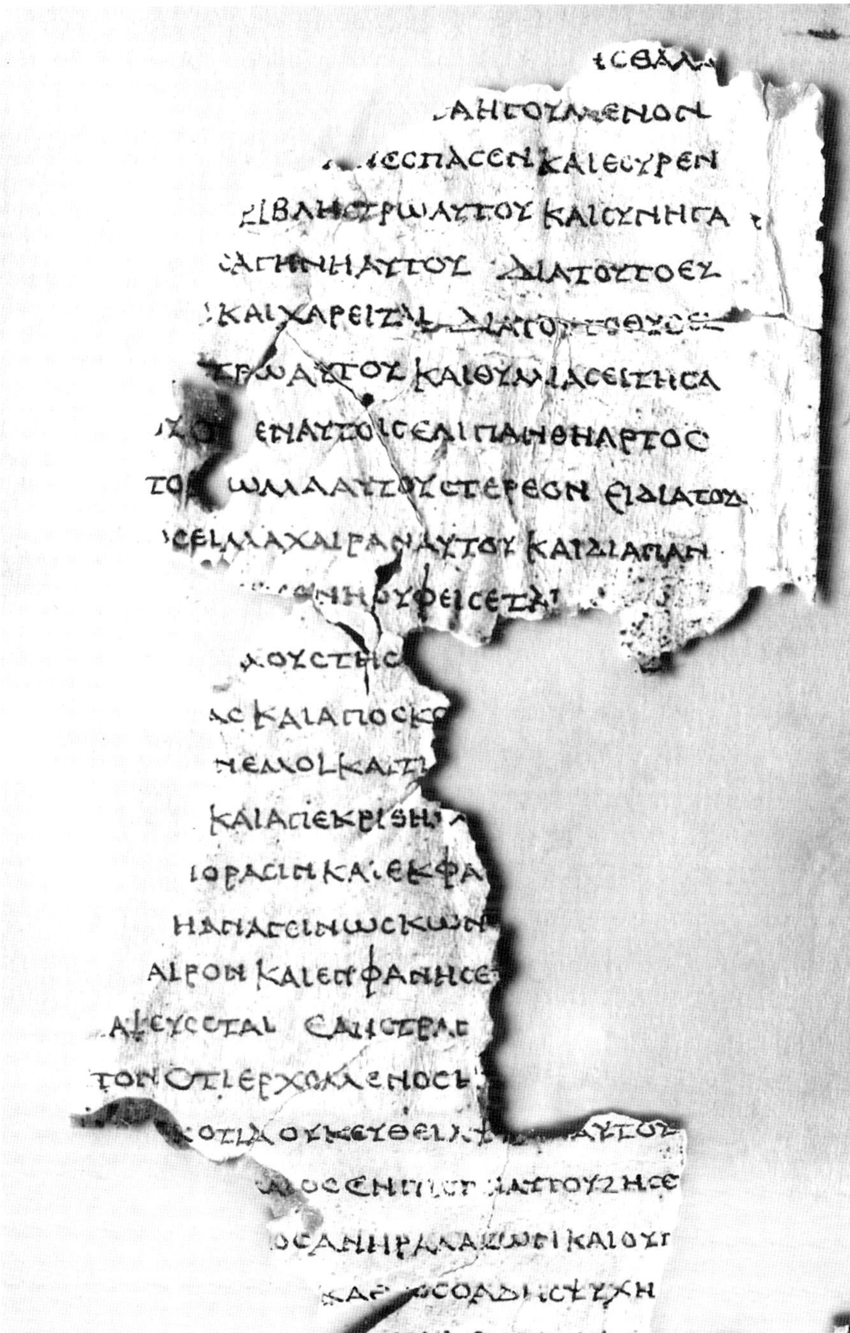

31 체스터 비티 파피루스 967(Chester-Beatty-Papyrus 967) 랄프스 기호: 967, 기원후 200년 무렵, 더블린: 체스터 비티 도서관, 본문: 에스겔 16:57–17:1

이 그리스어 필사본은 기원후 200년 무렵에 비롯된 파피루스 코덱스다. 코덱스를 만드는 데는 59장의 일반적인 두루마리 판형(대략 34.5×25cm)이 쓰였는데, 이것은 낱장으로 떼어낼 수 있으며, 가운데를 공책처럼 접었다. 이렇게 해서 118장 또는 236쪽이 되었으며, 윗부분의 가장자리에 쪽 번호가 매겨져 있다. 이 파피루스는 예언서 〈에스겔〉과 〈다니엘〉 두 권과 〈에스더〉를 담고 있는 성서 판본의 일부를 전해 준다. 반으로 접는 바람에 생겨난 비교적 좁은 쪽 너비(12.5cm) 때문에 지금은 가운데 부분에 있던 많은 장들이 서로 갈라져 떨어져 나갔다. 이 파피루스 코덱스는 한때 다른 파피루스와 실로 묶여 있었던 것으로 추측되는데, 그 실이 서서히 파피루스 안으로 파고 들어가서 결국 많은 쪽들이 윗부분과 아랫부분으로 나뉘어 떨어졌다. 코덱스의 주요 부분은 대부분 세 박물관에 나뉘어 소장되어 있는데, 종종 한 장의 윗부분과 아랫부분이 서로 다른 곳에 소장되어 있다. 그 세 박물관은 더블린의 체스터 비티 도서관(반쪽만 남은 29장), 쾰른의 고고학 연구소(반쪽만 남은 33장과 온전히 남은 28장), 그리고 프린스턴의 대학도서관(반쪽만 남은 2장과 온전히 남은 19장)이다.

본문비평에서 파피루스 967의 의미는 엄청나다. 한편으로 이 파피루스는 〈에스겔〉에서는 마소라 본문보다 더 오래된 책 형태를 보여 준다. 다른 한편으로는, 이른바 '테오도치온 본문'에 밀려났던 칠십인역 〈다니엘〉의 가장 오래된 (헥사플라 이전의) 본문 증거이다. 마지막으로 이 필사본은 정경 역사의 관점에서도 흥미롭다. 왜냐하면 이 필사본은 〈에스더〉의 본문이 이어지기 전에 최종 축복문과 더불어 〈다니엘〉로 끝나기 때문이다. 이것은 논란이 되었던 〈에스더〉의 정경 안의 지위를 반영하는 것일 수 있다. 이 책은, 히브리어 성서의 메길로트에 그리고 그리스어 정경에서는 역사서에, 그 자리에 받아들여지기 전까지, 가끔 제2 경전에 드는 책 가운데 하나로 편입되었다.

사진 출처: F. G. Kenyon, The Chester Beatty Biblical Papyri, Fasc. VII,1–2, London 1937-1938.

해설: Rahlfs / Fraenkel, Verzeichnis I, 98-103; 참고 문헌: S. Kreuzer, Papyrus 967 – Bemerkungen zu seiner buchtechnischen, textgeschichtlichen und kanongeschichtlichen Bedeutung, in: M. Karrer / W. Kraus (Hg.), Die Septuaginta – Texte, Kontexte, Lebenswelten, WUNT 219, Tübingen 2008, 64-82.

ΡΩΝΣΥΡΙΑΣΚΑΙΠΑΝ
ΩΝΚΥΚΛΩΑΥΤΗΣΘΥΓΑΤΕ
ΡΩΝΑΛΛΟΦΥΛΩΝΤΩΝΠΕΡΙΕ
ΧΟΥΣΩΝΣΕΚΥΚΛΩΤΑΣΑΣΕΒΕΙ
ΑΣΣΟΥΚΑΙΤΑΣΑ ΜΙΑΣΣΟΥΣΥ
ΚΕΚΟΜΙΣΑΙΑΥΤΑΣΛΕΓΕΙΚΣ
ΚΑΙΠΟΙΗΣΩΕΝΣΟΙΚΑΘΩΣΕΠΟΙΗ
ΣΑΣΩΣΗΤΙΜΩΣΑΣΤΑΥΤΑΤΟΥ
ΠΑΡΑΒΗΝΑΙΤΗΝΔΙΑΘΗΚΗΝΜΟΥ
ΚΑΙΜΝΗΣΘΗΣΟΜΑΙΕΓΩΤΗΣΔΙ
ΑΘΗΚΗΣΜΟΥΤΗΣΜΕΤΑΣΟΥΕΝ
ΗΜΕΡΑΝΗΠΙΟΤΗΤΟΣΣΟΥΚΑΙΑ
ΝΑΣΤΗΣΩΣΟΙΔΙΑΘΗΚΗΝΑΙΩΝΙ
ΟΝΚΑΙΜΝΗΣΘΗΣΗΤΗΝΟΔΟΝΣΟΥ
ΚΑΙΕΞΑΤΙΜΩΘΗΣΗΕΝΤΩΑΝΑ
ΛΑΒΕΙΝΜΕΤΑΣΑΔΕΛΦΑΣΣΟΥΤΑΣ
ΠΡΕΣΒΥΤΕΡΑΣΣΟΥΣΥΝΤΑΙΣΝΕ
ΩΤΕΡΑΙΣΣΟΥΚΑΙΔΩΣΩΑΥΤΑΣ
ΣΟΙΕΙΣΟΙΚΟΔΟΜΗΝΚΑΙΟΥΚΕΚ
ΔΙΑΘΗΚΗΣΣΟΥΚΑΙΑΝΑΣΤΗΣΩ
ΕΓΩΤΗΝΔΙΑΘΗΚΗΝΜΟΥΜΕ
ΤΑΣΟΥΚΑΙΕΠΙΓΝΩΣΗΟΤΙΕΓΩ
ΚΣΟΘΣΟΠΩΣΜΝΗΣΘΗΣΚΑΙΑΙ
ΣΧΥΝΘΗΣΚΑΙΜΗΗΣΟΙΕΤΙΑΝΟΙ
ΞΑΙΤΟΣΤΟΜΑΣΟΥΑΠΟΠΡΟΣΩ
ΠΟΥΤΗΣΑΤΙΜΙΑΣΣΟΥΕΝΤΩΕ
ΞΙΛΑΣΚΕΣΘΑΙΜΕΣΟΙΚΑΤΑΠΑ
ΤΑΟΣΑΕΠΟΙΗΣΑΣΛΕΓΕΙΚΣΚΑΙ
ΕΓΕΝΕΤΟΛΟΓΟΣΚΥΠΡΟΣΜΕΛΕ

32 베를린 〈창세기〉 필사본
랄프스 기호: 911, 기원후 3/4세기, 바르샤바: 국립대학교 파피루스 분과, 본문: 창세기 34:11-25

이 파피루스 코덱스는 1906년에 카를 슈미트(Carl Schmidt)가 상부 이집트에서 손에 넣었으며, 베를린의 프로이센 국립도서관에 넘겨주었다. 파피루스 낱장들이 발굴될 때까지 땅속에 있었기 때문에, 상태가 매우 안 좋았다. 당시 저명한 파피루스 전문가였던 위고 이브쉐르(Hugo Ibscher)는 능숙한 손길로 마침내 코덱스를 펼쳐서 연구를 위해 마무리하는 데 성공했다. 하지만 본문의 출판은 프리어 컬렉션(Freer Collection)의 연관된 소예언서 파피루스 코덱스와 더불어 1927년에 가서야 이루어졌다.

형태에서 이것이 코덱스임을 알 수 있는데, 첫 장이 소실된 16장의 양면 파피루스는 겹쳐 접어서, 32장으로 이루어진 한 켜의 코덱스가 되도록 하였다. 서체는 상당한 문체적인 차이점을 내보이는 초기의 필기체지만, 한 사람이 필사하였다. 제한된 필사본 장수에 본문을 넣어야 했기 때문에, 필사자는 특히 끝에 가서는 매우 비좁게 필사하였다. 특정 철자들에 대한 일반적인 모양과 형태를 바탕으로 서체의 연대를 기원후 3/4세기로 추정할 수 있다. 본문 자체에서는 히브리어 본문에 맞춘 형태들을 많이 찾아볼 수 있다.

사진 출처: H. A. Sanders und C. Schmidt, The Minor Prophets in the Freer Collection and the Berlin Fragment of Genesis, UMS.H 21, New York 1927, 231-429.
해설: Rahlfs / Fraenkel, Verzeichnis I, 376-382.

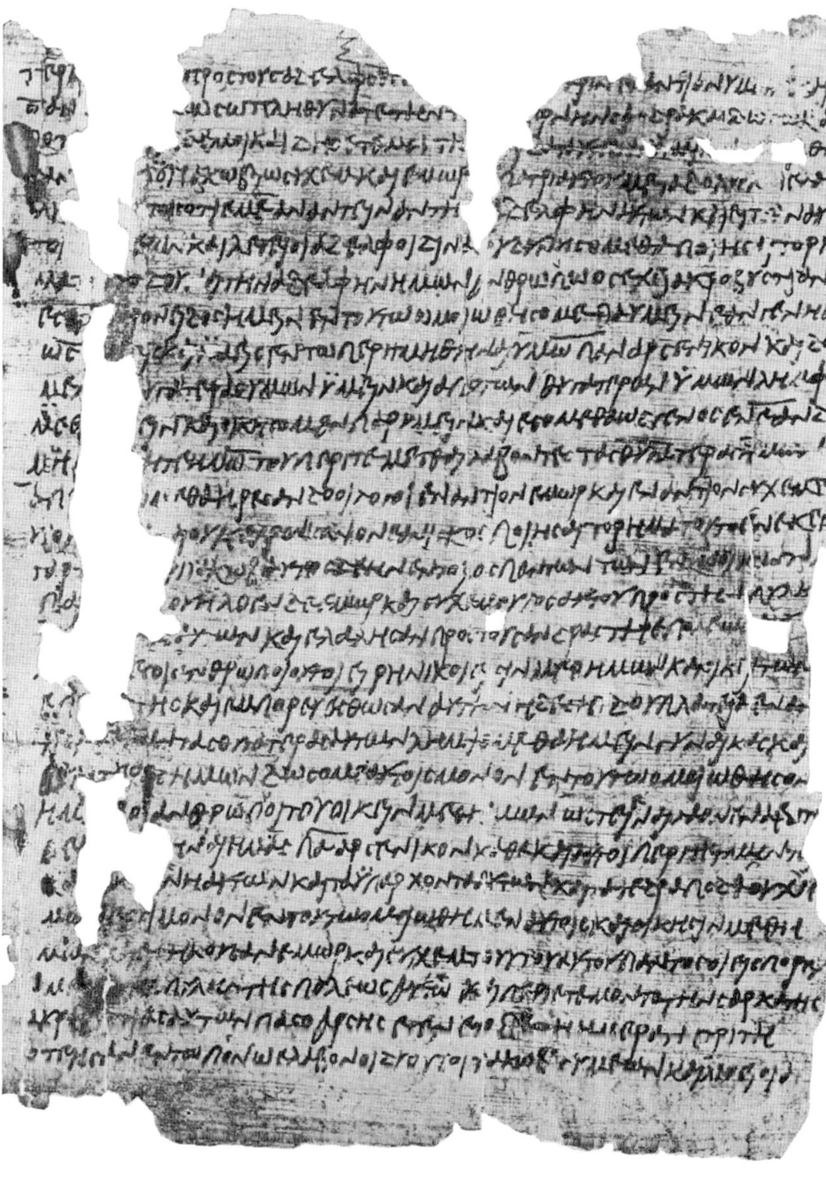

33 시나이 코덱스(S)
기원후 4세기, 런던: 영국국립도서관(Add. 43725), 본문: 마카베오상 9:12-13, 20-22; 예레미야 9:2-3, 9-10; 토비트 6:5-7, 11-12

다음의 그림은 아래에서 다룰 연구에 따라 코덱스를 필사한 세 필사자의 필사본 본보기이다. 수정자들도 여러 차례 필사본에 수정 작업을 했다. 이와 관련해서 특히 흥미로운 점은 〈에스라〉와 〈에스더〉 끝에 기원후 6/7세기로부터 내려오는 메모가 있다는 점이다. 이에 따르면, 이 코덱스는 순교자 팜필루스(Pamphilus)가 수정했던 아주 오래된 필사본과 견주어졌는데, 그것은 오리게네스(Origenes)가 직접 수정한 헥사플라 판본 가운데 하나였다.

세 개의 주요한 그리스어 코덱스 가운데 가장 늦게 발견된 귀중한 이 필사본의 발견 과정에 관해 여기서 짧게 언급하자면 다음과 같다. 콘스탄틴 폰 티셴도르프(Konstantin von Tischendorf)는 1844년 자신의 첫 근동 여행 때 시내산에 있는 성 카타리나 수도원에 들렀다. 그는 거기서 도서관 공간에 머물고 있었는데, 굉장히 오래된 필사본 129장이 담긴 폐지 상자를 보게 되었다. 나중에 프리데리코-아우구스타누스 코덱스(Codex Friderico-Augustanus)라고 불린 43장은 그에게 넘겨졌으나 나머지는 그 필사본의 가치를 알게 되었던 수도사들이 간직하려 하였다. 1853년에 티셴도르프는 나머지 필사본 낱장들을 손에 넣거나 필사하기 위해서 다시 그 수도원으로 되돌아왔다. 하지만 헛일이었다. 그것들은 수도사들의 기억에서 사라져 버렸고, 다시는 찾을 수 없게 되었다. 1859년에 티셴도르프는 이번에는 정교회의 후원자였던 러시아 차르의 파송으로 다시 탐색 조사를 하였다. 하지만 그의 세 번째 방문도 성과는 없어 보였다. 그러던 차에 수도원의 관리인이 그가 떠나기 전날 저녁에 자기 숙소에 있던 코덱스 하나를 보여 주었는데, 거기에는 그가 1844년에 보고서 찾고 있던 86장뿐 아니라 구약성서의 112장도 더 있었다. 그 밖에 신약성서 전체와 수 세기 동안 행방을 알 수 없었던 고대 교회의 문서 두 건, 곧 바르나바(Barnaba)와 헤르마스(Hermas)의 목자 편지도 있었다. 오랜 협상 끝에 코덱스는 상트페테르부르크의 황실 도서관으로 오게 되었으며, 1933년에 러시아 정부는 런던의 대영박물관에 팔았다.

사진 출처: H. J. M. Milner / Th. C. Skeat, Scribes and Correctors of the Codex Sinaiticus, London 1938.
해설: Rahlfs / Fraenkel, Verzeichnis I, 201-206.

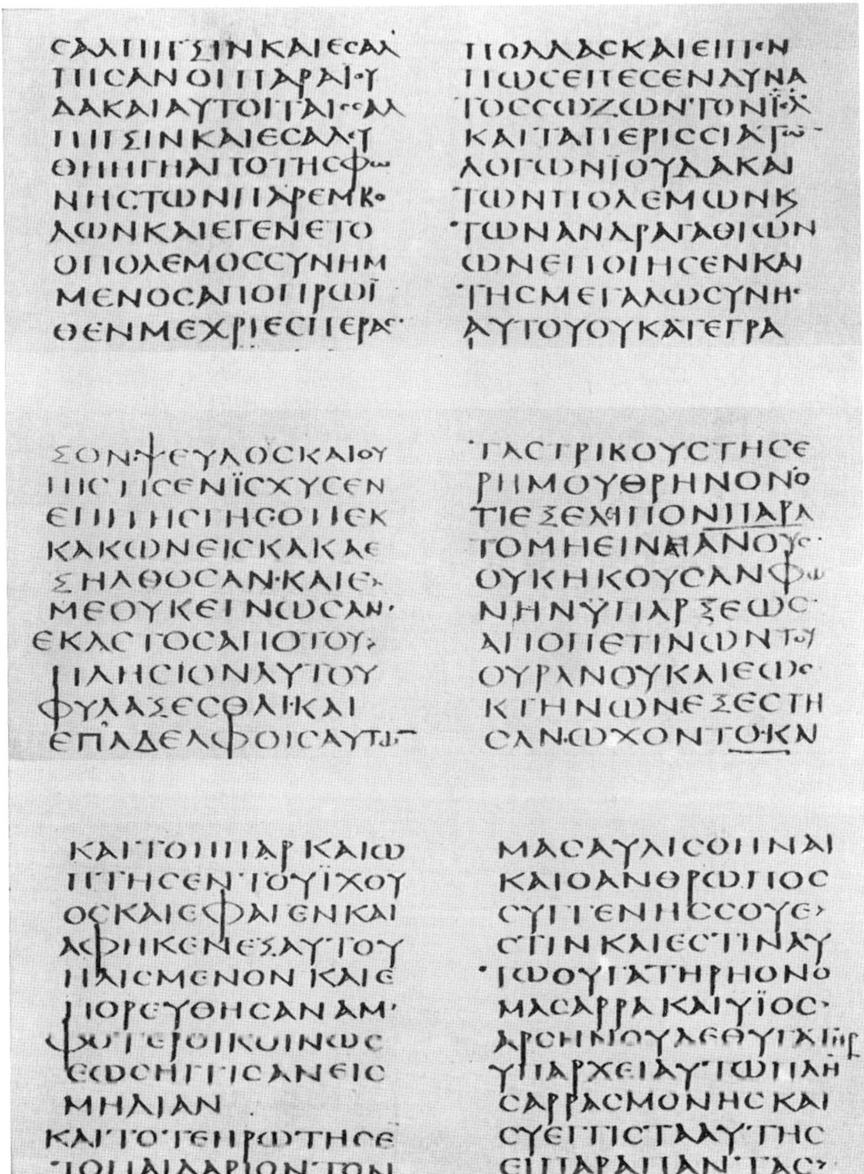

ϹΑΛΠΙΓΞΙΝΚΑΙΕϹΑΛ
ΠΙϹΑΝΟΙΠΑΡΑΙΟΥ
ΔΑΚΑΙΑΥΤΟΙΤΑΙϹΑΛ
ΠΙΓΞΙΝΚΑΙΕϹΑΛΠΙ
ΘΗΗΓΗΑΙΤΟΤΗϹΦΩ
ΝΗϹΤΩΝΠΑΡΕΜΚΟ
ΛΩΝΚΑΙΕΓΕΝΕΤΟ
ΟΠΟΛΕΜΟϹϹΥΝΗΜ
ΜΕΝΟϹΑΠΟΠΡΩΪ
ΘΕΝΜΕΧΡΙΕϹΠΕΡΑϹ

ΠΟΛΛΑϹΚΑΙΕΠΙΝ
ΠΩϹΕΠΕϹΕΝΔΥΝΑ
ΤΟϹϹΩΖΩΝΤΟΝΙΗΛ
ΚΑΙΤΑΠΕΡΙϹϹΑΤΩΝ
ΛΟΓΩΝΙΟΥΔΑΚΑΙ
ΤΩΝΠΟΛΕΜΩΝΚ
ΤΩΝΑΝΔΡΑΓΑΘΙΩΝ
ΩΝΕΠΟΙΗϹΕΝΚΑΙ
ΤΗϹΜΕΓΑΛΩϹΥΝΗ
ΑΥΤΟΥΟΥΚΑΤΕΓΡΑ

ΞΟΝ·ΨΕΥΔΟϹΚΑΙΟΥ
ΠΙϹΤΙϹΕΝΪϹΧΥϹΕΝ
ΕΠΙΤΗϹΓΗϹΟΤΙΕΚ
ΚΑΚΩΝΕΙϹΚΑΚΑΕ
ΞΗΛΘΟϹΑΝ·ΚΑΙΕ
ΜΕΟΥΚΕΓΝΩϹΑΝ·
ΕΚΑϹΤΟϹΑΠΟΤΟΥ
ΠΛΗϹΙΟΝΑΥΤΟΥ
ΦΥΛΑΞΑϹΘΑΙ·ΚΑΙ
ΕΠΑΔΕΛΦΟΙϹΑΥΤΩΝ

ΓΑϹΤΡΙΚΟΥϹΤΗϹΕ
ΡΗΜΟΥΘΡΗΝΟΝΟ
ΤΙΕΞΕΛΙΠΟΝΠΑΡΑ
ΤΟΜΗΕΙΝΑΙΑΝΟΥϹ
ΟΥΚΗΚΟΥϹΑΝΦΩ
ΝΗΝΥΠΑΡΞΕΩϹ
ΑΠΟΠΕΤΙΝΩΝΤΟΥ
ΟΥΡΑΝΟΥΚΑΙΕΩϹ
ΚΤΗΝΩΝΕΞΕϹΤΗ
ϹΑΝ·ΩΧΟΝΤΟ·ΚΝ

ΚΑΙΤΟΠΑΡΚΑΙΩ
ΠΤΗϹΕΝΤΟΥΪΧΟΥ
ΟϹΚΑΙΕΦΑΓΕΝΚΑΙ
ΑΦΗΚΕΝΕΞΑΥΤΟΥ
ΠΑΙϹΜΕΝΟΝΚΑΙΕ
ΠΟΡΕΥΘΗϹΑΝΑΜ
ΦΟΤΕΡΟΙΚΟΙΝΩϹ
ΕΩϹΗΓΓΙϹΑΝΕΙϹ
ΜΗΔΙΑΝ
ΚΑΙΤΟΤΕΗΡΩΤΗϹΕ
ΤΟΠΑΙΔΑΡΙΟΝΤΟΝ

ΜΑϹΑΥΛΙϹΘΗΝΑΙ
ΚΑΙΟΑΝΘΡΩΠΟϹ
ϹΥΓΓΕΝΗϹϹΟΥΕ
ϹΤΙΝΚΑΙΕϹΤΙΝΑΥ
ΤΩΘΥΓΑΤΗΡΗΟΝΟ
ΜΑϹΑΡΡΑΚΑΙΥΙΟϹ
ΑΡϹΗΝΟΥΔΕΘΥΓΑΤΗΡ
ΥΠΑΡΧΕΙΑΥΤΩΠΛΗ
ϹΑΡΡΑϹΜΟΝΗϹΚΑΙ
ϹΥΕΓΓΙϹΤΑΑΥΤΗϹ
ΕΠΑΡΑΠΑΝΤΑϹ

34 밀라노 헥사플라 단편
랄프스 기호: 1098, 기원후 9–11세기, 본문 예시: 시편 28:6–7 = 칠십인역 시편 27:6–7

𝔐	음역	아퀼라	심마쿠스	칠십인역	퀸타
יְהוָה	יהוה	יהוה	יהוה	יהוה κ̅ς̅	יהוה
כִּי	χι	ὅτι	ὁ	ὅτι	ὅτι
שָׁמַע	σμας	ἤκουσε	ἐπακούσας	εἰσήκουσε	εἰσήκουσε
קוֹל	κωλ	φωνῆς	τῆς φωνῆς	τῆς φωνῆς	τῆς φωνῆς
תַּחֲנוּנָי	θανουναϊ	δεήσεώς μου.	τῆς ἱκεσίας μου	τῆς δεήσεώς μου.	τῆς δεήσεώς μου.
יְהוָה	יהוה	יהוה	יהוה	יהוה κ̅ς̅	יהוה
עֻזִּי	ὀζει	κράτος μου	ἰσχύς μου	βοηθός μου	βοηθός μου
וּמָגִנִּי	οὑμαγεννη	(καὶ) θυρεός μου·	καὶ ὑπερασπιστής μου·	καὶ ὑπερασπιστής μου·	καὶ ὑπερασπιστής μου·
בּוֹ	βω·	ἐν αὐτῷι	αὐτῷι	ἐν αὐτῷι	ἐν αὐτῷι
בָטַח	βατε	ἐπεποίθησεν	ἐπεποίθησεν	ἤλπισεν	ἤλπισεν
לִבִּי	λεββὶ	καρδία μου,	ἡ καρδία μου,	ἡ καρδία μου,	καρδία μου,
וְנֶעֱזָרְתִּי	ου· νάζερθι	(καὶ) ἐβοηθήθην,	καὶ ἐβοηθήθην,	καὶ ἐβοηθήθην,	(καὶ) ἐβοηθήθην,
וַיַּעֲלֹז	ουαϊαλεζ	καὶ ἠγαυριάσατο	(καὶ) ἱλαρύνθ (η)	καὶ ἀνέθαλεν	καὶ ἐκραταιώθ (η)
לִבִּי	λεββὶ	καρδία μου·	ἡ καρδία μου·	ἡ σάρξ μου·	ἡ καρδία μου·
וּמִשִּׁירִי	οὑμεσσιρι	(καὶ) ἀπὸ αἴσματό(ς) μου	καὶ ἐν ᾠδαῖς μου	καὶ ἐκ θελήματό (ς) μου	(καὶ) ἀπὸ τοῦ ἄσματός μου
אֲהוֹדֶנּוּ	αωδεννου	ἐξομολογήσωμ (αι) αὐτ (ῷ.)	ὑμνήσω αὐτόν.	ἐξομολογήσομαι αὐτ (ῷ.)	ἐξομολογήσομ (αι) αὐτ (ῷ.)

사진 출처: Psalterii Hexapli Reliquiae, cura et studio Johannis Card. Mercati, pars prima, Rom 1958.

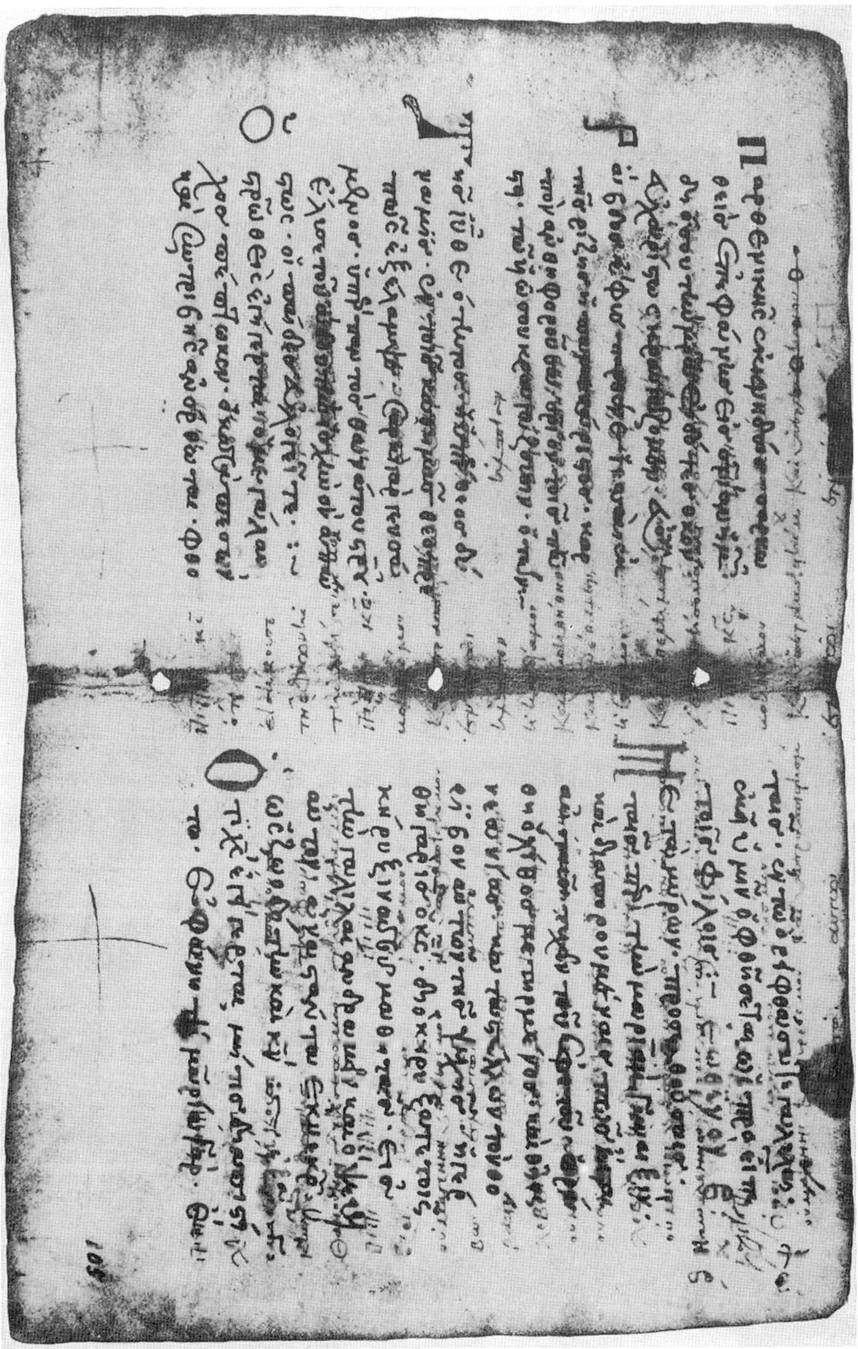

35 콜베르토-사라비아누스 코덱스(Codex Colberto-Sarravianus [G]) 기원후 4/5세기, 라이덴: 대학도서관, 파리: 국립도서관

다음의 사진은 여호수아 10:12-19의 본문을 담고 있는데, 쪽마다 두 단을 담고 있는 필사본이 얼마나 아름다운지를 볼 수 있다. 이 필사본은 기원후 5세기의 것으로 추정되는데, 어떤 이들은 기원후 4세기로 추정하기도 한다. 이 코덱스는 대문자 필사본들 가운데서 특별한 자리를 차지한다. 왜냐하면, 이것은 아리스타르크 기호가 많은 헥사플라 본문을 전해 주기 때문이다.

다음 그림의 낱장에서는 다음의 본문(왼쪽 단 1-5행)에 오벨로스(Obelos, '추가 본문'을 뜻하는 기호)가 다음과 같이 표시되어 있다. ηνικα συνετριψεν αυτους εν γαβαων και συνετρειβησαν απο προσωπον $\overline{\iota\eta\lambda}$ (ισραηλ) ("그가 그들을 기브온에서 무찔러 그들이 이스라엘 백성들 앞에서 섬멸되었을 때"). 이 본문은 오리게네스가 칠십인역 본문에서도 발견하였지만, 히브리어 본문에는 없다.

아스테리스코스(Asteriskos, '누락 본문'을 뜻하는 표시)는 그림에서 더 많은 곳에 표시되어 있다. 곧 오리게네스가 이 본문을 칠십인역에서는 찾아볼 수 없어서, 다른 그리스어 번역으로 대체했다는 것이다. 본문이 여러 행에 걸쳐 있으면, 행마다 맨 앞에 아리스타르크 기호가 되풀이된다. 가령 칠십인역에는 15절 전체가 빠져 있는데, 여기서는 아스테리스코스와 더불어 이렇게 인용되어 있다(왼쪽 단 아랫부분과 오른쪽 단 윗부분). και επεστρεψεν $\overline{\iota\varsigma}$ (ιησους) και πας $\overline{\iota\eta\lambda}$ μετ αυτου εις την παρεμβολην εις γαλγαλαν ("그리고 여호수아와 그와 함께 한 온 이스라엘은 길갈의 진영으로 되돌아왔다.")

코덱스는 (몇몇 부분이 빠진) 〈창세기〉에서부터 〈사무엘〉까지의 책들을 포함하며, 153장으로 이루어져 있다. 이 가운데서 130장은 라이덴대학교 도서관에 소장되어 있고, 22장은 파리 국립도서관에 있으며, 한 장은 상트페테르부르크 공공 도서관에 있다. 이전에 코덱스의 명칭이 되었던 소유자들은 루이 14세의 재무장관이었던 장 바티스트 콜베르(Jean Baptiste Colbert)와 파리 출신의 클로드 사라브(Claude Sarrave)였는데, 이들이 첫 부분을 라이덴으로 가져왔다.

사진 출처: 라이덴대학교 도서관에서 게재를 허락함.
해설: Rahlfs / Fraenkel, Verzeichnis I, 184-187, 또한 315-316.

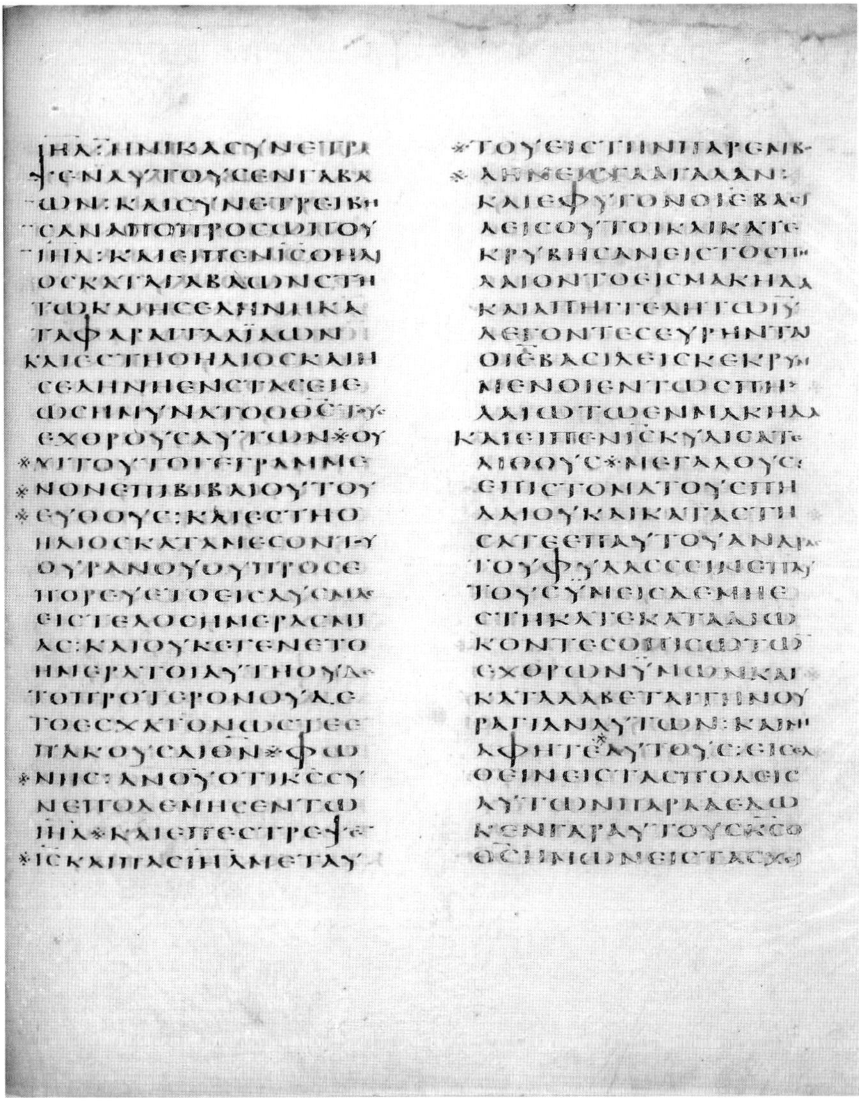

ΙΗΛ· ΗΝΙΚΑΣΥΝΕΤΡΙ
ΨΕΝΑΥΤΟΥΣΕΝΓΑΒΑ
ΩΝ· ΚΑΙΣΥΝΕΤΡΙΒΗ
ΣΑΝΑΠΟΠΡΟΣΩΠΟΥ
ΙΗΛ· ΚΑΙΕΙΠΕΝΙ̅Σ̅ΟΗΛΙ
ΟΣΚΑΤΑΓΑΒΑΩΝΣΤΗ
ΤΩΚΑΙΗΣΕΛΗΝΗΚΑ
ΤΑΦΑΡΑΓΓΑΑΙΛΩΝ
ΚΑΙΕΣΤΗΟΗΛΙΟΣΚΑΙΗ
ΣΕΛΗΝΗΕΝΣΤΑΣΕΙΕ
ΩΣΗΜΥΝΑΤΟΟΘ̅Σ̅ΤΟΥ
ΕΧΘΡΟΥΣΑΥΤΩΝ※ΟΥ
※ΧΙΤΟΥΤΟΓΕΓΡΑΜΜΕ
※ΝΟΝΕΠΙΒΙΒΛΙΟΥΤΟΥ
※ΕΥΘΟΥΣ· ΚΑΙΕΣΤΗΟ
ΗΛΙΟΣΚΑΤΑΜΕΣΟΝΤΟΥ
ΟΥΡΑΝΟΥΟΥΠΡΟΣΕ
ΠΟΡΕΥΕΤΟΕΙΣΔΥΣΜΑΣ
ΕΙΣΤΕΛΟΣΗΜΕΡΑΣΜΙ
ΑΣ· ΚΑΙΟΥΚΕΓΕΝΕΤΟ
ΗΜΕΡΑΤΟΙΑΥΤΗΟΥΔΕ
ΤΟΠΡΟΤΕΡΟΝΟΥΔΕ
ΤΟΕΣΧΑΤΟΝΩΣΤΕΕΠ
ΑΚΟΥΣΑΙΘ̅Ν̅※ΦΩ
※ΝΗΣ· ΑΝ̅Ο̅Υ̅ΟΤΙΚ̅Σ̅ΣΥ
ΝΕΠΟΛΕΜΗΣΕΝΤΩ
ΙΗΛ※ΚΑΙΕΠΕΣΤΡΕΨΕ
※Ι̅Σ̅ΚΑΙΠΑΣΙΗΛΜΕΤΑΥ

※ΤΟΥΕΙΣΤΗΝΠΑΡΕΜΒΟ
※ΛΗΝΕΙΣΓΑΛΓΑΛΑ·
ΚΑΙΕΦΥΓΟΝΟΙΕΒΑΣΙ
ΛΕΙΣΟΥΤΟΙΚΑΙΚΑΤΕ
ΚΡΥΒΗΣΑΝΕΙΣΤΟΣΠΗ
ΛΑΙΟΝΤΟΕΙΣΜΑΚΗΔΑ
ΚΑΙΑΠΗΓΓΕΛΗΤΩΙ̅Υ̅
ΛΕΓΟΝΤΕΣΕΥΡΗΝΤΑΙ
ΟΙΕΒΑΣΙΛΕΙΣΚΕΚΡΥΜ
ΜΕΝΟΙΕΝΤΩΣΠΗ
ΛΑΙΩΤΩΕΝΜΑΚΗΔΑ
ΚΑΙΕΙΠΕΝΙ̅Σ̅ΚΥΛΙΣΑΤΕ
ΛΙΘΟΥΣ※ΜΕΓΑΛΟΥΣ·
ΕΠΙΣΤΟΜΑΤΟΥΣΠΗ
ΛΑΙΟΥΚΑΙΚΑΤΑΣΤΗ
ΣΑΤΕΕΠΑΥΤΟΥΑΝΔΡΑΣ
ΤΟΥΦΥΛΑΣΣΕΙΝΕΠΑΥ
ΤΟΥΣΥΜΕΙΣΔΕΜΗΕ
ΣΤΗΚΑΤΕΚΑΤΑΔΙΩ
ΚΟΝΤΕΣΟΠΙΣΩΤΩΝ
ΕΧΘΡΩΝΥΜΩΝΚΑΙ
ΚΑΤΑΛΑΒΕΤΕΤΗΝΟΥ
ΡΑΓΙΑΝΑΥΤΩΝ· ΚΑΙΜΗ
ΑΦΗΤΕΑΥΤΟΥΣ※ΕΙΣΕΛ
ΘΕΙΝΕΙΣΤΑΣΠΟΛΕΙΣ
ΑΥΤΩΝΠΑΡΕΔΩ
ΚΕΝΓΑΡΑΥΤΟΥΣΚ̅Σ̅Ο
Θ̅Σ̅ΗΜΩΝΕΙΣΤΑΣΧΕΙ

36 마르칼리아누스 코덱스(Codex Marchalianus [Q]) 기원후 6세기, 로마: 바티칸 도서관(Vat. gr. 2125)

다음의 그림은 칠십인역 예레미야 42:11-19(마소라 본문 예레미야 35:11-19)의 본문을 담고 있으며, 이 필사본의 특징을 뚜렷이 알아볼 수 있게 해 준다. 곧 어떤 수정자가 난외에 칠십인역을 마소라 본문에 맞춘 헥사플라의 이형태를 헥사플라 기호와 더불어 써 넣었다. 오리게네스가 히브리어 본문보다 훨씬 더 짧은 그리스어 〈예레미야〉에서 특히 자주 보충해야 했음을 알 수 있다. 마르칼리아누스 코덱스에서는 이 보충 본문의 자료가 부분적으로 표시되어 있다. 곧 14절의 본문 εως της ημερας ταυτης οτι ηκουσαν της εντολης του πατρος αυτω̅ ("오늘날까지, 왜냐하면 그들이 그들의 아버지의 명령에 순종했기 때문이다")가 아퀼라(α')와 테오도치온(θ')에게서 비롯되었는데, 칠십인역의 17절에 없는 문장은 테오도치온의 번역에서 수용하였다.

괴팅겐 칠십인역 〈에스겔〉 편집본에서 요제프 치글러(Josef Ziegler)는 마르칼리아누스 코덱스에서 이중의 헥사플라 영향 층을 확인했다. "첫째 층은 벌써 Q의 대본에서 비롯되었으며, 그것의 헥사플라 부분을 필사자는 아무런 표시 없이 자기 본문에 받아들였다. 둘째 층은 편집자가 자기에게 전해진 헥사플라 부분을 아스테리스코스로 표시하여 다른 자료에 빠진 것으로 … Q의 난외에 기입했다."

그림에서는 유사문미탈락(Homoioteleuton)에서 비롯된 16-18절이 빠져 있는 것(빠진 본문은 아랫부분의 난외에 보충되었다)뿐 아니라, 본문 수정(14, 19, 21행)과 자주 나오는 낱말의 약자가 많음을 관찰할 수 있다.

사진 출처: P. Franchi de' Cavalieri / J. Lietzmann, Specimina Codicum Graecorum Vaticanorum, 2. Aufl. Berlin 1929.
참고 문헌: J. Ziegler(Hg.), Septuaginta. Vetus Testamentum Graecum, Bd. XVI,1: Ezechiel, Göttingen 1952 [인용문: 34-35]; Rahlfs / Fraenkel, Verzeichnis I, 346-350.

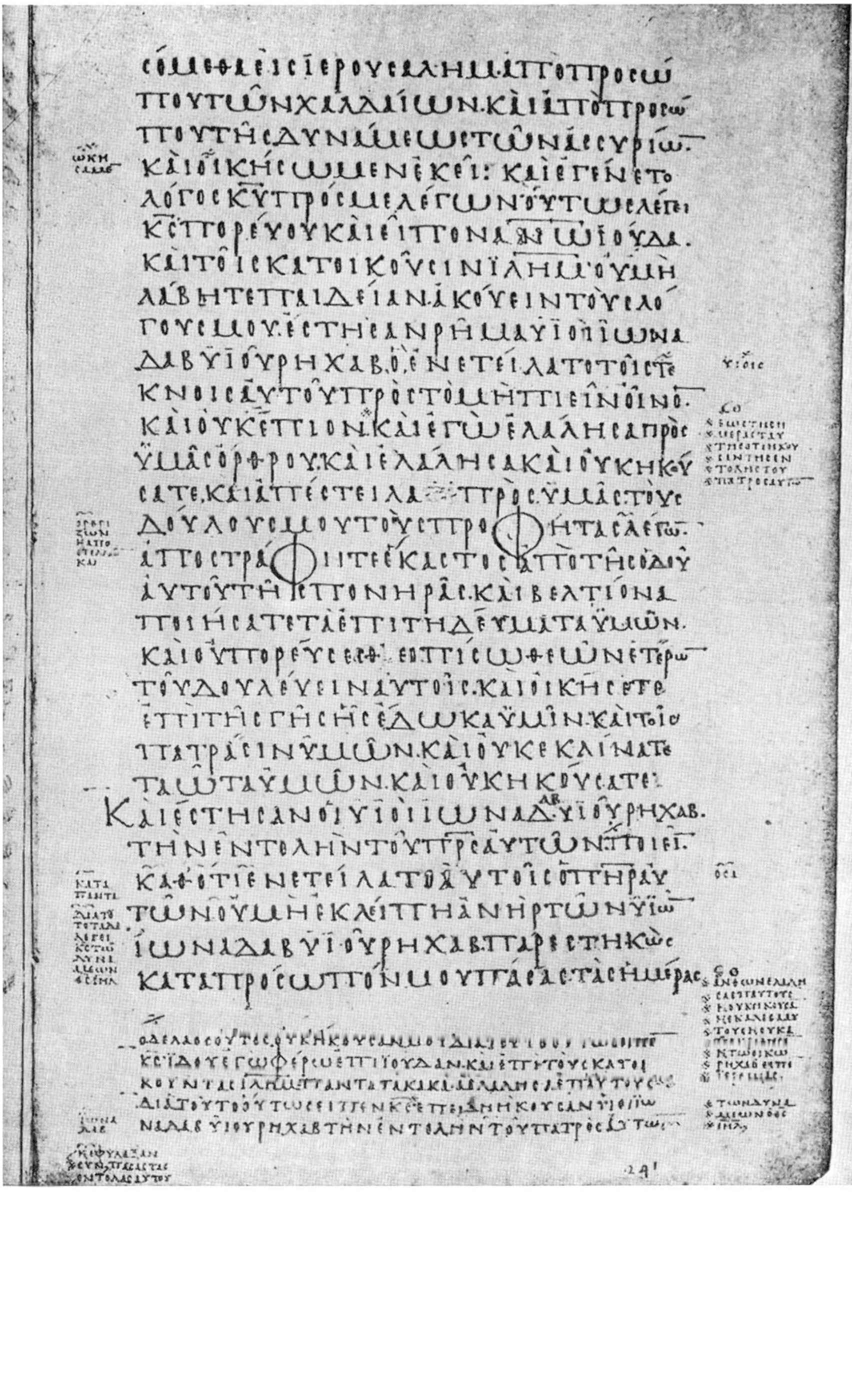

37 시리아어 헥사플라 필사본
기원후 697년, 런던: 영국국립도서관(Add. 12.134),
본문: 출애굽기 27:10–15

이 필사본은 도판 39의 페쉬타 필사본과 마찬가지로 1839년 이후 몇 년 동안 나트룬 광야에 있는 성모 마리아(S. Maria Deipara) 수도원에서 대영박물관으로 옮겨진 수백 개의 필사본 가운데 하나다. 기독교 수도원 운동 초기부터 나트룬 광야(하부 이집트의 와디 나트룬)에는 수도사 집단 거주지가 있었다. 기원후 4세기 말에는 수천 명의 수도사를 아우르고 한때 왕성한 영성 생활로 성황을 이루기도 했다. 특히 시리아 수도원이었던 성모 마리아 수도원에는 기원후 10세기에 수도원장이었던 니시비스(Nisibis)의 모세의 노력으로 상당하게 성장했던 아름다운 도서관이 있었다. 나중에 수도원들은 쇠락해 갔다. 책들은 더는 쓰이지 않고 내버려졌다. 그런데도 그 책들은 몇몇 수도사들이 애를 써서 지켜서, 1839년에는 영국인 태텀(Tattam)이, 그 뒤에는 다른 이들이 필사본 수백 개를 손에 넣어 영국으로 가져오게 되었다. 곧바로 시리아어 연구에 중요한 발전이 이어졌다.

필사본은 〈출애굽기〉를 담고 있으며, 간기(Kolophon)에 따르면 셀레우코스 시대 이후 1008년, 곧 기원후 697년에 라자루스(Lazarus)라는 인물이 필사하였다. 그러니까 이 필사본은 텔라(Tella)의 주교 파울(Paul, 기원후 616/617년)의 역본과 아주 가까운 시대의 것이다. 그림에서 보듯, 본문에는 헥사플라 기호들이 전승되어 있다(오벨로스 7, 13, 14, 15, 20행; 아스테리스코스 12행). 난외에는 아퀼라, 심마쿠스, 테오도치온 역본이 적혀 있다. 2행 이하의 긴 난외주는 출애굽기 27:10에 있는 ψαλιδος (시리아어, psalidis)의 내용 설명을 제공해 준다. 윗부분의 난외에는 και ψαλιδος가 붉은 산화납 잉크(Minium)로 기록되어 있다.

사진 출처: E. Tisserant, Specimina Codicum Orientalium, Tabulae in usum scholarum 8, Bonn 1914.

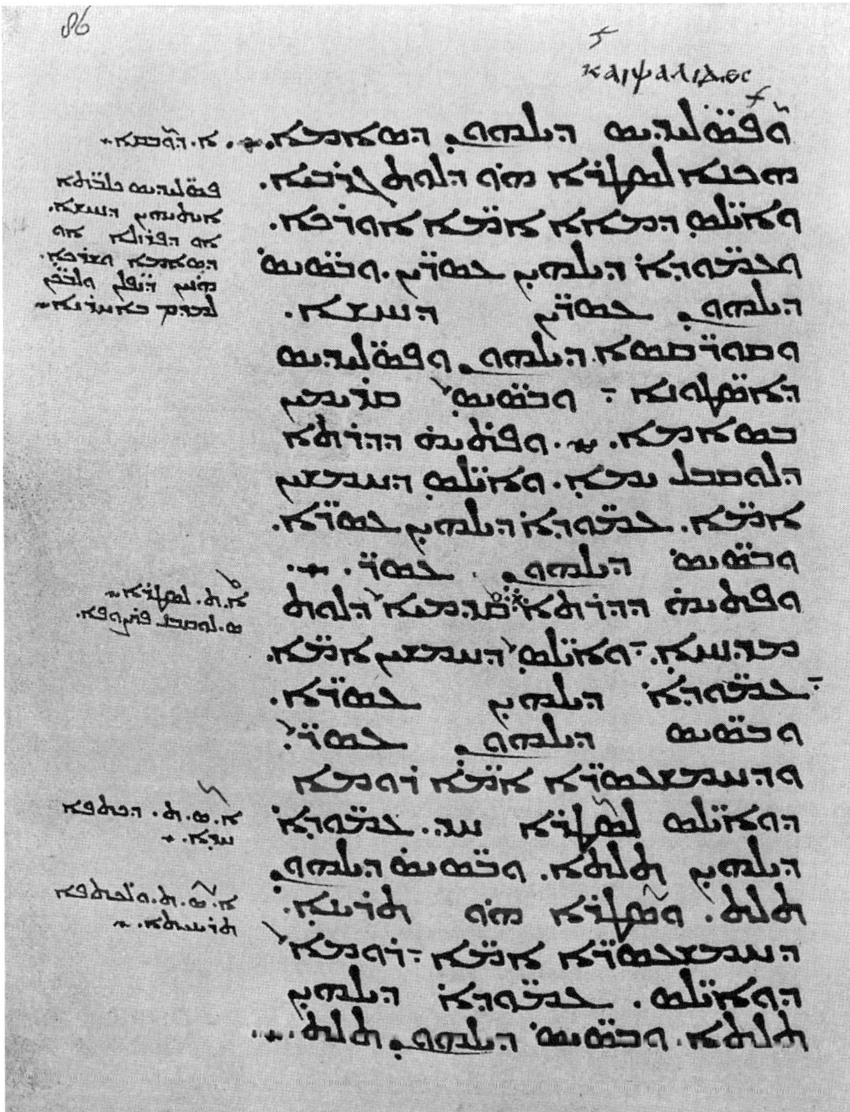

38 카테나 필사본
기원후 9세기, 로마: 바티칸 도서관, 본문: 욥기 6:5

카테나(라틴어, '사슬', '대열')라는 말은 어떤 성서 본문에 대해서 큰 사슬의 고리처럼, 여러 저자의 해석이 나란히 늘어서 있는 모음집으로 이해할 수 있다. 이것을 통해서 독자는 가장 중요하고 가장 의미가 있는 본문에 대하여, 특히 교부들이 내놓은 해석을 한 번에 조망할 수 있다. 카테나는 교부학자뿐 아니라 본문비평학자에게도 의미가 있다. 곧 교부학자들에게는 이 밖에는 소실된 교부 문헌에서 나온 단편들을 카테나 안에 보존해 준 것이며, 본문비평학자에게는 본문 역사를 밝혀 줄 추가 자료를 제공해 준 것이다.

외형에 따라 '난외 카테나'와 '본문 카테나'로 구분한다. 난외 카테나는 사슬 형태 주석의 더 세련되고 어쩌면 더 오래되었을 형태다. 곧 다음 그림의 필사본 낱장과 같이, 가운데 부분 안에 앞서 정확하게 경계를 정해 놓은 자리에 성서 본문이 있다. 이 좁은 본문 공간 둘레로 넓은 공간의 난외에 더 작은 서체로 해설이 정렬되어 있다. 반면에 본문 카테나는 부분부분 성서 본문이 있고, 각각의 본문 단락에 해당하는 주석이 뒤따른다. 따라서 주석들은 본문 옆에 있는 것이 아니라 본문 아래에 있다.

개별 주석에 대한 표제(lemmata)는 다음의 필사본에서 붉은 산화납 잉크(Minium)로 필사되어 두드러진다(참조, 가령 30행의 Διδύμου와 33행의 καὶ μετ' ὀλίγα).

사진 출처: P. Franchi de' Cavalieri / J. Lietzmann, Specimina Codicum Graecorum Vaticanorum, 2. Aufl. Berlin 1929.
참고 문헌: H. Lietzmann, Catenen. Mitteilungen über ihre Geschichte und handschriftliche Überlieferung, Freiburg i. B. 1897.

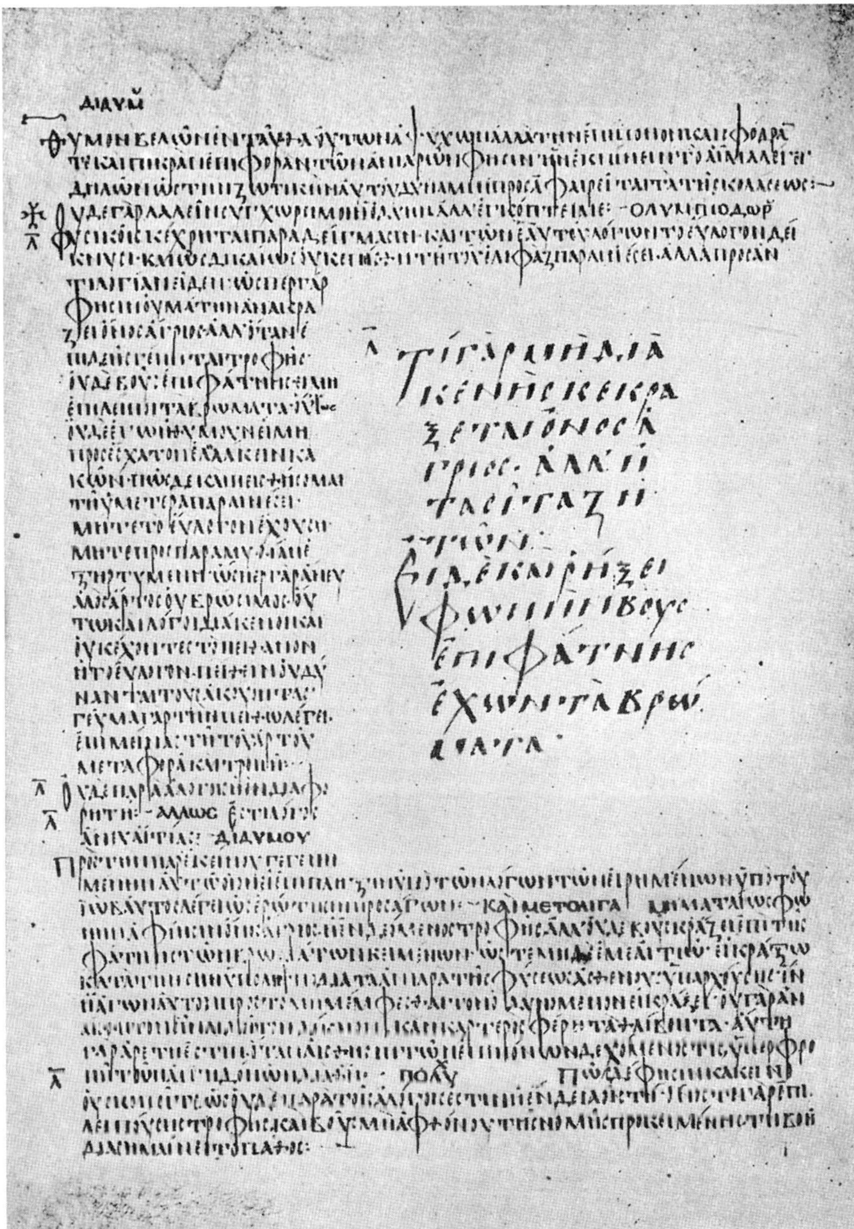

39 페쉬타 필사본
기원후 464년, 런던: 영국국립도서관(Add. 14.425), 본문: 출애굽기 13:8–17

서방 시리아어의 이 양피지 필사본은 나트룬 광야에서 나온 필사본들 가운데 하나이며(참조, 도판 37), 〈창세기〉, 〈출애굽기〉, 〈민수기〉, 〈신명기〉를 담고 있다. 이 필사본은 고대 시리아어의 에스트랑겔로 필기체로 필사되었다. 그리고 히브리어와 아랍어처럼 오른쪽에서 왼쪽으로 읽어야 한다. 첫 두 책은 아미드(Amid, 오늘날 아나톨리아 남동부 티그리스강 유역의 디야르베키르[Diyarbekir])에서 셀레우코스 시대 775년, 곧 기원후 464년에 요하네스(Johannes)라는 사람이 필사하였다. 나머지 두 권은 또 다른 필사자에게서 비롯되었지만, 아마도 동시대에 필사되었을 것이다. 이것은 덧붙인 글을 통해서 정확한 연대를 추정할 수 있는 가장 오래된 성서 필사본일 것이며, 이는 그리스어로 된 알렉산드리아 코덱스(A)와 얼추 같은 연대이다.

사진 출처: W. Wright (ed.), The Palaeographical Society, Facsimiles of Manuscripts and Inscriptions, Oriental Series, London, 1875-1883.

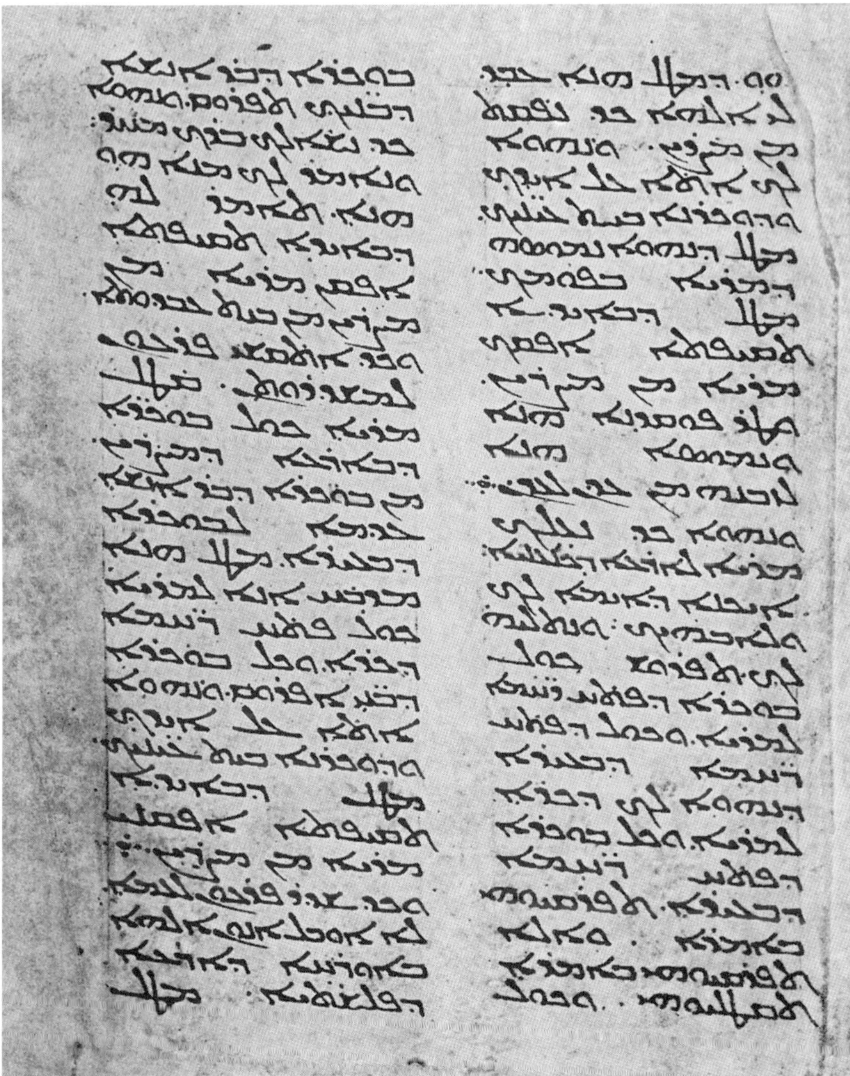

40 콘스탄츠 고대 라틴어 예언서 단편
그리슨(Gryson) 기호: Ms 175, 기원후 5세기, 본문: 에스겔 20:43-47

다음의 그림은 세련된 고대 라틴어 예언서 필사본의 단편을 보여 주는데, 이것은 도나우에싱겐(Donaueschingen)의 퓌르스텐베르크 제후 도서관(Fürstlich-Fürstenbergschen Hofbibliothek)의 191 코덱스 뒷면에서 알반 돌트(Alban Dold)가 발견했다. 5세기에 이탈리아 북부에서 필사된 것으로 여겨지는 이 예언서 필사본은 콘스탄츠 성당 도서관으로 옮겨지고, 거기서 (추측하건대 1450년 무렵에) 잘려서, 여러 양피지 필사본을 묶는 데 쓰였다. 제본된 상태로 고대 필사본의 단편을 담고 있는 이 필사본 가운데 26장은 풀다(Fulda), 다름슈타트(Darmstadt), 슈투트가르트(Stuttgart), 도나우에싱겐(Donaueschingen), 그리고 케른텐(Kärnten)의 성 바오로 베네딕트 수도원(Benediktinerstift St. Paul)에서 확인되었다. 이 본문의 의미는 드물게 보존된 베투스 라티나에 비해 매우 광범위하다는 것이다. 이 필사본이 발견되기 전에 고대 라틴어 예언서 본문은 뷔르츠부르크 재록필사본 코덱스 단편에서만 확인될 뿐이었다. 그 사이에 장크트갈렌(St. Gallen)에서 더 발견된 본문들(〈에스겔〉, 〈다니엘〉, 소예언서)이 나왔다.

다음 사진에서는 후대(기원후 6세기)에 본문난 밖에 쓴 난외주를 볼 수 있는데, 여기에는 그리스어 읽기와 다른 자료들이 포함되어 있다.

사진 출처: 오슬로와 런던의 스쾨이옌 컬렉션(Schøyen Collection)에서 게재를 허락함.

참고 문헌: P. A. Dold, Konstanzer altlateinische Propheten- und Evangelien-Bruchstücke mit Glossen, nebst zugehörigen Prophetentexten aus Zürich und St. Gallen, Texte und Arbeiten 7-9, Beuron 1923; Gryson, Altlateinische Handschriften, 267-269.

41 루그두넨시스 코덱스(Codex Lugdunensis)
그리슨 기호: Ms 100, 기원후 6세기, 리옹: 시립도서관(403번과 1964번), 본문: 창세기 27:46-28:11

고대 라틴어 본문을 담은 루그두넨시스 코덱스는 베투스 라티나의 가장 중요한 본문 증거 가운데 하나로 꼽히며, 오늘날 리옹의 시립도서관에 두 부분(Ms 403과 Ms 1964)이 보존되어 있다. 필사본은 기원후 6세기 후반기에 만들어졌고, 리옹의 백작령 주교좌성당의 참사회에 속해 있었다. 중세 시대나 그 뒤에 코덱스는 143장과 88장의 두 부분으로 쪼개졌다. 둘째 부분은 리옹을 떠났지만, 1895년에 도팽 드 베르나(Dauphin de Verna) 남작의 유산 가운데서 손에 넣어 리옹으로 되가져올 수 있었다. 첫째 부분 가운데 50-128쪽은 굴리엘모 리브리(Guglielmo Libri, 1803-1869년) 백작이 훔쳐가서, 애쉬번햄(Ashburnham) 경에게 팔아 버렸다. 진상이 밝혀진 뒤, 1880년에 그의 아들이 그것을 도서관에 되돌려 주었다.

기원후 9세기까지 이 필사본은 전례의 성서 낭독에 쓰였다. 그래서 여러 사람이 서로 다른 시대에 난외에 써넣은 수많은 기록을 찾아볼 수 있다. 심지어 두 개의 완전한 독서 본문이 적혀 있기도 한데, 사도신경 전수 전례(Traditio symboli)를 위한 열왕기상 21장과 성 베드로 사도좌 축일을 위한 베드로전서 1:25-2:15; 3:8-9; 4:7-11이 그것이다. 이 본문은 불가타를 따른다. 마찬가지로 개별 단락에도 불가타의 본문에 맞춘 후대 손길의 수정이 수없이 많이 써넣어져 있다. 이 조정은 끝내 불가타에 밀려나 버린 베투스 라티나의 역사에 의미가 있다.

루그두넨시스 코덱스는 적어도 칠경(Heptateuch, 〈창세기〉~〈사사기〉) 전체를 포함하였다. 그 본문 가운데 오늘날에는 다음의 본문이 보존되어 있다: 창세기 16:9-17:18; 19:5-29; 26:33-33:15; 37:7-38:22; 42:36-출애굽기 7:19; 21:9-36; 25:25-26:13; 27:6-40:32; 레위기 1:1-18:30; 25:16-삿 20:31. 다음의 그림은 창세기 27:46-28:11의 본문을 보여 주며, Dixit autem Rebecca ad Isac("또한, 리브가도 이삭에게 말하였다")이라는 문장으로 시작한다.

사진 출처: 리옹 시립도서관에서 게재를 허락함.
해설: Gryson, Altlateinische Handschriften, 159f.

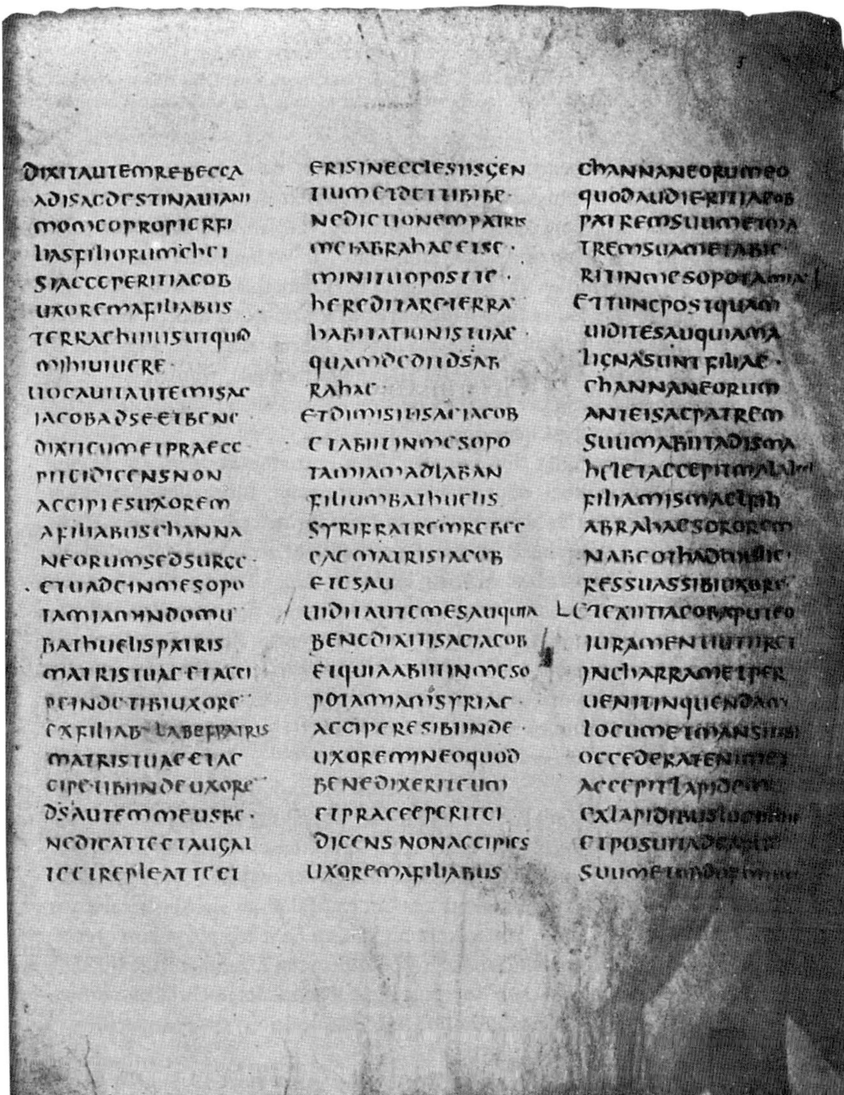

DIXITAUTEMREBECCA
ADISACDETSTINAUIANI
MONICOPROPTERFI
LIASFILIORUMCHETI
SIACCEPERITIACOB
UXOREMAFILIABUS
TERRACHUIUSUTQUID
MIHIUIUERE·
UOCAUITAUTEMISAC
IACOBADSEETBENE
DIXITEUMETPRAECE
PITEIDICENSNON
ACCIPIESUXOREM
AFILIABUSCHANNA
NEORUMSEDSURGE·
·ETUADEINMESOPO
TAMIAMINDOMU
BATHUELISPATRIS
MATRISTUAEETACCI
PEINDETIBIUXORE
EXFILIAB·LABEFRATRIS
MATRISTUAEETAC
CIPEUBIINDEUXORE
DSAUTEMMEUSBE·
NEDICATTEETAUGAT
TEETREPLEATTEET

ERISINECCLESIISGEN
TIUMETDETTIBIBE·
NEDICTIONEMPATRIS
MEIABRAHAEETSE·
MINITUOPOSTTE·
HEREDITARETERRA
HABITATIONISTUAE·
QUAMDEDITDSAB
RAHAE·
ETDIMISITISACIACOB
ETABIITINMESOPO
TAMIAMADLABAN
FILIUMBATHUELIS
SYRIFRATREMREBEC
CAEMATRISIACOB
ETESAU
UIDITAUTEMESAUQUIA
BENEDIXITISACIACOB
ETQUIAABIITINMESO
POTAMIANSYRIAE
ACCIPERESIBIINDE·
UXOREMNEQUOD
BENEDIXERITEUM
ETPRAECEPERITEI
DICENS NONACCIPIES
UXOREMAFILIABUS

CHANNANEORUMEO
QUODAUDIERITIACOB
PATREMSUUMETMA
TREMSUAMETABIE
RITINMESOPOTAMIA
ETTUNCPOSTQUAM
UIDITESAUQUIAMA
LIGNASUNTFILIAE·
CHANNANEORUM
ANTEISACPATREM
SUUMABIITADISMA
HELETACCEPITMA[illegible]
FILIAMISMAELFILII
ABRAHAESOROREM
NABEOTHADTMULIE
RESSUASSIBIUXORE
L ETEXIITIACOBAPUTEO
IURAMENTIETIBIT
INCHARRAMETPER
UENITINQUENDAM
LOCUMETMANSITIBI
OCCIDERATENIMSOL
ACCEPITLAPIDEM
EXLAPIDIBUSLOCIILLI
ETPOSUITADCAPUT
SUUMETDORMIUIT[illegible]

42 불가타 재록필사본
기원후 5세기, 볼펜뷔텔: 아우구스트 공작 도서관(4148번),
본문: 사사기 5:15–18

이탈리아 북부의 보비오 수도원에서 한때 중요했던 수장 도서 가운데는 기원후 8세기의 이시도르(Isidor) 필사본 2권이 있는데, 이것들 가운데 하나는 볼펜뷔텔의 아우구스트 공작 도서관으로 왔으며, 다른 하나는 바티칸 도서관으로 왔다(Vat. lat. 5763). 이 필사본들은 더 오래된 코덱스의 표면을 긁어낸 양피지에 필사되었는데, 그 코덱스는 기원후 5세기의 대문자 성서 필사본과 기원후 6세기의 반(半) 대문자 필사본이었다. 이 고대의 필사본들은 히에로니무스의 역본을 따르는데, 보이론 대수도원에서 개발된 재록필사본 사진술의 도움으로 알반 돌트(Alban Dold)가 해독하여 출간하였다.

다음의 그림은 고대 대문자 필사본의 한쪽을 보여 주는데, 아마도 현존하는 고대 필사본 가운데 가장 섬세한 성서 필사본일 것이다. 〈사사기〉의 대부분과 〈룻기〉의 열세 절이 남아 있다. 가장 오래된 것으로 알려진 이 히에로니무스의 본문을 공식 불가타와 아미아티누스 코덱스(도판 43)와 견주어 보면 다음과 같은 결과가 나온다. 곧 대략 600여 개의 비교 본문 구절 가운데 대략 200개의 경우에서 이 필사본은 불가타와 달리 아미아티누스와 일치한다. 반면에 그 반대로 180개의 경우에서 아미아티누스와 달리 불가타의 독법을 따른다. 결국, 220개의 경우에서는 독자적인 독법이 있지만, 이것들은 대개 불가타나 아미아티누스에서 조금만 벗어난다.

이 대문자 필사본과 위에서 언급한 반 대문자 필사본(욥 1:1–15:24)은 가장 오래된 히에로니무스 본문 복원을 위해 매우 큰 의미가 있다. 두 필사본은 지금은 사라진 히에로니무스의 최초본과 이전에는 가장 오래된 본문 증거로 여겨졌던 아미아티누스 코덱스 사이의 가장 가치 있는 이음매가 된다. 아래의 서체가 보이도록 처리하자 그림의 낱장 바탕의 글씨가 분명하게 드러났고, 아주 세심하게 필사한 성서 필사본을 볼 수 있었다. 이것이 이 필사본의 품질과 신뢰도를 보증해 주었다.

사진 출처: 볼펜뷔텔 아우구스트 공작 도서관의 허락을 받고 돌트(P. A. Dold)가 기꺼이 제공해 준 사진.
참고 문헌: P. A. Dold (Hg.), Zwei Bobbienser Palimpseste mit frühestem Vulgatatext, Texte und Arbeiten 19/20, Beuron 1931.

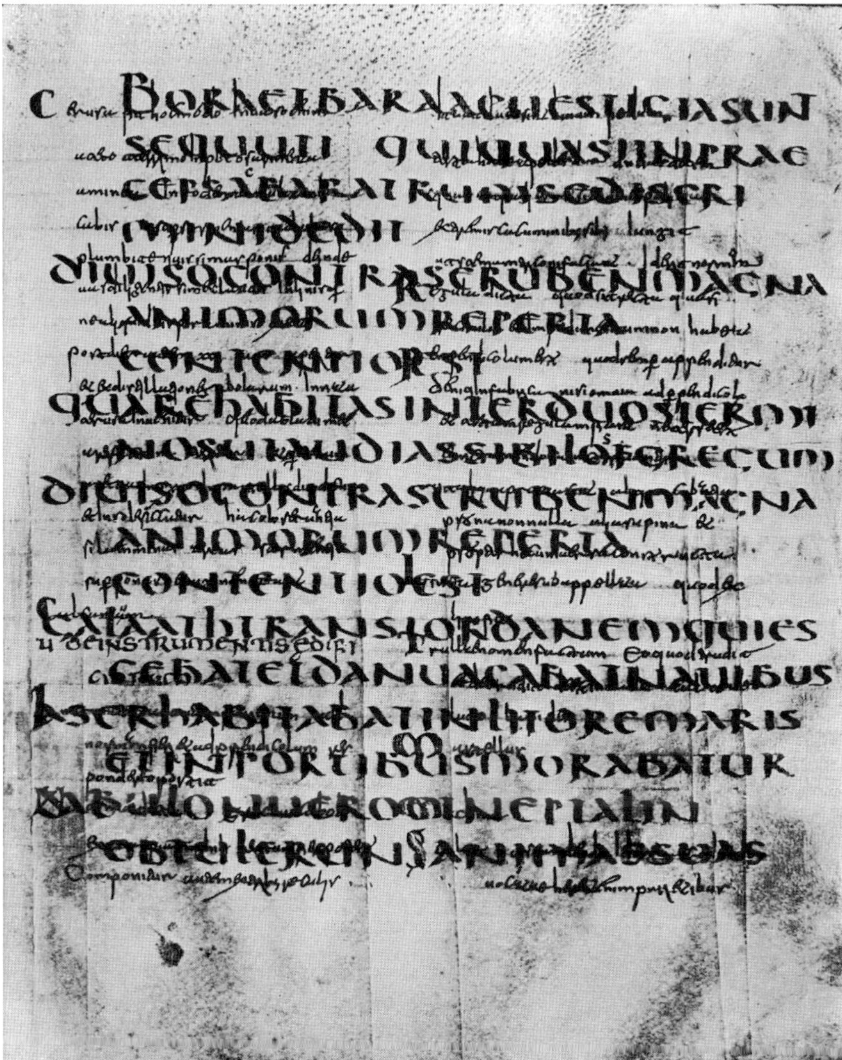

43 아미아티누스 코덱스(Codex Amiatinus) 기원후 7세기 말, 피렌체: 메디체아 라우렌치아나(Medicea Laurenziana) 도서관, 본문: 시편 22:25[24]–25:5 (= 불가타 시편 21:25–24:5)

널리 알려져 있는 귀중한 이 불가타 코덱스는 1,029쪽에 이르는데, 한때 몬테 아미아타 대수도원에 보관되어서 그에 따라 명칭이 붙게 되었다. 하지만 원래 이 코덱스는 영국에서 비롯되었다. 대수도원장 세올프리드(Ceolfrid)가 그의 마지막 로마 여행 때 교황에게 선사하기 위해서 이것을 필사하도록 하였는데, 노섬벌랜드의 재로우와 웨어마우스에 있던 그의 수도원들은 교황의 직접 감독 아래 있었다. 세올프리드는 도중에 랑그르에서 죽었지만(기원후 716년), 그의 몇몇 여행 동행자들이 이 코덱스를 로마로 가져갔다. 이 코덱스는, 세올프리드가 690년과 716년 사이에 자신의 수도원들에서 작성하도록 한 세 코덱스 가운데 유일하게 보존된 것인데, 이 세 코덱스는 모두 새 번역(nova translatio) 곧 히에로니무스의 역본을 담고 있었다. (소실된 두 코덱스의 개별 낱장들이 그 사이에 발견되어 지금은 런던의 영국국립도서관에 소장되어 있다.)

코덱스의 외형과 예술 장식에서 아미아티누스는 카시오도루스의 그란디오르 코덱스(Codex Grandior)의 모범을 따르는데, 이 코덱스는 그림과 판화로 장식되어 있으며, 세올프리드가 678년의 로마 여행에서 손에 넣어 재로우로 가져갔다. 하지만 그란디오르 코덱스는 구약성서에서 히에로니무스의 헥사플라 교정본을 담고 있어서, 아미아티누스의 성서 본문은 그것과 아무것도 공유하고 있지 않다.

아미아티누스 코덱스는 성서의 개별 부분에서 서로 다른 필사본들이 본문 대본으로 사용될 수 있었고, 또 사용되었다는 사실에 대한 좋은 예이다. 〈시편〉에서는 분명히 상태가 좋지 않은 아일랜드 본문을 사용하였으며, 복음서에서는 상태가 좋은 나폴리의 복음서를 사용하였고, 공동서신에서는 지방 색채의 본문을 사용하였다. 하지만 성서의 대부분 책에서 상태가 좋은, 추측건대 이탈리아의 필사본을 사용할 수 있었다. 그러나 재로우 수도원에서는 자료가 의도적으로 편집되었다. 상태가 좋지 않은 본문만 사용할 수 있던 곳에서는 어떻게든 개선하려 하였는데, 특히 〈토비트〉에서 그러하며, 〈시편〉과 〈사도행전〉에서도 마찬가지다.

사진 출처: 메디체아 라우렌치아나 도서관에서 게재를 허락하였다.

참고 문헌: B. Fischer, Codex Amiatinus und Cassiodor, BZ NF 6 (1962), 57-79 (wieder abgedruckt in: ders., Lateinische Bibelhandschriften im frühen Mittelalter, AGLB 11, Freiburg i. B. 1985, 8-34).

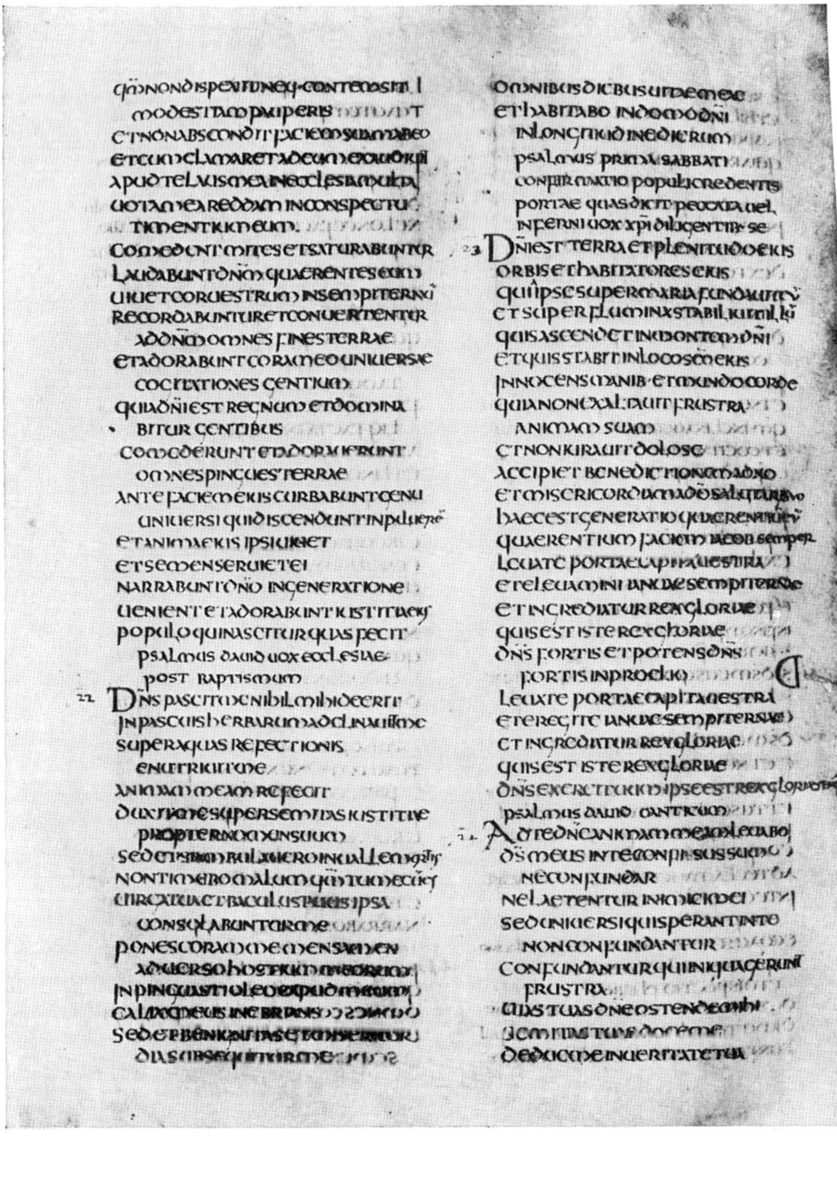

qm non dispexit neque contempsit
modestiam pauperis
et non abscondit faciem suam ab eo
et cum clamaret ad eum exaudivit
apud te laus mea in ecclesia multa
vota mea reddam in conspectu
timentium eum.
Comedent mites et saturabuntur
laudabunt dnm quaerentes eum
vivet cor vestrum in sempiternum
Recordabuntur et convertentur
ad dnm omnes fines terrae
et adorabunt coram eo universae
cogitationes gentium
quia dni est regnum et domina-
bitur gentibus
Comederunt et adoraverunt
omnes pingues terrae
ante faciem eius curbabunt genu
universi qui discendunt in pulvere
et anima eius ipsi vivet
et semen servit ei
narrabunt dno in generatione
venient et adorabunt iustitiam eius
populo qui nascitur quas fecit
psalmus david vox ecclesiae
post baptismum
22 Dns pascit me nihil mihi deerit
in pascuis herbarum adclinavit me
super aquas refectionis
enutrivit me
animam meam refecit
duxit me super semitas iustitiae
propter nomen suum
sed et si ambulavero in valle mortis
non timebo malum qm tu mecum es
virga tua et baculus tuus ipsa
consolabuntur me
pones coram me mensam
adverso hostium meorum
inpinguasti oleo caput meum
calix meus inebrians
sed et benignitas et misericordia
tua subsequitur me

omnibus diebus vitae meae
et habitabo in domo dni
in longitudine dierum
psalmus prima sabbati
confirmatio populi credentis
portae quas dicit peccata vel
inferni vox xpi diligentibus se
23 Dni est terra et plenitudo eius
orbis et habitatores eius
qui ipse super maria fundavit eum
et super flumina stabilivit illum
quis ascendet in montem dni
et quis stabit in loco sco eius
innocens manibus et mundo corde
qui non exaltavit frustra
animam suam
et non iuravit dolose
accipiet benedictionem a dno
et misericordiam a do salutari suo
haec est generatio quaerentium eum
quaerentium faciem dei iacob semper
levate portae capita vestra
et elevamini ianuae sempiternae
et ingredietur rex gloriae
quis est iste rex gloriae
dns fortis et potens dns
fortis in proelio
levate portae capita vestra
et elevamini ianuae sempiternae
et ingredietur rex gloriae
quis est iste rex gloriae
dns exercituum ipse est rex gloriae
psalmus david canticum
24 Ad te dne levavi animam meam
ds meus in te confisus sum
ne confundar
neque irrideant me inimici mei
sed et universi qui sperant in te
non confundantur
confundantur qui iniqua gerunt
frustra
vias tuas dne ostende mihi
et semitas tuas doce me
deduc me in veritate tua

44 콥트어 파피루스 코덱스
비블리아 콥티카(Biblia Coptica): sa 15, 기원후 4세기, 런던: 영국국립 도서관(Or. 7594), 본문: 신명기 34:11-12; 요나 1:1-4

1911년에 영국박물관은 상부 이집트에서 발견된 이 파피루스 코덱스를 손에 넣었다. 이 코덱스는 〈신명기〉의 대부분과 〈요나〉 전체를 포함한다(1차 부분). 이 부분을 완성한 뒤에 코덱스는 〈사도행전〉과 〈엘리야의 묵시록〉으로 확장되었다(2차 부분). 코덱스는 기원후 4세기로 추정되어서, 아주 오래된 것이다.

다음의 그림은 〈신명기〉 마지막 부분을 보여 준다. 책 제목은 책 끝에 큰 글씨로 써놓았다. 그런 뒤에 필사자와 독자를 위한 축복문이 그리스어로 이어지며, 이어서 〈요나〉가 시작된다.

사진 출처: E. A. Wallis Budge, Coptic Biblical Texts in the Dialect of Upper Egypt, London 1912.
해설: K. Schüssler (Hg.), Das sahidische Alte und Neue Testament, Biblia Coptica. Die koptischen Bibeltexte, Bd. 1/1, Wiesbaden 1995, 84-88.

ϩⲙ̄ϩⲁⲗⲧⲏⲣ[ϥ] [...] ϥⲕⲁϩ ϩⲛ̄
ⲛⲟϭ ⲛ̄ϣⲡⲏⲣⲉ ⲁ[...]ϭⲓϫ ⲉⲧ
ϫⲟⲟⲣ ⲉⲛⲧⲁⲙⲱⲩ̈ⲥⲏⲥ ⲁⲁⲩ ⲙ̄
ⲡⲉⲙ̄ⲧⲟ ⲉⲃⲟⲗ ⲙ̄ⲡⲓⲥⲣⲁⲏⲗ
ⲧⲏⲣϥ

ⲇⲉⲩⲧⲉ-
ⲣⲟⲛⲟⲙⲓⲟⲛ

ⲉⲓⲣⲏⲛⲏ ⲧⲱ ⲅⲣⲁⲯⲁⲛⲧⲓ
ⲕⲁⲓ ⲧⲱ
ⲁⲛⲁⲅⲓⲛⲱⲥⲕⲟⲛⲧⲓ

ⲓⲱⲛⲁⲥ

ⲡϣⲁϫⲉ ⲙ̄ⲡϫⲟⲉⲓⲥ ⲁϥϣⲱⲡⲉ ϣⲁ
ⲓⲱⲛⲁⲥ ⲡϣⲏⲣⲉ ⲛ̄ⲁⲙⲁⲑⲓ ⲉϥϫⲱ
ⲙ̄ⲙⲟⲥ ϫⲉ ⲧⲱⲟⲩⲛ ⲅ̄ⲃⲱⲕ ⲉϩⲣⲁⲓ̈
ⲉⲧⲛⲓⲛⲉⲩⲏ ⲧⲛⲟϭ ⲙ̄ⲡⲟⲗⲓⲥ ⲛ̄ⲅ
ⲕⲏⲣⲩⲥⲥⲉ ⲉϩⲣⲁⲓ̈ ⲛ̄ϩⲏⲧⲥ̄ ϫⲉ ⲁⲡⲉⲩⲟ
ⲉⲓϣ ⲛ̄ⲧⲉⲥⲕⲁⲕⲓⲁ ⲉⲓ ⲉϩⲣⲁⲓ̈ ⲙ̄ⲡⲁⲙ
ⲧⲟ ⲉⲃⲟⲗ· ⲁⲩⲱ ⲁϥⲧⲱⲟⲩⲛ ⲛ̄ϭⲓ
ⲓⲱⲛⲁⲥ ⲉⲡⲱⲧ ⲉⲑⲁⲣⲥⲓⲥ ⲙ̄ⲡⲉϩ
ⲣⲛ̄ ⲙ̄ⲡϩⲟ ⲙ̄ⲡϫⲟⲉⲓⲥ· ⲁⲩⲱ ⲁϥⲃⲱⲕ
ⲉϩⲣⲁⲓ̈ ⲉⲓⲟⲡⲡⲏ· ⲁϥϭⲛ̄ ⲟⲩϫⲟⲓ ⲉϥⲛⲁ
ⲥϭⲏⲣ ⲉⲑⲁⲣⲥⲓⲥ ⲁϥϯ ⲡⲉϥϩⲛⲁⲩ ⲁϥ
ⲧⲁⲗⲉ ⲉⲣⲟϥ ⲉⲥϭⲏⲣ ⲛ̄ⲙ̄ⲙⲁⲩ ⲉⲑⲁⲣⲥⲓⲥ ⲛ̄
ⲙⲛ̄ⲛⲁϩⲣⲙ̄ ⲡϩⲟ ⲙ̄ⲡϫⲟⲉⲓⲥ· ⲁⲩⲱ ⲁ
ⲉⲓⲥ ⲁϥⲛ̄ ⲟⲩⲛⲟϭ ⲛ̄ⲧⲏⲟⲩ
ⲉϩⲣⲁⲓ̈ ⲉⲑⲁⲗⲁⲥⲥⲁ· ⲁⲩⲛⲟϭ ⲛ̄

45 에티오피아어 필사본
기원후 14세기, 파리: 국립도서관(Eth. 11, Fol. 70a), 본문: 수산나 1–5

다음의 사진에서 추출된 필사본은 〈욥기〉와 〈다니엘〉을 담고 있다. 이 필사본은 오스카 뢰프그렌(Oscar Löfgren)이 최초로 출간하였으며, 다음과 같이 특징을 설명하였다. “전반적인 모습이나 수많은 세부사항은 이 필사본이 매우 오래되었음을 말해 준다. 크고(높이가 6mm쯤) 각지고 금석문의 정교한 글꼴에서 거의 벗어나지 않는 서체, 점들로 이루어진 행이나 앵크 십자가[3]나 그와 비슷한 난외 기호들로 제한된 단순한 장식, 그리고 두 단 구성은, (이 필사본과 같은) S를 비교적 작은 규모의 **고대** 에티오피아어 필사본 그룹으로 분류되도록 해 준다. 그런데 이 그룹은 15세기 중반 무렵에 더 세련된 글꼴과 풍부한 장식을 가진 새로운 유형으로 서서히 대체되어 갔다.”

이에 따르면 이 필사본은 기원후 14세기로 추정된다. 이 필사본은 첫 에티오피아어 역본을 담고 있지만, 더 후대의 필사본들에서는 여러 교정 활동의 흔적을 관찰할 수 있다. 곧 그 필사본들은 부분적으로는 시리아어-아랍어 교정 작업을 입증하는데, 그 출발은 아마도 기원후 14세기일 것이다(‘통속’ 개정본). 또 다른 부분에서 그것들은 15/16세기에 히브리어에 따라 개정된 본문을 담고 있기도 하다(‘학문적’ 개정본). 칠십인역 본문비평에서 중요한 것은 물론 이 이차 번역본의 에티오피아 고대 전승 본문을 보존하고 있는 필사본들뿐이다.

다음 사진에서 볼 수 있는 것처럼, 필사본은 철저히 세심하게 필사되었으며, 결정적인 수정과 삽입은 없다. 그래서 1300년 무렵에 통용되던, 추측건대 아직 개정되지 않은 성서 본문의 가치 있는 증거이다.

사진 출처: O. Löfgren, Die Äthiopische Übersetzung des Propheten Daniel, Paris 1927 [인용문: XXII쪽].

---

3) [역자주] 윗부분이 고리 모양으로 된 십자가.

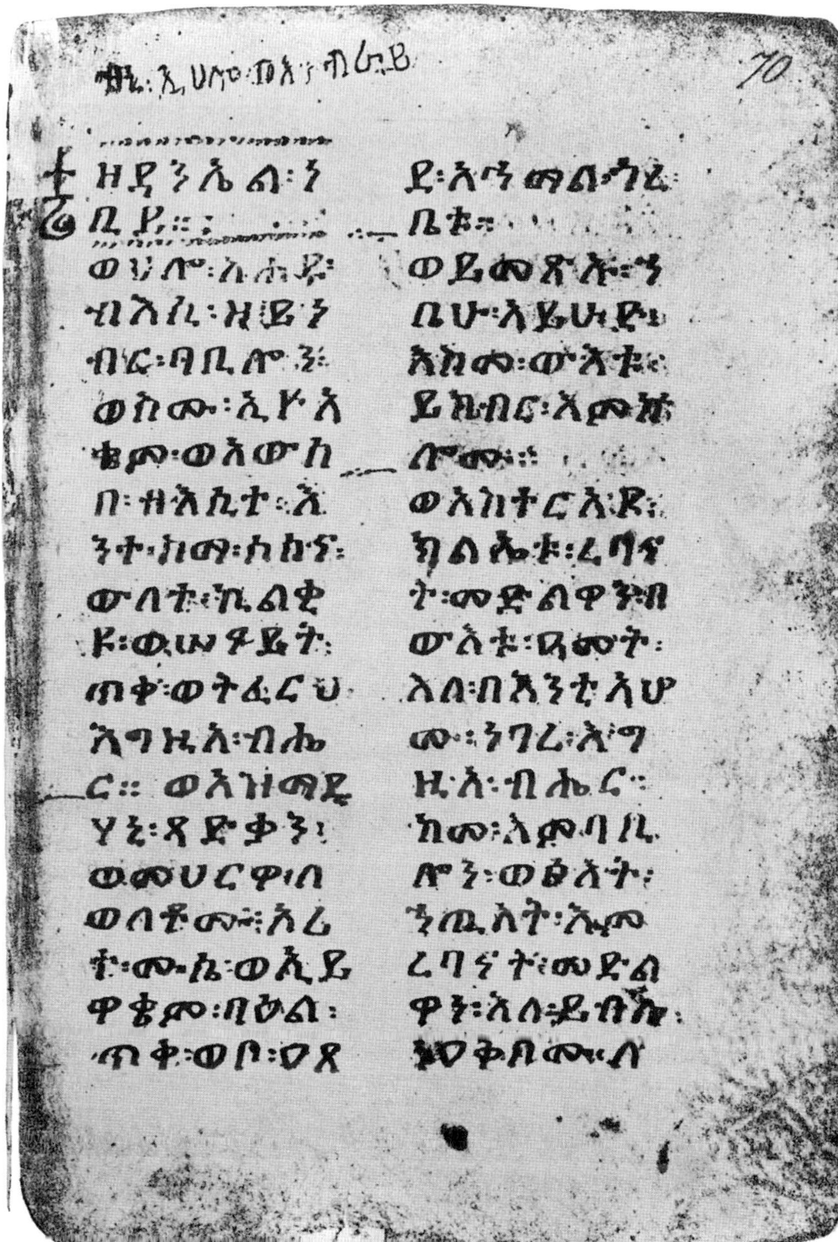
ሙቅ፡ ኢህሳ፡ በእን፡ ብሩይ 70

፲፮ ዘዳንኤል፡ ነ
ቢይ።

ወሀሎ፡ ሊሐዱ፡
ብእሲ፡ ዘይነ
ብር፡ ባቢሎን፡
ወስሙ፡ ኢዮአ
ቄም፡ ወአውሰ
በ፡ ብእሲተ፡ እ
ንተ፡ ስማ፡ ሶስና፡
ወለተ፡ ኬልቂ
ዩ፡ ወሠናይት፡
ጥቀ፡ ወትፈርህ
እግዚአ፡ ብሔ
ር። ወአዝማዲ
ሃኒ፡ ጻድቃን፡
ወመሀርዋ፡ ለ
ወለቶሙ፡ አሪ
ተ፡ ሙሴ፡ ወኢዮ
ዋቄም፡ ባዕል፡
ጥቀ፡ ወቦ፡ ዐጸ

ደ፡ እንተ ማዕዶተ
ቤቱ።
ወይመጽኡ፡ ኀ
ቤሁ፡ አይሁድ፡
እስመ፡ ውእቱ፡
ይከብር፡ እምኵ
ሎሙ።
ወእንተ ርእዩ፡
ክልኤቱ፡ ረባና
ት፡ መደልዋንበ
ውእቱ፡ ዓመት፡
እለ፡ በእንቲአሆ
ሙ፡ ነገረ፡ እግ
ዚአ፡ ብሔር፡
ከመ፡ እምባቢ
ሎን፡ ወፅአት፡
ኃጢአት፡ እም
ረባናት፡ መደል
ዋን፡ እለ፡ ይበኡ፡
[illegible]ዐቅበሙሉ

46 아랍어 필사본
기원후 9세기, 런던: 영국국립도서관(Add. 26116), 본문: 욥기 22:12–23:2

다음 사진에서 우리는 다양한 아랍어 〈욥기〉 판본들 가운데 가장 오래된 역본 낱장을 볼 수 있는데, 이런 다양성은 아랍어 성서 역본의 전형적인 특징으로 여길 수 있다. 이 필사본은 기독교 아랍어 문헌으로 가장 오래된 문서에 속하며, 기원후 9세기 전반에 필사되었다. 아마도 이것은 예루살렘 남동쪽에 자리 잡은 그리스 정교회의 사바(Saba) 수도원에서 비롯되었을 것이다. 번역 자체는 시리아어 헥사플라 대본을 바탕으로 한다.

독일의 근동학자인 게오르크 그라프(Georg Graf, 1875–1955년)는 작성자가 알려진 또 다른 〈욥기〉 역본에 대해 보고했다. 그 작성자는 아마도 기원후 9세기 중반에 바그다드에서 (〈집회서〉와 예언서의) 번역자로 활동했던 페티온(아랍어, 파티윤 이븐 아이윱[Fatyun ibn Aiyub])을 말할 것이다. "15장으로 나뉜 페티온의 〈욥기〉 본문은 런던 필사본의 증거에 따르면 히브리어에서 번역되었다고 하지만, 실제로 그 대본은 시리아어였다. 〈욥기〉의 또 다른 역본들은 페쉬(타)와 콥트어로 거슬러 올라간다."

사진 출처: W. Wright (ed.), The Palaeographical Society, Facsimiles of Manuscripts and Inscriptions, Oriental Series, London, 1875–1883.
참고 문헌: G. Graf, Geschichte der christlichen arabischen Literatur, 1. Band: Die Übersetzungen, Studi e Testi 118, Rom 1944 [인용문: 126쪽].

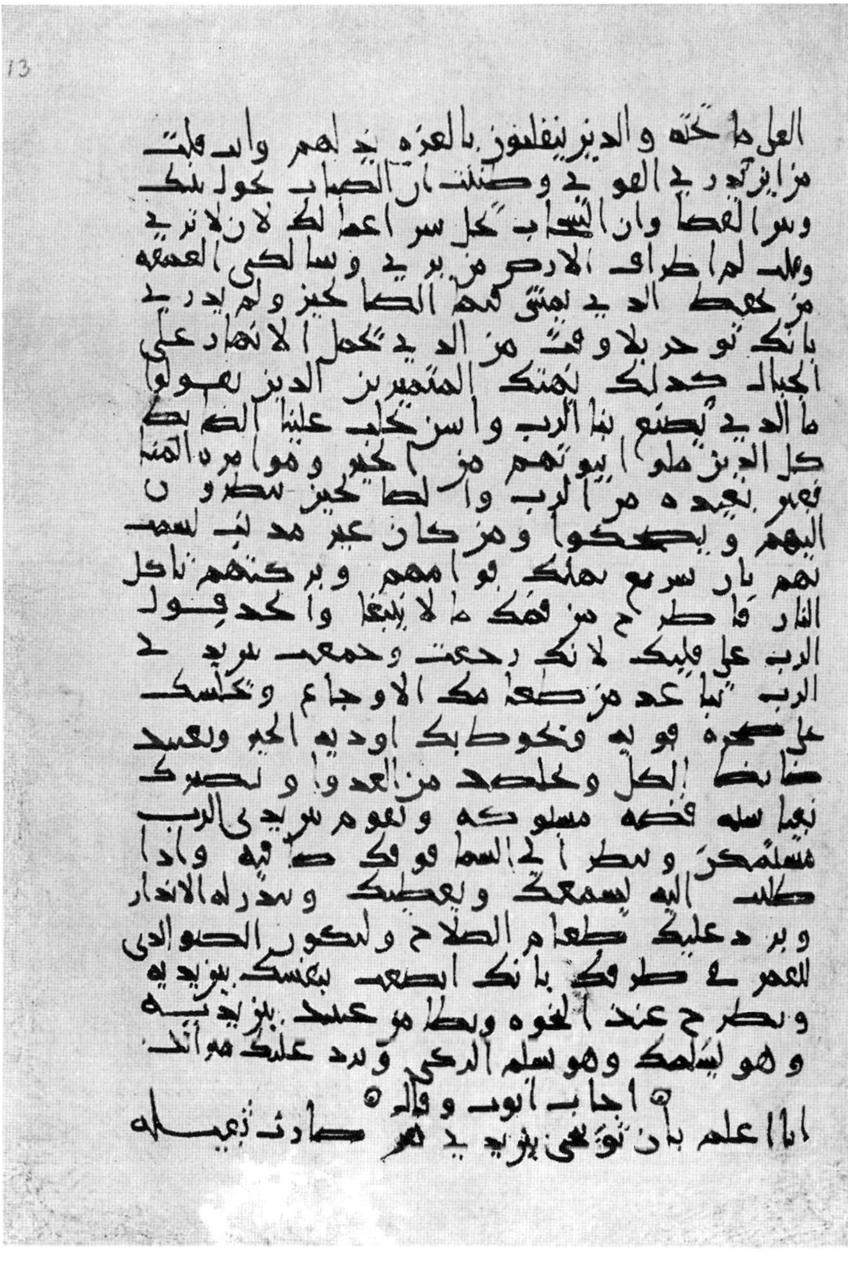

13

العلي ما تحته والذين يتقلبون بالعزة في لهم وانت قلت
من اين تدري في الهوى وتعلمت ان الصاب تحول بينك
وبين القضا وان السحاب تحجب سر اعمالك لانك لا تدري
وعلى لما اطراف الارض من بري وسالكي العمقه
من قحط الذي لمشق كتب الصالحين ولم يدري
بانك تو حرب لا وقت من الذي تحمل الانهار على
الجبال كذلك يهلك المتجبرين الذين يقولوا
ما الذي يصنع بنا الرب واستحلت علينا الضحك
كل الذين ملوا بيوتهم من الخير وهوا من الاثمة
فهو بعيد من الرب والصالحين ينظرون
اليهم ويضحكوا ومن كان غير مذنب يستهزئ
بهم بان سريع هلك بوا امهم وبركتهم تاكل
النار فاطرح من فمك ما لا ينبغي واحفظ قول
الرب على قلبك لانك رجعت وخضعت بين يدي
الرب تباعد من مضاجعك الاوجاع وتحسك
على صخرة قوية وتخوضك اودية الحب وتعسد
ضايقك الكل وتخلص من العدو وتصورك
نعيا سله فضة مسبوكة وتقوم بين يدي الرب
مستمكن وتنظر الى السما فوقك صانبه واذا
طلبت اليه يسمعك ويعطيك ويرد له الانذار
ويرد عليك طعام الصلاح وتكون الصوالدي
للعمر في طرقك بانك اتضعت بنفسك بين يديه
وتطرح عند الخوه ونظا من عسد بين يديه
وهو يسلمك وهو يسلم الزكي ويرد عليك ميراثك

اجاب ايوب وقال

انا اعلم بان نوعي بين يدي من صادق نعمله

47 콤플루툼 여러말대조성서(Complutensische Polyglotte) 기원후 1514–1517년, 슈투트가르트: 뷔르템베르크 주립도서관, 본문: 창세기 21:28–22:3

성서의 원어 본문과 역본들을 편안하게 견주도록 인쇄된 **여러말대조성서**(Polyglotten)는 본문비평 작업을 위한 귀중한 보조 수단이다. 출간지인 콤플루툼(오늘날: 마드리드 근처의 알칼라 데 에나레스)에 따라 '콤플루텐시스'(Complutensis)라고 일컫게 된 이 가장 오래된 판본은 1514-1517년에 톨레도의 대주교이자 대학 설립자였던 프란시스코 시메네스(Francisco Ximenez)가 편집했지만, 교황의 인준이 늦어져서 1522년에야 비로소 출간되었다. 구약성서의 작업에는 당시 유일하게 기초 지식을 가지고 있었던 유대 출신 개종자들이 관여하였다. 그들 가운데는 1512년부터 알칼라대학교에서 근동 언어를 가르쳤던 유명한 알폰소 데 자모라(Alfonso de Zamora)가 있었다.

콤플루텐시스의 히브리어 본문은 보통의 경우에서 벗어나는 몇몇 흥미로운 이형태들을 내보인다. 티베리아 체계의 강세 가운데서는 아트나(Atnach)만 찾아볼 수 있는데, 하지만 여기서 이것은 주요 휴지부에만 사용되지 않기 때문에 한 절에 두 번 나올 수도 있다(참조, 예를 들어 창 22:3). 게다가 이것은 강세 음절이 아니라 낱말 뒤에 붙어 있다. 낱말 이음 표시인 마켑(Maqqef)은 아예 없다. 하텝 음은 아주 드물게 나오며, 대부분 해당 모음은 쉐바 없이 쓰인다(참조, 가령 17행의 הָאֱלֹהִים, 또는 20행의 אֲשֶׁר). 하지만 이 특징은 사람들이 추측할 수 있는 것과는 달리, 편집자가 임의로 한 것은 아니다. 오히려 그것은 고대 필사본들의 관습에 따른다. 위에서 언급한 특징들이 단순한 바벨론식 방점 표기(2.3을 보라)에서 전형적이기 때문에 여러말대조성서의 편집자들이 벤 아쉐르 필사본들과 더불어 바벨론 방점 체계가 있는 히브리어 성서 필사본을 사용할 수 있었다고 가정할 수 있다. 그것들은 아마도 편집자들이 참조하였던 '아주 오래된 사본들'(vetustissima exemplaria)을 뜻할 것이다. 그리고 그것들은 분명히 나중에 여러말대조성서에 인쇄된 히브리어 본문의 형태에 영향을 미쳤다.

이런 종류의 후대 본문 판본으로 '런던 여러말대조성서'가 있는데, 이는 1654-1657년에 브라이언 월턴(Brian Walton)이 펴냈으며, 가장 풍부한 내용을 담고 있다.

사진 출처: 슈투트가르트의 뷔르템베르크 주립도서관에서, 소장하고 있는 사본의 게재를 허락함.

Trāsla. Gre. lxx. cū interp. latina. | Trāsla. B. Hiero. | Tex. Heb. Gen. Ca. xxi. | Primitiua heb.

Et statuit abraam septem agnas gregis seorsū. Cui dixit abimelech. Quid sibi volunt septem agne iste: quas stare fecisti seorsum? At ille. Septem inquit agnas accipies de manu mea: vt sint mihi in testimoniū: quā ego fodi puteū istū. Id circo vocatus ē locus ille bersabee: quia ibi vterq; iurauit. & inierunt fedus p puteo iuramēti. Surrexit aūt abimelech & phicol princeps exercitus eius: reuersi q; sūt ī terrā palestiorū. Abraā vero plātauit nemus in bersabee: & īuocauit ibi nomen dñi dei eterni: & fuit colonus terre palestiorū diebus multis.

Ca. 22.

Que postquā gesta sunt: tentauit deus abraam: & dixit ad eū. Abraam abraam. At ille rñdit. adsū. ait illi. Tolle filiū tuū vnigenitum quem diligis isaac: & vade in terrā visionis: atq; ibi offeres eū in holocaustum sup vnū montiū: quem monstrauero tibi. Igitur abraā de nocte consurgens strauit asinū suum ducens secum duos iuuenes & isaac filiū suum. Cumq; concidisset ligna in holocaustum: abiit ad locum quem preceperat ei deus. Die autem

Transla. Chal.

Interp. chal.

Et statuit abraham septē agnas ouium seorsum. Dixitq; abimelech ad abraham. Que sunt iste septem agne quas statuisti seorsum. Et ait. Quoniaʒ septem agnas accipies de manu mea: vt sit mihi in testimonium quoniā fodi puteuʒ istum. Propterea vocauit locum illū bersabee: quia ibi iurauerūt ambo: ⁊ inierunt pactū in bersabee. Surrexitq; abimelech ⁊ phicol princeps exercitus eius: ⁊ reuersi sunt in terram philistinoꝝ. Et plantauit plantationem in bersabee: et orauit ibi in nomine domini dei eterni. Et peregrinatus est abraham in terra philistinorum diebus multis.

Cap. 22.

Et factū est post verba hec: ⁊ deus tentauit abraham: et dixit ei. Abraham. Et ait: ecce ego. Et dixit. Tolle nunc filium tuū vnicum tuū queʒ diligis isaac: ⁊ vade in terram diuini cultus: ⁊ offer illum coram me ibi in holocaustum super vnū montium quē [illegible] tibi. Et surrexit abraham mane ⁊ strauit asinum suum: ⁊ tulit duos pueros suos secum: [illegible] filium suum: ⁊ concidit ligna in holocaustum: ⁊ surrexit ⁊ abijt in locum quē dixerat ei deus. Die autem

c ij

48 고대 히브리어 알파벳 비교표

낱말과 음절 문자가 알파벳 문자로 발전해 나가는 것은 굉장한 진보를 뜻한다. 수메르어와 아카드어는 문자의 표현에 수백 개의 쐐기문자가 필요했지만, 고대 페니키아어 알파벳 문자에서는 기호의 구성요소가 22 자음 기호로 줄어들었다. 페니키아어 알파벳에서 고대 히브리어 문자가 발전하였는데, 이는 기원전 10세기부터 이스라엘과 그 이웃 나라들에서 사용되었다.

고대 히브리어 알파벳 지식은 역사 비문을 해독하기 위해서나(도판 1) 동전의 명문을 읽을 수 있기 위해서만 중요한 것이 아니다. 오히려 구약성서의 부분들이, 기원전 5/4세기에 아람어의 정방형 문자가 사용되기 전에(1.2를 보라), 처음에는 고대 히브리어 문자로 기록되었다고 추정할 수 있다. 이것은 정방형 문자에서 확인할 수 있는 초기의 본문 오류들이 고대 히브리어 자음의 필사 오류로 거슬러 올라갈 수도 있음을 뜻한다. 그밖에도 사마리아 공동체가 고대 히브리어 기호에서 발전된 문자를 사용하였다는 사실도 고려해야 한다. 사마리아 오경 필사본들(도판 27)을 읽거나 그 이형태를 검토하려 한다면, 그 자음의 형태도 알고 있어야 한다. 그래서 본문비평을 위해서 고대 히브리어 알파벳 공부는 필수적이고도 흥미로운 분야이다. 다음의 고대 히브리어 알파벳 비교표는 첫 시작을 위한 조망을 가능하게 해 준다. 더 깊은 모든 질문에 대해서는 고대 히브리어 명문을 연구한 금석학 입문(HAE) 3권의 상세한 도표를 참조할 수 있다.

사진 출처: D. Diringer, The Story of the Aleph Beth, New York 1958 (London 1960), 저자가 게재를 허락함.

참고 문헌: Renz / Röllig, HAE III, Tafel 1-37; Jaroš, Inschriften, 2001, 471-485.

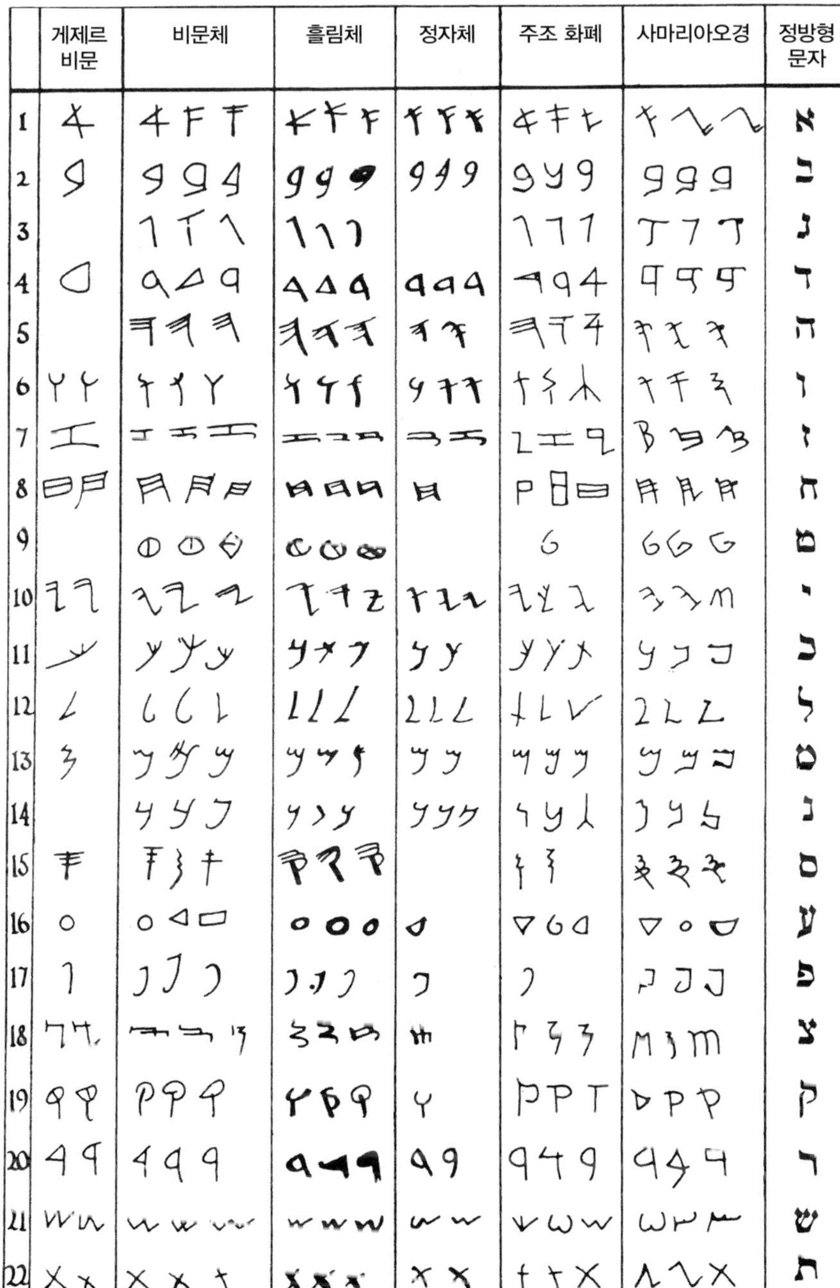
게제르 비문
비문체
흘림체
정자체
주조 화폐
사마리아오경
정방형 문자
1 א
2 ב
3 ג
4 ד
5 ה
6 ו
7 ז
8 ח
9 ט
10 י
11 כ
12 ל
13 מ
14 נ
15 ס
16 ע
17 פ
18 צ
19 ק
20 ר
21 ש
22 ת

A. Sylvester

V. 부록

V. 부록

본문비평 용어 색인

간기(刊記, Kolophon) 쐐기문자(Keilschrift) 본문과 고대 문헌의 마지막 메모. 후대에는 사본을 만드는 과정이나 그 밖의 여러 가지 필사자의 정보를 담고 있는 중세 필사본의 종결 양식도 일컫는다.

개정본(Rezension) 라틴어, **시험, 검사**. 공통의 본문을 가지고 원래의 번역에 더 가깝도록 수정하는 칠십인역의 개정본.

게니자(Geniza) 아람어, **숨겨진**. 더 이상 사용하지 않거나 잘못된 히브리어 필사본을 폐기할 때까지 보관하는 회당의 측면 공간. (벽으로 막혀 있던 카이로 게니자에서 19세기 말에 중요한 필사본 단편들이 발견되었는데, 그 가운데는 히브리어 〈집회서〉(시락)의 일부도 있다.)

공란(Spatium) 히브리어 성서 필사본의 한 행 안에서 일반적인 낱말 간격을 넘어 의미 단락의 끝이나 시작을 나타내는 빈자리.

기본형(Lexem) 히브리어에서는 일반적으로 자음으로 이루어진 낱말의 어근을 일컫는 어휘 단위.

(필사본) 기호(Sigle) 라틴어, **작은 그림**(sigillum). 비평 편집본에서 특정 본문 증거 그룹과 필사본 그룹에 쓰이는 줄임 기호.

난외주(Glosse) 또는 방주(傍註). 그리스어는 **혀, 말**. 원래는 이해하기 어려운 낱말을 일컫는 말이었다가, 나중에는 그런 낱말에 대해서 가장자리의 난외주나 행 사이의 행간주로 쓰이는 해설.

단락(Perikope) 그리스어, **잘린 것**. 내용상 구분되는 본문 단위의 명칭(예를 들어, 독서 주기[1], 설교 본문[2])

1) [역자주] 유대 전통의.

2) [역자주] 개신교 교회력에 따른.

대문자(Majuskel) 라틴어, **좀 더 큰.** 둥근 형태의 큰 글씨체로 이루어진 중세의 그리스어와 라틴어 글자체. 언셜체로도 불리는데, 여기서는 강세 표시와 낱말 구분 공간이 없다.

더 어려운 읽기(Lectio difficilior) 라틴어, **더 어려운 읽기(가 더 개연성 있다).** 본문비평의 결정에서 쓰이는 규칙. 본문 필사 오류와 무의미한 독법의 경우에는 적용할 수 없다.

더 짧은 읽기(Lectio brevior) 라틴어, **더 짧은 읽기(가 더 이전의 것이다).** 본문비평의 결정에서 쓰이는 규칙. 필사 과정에서 빠진 경우에는 적용할 수 없다.

동족 어근(Figura etymologica) 히브리어에서 같은 어근에서 나온 두 낱말을 결합하여 표현의 강조를 이루게 하는 수사법(참조, 창 1:11 "그리고 하나님께서 말씀하셨다. '땅은 푸른 것들을[식물들을] 푸르게 하라' ").

들여쓰기(Alinea) 히브리어 성서 필사본에서 새로운 단락의 시작을 나타내기 위해서 행의 첫 부분을 들여 쓴 것. 종종 바로 앞 행의 마지막 부분을 비우는 것과 연결됨.

루키안 개정본(Lukianische Rezension) 칠십인역의 개정본으로 안티오키아 본문이라고도 불리며, 기원후 300년 무렵 안티오키아의 루키안이 개정한 것으로 알려져 있다. 더러는 원 칠십인역 본문 전승에 가까운 더 오래된 개정본을 사용한다('원 루키안 본문').

마소라(Masora) 히브리어, **전승.** 기원후 750-1000년 무렵 유대 학자들이 발전시킨 강세와 모음 체계 및 읽기 도움말과 난외주를 일컫는 말.

미드라쉬(Midrasch) 히브리어, **탐구.** 유대 학자들의 히브리어 성서 해석.

미쉬나(Mischna) 히브리어, **되풀이.** 기원후 2세기에 형성된 유대주의 율법 작품으로 여섯 부분의 규칙과 그 하위에 다수의 조항으로 이루어져 있으며, 구전 토라의 한 부분으로 여겨진다.

방점(Punktation) 중세 시대에 히브리어 자음 본문의 모음, 또는 발음을 표시하고 확정하기 위해 자음 아래와 위에 점과 짧은 선으로 덧붙여 넣은 기호.

방주(傍註) '난외주'를 보라.

베투스 라티나(Vetus Latina) 라틴어, **고대 라틴어.** 칠십인역에서 번역된 초기 라틴어 성서 본문 모두를 일컫는 표현.

본문 대조(Kollation) 라틴어, **배합.** 어떤 본문의 정확성과 완전성을 검증하기 위해서 원본과 사본을 비교하는 일.

본문 삽입(Interpolation) 라틴어, **변조.** 근거 없다고 여겨지는 후대의 본문 삽입.

봄베르기아나(Bombergiana) 1524/1525년에 다니엘 봄베르크(Daniel Bomberg)가 베네치아에서 간행한 야콥 벤 하임의 제2 랍비 성서. 이 당시에는 가장 중요한 성서였으며 20세기에 이르기까지 표준 히브리어 성서 출간본이었다.

불가타(Vulgata) 라틴어, **널리 퍼진** 것. 중세 초기 포괄적으로 보급되어 베투스 라티나를 대체한 히에로니무스(Hieronymus)의 라틴어 성서 역본.

사마리아 오경(Samaritanus) 기원전 2세기의 마지막 삼분기에 결정적으로 예루살렘 중심의 유대주의에서 분리된 사마리아 공동체가 만든 오경의 독자적인 히브리어 본문 전승.

삶의 자리(Sitz im Leben) 특정 장르 또는 본문이 사용되었을 것으로 여겨지는 상황을 일컫는 전문 개념(예를 들어, 예배 때 사용되는 찬송).

성구사전(Konkordanz) 라틴어, **일치**. 어떤 문헌에 나오는 모든 낱말을 그 색인과 함께 정리한 목록.

세다림(Sedarim) 히브리어, **정렬**. 팔레스타인의 삼 년의 독서 주기에 따른 토라의 주간 독서 단락 구분.

소문자(Minuskel) 라틴어, **좀 더 작은**. 필기체의 작은 글씨체로 쓰인 서체. 이로써 더 빨리 필사할 수 있게 되었으며, 기원후 9세기부터는 활자체로 대문자를 대체하게 되었다.

수정(Emendation) 라틴어, **개선**. 오류로 여겨지지만, 본문 증거가 없는 본문에 대한 교정. 판독(Konjektur)을 보라.

시리아어 헥사플라(Syrohexapla) 텔라의 주교 파울(Paul)이 기원후 620년 무렵에 만든 헥사플라의 시리아어 역본.

시행 구분(Kolometrie) 히브리어 시문학에서 자음의 수를 세어서 시문의 단위를 구분하는 방식.

신명사문자(Tetragramm) 유대교에서 발음하지 않는 신명 JHWH의 네 자음을 쓴 것.

심마쿠스(Symmachus [σ′]) 기원후 170년 무렵의 심마쿠스에게로 거슬러 올라가는, 문체상 헬레니즘-로마 시대의 예술 산문을 지향한 그리스어 성서 역본(개정본)(참조, 헥사플라의 넷째 단)

아퀼라(Aquila [α′]) 기원후 130년 무렵의 아퀼라에게로 거슬러 올라가는 극단적인 직역의 그리스어 성서 번역본(개정본)(참조, 헥사플라의 셋째 단).

알파벳 시형(Akrostichon) 각각의 행이나 연을 시작하는 자음이(세로로 읽었을 때) 낱말이나 문장, 또는 알파벳의 순서가 되는 본문의 문학 형식(참조, 시 119편)

어원(Etymologie) 그리스어, 원뜻 **참된 의미**. 어떤 낱말의 기원과 기본뜻에 대한 설명. (셈어는 종종 기본뜻이 담긴 세 개의 자음으로 어근을 형성한다.)

언셜체(Unziale) 대문자를 보라. 서기 4세기부터 8세기에 걸쳐 사용되었던 대문자 글꼴. 그리스어, 라틴어, 고트어 표기에 사용되었다.

여러말대조성서(Polyglotte) 그리스어, **다국어**. 히브리어 본문과 더불어 여러 역본들을 평행하는 단 형태로 제공하는 성서 편집본(예를 들어, 런던 여러말대조성서).

오경(Pentateuch) 그리스어, **다섯 두루마리**. 모세 오경의 본문 결합을 일컫는 학술적 명칭. 유대주의에서는 토라(히브리어, **가르침**)라 일컫는다.

오노마스티콘(Onomastikon) 알파벳 순서로 정렬된 인명과 낱말 목록과 해설.

오스트라콘(Ostrakon) 그리스어, **토기 조각**. 고대에 저장 기록, 영수증, 계약 문서, 편지와 쓰기 연습을 위해 사용했던 기록 수단. 잉크로 쓰거나 새기거나 점을 찍어 넣기도 했다.

완곡어법(Euphemismus) 그리스어, **미화하는 어법**. 상스럽거나 불편하다고 느껴지는 낱말이나 내용, 특히 성(性)에 관련된 영역에서 그런 표현들에 대한 다른 말 표현.

외경(Apokryphen) 그리스어, **숨겨진(책들)**, 제2 경전을 보라.

위경(Pseudepigraphen) 그리스어, **잘못된 이름으로 기록된**. 특별히 제2 성전 시대에 고대의 존귀한 인물을 저자로 돌리는 익명 저자의 문헌(예를 들어, 에녹서).

유사문두탈락(Homoioarkton) 그리스어, **같은 시작**. 유사문미탈락을 보라.

유사문미탈락(Homoioteleuton) 그리스어, **같은 끝**. 같거나 비슷한 낱말의 마지막 발음. 이 때문에 한 낱말의 끝에서 잘못하여 다른 낱말로 건너 뛰어 읽게 되어 한 낱말이나 여러 낱말이 빠지게 되는 까닭이 된다.

이독(異讀, Varia lectio) 라틴어, **다른 읽기**. 이형태(異形態, Variante).

일회용례(Hapax legomenon) 그리스어, **한 번 언급됨**. 오늘날은 더 이상 쓰이지 않아서 종종 그 뜻을 정확히 규정할 수 없는 언어에서 한 번만 쓰인 낱말.

읽기용 모음 문자(Matres lectionis) 라틴어의 뜻은 '읽기의 어머니들', 완전 서법에서 모음 구실을 했던 히브리어 자음들(읽기 도움말).

재록필사본(Palimpsest) 그리스어, **다시 긁어낸**. 대부분의 양피지 필사본은 절약 차원에서 긁어내고, 곧바로 새롭게 필사되었다. (원래의 필사 본문은 오늘날에는 적외선 촬영 기법을 통해서 다시 볼 수 있다.)

정경(Kanon) 그리스어, **척도, 표준**. 구속력이 있는 문헌들의 총괄.

제2 경전(Deuterokanonen) 히브리어 성서에는 받아들여지지 않았지만, 가톨릭교회에서는 정경에 포함되는 구약성서의 책들을 일컫는 말. 불가타에 따르면, 〈유딧〉, 〈지혜서〉, 〈토비트〉, 〈집회서〉(시락), 〈바룩〉, 〈마카베오상〉, 〈마카베오하〉,

〈에스더(에스델)〉 추가 부분, 〈다니엘〉 추가 부분, "므낫세의 기도"가 있다. 개신교회에서 이 책들은 외경(Apokryphen)으로, 구약성서 뒤에 덧붙인다.

중복오사(Dittographie) 그리스어, **두 번 쓰기**. 한 자음이나 연이은 자음들, 또는 연이은 낱말들을 잘못하여 두 번 필사한 것.

중자탈락(Haplographie) 그리스어, **한 번 쓰기**. 연이어 나오는 비슷하게 생긴 두 자음이나 연이은 자음, 또는 낱말을 잘못하여 한 부분을 빠뜨린 것.

칠십인역(Septuaginta) 라틴어, **칠십**. 70/72명의 유대 번역자들이 70/72일 동안 알렉산드리아의 파로스섬에서 만들었다는 전설에 따라 히브리어 성서의 그리스어 역본을 일컫는 관용적인 명칭.

카테나(Catena) 라틴어, **사슬**. 대개 교부들의 주석 작품에서 발췌된 주석 문장들이 성서 본문 주위에 기입된 형태의 주석.

케레(Qere) 아람어, **읽기**. 필사본 난외에 기록된 마소라 학자들의 읽기 지시. 이것은 히브리어 본문에 자음 본문 상태로 전승된 낱말과 연관된다. 케티브를 보라.

케티브(Ketib) 아람어, **기록된 것**. 어떤 낱말이 히브리어 본문에 기록된 그대로의 자음 구성. 하지만 그 자음 본문의 읽기는 마소라 학자들이 규정하여 본문의 난외에 케레로 표시되었다.

코덱스(Kodex) 책으로 제본된 필사본 낱장들, 나중에는 성서 필사본에 대한 일반적인 명칭으로도 쓰인다(예를 들어, 레닌그라드 코덱스).

키나(Qina) 히브리어, **조가**. 탄원 시문에서 3 + 2의 강세나 14 + 9의 자음으로 구성되어 비대칭을 이루는 운율의 명칭.

타나크/트나크(Tanach/T^enak) 유대 성서의 명칭으로 히브리어 성서의 세 부분의 첫 글자로 만든 인공적인 히브리어 낱말(토라 = '율법', 느비임 = '예언서', 크투빔 = '성문서').

타르굼(Targum) 아람어, **통역**. 대부분 의역과 풀어쓰기(paraphrasieren)를 하는 히브리어 성서의 아람어 통속어 역본. 공식적이며 유대주의에 권위 있는 타르굼으로는 오경의 **타르굼 옹켈로스**와 예언서의 **타르굼 요나탄**이 있다.

탈무드(Talmud) 히브리어, **교훈**. 유대주의 율법 교훈에 대한 포괄적인 주석 작품으로 미쉬나와 게마라에 대한 통칭.

테오도치온(Theodotion [θ']) 기원후 190년 무렵의 테오도치온에게로 거슬러 올라가며, 이전의 카이게 개정본을 바탕으로 만든 그리스어 성서 번역(개정본)(참조, 헥사플라의 여섯째 단).

토라(Tora) 히브리어, **가르침**. 기독교의 언어 관습에서는 **율법**으로도 일컫는 오경의 다섯 책을 일컫는 명칭. 율법이나 토라라는 용어는 넓은 의미로 히브리어 성서 전체를 뜻할 수도 있다. 문서화 된 토라와 더불어 랍비 전통에서는 구전 토라도 알려져 있다(참조, 미쉬나).

파라쇼트(Paraschen) 히브리어, **장(章)**. 바벨론 전통의 일 년 독서 주기에 따른 토라의 주간 독서 단락 구분.

판독(判讀, 미루어 짐작하여 읽음, Konjektur) 라틴어, **추측**. 본문증거들과는 달리 훼손된 독법을 교정하기 위한 편집본의 편집자의 제안.

페셰르(Pescher) 히브리어, **의미**. 절별 주석. 동시대의 상황과 연관시킨 쿰란의 예언서 주석의 특별한 형태(예를 들어, 1QpHab).

페쉬타(Peschitta) 시리아어, **단순한 것, 널리 퍼진 것**. 히브리어 성서의 시리아어 역본으로 중요한 본문 증거.

평행법(Parallelismus) 라틴어, parallelismus membrorum, **같은 종류의 문장 성분들로 이루어진 구조**. 히브리 시문학의 중요한 문체로, 문법으로나 내용으로나 비슷한 두 문장이 한 구절의 전체 진술에 함께 작용하도록 구성된 것. (평행법은 다음의 네 가지 유형으로 구분된다. 동의적 평행법: 내용이 서로 상응하는 것, 반의적 평행법: 내용이 서로 상반되는 것, 점층적 평행법: 내용상 점층적 구성, 종합적 평행법: 어떤 사유의 점진적 진행.)

표준 본문(Textus receptus) 라틴어, **일반적으로 받아들여진 본문**. 중세 후기에 굳어진 마소라 본문 전통의 혼합 형태. 이 본문 형태는 봄베르기아나와 나중에는 비블리아 헤브라이카의 1판과 2판의 본문의 기초가 되었다.

할라카(Halacha) 히브리어, **가다**. 유대인들의 삶에 대한 랍비들의 규정으로 토라의 유추와 해석으로 이루어진다.

해석학(Hermeneutik) 그리스어, **설명하다, 통역하다.** 본문이나 미술 작품, 또는 음악 작품을 해석하거나 해설하는 학문적 과정에 대한 전문 개념, 이해 과정에 대한 방법론적 고찰.

헥사플라(Hexapla) 그리스어, **여섯 겹**. 기원후 220년 무렵 오리게네스가 여섯 단으로 배열하여 구성한 본문비평 작품. 첫째 단: 히브리어 본문, 둘째 단: 그리스어 음역[3], 셋째 단: 아퀼라역, 넷째 단: 심마쿠스역, 다섯째 단: 칠십인역, 여섯째 단: 테오도치온역.

3) [역자주] 히브리어 본문을 그리스어로 음역한 것이다.

BHS 비평장치의 라틴어 줄임말

다음의 목록은 BHS에서 자주 쓰이는 라틴어 줄임말과 우리말 번역 해설이다. (다른 모든 라틴어 개념은 현재 BHS 편집본의 서문에 게재된 한스 페터 뤼거[Hans Peter Rüger]의 상세한 풀이[4]를 참조하라.) BHS 비평장치의 특색은 전체적으로 본문 복원을 지향하며, 개별 편집자의 해법 제안을 설명하는 데 있다.

acc	accentus	강세
add	additum, addit, -unt	부가된, 그것이 부가하다, 그(것)들이 부가하다
aeg	Aegyptiacum	이집트(어)의
aeth	Aethiopicum	에티오피아(어)의
akk	Accadicum	아카드(어)의
al	alii	다른 (것들)
alit	aliter	달리, 다른 (방법)으로
arab	Arabicum	아랍(어)의
aram	Aramaicum	아람(어)의
art	articulus	관사
ass	Assyricum	아시리아 문자
ast	asteriscus	아스테리스코스 기호
bab	Babylonicum	바빌로니아(어)의
c	cum	~와 함께
cet	ceteri	그 밖에, 나머지 것들
cf	confer(endum)	비교하라!
cj	conjungit, -unt	연결하다, 그것이 연결하다, 그(것)들이 연결하다
	conjunge(ndum)	연결하라!
cod(d)	codex, -dices	코덱스
conj	coniectura	판독(判讀), 본문 개선
cop	copula	연결사
cp	caput	장(章)
crrp	corruptum	훼손된
del	delet, -ent,	그것이 지워진다, 그(것)들이 지워진다

4) [역자주]『슈투트가르트 히브리어 구약성서. 한국어 서문판』(대한성서공회, 2008) 한국어 서문 29-40쪽 참조.

	dele(ndum)	지우라!
dttg	dittographice	중복오사
dub	dubium	의심스러운
dupl	dupliciter, duplum	중복된
etc	et cetera	등등
exc	excidit, -erunt	그것이 떨어져 나갔다, 그(것)들이 떨어져 나갔다
extr	extraordinarius	특별한
fin	finis	끝
frt	fortasse	어쩌면
gl	glossa(tum)	방주, 난외주
hab	habet, -ent	그것이 가지다, 그(것)들이 가지다
hebr	Hebraicum	히브리(어)의
hemist	hemistichus	반절(半節)
homark	homoioarcton	유사문두탈락
homtel	homoioteleuton	유사문미탈락
hpgr	haplographice	중자탈락
hpleg	hapax legomenon	일회용례
id	idem	같은 것
inc	incertus	불확실한
incip	incipit, -iunt	그것이 시작하다, 그(것)들이 시작하다
init	initium	시작
ins	inserit, -unt	그것이 삽입하다, 그(것)들이 삽입하다
	insere(ndum)	삽입하라!
interv	intervallum	간격
invers	inverso ordine	역순으로
it	item	마찬가지로, 또한
jdaram	Iudaeo-aramaicum	유대-아람(어)의
kopt	Copticum	콥트(어)의
l	lege(ndum)	읽으라!
lect	lectio	독법
leg	legit, -unt	그것이 읽는다, 그(것)들이 읽는다
maj	maior	더 큰, 더 많은

marg	marginalis	난외에 있는
m cs	metri causae	운율 때문에
min	minor	더 작은, 더 적은
mlt	multi	많은
mtr	metrum	운율
neohb	Neohebraicum	현대 히브리어의
nom	nomen	명사, 인명
nonn	nonnulli	몇몇의
ob	obelus	오벨로스
om	omittit, -unt	그것이 생략하다, 그(것)들이 생략하다
omn	omnes	모든
orig	originalis, originaliter	원래의
p	partim	부분적으로
par	parallelismus	평행법
pc	pauci	소수의
plur	plures	다수의
pr	praemittit, -unt	그것이 앞에 두다, 그(것)들이 앞에 두다
	praemitte(ndum)	앞에 두라!
prb	probabiliter	아마도
prp	propositum	그것이 제안되었다
punct	punctum, punctatio	방점, 방점 찍기
pun	Punicum	카르타고(어)의
raph	raphatum, non dagessatum	의도적인 다게쉬 생략에서 라페(Raphe)와 함께
rel	reliqui	나머지의
scl	scilicet	즉, 곧
sec	secundum	~에 따라, ~과 일치하여
sim	similis	비슷한
sol	solus	홀로
sq(q)	sequens, -ntes	다음의, 다음과 같은
stich	stichus	시행, 절
syr	Syriacum	시리아(어)의
tot	totus	전체의

tr	transponit, -unt, transpone(ndum)	그것이 옮기다, 그(것)들이 옮기다 옮겨라!
ug	Ugariticum	우가릿(어)의
v	versus	절(節)
var	varius, varia lectio	이형태(異形態), 이형태 독법
vb	verbum	낱말
verb	verbum	동사
vid	videtur	그렇게 보인다
+	addit, -unt	그것이 덧붙다, 그(것)들이 덧붙다
>	plus quam, deest in	~보다 본문이 더 있는, ~에 빠져 있는
*	textus coniectura probabilis	판독으로 추정된 개연성 있는 본문

BHQ 비평장치의 영어 줄임말

다음의 목록은 BHQ에서 사용된 영어 줄임말과 그것의 우리말 번역 해설이다. BHQ 비평장치에는 일련의 새로운 평가의 표현들이 덧붙어 있다. (이것들의 정확한 의미는 BHQ 서문의 "Definitions of the Terms Used to Characterize Readings"를 참조하라.) 간략히 살펴보기만 해도 BHS 비평장치와의 뚜렷한 차이점들이 보이는데, 그래서 BHS 줄임말과 나란히 함께 견주는 것은 큰 의미가 없음이 드러난다. BHQ 비평장치의 특색은 본문 판정과 증거 판정을 가능한 한 정확히 표현하고 필요한 경우에는 해설 참조를 갖추고 있다는 점에 있다. 게다가 이제는 마소라 본문에 있는 독법의 긍정적인 본문 증거도 기재되어 있다. 이와 반대로, 해당 본문의 문제에 대한 해결 제안은 되도록 하지 않고 있다.

abbr	abbreviation	줄임말
abs	absolute	절대의, 예를 들어, 부정사 절대형 (Infinitivus absolutus)
act	active	능동의
adj	adjective	형용사의
ampl	amplification	확대 본문
aram	Aramaic	아람(어)의
art	article	관사
assim	assimilation	조정
caus	causative	사역 변화형, 예를 들어, 히필
cf	confer, see also	비교하라, 또한 보라
chron	chronology	연대기
cj	conjunction	접속사, 연결
cohort	cohortative	청유형
comm	commentary	주석
confl	conflation	두 가지의 독법이 합쳐진
conjec	conjecture	판독(判讀), 본문 개선
conjec-phil	philological conjecture	언어적인 고려에 따른 판독
cons	of the consonantal text	자음 본문의
copt	Coptic	콥트(어)의
cp	compare	견주라, 견주기

crrp	corrupt	훼손된
cstr	construct state	연계 상태
ctext	context	문맥, 본문의 맥락
cultur	cultural	문화적인
dbl	double reading/ double translation	중복된 읽기/ 중복된 번역
differ	difference, different	차이점, 서로 다른
differ-txt	different text	다른 곳에서는 확인되지 않는 이형태 본문
dissim	dissimilation	유사점의 축소
ditt	dittography	중복오사
div	division of the consonantal text	자음 본문의 분리
elus	elusive motivation or cause	규정하기 어려운 동기나 원인
em sc	emendatio of the scribes	필사자의 개선
emph	giving emphasis	강조, 역설하는
err	error	오류
euphem	euphemism	완곡어법, 미화하는 표현
exeg	exegesis	주석, 주해
explic	giving explicit	명확하게 표현하는
f	feminine	여성(의)
facil	facilitation	쉽게 함, 단순하게 함, 매끄럽게 손질함
foll	followed by	~에 따름
frag	fragmentary	단편적인
geogr	geography	지리
gk	Greek	그리스(어)의
gram	grammar	문법(의)
graph	graphic/graphemic	기호의, 음소의
hapl	haplography	중자 탈락
harm	harmonization	조화
hebr	Hebrew	히브리(어)의
hist	history, historical	역사(의)
homarc	homoioarcton	유사문두탈락
homtel	homoioteleuton	유사문미탈락
ideol	ideological motivated	이념적인 변경

idiom	idiom/idiomatic	관용어(의)
ign	ignorance	알지 못함
illeg	illegible	읽을 수 없는
impf	imperfect	미완료
implic	making implicit	암시하여 표현하는
impv	imperative	명령형
indet	indeterminate	확정되지 않은
indic	indicative	직설법
inf	infinitive	부정사
insuf	insufficient data for conclusions	결론을 내리기에 불충분한 데이터
interp	interpretation	해석
interpol	interpolation	삽입
interr	interrogative	의문문의, 의문사
irrel	irrelevant to the case at hand	해당 경우와 상관없는
ket	Ketib	케티브, 기록된 것
lacun	lacuna	빈 칸
lat	Latin	라틴어의
lem	lemma	레마, 사전의 표제어
lex	lexical	어휘의, 사전식으로
lib	liberty	자유로운, 예를 들어, 의역
lit	literary	문학(상)의
loc	locative	처소격, 장소를 표현하는 격
m	masculine	남성(의)
metath	metathesis	전환(예를 들어, 음위 전환)
Mf	Masorah finalis	종결 마소라
mg	margin	난외의
midr	midrash	미드라쉬
Mm	Masorah magna	대마소라
modern	modernization	현대화
Mp	Masorah parva	소마소라
ms	manuscript	필사본
mss	manuscripts	(여러) 필사본

narr	narrative	이야기, 이야기체
neg	negation	부정(否定)
obj	object	목적어
om	omission	생략
order	word order	어순
origin	origin	원래의
orth	orthographic	정서법의, 철자법이 바른
par	parallel text	평행본문, 비교본문
paraphr	paraphrase	(뜻이 통하도록) 다른 말로 바꾸어 표현함
part	particle	불변화사
pass	passive	수동태
pf	perfect	완료형
phonol	phonological	음성적인, 음운론과 관련된
pl	plural	복수형
prec	preceded by	~에 앞서는, 이전의
pref	preferred reading	선호하는 독법
prep	preposition	전치사
pron	pronoun	대명사
ptc	participle	분사
qere	Qere	케레, 읽기
redund	redundancy	중복, 반복
refl	reflexive	재귀형
rest	restoration	복원
seman	semantic	의미론의, 의미와 관련된
sfx	suffix	접미사
sg	singular	단수형
shift	shift of meaning	의미 전이
spont	spontaneous	즉흥적인, 즉각적인
styl	stylistic	문체의
subj	subject	주어
subst	substantive	명사
substit	substitution	대체

synt	syntactic	구문론의, 문장의 구조와 관련된
syr	Syriac	시리아(어)의
syst	systematization	체계화
theol	theologically motivated	신학적 규범에 맞춘
tiq soph	tiqqun sopherim	필사자의 개선
transcr	transcription	음을 글로 옮김, 음운론에 상응하는
transf	transfer	고쳐쓰기
transl	translation	번역
translit	transliteration	음역
transp	transposition	자리바꿈
txt	text	본문
unattest	unattested	입증되지 않는
unconv	unconverted (imperfect/perfect)	바브 연속 완료/미완료가 아닌
usu	usual expression	일상적 표현
v	verse	절(節)
vv	verses	(여러) 절들
vb	verb	동사
vocal	vocalization	모음화
vocat	vocative	호격
vrs	version	판본, 독법
vrss	versions	판본들, 독법들

몇몇 줄임말들은 본문의 모습을 구체화하기 위해서 조합될 수도 있다. 다음과 같은 예가 있다.

facil-gram	facilitation – grammar	어려운 문법을 쉽게 한 경우
facil-lex	facilitation – lexical	어려운 어휘를 이해하기 쉽게 한 경우
facil-seman	facilitation – semantic	어려운 의미를 쉽게 한 경우
facil-styl	facilitation – stylistic	어려운 문체를 매끄럽게 손질한 경우
facil-synt	facilitation – syntactic	어려운 구문을 쉽게 한 경우

참고 문헌 목록

이 목록에 다시 올리지 않는 관련 본문 편집본들은 해당 장의 참고 문헌 목록을 참조할 수 있다. 줄임말은 S. Schwertner, Theologische Realenzyklopädie. Abkürzungsverzeichnis, 2. Aufl. Berlin / New York 1994를 참조하라. 그 밖에는 다음의 줄임말들이 사용된다.

ABG	Arbeiten zur Bibel und ihrer Geschichte, Leipzig 2000ff
BHQ	A. Schenker / u. a. (Hg.), Biblia Hebraica Quinta, Stuttgart 2004ff
FoSub	Fontes et Subsidia ad Bibliam pertinentes, Berlin / New York 2002ff
GK[28]	W. Gesenius, Hebräische Grammatik, völlig umgearb. von Kautzsch, 28. Aufl.
HAE	J. Renz / W. Röllig (Hg.), Handbuch der althebräischen Epigraphik, Bd. I-III
HAL	W. Baumgartner / J. J. Stamm (Hg.), Hebräisches und Aramäisches Lexikon, 3. Aufl.
HUBP	Publications of the Hebrew University Bible Project, Jerusalem 1960ff
KAI	H. Donner / W. Röllig (Hg.), Kanaanäische und aramäische Inschrif ten, Bd. I-II
MJSt	Münsteraner Judaistische Studien, Münster 1998ff
MPIL	Monographs of the Peshitta Institute Leiden, Leiden 1972ff
SBL.SCS	Society of Biblical Literature, Septuagint and Cognate Studies, Missoula 1972ff
SBL.TCS	Society of Biblical Literature, Text-Critical Studies, Atlanta 1999ff
STDJ	Studies on the Texts of the Desert of Judah, Leiden 1957ff

Abegg, Martin G. / Bowley, James E. / Cook, Edward M. (ed.), The Dead Sea Scrolls Concordance, Vol. I: The Non-Biblical Texts from Qumran, Leiden / Boston 2003.

Aejmelaeus, Anneli, What Can We Know about the Hebrew *Vorlage of* the Septuagint?, ZAW 99 (1987), 58-89 (= On the Trail of the Septuagint Translators: Collected Essays. Revised and Expanded Edition, CBET 50, Kampen 2007, 77-115).

—, On the Trail of the Septuagint Translators: Collected Essays. Revised and Expanded Edition, CBET 50, Kampen 2007.

Aland, Kurt und Barbara, Der Text des Neuen Testaments. Einführung in die wissenschaftlichen Ausgaben sowie in Theorie und Praxis der modernen Textkritik, Stuttgart 1982.

Albrektson, Bertil, Difficilior lectio probabilior. A Rule of Textual Criticism and its Use in Old Testament Studies, in: Remembering all the Way ... A Collection of Old Testament Studies, OTS 21, Leiden 1981, 5-18.

Albright, William F., On the Date of the Scrolls from 'Ain Feshkha and the Nash Papyrus, BASOR 115 (1949), 10-19.

Assmann, Jan, Das kulturelle Gedächtnis. Schrift, Erinnerung und politisch Identität in frühen Hochkulturen, München 1997.

Avigad, Nahman / Yadin, Yigael, A Genesis Apocryphon. A Scroll from the Wilderness of Judaea, Jerusalem 1956.

Barthélemy, Dominique, Critique textuelle de l'Ancien Testament. Tome 1–3, OBO 50/1–3, Freiburg, Schweiz / Göttingen 1982–1992, sowie hg. von S. D. Ryan und A. Schenker, Tome 4: Psaumes, OBO 50/4, Freiburg, Schweiz / Göttingen 2005.

Barthélemy, Dominique / u. a., The Story of David and Goliath. Textual and Literary Criticism, OBO 73, Freiburg, Schweiz / Göttingen 1986.

Baumgartner, Walter / Stamm, Johann Jakob (Hg.), Hebräisches und Aramäisches Lexikon zum Alten Testament, 3. Aufl. Leiden, 1967-1996.

Beattie, Derek Robert George / McNamara, Martin (ed.), The Aramaic Bible. Targums in their Historical Context, JSOT.S 166, Sheffield 1994.

Becker, Uwe, Exegese des Alten Testaments. Ein Methoden- und Arbeitsbuch, 2. Aufl. Tübingen 2008.

Becking, Bob, Do the Earliest Samaritan Inscriptions Already Indicate a Parting of the Ways?, in: O. Lipschits / G. N. Knoppers / R. Albertz (ed.), Judah and the Judeans in the Fourth Century B.C.E., Winona Lake, Indiana 2007, 213-222.

Beentjes, Pancratius C., The Book of Ben Sira in Hebrew. A Text Edition of All Extant Hebrew Manuscripts and a Synopsis of All Parallel Hebrew Ben Sira Texts, VT.S 68, Atlanta 2006.

Ben-Hayyim, Ze'eb, The Samaritan Vowel-System and Its Graphic Representation, ArOr 22 (1954), 515-530.

—, A Grammar of Samaritan Hebrew, Based on the Recitation of the Law in Comparison with the Tiberian and Other Jewish Traditions. A Revised Edition in English, Jerusalem / Winona Lake, Indiana 2000.

Beyer, Klaus, Die aramäischen Texte vom Toten Meer. Samt den Inschriften aus Palästina, dem Testament Levis aus der Kairoer Genisa, der Fastenrolle und den alten talmudischen Zitaten, Bd. I, Göttingen 1984; Bd. II, Göttingen 2004.

Beyerlin, Walter (Hg.), Religionsgeschichtliches Textbuch zum Alten Testament, ATD Erg. Reihe 1, 2. Aufl. Göttingen 1985.

Bleek, Friedrich, Einleitung in das Alte Testament, 5. Aufl. besorgt von J. Wellhausen, Berlin 1886.

Boer, Pieter A. H. de, Towards an Edition of the Syriac Version of the Old Testament, VT 31 (1981), 346-357.

Brock, Sebastian P., Art. Bibelübersetzungen I, 3.2. Die altlateinischen Übersetzungen des Alten Testaments, TRE 6, Berlin / New York 1980, 177f.

—, Art. Bibelübersetzungen I, 4.1. Die Übersetzungen ins Syrische. Altes Testament, TRE 6, Berlin / New York 1980, 181-189.

—, Art. Bibelübersetzungen I, 8.2. Die Übersetzungen ins Äthiopische. Altes Testament, TRE 6, Berlin / New York 1980, 206f.

—, The Bible in the Syriac Tradition (English Version), Georgias Handbooks 7, Piscataway, New Jersey 2006.

Brodersen, Karl, Aristeas. Der König und die Bibel, Griechisch/Deutsch, Stuttgart 2008.

Budde, Karl, Der Kanon des Alten Testaments, Gießen 1900.

Budge, Ernest A. Wallis, Coptic Biblical Texts in the Dialect of Upper Egypt, London 1912.

Bühlmann, Walter / Scherer, Karl, Sprachliche Stilfiguren der Bibel. Von Assonanz bis Zahlenspruch. Ein kleines Nachschlagewerk, 2. verb. Aufl. Gießen 1994.

Buxtorf d. Ä., Johannes, Tiberias sive commentarius Masorethicus, Basel 1620.

Ceriani, Antonius M., Translatio Syra Pesitto Veteris Testamenti ex codice Ambrosiano, Vol. I-II, Mailand 1876.

Clements, Ruth A. / Sharon, Nadav, The Orion Center Bibliography of the Dead Sea Scrolls and Associated Literature (2000-2006), STDJ 71, Leiden 2007.

Cloete, Walter T. W., The Colometry of Hebrew Verse, JNSL 15 (1989), 15-29.

Cox, Claude E., The Armenian Version and the Text of the Old Greek Psalter, in: A. Aejmelaeus / U. Quast (Hg.), Der Septuaginta-Psalter und seine Tochterübersetzungen, MSU 24, Göttingen 2000, 174-246.

Cook, Edward M., A Glossary of Targum Onkelos. According to Alexander Sperber's Edition, Studies in the Aramaic Interpretation of Scripture 6, Leiden 2008.

Cross, Frank Moore, The Oldest Manuscripts from Qumran, JBL 74 (1955), 147-172.

—, The Ancient Library of Qumran and Modern Biblical Studies, New York 1961 (deutsch: Die antike Bibliothek von Qumran, Neukirchen 1967).

—, The Ammonite Oppression of the Tribes of Gad and Reuben: Missing Verses from 1 Samuel 11 Found in 4QSamuela, in: E. Tov (ed.), The Hebrew and Greek Texts of Samuel, Proceedings IOSCS - Vienna 1980, Jerusalem 1980, 105-118.

Crown, Alan D. (ed.), The Samaritans, Tübingen 1989.

—, Samaritan Scribes and Manuscripts, TSAJ 80, Tübingen 2001.

Dahmen, Ulrich, Psalmen- und Psalterrezeption im Frühjudentum. Rekonstruktion, Textbestand, Struktur und Pragmatik der Psalmenrolle 11QPsa aus Qumran, STDJ 49, Leiden 2003.

— / Lange, Armin / Lichtenberger, Hermann (Hg.), Die Textfunde vom Toten Meer und der Text der Hebräischen Bibel, Neukirchen-Vluyn 2000.

Dalman, Gustaf H., Aramäisch-Neuhebräisches Handwörterbuch zu Targum, Talmud und Midrasch, 3. Aufl. Göttingen 1938 (Nachdruck: Hildesheim 2005).

Davies, Philip R. / Brooke, George J. / Callaway, Phillip R., Qumran - Die Schriftrollen vom Toten Meer, Stuttgart 2002.

Davis, Michael Thomas / Strawn, Brent A. (ed.), Qumran Studies: New Approaches, New Questions, Grand Rapids, Michigan 2007.

Delitzsch, Friedrich, Die Lese- und Schreibfehler im Alten Testament, Berlin /

Leipzig 1920.

Delz, Josef, Textkritik und Editionstechnik, in: F. Graf (Hg.), Einleitung in die lateinische Philologie, Stuttgart / Leipzig 1997, 51-73.

De Troyer, Kristin, Rewriting the Sacred Text: What the Old Greek Texts Tell Us about the Literary Growth of the Bible, Atlanta 2003.

—, Der lukianische Text. Mit einer Diskussion des A-Textes des Estherbuches, in: S. Kreuzer / J. P. Lesch (Hg.), Im Brennpunkt: Die Septuaginta. Studien zur Entstehung und Bedeutung der Griechischen Bibel Bd. 2, BWANT 161, Stuttgart 2004, 229-246.

Deutsche Bibelgesellschaft / Katholisches Bibelwerk e.V. (Hg.), Deutsche Bibelübersetzungen. Aktualisierte Neuausgabe, bearbeitet von R. Schäfer, Wissenswertes zur Bibel 6, Stuttgart 2008.

Dexinger, Ferdinand, Das Garizimgebot im Dekalog der Samaritaner, in: G. Braulik (Hg.), Studien zum Pentateuch (FS W. Kornfeld), Wien / Freiburg / Basel 1977, 111-133.

— / Pummer, Reinhard (Hg.), Die Samaritaner, WdF 604, Darmstadt 1992.

Días Esteban, Fernando, Sefer Oklah we-Oklah, Consejo Superior de Investigaciones Cientificas, Madrid 1975.

Dietrich, Ernst Ludwig, Die hebräische Literatur der nachbiblischen Zeit, in: Semitistik, HO I/3, Leiden / Köln 1964, 70–132 (Nachdruck der Erstausgabe: 1953-1954).

Dietrich, Walter, Die Erzählungen von David und Goliat in I Sam 17, ZAW 108 (1996), 172-191.

Diringer, David, The Alphabet. A Key to the History of Mankind, New York 1948.

—, The Story of the Aleph Beth, New York 1958 (London 1960).

Dohmen, Christoph / Stemberger, Günter, Hermeneutik der Jüdischen Bibel und des Alten Testaments, KStTh 1,2, Stuttgart 1996.

Dold, P. Alban (Hg.), Konstanzer altlateinische Propheten- und Evangelien-Bruchstücke mit Glossen, nebst zugehörigen Prophetentexten aus Zürich und St. Gallen, Texte und Arbeiten 7-9, Beuron 1923.

—, Zwei Bobbienser Palimpseste mit frühestem Vulgatatext, Texte und Arbeiten 19/20, Beuron 1931.

Donner, Herbert / Röllig, Wolfgang (Hg.), Kanaanäische und aramäische Inschriften, Bd. I-II, 2. durchges. u. erweit. Aufl. Wiesbaden 1968.

—, Kanaanäische und aramäische Inschriften, Bd. I, 5. erweit. und überarb. Aufl. Wiesbaden 2002.

Doudna, Greg, Dating the Scrolls on the Basis of Radiocarbon Analysis, in: P. W. Flint / J. C. Vanderkam (ed.), The Dead Sea Scrolls After Fifty Years. A Comprehensive Assessment, Vol. I, Leiden / Boston / Köln 1998, 430-471.

Dover, Kenneth, Textkritik, in: H. G. Nesselrath (Hg.), Einleitung in die griechische Philologie, Stuttgart / Leipzig 1997, 45-58.

Ehrlich, Arnold B., Randglossen zur hebräischen Bibel, Bd. I-VII, Leipzig 1910ff (Nachdruck: Hildesheim 1968).

Eißfeldt, Otto, Der gegenwärtige Stand der Erforschung der in Palästina neu gefundenen hebräischen Handschriften. 7. Der Anlaß zur Entdeckung der Höhle und ihr ähnliche Vorgänge aus älterer Zeit, ThLZ 74 (1949), 597-600(= Kleine Schriften III, Tübingen 1966, 71-74).

Eshel, Esther and Hanan, Dating the Samaritan Pentateuch's Compilation in Light of the Qumran Biblical Scrolls, in: Sh. M. Paul / u. a. (ed.), Emanuel: Studies in Hebrew Bible, Septuagint, and Dead Sea Scrolls (FS E. Tov), VT.S 94, Boston / Leiden 2003, 215-240.

Fabry, Heinz-Josef, Der Altarbau der Samaritaner. Ein Produkt der Text- und Literargeschichte?, in: U. Dahmen / A. Lange / H. Lichtenberger (Hg.), Die Textfunde vom Toten Meer und der Text der hebräischen Bibel, Neukirchen-Vluyn 2000, 35-52.

—, Die griechischen Handschriften vom Toten Meer, in: ders. / U. Offerhaus (Hg.), Im Brennpunkt - die Septuaginta. Studien zur Entstehung und Bedeutung der Griechischen Bibel [Bd. 1], BWANT 153, Stuttgart 2001, 131-153.

—, Archäologie und Text. Versuch einer Verhältnisbestimmung am Beispiel von Chirbet Qumran, in: M. Küchler / K. M. Schmidt (Hg.), Texte - Fakten - Artefakte, NTOA 59, Freiburg, Schweiz / Göttingen 2006, 69-101.

—, Der Text und seine Geschichte, in: E. Zenger / u. a., Einleitung in das Alte Testament, KStTh 1,1, 7. Aufl. Stuttgart 2008, 34-59.

— / Offerhaus, Ulrich (Hg.), Im Brennpunkt: Die Septuaginta. Studien zur

Entstehung und Bedeutung der Griechischen Bibel [Bd.1], BWANT 153, Stuttgart 2001.

— / Sprinkmeier, Sabine, Neue Texte vom Toten Meer, Welt und Umwelt der Bibel Nr. 50 (2008), 2-6.

Fernández Marcos, Natalio, The Textual Context of the Hexapla: Lucianic Texts and Vetus Latina, in: A. Salvesen (ed.), Origen's Hexapla and Fragments, TSAJ 58, Tübingen 1998, 408-420.

—, The Septuagint in Context. Introduction to the Greek Version of the Bible, Leiden 2000.

—, Der antiochenische Text der griechischen Bibel in den Samuel- und Königbüchern, in: S. Kreuzer / J. P. Lesch (Hg.), Im Brennpunkt: Die Septuaginta. Studien zur Entstehung und Bedeutung der Griechischen Bibel Bd. 2, BWANT 161, Stuttgart 2004, 177-214.

— / Busto Saiz, José Ramón, El texto antioqueno de la Biblia griega I, TECC 50, Madrid 1989.

— / Spottorno Días-Caro, M. Victoria / Cañas Reíllo, José Manuel, Indice Griego-Hebreo del Texto Antioqueno en los libros históricos, Vol. I-II, TECC 75, Madrid 2005.

Field, Fredericus (Hg.), Origenis Hexaplorum quae supersunt, Tomus I-II, Oxford 1875 (Nachdruck: Hildesheim 1964).

Fischer, Alexander A., Skepsis oder Furcht Gottes? Studien zur Komposition und Theologie des Buches Kohelet, BZAW 247, Berlin / New York 1997.

—, Der Edom-Spruch in Jesaja 21. Sein literaturgeschichtlicher und sein zeitgeschichtlicher Kontext, in: M. Witte (Hg.), Gott und Mensch im Dialog (FS O. Kaiser), BZAW 345/I, Berlin / New York 2004, 471-490.

Fischer, Bonifatius, Codex Amiatinus und Cassiodor, BZ NF 6 (1962), 57-79 (wiederabgedruckt in: ders., Lateinische Bibelhandschriften im frühen Mittelalter, AGLB 11, Freiburg i. B. 1985, 8-34).

—, Bibelausgaben des frühen Mittelalters, in: ders., Lateinische Bibelhandschriften im frühen Mittelalter, AGLB 11, Freiburg i. B. 1985, 35-100.

Flint, Peter W., The Dead Sea Psalms Scrolls and the Book of Psalms, STDJ 17, Leiden 1997.

—, Columns I and II of the Hexapla: The Evidence of the Milan Palimpsest (Rahlfs 1098), in: A. Salvesen (ed.), Origen's Hexapla and Fragments, TSAJ 58, Tübingen 1998, 125-132.

— / VanderKam, James C. (ed.), The Dead Sea Scrolls After Fifty Years. A Comprehensive Assessment, Vol. I-II, Leiden / Boston / Köln 1998-1999.

Fouguet-Plümacher, Doris, Art. Buch/Buchwesen III. Die Entwicklung von der Antike bis zur Neuzeit, TRE 7, Berlin / New York 1981, 275-290.

Franchi de' Cavalieri, Pio / Lietzmann, Johannes, Specimina Codicum Graecorum Vaticanorum, 2. Aufl. Berlin 1929.

Frey, Jörg / Becker, Michael (Hg.), Qumran und der biblische Kanon, BThSt 92, Neukirchen-Vluyn 2009.

Fürst, Alfons, Veritas Latina. Augustins Haltung gegenüber Hieronymus' Bibelübersetzung, Revue des Études Augustiniennes 40 (1994), 105-126.

Galor, Katharina / Humbert, Jean-Baptiste / Zangenberg, Jürgen, Qumran. The Site of the Dead Sea Scrolls: Archaeological Interpretations and Debates, STDJ 57, Leiden / Boston 2006.

García Martínez, Florentino / Tigchelaar, Eibert J. C., The Dead Sea Scroll Study Edition, Vol. 1-2, Leiden 1997-1998 (Paperback: Leiden 2000).

Gehrke, Hans-Joachim, Das sozial- und religionsgeschichtliche Umfeld der Septuaginta, in: S. Kreuzer / J. P. Lesch (Hg.), Im Brennpunkt: Die Septuaginta. Studien zur Entstehung und Bedeutung der Griechischen Bibel Bd. 2, BWANT 161, Stuttgart 2004, 44-60.

Gerhard, Johann, Exegesis sive uberior explicatio articulorum de scriptura sacra, de Deo et de persona Christi, Jena 1625.

Gertz, Jan Christian (Hg.), Grundinformation Altes Testament. Eine Einführung in Literatur, Religion und Geschichte des Alten Testaments, Göttingen 2006.

Gesenius, Wilhelm, Hebräische Grammatik, völlig umgearb. von E. Kautzsch, 28. Aufl. Leipzig 1909 (Nachdruck zusammen mit G. Bergsträsser, Hebräische Grammatik: Darmstadt 1985).

Ginsburg, Christian David, Introduction to the Massoretico-Critical Edition of the Hebrew Bible, London 1897 (Nachdruck: New York 1966).

Gleßmer, Uwe, Einleitung in die Targume zum Pentateuch, TSAJ 48, Tübingen 1995.

Graf, Georg, Geschichte der christlichen arabischen Literatur, Bd. 1: Die Übersetzungen, Studi e Testi 118, Rom 1944.

Greenspoon, Leonard. J., The Dead Sea Scrolls and the Greek Bible, in: P. W. Flint / J. C. Vanderkam (ed.), The Dead Sea Scrolls After Fifty Years. A Comprehensive Assessment, Vol. I, Leiden / Boston / Köln 1999, 101-127.

Gryson, Roger, Altlateinische Handschriften / Manuscrits vieux latins, Part. I: Mss 1-275, Vetus Latina 1/2A, Freiburg 1999; Part. II: Mss 300-485, Vetus Latina 1/2B, Freiburg 2004.

Hanhart, Robert, Paul Anton de Lagarde und seine Kritik an der Theologie, in: B. Möller (Hg.), Theologie in Göttingen. Eine Vorlesungsreihe, Göttingen 1987, 271-305.

—, Septuaginta, in: W. H. Schmidt / W. Thiel / R. Hanhart, Altes Testament, Grundkurs Theologie 1, Stuttgart 1989, 176-196.

—, Textgeschichtliche Probleme der LXX von ihrer Entstehung bis Origenes, in: M. Hengel / A. M. Schwemer (Hg.), Die Septuaginta zwischen Judentum und Christentum, WUNT 72, Tübingen 1994, 1-19 (wiederabgedruck in: Studien zur Septuaginta und zum hellenistischen Judentum, hg. von R. G. Kratz, FAT 24, Tübingen 1999, 25-42).

—, Studien zur Septuaginta und zum hellenistischen Judentum, FAT 24, Tübingen 1999.

Harkavy, Abraham E. / Strack, Hermann L., Catalog der hebräischen Bibelhandschriften der Kaiserlichen Öffentlichen Bibliothek in St. Petersburg, St. Petersburg / Leipzig 1875.

Harl, Marguerite / u. a. (Hg.), La Bible d'Alexandrie. Traduction du texte grec de la Septante, Paris 1986ff.

Hatch, Edward / Redpath, Henry A., A Concordance to the Septuagint and the Other Greek Versions of the Old Testament, Vol. I-II, Oxford 1897-1906 (Neudruck: Graz 1954).

Hempel, Johannes, Zum griechischen Deuteronomiumtext des II. Jahrhunderts a. C., ZAW 36 (1937), 115-127.

Hendel, Ronald, The Oxford Hebrew Bible: Prologue to a New Critical Edition, VT 58 (2008), 324-351.

Hengel, Martin, Die Septuaginta als ‚christliche Schriftensammlung', ihre Vorgeschichte und das Problem ihres Kanons, in: M. Hengel / A. M. Schwemer (Hg.), Die Septuaginta zwischen Judentum und Christentum, WUNT 72, Tübingen 1994, 219-235.

Herbert, Edward D., Reconstructing Biblical Dead Sea Scrolls. A New Method Applied to the Reconstruction of 4QSama, STDJ 22, Leiden / New York / Köln 1997.

Heussi, Karl, Art. Hieronymus, RGG II, 2. Aufl. Tübingen 1928, 1879f.

Hiebert, Robert J. V., The »Syrohexaplaric« Psalter. Its Text and Textual History, in: A. Aejmelaeus / U. Quast (ed.), Der Septuaginta-Psalter und seine Tochterübersetzungen, MSU 24, Göttingen 2000, 123-146.

Hirschfeld, Yizhar, Qumran - die ganze Wahrheit. Die Funde der Archäologie - neubewertet, deutsche Bearbeitung von J. Zangenberg, Gütersloh 2006 (englisch: Qumran in Context. Reassessing the Archaelogical Evidence, Peabody 2004).

Jaroš, Karl, Inschriften des Heiligen Landes aus vier Jahrtausenden, Mainz 2001 (CD-ROM).

Jastrow, Marcus, A Dictionary of the Targumim, the Talmud Babli and Yerushalmi, and the Midraschic Literature, Vol. I-II, New York 1971.

Jenkins, R. G., The First Column of the Hexapla: The Evidence of the Milan Codex (Rahlfs 1098) and the Cairo Genizah Fragment (Rahlfs 2005), in: A. Salvesen (ed.), Origen's Hexapla and Fragments, TSAJ 58, Tübingen 1998, 88-102.

Jepsen, Alfred, Von den Aufgaben der alttestamentlichen Textkritik, in: Congress Volume Bonn 1962, VT.S 9, Leiden 1963, 332-341.

Jobes, Karen H. / Silva, Moisés, Invitation to the Septuagint, Grand Rapids, Michigan 2000.

Kahle, Paul [E.], Der masoretische Text des Alten Testaments nach der Überlieferung der babylonischen Juden, Leipzig 1902 (Nachdruck: Hildesheim 1966).

—, Masoreten des Ostens, BWAT 15, Leipzig 1913.

—, Masoreten des Westens I, BWAT 33, Stuttgart 1927.

—, Masoreten des Westens II: Das Palästinische Pentateuchtargum, die palästinische Punktation, der Bibeltext des Ben Naftali, BWANT 50, Stuttgart 1930.

—, Die hebräischen Handschriften aus der Höhle, Stuttgart 1951.

—, Die Kairoer Genisa. Untersuchungen zur Geschichte des hebräischen Bibeltextes und seiner Übersetzungen, deutsche Ausgabe bearbeitet von R. Meyer, Berlin 1962 (englisch: The Cairo Geniza, Oxford 1959).

Kaiser, Otto (Hg.), Texte aus der Umwelt des Alten Testaments, Bd. I-III, Gütersloh 1982-1997.

—, Grundriß der Einleitung, Bd. 1: Die erzählenden Werke, Göttingen 1992.

Karrer, Martin / Kraus, Wolfgang (Hg.), Die Septuaginta - Texte, Kontexte, Lebenswelten, WUNT 219, Tübingen 2008.

—, Septuaginta Deutsch. Das griechische Alte Testament in deutscher Übersetzung, Stuttgart 2009.

Kelley, Page H. / Mynatt, Daniel S. / Crawford, Timothy G., Die Masora der Biblia Hebraica Stuttgartensia. Einführung und kommentiertes Glossar, Stuttgart 2003 (englisch: The Masorah of Biblia Hebraica Stuttgartensia. Introduction and Annotated Glossary, Grand Rapids, Michigan / Cambridge U.K. 1998).

Kenyon, Frederic G., The Chester Beatty Biblical Papyri, Fasc. VII,1-2, London 1937-1938.

—, The Bible and Archaeology, New York 1940 (Nachdruck: London 1949).

Klein, Michael L., Targumic Manuscripts in the Cambridge Genizah Collections, Cambridge University Library, Cambridge 1992.

Klostermann, Erich (Hg.), Eusebius. Das Onomastikon der biblischen Ortsnamen, Leipzig 1904 (Nachdruck: Hildesheim 1966).

Kooij, Arie van der, Die alten Textzeugen des Jesajabuches. Ein Beitrag zur Textgeschichte des Alten Testaments, OBO 35, Freiburg, Schweiz / Göttingen 1981.

—, Zum Verhältnis von Textkritik und Literarkritik. Überlegungen anhand einiger Beispiele, in: J. A. Emerton (ed.), Congress Volume Cambridge 1995, VT.S 66, Leiden 1997, 185-202.

—, Art. Textgeschichte/Textkritik der Bibel I. Altes Testament, TRE 33, Berlin /

New York 2002, 148-155.

—, Textual Criticism of the Hebrew Bible: Its Aims and Method, in: Sh. M. Paul / u. a. (ed.), Emanuel. Studies in Hebrew Bible, Septuagint, and Dead Sea Scrolls (FS E. Tov), VT.S 94, Boston / Leiden 2003, 729-740.

—, Textual Criticism, in: J. W. Rogerson / J. M. Lieu (ed.), The Oxford Handbook of Biblical Studies, Oxford 2006, 579-590.

Kottsieper, Ingo, Die Inschrift von Tell Dan, in: M. Dietrich / I. Kottsieper (Hg.), »Und Mose schrieb dieses Lied auf« (FS O. Loretz), AOAT 250, Münster 1998, 475-500.

Kreuzer, Siegfried, Eine Schrift, zwei Fassungen: Das Beispiel des Richterbuches, BuK 56 (2001), 88-91.

—, Textkritik, in: S. Kreuzer / D. Vieweger / u. a., Proseminar I. Altes Testament. Ein Arbeitsbuch, 2. Aufl. Stuttgart 2005, 26-48.

—, Rez. Biblia Hebraica Quinta. Lfg. 18, ThLZ 131 (2006), 722-725.

—, Papyrus 967 - Bemerkungen zu seiner buchtechnischen, textgeschichtlichen und kanongeschichtlichen Bedeutung, in: M. Karrer / W. Kraus (Hg.), Die Septuaginta - Texte, Kontexte, Lebenswelten, WUNT 219, Tübingen 2008, 64-82.

— / Lesch, Jürgen P. (Hg.), Im Brennpunkt: Die Septuaginta. Studien zur Entstehung und Geschichte der Griechischen Bibel Bd.2, BWANT 161, Stuttgart 2004.

Küchler, Max / Schmidt, Karl Matthias (Hg.), Texte - Fakten - Artefakte, NTOA 59, Freiburg, Schweiz / Göttingen 2006.

Kutscher, Edward Yechezkel, The Language and Lingustic Background of Isaiah Scroll (1QIsaa), STDJ 6, Leiden 1974.

Lemmelijn, Bénédicte, What Are We Looking for in Doing Old Testament Text-Critical Research?, JNSL (1997), 69-80.

—, The So-Called »Major Expansions« in SamP, 4QpaleoExodm and 4QExodj of Exod 7:14-11:10. On the Edge between Textual Criticism and Literary Criticism, in: B. A. Taylor (ed.), X Congress of the International Organisation for Septuagint and Cognate Studies, Oslo 1998, SBL.SCS 51, Atlanta 2001, 429-439.

Lieberman, Saul, Hellenism in Jewish Palestine. Studies in the Literary Transmission Beliefs and Manners of Palestine in the I Century B.C.E.-IV Century C.E., TSJTSA XVIII, New York 1950.

Lipschütz, Lazar, Kitāb al-Khilāf. Mishael Ben Uzziel's Treatise on the Differences Between Ben Asher and Ben Naphtali, HUBP.Monograph Series 2, Jerusalem 1965.

Löfgren, Oscar, Die Äthiopische Übersetzung des Propheten Daniel, Paris 1927.

Lohse, Eduard (Hg.), Die Texte aus Qumran [I]. Hebräisch und Deutsch, 4. Aufl. Darmstadt 1986.

Loretz, Oswald, Kolometrie ugaritischer und hebräischer Poesie: Grundlagen, informationstheoretische und literaturwissenschaftliche Aspekte, ZAW 98 (1986), 248-258.

Magen, Yitzhak, The Dating of the First Phase of the Samaritan Temple on Mount Gerizim in Light of the Archaeological Evidence, in: O. Lipschits / G. N. Knoppers / R. Albertz (ed.), Judah and the Judeans in the Fourth Century B.C.E., Winona Lake, Indiana 2007, 157-211.

Maier, Johann, Die Qumran-Essener. Die Texte vom Toten Meer, Bd. I-III, München / Basel 1995-1996.

—, Die Qumrangemeinde im frühen Judentum, in: S. Talmon (Hg.), Die Schriftrollen von Qumran. Zur aufregenden Geschichte ihrer Erforschung und Deutung, Regensburg 1998, 51-69.

—, Möglichkeiten und Formen theologischer Exegese im Judentum, in: ders., Studien zur jüdischen Bibel und ihrer Geschichte, SJ 28, Berlin / New York 2004, 3-15.

—, Zur Frage des biblischen Kanons im Frühjudentum im Licht der Qumranfunde, in: ders., Studien zur jüdischen Bibel und ihrer Geschichte, SJ 28, Berlin / New York 2004, 33-78 (= Zum Problem des biblischen Kanons, JBTh 3, Neukirchen-Vluyn 1988, 135-146).

Maori, Yeshayahu, Methodological Criteria for Distinguishing between Variant *Vorlage* and Exegesis in the Peshitta Pentateuch, in: P. B. Dirksen / A. van der Kooij (ed.), The Peshitta as a Translation. Papers Read at the II Peshitta Symposium Leiden (1993), MPIL 8, Leiden / New York / Köln 1995, 102-120.

McCarthy, Carmel, The Tiqqune Sopherim and Other Theological Corrections in the Masoretic Text of the Old Testament, OBO 36, Freiburg, Schweiz / Göttingen 1981.

McKendrick, Scot / O'Sullivan, Orlaith A. (ed.), The Bible as Book. The Transmission of the Greek Text, London 2003.

McNamara, Martin (ed.), The Aramaic Bible: The Targums, Edinburgh 1987ff.

Mercati, Johannis, Psalterii Hexapli Reliquiae, cura et studio Johannis Cardinal Mercati, pars prima, Rom 1958.

Meisner, Norbert, Aristeasbrief, JSHRZ II/1, Gütersloh 1973, 35-87.

Meyer, Rudolf, Hebräische Grammatik, Berlin / New York 1992.

Michaelis, Johann Heinrich, Biblia Hebraica ex aliquot manuscriptis et compluribus impressis codicibus, item Masora tam edita, quam manuscripta aliisque hebraeorum criticis diligenter recensita etc., Halle 1720.

Migne, Jacques-Paul (Hg.), Origenis Opera Omnia VI/1–3: Hexaplorum quae supersunt, Patrologiae Graecae XVI/1-3, Paris 1862-1863.

Millard, Alan R., Pergament und Papyrus, Tafeln und Ton: Lesen und Schreiben zur Zeit Jesu, Biblische Archäologie und Zeitgeschichte 9, Gießen / Basel 2000 (englisch: Reading and Writing in the Time of Jesus, The Biblical Seminar 69, Sheffield 2000).

Milne, Herbert J. M. / Skeat, Theodore C., Scribes and Correctors of the Codex Sinaiticus, London 1938.

Muraoka, Takamitsu, Hebrew/Aramaic Index to the Septuagint Keyed to the Hatch-Redpath Concordance, Grand Rapids, Michigan 1998.

—, Classical Syriac for Hebraists, Wiesbaden 1987.

Neef, Hans-Dieter, Arbeitsbuch Hebräisch. Materialien, Beispiele und Übungen zum Biblisch-Hebräisch, Tübingen 2003.

Northcote, Jeremy, The Schematic Development of Old Testament Chronography: Towards an Integrated Model, JSOT 29 (2004), 3-36.

Norton, Gerard J., Observations on the First Two Columns of the Hexapla, in: A. Salvesen (ed.), Origen's Hexapla and Fragments, TSAJ 58, Tübingen 1998, 103-124.

—, Ancient Versions and Textual Transmission of the Old Testament, in: J. W.

Rogerson / J. M. Lieu (ed.), The Oxford Handbook of Biblical Studies, Oxford 2006, 211-236.

Noth, Martin, Die Welt des Alten Testaments. Eine Einführung, Taschenbuchausgabe Freiburg 1992.

Oesch, Josef M., Petucha und Setuma, OBO 27, Freiburg, Schweiz / Göttingen 1977.

—, Textgliederung im Alten Testament und in den Qumranhandschriften, Henoch 5 (1983), 289-321.

Orlinsky, Harry Meyer, The Origin of the Kethib-Qere System. A New Approach, in: Congress Volume Oxford 1959, VT.S 7, Leiden 1960, 184-192.

Orth, Wolfgang, Ptolemaios II. und die Septuaginta-Übersetzung, in: H.-J. Fabry / U. Offerhaus (Hg.), Im Brennpunkt: Die Septuaginta. Studien zur Entstehung und Bedeutung der Griechischen Bibel [Bd. 1], BWANT 153, Stuttgart 2001, 97-114.

Parker, David C., An Introduction to the New Testament Manuscripts and their Texts, Cambridge 2008.

Perrella, Gaetano Maria, Introduzione Generale alla Sacra Bibbia, Turin 1948.

Pietersma, Albert / Wright, Benjamin G., A New English Translation of the Septuagint, Oxford 2007.

Pietsch, Michael, Von Königen und Königtümern. Eine Untersuchung zur Textgeschichte der Königsbücher, ZAW 119 (2007), 39-58.

Pohlmann, Karl-Friedrich, Ezechiel. Der Stand der theologischen Diskussion, Darmstadt 2008.

Pontificio Istituto Biblico (Hg.), Liber Psalmorum cum Canticis Breviarii Romani, Rom 1945.

Pummer, Reinhard, Einführung in den Stand der Samaritanerforschung, in: F. Dexinger / R. Pummer (Hg.), Die Samaritaner, WdF 604, Darmstadt 1992, 1-66.

Rabe, Norbert, Zur synchron definierten alttestamentlichen Textkritik, BN 52 (1990), 64-97.

Rabinowicz, H., The Sassoon Treasures, JQR 57 (1966), 136-153.

Rahlfs, Alfred, Verzeichnis der griechischen Handschriften des Alten Testaments

Bd. I,1: Die Überlieferung bis zum VIII. Jahrhundert, bearb. von D. Fraenkel, Septuaginta Vetus Testamentum Graecum. Supp. I,1, Göttingen 2004 [= Rahlfs / Fraenkel].

Rehkopf, Friedrich, Septuaginta-Vokabular, Göttingen 1989.

Reider, Joseph, An Index to Aquila, completed and revised by N. Turner, VT.S 12, Leiden 1966.

Renz, Johannes / Röllig, Wolfgang, Handbuch der Althebräischen Epigraphik, Bd. I-III, Darmstadt 1995 und 2003.

Roberts, Colin H., Two Biblical Papyri in the John Rylands Library, Manchester 1936, 9-46.

Rösel, Martin, Übersetzung als Vollendung der Auslegung. Studien der Genesis-Septuaginta, BZAW 223, Berlin / New York 1994.

Rüterswörden, Udo, Der Prophet in den Lachisch-Ostraka, in: Ch. Hardmeier (Hg.), Steine - Bilder - Texte. Historische Evidenz außerbiblischer und biblischer Quellen, ABG 5, Leipzig 2001, 179-192.

Rüger, Hans-Peter, Art. Schreibmaterial, Buch und Schrift, in: K. Galling (Hg.), Biblisches Reallexikon, HAT I/1, 2. Aufl. Tübingen 1977, 289-292.

—, Englischer und deutscher Schlüssel zu den lateinischen Wörtern und Abkürzungen sowie zu den wichtigsten Siglen der Biblia Hebraica, in: K. Elliger / W. Rudolph (Hg.), Biblia Hebraica Stuttgartensia, 5. verbesserte Aufl. Stuttgart 1997, LIX-LXIX.

Sachau, Eduard, Aramäische Papyrus und Ostraka aus einer jüdischen Militär-Kolonie zu Elephantine, Leipzig 1911.

Sallmann, Klaus (Hg.), Handbuch der lateinischen Literatur der Antike Bd. 4: Die Literatur des Umbruchs. Von der römischen zur christlichen Literatur 117 bis 284 n. Chr., HdA VIII/4, München 1997.

Sanders, Henry A. / Schmidt, Carl, The Minor Prophets in the Freer Collection and the Berlin Fragment of Genesis, UMS.H 21, New York 1927.

Sanderson, Judith E., 4QpalcoExodm, RQ 13 (1989), 548-560.

—, An Exodus Scroll from Qumran: 4QpaleoExod and the Samaritan Tradition, HSS 30, Atlanta 1986.

Schäfer, Peter, Art. Bibelübersetzungen II. Targumim, TRE 6, Berlin / New York

1980, 216-228.

Schenker, Adrian, Urtext, Kanon und antike Bibelausgaben, in: ders., Studien zu Propheten und Religionsgeschichte, SBA 36, Stuttgart 2003, 201-210.

—, Älteste Textgeschichte der Königsbücher. Die hebräische Vorlage der ursprünglichen Septuaginta als älteste Textform der Königsbücher, OBO 199, Freiburg, Schweiz / Göttingen 2004.

Schmitt, Armin, Die griechischen Danieltexte (»θ′« und ο′) und das Theodotionproblem, BZ 36 (1992), 1-29.

Schneller, Ludwig, Tischendorf-Erinnerungen. Merkwürdige Geschichte einer verlorenen Handschrift, Leipzig 1927 (Nachdruck: Lahr-Dinglingen 1991).

Schorch, Stefan, Die Vokale des Gesetzes. Die samaritanische Lesetradition als Textzeugin der Tora. 1. Das Buch Genesis, BZAW 339, Berlin / New York 2004.

Schulz-Flügel, Eva, Hieronymus, Feind und Überwinder der Septuaginta? Untersuchungen anhand der Arbeiten an den Psalmen, in: A. Aejmelaeus / U. Quast (Hg.), Der Septuaginta-Psalter und seine Tochterübersetzungen, MSU 24, Göttingen 2000, 31-50.

Schüssler, Karlheinz (Hg.), Das sahidische Alte und Neue Testament, Biblia Coptica. Die koptischen Bibeltexte, Forschungsinstitut für Ägyptenkunde und Koptologie der Universität Salzburg, Wiesbaden 1995ff.

Schwiderski, Dirk (Hg.) Die alt- und reichsaramäischen Inschriften - The Old and Imperial Aramaic Inscriptions, FoSub 2, Berlin / New York 2004.

Schwienhorst, Ludger, Die Eroberung Jerichos. Exegetische Untersuchung zu Josua 6, SBS 122, Stuttgart 1986.

Scott, William R., A Simplified Guide to BHS. Critical Apparatus, Masora, Accents, Unusual Letters and Other Markings, 4. Aufl. Richland Hills, Texas 2007.

Shehadeh, Haseeb, The Arabic Translation of the Samaritan Pentateuch. Edited from the Manuscripts with an Introductory Volume, Vol. I: Genesis-Exodus, The Israel Academy of Sciences and Humanities, Jerusalem 1989.

—, The Arabic Translation of the Samaritan Pentateuch, in: A. D. Crown (ed.), The Samaritans, Tübingen 1989, 481-516.

Sieg, Ulrich, Deutschlands Prophet. Paul de Lagarde und die Ursprünge des modernen Antisemitismus, München 2007.

Siegert, Folker, Zwischen Hebräischer Bibel und Altem Testament. Eine Einführung in die Septuaginta, MJSt 9, Münster 2001.

—, Register zur »Einführung in die Septuaginta«, MJSt 13, Münster 2003.

Skehan, Patrick W., The Qumran Manuscripts and Textual Criticism, in: Congress Volume Strasbourg 1956, VT.S 4, Leiden 1957, 148-160.

— / Ulrich, Eugene / Sanderson, Judith E., Qumran Cave 4.IV: Palaeo-Hebrew and Greek Biblical Manuscripts, DJD IX, Oxford 1992.

Smelik, Klaas A. D., Historische Dokumente aus dem alten Israel, KVR 1528, Göttingen 1987.

Soisalon-Soininen, Ilmari, Studien zur Septuaginta Syntax, AASF.B 237, Helsinki 1987.

Steck, Odil Hannes, Die erste Jesajarolle (1QIsa). Schreibweise als Leseanleitung für ein Prophetenbuch, SBS 173/1, Stuttgart 1998.

—, Exegese des Alten Testaments. Leitfaden der Methodik, 14. Aufl. Neukirchen-Vluyn 1999.

Stegemann, Hartmut, Die Essener, Qumran, Johannes der Täufer und Jesus, Freiburg / Basel / Wien 1993, 10. Aufl. 2007 (englisch: The Library of Qumran. On the Essenes, Qumran, John the Baptist, and Jesus, Grand Rapids, Michigan 1998).

—, Methods for Reconstruction of Scrolls from Scattered Fragments, in: L. H. Schiffman (ed.), Archaeology and History in the Dead Sea Scrolls, JSPE.S 8, Sheffield 1990, 189-220.

Stemberger, Günter, Jabne und der Kanon, in: Zum Problem des biblischen Kanons, JBTh 3, Neukirchen-Vluyn 1988, 163-174.

—, Einführung in die Judaistik, München 2002.

Stern, Ephraim / Magen, Yitzhak, Archaeological Evidence for the First Stage of the Samaritan Temple on Mount Gerizim, IEJ 52 (2002), 49-57.

Steudel, Annette (Hg.), Die Texte aus Qumran II. Hebräisch/Aramäisch und Deutsch, Darmstadt 2001.

Stipp, Hermann-Josef, Das Verhältnis von Textkritik und Literarkritik in neueren alttestamentlichen Veröffentlichungen, BZ 34 (1990), 16-37.

Sukenik, Eleazar L., Megillot Genuzot II, Jerusalem 1950.

Talmon, Shemarjahu, Die Samaritaner in Vergangenheit und Gegenwart, in: F. Dexinger / R. Pummer (Hg.), Die Samaritaner, WdF 604, Darmstadt 1992, 379-392.

—, Die Schriftrollen von Qumran. Zur aufregenden Geschichte ihrer Erforschung und Deutung, Regensburg 1998.

Taschner, Johannes, Kanonische Bibelauslegung - Spiel ohne Grenzen?, in: E. Ballhorn / G. Steins (Hg.), Der Bibelkanon in der Bibelauslegung, Methodenreflexionen und Beispielexegesen, Stuttgart 2007, 31-44.

Thyen, Hartwig, Studien zum Corpus Iohanneum, WUNT 214, Tübingen 2007.

Tilly, Michael, Einführung in die Septuaginta, Darmstadt 2005.

Tisserant, Eugene, Specimina Codicum Orientalium, Tabulae in usum scholarum 8, Bonn 1914.

Torczyner, Harry, Lachish I (Tell ed-Duweir): The Lachish Letters, London 1938.

Tov, Emanuel, Pap. Giessen 13, 19, 22, 26: A Revision of the LXX?, RB 78 (1971), 355-383 (Revised version in: ders., The Greek and Hebrew Bible: Collected Essays on the Septuagint, VT.S 72, Leiden 1999, 459-475).

—, Die griechischen Bibelübersetzungen, ANRW II/20.1, Berlin / New York 1987, 120-189.

— (ed.), The Dead Sea Scrolls on Microfiche, Leiden 1993; Companion Volume to the Dead Sea Scrolls on Microfiche Edition, second revised edition, Leiden 1995.

—, The Text-critical Use of Septuagint in Biblical Research. Revised and Enlarged Second Edition, Jerusalem Biblical Studies 8, Jerusalem 1997.

—, Der Text der Hebräischen Bibel. Handbuch der Textkritik, Stuttgart / Berlin / Köln 1997 (englisch: Textual Criticism of the Hebrew Bible, Second Revised Edition, Minneapolis / Assen und Maastricht 2001).

—, Rewritten Bible Compositions and Biblical Manuscripts, with Special Attention [Paid] to the Samaritan Pentateuch, DSD 5 (1998), 334-354 (wiederabgedruckt in: ders., Hebrew Bible, Greek Bible, and Qumran. Collected Essays, TSAJ 121, Tübingen 2008, 57-70).

—, Die biblischen Handschriften aus der Wüste Juda - Eine neue Synthese, in: U. Dahmen / A. Lange / H. Lichtenberger, Die Textfunde vom Toten Meer und der Text der Hebräischen Bibel, Neukirchen-Vluyn 2000, 1-34.

—, The Biblical Texts from the Judaean Desert - an Overview and Analysis of the Published Texts, in: ders. / E. D. Herbert (ed.), The Bible as Book. The Hebrew Bible and the Judaean Desert Discoveries, London 2002, 139-166 (wiederabgedruckt in: ders., Hebrew Bible, Greek Bible, and Qumran. Collected Essays, TSAJ 121, Tübingen 2008, 128-154).

—, Scribal Practices and Approaches Reflected in the Texts Found in the Judaean Desert, STDJ 54, Leiden / Boston 2004.

—, The *Biblia Hebraica Quinta* - An Important Step Forward, JNSL 31 (2005), 1-21 (wiederabgedruckt in: ders., Hebrew Bible, Greek Bible, and Qumran. Collected Essays, TSAJ 121, Tübingen 2008, 189-198).

—, (ed.), The Dead Sea Scrolls Electronic Library. Incorporating The Dead Sea Scrolls Reader, Leiden 2006 (CD-ROM).

—, Hebrew Bible, Greek Bible, and Qumran. Collected Essays, TSAJ 121, Tübingen 2008.

— / Herbert, Edward D. (ed.), The Bible as Book. The Hebrew Bible and the Judaean Desert Discoveries, London 2002.

Trebolle Barrera, Julio, The Jewish Bible and the Christian Bible. An Introduction to the History of the Bible, translated from the Spanish by W. G. E. Watson, Leiden / Grand Rapids, Michigan 1998.

Trever, John C., Scrolls from Qumran Cave I: The Great Isaiah Scroll; The Order of the Community; The *Pesher* to Habakkuk. From Photographs by J. C. Trever, Jerusalem 1972.

Tropper, Josef, Vom phönizischen Alphabet zur hebräischen Quadratschrift. Die Entstehung der Schrift (Folge 3/4), Welt und Umwelt der Bibel Nr. 28 (2003), 72-77.

Uhlig, Siegbert, Das äthiopische Henochbuch, JSHRZ V/6, Gütersloh 1984.

Ulrich, Eugene, Ezra and Qoheleth Manuscripts from Qumran (4QEzra and 4QQoh^{a,b}), in: Priests, Prophets and Scribes (FS J. Blenkinsopp), JSOT.S 149, Sheffield 1992, 139-157.

—, The Canonical Process, Textual Criticism, and Latter Stages in the Composition of the Bible, in: M. Fishbane / E. Tov (ed.), »Shar'arei Talmon«. Studies in the Bible, Qumran, and the Ancient Near East, Winona Lake 1992, 267-291.

—, Index of Passages in the Biblical Scrolls, in: P. W. Flint / J. C. Vanderkam (ed.), The Dead Sea Scrolls After Fifty Years. A Comprehensive Assessment, Vol. II, Leiden / Boston / Köln 1999, 649-665.

Utzschneider, Helmut / Nitsche, Stefan Ark, Arbeitsbuch literaturwissenschaftliche Bibelauslegung. Eine Methodenlehre zur Exegese des Alten Testaments, Gütersloh 2001.

VanderKam, James C., Einführung in die Qumranforschung. Geschichte und Bedeutung der Schriften vom Toten Meer, Göttingen 1998 (englisch: The Dead Sea Scrolls Today, Grand Rapids, Michigan 1994).

Veijola, Timo, Das 5. Buch Mose. Deuteronomium, ATD 8,1, Göttingen 2004.

Veltri, Giuseppe, Gegenwart der Tradition. Studien zur jüdischen Literatur und Kulturgeschichte, JSJ.S 69, Leiden / Boston / Köln 2002.

Washburn, David L., A Catalog of Biblical Passages in the Dead Sea Scrolls, SBL. TCS 2, Atlanta 2002.

Wasserstein, Abraham and David J., The Legend of the Septuagint: From Classical Antiquity to Today, Cambridge 2006.

Webster, Brian, Chronological Index of the Texts from the Judaean Desert, in: E. Tov (ed.), Indices and an Introduction to the Discoveries in the Judaean Desert Series, DJD XXXIX, Oxford 2002, 351-446.

Weil, Gérald E., Massorah Gedolah iuxta codicem Leningradensem B 19a, Bd. 1: Catalogi, Rom 1971 (seconda editio 2001).

Weitzman, Michael Perry, The Syriac Version of the Old Testament. An Introduction, University of Cambridge Oriental Publications 56, Cambridge 1999 (Taschenbuch 2005).

Werner, Wolfgang, Eschatologische Texte in Jesaja 1-39. Messias, Heiliger Rest, Völker, FzB 46, 2. Aufl. Würzburg 1986.

Wevers, John William, The Earliest Witness to the LXX Deuteronomy, CBQ 39 (1977), 240-244.

Wonneberger, Reinhard, Leitfaden zur Biblia Hebraica Stuttgartensia, 2. Aufl.

Göttingen 1986.

Wright, William (ed.), The Palaeographical Society, Facsimiles of Manuscripts and Inscriptions, Oriental Series, London, 1875-1883.

Würthwein, Ernst, Der Text des Alten Testaments. Eine Einführung in die Biblia Hebraica, 5. Aufl. Stuttgart 1988.

Yeivin, Israel, Introduction to the Tiberian Masorah. Translated and edited by E. J. Revell, Masoretic Studies 5, Missoula 1980.

Zangenberg, Jürgen, Region oder Religion? Überlegungen zum interpretatorischen Kontext von Chirbet Qumran, in: M. Küchler / K. M. Schmidt (Hg.), Texte - Fakten - Artefakte, NTOA 59, Freiburg, Schweiz / Göttingen 2006, 32-48.

—, Berg des Segens, Berg des Streits. Heiden, Juden, Christen und Samaritaner auf dem Garizim, ThZ 63 (2007), 289-309.

자료 출처

자료 1 세 모음 체계 비교 (파울 칼레[Paul Kahle])
E. Würthwein, Der Text des Alten Testaments, 5. Aufl. Stuttgart 1988, 27.

자료 2 산문으로 저작된 책들에 대한 BHQ의 악센트 표
A. Schenker / u. a. (Hg.), Biblia Hebraica Quinta, Fascicle 18: General Introduction and Megilloth, Stuttgart 2004, XCIX.

자료 3 시문으로 저작된 책들(〈시편〉, 〈욥기〉 그리고 〈잠언〉)에 대한 BHQ의 악센트 표
A. Schenker / u. a. (Hg.), Biblia Hebraica Quinta, Fascicle 18: General Introduction and Megilloth, Stuttgart 2004, C.

자료 4 BHQ의 표준적인 면(본문과 비평장치 사이에 마소라 마그나가 있다)
A. Schenker / u. a. (Hg.), Biblia Hebraica Quinta, Fascicle 18: General Introduction and Megilloth, Stuttgart 2004, 11.

자료 5 쿰란의 주거지(그림: 알렉산더 마우러[Alexander Maurer])
H. Stegemann, Die Essener, Qumran, Johannes der Täufer und Jesus, Freiburg / Basel / Wien 1993, 10. Aufl. 2007, 368 (Skizze 4: Die Qumransiedlung).

자료 6 쿰란의 동굴들에서 나온 성서 필사본들의 목록들(하인츠-요제프 파브리[Heinz-Josef Fabry]를 따름)
H.-J. Fabry, Der Text und seine Geschichte, in: E. Zenger / u. a., Einleitung in das Alte Testament, KStTh 1,1, 3. Aufl. Stuttgart 1998, 49f [in späteren Aufl. nicht mehr enthalten!]

자료 7 4Q51, 열째 단 6-10행
본문 편집본에 따른 번역: F. M. Cross / et al., Qumran Cave 4.XII: 1–2 Samuel, DJD XVII, Oxford 2005, 66.

자료 8 마소라 본문 이전의 본문 역사에 대한 개요(알렉산더 A. 피셔[Alexander A. Fischer])

자료 9 정경 형태 비교(히브리어 성서의 책명은 마틴 부버[M. Buber]가 로젠츠바익[F. Rosenzweig]과 함께 독일어로 번역한 성경[Die Schrift. 1~4권, 개정판, Darmstadt 1997]을 따른다.)
히브리어 성서의 명칭: M. Buber, Die Schrift. Verdeutscht von M. Buber gemeinsam mit F. Rosenzweig, Bd. 1-4, Neuausgabe Darmstadt 1997.

자료 10 개별 번역의 대략적인 형성 시기와 특징(폴커 지거르트[Folker Siegert]를 따름)
F. Siegert, Zwischen Hebräischer Bibel und Altem Testament. Eine Einführung in die Septuaginta, MJSt 9, Münster 2001, 42.

자료 11 최종본문과 원본문의 관계(알렉산더 A. 피셔[Alexander A. Fischer])

자료 12 본문비평방법의 구성(알렉산더 A. 피셔[Alexander A. Fischer])

주제어 색인

감사의 말씀

- 역자 후기를 갈음하여 -

이 책은 알렉산더 아킬레스 피셔가 2009년에 쓴 『구약성서 본문: 역사와 본문비평』(*Der Text des Alten Testaments*)의 번역서입니다. 이 책에 앞서 반세기가 넘도록 히브리어 성서의 입문서로서 구약학 수업에서 널리 사용되어 온 책은, 에른스트 뷔르트바인(Ernst Würthwein)의 『구약성서 본문』(*Der Text des Alten Testaments*)입니다. 이 책은 1952년에 초판이 나왔고 1988년의 5판이 나오기까지 거듭 개정 증보되었습니다. 피셔는 이 전통을 존중하면서도 그 뒤로 20여 년 동안 발전해 온 구약학 연구의 열매를 담아 완전히 새로운 입문서를 내 놓았습니다. 그 자세한 내용은 「성경원문연구」 제39호(2016년 10월), 448~464쪽에 실린 김정훈 교수님의 서평에서 찾아볼 수 있습니다.

피셔의 『구약성서 본문: 역사와 본문비평』은, 뷔르트바인의 책을 대신하여 쿠르트 알란트(Kurt Aland)와 바바라 알란트(Babara Aland)가 낸 『신약성서 본문: 역사와 본문비평』(*Der Text des Neuen Testaments: Einführung in die wissenschaftlichen Ausgaben sowie in Theorie und Praxis der modernen Textkritik*, 1989)과 짝을 이루는 책입니다. 독일성서공회에서 이 두 권의 책을 번역하고 출판하도록 대한성서공회에 허락해 준 것은 고마운 일이 아닐 수 없습니다.

이 책 『구약성서 본문: 역사와 본문비평』은 네 분이 나누어 번역하셨습니다. 자준희 교수님(한세대학교)이 'I. 성서의 히브리어 본문'을, 배희숙 교수님(장로회신학대학교)이 'II. 고대 번역본들'과 'III. 본문비평' 중 5장과 7~8장을, 하경택 교수님(장로회신학대학교)이 'II. 고대 번역본들'과 'III. 본문비평' 중 6장과 9장을, 김정훈 교수님(부산장신대)이 'IV. 도판들'과 'V. 부록'(본문비평 용어 색인 등 포함)을 맡으셨습니다. 김정훈 교수님은 전체 번역의 결을 맞출 뿐만 아니라 구약성서 사본과 관련된 전문용어를 통일성 있게 옮기는 일도 해 주셨습니다.

번역의 교정은 대한성서공회 번역실의 여러 직원들과 개발부 여러 직원들이 맡아 수고해 주셨습니다. 이 모든 분의 노고를 기억하고 깊이 감사드립니다. 이러한 전문 서적을 낼 수 있도록 늘 한결같이 격려하고 밀어 주신 대한성서공회 임직원 여러분께도 감사의 뜻을 전합니다.

이 책은 번역하기 쉽지 않은 책이었고, 또한 어려운 전문 서적의 번역이라 부족한 점들이 있을 것입니다. 그 모든 책임은 대한성서공회 성경원문연구소 소장인 제가 질 것입니다. 미비한 점이 발견될 경우 질정해 주시면 계속 다듬어 나가도록 하겠습니다.

구약성서에 대한 한국 교회와 그리스도인들의 이해가 이 책을 통해 한층 더 깊어지기를 기대하고 기도합니다.

2020년 4월

대한성서공회 성경원문연구소 소장

박동현 올림